KB162170

경성대학교 한국한자연구소 번역총서 3

한자계획

PLANNING CHINESE CHARACTERS

경성대학교 한국한자연구소 번역총서 ❸

한자계획
—반동인가, 진화인가, 아니면 혁명인가?
PLANNING CHINESE CHARACTERS
—Reaction, Evolution or Revolution?

조수휘(Zhao Shouhui),
리처드 B. 발도프 주니어(Richard B. Baldauf Jr.) 지음
전국조 옮김

역락

총서 소개

언어정책
제9권

총서 편집자Series Editors

Bernard Spolsky, Bar-llan University,
Israel Elana Shohamy, Tel Aviv University, Israel

편집위원회Editorial Board

Claire Kramsch, University of California at Berkeley, USA Georges
Lüdi, University of Basel, Switzerland
Normand Labrie, University of Toronto, Canada
Anne Pakir, National University of Singapore, Singapore
John Trim, Former Fellow, Selwyn College, Cambridge, UK
Guadalupe Valdes, Stanford University, USA

지난 반세기 동안 우린 언어 다양성의 폭발적 전환을 목도했다. 그것은 성서 속 바벨탑 이야기와는 달랐지만 지금에 와서는 전 지구적 언어의 급속한 확산과 소수 언어에 대한 모종의 관련 위협도 수반하고 있다. 전 지구적 언어의 전파, 영어를 향한 쇄도, 과정의 역전이나 둔화를 위해 종족적 노력의 형식으로 이뤄지는 역압逆壓, 언어를 통해 국민 정체성을 확고히 하려는 국민국가의 지속적 결정, 아울러 그것들과는 반대 방향으로, 다언어주의에 보이는 더 큰 관용과 언어적 권리에 대해 점점 더 증가하는 관심사, 이 모두는 언어 정책의 본질 및 가능성 관련 연구를 성공적이 되게끔 하고, 또 신속한 성장의 분야를 계획하기 위해 작동하고 있다.

이 총서는 일반 언어 정책이나 언어 교육 정책의 경험적 연구, 또는 이 분야의 이론과 일반적 성격을 다루는 논저들monographs을 출판할 것이다. 우리는 언어 정책 입안, 이를테면 누가 관여하고, 무슨 일이 이뤄지고, 그것은 어떻게 발전하고, 그것은 왜 시도되고 있는가와 같은 질문과 관련한 자세한 설명을 환영한다. 우리는 상이한 조건의 정책 개발과 실행의 효과를 다루는 연구를 출판할 것이다. 우리는 정부 및 정부기관, 국제 대기업, 재단, 단체의 정책 개발과 정부 정책에 저항하거나 그것을 수정하려는 단체들의 노력에 관심을 가질 것이다. 우리는 또한 일반적 성격의 정책과 관련한 경험적 연구, 이를테면, 조기 언어 교육을 시작하는 유럽 정책 개발의 국지적 효과, 언어 교사의 역량, 선택과 훈련의 달성에 필요한 교육 시간 수, 인터넷의 언어 효과 같은 것을 고려할 것이다. 그 밖에 가능한 주제로는 언어 정책의 법적 근거, 정책 개발의 측면에서 수행되는 사회적 정체성의 역할, 언어정책에 대한 정치 이념의 영향, 경제적 요인의 역할, 사회 변화가 반영되는 것으로서 정책 따위가 있다.

이 총서는 사회언어학자, 교육 및 응용언어학자, 언어기획자, 언어교육자, 사회학자, 정치학자, 비교교육자와 같은 언어 정책 분야의 학자와 이 주제에 관심이 있는 사람을 대상으로 기획된다.

헌사

언어 계획의 한계를 이해하기 위해 작업하고 계시는
우리의 스승님들과 동료들께 이 책을 바칩니다.

총서 편집자 서문

수천 년에 걸친 중국 언어정책과 관련해서 주목할 만한 것 하나는 이질적인 것을 통합하는 문자 체계의 힘이었다. 비록 그 이질적인 것이 구어의 다양한 종류와 관계를 맺고 있다 할지라도 말이다. 우리는 이 총서 시리즈를 통해 중화인민공화국의 언어정책과 관련한 책 한 권을 이미 출간한 바 있다. 그것은 Minglang Zhou가 편집한 모음집으로, 보통화*Putonghua* (공통어) [普通话, 普通話, 추후 특별한 언급이 없는 한 이 괄호 안의 내용은 옮긴이가 덧붙이는 것임을 밝혀둔다]의 발전, 소수 언어의 현황, 문자 체계 개혁과 관련한 몇몇 흥미로운 장章을 비롯한 전 방위적 주제를 망라했다. 이 마지막 주제는 매우 복잡하고 중요하다. 문자 체계를 관리하고 육성하려 했던 지난 반세기 간의 노력이 어떻게 전개돼 왔는지를 더욱 상세히 설명하는 책 한 권을 총서 시리즈에 추가하는 것을 정당화하기 때문이다. 그리고 동안 그 주제는 중국 경제의 급속한 성장과 컴퓨터 및 웹 관련 기술 발전 또한 고려한다.

우리는 언어 정책과 관련한 공통적 일반화를 뒷받침하는 것이 중요하다고 생각하며, 이는 언어 관리자의 계획과 활동, 그이가 해결하기 위해 설정한 문제, 그이의 성공과 실패 같은 것들을 가까이서 관찰할 수 있는 구체적 주제에 대한 상세 연구로써 가능해진다. 이것이 바로 Zhao와 Baldauf[이 책의 두 저자]가 중국어 문자 체계를 새로운 요구에 맞게 조정하려는 최근의 노력이 맞닥뜨리게 된 당면과제를 충분히 설명·분석하는 이 책을 통해서 풀어 보려고 나선 문제다.

우리는 이 책의 저자는 물론 이 책의 제작에 기여한 다른 분들께도 감사를 드리고 싶다. 특별히 원고를 꼼꼼하게 읽고, 논란이 되는 분야에서는 흥미로운 관점을 제시하고, 이 책의 개선에 도움이 되도록 일부 수정할 것을 제안해 주신 전문 평론가분들께 감사드린다.

2007년 3월 총서 편집자

Bernard Spolsky·Elana Shomamy

차례

1장
한자, 접근하기 쉽게: 현대 3대 간화 운동   79

5장
영향력 있는 결과:

7장
몇 가지 중대한 쟁점: 역사적이고 현재적인   535

저자 서문

    중화인민공화국은 성장 중이고 발전 중인 역동적 사회다. 현재 중국 사회는 세계 주요 강국의 자리를 차지하기 위해 움직이고 있다. 세계 최대 인구국, 곧 최대의 인적 자원을 기반으로 한 중국은 향후 20년 정도면 현재 세계 3위인 경제 규모를 세계 최대로 끌어 올릴 것으로 추정된다. 세계 최대의 인구를 보유한 국가가 지난 20년간 근간을 뒤흔들 만큼의 변화를 경험해 왔다는 것은 누구나 알고 있다. 하지만 그만큼 눈에 띄진 않는다 하더라도 그간 중국 문자 체계 또한 그에 못지않은 침묵의 혁명을 겪었다는 사실을 아는 이는 거의 없다. 이 같은 발전으로 다수의 언어 전문가는 중국의 힘과 영향력이 커질수록 중국어의 확산 또한 증가할 것이라고 예측했다. 심지어 몇몇 논평가는 중국어가 세계에서 가장 보편적인 국제 공용어lingua franca인 영어마저 능가할 것이라는 주장까지 했다.

    그러나 중국어의 힘과 영향력이 커지기 위해서는 우선 여러 가지 장애물, 특별히 기술의 난제가 극복돼야 한다. 중국어의 성장과 확산을 가로막고 있는 장벽은 구어 및 문어 중국어의 경우에 빗대어 봤을 때와는 상당히 다르다. 이 논저는 중국 문자[원문의 'hanzi'는 '한자'로, 'Chinese character(s)'는 '중국 문자'로 옮긴다.]에 대한 언어 정책 및 계획과 관련한 전개과정을 추적하면서 문어적 다양성에 집중한다. 1950년 이후의 중화인민공화국과 더 최근의 난제를 특별히 강조하는 가운데, 후자와 관련해서는 기술, 더 구체적으로는 월드 와이드 웹 상의 중국어 사용이 중국어에 대해 초래한 난제에 초점을 맞춘다. 이 책에선 언어·문화·정치·경제적 논쟁을 검토하며, 그 결과로는 중국어가 국제적 규모의 언어적 잠재력에 도달할 수 있을지 없을지를 가늠해 볼 수도 있을 것이다. 또한 이 책에선 미래에 대해 몇 가지 가능성 있는 언어 정책과 계획의 방향 또한 탐구한다.

역사적으로 중국 언어 정책 및 계획의 발전은 대체로 진화적 특징을 보이는 것으로 기술될 수 있다. 하지만 지난 세기 동안, 특별히 1950년대 중화인민공화국 수립 이후의 언어 정책 및 계획Language policy and planning(이하 LPP) 영역에선 세력들, 곧 반혁명적 세력(전통 언어와 문화 순수주의의 요소들)과 혁명적 세력('알파벳 표기를 기반으로 하는alphabetic' 또는 급진적 간화 방안) 둘 다 작용해 왔다.

문자(한자) 발전의 방향과 관련한 이 같은 세력 갈등은 최근 수십 년에 걸쳐, 특별히 1986년에 획기적으로 열렸던 전국언어문자작업회의National Conference on Language Work 이래 극심해졌다. 이 회의는 한자의 물리적 형태에 대하여 장차 있을 수 있는 간소화나 부수 처리 또는 완숙한 로마자 표기를 공식 의제에서 배제했다. 동시에 통신기술의 발달이 초래한 새로운 도전에 대처하기 위하여 더욱 포괄적이고 광범위한 규모의 LPP를, 궁극적으로는 한자 목록을 정비하려는 목표와 함께 착수하기에 이른다. 이 주요 활동의 초점은 소위 '漢字四

定Four Fixations' [한자사정, 이하 '四定'으로 표기], 곧 표준화이며, 이는 한자
의 가장 불안정한 네 가지 속성인 한자의 수, 필순, 자형, 발음의 해
결을 겨냥했다. 일단 이 네 가지가 고정되거나, 표준화돼 『통용규범
한자표』*Comprehensive Table of Standardized Character* [2013, 《通用规范汉字表》, 『通用規範
漢字表』]나 '전 한자 말뭉치'Corpus of Whole Chinese Characters (CWCC) ['汉字
全息资源应用系统', '漢字全息資源應用系統' 한자전식자원응용계통 줄여서 '全息字典', '전
식자전', 더 자세한 내용은 https://qxk.bnu.edu.cn]같은 법적 구속력이 있는 정부
조치를 통해 시행된다면 중국의 언어 및 소통과 관련한 주요 문제
일부가 해결의 국면으로 접어들 것이라는 공감대가 형성돼 있다. 일
단 새로운 정보기술 제품이 그 속성들을 필요로 한다면 전체 중국어
사용 인구의 언어생활에 지대한 효과와 중대한 영향을 초래할 것이
라는 주장이 제기된다는 점은 더욱 중요하며 더욱 직접적인 결과
를 초래하는 문제다. 이는 어쩌면 결국엔 일종의 조용하면서도 계
획적인 방식으로 전 세계 한자 사용자의 시각적 소통 생활에 혁명
적 영향을 끼치게 될 수도 있다.

　　중국의 중요성과 중국어의 잠재력을 고려할 때 이 쟁점들을 이해
한다는 것은 중국에 대한 우리의 이해뿐 아니라 제2언어 정책들과
그것들의 시행을 위해서도 아주 중요하다. 이 정책들이 세계 곳곳의
중국어 교육과 관계를 맺고 있기 때문이다. 이 책은 중국어 표기 체
계의 현대화를 위한 고투를 개괄하면서 더 구체적으로는 현존하는
세계 최고最古의 표기 체계와 최신의 기술 진보 사이에서 드러나는
갈등에 초점을 맞춘다.

　이 책의 구성은 대부분 고전적인 언어 계획의 문제-해결 패러다임의 특징에 맞추어 전개됐다. 이러한 배경에 익숙지 않은 독자를 위해 「프롤로그」에선 한자의 역사적 맥락과 기본 특징 관련 논의 일부를 간략히 재검토한다. 1장에선 현대의 간화 역사를 비교적 상세하게 제시하는데, 그 출발은 왕조 주도의dynastic 간화와 그 뒤를 이어 1930년대에서 1970년대에 걸쳐 발생한 세 간화 과정 [3대 간화]의 요약과 함께 이뤄진다. 이 과정들은 가장 중요한, 한자의 역사적 발전에서 유례없이 수행된 임상적 처치였다.

　2장에선 과거 LPP의 경험을 간략히 재검토한다. 여기서는 새로운 역사적 맥락의 관점에서 바람직하지 못했던 그 이전 개혁들의 결과에 초점을 맞춘다. 1980년대 대중의 한자 사용에 존재했던 무질서한 상황, 또 한자 개혁과 한자의 미래에 대한 평가를 둘러싸고 학계를 지배했던 혼란을 검토한다. 그 평가가 간화와 여러 사회 변화 과정에서 영향을 받았기 때문이다. 이 변화에 대한 분석은 LPP 활동의 문화적이고도 사회-정치적인 차원이 끼친 영향에 초점을 맞춰 수행된다. 3장에선 문제를 정리한다. 이 장에선 시각적 소통체계로서 한자와 디지털 사회 내 현대정보기술의 요구 사이에서 발생하는 갈등에 집중한다. 한자의 전산화를 위해 중국 과학자들이 기울인 엄청난 노력을 기술하고, 일반 독자를 위해서는 중국의 IT 전문가와 LPP 종사자가 한자의 기계적 결합과 씨름하며 직면한 문제를 설명한다. 특별히 이 논의의 대부분은 두 가지 핵심개념 곧 *chongma* [重码,

重碼 중마: 중복 코드(2개 또는 그 이상이 되는 글자나 단어의) 동일 코드(code), 이하 한

자로 표기]와 *luanma* [乱码, 亂碼 난마: 깨진 코드, 컴퓨터나 전자 통신 따위에서 보이는 '깨진 글자', 이하 한자로 표기]에 집중된다. 전자는 한자의 컴퓨터 입력 시 돌발적인 동음이의어[또는 동음이자] 발생으로 정의될 수 있으며, 표음적 입력 방법 곧 한자의 컴퓨터 입력을 위한 지배적 방안scheme을 사용할 때 전형적으로 발견된다. 후자는 일련의 인식 불가능한, 뜻 모를 말을 일컬으며, 이는 한자가 상이한 인코딩 플랫폼이나 애플리케이션으로 디코딩될 때, 아니면 중국어로 인코딩된 정보가 국제 컴퓨터 네트워크를 통해 전송되는 동안 발생한다. 2장과 3장에선 LPP 프로그램이 더 수행돼야 한다는 주장을 뒷받침하는 근거를 제공하며, 이로써 뒤이은 장들에 대해선 아주 중요한 논점을 형성한다.

4장에선 2장에서 기술한 바와 같이 한자의 기술적 적용에 대한 내재적 한계를 극복할 방법으로서 한자 표준화 또는 이른바 四定을 논의한다. 1980년대 중반부터 표준화는 한자가 중국어 의사소통 기술 향상의 지연 요인이 돼 온 상황에 대처할 사회적 해결책으로 지목돼 왔다. 표준화라는 쟁점은 그것이 중국어로 이뤄지는 소통 강화에 점점 더 필수적인 것이 됨에 따라 더 큰 중대성을 띠게 됐다. 한자 인프라가 향상될 때까지 중국어 전산화의 측면에선 어떠한 중요한 발전도 기대할 수 없는 단계까지 오고 말았다고 해도 지나침은 없을 것이다. 달리 말해 만약 이 쟁점이 능동적으로 또 시급히 해결되지 않는다면 대중적 표기 체계로서 한자의 존속은 위태로워질지도 모른다. 이 장의 대부분에선 四定의 내용에 대한, 또 표준화 운동과 관련한 다양한 고충에 대한 폭넓은 검토를 제공한다. 그리고 마

지막 부분에선 『표준자총표』 및 모든 한자 목록의 정비, 곧 공식적
인 IT 기반 LPP 어젠다로 이뤄진 두 가지 주요 프로젝트를 소개한다.

   5장에선 한자 표준화 작업과 향후 동향에 더욱 일반적인 방식으
로 영향을 끼치고 그것들을 결정지을 가능성이 높은 외부의 합법화
enabling 요인을 정리한다. 일곱 가지 영향력 있는 요인 또는 사회언어
학적 차원이 규명, 논의된다. 이 일곱 가지 차원과 관련한 논의는 개
별적 요인이 한자 개혁 전개에 대해 행사할 수 있는 영향력이나 힘
의 위계에 따라 제시되며, 향후 개혁의 방향에 영향을 끼칠 가능성
이 있는 인과 관계 패턴의 규명을 목표로 한다. 각 차원에 대한 비판
적 논의는 1) 역사적 경험과 탐구에서 비롯하는 일반화, 2) 분석적
접근을 사용하는 현재 동향 및 미래 방향 검토, 또는 3) 국제적 비교
를 통해 이뤄진다.

   과거를 개괄하고 미래를 고려하는 6장에선 LPP에 대한 외부 조
건을 사회언어학적 관점에서 더욱 깊이 검토한다. 첫 번째 부분에선
표준화와 사회 조건의 양립 가능성을 분석함으로써 사회 발전과 기
술 진보 간의 갈등에 초점을 맞춘다. 새로운 맥락을 수용하기 위해
한자 표준화의 다중심적 모델을 제안한다. 표준화가 하나 이상의 대
체 이형異形, variant 간 선택을 수반하기 때문에 언어 행위는 오직 LPP
에 대해 더 개방된 합의를 구축해 가는 접근이 있을 때 비로소 발생
할 수 있다. 따라서 개혁 과정 검토의 일환으로서 이 장 마지막엔 기
댈 만하고 믿을 만한, 그래서 미래의 한자 개혁을 위한 민주주의와
투명성을 보장하는 LPP 메커니즘 수립의 가능성을 탐구하는 것 또

한 쪽 필요하다고 주장한다.

마지막 장에선 이전 장들에 간편하게 꼭 들어맞진 않는 몇몇 한자 계획 관련 핵심 쟁점을 비판적으로 고려한다. 이 쟁점들은 세 가지 항목에 따라 정리한다. 1) 로마자 표기에 대해 새롭게 생겨난 관심, 2) 1950년대와 1970년대에 시행된 두 간화 방안에서 발생하는 두 종류의 문제를 어떻게 처리할 것인가, 다시 말해서 a) 제2차 간화 방안(1977)에서 비롯한 일부 간화자가 대중 속에서 강력하게 생존한 점, b) 『간화자표』*Table of Simplified Characters*(1956, 1964)[추후 1956년의 『간화자표』는 1964년의 『간화자총표』*General List of Simplified Characters*와 구분된다. 제1장 4절 참조]를 통한 과도한 간화의 결과로 간화자-번체자 간 자동 변환을 개발하는 데 실패한 점, 3) 한자 사용 권역 내의 국가들을 횡단하는cross-national 통일 기준의 가능성을 고려하는 공통 문자 부분이 그것이다. 이 마지막 쟁점은 두 개의 단계, 곧 현실 생활에서 표준화된 한자군漢字群, a set of real life standardized *hanzi*이 사용되고 이와 관련된 모든 한자 사용 정체政體, polities가 그 사용을 공유하는 단계, 또 정보기술을 통합하는 표준군이 있고 그것들의 목적은 사이버 공간에서 그것들의 사용을 인코딩하려는 데 있다는 단계에서 검토한다.

중국어 표기체계의 검토를 통해 중국의 발전과 중국에 대한 도전을 추적함으로써 이 책은 중국의 가능한 미래를 반영한다. 다시 말해 중국의 괄목할 만한 경제성장과 함께 중국 정치 및 사회가 급진적으로 발전하기 시작했음을 고려해 본다면 지난 반세기에 걸쳐 중국 문자에 일어난 진화적 과정이 반동으로 이어질지 아니면 혁명으로 이어질지의 문제는 제기돼야 마땅할 것이다. 세계가 정보의 소통에 의존하는 관계로 이러한 LPP의 발전은 어쩌면 틀림없이 세계 내 중국어의 자리를 결정짓는 데 도움을 줄 것이다. 그렇기에 비록 이 같은 쟁점들에 대한 논의가 그저 또 다른 학적 논쟁으로 비칠지라도 우리는 이러한 질문들의 더 폭넓은 함의가 더 많은 독자의 관심을 끌 만하다고 믿는다.

한국어판 서문

한자개혁: 혁명인가, 반혁명인가?

Zhao Shouhui 趙守輝

2020년, 저는 경성대학교 한국한자연구소 전국조 교수에게서 한 통의 서신을 받게 됩니다. 졸작이 이 연구소의 국가대형연구 프로젝트인 '2018인문한국플러스(HK+) 지원사업'의 번역총서에 선정되어 전 교수가 한국어로 번역하게 됐다는 기쁜 소식이었습니다. 이 소식을 듣고 저는 일찍이 이 책의 영문판 출판 초기에 네덜란드 Springer 출판사가 국제적으로 저명한 응용언어학자인 Spolsky 교수(그는 이 책의 편집자 서문을 쓰기도 했습니다)를 통해 우리 두 저자에게 연락하여 이 책을 Springer 출판사의 북경지부에서 중국어로 번역하는 것에 동의해 줄 수 있느냐고 물었던 일을 떠올렸습니다. 안타깝게도 그때는 400여 쪽의 영문 저서를 중국어로 번역하는 것이 쉽지 않은 일이었던 데다 정치적 민감성 같은 이유도 있어서 보류하게 됐습니다.

한국은 한자의 본고장[인 중국]에겐 이웃나라이자 동아시아 한자 문화권의 주요 구성원이기도 합니다. 보통의 중국 언어학자 입장에서 보면, 제2차 세계대전 이후 한국에서 펼쳐진 한자의 굴곡진 운명을 모두가 예의주시해 왔지만 언어 장벽 때문에 이웃나라 연구자들마저도 한자연구와 관련한 [한국 학계의] 구체적 사정에 대해선 거의 알지 못했습니다. 管中窺豹[관중규표, 管中窺豹: '대롱 구멍으로 표범(豹-)을 보면 표범(豹-)의 얼룩점 하나밖에 보이지 않는다.'는 뜻으로, '시야(視野)가 매우 좁음'을 이르는 말. 『디지털 한자사전 e-한자』, 네이버]식으로 일부만 보는 것일지는 모르겠으나 이번에 졸작이 한국어판 출간 지원을 받게 된다는 것을 계기로 한국학자들이 한자 연구와 전파를 얼마나 중요하게 여기고 있는지를 알게 되었습니다. 이렇듯 진지하고 실용적인 그들의 정신에 감탄을 금치 못하게 되었으며, 저도 모르게 숙연해졌습니다.

전 교수가 저에게 연락을 하여 독자를 위한 안내로 간단한 저자 소감을 작성해 줄 것을 요청했습니다. 제가 알기로 이 책이 출간된 2008년부터 2013년까지 5년 동안 총 6개의 학술지에서 서평을 발표했으며, 중국어 하나(중국 『北華大學學報』)를 제외한 나머지는 모두 저명한 영어 국제 학술지로서 좀 더 구체적인 서지 사항을 말씀 드리면 다음과 같습니다. *Language Problems and Language Planning* (34/3, 282-284), *Language in Society* (39, 291-299), *Current Issues in Language Planning* (10, 159-161), *Written Language & Literacy* (11/2, 229-234), *Chinese Language and Discourse* (4/1, 145-148). 이 밖에도 이 책의 원판 서문에 비교적 상세하고 포괄적인 소개말이 실려 있기 때문에 지금부턴 앞서 언급한 학술지의 서평에서 이뤄진 평가, 곧 이 책의 특성과 공헌에 대한 논평을 되풀이하는 것은 피하고 독자에게 새로운 시각을 제공하여 이 책을 쉽게 이해할 수 있는 실마리를 마련하는 데 초점을 맞추고자 합니다.

우선 본서 제목의 중국어 번역은 이 책을 이해하는 데 중요점이 되기 때문에 간략히 언급해 둘 필요가 있습니다. 현재 흔히 볼 수 있는 중국어 문헌에는 제목에 대한 두 가지 번역이 있습니다. 하나는 『한자개혁: 혁명인가, 반혁명인가』(예를 들어 북화대학교 학술지에 실린 중국어 서평)인데, 이는 제 개인적인 제안이었습니다. 다른 하나는 영어 *Planning Chinese Characters: Reaction, Evolution or Revolution?*를 글자 그대로 직역한 『한자계획: 혁신인가, 복고인가』 같은 제목입니다. 제가 알기로 이 제목은 주로 혁명이라는 단어가 중국 독자에게 끼치는 시각적 충격과 그에 따른 정치적 연관성을 감안한 편집자의 조언이었습니다. 저는 첫 번째 번역을 선호하는데, 그 이유는 바로 '혁명과 반혁명'이라는 부제가 이 책의 집필 의도와 전체 구조를 아주 집약적으로 표현하고 있기 때문입니다. 1986년 말 전국언어문자사업대회全国语言文字工作大会 [전국언어문자작업회의, National Conference of Language Work, NCLW]에서 문자 개혁 사업의 방향을 전환하기로 한 결정은 국가 차원의 문자 사업에 중대한 분수령이 되었으며, 이로 말미암은 모순과 갈등은 이 책을 이해하는 데 중요한 결절점이 됩니다. 이 책에서 우리는 한자 간화와 병음화의 출발점이 일반인들로 하여금 쉽게 배우고 사용할 수 있도록 편의를 제공하는 데 있으며, 궁극적 목적은 인민에게 복무하는 것이라고 주장하고 있습니다. 그러나 그 이후로 사업의 초점은 표준화, 곧 한자 총수를 정하고, 필기 형태를 정하고, 발음을 정하고, 필순과 글자 수의 배치 및 그 순서를 정하는 것이 되었으며[한자 표준화를 위한 네 가지 규정, 곧 四定으로 불리는 것], 그 목적은 언어문자에 대한 기계처리 효율성을 향상하는 데 있었습니다. 그 당시 도시 거주자들 사이에서도 개인 컴퓨터의 사용은 매우 드문 일 이었습니다. 따라서 이 같은 계획의 목적은 인간에서 기계로 이뤄지 는 전향이며(이 책에선 '기술 전향'으로 봅니다), 그 본질은 복무 대상을 노 동 인민에서 소수의 도시 엘리트로 전화转化 [轉化]하는 것입니다. 빈 곤한 대중이 통치의 기초인 프롤레타리아无产阶级 [無産階級 무산계급] 정 당에게 이것은 혁명적 이상에 대한 명백한 배신입니다. 바로 이 같 은 의미에서 이 책에선 마르크스주의 이론의 언어 체계를 적용하여 그 배신을 '혁명에서 반혁명으로'의 전환으로 부릅니다.

이 책의 집필을 시작할 당시의 저술 목적은 두 가지였습니다. 첫 번째는 현지 문제의 국제화로, 현대 중국의 파란만장한 한자 계획사 를 국제적으로 이미 성숙한 학술적 얼개에서 분류하고 해석하는 것 이었습니다. 두 번째는 실천 문제의 이론화로, 한자의 현대화에 반 복적으로 나타나는 구체적인 기술적 문제의 개념화를 시도하고 보 편적 의의를 지닌 이론적 표현을 추출하여 광범위한 응용과 보급 에 유리하도록 만드는 것이었습니다. 첫 번째 목적이 가능했던 기초 는 규범화(곧 간화)를 통해 문자 사용의 효율성을 향상하는 것이 제2 차 세계대전이 끝난 후 대부분의 아시아 및 아프리카 국가가 독립적 으로 나라를 세우는 과정에서 부딪히게 된 공통적인 도전 과제였으 며, 그 과제가 직면한 기술적 문제 또한 언어 계획이 실천에서 한 학 문으로 발전하는 현실적 기반이었다는 데 있습니다. 어쩌면 이 책은 이렇듯 대규모로 중국과 외국의 풍부한 언어문자 계획 경험을 갖고 서로를 배려한 최초의 시도일지도 모르겠습니다. 이러한 목적을 위해 이 책에는 157종의 영문 문헌이 인용돼 있는데 대부분은 해외 언어 계획과 관련한 것입니다. 물론 우리는 국제 학술용어를 사용하여 중국의 현상을 설명함과 동시에 중국어가 모어가 아닌 해외의 독자 또한 아무런 장애 없이 중국의 경험을 이해하도록 돕는다는 목적을 달성하기 위해 노력했습니다. 따라서 이 책 중의 일부 세세한 기술은 그러한 독자를 배려하기 위한 것으로 중국어와 한자 문화에 익숙한 독자에겐 다소 번거로운 표현이 될 수도 있을 것입니다.

'실천 문제의 이론화'를 실현하려는 목표는 주로 세 가지 측면의 노력으로 구현됩니다. 첫 번째는 국제적으로 성행하는 개념이나 전문용어를 사용하여 한자 현대화 과정 중의 사용자 태도를 설명하는 것입니다. 예컨대 1935년 간화 운동 중의 언어태도 요인을 논의하면서 본서에서는 한자 신비화 현상을 열거한 뒤, 문화언어학의 국제적 시각에서 언어태도의 보수적 경향을 고려하고, Schiffman의 언어원지(순결)주의(Language Purism) 言語原旨(純潔)主義[여기서 原旨는 한국어 本旨와 바꿔 써도 된다]와 Fishman의 언어 신비화Language Sanctification 관련 논의를 개념적 도구로 삼아 독자가 한자 간화의 난이도를 더 잘 이해할 수 있도록 했습니다. 이와 관련하여 또 다른 두드러진 예는 Cooper의 '8가지 질문' 언어 계획 모델을 사용하여 1986년 전후에 있었던 한자 현대화 활동의 특성을 분석·비교한 것입니다(표 6-3 참조).

두 번째는 도해를 곁들여 다양한 변수 간의 복잡한 관계를 개념화·시각화함으로써 그것의 직관적 표현이 독자에게 읽기 및 이해의

편리함과 아름다움을 제공하고 또 독자로 하여금 깊은 사고를 계발
할 수 있도록 하는 것입니다. 관련 예시로는 이를테면 우리가 충분
한 실증적 데이터를 기반으로 작성한 한자 사용자 삼각형 도해가 있
습니다(그림 2-3) [각 꼭짓점에 표준자(간화자), 제2차 간화 방안의 것을 포함한 이체
자, 번체자를 두고 한자 사용자 유형을 분류·분석·설명한 것]. 이것은 현실 사회에
서 오롯이 한 유형의 자체字體만 사용하는 사람을 찾기는 매우 어렵
지만 대부분의 사람들은 자신의 문자 사용 정황을 결정지을 수 있
음을 보여줍니다. 또 다른 예로 이 책에선 그림 7-1을 사용하여 한자
간화의 전반적 추세에서 이상과 현실의 괴리를 보여줍니다.

　세 번째는 한자 간화 및 표준화 과정에서 司空見慣[사공견관, '사공(司
空)은 버릇처럼 익숙하게 보다.'는 뜻으로, 매우 자주 보았기 때문에 신기(神氣)하지 않
아 대수롭지 않음을 나타낸 말.『디지털 한자사전 e-한자』, 네이버]한 현상을 고도로
요약할 수 있는 개념을 창출하여 그 현상을 그러한 개념 및 규칙으
로 승화시키는 것입니다. 이와 관련해서 가장 전형적인 예는 '长[長,
장] 효과Chang Effect' 와 '国[國, 국] 현상Guo Phenomenon'이라는 두 가지 개
념과 관련한 논의입니다(제2장의 관련 부분 참조). 전자는 한자 간화 과
정에서 야기된 '개체 단순화와 체계 복잡화个体简化 , 系统繁化 [個體簡化,
系統繁化 개체간화, 계통번화]의 역설을 설명하는 데 사용됩니다. 후자는
'国'의 자형 및 형체를 둘러싼 몇몇 변화를 역사적으로 고찰하여 비
록 언어문자의 첫 번째 기능이 의사소통이긴 하지만 언어 계획의 과
정에서 정체성·감정 표현·심미적 선언과 같은 기능은 의사소통의
기술적 기능과 늘 충돌한다는 점을 보여줍니다. 바로 이러한 점이

지금껏 간과돼 왔던 것입니다. 우리는 이렇듯 실천적 문제를 이론화하려는 시도가 관련 연구로 하여금 경험을 요약하는 방식의 낮은 수준을 반복하는 데서 벗어나게끔 하는 데 도움이 되길 바랍니다.

이 책은 제1 저자[趙守輝 자신]가 2000년에 시작한 박사논문에서 비롯한 것으로, 탈고한 때부터 헤아려 보면 지금까지 십오륙 년이 흘렀습니다. 그동안 언어 계획에 대한 연구 패러다임과 조류·사상에서 구체적으로는 한자변혁 관련 연구와 최신의 정책적 조치에 이르는 모든 것이 비약적인 발전을 이뤘습니다. 이번에 한국어판 출간을 계기로 이 책을 다시 읽게 되었는데 부족하고 아쉬운 점이 너무 많다는 걸 느꼈습니다. 사실 이 책이 출판되기 전부터 두 저자의 학술적 지향점에는 이미 근본적인 변화가 있었습니다. 세심한 독자라면 이후 저자들의 학문적 관심이 포스트모던 비평으로 그 방향을 바꿨다는 것을 알아차릴 수 있을 것입니다(본서 속표지의 헌사가 바로 이 같은 뜻을 내포하고 있습니다. This book is dedicated to our mentors and our colleagues who are working to understand the limits of language planning.). 적어도 개인적으로 볼 때, 이 책에는 명백한 기술적 낙관주의의 이념이 관철되고 있으며, 국제 경험에는 중국 문자 개혁의 다양한 문제에 대한 해결책을 제공하기 위해 교훈으로 삼을 수 있는 이론적 방안이 함축돼 있다고 믿습니다. 저는 이러한 사상적 인도와 함께 학자의 연구는 실천적 도전에 대처하면서 얼개를 짜고, 제안을 하고, 출구를 찾을 수 있다고 생각하기 때문에 기획자의 주체적 능동성에 대한 자신감과 기대가 크다고 봅니다. 현재의 제 입장에서 볼 때 이것은 이 책의 주요 저자[趙

守輝 자신]에게 있었던 당시의 한계입니다. 따라서 한국어 독자께선 이러한 도구적 이성주의의 관념, 곧 학문은 실천을 위해 복무한다는 실용주의적 입장과 명백한 중국식 사유에 대해 역사적 분석과 대처를 병행하면서 이 책을 읽으시길 바랍니다.

끝으로 마땅히 말씀드려야 할 것은 이 책의 제2 저자이자 제가 경애하는 제 박사논문 지도교수인 Richard B. Baldauf, Jr. 교수가 2014년 6월 돌아가셨다는 점입니다. 이상에서 언급한 여러 가지 생각은 오직 제1 저자인 제 개인의 의견만 대변합니다. 아울러 이 책을 통해 새로운 독자층으로 나아가려는 지금 이 순간을 빌려 옛날 은사께서 저를 인재로 기르시면서 제게 거셨던 그 두터운 기대를 이 책으로 위로할 수 있도록 해 주시길 바랍니다.

약어

AI	Artificial Intelligence	인공지능
GB 2312-80	Basic Set of Standard Chinese Characters for Information Interchange	국가표준 2312-80 『정보 처리 교환용 한자 부호 화 문자 집합 기본집』
CCCF	Chinese Character Cultural Faction	한자 문화파
CCP	Chinese Communist Party	중국 공산당
CCSR	Commission of Chinese Script Reform	중국문자 개혁위원회
CIP	Chinese Information Processing	중국어 정보 처리
CTSC	Comprehensive Table of Standardized Characters	통용규범한자표
CWCC	Corpus of Whole Chinese Characters	전 한자 말뭉치
FSS	First Simplification Scheme	제1차 간화 방안
FTVVF	First Table of Verified Variant Forms	제1차 이체자 정리표

GB	*Guojia Biaozhan* (National Standard)	국가표준
GLPFCC	General List of Print Fonts of Chinese Characters	인쇄 통용 한자 자형표
GLSC	General List of Simplified Characters	『간화자총표』
IR	Information Retrieval	정보 검색
IT	Information Technology	정보 기술
LP	Language Planning	언어 계획
LPers	Language Planners	언어 계획자
LPP	Language Policy and Planning	언어 정책 및 계획
NCLW	National Conference on Language Work	전국언어문자작업회의
OCR	Optical Character Recognition	광학 문자 인식
PRC	People's Republic of China	중화인민공화국
RC	Rare Characters	희귀자
RIAL	Research Institute of Applied Linguistics	응용언어학연구소
SCLW	State Commission of Language Work:	국가언어작업위원회
SR	Speech Recognition	음성 인식
SSS	Second Simplification Scheme	제2차 간화 방안
TSC	Table of Simplified Characters	『간화자표』

프롤로그[*]

* 이 프롤로그는 한자의 역사적 기원과 발전을 간략하게 소개하고 한자의 기본적 특징을 기술한다. 이 프롤로그가 한자에 익숙하지 않은 사람들에게 몇몇 필수 배경을 제공하긴 해도 엄밀하게는 한자 자체의 연구 영역이다(예: Boltz 1994, Qiu 2000, DeFrancis 1984b, Wieger 1965). 따라서 여기선 몇 가지 주요 측면을 간략하게 요약하기만 한다.

1. 한자의 기원들

한자*hanzi*의 최초 발달과 관련해선 대략적 결론만 도출할 수 있을 뿐이다. 정통한 기록이 부족해 그 문제에 대한 확실성이 거의 없기 때문이다. 고고학적 연구 결과에 따르면 중국 최초의 문자는 비록 미숙한 형태를 띠긴 해도 기원전 4000년까지 거슬러 올라가는데, 이는 신석기 시대의 도자기 그릇에서 확인된다. 초기 원시-문자 Early Proto-Characters(예: Hook and Twitchett 1991)로 일컬어지는 그 최초의 그림 부호는 기원전 13세기부터 동물 뼈와 거북이 껍질에 새기기 시작한 부호(갑골문)와 밀접한 관련이 있는 것으로 보인다. 비록 그 초기 원시-문자가 중국 표의문자의 전신前身에 지나지 않았다고는 해도 그것은 한자가 일종의 문자 체계로 완전히 정착하기까지 수천 년 동안 발전했음을 보여주는 것이기 때문에 한자가 세계에서 가장 오래도록 지속하고 있는 문자 양식regimen이라는 주장에 무게를 더한다. 갑골문은 의심의 여지없이 비교적 안정되고 체계적으로 구성된 최초의 중국 문자 형태로 간주된다. 상 왕조(기원전 1600~1100) 동안 이 명문銘文의 주요 기능은 사람들의 일상적 의사소통 체계이기보다는 점괘의 기록 [卜辭 복사]이었다. 발전을 시작한지 얼마 지나지 않아 갑골문은 역사에서 자취를 감췄다. 갑골문은 1899년에 우연히 재발견되기에 이르는데, 그 발견을 둘러싸고 벌어진 복잡한 사정 때문에 한자의 역사에는 또 다른 불가사의한 요소가 덧붙었다.[1] 그전까지 사람들은 그것이 뭔지를 알지 못한 채 값비싼 전통 의약 재료인 용골로 불렀다. 갑골문은 상 왕조와 주 왕조의 것 150,000개 정도가 발견됐으며, 그 중에는 식별 가능한 명문이 새겨져 있어 전형으로 삼을 만한 것 128개가 있다.

한자의 초기 발달에 대한 고고학적 증거가 너무도 단편적인 탓에 한자의 기원과 관련한 모든 이론은 갑골문 시대 이전의 추정과 추측으로 간주된다. 그러나 오늘날에도 중국 문자를 전설의 안개에 뒤덮여 있게 하는 요인은 최소한 네 가지다. 첫째, 오래도록 지속되는 한자의 역사 또 한자의 기원과 관련한 가상적imaginary 설명이 있다. 둘째, 한자의 그림글자·뜻글자pictographic[상형문자적]/ideographic[표의문자적] 구조가 있다. 셋째, 중국 문자의 초기 형태에 어떤 목적이 있었는지가 불분명한데, 이는 다시 말하면 갑골문이 점괘를 위한 것이었는지, 아니면 금문이 조상숭배를 위한 것이었는지, 그것들의 의미를 설명해 줄 수 있는 사람은 오직 복사卜辭뿐이었다. 마지막으로 심

1　갑골문의 발견은 고고학적 발견이라기보다는 우연한 기회에 가치 있는 뭔가를 발견하는 행운의 문제였기 때문에 최초의 갑골문 발견을 둘러싼 정황과 관련해서는 의견이 엇갈린다. 한 얘기에 따르면(Wong 1990 : 59), 학자인 Liu Yau는 허난 안양에 있는 병든 친구 Wang을 방문하여 자신의 친구를 치료하기 위해 달인 약차 처방전을 봤는데, 그것은 '용골'로 불리는 약재였다. Liu는 호기심이 생겨 좀 더 꼼꼼하게 알아보려고 몇 점을 샀다. 정말 놀랍게도 그는 이 뼈들 일부에 깊이 갈라진 원시 명문처럼 보이는 것이 있음을 발견했다. 그는 흥분한 나머지 돈을 마구잡이로 써 가며 '용골'이란 용골은 닥치는 대로 모두 사들였다. 자신의 연구로 되돌아간 그는 가장 희미한 틈을 찾기 위해 한 점 한 점 꼼꼼히 살펴봤다. 실지로 그가 본 것은 [자연스럽게 갈라진 틈이 아니라] 인간이 해 놓은 작업이었다. 그는 그 시대의 학계를 뒤흔들 것을 우연히 발견했고, 고대 문자 연구의 연구를 위한 새로운 전망을 열었다.

오한 중국 서예의 아름다움이 있다. 본질적으로 그것은 영적 표현의 전형은 보여주면서도 분석은 완전히 부정하는 상당히 개인적 능력 personal faculty이다.

이런 얘기를 가장 먼저 지어낸 이가 누군지를 말하긴 어렵지만 전통적으로 볼 때 한자가 어떻게 형성됐는지에 대해서는 네 가지 설이 있다. 다수의 언어가 그것들의 문자 체계 창제와 관련한 전설적인 이야기로 가득 차 있음을 알게 된 Cooper(1989: 129)는 "문자 체계의 고안에서 초자연적 조력은 일반적인 주장이다"고 결론 내린다. 가장 독특하고 잘 알려진 전설은 한자의 발명이 신화 속 문자 황제黃帝의 공식 기록관이었던 창힐에서 비롯했다고 말한다. 창힐은 새 발자국에서 영감을 얻어 다수의 한자를 만들어냈다고 한다. 다른 세 가지 설은 다음과 같다. 첫째, 한자는 나무에 표시를 새기는 데서 유래했다. 둘째, 한자는 기원전 27세기에 만들었다고 알려진, V자가 새겨진 막대기의 발명과 관련이 있었다. 셋째, 줄에 매듭을 묶는 것에서 진화했다.

마지막 설명은 보편적인 시각 소통 방법으로서 전 세계적으로 서로 다른 다수의 문화권에서 발견된다. 예컨대 스페인의 정복 이전에 남아메리카의 부족들은 퀴푸스(Quipus, 케추아말로 '매듭')라는 끈을 사용했는데, 상이한 색이나 모양의 끈으로 이뤄진 그 끈의 매듭을 아주 복잡하게 지어 놨다(Cobarrubias 1983). 팔괘 가설은 가능성 있는 매력적 설명을 하나 더 제공한다. 전설의 황제 복희가 발명했다고 일컬어지는 음양팔괘 체계에서, 우주의 모든 자연 현상은 신령스러운 주요 기호 둘, 곧 신탁적 배열로 이뤄진 '―'와 '--' 또는 양과 음[2]을 거칠 때 비로소 재현 가능하다. 이 매우 정교한 방법에 대한 실질적 이해 는 이진법의 비유를 사용함으로써 가능해진다(Zhung 1988: 316). 음양 팔괘와 현대 컴퓨터 사이에 어떠한 관계라도 있는가와 관련해서는 비록 논쟁의 여지가 있긴 하지만 말이다.

2. 구조 진화: 그림에서 부호로

한자의 물리적 형태에 다섯 가지의 주요 변화가 있었다는 것엔 대체로 동의가 이뤄져 있으며, 그 변화란 곧 (거북이 배딱지와 동물을 포함한) 갑골문, 금문, 전서, 예서, 해서를 일컫는다(그림 P-1).

다음 부분에선 그 다섯 가지의 상징적 단계를 간략히 추적하는 데, 그 단계들은 한자의 역사적 발전 동안 한자의 물리적 변화에 대 한 시대 구분을 나타낸다. 그리고 한자가 어떠한 방식으로 본래의 원형原型에서 오늘날 우리가 보는 것으로 진화해왔는지에 대한 일반 적인 추세를 설명하고 이러한 변화가 발생한 조건을 검토한다.

---

2   『역경』이라는 제목의 당혹스러운 이 고전은 이러한 음양팔괘 체계에 전념하는 것 이었기 때문에 중국의 고전적 사고방식에 대한 철학적 토대를 마련하였다.

	말	수레	물고기	먼지	보다	
갑골문						갑골문은 상 또는 은 왕조(기원전 14~12세기) 때 사용됐다.
금문						금문은 주 왕조(기원전 1100년 - 256년) 때 사용됐다.
대전						대전은 주 왕조(기원전 1100년 - 256년) 때 사용됐다.
소전						소전은 진 왕조(기원전 221년 ~207년) 때 사용됐다.
예서	馬	車	魚	塵	見	예서와 해서는 한 왕조(기원전 207년 ~ 서기 220년) 때 최초로 출현하였다. 해서는 여전히 사용되고 있지만, 지금에 이르러서는 보통 "전통적인 중국 문자"로 불린다.
해서	馬	車	魚	塵	見	
행서	馬	車	魚	塵	見	행서는 한 왕조 때부터 친필 중국어에 사용돼오고 있다.

초서	马 丰 鱼 瀿 又	초서는 속기에 대한 중국식 등 가물이며, 한 왕조 때부터 사용돼 오고 있다.
간화자	马 车 鱼 尘 见	간화자는 1949년 이래로 PRC에서 사용돼 오고 있다. 싱가포르에서도 사용된다.
한어병음	mǎ　chē　yú　chén　jiàn	한어병음은 1958년부터 PRC에서 사용돼 오고 있다.
주음부호	ㄇㄚˇ　ㄔㄜ　ㄩˊ　ㄔㄣˊ　ㄐㄧㄢˋ	주음부호는 1913년 중국에서 개발됐으며, 타이완에서는 여전히 사용되고 있다.

그림 P-1. 중국 문자의 진화(Ager 2005)

2.1 갑골문

한자의 추적 가능한 역사는 6,000~7,000년 전에 존재했던 것으로 밝혀진 도문甸文: pottery inscriptions에서 시작했다. 도문은 고고학적 검증을 거쳐 갑골문과 유전적 연계가 규명될 수 있는 최초의 흔적으로서 인정됐다. 갑골문에서 발견되고 식별된 문자형 4,672개 중에서 갑골문 학자들 간의 논쟁 없이 판독 가능한 것은 1,723개 밖에 없다.

갑골문은 거북이 배딱지나 커다란 동물 뼈에 칼로 인각印刻돼 engraved 있기 때문에 — 필기된 글자는 매우 드물다. 또한 가늘고 — 가늘고 울퉁불퉁한 선으로 구성돼 있고 날카로운 어깨가 특징인 기다란 모양을 하고 있어 절개의 강력한 인상을 준다. 갑골문을 도자기에서 발견된 전신[匋文]에 비교해 볼 때, 선형성은 더 갖추며 발전했지만, 회화성은 여전히 두드러진다. 대개의 경우, 모양은 불일정하고, 변화는 광범위한 범위에서 일어나고, 획수는 불안정하다. (칼과 뼈 같은) 단단한 재료의 제약을 받아 오직 사물의 윤곽만 편리하게 묘사할 수 있을 뿐이었다. 도문에서 흔히 발견됐던 정교한 그림은 불가피하게도 몇몇의 간략한 선으로 단순화되고 대체됐다. 갑골문의 또 다른 두드러진 특징은 그것이 적힌 방식을 놓고 볼 때 한 글자인지 아니면 그 이상인지를 구별하기가 어렵다는 것이다(그림 P-2). 이후의 한자 형성에 대한 기본 원리 또한 이 시기에 구체화됐다. 갑골문은 기본적 표현에서는 필요한 글자 수가 충분했고, 실제 사물을 그리는 것에서는 멀어지는 움직임이었기 때문이다. 이런 까닭에 갑골문은 문자 체계로서 한자의 성숙도를 대변하는 것으로 간주된다.

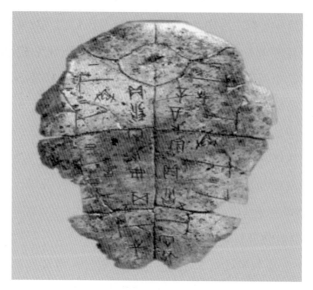

그림 P-2. 인각된inscribed 갑골문(Crystal 2005).
(간결하고 읽을 수 있도록 새겨진 글은 불에 굽힌 후 나타나는 자연스러운 껍질의 구성이나
균열의 패턴에 대한 해독의 기록이다.)

2.2 금문

금문은 갑골문에서 직접 진화했다고 할 수 있다. 갑골문과 가장 큰 차이점은 굵은 선과 함께 둥근 형태를 띠고 있다는 것인데, 제의 도구 및 용기를 포함하는 청동기, 또 가끔은 석비에 주조 또는 인각됐기 때문이다. 갑골문과 비슷한 점이 있고 가끔은 글에 그림 같은 부호를 사용하기도 했지만, 그림 그리기에선 한 걸음 더 멀어지는 것이었다. 더욱이 각개 문자의 크기가 표준화됐을 뿐 아니라 갑골문

의 특징이었던 거칠고 불균등한 획 또한 부드럽고 규칙적으로 바뀌었다. 이 한자의 모양은 더 우아하고 대칭적이었다(그림 P-3).

갑골문이 주로 점괘를 볼 목적으로 사용된 반면 금문은 중요한 의식과 조상 숭배 의례에 사용됐기 때문에 대부분의 내용(현존 최장문은 497자)은 가부장제의 영속화를 위한 매개체vehicle로 기능했다. 정치적 관점에서 본다면 사회적 권력과 현상 유지의 물질화에 복무한 것이었다(Wang and Zou 1999). 같은 이유로 Chiang Yee(1973: 43)가 관찰한 바와 같이 모든 글자는 "위엄 있고 숭고하게, 또 여러 세대에 걸쳐 지속될 수 있도록" 정교하게 만들어졌기 때문에 금문은 서예 연습의 모델이 됐다. 금석학(청동 주물과 석비에 새겨진 고대 명문 연구)이란 새 학문 주제가 송대(960~1279)부터 번성하기 시작해 청대까지 지속되고, 그때 더 많은 갑골문이 발견됨에 따라 한자에 대한 학자들의 관심은 갑골학으로 옮겨 가기에 이른다.

그림 P-3. 금문(Galambos 2005)

금문의 후기 발달 단계에 저우籒로 불렸던 한 궁정 기록관[太史 태
새]은 금문의 문자 양식writing style을 종합하고, 금문의 구조를 일정 부
분 통합함으로써 금문을 더 쉽게 알아보고 쓸 수 있도록 만들었다.
이렇게 재정립된 문자, 보통은 이른바 석고문石鼓文으로 대표되고 사
냥 탐험을 묘사하는 이 문자는 나중에 대전大篆 또는 주문籒文으로 알
려지게 됐다. 대전 주문은 주왕조(기원전 1100년~221년)의 주요 문자 소
통 수단이었으며, 진의 통일까지 모든 봉건국가에서 사용됐다.

2.3 소전[3]

비록 이전 시대부터 계속됐고, 주나라 말기, 특별히 전국
시대(기원전 475~221)에 사용됐다고는 해도 아직까지 통일을 이루지 않
은 국가에서 대전은 더 이상 보편적 표준으로 유지되지 않았다. 상쟁
의 상태에 놓여 있는 상이한 국가에서 동일한 글자가 수많은 이형을
갖는 것은 매우 흔한 일이었다. 따라서 진 제국이 통일을 완성했을 때
오백년의 봉건 전쟁으로 말미암은 혼란스러운 정자법正字法 관련 상

---

3   그 이름은 원래 도장과 연관되지 않기 때문에 조금은 오해의 소지가 있다. 사람
들은 예술적인 아름다움 때문에 이러한 문자의 스타일을 그들의 도장에 새겼지만,
이는 역사적으로 훨씬 나중에 소전이 만들어진 뒤에 일어난 일이다. (정확히 서구적
대응물의 형식에서도 발생하는 것과 같이) 인장이나 겸인에 소전을 사용하는 것은 오늘
날에도 여전히 매우 흔한 일이다. 또 다른 설명은 篆(도장)이 '길게 잡아당기거나 늘
이는 것'을 의미하며, 길어진 획으로 전서체의 특징이 드러난다는 것이다(Yin and
Rohsenow 1997: 33).

황을 극복하기 위해 대전의 표준화된 형태가 표준자의 집합으로서
채택됐다. 그것은 (모든 글자에 해당되는 것은 아니지만) 더 단순하고 획수도
더 적었기 때문에 소전으로 불렸다. 더욱이 각각의 문자는 더 작은 가
상의 정방형을 차지하도록 만들어졌다. 물리적으로 묘사와 관련해선
회화적이고 재현과 관련해선 표의적인 합리성은 여전히 소전 문자의
지배적인 특징이다. 비록 실제 사물의 재현에 대한 추구가 추상적 부
호에 자리를 내주기 시작했다는 의미에서 더 약화하긴 했지만 말이
다. 이 같은 인간의 개입을 통해 이전 형태의 모든 불규칙성이 사라졌
고, 문체에는 대칭성, 균형 잡힌 구조, 부드럽게 휘어지는 획에 대한
선호가 두드러졌다.

　소전은 이전의 구조와 이후의 진화를 연결하는 디딤돌로 볼 수
있다. 또한 그것은 "회화적 형태에서 탈피하여 선형적이고 상징적
인 형태로 더 나아간다"(Yin and Rohsenow 1997 : 35). 그러나 소전 시대에
즈음해서 사람들은 거의 실생활에 가까운 모방을 통해 복잡한 현실
을 표현하는 것이 점점 더 불가능해지고 있다는 생각을 하고 있었
고, 따라서 구술 표현을 재현하기 위해선 더욱 생산적인 방법이 발
견돼야 했다. 이러한 발전은 기존의 표의적 기호와 구술 단어의 결
합으로 이어져 형성자를 전체의 80%로 증가시켰다. 이는 상징적 의
사소통 체계의 창출로 나아가는 의미심장한 한 걸음이었다. 이런 의
미에서 비록 정치적 강요에 따라 공식적 지위를 얻긴 했지만, 소전
의 출현과 구조는 통상 서체 발전의 자연스러운 발전 방향에 부합하
는 것으로 간주돼 왔다.

2.4 예서

소전과 아주 유사한 서체인 예서는 소전과 동시에 성행했고, 실행 속도가 더 빠른 서체의 필요성에서 생겨난 전서의 실용적 속기형이다. 그 이름에서 알 수 있듯이 예서의 최초 사용자는 서기·군의 회계장부 담당자·여타의 민간인으로서 고도로 중앙집중화된 진 제국의 거대한 행정 체계에서 복무하는 이들이었다.

국가 장치가 점점 복잡해짐에 따라 소통의 편리성과 운용 효율성이 주요 관심사가 됐다. 소전이 여전히 느린 데다 필기에도 품이 많이 든다는 것을 알게 된 진의 서기[하급 관리]는 실제적 유사성을 만들어 내기 위해 필요한 요소, 이를테면 불필요할 정도로 엄격했던 형식적·회화적 요소를 간단히 무시해 버렸다. 따라서 필기의 편의를 위해 원은 정방형으로 되고, 둥근 선은 점과 직선 곧 획으로 대체됐다. 획과 정방형 요소를 광범위하게 사용함으로써 갑골문의 입체각은 훨씬 부드러워졌고, 필기를 위한 많은 움직임과 용이함이 더해졌다. 따라서 이러한 변화의 두드러진 특징은 한자의 회화적 특성이 크게 상실됐다는 것이다. 이처럼 거대한 발전사적 변화를 중국 문헌학자들은 '**예서화**Li-change'로 일컬어 왔다.

예서는 단명한 진 왕조(기원전 221~207)의 관원 사이에서 인기가 있었을 뿐만 아니라 다음 왕조인 한(기원전 206~기원후 220년)에서도 강력하게 장려됐다. 예서 장려의 주요 요인 중 하나는 어쩌면 한 왕조 초기의 지배 계급 대다수가 낮은 사회 계층 출신이었기 때문일는지도 모른다. 그렇기에 그들이 이러한 실용적인 형태를 더 편안하게 생각했을 가능성은 꽤 높다. 실지로 예서는 매우 빠르게 발달하여 가장 대중적인 문체로 자리를 잡게 되는데, 이로써 소전이 갖고 있던 기존의 지위를 빼앗음과 동시에 지배 엘리트와 서민 둘 다한테서 인정을 받게 된다. 아울러 동한(25~20)시대에 이르러 소전은 학자들한테서도 인기를 잃게 된다. 허신이 소전의 정통적 지위를 복고하려 했던 한 시도로서 자전 『설문해자』를 편찬하는 시기가 바로 이 한 왕조의 후기, 동한시대였다(Wang and Zou 1999). 이러한 관점에서 이 자전은 지배 엘리트 내의 실용주의자와 보수주의자 사이에서 발생한 투쟁의 결과로 볼 수 있다.

2.5 해서

　　예서가 더욱 간소화된 개혁으로서 해서는 동한 시대에 뿌리를 내렸고 남북조(420-581)시대엔 주류 양식이 되지만 완성은 수·당(각각 581-618, 618-960)대가 돼서야 이뤄졌다. 소전에서 예서로 바뀌면서 필기 속도는 크게 향상했지만 여전히 일부 구조적 관습, 이를테면 더 높은 효율성에 장애를 초래했던 벌레 머리 같은 점이나 제비 꼬리 같은 끝 획의 제약을 받고 있었다. 해서는 구체적 물체와 관련된 잔여 요소를 단순하고 추상적인 선 몇 개로 줄였다. 해서의 정방형 구조와 매끄럽고 균형이 잘 잡힌 선은 서민이 한자를 쉽게 익힐 수 있도록 했고, 부분적으로는 명문 서예가의 폭넓은 지지로 말미암아 학습자가 금세 실행할 수 있는 모범 양식이 돼 문자 그대로 '모범 서체'를 뜻하는 중국어 명칭이 됐다. 이 단계에서 한자는 그 원래 형태에서 너무 많이 벗어나 버려 한자의 고대 기원에서 보이는 사진적 이미지와 연관할 만한 것은 별로 없어 보인다. 이 마지막 개선은 안정성을 창출했다. 해서의 도입 이후 천 년 동안 한자의 형태나 양식에서 중대한 변화는 일어나지 않았다. 그러한 변화는 정부가 광범위한 간화를 최초로 승인한 1950년대에 이르러서야 비로소 일어났다.[4]

오늘날, 해서 이전에 나온 이 네 가지 유형의 고대 문자는 그래픽 아트, 이를테면 중국 서예, 또는 더 드물게는 별난 괴짜 간의 개인적 의사소통(예: 언어 개혁 1974)을 제외하고는 일상적으로 사용할 수 있는 실용적인 매체가 아니다. 그러나 1990년대 이후 중화인민공화국의 민족주의가 대두하면서, 언어 계획 전문가와 여타 학문 분과의 학자는 이렇듯 문화적으로 충만한 문자들이 사라지는 것을 방지하고 현대의 소통 매체로 통합하는 것에 많은 관심을 가져 왔다.

이전 항들에서 논의한 서체 변천은 기본적으로 획과 조자에 국한된다. 그러나 한자의 형태 또한 네 가지 전형적인 양식의 주요 발달 단계에서 급격한 변화를 보였으며, 이는 일반적으로 그림 P-4의 형태들로 설명될 수 있다.[5]

4　　일부 학자들(예컨대 Wang and Zou 1999: 68)은 1950년대의 간화가 한자의 양식과 형태에 어떠한 변화도 일으키지 않았다고 주장한다. 이는 상당 부분 사실이다. 간화로 이뤄진 변화가 질보다는 양에 있기 때문이다.

5　　이 형태들의 배열은 연대순이지만 실제 사용에서는 서체가 겹친다. 따라서 이 도해

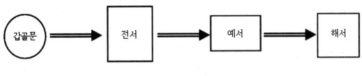

그림 P-4. 한자 형태의 역사적 변화

2.6 역사적 발전에 대한 요약

요약하자면, 중국 한자의 발전은 표준화와 단순화의 순환, 그리고 진화와 반동, 이를테면 표준 유지를 향한 욕망과 새로운 필기구로 용이해진 운용적 효율성에 대한 요구 사이의 부단한 갈등을 특징으로 하는 표준화의 순환을 따라왔다. 예를 들어, 해서는 소전의 원형과 굽고 둥근 선의 장식적 요소를 정방형, 다각형, 직선으로 변형했다. 이는 속기에 대한 요구를 충족하기 위해 발생했으며, 필기도구를 딱딱하고 날카로운 도구에서 부드럽고 유연한 붓으로 바꾼 결과이기도 했다. 예서화Li-change는 원시적인 실제 사물의 모방에서 추상적이고 상징적인 체계로 발전해 가는 과정에서 중대한 일보를 내딛은 것이었다. 이러한 발전은 역사적 경향에 부합하였고, 해서는 현재까지도 기본적으로는 변하지 않은 채 남아 있는 한자의 구조와 형태에서

의 목적은 진화 결과를 보여주기 위한 것이 아니라 역사적으로 퇴출된 대표적이면서도 다른 것과는 확연히 구분되는 형태를 분명히 보이기 위한 것이다.

또 다른 급격한 도약을 이뤄냈다. 이렇듯 아주 오랫동안 이어진 해서의 전체적 안정화는 틀림없이 필기의 재료와 수단, 이를테면 화필과 종이, 그리고 가장 중요하게는 인쇄 기술의 고안에 따른 것이었다. 이는 기술 혁신이 한자 표기 체계의 중대한 변화를 위한 물질적 토대라는 주장을 입증한다(표 7-2, 2.3, 7장 참조).

3. 중국 한자의 특징

한자는 문화적으로 풍부한 문자 체계이며, 독특한 특징 또한 많이 갖고 있다. 지금부터 할 논의의 초점은 다음 장과 관련이 있는 것으로 보이는 4가지 주요 요인에 맞추는데, 그것들은 추상화, 구조적 복잡성, 제한 없는 글자 수, 예술적 특징이다.

3.1 추상화: 그림글자와 뜻글자에서 소리글자로

한자는 일반적으로 표의문자 체계의 대표적인 예로 알려져 있지만, Tang Lan(1965: 81)이 지적하듯이 한자의 일반적인 진화에서 발견되는 중요한 경향은 "자체字體가 원래 정교한 그림글자에서 좁은 범위의 관습적인 획으로 구성된, 순전히 상징적인 기호로 변형하는 것"이다. 그러나 중국의 자체가 원시적인 그림에서 문자로 발전하는 과정은 오래 걸렸다. 더 현저한 추상화의 출현에도 회화적 성분

은 한자를 형성하는 기초 구성 요소로 남아 있다. 한자의 점진적 추상
화는 새로운 문자 창출의 가능성을 크게 높였다.

> 자체의 성숙에 따라 그것은 더 단순해졌고 점차 그것의
> 회화적 특성 중 일부를 잃기 시작했다. 곧 달리 그래픽으로
> 는 재현될 수 없는 개념과 추상적 용어를 재현하기 위해 결
> 국 그림 이외의 장치들이 공식화된 것이다(Gao 2000: 75).

그 결과, 이 과정과 병행하여 표음화가 나타나기 시작했다. 표의
적 구조에서 성부聲符[이 장의 3.2.2 참조]로 발전하는 것은 일반적으로
또 다른 뚜렷한 경향으로 간주된다. 한자의 표음적 경향은 매우 뚜
렷하여 일부 연구자로 하여금 중국 글자가 "표음적이지 문자의 관
념적 체계는 아니다"고 믿게끔 만들었다(DeFrancis 1984b: 133). 그러나
전적인 표음화(특정 언어에서 소리의 단위를 그래픽으로 표현하는 것) 대신 문자
체계로서 한자의 표음적 요소는 크게 두 가지 방식으로 표현됐다.
한편으론 성부가 형성자로 변화해 가는 발전이 있었다. 형성적 방법
은 너무도 탄탄해서 『설문해자』가 편찬됐을 당시엔 거의 80%의 한
자가 형성자로 구성됐다고 간주된다. 다른 한편으론 동음이의 발생
이 증가했는데, 이는 달리 말해서 상당히 자주 사용되는 얼마간의
문자가 발음은 동일하지만 의미론적 뜻은 상이한 문자를 나타내기
위해 가능한 음절의 목록 기능을 수행하게 됐음을 가리킨다.
이 방법은 근본적으로는 동음이의적 대체, 또는 전통적인 '가

차'(음성 차용) 방법의 확장이다. 가차법은 사람들로 하여금 가장 많이 사용되면서도 단순한 소수의 한자를 기본 음절로 사용하여 동일하거나 유사한 소리로 상이한 개념이나 단어를 나타낼 수 있게 하는데, 이 경우 이 문자들의 원래 의미는 고려되지 않는다. 사용 빈도가 가장 높은 비교적 소수의 문자는 순전히 아직은 알려지지 않은 다른 문자에 발성적 주석을 달기 위해 사용되며, 음절 한자로 불린다. 음절 문자, 곧 오직 텍스트에서 그것의 음성적 가치만 위한 문자의 사용이 증가한 것은 표음문자로 발전해 나가는 동향에서 일종의 큰 진전으로 보인다(Li 1934). 그 결과, 동음이의 문자나 단어의 수가 크게 증가했고, 이는 다시 단어의 이음절화와 다음절화로 이어지는 추동력이 됐다. Wang Fengyang(1989)은 중국어 어휘의 이음절화와 다음절화에서 보이는 발전 추세는 표음적 경향의 발현이며, 이는 그림글자와 뜻글자에서 소리글자로 발전하는 한자에 물질적 기초를 제공한다고 지적한다. 왜냐하면 오직 이음절적이고 다음절적인 단어 또는 복합어만 의미론적 오해를 일으키지 않은 채 동음이의적 대체를 감당할 수 있기 때문이다.

다수의 언어학자는 문자writing 발전을 두 단계로 볼 것을 주장한다. "인간이 의사소통을 위한 약호인 언어를 사용하는 것에 대한 지식이 더 정교해짐에 따라 언어는 표의적 문자에서 음성적 체계로, 선형적 진화 과정을 거치는 경향이 있다."(Jackson and T'sou 1979: 81). 첫 번째 단계에선 Gelb(1963: 59)가 "문자의 선구자"로 부른 회화적 상징이 기술적descriptive이고 대표적이다. 두 번째 단계에선 음성 요소와 같은 장치가 필요했는데, 이는 이전의 회화적·표의적 방법이 점점 더 복잡해지는 구어를 적절하고 능숙하게 표현하기엔 불충분했기 때문이다. 대부분 첫 단계부터 이어진 회화적 형태는 실제 사물에서 벗어나 그 개념을 구두로 표현하기 시작했다. Woon(1987: 270)의 관찰에 따르면 "한자의 구조적 진화에서 많은 일이 일어났지만, 가장 중요한 발전은 문자 체계가 표음화 쪽으로 기울기 시작했다는 것, 아울러 이것이 음성적 편방(성부)의 발달로 이어졌다는 것이다." 이러한 변화 과정의 독특한 측면은 그것이 본격적인 음성 맞춤법으로 발전하는 대신 갑자기 멈췄다는 것인데, 이는 현대 한자 전문가와 언어학자를 여전히 어리둥절하게 만드는 현상이다.

一	二	三	心	玉	竹	見	金	面	骨
1획 yī [일] 하나	2획 èr [이] 둘	3획 sān [삼] 셋	4획 xīn [심] 마음	5획 yù [옥] 옥	6획 zhú [죽] 대나무	7획 jiàn [견] 보다	8획 jīn [금] 금	9획 miàn [면] 얼굴	10획 gǔ [골] 뼈
魚	黃	鼎	鼻	齒	龍	龠	簡	識	覺
11획 yú [어] 물고기	12획 huáng [황] 누렇다	13획 dǐng [정] 솥	14획 bí [비] 코	15획 chǐ [치] 이빨	16획 lóng [용] 용	17획 yuè [약] 피리	18획 jiǎn [간] 간략하다	19획 shí [식] 지식	20획 jué [각] 느끼다
鐵	轞	體	鱸	釁	靨	髒	鸚	鬱	鱻

21획 tiě [철] 쇠	22획 jiān [천] 언치	23획 tǐ [체] 몸	24획 zhān [선] 철갑상어	25획 hóng [횡] 학교	26획 yǎn [염] 상흔	27획 nóng [농] 코감기	28획 yīng [앵] 앵무새	29획 yù [울] 무성하다	30획 xiān [선] 신선하다
灩	龘	麤	鱣	驤	靌	龍	龗		
31획 yàn [염] 출렁거리다	32획 tà [답] 용싸움	33획 cū [추] 거칠다	35획 yà [알] 이빨이 없다	36획 nàng [녕] 막힌 코	39획 bìng [빙]	48획 dá [답]	64획 zhé [절] 말이 많다		

그림 P-5. 중국 문자의 구조적 복잡성

[(1) 한국어의 독음이 두 개 이상인 것은 원저의 병음에 입각하여 하나만 골랐으며, 그 뜻이 복수일 경우에도 원저의 것을 따른다. (2) 靌: 우렛소리, (3) 龘: 용이 가거나 나는 모양]

3.2 구조적 복잡성

표면적으로, 복잡한 필획은 한자를 시간이 많이 걸리는 필기 체계로 만든다(그림 P-5 참조). 『정보 처리 교환용 한자 부호화 문자집합 기본집』*Basic Set of Standard Chinese Characters for Information Interchange*, 信息處理交換用漢字編碼字符集基本集(이하 [BSSCCII] GB2312-80, GB는 국가표준: National Standard) 6,763자(39개는 비문자 그래픽 부호)의 경우, 평균 획수는 10.665이며, 9획 이상의 글자가 전체의 거의 70%를 차지한다(Su 2001b). 더 문제적인 것은 비록 문자의 획이 고정된 규칙에 따라 쓰인다 해도 부건部件[이 장의 3.2.3 참조]의 모양은 다양하고, 또 일관성이 없는 것으로 악명이 높다. 이러한 요인 및 여타 요인의 결과로, 필기 기술을 습득하려면 최소 5년의 정규 교육 기간이, 지속 가능한 문해력을 달성하려면 최대 10년의 시간이 필요하다는 데 일반적인 동의가 이뤄져 있다. 게다가 문자를 기술할 때는 불확실한 것이 많이 있다. 이를테면 부건의 정의, 부수의 수, 무엇을 부수로 부를지, 부수와 부건의 차이는 무엇인지와 같은 것은 고도의 복잡성을 만들어낸다(제4장 2.2 참조). 한자의 조자적造字的 복잡성은 다음에서 논의되는 필획, 부수, 부건, 이 세 가지 기본 용어로 이해할 수 있다.

3.2.1 필획

필획은 조자에 사용 가능한 가장 작은 구조 단위다. 중국 문자를 쓸 때, 각각의 필획은 펜과 종이의 지속적인 접촉으로 볼 수 있다. 필획筆劃; bihua은 사실 예서와 해서 이후에 생겨난 용어인데, 앞서 언급했듯이, 예서화 이전에는 필기도구가 대부분의 경우 붓이 아니었던 탓에 글자의 획이 선명하지 않았기 때문이다. 한 글자는 1획에서 64획 사이로 구성될 수 있다. 필획은 모든 종류의 문자 체계에 대한 보편적인 기초다. 알파벳 문자도 획으로 이뤄진 글자로 구성되지만, 한자는 필획의 상이한 종류에 따라 모양이 달라지는, 훨씬 더 다양하고 반복적인 필획 배열을 사용하여 작성된다. 약 30개 중 8개만 기본 필획으로 간주되고 그 밖의 모든 획은 변이형으로 취급된다. 예컨대 갈고리 획은 왼쪽 또는 오른쪽 갈고리, 직선 또는 구부러진 갈고리일 수 있다. 필획의 굵기와 길이가 한자의 의미에 영향을 끼치진 않지만 문자를 올바르게 구성하기 위해서는 필획의 모양, 필획 간의 관계, 획순, 획수와 같은 다소간의 요소를 고려한다.

3.2.2 부수와 편방

그러나 한자 표기 체계의 기본은 필획이 아니라 부수다.[6] 자전의 문자 분류 표제인 부수는 최소한의 유의미한 구성 요소다. 문자는 구조적 복잡성의 관점에서 독체자獨體字: simple characters와 합체자獨體字: compound characters의 두 가지 범주로 분류될 수 있다. 전체 문자 중 약 4%를 차지하는 독체자는 간결한 완전체로 배열돼 있어 더 이상 별개의 구성요소로 분할되지 않는다. 다수의 부수는 그 자체로 단일 단위의 독체자이므로 합체자의 구성 요소로 사용될 때만 부수로 보일 수 있다.

자전에서 문자를 묶기 위한 분류 지표로 사용되는 부수는 발견법적 가치heuristic value[실제로는 데이터에 존재하지 않는 어떤 정보에 대해 계산된 추측을 진행하는 것]가 없는 사전의 표제로 사용되는 문자의 그래픽 부분일 뿐이다. 동일한 부수를 포함하는 문자는 그 부수 아래에 잔여 획수에 따라 오름차순으로 배열된다. 전반적으로 부수는 상이한 자전

---

6   DeFrancis(1984b: 92)는, '부수'는 '상당히 오해의 소지가 있는' 용어이며, 그는 그것을 '의부significs'라고 부를 것을 제안한다. 이후(1989:279) 그는 한자에서 이 의미적 요소를 언급하기 위해 '부호key'와 '결정사determinative'를 추가로 도입한다. 부건, 주요 요소와 같은 다른 용어들도 일부 책에서 찾을 수 있다.

에서 채택된 접근법에 따라 200개에서 600개까지 다양하다. 부수의
가장 큰 문제 중 하나는 부수를 구두로 기술할 수 있는 표준화된 방
법이 없다는 것이며, 이는 컴퓨터가 급속히 보편화됨에 따라 점점
더 일상적인 문제가 되고 있다(제4장 2.4 참조).

그 밖의 부수 관련용어는 편방偏旁: compound으로, 조자의 또 다른
구조적 요소다. [중국] 문자엔 두 유형의 기본 편방이 있다. 대개 전체
문자의 의미 범주를 명시하는 부수와 겹치는 경우가 많은 의방義旁: a
semantic compound [義符 의부]과 발음과 관련한 뭔가를 알리는 신호인 성
방聲旁: a phonetic compound [聲符 성부]이다. 하지만 의부뿐 아니라 다수의
성부 또한 별도의 어휘적 지위를 갖는다. 형성은 가장 지배적인 조
자 방법이다.

3.2.3 부건·자근·자원·자소部件·子根·字元·字素 components or unit

'부건'은 새로운 개념이다. 컴퓨터 타이핑 방안을 설계할
필요에서 탄생했기 때문에 유연한 용어다. 필획과 부수 이외에도 문
자를 더 조작 가능한 단위로 재구성할 필요가 있으며, 이는 표의적으
로 배열된 키보드의 제한된 공간으로 말미암아 필요하게 된다. 대부
분의 문자 기반 입력 방식에서 문자는 부수나 필획 대신 부건으로 분
할된다(예시: 그림 P-6에 표시된 6개 부건). 부건은 순전히 그래픽 구성 단위
로서 질적으로는 필획과 독체자 사이에서 문자의 음성과 의미 기능
에 관계없이 문자를 구성하는 위치에 주안점을 둔다. 따라서 부건은

부수와는 본질적으로 다른데, 부수는 의미론적으로 또는 음성적으로 합리적이지만 부건은 그렇지 않기 때문이다. 그것은 필획을 기반으로 하지만 일반적으로 부수보다는 더 작고 단순하다. 그림 P-6의 문자를 예로 들어보자. 齉(nàng [낭], 막힌 코)은 『현대 중국어 사전』(1970년대 이후 중국 가정家庭에서 가장 인기 있는 사전)에서 가장 복잡한 글자다. 중국 육서의 체계에 따르면 그 글자는 의부 鼻(bí [비], 코)와 성부 囊(náng [낭], 주머니)로 구성되지만, 한자 키보드를 사용하여 이 글자를 다시 만들어서 컴퓨터에 입력하려면 이 글자는 분해되거나 더 작은 단위, 곧 부건으로 분할돼야 한다. 이 예에서는 6개의 부건으로 해체된다. 그러나 실제로 특정 유형의 소프트웨어 각각은 그것의 고유한 원칙에 따라 문자를 분석한다. 예컨대 이 글자에서 부건 田(tián [전], 밭)과 ㅂ(우측 부수의 상단 부건)은 일부 입력 방안에선 두 개의 독립된 부건으로 취급되지 않을 수도 있는데, 이는 그것들이 이렇게 표현될 수도 있기 때문이다. 田 = 口 + 十;　 ㅂ = 口 + 十. 결과적으로 부수와 부건이 각인된 일부 중국어 키보드에서 사용자는 田과 ㅂ는 찾을 수 없고 口와 十만 찾을 수 있다.

　Su(2001b: 79)는 부건을 "결합된 필획의 집합으로서, 하나 이상의 한자 구조에 나타나고 모든 글자에 보편적인 것"으로 정의한다. 새로 만들어진 부건units은 논란을 불러일으켰다. 순전히 문자에 대한 기계적 처리의 편의를 위한 것이기 때문이었다. 각 입력 방안의 문자 분해 방식이 상이한 탓에 부건은 전체적으로 보면 비체계적이다. 그 결과 혼란은 1997년 12월까지, 곧 중국의 국가언어작업위원회

State Commission of Language Work[國家語言文字工作委員會(이하 SCLW)]에서 『정보 처리용 GB1300.1 문자집합 부건규범』Information Processing Standard Components for GB 13000.1 Character Set：信息處理用GB13000.1字符集漢字部件規範 (GF 3001-1997)을 발행할 때까지 이어졌다. 이 공식 표준에선 20,902자의 조사를 토대로 560개의 이른바 기초 부건이 표준화됐지만 한자학 사학자와 프로그래머 사이엔 그 유효성에 대한 이견이 남아 있다.

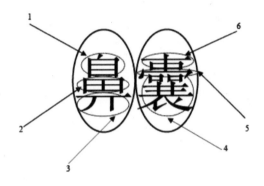

그림 P-6. 편방과 부건 간의 차이

3.3 제한 없는 글자 수

현재 사용되고 있는 한자의 수가 믿을 수 없을 정도로 많다는 것은 잘 알려져 있다. 한자는 개방적인 체계를 형성하며, 전체 한자 수는 시간이 지남에 따라 증가한다. 표 P-1은 다양한 역사적 자전에 포함된 한자 총수의 증가를 보여준다[7]. 이들 문자는 사용 빈도가 크게 다르다. 가장 일반적인 3,000개의 한자가 현대적 필기에 사용되는 모든 문자의 99% 이상을 차지하고 있다는 것이 대체로 인정되긴 하지만 때로는 다른 문자가 사용될 수도 있다(제4장 2.1.1 참조).

표 P-1은 역사적으로 전체 한자 수가 이러한 일반적인 경향과는 약간의 편차를 가진 채 점증했음을 보여준다. 이를 설명할 수 있는 이유는 다양하다. 한 가지 분명한 편차는 543년의 『옥편玉篇』이다. Li Jianguo(2000: 140)에 따르면 그것의 지대한 영향 때문에 1013년에 최종적으로 전체 글자 수가 확정되기 전에 수시로 수정되고 확대됐다. 이러한 광범위한 적용 범위는 후속 자전에 포함된 문자 수가 증가하지 않고 감소하는 이유를 설명한다. 1039년 『집운集韻』은 또 다시 가파른 증가세 이후의 하락세를 보였다. 여기에는 각각의 공식적인 표준 표제 아래 나열된 많은 변형 문자와 사용되지 않는 부호가 포함돼 있다. 또한 해서와 전서로 나열된 동일한 문자에 대해 상이한 스타일의 글꼴을 제공하기도 한다.

아울러 Su(2000: 5-6)가 상기시키는 것처럼 여기에 열거된 숫자들이 여기서 논의되고 있는 시대의 현실을 반드시 반영하는 것은 아니다. 왜냐하면 한편으로는, 많은 글자를 놓쳤을 것이 확실한 터라 어떤 자전이나 저자도 사용 중인 문자 모두를 나타내거나 수집하는 것

---

7   사전에 나열된 글자 수는 사전의 크기를 측정하는 데 중요한 매개 변수다. 왜냐하면 고대에는 사전이 오늘날의 단어 대신에 글자를 표제로 사용했기 때문이다. 사전은 말 그대로 '문자책'을 의미하는 '자전字典'으로 불렸다.

은 불가능하기 때문이다. 다른 한편으로는, 만약 우리가 많은 수의 이체자를 세지 않는다면 각 시대의 실제 숫자는 훨씬 적을 것이다. 제4장 2.1.1의 논의에서 알 수 있듯이 변형[이체자], 사자死字, 희귀자는 왜 한자의 총수가 오해를 불러일으킬 정도로 많은지misleadingly large를 설명하는 세 가지 주요 원인이다.

표 P-1. 한자 수의 역사적 증가

시기	왕조·정체(政體)	자전	편찬자	글자 수
?	한	창힐편(倉頡篇)	?	3,330
1–5	한	훈찬편(訓纂篇)	Yang Xiong 양웅(揚雄)	5,340
60–70	한	독훈편(讀訓篇)	Ban Gu 반고(班固)	6,180
100	동한	설문해자(說文解字)	Xu Shen 허신(許愼)	9,353
227–239	위	성류(聲類)	Li Deng 이등(李登)	11,520
400	진	자림(字林)	Lü Chen 여침(呂忱)	12,824
500	북위	자통(字統)	Yang Chengqing 양승경(楊承慶)	13,734
543	남량	옥편(玉篇)	Gu Yewang 고야왕(顧野王)	22,726
601	수	절운(切韻)	Lu Fayan 육법언(陸法言)	12,150
751	당	당운(唐韻)	Sun Mian 손면(孫愐)	15,000
753	당	운해경원(韻海鏡源)	Yan Zhenqing 안진경(顔真卿)	26,911

997	요	용감수감 (龍龕手鑑)	Xing Jun 행균(行均)	26,430
1008	송	광운(廣韻)	Chen Pengnian etc. 진팽년(陳彭年) 등	26,194
1039	송	집운(集韻)	Ding Du etc. 정도(丁度) 등	53,525
1066	명	유편(類篇)	Wang Mu 왕수(王洙) 등	31,319
1615	명	자회(字匯) [자휘(字彙)]	Mei Yingzuo 매응조(梅膺祚)	33,710
1675	청	정자통(正字通)	Zhang Zilie 장자열(張自烈)	33,440
1716	청	강희자전 (康熙字典)[8]	Zhang Yushu etc. 장옥서(張玉書) 등	47,043
1915	중화민국	중화대자전 (中華大字典)	Lu Feikui etc. 육비규(陸費逵) 등	44,908
1990	중화인민공 화국	한어대자전 (漢語大字典)	Xu Zhongshu 서중서(徐中舒)	54,678
1994	중화인민공 화국	중화자해 (中華字海)	Leng Yulong etc. 냉옥룡(冷玉龍) 등	85,000

컴퓨터 정보 처리 연구팀 1980: 70-71; Wu, 1995 : 79-80에서 발췌

---

8   『강희자전』: 장옥서와 그의 동료들이 강희제의 후원으로 1716년에 편찬한 가장 인
      기 있는 중국어 자전 중 하나다. 49,174개의 표제(문자)를 수록한 이 자전은 당시 이
      용 가능한 것 가운데서는 가장 권위 있고 철저한 사전으로 지정됐다.

3.4 예술적 특징: 문자의 인쇄체화, 인쇄 글꼴

한자엔 소통의 수단임과 동시에 전통 예술의 형태라는 특징이 있다. DeFrancis(1984b: 202)는 "특별히 서예로 표현된 중국의 문자writing 체계는 그 자체로 일부 문화적이며, 따라서 단순한 전달자 그 이상"이라고 주장했다. [중국] 문자는 매우 높은 평가를 받아왔기 때문에 여타의 미술 중에서도 "국민정신의 가장 근본적인 예술적 표현"으로 격상됐다(Chiang 1973: 107). 회화적 예술graphic art과 시각적 소통visual communication 둘 모두로서 한자의 이원적 역할은 한자의 발전에 이중적 영향을 미쳤다. 개혁 반대론자들은 이 주장을 간화 거부의 근거로 삼는다. 그들은 서예가 선천적으로 또 내재적으로 전통 문자[번체자]와 연관돼 있으며, 간화는 중요한 전통 보물 중 하나의 활력을 억누른다고 주장한다. 그러나 역사적으로 보면, 특별히 간화자의 가장 중요한 원천인 두 가지 주요 서체 곧 초서와 행서를 통해 문자를 간화로 밀어붙이려는 지속적인 추동력이 존재해 왔다.

서예라는 주제는 다소 언어학적 관심 영역의 바깥에 있지만 한자를 간화하고 규범화하는 서예가의 역할은 중요한 화제다. 서예가는 일반적으로 전통 문자의 확고한 수호자로 알려져 있으나 다수의 간화자는 서예 형식에서 파생한다.[9] 근대 이전에는 친필·서예·인쇄의

---

9   예를 들어 Mao[Mao Zedong]는 1950년대에 간화자에 손글씨 또는 서예 스타일을 과감하게 사용하여 간화 체계를 공식화하라고 명령했다. 타이완의 '공식 친필 문자 목록Official List of Standard Handwritten Characters'(1982)에 포함된 많은 문자는 본

뚜렷한 차이가 없었기 때문에 서예의 실천에서 얼마나 많은 간화자가 생겨났는지와 관련해서 정확하고 신뢰 가능한 통계는 없다. 그래도 중국 쓰기 체계의 예술적 표현이 한자 간화의 발전을 검토한다는 측면에서 아무리 강조해도 지나치지 않을 정도로 중요한 기여 요인임은 두말할 나위도 없다. 안타깝게도 한자의 이러한 예술적 자질은 문자를 개혁할 때 오랫동안 무시돼 왔고 그 결과 발생하는 부정적인 효과로 말미암아 구세대의 간화 문자 수용은 더 어렵게 됐다. 예컨대 역사적으로 다양한 서예 학파의 모범 서적을 모방하는 전통적 방법을 통해 필기 능력을 습득한 한자 사용자 집단이 있다. 그들은 획순이 자신이 배운 것과 다르다는 것을 알았을 때 재구성된 문자로 전환하려는 시도에서 큰 좌절감을 느꼈다. 이들한테 획으로 간화된 일부 문자는 그것들의 원래 형태보다 훨씬 더 복잡해 보인다. 한자의 서예적 특징에 대한 연구가 완전히 결여된 상태에서 발생하는 이런 유형의 예기치 못한 문제는 '長[長, 장] 효과*chang-*effect'로 불리며, 제2장 1.2.2에서 논의된다.

한자의 예술적 양식을 얘기할 때 글리프glyph[정보 기술에서, 기호의 형태를 체계적으로 표현하기 위하여 고안한 그래픽 부호, 출처: 『우리말샘』]나 조판의 인쇄된 스타일을 일컫는 폰트 또는 타이프 페이스 스타일font or typeface style [글꼴 또는 활자 서체 양식]은 중요한 개념이다. Fu Yonghe(1993)

토의 간화자와 동일하거나 유사하다(Zhang et al. 1997). 간화자의 기원을 살펴보는 것은 오늘날의 간화자가 다양한 형태의 필적에서 역사적으로 파생하는 방식을 이해하는 첫 발이다.

에 따르면 한자의 발전 과정을 나타내는 인쇄 글꼴에는 네 가지 주요 유형이 있다. 오직 한 종류의 글꼴 곧 송체宋體, Song Style, *Songti*만 1920년대와 30년대 이전에 존재했는데, 이때 다른 인쇄체 두 가지인 방송체倣宋體, Imitative Song Style, *Fang Songti*와 해체楷體, Standard Style, *kaiti*가 고안됐고, 흑체黑體, Bold Style, *heiti*는 거의 동일한 시기에 일본에서 들여왔다. 해체는 해서Square Script의 산업적 용어이며, (해체와 함께) 송체는 가용한 종류 중 으뜸을 차지한다는 측면에서 Times New Roman의 등가물이다. '체'는 인쇄 목적으로 사용되는 표준 형식이기 때문에 중국의 인쇄 산업에서는 사실상 엄밀한 기술 용어이자 조판 및 편집 목적의 폰트를 지칭하는데, 획선 및 구조적 비율과 관련한 일련의 기술적 척도를 기반으로 한다. 예를 들어, 여타 표준에는 국가표준, 『정보교환용 한자 32×32 격자 자형모음과 데이터모음』 32×32 Dot Matrix Font Set and Data Set of Chinese Ideogram for Information Interchange [信息交换用汉字32×32点阵字模集及数据集, GB/T 6345.1-1986]이 포함된다. 현대 출판물은 저자와 대상 독자의 취향에 따라 다른 폰트 스타일로 인쇄된다. 예컨대 해체는 보통 저학년 학교 교과서에 사용되는 반면 학생들이 고학년으로 갈 때엔 스타일이 송체로 바뀐다. 대부분의 신문 또한 송체로 인쇄된다.

친필의 경우 크게 해서Model/Standard characters[모범 양식으로서 해서], 행서行書, Running Characters, 초서草書, Grass/Cursive Characters의 세 가지 형태가 발전했으며, 각각에는 고유한 서체적 특성이 있다. 행서는 친필로 쓸 때 시간을 절약하기 위해 주로 사용되는 반면 초서는 더 빠르지만 뒤틀린 풀처럼 휘갈겨 쓴 모양이어서 중국어로 이름이 그렇게 붙었다. 알파벳에 익숙한 독자한테는 한자 폰트를 구별하는 것이 획수와 획의 구성 방식이지 획의 모양, 곧 획의 너비·길이·두께가 아니라는 점이 상기돼야 한다. 초서와 행서의 경우, 목적은 가독성은 잃지 않되 필기의 복잡성은 줄이는 것이다. 이는 해서의 분리 가능한 요소들을 의식적으로 조합함으로써 이뤄질 수 있으며, 서체 문자script characters는 획수를 감축하고, 이중 또는 삼중 곡선을 단일 곡선이나 선으로 축약하고, 사소한 요소를 제거함으로써 최소한으로 유지된다. 지금부턴 이 세 서체를 간략하게 소개한다.

3.4.1 해서

해서model style characters[모범 양식으로서 해서]는 중국 서예의 한 장르다. 간단히 말해서, 그것은 정방형 서체Square Script로서 해서와 해체의 예술적 표현이다. 한자 관련 서적 대부분은 이 세 용어의 구별에 신경 쓰지 않지만 모범 양식으로서 해서가 앞서 언급한 해체 및 정방형 서체로서 해서와는 다르다는 점은 짚고 넘어가야 한다. 조금 전에 언급했듯이 해체는 산업적으로 정의된 표준으로서, 컴퓨터 도입 이전에 은이나 구리 주형으로 인쇄된 폰트 스타일을 일컫는다. 정방형 서체로서 해서는 더 광범위한 개념으로서, 한자의 물리적 구조 발달사를 논의할 때 구조적 스타일을 정의하는 데 사용된다. 모범 양식으로서 해서는 이 둘을 기반으로 하긴 하지만 오로지 서예만 지칭하기 위해 사용된다. 초점은 이 해서의 예술적 특징에 맞춰져 있다. 이 모범 양식으로서 해서는 수세기가 지나도록 상상할 수 없을 정도의 많은 종류와 하위 스타일을 발전시켰고 그것들은 잘 알려진 붓의 대가들이 오랜 시간에 걸쳐 서로 다른 개인적 특성을 부여한 것들이다. 그러나 이들은 내재적으로 서로 관계를 맺고 있으며 표준성 및 규칙성과 같은 공통 특징을 공유한다. 때때로 한 문자는 정방형 서체로서 해서, 모범 양식으로서 해서, 해체의 세 이름 중 하나로 불릴 수 있지만, 대부분의 경우, 그것들은 다른 것들을 나타낸다. 따라서 같은 용어인 해서가 다른 맥락에서 사용될 때 한자의 다른 측면을 일컫는다는 것에 주목할 필요가 있다.

3.4.2 초서

　　초서는 중국 서예의 필기체다[알파벳 문자의 필기체]. 그것은 빠른 친필에서 파생해 시각 예술의 형태로 진화했고, 결국엔 감상적 문학 독자들 사이에서 폭넓은 인기를 얻었다. 초서는 동진시대(317~420)에 활동했던 역사상 가장 위대한 서예가, 왕희지(321~379)의 대에 이르러 절정에 달했다. 그는 또한 필기를 독립적 예술로 발전시키는 데 평생을 바친 최초의 학자이기도 하다. 초서의 실질적 가치는 거의 상실됐다. 글자의 대략적 스케치에 기본 윤곽만 간직하고 있어서 문외한한테는 가독성이 매우 떨어지기 때문이다. 그것은 다루는 데는 더 많은 자유로움을, 움직이는 데는 더 큰 생동감을 허용한다. 아울러 점점 더 느긋하고 풀처럼 돼 갔는데, 초서의 흔들리지 않는 힘과 신속성으로 말미암아 완벽한 작품의 모든 글자가 나머지 글자와 내재적이면서도 가시적인 연결고리를 갖게 되기 때문이다. 초서의 우아한 형태와 파도처럼 기복을 이루는 움직임은 중국 학자들의 마음을 사로잡았을 뿐 아니라 그것의 아름다움은 일반 서민들마저도 가장 장식적 서체로 사용하게끔 한다. Mao Zedong은 현대 초서의 대가로 널리 인정받고 있다.

3.4.3 행서

속기 스타일의 필기 형태로서 행서는 해서와 초서 사이의 간격을 메우기 위한 절충적 형태다. 필획이 어느 정도 단순해지긴 했지만 일반 독자가 알아보기엔 여전히 충분하다. 그리고 개인적 표현에 대해선 충분한 자유로움과 함께 꽤 빠른 속도의 필기를 가능케 한다. 따라서 그것은 가장 인기 있는 서체가 됐고, 원고·사적 서간·기타 비공식적인 글을 작성하는 데 널리 사용된다. 신문의 헤드라인과 제목, 또는 광고와 포장지 같은 특수 시각 효과를 제외하고, 행서는 일반적 텍스트 인쇄에선 좀처럼 사용되지 않는다. 그런데도 이 같은 상황은 컴퓨터 기술이 가져온 편리함에 따라 변화하고 있다. 송체와 해체가 여전히 지배적이긴 하지만 거의 사용되지 않았던 필기 스타일이 컴퓨터로 입력된 자료에 사용되는 새로운 경향이 발생하고 있는 것이다.

　　IT가 중국 한자의 필기 스타일에 끼치는 영향, 또 그 스타일이 표준화와 맺는 관계에 대해선 더 자세히 설명할 필요가 있다. 전통적으로, 독특하면서도 개인화된 필기 스타일이 적어도 3,000년 동안 수도 없이 개발·기록·연구됐지만 기계적 조판용으로 쉽게 선택될 수 있는 글꼴은 몇 개밖에 없었다. 현재, 기술 발전이 가져다준 편리함으로 말미암아 비록 송체와 해체가 일상 용도의 실용적 매체와 시각 예술 둘 다로서 논쟁의 여지없는 자리를 차지하고 있긴 하지만 수많은 스타일이 등장하기까진 그야말로 시간과 돈의 문제일 뿐이다(몇몇 예시는 그림 P-7 참조). 발달과 수용이 잘 이뤄지고 있는 일단一團의 글꼴을 가진 영어와 달리 중국어는 구조가 복잡하고 구성이 유연해 스타일 표현의 범위가 거의 무한대에 이르는데, 이는 항상 참신함의 여지가 있다는 의미다. 옛것일 수도 있고 요즘 것일 수도 있는 이 잠재적would-be 글꼴, 서예 서적과 그 밖의 지물에 산재해 있는 그 글꼴들은 소프트웨어 제품으로 프로그래밍되기 전에 추가로 규정되어 대중이 사용할 수 있도록 해야 한다. 언어 관리의 관점에서 새로운 글꼴이 예컨대 광학 문자 인식optical character recognition (지금부턴 OCR)과 같은 IT 산업에 너무 많은 어려움을 초래하지 않을 것을 보장하는 표준화는 필수적이다(제3장 2.2.2.2 참조).

1. 请看不同的中文字体 (Songti Style)

2. **请看不同的中文字体** (Zhongkai Style)

3. 请看不同的中文字体 (Cuti Style)

4. 请看不同的中文字体 (Weibei Style)

5. 请看不同的中文字体 (Huangcao Style)

6. 请看不同的中文字体 (Xingkai Style)

7. **请看不同的中文字体** **(Heiti Style)**

8. 请看不同的中文字体 (Shuti Style)

그림 P-7. 몇 가지 샘플: 중국 문자의 인쇄체 글꼴

4. 프롤로그 요약

중국 문자의 특징은 역사적 연속성이다. 이 프롤로그에서 우리는 오늘날 한자의 기본 특징을 형성한 몇 가지 고대적 맥락의 핵심 측면을 간략히 논의했다. 아울러 우리는 이 논저의 초점인 한자 표

준화의 최근 발전을 이해할 수 있는 토대를 제공하면서 그것의 본질적 특징 중 일부 또한 조사했다.

제1장에서는 왕조 중국의 표준화 작업을 설명한 후, 더 모던한 시기에 수행된 가장 중요한 표준화, 곧 "3대 간화"를 검토한다.

1장

한자, 접근하기 쉽게:
현대 3대 간화 운동

1. 도입

프롤로그에서 살펴본 바와 같이, 중국 한자의 구조 형태는 동한 시대에 확정됐다. 역사적으로, 개별 어원학자들의 손에 또는 왕실의 후원 하에 편찬된 수많은 자전이 출판됐다. 모든 왕조 정부의 문자 정책이 회고적인 보수 성향을 특징으로 하기 때문에 공식적인 출판물의 한자 구조는 1800년 동안 매우 안정적이었다. 이런 상황은 언어와 문자를 둘러싼 쟁점이 식자들 사이에서 점점 더 공통적인 관심사가 된 현대까지 지속됐다.[1] 이 장에서는 한자의 발전에 대한 정부 개입의 역사를 살펴보는데, 그 이유는 개혁 운동을 더 잘 이해하기 위해 필요한 배경 정보를 제공하는 데 있다.

이 장의 주요 초점은 국민정부 및 제국주의 이후의 공산주의 중국 정부가 수행한 세 차례의 문자 간화, 곧 1935년과 1977년에 중단된 두 번의 간화 시도와 1950년대에 완료된 간화다. 이 짧은 역사적 설명은 이후에 이뤄질 한자 계획 역사와 관련한 논의에 필요한 배경

---

1   중국 역사학자들은 1840년 아편 전쟁의 시작과 함께 '모던[근현대] 중국'에 대한 연구를 시작한다. 이 해는 중국 역사의 전환점으로 간주된다. 전쟁 이후, 중국은 점차 반식민·반봉건 사회로 전락했다. 동시에 일련의 자강 운동, 그리고 서구의 기술과 교육적 방법에 대한 필요적 채택이 결합하여 모던[근대] 중국의 부상을 상징했다. 언어 개혁이 필수적인 부분으로 여겨졌던 그 운동은 그 후 일종의 문화 혁명으로 발전했고, 결국 1919년에 절정에 달했다. 바로 이러한 이유로 '모던[근현대] 중국'은 문화 용어로서 관습적으로 1910년대the second decade of the 20th century를 가리킨다. 따라서 이 책에서 사용된 '현대[모던] 중국'은 중국 역사학자들이 사용하는 연대기적 용어와 일치하지 않는다.

을 제공하면서도 문자 개혁 프로그램의 결과를 설명하는 복잡한 다차원적 맥락을 제시하려고 시도한다. 이 일반적 도입을 논외로 하고서 이 논의에서 각각의 간화에 대해 한두 가지 초점을 두고 강조할 것은 이를테면 문화적 순수주의 관점에서 첫 번째 계획의 실패 원인을 탐구하는 것, 언어 계획language planning (이하 LP)의 행위자 변화에 대한 검토, 1950년대 간화의 결과적 영향에 대한 간략한 평가, 1977년에 중단됐던 계획의 이행과 포기다.

이 책에선 한자 간화의 현대적 역사 시기를 설명하기 위해 새로운 연대기 체계가 사용됐다. 전통적으로 중국의 LP를 다루는 역사 연구는 1956년의 간화를 제1차 개혁으로, 1977년에 실패한 것을 제2차 개혁으로 분류한 정치적 렌즈를 통해 검토됐다. 1935년 개혁 운동은 해방 전 간화 계획으로 불렸다. 그 계획은 1949년 해방 전후의 정치적 경계를 강조하여 주목을 거의 받지 못하는 1935년 계획의 역사적 지위를 평가절하했다. 이 책에서는 LP와 한자 간화 과정의 역사적 연속성에 더 중점을 둔다. 우리는 특별히 양적 측면에서 1935년과 1956년의 계획 사이엔 불가분의 관계가 있다고 주장한다.

이 새로운 분류 체계를 통해 1935년과 1977년의 두 가지 간화 시도는 각각 제1차 간화 방안First Simplification Scheme(이하 FSS, 부록 A 참조)와 제2차 간화 방안Second Simplification Scheme(이하 SSS, 부록 B 참조)로 불리고, 1956년의 개혁은 일반적으로 『간화자표』*Table of Simplified Characters*(이하 TSC) [또는 『한자간화방안』]로 지칭되는데, 이것엔 1964년과 1986년에 완료된 총표에 대한 두 차례의 소규모 개정이 포함된다. 이 책에 사용

된 새로운 분류 체계를 통해 1950년대의 간화는 단지 20년 전에 한
자를 개혁하기 위해 수행됐던 이전 시도들의 결실이자 연장으로 간
주된다. 따라서 1949년에 변경된 정치적 상황이 초래한 여러 변화에
도 기술적 측면에서 볼 때 TSC는 LP 현대화 개척자들의 집단적 성
취였던 1935년의 제1차 방안에서 중요한 유산을 물려받았다. 그러
나 이 세 가지 방안을 살펴보기 전에 다음 절에선 왕조 중국에서 이
뤄진 한자의 통일과 표준화에 대한 간략한 역사적 성찰을 제공한다.

2. 왕조 중국의 한자 통일과 표준화

중국 한자는 현대 이전에도 수없이 많은 수정과 개혁을 거
쳤고, 그 적응력과 유연성은 의심의 여지없이 한자가 다른 고대 문자
가 겪었던 운명을 벗어던지게 할 수 있게 한 주요 원인이다. 그러한
긴 역사에 걸친 수정과 개혁의 연속성을 고려할 때 과거를 참조하지
않은 채 이뤄지는 문자 발달에 대한 검토는 그것이 어떤 측면에서 수
행되든 불완전할 것이다. 다음 설명은 문자 표준화에 대한 정부적 참
여의 역사적 개요를 제공한다.

2.1 한 나라 한 글자One State, One Script, 진 제국

진 왕조(기원전 221-207년)는 한자의 일관성과 통일성을 규정

하는 시기였다. 그러나 문자 표준화에 대한 발상은 새로운 것이 아니었다. 약 2500년 전 중국 문화가 번성하기 시작한 시기인 제자백가의 고전과 어록에서 언어 및 서체 표준화의 중요성과 관련한 논의가 발견될 수 있기 때문이다. 이를테면 공자가 "개념을 명확히 하는 것은 매우 필수적이다"고 말하고, 순자(법가의 창시자)는 자신의 저서 『정명』 (개념 규명)에서 언어적 약속conventions의 고의적 오용이나 왜곡은 심각한 범죄행위로 취급돼야 한다고 말한 것처럼 말이다. 그는 그러한 범죄자는 문서나 화폐를 위조하는 것과 같은 범죄를 저지르는 사람과 동등하게 처벌돼야 한다고 주장했다.

진의 조정은 고도로 중앙집권화된 왕조를 중국 최초로 세운 순자 제자들의 도움으로 전쟁 중인 국가들을 통일했다. 법가의 확고한 신봉자이자 순자가 가장 좋아하는 학생 중 한 명은 재앙적인 '분서'의 가해자, 이사였다. 제국의 승상 이사는, 이사는 공식적으로 의무화된 유일한 정부 표준으로 채택될 통일 문자 3,500개의 공식 목록을 작성했는데, 이것은 나중에 소전 문자로 알려지게 됐다. 역사학자들은 진의 첫 번째 황제이자 중국 왕조 역사상 가장 강력한 전제군주 중 한 명인 진시황이 "통일, 무엇보다도 무게·척도·문자 언어의 표준화를 향한 강력한 열망을 갖고 있었다"고 생각한다(Wong 1990: 72).

문자를 통일하는 것은 일련의 통일 조치에서 긴급한 정책이자 필수적인 부분이었으며, 제국은 이를 대담하고 단호한 방식으로 이뤄냈다. 진 조정은 진시황의 최고 고문 세 명이 초등 교육을 위한 교과서로 쓴 책 세 권(『창힐倉頡』, 『원력爰歷』, 『박학博學』 관련 권卷들) [다르게는 『창힐

칠장』, 『원력육장』, 『박학칠장』으로 부르기도 한다]을 제외하고는 주로 공문서를 만들고 가재도구와 그릇에 새기는 데 표준 문자를 사용했다.

기원전 219년, 자신의 광대한 제국을 시찰하는 동안 진시황은 직접 쓴 'Tongshu Wenzi'(Eternal Characters for Common Writing - 同书文字 [同書文字 동서문자: 보편적 필기를 위한 영원한 문자])를 돌에 새김으로써 문자 표준화 캠페인이 성공했음을 선언했다. 흥미롭게도 거의 같은 시기의 인도에선 위대함으로는 진시황에 필적하는 아소카왕이 자신의 제국을 언어적으로 통일하기 위해 제국적 의사소통을 확립하기 시작했는데, 이는 그 나라의 많은 지역에 있던 명문銘文을 문자반文字盤으로 자름으로써 이뤄졌다(Ferguson 1996).

비록 중국 역사상 가장 짧은 왕조였지만 진은 그것의 영향력이 지속하도록 만들기 위해 모든 것을 다 했다. 진 조정이 시행한 문자 개혁은 광범위한 영향을 미쳤다. Moore(2000: 63)가 지적한 바와 같이 "진 조정의 조치들은 향후 몇 가지 주요한 붓글씨 형태의 발전을 위한 확고한 토대를 마련했다." 이후의 정부들은 이를 국가 통합·권력 강화·사회 안정에 크게 기여하는 것으로 보고, 민족적·정치적 통일을 완료한 직후엔 예외 없이 언어와 서체의 표준화를 실시, 중앙정부가 국가 기반의 물리력을 이용하여 언어와 서체의 사용을 표준화하는 것이 일반적인 관행이 됐다(Geng 1996).

2.2 이어지는 발전: 현대 중국 이전까지

진 왕조의 사상 통일 과정에서 통일 이전에 존재했던 의술 및 농업 관련 서적을 제외한 거의 모든 서적(대부분 죽간)이 '분서'로 파괴돼 중국 문명의 발전에 큰 손실을 입혔다. 이러한 인간 약탈 및 자연 재해와 싸우기 위해 사람들은 물·불·시간의 파괴에서 문자의 생존율을 높이는 내구적 수단으로서 석각에 시선을 돌렸다. 따라서 석각은 인간의 지적 성취에 대한 영구적 기록을 보존하기 위해 선호되는 매체가 됐다.

진 왕조의 사상적 독재 이후, 한 왕조는 유교적 도덕과 학문을 새롭게 강조했다. 유교의 부흥은 고전의 석각에 대해 전례 없는 열정을 불러일으켰다. 한 왕조는 저명한 왕실 학자 채옹蔡邕의 제안에 따라 175년부터 8년에 걸쳐 (『희평석경』熹平石經으로 알려진) 석판에 육경을 새기고 이를 모범 문자로서 태학의 문 앞에 세웠다. 그리하여 국가가 승인한 표준문자를 석판에 새기는 전통이 시작됐다. 이후의 왕조에선 적어도 3개의 조정, 곧 위(368-550, 『삼체석경三體石經』, *Three Dimension Stone Canon*), 당(618-907, 『개성석경開成石經』, *Kaicheng Stone Canon*), 청(1644-1911, 『13경석경十三經石經』, *Thirteen Classic Stone Canon*)[『13경석경』은 『개성석경』의 확장판]이 최고 교육 기관이나 왕실의 문 앞에 석문을 설치하는 관행을 따랐다. 수(581-618)와 당은 언어 연구에 많은 중요성을 부여한 두 개의 다른 왕조였고, 새로운 학문 주제인 '자양학字樣學' 또한 이 시기에 발전했다. 당나라 때, 왕조의 두 번째 황제이자 중국 역사상 가장 잘 알려진 군주 중 한 명인 태종은 최고의 어원학자들한테 이전 왕조가 승인한 문자 표준 서적을 검토, 재편집하고 자체 표준을 제정하라는 칙령을 내렸다. 이 책들 중 잘 알려진 『간록자서干祿字書』*Ganlu Character Book*가 가장 영향력이 있었다.

송나라(960~1279)에는 궁중의 많은 고위 관리들이 참여한 공식 표준 문자서인 『유편類篇』(범주들)이 38년에 걸쳐 편찬됐다. 다양한 형태의 문자를 개인적으로 모아 놓은 『배해裴諧』도 문자를 표준화하는 데 적극적인 역할을 했으므로 무시돼서는 안 된다. 명 왕조(1368-1644)는 문자 표준화를 훨씬 더 중요시했다. 명나라의 초대 황제인 Zhu Yuanzhang은 공식적인 표준을 세울 목적으로 직접 대신과 저명한 학자를 조직했고, 그 표준은 발음과 문자에 대한 여러 표준을 한 권의 책으로 통합한 것이었다. 그는 자신의 연호를 사용하여 책 이름을 『홍무정운洪武正韻』으로 지었는데, 이는 문자 그대로 '홍무 정권의 정통 운율 자전'이라는 뜻이다. 청나라는 문화적 번영의 또 다른 절정을 이끌었다. 『강희자전康熙字典』은 그것의 놀라운 업적 중 하나다. 이 자전은 여전히 널리 사용되고 있으며 오늘날의 표준화 노력을 뒷받침하는 데 매우 중요한 역할을 한다.

2.3 표준화 요약

이러한 중국 한자 발전의 간략한 역사적 개요에서 우리는 고대와 더 최근의 왕조 시기 모두에서 이 책의 주요 논점인 표준화의 중요성을 강조하면서 한자를 구조화하고 쓰기 위한 기본 방식modus operandi의 발전을 볼 수 있다. Wamg T.K.(2004: 192)는 고대 문자의 표준화에 사용되는 세 가지 주요 조치를 다음과 같이 요약했다.

- 합리화를 통해 표준 문자 모양과 교과서를 만드는 것. 『창힐편』, 『원력편』, 『박학편』은 모두 기원전 221년 진시황의 통일 이후 진이 기울인 문자 개혁 노력의 결과였다.
- 석판에 고전을 새김으로써 모범이 되는 문자를 알리는 것. 예를 들어, 유명한 『희평석경』은 고전 7개로 구성된 최초의 석경이었다.
- 사전 편찬, 이체자 수정, 정통적이지 않은 글자의 도태를 통한 자형의 통일. 예컨대 명 왕조(1279~1368) [sic. 1368~1644]의 매응조(梅膺祚)가 지은 『자회字匯』[또는 『자휘』]가 있다.

　Geng(1996:23)은 중국 왕조에서 발생한 표준화의 네 가지 특징을 다음과 같이 요약했다.

- 위에서 아래로, 왕의 명령으로. 대부분의 경우 황제 자신이 직접 관여하게 됐고 국가급 핵심 관료들이 이 계획의 주요 원천이 됐다.
- 기반을 공고히 하는 필수적인 수단으로서, 그 나라는 한때 부상하고 있었다.
- 조직적으로는 개인적 헌신에 대해 거부감이 없는 정부 주도였다.

- 그것은 기본적으로 공식적인 기준을 전파하는 문화권에 국한됐고, 대중 사이에선 거의 영향을 끼치지 않았다. 이는 문자들 내의 거대한 분기와 조직 내 일반 구성원들 사이에 비정통적인 형태의 문자가 번성했음을 설명해 줄 수도 있는 사실이다.

다음 절에선 더 현대화된 시대에 수행된 '3대 간화'를 살펴본다. 표 1-1은 세 가지 현대화 방안 각각을 요약한 것이다. 그런 다음 각 간화 방안의 상황을 다음 절에서 자세히 검토한다.

3. 1935년, 제1차 간화 방안

다른 두 후속 간화와 비교해 볼 때 첫 번째 간화 방안은 문서화되는 데 그쳤기 때문에 LP 연구자들이 오랫동안 무시해 왔다. 따라서 여기선 현대 한자사상 최초의 중요한 개혁적 모험에 대한 평가의 공백을 메우기 위해 그 실패의 원인을 중심으로 이 방안과 관련한 몇 가지 실질적인 문제를 더 자세히 살펴본다. 이 책의 저자들은 문자 체계를 온전하게 유지하려는 전통주의자들의 투쟁은 본질적으로 언어 순수주의의 발현이라고 주장한다. 이러한 순수주의 개념의 적용과 다차원적 분석을 통해 이 방안을 더 철저히 탐색할 수 있으며, 최초의 정부 인가 간화 방안의 실패를 새롭게 조명할 수 있다.

표 1-1. 세 가지 중국 문자 간화 방안

	제1차 간화 방안 (FSS, 1935년 8월)	『간화자표』 (TSC, 1956년 1월)	제2차 간화 방안 (SSS, 1977년 12월)
내용	324자	제1표 230자(즉시 사용 목적) 제2표 285자(법정 사용 및 토론 목적) 제3표 54편방	제1표 248자(즉시 사용 목적) 제2표 605자(법정 사용 및 토론 목적)
조직	교육부(중화민국)	교육부(중화인민공화국) 중국문자 개혁위원회(내각) 인민대표대회(의회)	일부는 중국문자 개혁위원회의 위원을 임명했다.
결과	6개월 뒤 철회	제1표와 제2표를 합친 2236자의 일반 목록과 제3표의 기본 편방 54개를 포함하는 문자들이 1964년과 1986년에 재출판	그 다음 해에 중단되고, 1986년에 공식 폐지
이유	보수 진영과 고위 간부들의 맹렬한 반대; 대일 전쟁이 임박		대중의 지지를 얻는 데 실패했다는 주장, 불완전한 법적 절차, 지나친 간화는 급격한 변화를 야기, 경제적 손실(일부 주요 참고서와 컴퓨터 칩의 재조판에 드는 것), 비정상적 정치생활 상태(문화대혁명의 종언), 급격한 변화에 민감한 사람들
배경	1919년 5·4 운동에서 시작된 언어 개혁의 필수적인 부분으로서 간화자를 쓰는 것, 주요 언어학자인 Qian Xuantong의 업적은 엘리트들한테서 인정받았다. 간화자의 광범위한 실제 사용.	열성적인 대중의 열광, 정부가 신중하게 조직함, FFS의 사실상 채택으로 만들어진 유리한 환경.	

3.1 배경 재검토

언어 개혁은 사회·정치적 격변과 맞물려 가는 경향이 있다. 1, 2차 아편전쟁(1840, 1856) 이후 1800년대 후반, 서구 열강에 대한 군사적 패배로 중국 내 대중교육에 대한 요구는 거세지기 시작했고, 이는 필연적으로 문맹퇴치 운동과 문자 개혁으로 이어졌다. 그러나 1912년 만주국이 종말을 고하고 언어 개혁을 둘러싼 논쟁이 점점 더 빈번하게 들려 왔는데도 문자 간화를 향한 움직임은 고대 언어 사용의 백화화vernacularization,[2] 국가 언어 증진 및 문자 체계 알파벳화 또는 로마자 표기와 같은 다른 언어적 쟁점에 대한 개혁보다 더 느렸다. 문자 간화의 첫 번째 라운드는 1935년 중화민국 정부가 324개의 간화자 목록을 공식적으로 받아들이고 나서야 비로소 일어났다.

이 장의 논의에서 알 수 있듯이 한자 간화는 계속되는 역사적 현상이며, 더 복잡한 문자의 단순화 변형은 갑골문 이래로 주욱 존재해 왔다(Yin and Rohsen, 1997). 복잡한 문자[번체자]는 역대 정부의 홍보로

2　지난 세기 이전에 중국엔 다음과 같은 두 가지 문자 형식이 존재했다. 문언(文言) 중국어는 중국의 지식인들이 사용하는 고전적으로 양식화된 용법이며, 백화(白話)는 말 그대로 '평범한 언어'라는 뜻이다. 20세기 초, 중국은 끊임없는 개혁과 혁명 운동을 특징으로 하는, 왕조에서 근현대사로 이행하는 이행기를 겪었다. 간화 및 로마자 표기법과 함께 자국어의 문자 형태를 확립하려는 노력은 1919년에 절정에 달한 신문화 운동 동안 극적인 성공을 거두었고, 대다수의 사람들한테서 엄청난 지지를 얻었다. 백화화 중국어와 문화생활 둘 모두에서 가장 중요하게 일어나는 변화 중 하나다. 비록 문언은 1949년 중화인민공화국이 수립될 때까지 완전히 사라지지는 않았지만 그것은 문어와 구어를 분리하는 3000년 전통의 끝을 의미했다.

공식 지위를 부여받은 반면 획수가 적고 구조가 단순한 문자는 '저
속한 문자俗字, Suzi'라는 오명을 썼다. 명나라의 유교철학자 황종희
(1610-1695 [黃宗羲])는 그의 저술에서 이러한 속자를 의식적으로 사용
한 최초의 학자였다(Zhou 1979).

　사회언어학자들과 LP 이론가들은 예비 연구와 LP 프로그램의
시작에서 아마추어·헌신적인 개인·학자들이 수행하는 중요한 역할
을 오랫동안 인정하고 지지해 왔다(Cooper 1989; Thomas 1991 참조). 이것
은 한자를 간화하려는 최초의 근대적 시도에서 그랬다. 다양한 분야
의 엘리트들이 모여 시작한 최초의 간화 운동은 순전히 학문적 사
업이었으며 전형적인 하의상달식의 모험적 시도로 볼 수 있다. 이러
한 학자들 가운데 유명한 언어학자 Qian Xuantong은 간화자를 옹호
하기 위한 그의 오랜 헌신을 통해 가장 두드러진 역할을 했다. 그의
지도로 통일국어진흥회Association for Promoting a Unified National Language에
서 일하는 직원 중 일부는 1935년 8월 21일 상원 회의와 중앙정치회
의Senate Session and the Central Political Conference가 공동으로 승인한 2,000자
이상의 표, 곧 FSS를 위한 청사진이 되었던 표를 작성했다(다음 논의
참조). 그것은 이듬해에 철회됐다.

3.2 실패의 원인 규명: 문화적 연속성

　여기선 첫 번째 방안의 실패에 깔려 있는 세 가지 문제, 곧
개인적 개입, 문화적 설명, 정치화를 살펴본다.

3.2.1 개인적 개입

이처럼 신중히 심의되고 광범위하게 논의된 개혁 프로그램이 정식 승인을 획득한 지 채 6개월도 지나지 않아 철회돼야 하는 이유를 두고 학자들 사이엔 의견이 분분하다. 고위 관리의 반대가 간화된 글자들의 철회에 주요 원인을 제공했다는 견해가 널리 퍼져 있긴 하지만 믿을 만한 증거는 부족하다. 이 설명은 Zhou Youguang의 저서(1979: 325) 『한자개혁개론』에서 처음 제시됐고 이러한 사실 때문에 *ipso facto* LP 문헌에서 널리 인용됐지만 홍콩의 중국어 LP 연구자인 Yao(2000)가 지적한 바와 같이 이 주장을 뒷받침할 주요 역사적 출처는 찾을 수 없다. 역사적 자료에 따르면 반대 목소리가 높아지고 있었는데도 철회가 공식적으로 발표되기 불과 두 달 전만 해도 정책 변화의 조짐은 보이지 않았다는 점에 주목할 만한 가치가 있다(Du 1935). 타이완의 저명한 문자 개혁 연구자인 Wang Xuewen(1997:13)에 따르면,

Dai Jitao씨는 법령 발표에 극도로 화가 났다고 한다. 관군을 동원하여 간화자를 선전하는 것은 국가 기반을 스스로 파괴하는 것과 같았고, 그로 말미암은 결과는 국가의 파멸보다 훨씬 더 해로울 것이다. Dai 교수는 Sun Yatsen박사의 말을 인용, 교육에서는 글쓰기가 국민 생활에 가장 중요한 요소라며 이는 성급한 결정이라고 주장했다. 따라서 그는 Yuan Jiahua 고등교육부 장관과 Wang Shijie 교육부 장관한테 편지를 보내 Wang씨한테 FSS 법령을 철회할 것을 요

구했다. 결과적으로 중화민국 정부는 그 명령을 취소했다.

흥미롭게도 Zhou와 Wang 둘 다 FSS의 취소를 추측할 때 사용한 표현wording을 매우 조심스럽게 골랐고, 둘 다 '~라고 했다it was said'라는 문구를 사용했다. 1930년대의 몇몇 다소 하찮은 사건이 『중국 언어 현대화의 백년 기록中国语文现代化百年記事(1892─2013)』(Fei 1997)에서 비교적 상세하게 논의됐지만 FSS의 공표와 관련해선 짧은 단락만 할애돼 있을 뿐, 이 연대기에서 FSS에 반대하는 논의는 찾아볼 수 없다. 이런 당혹스런 상황은 FSS 발표에 대한 국민적 반응이 있었을 수도 있음을 시사한다.

이 문제는 관련 연구 논문에서 산발적으로 언급될 뿐이므로 1935년의 결정 가운데 얼마만큼이 개인의 반대에서 비롯한 것인지는 불확실하며, 그렇기에 추가적인 역사적 조사를 기다려야만 한다. Dai Jitao가 중화민국 고위층 중 가장 강력한 개혁 반대자 중 한 명이었을 것으로 보이긴 하지만 그가 단독으로 책임을 질 수 있었을 가능성은 낮아 보인다. 몇 년 후에 일어난 발전이 시사하는 바는 이러한 갑작스럽고 예상치 못한 전환을 가장 잘 이해할 수 있는 얼개가 적대적 정당들의 이데올로기들, 그리고 여러 문화적 쟁점에 대한 정당들의 인식 및 권력 투쟁 사이에서 발생하는 일단一團의 복잡한 상호작용이 불러일으키는 결과로 마련될 수 있다는 것이다. 이러한 쟁점들은 다음 논의에서 간략하게 검토된다.

3.2.2 문화적 설명: 언어에 대한 태도와 신념

　　서구의 기술 지식과 군사 모델, 민주적 정치 체제의 도입
을 통한 중국의 회생이 실패로 돌아가자 1919년 5·4 운동의 선구자들
은 국가의 종말을 막기 위해선 문화개혁이 필수적이라고 봤다. 이는
루쉰Lu Xun(중국 현대사에서 가장 위대한 작가)이 한 말, '중국 문자가 사라
지거나, 중국이 사라지거나'either Chinese characters die out or China does(汉字不
灭 中国必亡 [漢字不滅 中國必亡 한자불멸 중국필망])에서 가장 강하게 표현됐다.
반고전적·반전통적·친현대적 운동은 전통적 유교 사회에 내재된 제
약에 대한 반작용의 물결을 일으켰다. 나라를 구한다는 이 목표는 정
부가 한자를 간화하기로 한 데 대한 명분으로 주어졌다. 그러나 나중
에 보게 되겠지만 이러한 민족주의적 모더니즘의 열망을 엘리트 계
층의 모든 구성원이 채택한 것은 아니다. 반대로 FSS의 철회를 이끈
반대론자들이 내세운 가장 중요한 요점은 문자 간화로 초래될 문화적
소멸에서 국가를 구할 필요가 있다는 것이었는데, 그 필요성은 현재
중국 사회의 일부에 울려 퍼지고 있는 외침이기도 하다.

　　간화에 대한 생각은 문화적 연속성·간화된 문자와 문자 숭배
의 정당성·심리적 요인과 관련된 문제를 제기했는데, 이 모든 것이
FSS 간화가 제안되면서 표면화됐다. 전통 문자는 조상의 뿌리·문화
유산·민족성과 불가분의 관계에 있는 것으로 간주됐다. 언어문화에
서 태도와 신념을 다루는 순수주의 개념은 FSS의 실패에 대해 유용
한 사회언어학적 설명을 제공한다. 순수주의는 여러 가지 다른 방식

으로 정의돼 왔으며, Jernudd and Shapiro(1989)는 순수주의가 언어의 일관성과 표준을 유지하는 것이라고 강조한다. Schiffman(1996: 61)은 순수주의가 종종 언어적 진정성authenticity을 향한 회귀(또는 탐색)를 수반한다고 지적한다. 순수주의는 "해당 언어문화에서 외래적이거나 부패하거나 참된 진정성이 결여된 것으로 보이는 언어 요소에서 제거하는 형태를 취한다." 이러한 관점에서 볼 때, 언어 순수주의는 중국 한자에 대한 일반 대중의 믿음으로 볼 수 있다. 다음 단락이 시사하듯이 이 개념은 이 주제에 대한 문헌 분석으로써 뒷받침된다.

　중국의 선조들이 수천 년 동안 중국 문자를 전승해 왔기 때문에 그 글자들은 순수성과 진정성을 유지해야 하며, 그것들에 대해 이뤄진 어떤 변화도 수용 불가능하고 용납될 수 없다. 고대에는 "학자 관료들이 문자를 신비주의로 가려서 그것을 신성시했고 대중의 마음을 침범할 수 없게 만들었다"(Seybolt and Chiang 1979: 17). Taylor and Taylor(1995: 74-76) 또한 한자가 "마법에 물들어 신비로운 특질과 힘을 갖고 있으며 따라서 숭배의 대상"이라고 언급한다. 전통 체계의 지위 변화에 저항하는 언어 공동체의 한 부분을 하나로 묶는 것은 한자의 고대성과 순수성에 대한 일단一團의 믿음이다. 간화의 완고한 반대자인 Dai Jitao와 전 한자 보존회All China Character Preservation Congress의 설립자 He Jian과 같은 이들에 따르면 문자 간화는 국가적 파멸과 인종 멸종과 같다. 한자와 문어가 숭배되고 공경돼야 한다는 의견은 그것들이 부분적으로는 언어적 신성과 신화를 위해 사용됐다는 데서 비롯했다. 고대에 한자는 뼈와 청동그릇에 새겨졌고, 점복

이나 중요한 공식 제의에 사용되기만 할 뿐이었고, 소수의 무속인과 마법사가 독점했는데, 그들은 자신의 소명에 신비감을 불어넣기 위해서라면 … 표면적으로 선악의 징조와 운세를 읽음으로써 그들의 기술에 새로운 신비감을 더할 기회를 잡기 위해서라면 무엇이든 쓸 수 있다.(Wong 1990: 58).

신비화처럼 신성화도 언어 순수주의의 또 다른 원천으로 볼 수 있다. Fishman(2002: 17)은 "언어 없는 인류 문화는 없고 신성한 것의 개념 없는 인류 문화는 없다"고 말했지만, 언어적 신성함의 형태는 문화마다 크게 다를 수 있다.

중국 사회는 세속적이지만 고전적 정전canons, 正典은 모든 의미에서 거룩한 것으로 취급됐는데, 이는 그것들의 도덕적 가치와 그것들이 사람들의 영적 생활에서 차지하는 중요성, 이 두 측면 모두에서 그랬다. 그래서 그 정전들의 직접적 기원인 한자는 신성화됐고 영원히 고정된 오라aura를 가지게 됐다. 중국 속담에 '모든 획에는 생명과 정신이 있다'는 말(또는 더 직접적으로 옮기면 '모든 획은 신이 명령한다, every stroke is mandated by God', *yi bi yi hua, jie tian jing di yi* 一一点一画, 皆天经地义 [sic.]), [병음과 한자 어구가 일치하지 않지만 그대로 두도록 한다. 먼저 병음에 맞추면 '一筆一劃, 皆天經地義 일필일획 개천경지의'로 바뀔 법하고, 한자 어구 '一點一劃, 皆天經地義 일점일획 개천경지의'에 맞추면 병음은 '*yi dian yi hua, jie tian jing di yi*'로 바뀐다. 나름 검색해 본 결과 후자가 맞는 것 같다.]이 있다. 중국 문화권에선 고대에 문자를 신성한 것으로 여겼다는 얘기가 많이 나오는데, 그 진정성엔 누구도 감히 도전하지 못했다. 공무원 시험에선 시험관이 특정 글자를 잘못 썼다는 이유로 응시자한테 불합격을 주는 것이 일반적이었다(예: Peng 2001 참조). 중국의 가장 유명한 역사책인 『사기』엔 "한나라의 한 고위 관리가 '馬'(말, horse)라는 글자에 한쪽 꼬리(획)가 빠져 있는 것을 발견하고 (사형을 받을까 두려워) 크게 공황 상태에 빠졌다"[3]는 얘기가 있다(Hu 1998: 29).

한자의 신화학과 신성성은 한자의 문자 체계를 계획하는 데 큰 관심을 받지 못했다. 중국의 저명한 현대사상가 Li Zehou(1999)는 시각적 의사소통 체계로서 한자를 뛰어넘는 추가 연구를 요청해 왔다. 심지어 현대 일상생활에서도 중국인의 한자 숭배를 증명하는 현상은 상당히 자주 관찰될 수 있다(예, Lu 1992: 125, Zhang 1992: 37). 예를 들면,

- 최근까지 노인들은 한자가 적힌 종이를 버리는 아이들을 보고 '자신의 글자와 종이를 존중하라(*jing xi zi zhi* — 敬惜字纸 [敬惜字紙 경석자지])'고 말하곤 했다.

- 도교의 도사들은 한자가 적힌 채 버려진 종이를 주울 수 있는 갈고리를 늘 소지한다.

- 측자선생測字先生[測字先生]에 대해 널리 알려진 믿음 중 하

---

3 한나라 법에 따르면 17세 이상의 사람은 황제에 대한 추도문에서 잘못된 문자가 발견되면 징역 또는 사형을 선고받았다(Sun 1991). 다른 왕조에서도 비슷한 법이 적용되었다. 중국 북방의, 중국 한자에서 파생한 문자 체계를 사용한 거란족이 세운 정권인 요(916-1125)는 책을 국외로 반출한 사람들한테 사형을 부과해 학자들이 거란(중국어로는 서하, 西夏 *Xixia*)문자를 연구하기 지극히 어렵게 만들었다(Nie 1998).

나는 문자에 있는 사람 이름의 시각적 구조가 사람의 운
명을 예언하는 데 사용할 수 있는 하늘의 명령을 전달한
다는 것이다.

• 일부 시골 지역에선 사람들이 아직도 Fu[부](符, 도교의 도사
가 그린 한자에서 파생한 마술적 형상)가 악령을 쫓아내고 질병
을 치료하거나 불운을 불러일으킬 수 있다고 믿는다. (그
림 1-1 참조. 최초의 우측 수직선은 사용자 지침이다. 내용은 '이 부
를 태우고, 그 재를 물과 함께 마시세요. 이것은 부를 사용하는 일반
적 방법입니다.')

그림 1-1. 20세기 초 한 무속인의 수첩에 있던 '부' 이미지
(Hook and Twitchett 1991: 122)

그러므로 언어가 흔히 신성한 것으로 여겨지게 됐다고 주장할
때, 한자가 기호 시스템의 주요 구성 요소라는 것은 놀랄 일이 아니

다. Fishman(2002: 17)은 고전 중국어를 '성어'聖語, holy language로 분류하고, 일단 언어가 신성화되면 "그것의 구조와 말뭉치는 그것 고유의 '성기聖器, holy vessel' 기능에 따라 변형되거나 형성됐다고 가정한다. 모든 성스러운 현상과 마찬가지로 이 언어는 그것의 텍스트와 마찬가지로 변경 불가한 것으로 간주된다."

LP에서 언어 신성화sanctification의 함의는 언어 현대화 영역에서 인간이 기울이는 노력을 지체한다는 것이다. Fishman(2002: 21)은 다음과 같이 주장한다.

> 신성함sanctity은 여타의 사회적 믿음과 신념만큼이나 사회적으로 구축돼 있다. … 이 같은, 바로 그 동일한 신념들엔 언어 현대화 노력을 복잡하게 하거나 제한하는 경향이 있으며 현대화를 위한 말뭉치 계획이 일반적으로 추구하는 '국제화' 노선을 따르기보다는 지향성의 측면에서 볼 때 그 노력을 더 '진정하고', 순수주의적이고, 표준화되고ausbau, 토착적인 것으로 제한한다.

언어적 신성함과 순수주의가 초래한 어려움을 극복하려는 사례들이 있다. 그것들은 사람들의 믿음을 수용하기 위해, 또는 언어 계획 프로그램, 그리고 사람들이 자신의 언어에 자리 잡도록 하는 성스러운 본성 사이의 충돌을 피하기 위해 기울인 의식적 노력을 보여준다. Cooper(1989)는 일반적으로 대상 집단의 두 가지 측면 곧 가치 및 신념 체계와 일치하는 언어 개혁이 신체적 행동에 관련한 대안보다 성공할 가능성이 높다고 주장한다. 이는 1956년에 열린 '지적 요소 관련 문제 회의the Conference of Issues on Intellectual Elements'에서 Mao Zedong이 한 연설로 설명된다. Ye Laishi(1981:60)에 따르면 중국문자 개혁위원회the Commission of Chinese Script Reform(이하 CCSR) 전 부의장 Mao 주석은 다음과 같이 말했다.

> 문자writing 개혁과 관련해서 말하자면 대중한테서 발생하는 반대 따위는 아예 없으며 개혁은 지식인한테서 발생한다. 어떤 교수들은 나한테 중국 문자는 세계에서 가장 좋은 문자 체계여서 바뀔 수 없다고 말했다. 만약 그 문자들이 일종의 중국 전통 형태로 대체된다고 가정한다면 그것은 괜찮다. 하지만 문제는 라틴 문자를 외국인들이 발명했고 중국은 타자한테서 배워야 한다는 것이다.

FSS에 대한 보수 진영과 개혁 진영 간의 논쟁에서 전자는 개혁 지지자들이 그들의 역사에 대해 무지하고 출신을 잊었다고 비난하면서도 자신은 정통성을 옹호하고 전통 유산에 대한 애정을 갖고 있는 국민정서에 부합한다고 자화자찬했다. 그들의 전형적인 비난은 간화자가 수천 년간 유지해 온 민족성의 생명선을 고의로 끊어 문화유산의 생명력을 훼손하고 국가와 인민에게 재앙을 가져올 것이라는 데 있었다. 이 죄보다 더 큰 죄는 없다. 성격을 바꾸거나 포기하는 사람은 가장 극악무도한 국가 범죄를 저지르고 있으며 역사로써 단죄돼야 한다. 이 해석은 오늘날에도 공명한다. 현재의 문자 개혁론자들이 개진하는 의견을 반박하기 위해 Peng(2001)은 "전쟁에서 패배는 일시적이고 회복 가능하지만, 한번 문화를 잃으면 그것은 영원히 사라진다"고 주장했다.

전통문화 유산의 궁극적 손실에 대한 구체적 우려는 다음과 같다 (제7장의 3.3, 그림 7.2 참조).

- 간화자로 기록하면 고전문학을 충분히 감상할 수 없다.
- 서예, 그리고 문자에서 파생한 여타의 예술 형식 같은 것에서 미적 가치는 상실된다.
- 한자 체계 내의 일관성이 변경됐기 때문에 언어의 정확성이 희생될 것이다.

순수주의는 본질적으로 민족주의의 발현이다. 민족주의와 전통주의를 포함한 사회 이데올로기는 문자 개혁 성공의 기본이며, 1935년에는 민족주의적 감정이 만연해 있었다. 이를 잘 알고 있는 언어학자들이 국민당 정부에 ㈜국어통일준비위원회Preparatory Commission of National Language Unification를 통해 간화 방안을 제안했을 때, 그들이 가장 먼저 언급한 이유와 목적은 "문자를 구하고 보존하기 위해서"였다. 간화 지지자들은 또한 간화된 한자가 전통 한자보다 더 편리하고 효과적일 것이라는 것을 증명하려고 노력했다. 1955년 타이완에서 새로운 간화 열풍이 거세게 일었을 때, 캠페인을 주도했던 타이완의 저명한 학자 Luo Jialun이 제시한 네 가지 이유 중 첫 번째 명분은 "중국 문자를 보존하기 위해서"였다(Wang 1997: 26-27).

3.2.3 정치화

순수주의자들의 주장은 차치하고, 일각에선 FSS 위원회 철회의 더 즉각적인 이유가 2년 후 중국을 침략할 터였던 일본인에 대한 투쟁이 임박했기 때문이라고 생각한다. 중국 문자 체계의 운명에 대한 문화적 논란은 곧 닥칠 파괴에서 국가를 구하는, 더 화급한 사안으로 자리를 내줬다. 그러나 Du Zijin(1935:27)은 일본과 치른 전쟁이 국민의 폭넓은 지지 획득을 수반했기 때문에 국가 위기는 사실상 정부의 FSS 시행 초기 결정에 기여하는 요소였다고 주장해 왔다. 국방군은 문맹이었던 일반인들로 구성됐고 간화 운동은 그들한테 다가오는 전쟁의 중요성에 대해 교육하는 데 도움이 될 수 있었다.

게다가 또 다른 가능성은 국민당 정부를 위한 정치적 고려였는데, 그 내용은 중국 공산당이란 반란 세력이 이 상황을 이용하여 우위를 차지할 것을 허용하지 않는 것이었다. 국제적으로 간화 개혁과 좌파 정치 권력 사이에는 내재적 관계가 있는 것으로 보인다. 예컨대 프랑스와 이탈리아의 것을 모델로 한 국가 LP 기구인 영국학술원English Academy이 제안됐을 때 휘그당의 반대를 받았는데, 그 이유는 "18세기의 휘그 철학은 왕권을 제한하는 것을 목표로 했다"는 것이었다(Ager 2003: 75). 또 다른 최근의 예는 1990년대 독일어권에서 노동자 계층 부모들이 선호했던 철자 간화다(Clyne 1995). 마찬가지로 간화는 공산주의 이데올로기의 이념적 구현과 유사한 것으로 간주됐다. 이는 일반인·간화·대중 운동 사이에 본유적innate 관계가 있는 것으로 보였기 때문이다. 중국에선 중국 공산당이 문화 문제를 지엽적인 활동이 아니라 통치의 필수적인 부분으로 봤기 때문에 언어 개혁에 더 열정적이고 자유로운 것이 현실이었다. 이처럼 언어와 문자는 국가의 이익을 위해 국가가 통제하고 지시하고 규제해야 한다. 예컨대 당이 지배하는 해방구에서 로마화의 촉진을 위해 많은 일을 한 것은 공산당이었다. 따라서 여당인 국민당은 최대 라이벌과 협력하는 그 어떤 것도 기꺼이 할 수 없었다.

이 가설은 이후 타이완에서 1950년대와 1960년대에 있었던 간화 논쟁을 통해 부분적으로 입증될 수 있다. 타이완이 간화자를 대규모로 채택하길 꺼려했던 데 대한 유일한 설명은 중국 본토 내 공산당의 지도를 따라가는 것처럼 보이는 것을 당국이 두려워했기 때문이라는 것이 일반적 견해다. 국민당 정부가 타이완으로 피난한 이후 가끔씩은 영향력 있는 정치인들과 학자들 모두 중국 문자의 간화 문제를 제기해 왔다. 예를 들어 1950년대에 Luo Jialun은 문자 간화를 제안했고 대중은 그에게 중요하고 열렬한 지지를 보냈다. 그러나 그는 "[대만] 해협the Strait 건너 공산당이 조직했다"는 비난을 Chiang Kaishek한테서 받았고, 개혁은 무산됐다.

3.3 다가오는 개혁에 대한 함의

현대적 문자 발전을 위한 첫 정부 시도가 실패로 돌아갔음에도 FSS는 향후 개혁의 배경과 근거를 제시하면서 후속 간화 노력의 선구자로 평가받아 왔다. 성공이란 것이 이후의 발전에 끼치는 광범위한 영향의 관점에서 판단된다면 그것은 합리적인 성공을 맞이했다고 말할 수 있다. Su(1993:42)는 비유적으로 이렇게 말한 바 있다. "1935년의 싹이 1956년에 꽃을 피웠다".

정부의 첫 번째 시도는 또한 오랜 시간 검증된 문자 체계에 개혁의 씨앗을 심고 한자에 대한 불안을 떨쳤다는 점에서 의미가 크다. 문자 전달의 수단으로서 한자는 오랜 역사적 기간에 걸쳐 형태를 갖췄다. Wang Fengyang(1992)은 이처럼 오랜 발달 기간 동안 부정적인 무기력한 습관이 언어 사용에서 진화해 왔다고 강조한다. 습관의 힘은 만연하고 비이성적이며, 일단 관성이 생기고 발전하면 엄청난 강압적 압력에 직면하지 않는 한 어떠한 변화에도 저항한다. 간화자를 장려하기 위한 전국적인 논의와 정부의 조치가 문자에 대한 깊은 존경심을 감소시켰다는 데는 의심의 여지가 없다. 그 사실은 점점 더 많은 사람이 간화자를 사용함으로써 증명된다.

3.4 정부 대 개인

LP 연구자들이 관심을 가질 수 있는 FSS의 또 다른 측면은 LP 프로그램의 공식적 착수에서 개인이 수행하는 역할이다. 시작부터 정부는 의도적으로 작은 역할을 했고, 모든 계획initiatives은 종종 명문가들이 지배하는 비정부기구에서 나왔다. 이러한 개인들의 직업적 이력은 상당히 다양했지만, 그들은 주요 행정직을 차지하는 사람들 사이에서 공통의 관점을 전파할 수 있었다. 정부는 개혁 프로그램의 시작에 거의 또는 아예 참여하지 않았고, 기본적으로는 다양한 개별 제안을 받아들였다. 경험은 대체로 강력한 중앙 리더십의 결여가 문자 개혁에 도움이 되는 경우가 많다는 것을 보여준다. 따라서 정부의 관심 이전에 간화 캠페인은 이미 더 많은 주민의 관심을 엄청나게 끌고 있었다. 간화자를 홍보하는 수많은 문자표와 자전이 출판됐다 (표 1-2 참조). Zhou(1979: 324-325)는 1927년부터 1934년까지 30개 이상의 저널·정기 간행물·신문이 간화자를 논의하는 연구 논문과 기사를 출판하기 시작했다고 언급했다. 인쇄 산업과 출판사는 독자적인 활자체 및 문자 형태를 자유롭게 사용할 수 있었으며, 1931년부터 1993년 [원문엔 1993년으로 돼 있어서 일단 그대로 옮겼으나 맥락상 아마 1939년의 오타가 아닐까 싶기도 하다.] 사이엔 이 주제와 관련한 책 4권이 출판됐고, 1935년 봄에는 문화계 엘리트 학자 200여 명이 간화를 지지하는 공동 청원서에 서명했다. 게다가 15개의 출판사와 일부 잡지는 알아서 간화자를 채택, 출판하기 시작했다.

　　동시에 LP에서 개성은 양날의 검이다. FSS에서 구체화된 개혁을 유지하지 못한 것도 문자 개혁을 성공적으로 수행하기 위해서는 합법적이고 민주적인 절차를 보장하는 메커니즘이 필수적이라는 것을 보여준다. 문자는 인간 삶의 근본 제도 중 하나이며 사람들의 마음속에 깊이 뿌리박고 있다. 시간이 지남에 따라 일단 합법화되고 시행되면 개혁이 만들어내는 사회적 효과는 LP 개혁의 캠페인 및 실행의 측면에서 개인이 할 수 있는 중요한 역할을 거부하지 않은 채 개인이나 이익 집단의 압박에 대한 일정 수준의 면책특권을 가져야 하는 중요한 결과를 가져온다.

표 1-2. 1930년대 문자 간화를 위한 개인의 노력

책	편찬자	출판사	연도	간화된 글자 수
Table of Popular Characters Since the Song and Yuan Dynasties 《宋元以來俗字譜》 「송원이래속자보」	Liu Fu, Li Jiarui 劉復, 李家瑞 유복, 이가서	Historical Institution of the Central Academy 國立中央研究院歷史語言研究所(北平) 국립중앙연구원 역사언어연구소(북경)	1930	6,240
Dictionary of simplified characters 《簡體字典》 「간체자전」	Rong Geng 容庚 용강	Harvard-Yanjing University Press 하버드-옌칭 대학 출판부	1936	4,445
Table of Common Simplified Characters 《常用簡字譜》 「상용간자보」	Chen Guangyao 陳光垚 진광요	Beixin book bureau 北新書局 북신서국	1936	3,150
Table of Simplified Characters 「간화자표」	출판사와 동일	Character Shape Association of Beijing Academy 북경학원자형위원회	1937	1,700

[한자로 밝힐 수 있는 것은 표기, 불가능한 것은 한국어로 번역]

3.5 방법론적 쟁점

방법론적 관점에서 FSS의 시행은 연착륙이라고 할 수 있다. 우선 수가 적고 반대할 염려가 거의 없었는데도 간화된 한자의 원래 대응물original counterparts [번체자]은 간화자에 공식적 지위가 주어졌을 때 폐지되지 않도록 돼 있었다. 게다가 교육부는 학생들이 간화자와 원래 글자를 동시에 읽을 수 있어야 한다고 요구했다. Wang Li(1938)는 간화자의 합법화는 학생들을 거추장스러운 암기 부담에서 해방시키는 대신 이제 두 가지 시스템을 배우는 데 두 배의 시간과 에너지를 소비하도록 강요했다고 주장한다. 그러나 이는 FSS가 사회에 미칠 수 있는 불안한 충격을 최소화하기 위한 안정적 전략으로 간주될 수 있다. 아울러 어떤 계획이 더 많은 문자를 간화하려 하면 할수록 그것이 전통적인 보수주의와 충돌할 위험은 더 커진다. FSS는 양적 측면에서 매우 보수적인 개혁이었지만(324자) 잘 준비되고 치밀하게 계획된 프로그램이었다. 이는 1956년 방안에서 TSC에 간화된 형태의 80% 이상이 채택됨으로써 확인됐다.

㈜국어통일준비위원회가 제시한 '있는 그대로 기술할 뿐recognizing without creating'(shu er bu zuo — 述而不作 [술이부작])이라는 원칙은 추가 간화 노력에 지대한 영향을 끼쳤다. 정부는 이 원칙을 고수하면서 한자 간화에서 수행해야 할 고유의 역할을 새로운 형태의 창조보다는 역사 문헌이나 공공 문헌에서 오랫동안 유통되고 있는 기존의 문자들의 수집 및 구현으로 여겼다. 1920년대에는 기존의 간화 방법을 분

류하기 위해 최초의 학자 Qian Xuantong을 배출했으며, 그 이후 그
가 고안한 여덟 가지 방법은 가장 포괄적인 한자 간화 방법으로 남
아 있다.[4]

FSS가 정서법적正書法的 orthographic 생활에 큰 영향을 끼치지 못한
데는 그 밖의 이유 두 가지가 있다. 첫째, 채택된 문자 324개는 원래
권장됐던 2,400개 이상의 문자 중에서 선택됐다. 이 숫자는 일상적
으로 사용되는 문자의 10%에 불과하며, 이 글자 모두엔 오랜 역사
가 있다. 둘째, 법령을 교육부가 공포했고 그 조치 또한 명확하고 엄
격했지만, 그 영향이 효력을 발휘하는 곳은 학교밖에 없었다. FSS의
고시령에선 공용어를 언급했지만 명령서에선 공포된 지 2개월이 지
났는데도 명령 이행을 위한 구체적인 조치가 마련되지 않은 채 "가
능한 한" 간화자를 사용하도록 제안했을 뿐이다. 명령은 중앙 정부
의 이름으로 다시 공표됐다(Zhang 외 1997).

4　　Qian의 여덟 가지 방법은 다음과 같다. 1) 원래의 글자의 윤곽만 남기고, 나머지 성
　　분은 삭제한다(예, 壽 → 寿). 2) 초서를 도입, 가장 많이 사용되는 글자뿐 아니라 가
　　장 복잡한 것까지 대체한다(예, 書 → 书). 3) 전체 문자를 성분의 한 부분으로 표현한
　　다. 이것은 원래 형태를 나타내기 위해 원래 글자의 한 부분을 사용하는 것이다(예,
　　號 → 号). 4) 복잡한 부분을 단순한 부분으로 대체한다(예, 觀 → 观). 5) 글자의 고대
　　형태를 채택하는데, 그것은 더 단순한 것이다(예, 禮 → 礼). 6) 성부를 조절함으로써
　　음운 원리를 사용한다(예, 鄕 → 乡). 7) 확립된 원칙에 따라 대체 글자로서 새 글자를
　　만들어낸다. 확립된 원칙은 문자들의 복잡한 부분을 더 단순한 성부로 대체하는 것
　　과 같이 역사 전반에 걸쳐 문자를 단순화하기 위해 공개적으로 잘 수용된 방법론
　　을 일컫는다(예, 竈·竃 → 灶). 8) 문자를 동음이의어로 대체한다(예, 幾 → 几).

4. 1950년대와 1960년대의 간화 운동

TSC*Table of Simplified Characters*, 『간화자표』는 해서square script 시기
의 한자 안정화 이후 중국 역사상 가장 유례없는 간화 운동이지만,
그것은 우리가 주장했듯이 어떤 측면에선 1935년 FSS 개혁의 지속
과 실현이다. FSS 개혁의 전 과정이 중국어와 영어 문헌(Chen P. 1999,
DeFrancis 1984b, Seybolt and Chiang 1979, 그리고 가장 최근에는 Zhao 2005 참조)에 잘
정리돼 있으므로, 다음의 논의는 국가 권력의 특징적 역할에 초점을
맞추고 1950년대의 결과와 함께 이전 연구에서 대부분 무시돼 온 간
화 활동을 간략하게 평가한다.

4.1 국가의 역동적 개입: 조직 변화

앞의 절에서 알 수 있듯이 1949년 이전에 국민당 정부는
언어 문제에 대해 불간섭주의 정책을 채택했지만, 중화인민공화국이
수립되면서 이러한 상황은 급변했다. 언어는 국가 자원의 중요한 부
분으로 간주됐고 작업 의제에 정치적 과제로 등재됐다. 새 정부는 전
례 없는 규모의 강력한 개입을 통해 언어 개혁을 추진하기 시작했다.
신중국에서 LP의 첫 번째 뚜렷한 특징은 국가 기관의 광범위한
참여와 상의하달식 언어 행정 정책이었다. 중화인민공화국이 수립
된 짧은 기간 동안 국가 차원의 LP 기관은 네 차례 바뀌었다. 1990
년대 이후 중화인민공화국 수립의 첫 번째 시기 동안 어떤 일이 일

어났는지에 대한 역사적 자료가 학술 문헌과 개인적 설명을 통해 점
진적으로 공개됨으로써 우리는 당시에 일어나고 있던 일을 비교적
상세한 방식으로 면밀히 살펴볼 수 있게 됐다.

4.1.1 중국문자 개혁협의회와 중국문자 개혁협회

CCPChinese Communist Party, 중국 공산당이 취한 첫 번째 조치
는 Guoluo 학파[国语罗马字拼音法式, 국어로마자병음법식][5]와 Beila 학파(북방어
의 라틴어 표기를 주창했던 친공산주의 조직 [北方话拉丁化新文字, 북방화라틴화신문자,
拉丁化新文字, Latinxua Sin Wenz, 표 7-1 참조])를 합병하는 것이었다. 창당 초
기 당내의 LP 활동가들은 언어 개혁의 측면에서 어떻게 경험 많은 인
재를 대규모의 전국적인 언어 현대화 캠페인에 통합할 것인가를 두
고 고민하기 시작했다.

확실히 이 목적을 달성하는 가장 좋은 방법은 훌륭한 언어학 훈
련을 받은 이전 개혁 운동의 주요 구성원을 한 지붕 아래로 모을 조
직을 만드는 것이었다. 그 당시 열성적으로 표음철자법을 설계하고
한자를 간화하려는 이들은 헌신적인 사람들부터 서로 다른 이념적
후원을 받으며 활동하는 조직까지 다양했다. 민족주의 정부 정권과
관련된 통일국어진흥협회Association of Unified National Language Promotion 회

---

5   저명한 언어학자들로 구성된 로마자 표방 단체로서 그들은 이전 정부의 후원을 받
     았다.

원들을 포함한 모든 관련 당사자들을 하나로 묶을 수 있는 가장 좋은 용어는 '협의회coalition'였던 것으로 보인다. 창립총회(Wang 1995)에 모인 참가자 명단을 간략히 살펴보면 그 구성원들은 주로 베이징의 고등 교육기관에서 온 학자들이었다는 것을 알 수 있다.

그러나 일부 협의회 회원들과 공산당 지도자들 사이에 빈번한 서신 교환이 있었고, 정치적 이데올로기와 학문적 전문성 면에서 서로 다른 배경을 가진 광범위한 개인들을 포용하는, 전적으로 비정부 기관이던 것은 짧은 기간 동안만 존재했다. 몇 달 후 그 단체는 이름을 '협의회'에서 '연구위원회Research Commission'로 바꾸었다. 1949년 8월 28일, 러시아에 거주하는 중국인 노동자들 사이에 혁명적 지식을 전파하기 위해 중국 공산당의 지원을 받아 1920년대와 1930년대의 라틴화 운동 선구자였던 Wu Yuzhang은 그 명칭을 협의회에서 연구위원회로 바꾸자는 제안을 했다. 나중에 이 수정은 Mao Zedong과 다른 공산당 고위 지도자들의 지시로 이뤄졌다는 것이 밝혀졌다. 비록 명칭으로는 비정부기구였지만, 언어 개혁의 첫 번째 전국 조직은 사실상 새롭게 형성된 국가 중앙 행정의 직접적인 통제를 받고 있었다. 중화인민공화국이 탄생한 지 불과 열흘 만에 베이징의 대학들이 78명의 회원을 선출했으며, 이들은 사회의 모든 분야를 대표했다. 회의 문서에 명시된 주요 업무는 라틴 알파벳 문자 체계를 연구하고 시험하는 것이었다.

4.1.2 중국문자 개혁연구위원회

그 이후 두 달간의 운영 끝에 리더십의 본질에 더 큰 변화가 일어났다. 중앙 정부의 명령에 따라 통일국어진흥회는 재조직되어 연구회와 교육부로 통합됐고, Ma Xulun이 회장으로 임명됐다. Chia(1992:185)는 이러한 준비를 다음과 같이 기술한다. "60년 만에 처음으로 비공식적 문자 개혁 운동이 합법적 지위를 얻었다. 이제 개혁 프로그램들은 정부가 교육부를 통해 공식적으로 시행할 수 있다."

4.1.3 중국문자 개혁위원회

정부 LP 작업자들의 활동 강화로 문자 개혁의 발전이 급속도로 전개되고, 이에 따라 언어 계획 문제는 점점 더 중앙 행정의 주요 의제가 됐다. 아울러 정부 입장에선 행동할 적기인 듯 보였다. 1954년 10월 8일 인민대표대회 상무위원회는 Zhou Rnlai 총리의 제안으로 문자 개혁위원회Commission of Chinese Script Reform 설치를 승인했다. 이 결정으로 문자 개혁안은 이론적 연구에서 국가 권력을 통해 위에서부터 시행될 실천적 행동 계획으로 바뀌게 됐다. Wu Yuzhang은 『작업보고서』에서 이렇게 제안했다. "이전에 그것은 연구 기관이었다. 지금부터 우리는 대중 사이로 또 사회 그 자체로 들어가 다양하고 구체적인 문자 개혁 프로그램을 추진하기 위해 실체적이고 실현 가능한 조치를 강구해야 한다"(Fei 1997: 193-194).

방금 논의된 국가 차원의 문자 개혁 기구 외에도 전국엔 다수의 성 단위 및 지역적 조직이 설립돼 있었다. 영향력이 가장 강했던 것은 1949년 9월 4일에 설립된 상하이 신문자 노동자 협회Association of Shaghai New Script Workers다. 수십 년 동안 주요 문자 개혁 운동가였던 Chen Wangdao와 Ni Haishu가 회장을 맡았으며 110명의 회원이 있었다. 그 작업은 통일국어진흥회가 완료하지 못한 로마자 표기를 촉진하는 데 초점을 맞췄다.

표 1-3은 LP 기관의 명칭 변경과 기능을 기록한 것으로서, 이 분주했던 이행기 동안 LP 기관의 공식적 지위가 점차 상승했음을 보여준다. 이 표는 더욱 광범위한 학계의 적극적 참여와 새로 구성된 정부의 강력한 중앙 리더십을 나타낸다. 설립 초기 3년 동안 협의회에서 협회로, 그 후 연구위원회에서 위원회로 이름이 바뀌었음을 나타내는데, 각 명칭은 그것이 기능하는 과정에서 정부 권력의 중요성이 증가하고 있음을 나타낸다.[6] Chia(1992)는 LP 조직의 마지막 재구성과 공식적 정부 통제권을 언어 개혁의 긍정적인 변화로 보고 있다. 그러나 두 명의 중국 LP 분석가인 Duan Sengnong(1990: 207)과 Lü Gwangxiong(2003)은 이러한 변화에 비판적이며 "학자의 역할이 결국 축소됐다"고 주장한다. Duan(1990)은 이러한 변화로 초래된 상의하달식의 관료적 간섭을 한자에 대한, 이후의 바람직하지 않은

---

6   1986년 1월 6일부터 13일까지 열린 전국언어문자작업회의 National Conference of Language Work(이하 NCLW)에서 중국문자 개혁위원회로 개편된 CCSR을 제외하고 다른 모든 조직은 대체 집단이 생기면서 폐지됐다.

영향에 책임이 있는 요인으로 보고 있다. 이러한 책임의 전환은 기관agency(이를테면 Copper(1989)의 용어로는 행위자actors)의 역할과 일치하는데, 이는 더욱 일반적인 국제적 경험에서 발견되는 것이다. 예컨대 Baldauf와 Kaplan(2003:33)는 "응용 언어학자들은 언어 정책 수립에 전혀 관여하지 않는다. 행위자는 역사적·헌법적 상황에 얽매인 (상의하달식) 정치인이거나 그렇지 않으면 관료일 가능성이 가장 높다"고 말한다.

표 1-3. 1950년대 중국 LP 기관의 변화(Chia 1992, Fei 1997, Wang 1995, Wu 1978)

기관명	설립일자	소속	지도자·개시자	목적
Coalition of Chinese Script Reform 중국문자 개혁 협의회	1949.8.7.	비공식	Wu Yuzhang, Xu Teli (선임 혁명가) Li Jinxi, Luo Changpei (언어학자)	중국어 로마자에 대한 의견 교환
Association of Chinese Script Reform 중국문자 개혁 협회	1949.10.10.	신정부의 후원을 받는 준 관료단체, 78명의 회원	Wu Yuzhang (회장)	a. 중국 문자 개혁 관련 노동자 통합 b. 중국 문자 개혁 촉진 c. 개혁 방법 관련 실험에 대한 연구 및 수행
Research Commission of Script Reform 중국문자 개혁연구위원회	1952.5.2.	중앙정부 국무원 교육위원회 산하, 12명의 위원	Ma Xulun (회장, 교육부 장관) Wu Yuzhang (부회장)	a. 알파벳 관련 방안 연구 및 해결 (문자 필획에 토대를 둠) b. 문자 간화 조사 및 계획 수립

| Commission of Script Issues of the Chinese Communist Party Central Commission
중국 공신딩 중앙문자문제 위원회 | 1953.10.1. | CCP 중앙 위원회, 30명 이상의 회원 | Hu Qiaomu (Mao Zedong의 정치 비서)
Fan Wenlan (부회장, 역사가) | a. 당 내 문자 개혁에 대한 다양한 견해 조정
b. 문자 개혁 프로그램을 실행하기 위한 주요 원칙과 단계 논의
c. 중국 공산당 중앙 위원회에 실용적이고 실행 가능한 제안 제공 |
| Commission of Chinese Script Reform
중국문자 개혁 위원회 | 1954.12.23 | 국무원(최고 통치 기구) 직속, 23명의 위원 | Wu Yuzhang (회장)
Hu Yuzhi(부회장, 공산주의 이데올로기 이론가) | a. 문자 개혁 시행에서 정부의 영향력 증대
b. 연구 작업을 실제 단계로 진행
c. 전국의 국가 언어 정책을 보완 |

4.2 1956년 『간화자표』에 대한 잠정적 평가: 시대적 성공

1951년, 교육부는 555자를 포함하는 『제1차 간화자집』*First Group of Simplified Characters*을 출판했다. 정부는 여러 분야의 전문가들한테 자문을 구한 후 1954년에 간화 방안의 초안을 마련하였고, 1956년 1월 『인민일보』*People's Daily*에 정식으로 게재했다. 이 방안은 세 개의 표, 곧 이미 사용되고 있는 간화자 230개로 이뤄진 첫 번째 표, 새로 수정된 문자로 285개로 이뤄진 두 번째 표, 간결한 부수 54개로 이뤄진 세 번째 표로 구성됐다. 이 제도가 시행된 후 1학기부터 모든 학교 교과서와 교육 출판물은 간화자로 표기할 것이 요구됐다.

이러한 변화를 맥락적으로 이해하려면 사용된 간화 방법을 살펴볼 필요가 있다. 방법론적으로 이 방안은 기본적으로 Qian

Xuantong의 원칙을 채택했다(주 4 참조). 또한 Mao의 지시를 따르기 위해, 간화된 모양은 대중적 '행서'와 '초서'를 폭넓게 사용했으며, 특정 문자는 같은 발음의 다른 글자로 대체했다. DeFrancis(1979: 147)와 Tsang(1996: 8-11)은 이러한 변화를 크게 세 가지 범주로 분류했다.

- 형태별 간화
  a) 본래 글자의 일부를 사용하여 전체를 표현: 業 → 业(*ye*, 일 [업]), 術 → 术(*shu*, 기술 [술])
  b) 본래의 윤곽만 사용: 齊 → 齐(*qi*, 완벽한 [제]), 變 → 变 (*bian*, 변화 [변])
  c) 본래 글자의 복잡한 부분을 대신하기 위해 간화된 부호를 사용: 趙 → 赵(*zhao*, 성씨 [조]), 漢 → 汉(*han*, 중국 [한])

- 발음으로 간화
  a) 더 복잡한 성부 또는 원래 글자를 대신하기 위해 기존의 단순하거나 간화된, 동일하거나 유사한 편방을 사용: 殲 → 歼(jian, 없애다 [섬]), 隣 → 邻(lin, 이웃 [린])
  b) 발음이 같거나 한 원래 글자를 대신하기 위해 기존의 단순하거나 간화된, 전부 또는 일부가 유사하거나 심지어 무관한 의미의 동음이의어를 사용: 鬥 → 斗(dou, 싸움 [투]), 鬱 → 郁(yu, 우울한 [울])

- 의미론적 함의로 말미암은 간화: 의미론적 관계에 따라 두 글자를 결합하여 새롭게 간단한 문자를 만드는 것: 塵

→ 坣(chen, 티끌 [진]), 滅 → 灭(mie, 소멸하다 [멸])

오늘날 언급되는 1956년 간화 개혁은 대체로 1964년의 『간화자
총표』*General List of Simplified Characters* (GLSC)를 가리키는데, 이 목록은 그
것에 선행했던 일련의 표가 최종 결과물로 나온 것이기 때문이다.
1950년대에 출판된 수많은 표의 공존은 사용자들을 혼란스럽게 했
으며, 가장 큰 불일치는 어떤 특정 문자의 간화된 형태가 여타 문자
의 편방으로 사용될 때 어떻게 다뤄야 하는가 하는 문제였다. 1964
년 2월 국무원은 그 같은 문자의 대부분이 여타 문자의 부수나 편방
으로 나타날 때마다 생략되는 것이 수용 가능하다고 했다. 잇따른 5
월에 CCSR은 2,238자를 포함하는 『간화자총표』를 발간했다. 그러
나 전통 중국 문자의 간화는 획수 축소를 통한 각 문자의 구조적 간
화와는 별개로 실제로 두 가지 추가적 과정을 수반하고, 감소한 총
획수와 자형의 표준화를 일컫기도 한다. 후자는 동반하는 두 목록
인 『제1차 이체자 정리표』*First Table of Verified Variant Forms*(1955)와 『인쇄 통
용 한자 자형표』*General List of Print Fonts of Chinese Characters*(GLPFCC, 1965)에서
명백히 나타난다. 첫 번째 조치에선 이체자 1,053개, 곧 같은 의미와
발음을 가지고 있지만 다른 형태를 가진 글자들을 신중하게 선택하
여 제거했다(이들 중 26개는 나중에 제자리로 다시 돌아갔다). 둘째, GLPFCC
에선 6,196자의 자형·획수·표기 규약을 고정하여 출판물을 괴롭혔
던 혼란스러운 상황을 종식했다.

1950년대와 60년대의 문자 현대화 시기에 일어난 또 다른 중요

한 사건은 1958년, 중국어 로마자 표기 및 알파벳 표기 방안Alphabetic
Scheme of Chinese Romanization(더 널리는 병음으로 알려진) [한어병음방안]의 공표
였다. 이 개혁은 학교에서 조기 문해력 교육을 촉진하기 위한 정부
정책의 주요 결과이지만, 그것의 도입이 한자 필기와 사용에 위협이
되진 않았다. 이 개혁의 양상은 추후 논의된다(제7장 2절 참조).

간화된 한자 제도의 결함은 처음부터 재외동포의 비난을 받았다.
TSC가 출범하기도 전에 논의가 가열되고 비판 여론이 날카로웠기
때문에 1958년 반우파 운동Anti-Rightist Campaign[7]의 일환으로 본토 내
반체제 인사들의 목소리는 잠잠해졌고, 이견이 분분한 학적 견해엔
정치적으로 편향된 공격이라는 꼬리표가 무차별적으로 붙었다. 따
라서 1986년 12월 심포지엄이 열리기 전까지 TSC에 대한 부정적
의견은 들리지 않았다. 국내에서 발생한 이런 억압의 효과는 1956년
『간화자표』의 출판 이후 이 문자 체계에 대한 예기치 않은 영향을
검토하기 위한 아무런 평가도 시도되지 않았다는 데서 드러난다. 그
평가가 무엇보다도 중요했을 텐데도 말이다. 이는 대부분의 LP 상
황에선 비정상적이며, 그 결과 1980년대 중반 이후 중국어 문자 개

---

7   1956년 5월부터 Mao는 지식인이 좀 더 자유롭게 자신의 의견을 표현할 것을 요구
    했고, '백 송이의 꽃이 함께 피게 하고, 백가가 다투게 하라Let a hundred flowers bloom
    together; let a hundred schools of thought contend'(百花齊放 百家爭鳴 [백화제방 백가쟁명])는 기
    치 아래 간부와 당을 건설적으로 비판할 것을 요청했다. 그러나 1957년 5월 일부
    지식인이 그의 말을 수용하기 시작했고, 지적 자유에서 심지어 민주주의에 이르기
    까지 더 많은 것을 요구하며 당 정책에 대한 비판을 쏟아냈을 때, Mao를 비롯한 여
    타의 지도자는 그 반응에 충격을 받고 비평가를 짓밟았다. 반우파 운동은 문화대혁
    명 이전의 중국 지식인한텐 가장 큰 재앙이었다(Ji 2004: 75-76).

혁의 기능 장애를 다룬 문건의 양은 증가하고 있다. 점점 더 많은 본
토 학자가 해외의 반대 세력에 합류해 왔으며, 그들은 이제 간화가
완벽하진 않았다고 인정한다.

당연히 타이완에선 본토 언어 개혁의 실패를 비판적으로 분석하
는 출판물이 다른 어떤 곳보다도 많이 제작됐다. 이렇듯 정치적·문
화적으로 격앙된 지적 드잡이판에서 다수의 저자는 객관적인 비평
가보다는 폄훼자로 활동했다.[8] 이런 상황에서도 Huang Peirong(1992)
과 Tsang Yuanhou(1996) 같은 분석가는 정치적 편견에서 자유로운 결
론을 내리는 분석적 작업을 내놨다. 싱가포르 출신의 Chia(1992)는
비교적 오랜 사용 기간에 걸쳐 명백해진 TSC의 문제점을 종합적이
고도 객관적으로 분석한 최초의 학자로 여겨진다.

Ferguson(1996: 283)은 "효율성의 측정은 항상 특정 목표의 관점에
서 이뤄져야 한다. 만약 그 목표를 명료하지 않은 채로 놔둔다면, 효
율성의 정의 전체는 문제가 된다"고 지적한다. 간화의 손익을 평가
하는 비판적 논평은 몰역사적ahistorical 관점을 채택하는 경향이 있다.
우리는 1950년대 문자 개혁이 모종의 착근된 역사적 과정이라고 주
장하려 한다. 그리고 셋으로 분리된 역사적 시기에서 체계적으로 살
펴볼 경우, 그 과정은 더욱 의미 있게 다가온다.

---

8   대부분의 연구가 학문적 독립성을 거의 보여주지 않으며 정치적으로 크게 비난받
     고 있다. 다작 LP 작가이자 연구자인 Wang Xuewen은 이런 종류의 연구를 하는 사
     람들의 전형이다. 예컨대 그의 『공비의 간화자에 대한 포괄적인 비판』Comprehensive
     Critique of the Communist Bandits' Simplified Characters [《共匪文字改革總判》(1974)]은 정치적 전
     문용어와 비난으로 가득 차 있다.

4.2.1 Mao 시기(1949-1977)

Mao 시대의 성과는 경제적 이익과 정치적 이익으로 나타
났다. 당 지도부는 처음부터 문자 개혁이 정치적 과제로 다뤄져야 한
다고 강조했다. 이는 부분적으로는 새 정부가 가시적인 성과 창출을
통해 통치를 위한 합법성을 공고히 할 필요가 있었기 때문이다. 한자
간화의 목표는 대개 슬로건을 통해 제시됐고, 그런 다음 정부의 정치
적 목적을 달성하기 위해 구체적으로 사용됐다. 예를 들어 성인 문해
력은 농업 및 생산 지식을 가르치는 것, 또는 혁명적 차세대의 교육이
라는 더 근본적인 목표를 더 쉽게 만드는 것으로써 실현됐다. 한자 간
화는 문화대혁명 이후 비난받지 않고 번복되지 않은, Mao 시대에 일
어난 몇 안 되는 혁명적 행동 중 하나라고 할 수 있다.

사용 빈도가 높은 문자만 간화됐다는 점을 고려하면 텍스트 유형
에 따라 생성하는 편의성의 정도는 다양하다. 표 1-4는 필획 감소의
정량적 영향에 대한 더 나은 견해를 비교적 관점을 통해 제공한다.

표 1-4. 간화 전과 후의 필획 감소 비교

통계	간화 전	간화 후	간화 정도
간화 과정을 거친 544자에 대한 평균 획수 (Wang 1995: 148)	16.08획	8.17획	50%
『간화자총표』의 2,238자 중 획수가 10획보다 적은 것 (Chia 1992: 236-237)	141자	1.263자	6.3%에서 56.4%로 증가

『간화자총표』의 2,238자 중 획수가 10획보다 적은 것의 획수 (Chia 1992: 236- 237)	36,283획	23.055획	평균 6획
신문이나 잡지 따위의 기사 본문에 있는 100만 자의 평균 획수 (Zhou 1979: 341–342)	9.15획	7.67획	8.4%
가장 많이 사용된 2,000자의 평균 획수 (Zhou 1992: 168)	11.2	9.18	12%

4.2.2 Deng 시기 (1978-1990년대 초)

간화는 본토에서 사용되는 문자 체계와 해외[화교] 공동체의 문자 체계 사이에 단절을 초래했다. 전통 문자 사용 지역[번체자를 사용하는 화교 공동체]과 하는 소통의 불편함에서 비롯한 문제는 1978년 이후 Deng(Xiaoping)의 시대에 이르러서야 비로소 명백해졌다. 정치 및 경제 정책의 초점이 더 바깥으로 옮겨갔기 때문이다. 1950년대의 사회·정치적 환경을 고려할 때 외부 사용자에 대한 고려가 거의 이루어지지 않은 것은 놀라운 일이 아니었다. 그러나 1980년대 이후, 재외동포를 방문하고 귀국하는 중국인들이 모국과 문화적 기원에서 자신이 갑자기 소외돼 있음을 발견했다는 보도가 많았다. 이러한 변화가 야기한 문화적 장벽, 곧 중국 내는 물론 중국 문자를 사용하는 여타 지역에서도 생겨난 그 장벽은 동아시아 지역의 국제적 의사소통 장벽으로 이어졌다. 이것이 중국에 대한 외부 투자에 미칠 수 있는 영향에 대한 연구는 아직까지 이뤄지지 않고 있다. Mao의 집권 동안, 그러니까 중국의 국가적 초점이 기본적으로는 국가 내에 맞춰져 있던 때에 이런 종류의 양방향 상호작용, 곧 간화자와 전통 문자를 이용한 지역 간 상호교류에 대해선 아무런 관심도 표명되지 않았다 — 이 같은 경향은 사람들이 외부 세계와 소통하는 것을 차단하기 위해 심지어는 의도적으로 계속됐을 수도 있다. 하지만 그런 양방향 상호작용은 Deng의 경제 개혁과 '개방' 동안 쟁점이 됐다. 내향성에서 외향성으로 이뤄진 이 변화는 Ferguson(1996: 283)의 관점을 잘 보여준다. "만약 이웃 국가와 함께 언어적 이해를 촉진하는 것이 목표라면 한 종류의 맞춤법이 매우 효율적일 수 있다. 반면에 국가적으로 독특한 언어를 갖거나 다른 국가와 하는 의사소통을 억제하는 것이 목표라면 다른 종류의 맞춤법이 더 효율적일 것이다".

4.2.3 IT 시기, 1990년대

오늘날, 간화자는 중국 내외의 대다수 중국학자 사이에서 상당한 지지를 얻고 있지만 그들한테는 필획 복잡성의 양적 감소보다 체계적 합리화가 더 중요하다는 것이 분명해졌다. 정보화 시대에 뒤떨어지지 않기 위해 편방의 수를 줄이는 것은 학자들의 많은 관심을 끌었다. 가장 초기에 활동한 학자인 Hung Hin-chung[9](1980:34)

---

9   Hung은 케임브리지에서 교육을 받은 수학자다. 그는 홍콩대학교에서 수학을 가르쳤으며 현재는 뉴질랜드 와이카토 대학의 철학 교수다. 그는 중국 문자 개혁에 대한 열렬한 해외 논평가였으며, 해외 중국학자 및 주재원들 사이에서 그의 이름은 '조상 저주Cursing My Ancestors, (Ma Zuzong: 罵祖宗)'라는 제목의 일련의 기사로 잘 알려져 있다. 이 기사들에서 그는 중국어와 그 성격의 결점에 대해 극도로 비판적이

은 한자의 기계화에서 얻은 자신의 경험에서 순수한 간화의 단점
shortcomings을 인식했다.

> 중국인들은 근시안적인shortsighted 사람들이다. 오늘날 우
> 리는 펜으로 글자를 쓰기 때문에 시간을 절약하기 위해 획
> 을 간화하는 것은 타당하지만 이것은 미래지향적인 생각이
> 아니다. 만약 우리가 다음 세기에 여전히 획을 사용하여 글
> 자를 쓴다면 설령 한자가 그 시대에 살아남는다 하더라도
> 중국 문화는 사라질 것이다.

FSS와 TSC의 짧은 역사가 시사하듯이 1950년대의 TSC는 로마
자 표기의 길을 공식적으로 시작하기 전에 현대적 편의를 위한 임
시 조치로 채택됐다. Feng Zhiwei(2001: 개인적 소통[10])의 분명한 주장은

며, 중국어와 문자 체계를 개혁하는 것에 대한 자신의 급진적인 견해를 활발하게 퍼
뜨리고 있다. 그는 중국어의 알파벳 표기법과 입력 방안 다수를 고안하기도 했다.

10   정치적·개인적 감수성 때문에 중국 LP 역사의 주요 인물들이 귀중한 정보를 많
이 얻게 될 것으로 추정됐다. 이 1차 소식통한테서 신뢰할 수 있는 정보를 얻기 위
해 두 차례의 주요 정보원 인터뷰와 개인 세미나가 각각 2001년 7월과 2002년 7월
에 베이징에서 열렸다. 16명의 LP 전문가, 정책 입안자 및 연구원들이 우리의 개인
세미나에서 인터뷰를 하거나 강연을 하도록 초대받았다. 이 독특한 대면 대화에서
얻은 비공개 정보는 실질적이고 가치가 있었다. 이러한 통찰력과 데이터의 기여가
없었다면 그 정보는 밝혀지지 않았거나 이 책의 저자들이 이용할 수 없었을 것이
다. 이러한 경험적 정보는 본서 전반에 걸쳐 '개인적 소통'으로 인용되며, 기여자의
이름은 「감사의 말씀」에서 확인 가능하다. 방금 논의된 상황을 고려할 때, 정보에
접근하는 방법으로서 이러한 유형의 질적 데이터 수집 기술인 개인적 소통personal
communication을 중국어 LP연구자들은 매우 일반적으로 실행해 왔다(예: Rohsenow
1986, 1996, 2001, Lehmann 1975, Barnes 1977).

TSC가 정부의 '주머니'에 있는 유일한 물건이 아니라는 것, 달리 말
해서 정부는 대중의 반응을 시험하기 위해 한쪽 주머니에 있는 물품
들만 꺼냈고 로마자 표기법이라고 하는 진짜 목적은 다른 쪽 주머니
에 있었다는 것이었다. 이러한 상황의 지도guiding 이데올로기, 곧 '간
단할수록 더 효율적이다'는 간화의 지배적인 전제가 됐다. 그러나
정보화 시대의 기술 발전에서 발생한 문제는 예상치 못한 것이었으
며, 이러한 문제와 관련한 논의는 추후 이뤄질 것이다.

4.2.4 TSC에서 배운 교훈

1956년의 간화가 문맹자 수 감소와 국가 건설 관련 지식
보급의 큰 성공에 기여했다는 것엔 재론의 여지가 없다. 그러나 1978
년 중국이 개혁 개방 정책을 시작한 이래 실제 언어 사용에서 볼 수
있는 무정부 상태는 처음엔 성공적인 듯 보였던 중국 본토 내의 간화
자 사용이 실지로는 그만큼의 성공을 거두지 못했음을 보여준다. 이
는, 이 책의 다음 장들에서 보게 되겠지만, 현대 컴퓨터의 출현 이후
에 명백히 그렇다. 따라서 결국 달성된 것은 제한적이며 비교적 짧은
기간 동안만 지속됐다(예: Zhou 1986a; 1992 참조). 초기 성공의 역사적 현
상, 그러나 개혁이 이뤄진 사회적 조건의 변화로 말미암아 점점 더 많
은 문제의 발생을 떠안고 있는 그 현상은 다음을 반영할 수 있는 몇
가지 교훈을 중국 LP 작업자들한테 제공한다.

- 문자 개혁은 일종의 대규모 사회 실험으로, 시간과 관련된 현상이기 때문에 역사적 배경과 기술적 조건에 따라 다양한 결과물의 달성 정도와 광범위한 영향을 결정하기 어렵다. Kaplan과 Baldauf(1997: 5)가 관찰한 바와 같이 LP 프로젝트는 인간의 행동을 대상으로 하며, 이는 "대개 어떤 정치적 행정의 삶을 넘어선다. 그 프로젝트가 종료됐을 때 볼 수 있는 뚜렷한 결과는 없다. 그 프로젝트에서 파생한 이익을 측정할 수 있는 쉬운 방법이나 합의된 방법 따윈 없다".

- 중국 한자의 역사적 특성, 곧 세계 인구의 4분의 1이 사용하고 거의 온전한 모습으로 아주 오랜 역사를 버텨 온 그 특성을 간과할 순 없다. 오랜 역사 동안 잘 발달해 온 언어에 대해서는 어떤 개혁도 짧은 시간 안에 이루어질 순 없다.

- 고도의 중앙 통제 및 개혁 이전의 사회에서 이룩된 성취를 급변하는 사회 언어학적 환경에선 또 어떻게 굳건히 할지는 미결의 상태로 남아 있다.
- 이 부분[제1장 4]에서 시사하는 것처럼 1956년의 개혁은 언어적으로는 성공적이었다고 볼 수 있다. 그러나 이러한 의견은 더 넓은 사회적 맥락에 대한 충분한 강조 없이 추상적으로 개진된다. 따라서 정도의 차이는 있지만 전통 문자가 여전히 사용되고 있는 중국 바깥 지역과 이뤄지는 소통 문제에서 발생하는 전통 체계의 영향 문제는 아직 평가되지 않았다.

5. 1977년, 제2차 간화 방안

SSS[『제2차 간화 방안』]을 위한 기초 작업은 1960년대에 시작됐다. 1964년 GLSC[『간화자총표』]가 출판된 후 공통으로 사용되는 문자 중 10획 이상의 것이 여전히 많이 남아 있다는 데 합의가 이뤄졌다. 이 문자들 중 일부 간화된 형태가 1950년대에 출판된 일련의 간화표와 함께 대중한테 선을 보였는데, 그 이유는 그들의 의견을 끌어내기 위함이었다. 일부 문자의 간화 방법과 관련해선 다양한 견해가 있었지만, 정부는 더 많은 세부 사항이 제공되고 더 간화된 문자가 수집되면 그 문자들을 간화할 것이라고 약속했다. 그러나 문화대혁명의 시작은 공식화 과정이 1950년대와 같은 방식으로 진행될 수 없음을 의미했다. 특별히 민중의 혁명정신이 정점에 다다랐던 1970년대 중반 곧 문화대혁명의 혼란기에 문제의 그 표[『간화자총표』]는 대폭 확대돼 국가 최고지도자들의 주목을 받았다. 그러나 아직도 명확하게 설명되지 않고 있는 모종의 이유로 그 제안[SSS]은 보류됐고, 중앙 정부는 문화대혁명이 끝나고 4인방의 종말을 축하한 직후인 1977년 말이 돼서야 그 제안을 통과시켰다.[11]

이 방안은 두 가지 표로 나왔다. 서문은 248자를 포함하는 제1표

---

11 '4인방the Gang of Four'은 Wang Hongwen王洪文, Zhang Chunqiao張春橋, Jiang Qing 江靑(Mao의 부인) and Yao Wenyuan姚文元이었다. 그들은 문화대혁명의 가해자이자 수혜자였다. 문화대혁명이 끝날 무렵 그들은 중앙정부의 요직에 올랐으나 1976년 10월 Deng Xiaoping이 모의한 무혈 쿠데타로 갑자기 권좌에서 축출됐다.

가 즉시 공식 사용돼야 한다고 명시했고, 나머지 605자는 재판에서 사용될 수 있었다. 그러나 대부분의 경우, 이러한 구별은 실제로 이뤄지지 않았다. 게다가 알기 쉽고 효과적인 공산주의 선전 체계 덕분에 그 방안은 공적 생활의 저 깊은 곳까지 매우 빠르게 관통했다. 1978년 7월, SSS는 학교 교과서와 주요 신문에서 사용이 중단됐고, 1986년엔 공식적으로 폐지됐다. 이러한 사건들을 더 잘 이해하기 위해서 우리는 중국 정치 체제의 이념적 특성을 이해할 필요가 있다.

5.1 중국 문자와 문자 계획에 서려 있는 정치적 실재

중국 공산당은 그 자체를 마르크스주의 교리와 동일시한다. 마르크스 사회이론의 주요 요소는 이렇게 요약할 수 있다. 생산양식과 생산관계, 경제적 토대와 상부구조, 모순과 계급투쟁, (자본주의 및 공산주의 사회와 같은) 사회구성체와 혁명적 변화. 따라서 생산양식은 일반적인 사회·정치·지적 삶의 과정, 곧 상부구조를 결정한다. 마르크스주의 학파의 사유에 따르면 1949년 인민(이를테면 공산당)이 권력을 장악하고 자본주의를 사회주의로 대체했을 때 새로운 부르주아적 요소를 야기할 중요한 경제적 기반은 여전히 잔존해 있었다. 적대적인 두 경제 계급 간의 투쟁이 계속되는 한 상부구조 내의 잠재적 갈등도 배제할 순 없었다.

언어의 본질과 기능을 창출하는 결정적 요인은 지배 계급의 정치적 필요성이다. 따라서 계급 기반 사회에서 문자는 필연적으로 프롤레타리아적 세뇌indoctrination의 도구가 된다. 예컨대 Kim(1992:242)은 언어와 정치의 관계를 논의하면서 1960년대 북한의 언어 개혁을 위한 사회주의 운동이 "공산주의 교리의 논리적 산물이었으며, 여기서 언어는 단순히 사람 간 소통의 매개체가 아니라 '혁명의 무기'로 간주되거나 사회적 평등과 정의, 평등주의 같은 공산주의 이상을 구현하기 위한 도구였다"고 말한다.

　이는 문자 개혁에 대한 정치적 영향을 이해하는 데 도움이 된다. 이 경우 문자 개혁은 이데올로기적 구조의 일부로 간주되며, 그 구조는 경제 구조와 문자 간화 사이에 있는 지지적 관계 대 모순적 관계의 모체matrix를 담고 있는 것이었다. 중국 공산당의 강령에 따르면 1949년 해방 이전의 중국은 반半, semi식민지 반봉건 사회였다. 그런 중국에서 지배 계급은 지주와 자본가였고(그림 1-2 참조), 상부구조는 경제적 토대와 나란히 있었다. 지배 계급한테 읽기와 쓰기 능력은 그들의 권력과 영향력의 원천이었고, 그에 따라 사회 계급과 전통 문자 사이에는 지지적 관계가 존재했다. 해방 후 중국이 사회주의 국가가 됐을 때 상부구조는 경제적 하부구조를 만족시켜야 했기 때문에 필기의 수단은 더 이상 지배 계급과 양립할 수 없었다. 따라서 프롤레타리아 대중은 그때 이미 문자 체계가 새로운 사회에 더 효과적으로 복무하도록 만들기 위해 그것을 개혁할 필요성과 힘 모두를 갖고 있었다. 그런데도 생산관계에 대한 분석의 관점에서 볼 때 1956년 간화 방안 이후의 사회주의 중국에는 자본주의적 요인들이 잠재적인 형태로 존속하고 있었다. 자본가의 이익을 대변하는 다

양한 반동 요소들(권력·자본·교육의 소유자들)은 변함없이 문자 간화에 반
대했던 것이다.

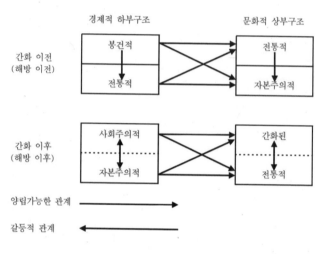

그림 1-2. 문자 개혁에 대한 계급적 분석(Kwong 1979: 12의 변경)

 구소련에서 '사회주의 언어학 이론'을 발전시킨 유력한 언어학자
N.Y. Marr에 따르면 문자를 포함한 언어는 상부구조의 일부라는 점
에서 계급적 성격을 갖는다. 봉건제에서 자본주의로, 자본주의에서
사회주의로 이행하는 과정처럼 새로운 계급의 집권으로 경제적 기
반이 변화를 겪을 때 언어는 바뀐다. Marr의 발상은 한자의 명백한
계급적 특성 때문에 중국에서 비옥한 토양을 찾아냈다. 중국어의 로
마자 표기 옹호자들은 그 같은 견해에 달려들게 되는데, 그 까닭은
이를테면 중국 문자를 알파벳 체계로 대체해야 한다는 더 근본적인

개혁을 위한 자신의 주장에 힘을 싣기 위해서였다. 중국 공산당의
망명자들이 1931년 9월 26일 소련에서 조직한 제1차 중국 신문자
회의First Congress of Chinese New Script에서 통과된 『신라틴화문자 선언』
*Declaration of the New Latinized Script*은 다음과 같이 발표했다.

> 이 의회에서 중국 문자는 과거와 봉건주의의 부속물이며
> 지배 계급이 무산자poor계급을 억압하는 도구로 됐다고 주
> 장한다. 방대한 노동자들한테 그 글자들은 문해력 획득에
> 대한 진정한 장애물이므로 한자는 새로운 시대에 부합하지
> 않는다(Li M.S. 2000: 299).

중국 한자의 측면에서 볼 때 이 계급 기반 이론이 중국 문자 개혁
에 더 치명적인 영향을 줄 만큼 충분히 오래 지속되지 않았다는 것
은 다행스런 일이었다. 1950년대 중반 이오시프 스탈린Joshep Stalin의
『마르크스주의와 언어』*Marxism on Linguistic Issues*가 출판됐을 때 Marr 학
파는 빠르게 지지를 잃고 있었기 때문에 그의 중국 내 추종자들도
자아비판으로 내몰릴 수밖에 없었다(Wu 1978 참조).
　사실 PRC 수립기의 몇 년 동안 비교적 민주적이었던 분위기는 어
떠한 문화 사업에도 유리한 환경을 제공했다. 이 분위기 속에서 반우
파 운동과 문화대혁명을 생산한 정치판에서 좌회전만 하지 않았더
라면 문자 개혁 작업은 더욱 순탄한 길을 따라 진행됐을지도 모른다.

5.2 공식화 및 시행

여기선 우선 정치 이데올로기가 한자 개혁의 개념에 어떻게 녹아들었는지에 주목한다. 그런 다음 급진적 SSS가 어떻게 출판됐는지 살펴볼 텐데, SSS가 급진적이었던 이유는 처음의 약 100자에서 850자로, 불가능해 보이는 확장을 과감하게 수행했기 때문이다.

5.2.1 죽어가던 잿불, 다시 빛나다

1965년, GLPFCC[『인쇄 통용 한자 자형표』]가 공식적으로 출판됐고, 6,196자가 출판 산업을 위한 표준 글꼴로 정의됐다. 이후 문화대혁명의 발발로 LP 관련 출판은 사실상 중단됐고, 1972년, 갑골문 연구의 대가이자 중국과학원장이었던 Guo Morou는 *Hongqi*(Red Flag) [《紅旗》, 『홍기』]에 글을 한 편 싣는데, 거기서 그는 새로운 간화자를 만들려는 대중의 열의를 상찬했다(Guo 1972: 84-85). 언어 개혁 쟁점과 관련해서 발표한 유의미한 글로선 7년 만에 처음 있는 일이었다는 사실, 또 그것이 언어학 저널이 아니라 CCP의 대변지이자 이론 저널(Guo는 당시 중국의 부총리였다)에 실린 점을 감안할 때, 그 정치적 의미는 자명했다. 파리에 기반을 둔 중국학자 Milsky(1973: 98-133)는 이 글에 실린 중국어 개혁 관련 공식 정책의 최근 전개에 너무나 고무된 나머지 그 의의를 이례적으로 상세하게, 절별節別로 분석했다.

마찬가지로 간화의 재개와 제2차 간화 방안의 출판으로 이어지는 역사적 사건을 논의할 때 1970년대 초에 등장한 몇몇 다른 기사에는 특별한 의미가 있다. 1973년, 묵직한 정치적 함의overtones를 띤 글 두 편, 「문어는 반드시 개혁돼야 한다」*The Written Language Must be Reformed*와 「문어 중국어 개혁에 대하여」*On Reforming Written Chinese*가 같은 작가(Wen Hua, 文化, 명백한 가명)의 이름으로 『인민일보』에 실렸다. 1950년대 Stalin의 발언에서 문자의 계급적 근거가 논박됐는데도 중국의 문자 개혁을 둘러싼 논쟁은 다시 정치적 쟁점으로 제기되기 시작했다. 왜 그토록 큰 중요성을 문자 개혁에 둬야 하는지를 정당화하기 위해 문자 개혁의 정치적 의미는 다른 형식으로 제기됐는데, 그 형식은 필기 그 자체보다는 필기 개혁의 계급적 특질을 강조하는 것이었다. Wen Hua가 지적했듯이(DeFrancis 1984b: 267에서 인용), "문어는 구어를 기록하기 위한 기호 체계다. 문어 그 자체에 계급적 특질 따윈 없다. 그러나 그것을 개혁하는 일은 분명한 계급적 본질을 가지고 있다." 또 다른 글에서 Wen Hua는 필기 개혁 작업의 계급 지향과 관련해서 추가 설명을 내놨다.

> 우리나라 내의 양대 계급과 양대 노선이 벌이는 맹렬한 투쟁이 언어 개혁 작업에 반영돼 있다. 1957년 부르주아 계급의 우파가 언어 개혁을 공격했다. Liu Shaoqi와 Lin Biao 같은 사기꾼들은 사회주의의 치명적인 적들이다. 우리 당 내에서 그들은 지주 계급과 부르주아 계급을 대표한다. "그들은 노동자와 소작농이 정치적·문화적으로 고개를 드는

것을 원치 않는다"[Mao Zedong].

이 추론은 다소 난해하게 들리지만, 그것이 표현한 정치적 열정은 그 시대의 표준이었다. 따라서 아무도 그것에 도전하기 위해 나서지 않은 것으로 보인다. 난징 대학의 언어 개혁 특별부Special Language Reform Unit는 정치적 목적에 복무하기 위해 (상대였던 베이징 대학과 협력해서) Lin Biao[12]가 진척한 것으로 주장되고 있는 유교 '위인' 역사 이론 비판 캠페인을 주도했다. 1974년 1월, 이 부서가 쓴 논문 한 편이 「창힐은 대중을, 대중은 창힐을 의미한다」*Cangjie means the Masses and the Masses Means Cangjie*는 제목을 달고 『광명일보』*Guangming Daily*에 게재됐다. 그 글은 문자 개혁의 '대중 노선mass line [大衆路綫]'이 언어 개혁의 기본 원칙임을 강조하면서 "위대한 대중이 그들의 지혜를 활용하여 새로운 간화자를 창조함으로써 언어 개혁에 기여했다"고 말했다. 이는 이른바 '대중을 위한, 대중에 의한' 강령이다. 대중이 한자를 만들었을 뿐만 아니라 한자 발전을 위한 추동력 또한 됐기 때문이다. 문화대혁명의 성격이 정치적 게임이나 행사行使였다는 점, 일신상의 목적을 달성하기 위해 대중 운동을 사용했다는 점을 고려할 때 (예: Liu 1986 참조), '인민한테서 나와 다시 인민한테로'라는 이 슬로건은 언어 작업에서 작동하고 있는 문화대혁명의 반영이다. 게다가 정

---

12   중국 인민해방군 총사령관이자 Mao의 헌법상 후계자였지만 문화대혁명 중반 Mao의 총애를 잃었다. 그는 자신이 탄 소련행 비행기가 몽골에서 추락하면서 사망했다.

치적 지지라는 주제는 일련의 다른 활동을 통해 더욱 발전했다. 『광명일보』엔 언어 개혁과 관련한 격주 칼럼이 재개됐고, 거기엔 대중이 추진하는 추가 간화를 장려하는 기사가 실렸다. 새로운 간화자를 실은 소형 자전이 공식 지원을 받아 1973년에 출판됐고, 『중국 문자의 정비와 간화』*The Overhauling and Simplification of Chinese Characters*라는 제목의 책은 1974년에 어문개혁출판사Language Reform Press가 편집했다. 간화자를 다룬 글을 모아 놓은 이 책은 농민·군인·노동자가 집필한 것으로, 당시 '혁명적 대중의 기본 요소'로 선전됐다. 더 중요한 것은 훈련된 LP 스태프 대부분이 CCSR[Commission of Chinese Script Reform, 중국문자 개혁위원회]에서 추방된 이들이란 점, 또 그 스태프가 대중을 대표하는 비전문가 인력으로 재구성됐다는 점이다.

5.2.2 공표에 대한 비판적 검토

SSS[제2차 간화 방안]는 1974년에 구체화됐고, 전국적 공시의 원래 계획은 1975년으로 예정돼 있었다. 그러나 그 방안이 추가 검토를 위해 국무원에 제출된 후 CCSR의 이름으로 그 요청[전국적 공표에 대한 요청]은 즉시 실행되지 않았다. 그러나 1975년 말 일부 지역에서는 토의를 위한 초안이 배포되어 시골의 최소 행정 구역 내 조組, brigade 수준의 사람들한테 내려갔다.

SSS의 공식화와 최종 공개를 둘러싼 많은 의문점은 여전히 풀리지 않은 채 해답을 기다리고 있다. 귀중한 정보가 정치적·개인적으로 민감한 상태로 많이 남아 있지만, 중국 LP 관련 주요 인사들은 이러한 결정에 대해 많은 것을 알고 있을 것이라고 추정했다. 제1 저자[趙守輝]는 주요 인사들과 개인적으로 접촉함으로써 이 질문들 중 일부와 관련해 더 많은 정보를 얻으려고 노력했지만 애매하지 않고 만족스러운 답변을 얻지 못해 얼마 지나지 않아 이 쟁점을 흐릿한 채로 놔두게 됐다. 공식화 과정과 관련해서 가용한 공개 논의는 없으며, 심지어 이 쟁점을 다룬 개략적인 문단이 있는 정도까지도 안 된다. 이 과정에 참여한 인사 대부분이 여전히 LP나 다른 학계에서 활동하고 있어 공식화는 매우 민감한 주제로 남아 있다. 중국의 문화적 맥락에서 한 사람이 어떤 상황에 부정적으로 연결될 가능성이 있을 때 그 사람을 어떤 사건에 책임이 있는 것으로 특정하는 일은 늘 피하는 게 상책이다. 이러한 문화적 행동은 신뢰할 만한 결론을 도출하기 위해 일어난 일의 파편을 모아 완전한 그림을 그려내는 일을 매우 어렵게 만든다. 그 과정과 관련한 문헌은 모순된 기사와 함께 상당히 혼란스럽다.

문화적·사회적 거리낌 말고도 다량의 귀중한 정보, 특별히 1960년대와 70년대의 것은 다양한 정치적·전략적 이유로 여전히 기밀로 묶인 채 공개 불허 상태에 있다 — 전 세계 많은 정부가 25년이나 30년 동안 문서를 보관소에 묶어 두는 것은 일반적 정책이다. Blachford(2004:183)는 "중국의 정책 과정 분석에서 가장 큰 어려움은 비공개 회의의 관행과 거의 모든 내부 문서의 기밀성에서 비롯한다"고 한탄한다. 1950년대 LP 프로그램에서 Mao가 수행한 역할을 논의할 때, DeFrancis(1984b: 257)는 "이것은 언젠가 연구를 위해 개방되기를 바라는 기록 보관소에 묻힌 채로 남아 있다" 또는 "감질나는 불확실성, 그것의 해결은 추가 정보를 기다린다"(p.258) 같은 문구를 사용한다. 당에 확실히 장악된 매체에 실리는 사건이나 행동에 대한 공식 데이터는 기존 현실과 관련되기보다는 정치적 고려에 기초할 가능성이 높다.

1974년, 미국 언어학자로 구성된 8명의 대표단이 중국을 방문하여 CCSR의 핵심 멤버를 포함한 LP 실무자와 광범위한 토론을 가졌다. 이후에 대표단이 공개한 설명(Lehmann 1975: 46-47)에 따르면 CCSR의 관리들이 주장한 내용은 다음과 같다. 위원회는 1964년부터 대중이 만든 간화자를 수집했다. 이러한 문자에 대한 체계적 연구를 거친 후 위원회는 약 100개의 간화표 초안을 작성, 승인을 위해 국무원에 제출했다. 1975년에 공표될 것으로 예상됐으며, 공식 출판 전에 승인된 문자의 표는 토론과 논평을 위해 대중한테 한 번 더 배포될 터였다. 이것이 기대치였다면 두 가지 의문이 제기된다.

- 왜 그것의 공표는 1977년까지 2년 연기됐는가?
- 100자의 적정 표가 마침내 공개됐을 땐 어떻게 해서 853자의 표가 됐는가?

얼핏 보면 다음과 같은 표준적인 공식 설명이 첫 번째 질문에 대한 답을 제공하는 것처럼 보인다(Seybolt and Chiang 1979: 379).

일찍이 1975년 5월, 문자 개혁위원회는 '제2차 한자 간화 방안(초안)'을 제출하였으나 Zhang Chunqiao가 도용한 직권에 무리한 탄압을 받았다. 4인방이 무너진 지금, 문자 개혁을 향한 희망은 있다. Hua 주석[Hua Guofeng]이 이끄는 당 중앙 위원회 주도로 대중이 고대하던 '제2차 한자 간화 방안(초안)'이 마침내 그들한테 소개됐다.

정치적인 상투 표현으로 가득 찬 이런 식의 슬로건 같은 비난 외에 Zhang(문화대혁명 당시 국무원 부총리)이나 4인방 내 그의 협력자가 간화 과정을 방해해 왔다는 것을 시사하는 실질적인 증거는 아무것도 제시되지 않았다. 1977년 2월 22일 자 『인민일보』에는 더 자세한 설명이 덧붙은 기사가 실렸다. 당의 언어 개혁 정책에 반대한 그들의 범죄와 관련해서 공식 간행물에서 찾아볼 수 있는 유일한 설명이다.

1975년 5월, CCSR은 SSS를 국무원에 제출했다. 바로 그때 … Zhang Chunqiao는 당을 찬탈하고 지도부를 장악했다. SSS는 쳐다보지도 않은 채 "문자 개혁의 역사적 발전은 잘 모른다"고 변명하며 두 달 동안 무리하게 버텼다. 그런 다음 일부러 SSS를 Zhou Enlai 총리한테 넘겼다 … 그가(Zhang) 잘 몰랐던 것이 사실이라 하더라도 관련 기관을 통해 조사를 지시할 순 있었다. 사실 Zhang Chunqiao는 1930년대의 백화 운동Vernacularization Movement엔 반대하는 입장이었다 … Jiang Qing 또한 "간화자는 우리 같은 사람을 거의 문맹으로 만든다 …"고 불평하면서 고함을 쳤다.

  그러나 사료에 따르면 Zhang 자신은 1930년대의 간화와 백화 운동을 주창했던 선구자 중 한 명이었다(Li 1934; Fei 1997: 66). Zhang의 우유부단함은 정치적으로 영감을 받은 것이라기보다는 기술적인 문제에 더 가깝다. Rohsenow(1986:84)의 타당한 지적처럼 "[제2차 한자 간화 방안]초안의 일부 단점과 관련해서 그들이 채택한 유보적 입장, 나중에 그것을 본 많은 사람들과도 공유된 그 입장은 그들이 권좌에서 추락한 직후 이뤄진 '탄압'의 증거로 인용됐다". 더욱이 SSS의 형성은 앞서 언급한 바와 같이 4인방이 적극 지지하고 직접적인 수혜를 입은 문화대혁명의 결과였다. 확대된 표에는 '대중이 직접 만든 글자creations by the masses'가 포함됐고, 그 같은 것은 그들의 '혁명 정신'을 분명히 드러냈다. 따라서 SSS의 공개가 2년 지연된 이유를 설명하기 위해선 다른 해명을 모색해야 할 것으로 보인다.

  국무원에 제출된 간화표는 전술한 것처럼 약 100자의 짧은 버전으로 1964년 이후 대중한테서 적절히 선정하여 더욱 철저하고 신중한 검토를 위해 원로 전문가들이 표로 작성한 것으로 추론함이 마땅하다. 그들의 입장에선 CCSR 내 좌파 분파가 자신을 반혁명적 우파로 낙인찍을 위험이 있었기 때문에 중앙 정부에 제출하는 것 말고는 아무런 선택지가 없었다. 그러나 정치적 영역과 CCSR을 포함한 언어적 기관, 둘 모두에서 활동하고 있던 좌파 급진주의자들은 이 제안이 충분히 혁명적이지 않다고 생각했는데, 이는 그들이 보고 싶어 했을 대중의 모든 창조물[간화자]을 수용하지 않았기 때문이다. 예를 들어 4인방의 추종자 중 한 명이자 과학·교육·문화 업무를 담당하는 '책임자'였던 Chi Qun은 이 방안의 범위 확장을 강력하게 지지했다(Rohsenow 1986: 76).

가장 높은 층위의 비가시적 정치권력 게임들이 문화와 교육 영역 같은 상부구조(이데올로기적) 영역에서 가장 가시적인 방식으로 벌어지고 있었으며, 이것들은 10년에 걸친 문화대혁명이 끝나갈 무렵에 점점 더 맹렬해졌다. 정치적 야망이 컸던 4인방의 좌익 세력은 거의 모든 기관에 침투했다. 국무원에 예속돼 장관급에서 기능했던 CCSR은 이 정치 투쟁의 중요한 전장이었다. CCSR의 원래 과 section, 課 중 하나는 대중이 사용하거나 제안한 간화자의 수집과 표준화, 아울러 위원회가 검토할 수 있는 초안표草案表의 준비를 담당했다. 문화대혁명 기간 동안 이 과는 '748 프로젝트' 표준문자 특별 연구단'748 Project' Special Research Group of Standard Characters[13]으로 개편됐는데, 주안점은 비학구적 구성원과 CCSR의 간섭을 받지 않을 것 independence from the CCSR에 뒀다. 이 연구단의 구성에 대해선 추측만 할 수 있을 뿐이다. 그것의 형성 및 구성원과 관련해서 신뢰할 수 있

---

13 1974년 9월, 국가계획위원회는 이전의 제4기계부(국방기관)·중국과학원·국가출판국·신화사가 공동으로 신청한 연구방안, 곧 '748 프로젝트'로 줄여 부르는 것의 수립을 승인했다. 이 프로젝트는 현대 문헌 내 한자의 적용 범위에 대한 통계적 연구 프로그램이었다. (당시엔 노동자 계급이 지도자가 되어야 했기 때문에) 신화사의 인쇄공장이 설립자로 위촉됐다. 신화사측은 9개 기관에서 중학생과 베이징 지역의 다른 인쇄공장 노동자를 포함한 1000여 명을 모집해 통계를 수동으로 작성했다. 4개의 출판 범주(과학기술, 문학작품, 정치이론, 뉴스 및 저널리즘)에서 216만자(표시)가 분석됐다. 2년 후, 6374개의 자형이 빈도별로 분류, 표로 작성됐다. 이는 정보 교환을 위한 국가 표준 코드 세트를 위한 데이터베이스[이하 DB], 곧 GB 2312-80[『정보 처리 교환용 한자 부호화 문자 집합 기본집』]을 구성한다(Su 1994: 29-30).

는 데이터가 부족하기 때문이다. 우리가 확신할 수 있는 것은 이 연구단이 즉석에서 마련된ad hoc 조직이란 점인데, 그 구성원은 CCSR 사무실뿐 아니라 신문사와 출판사 같은, 중국어와 관련된 모든 기관에서 차출된 비학술적 직원이었다.

　이 특별한 연구단은 약 100자의 기본표를 853자로 넓히는 데 매우 중요한 역할을 한 것으로 보인다. 그들이 한 일을 정당화하고 최종 출판을 위한 홍보 캠페인에서 지지를 획득하기 위해 Zhou[周恩來]의 지시는 『인민일보』(1977년 2월 22일 자)에 CCSR의 이름으로 게재된 기사에 의도적으로 인용되었다.

> 　우리가 사랑하는 Zhou 총리는 병마에 사로잡혀 병상에 누워있는 동안에도 보고서와 초고를 모두 뒤졌다. Zhou 총리가 우리한테 내린 지시는 이러했다. "Mao 주석이 문자 간화를 얘기한 지 그토록 오래됐건만 왜 이뤄진 일은 거의 없는가? 대중의 의견을 듣는 것은 옳다. 그러니 그들이 문자를 수정하도록 허용하라 … "

DeFrancis(1984b: 261)는 또 이렇게 언급했다. 이 표는 CCSR의 실무진 일부가 "위원회 공식 구성원과 협의를 하지 않았음은 물론 승인도 받지 않은 채" 작업한 것이며, "초안은 승인을 위해 국무원에 직접 전달됐다". 그런데 이 좌파적 작업은 어떻게 4인방이 몰락한 지 1년이 넘게 지나서야 출판될 수 있었을까? 한 가지 그럴듯한 설명은 1976년 10월, 4인방이 체포된 후 교육·문화·선전 분야에서

Zhang이 맡았던 책임을 이어받은 Ni Zhifu[14]라는, 또 다른 유명한 관리의 등극이다. Rohsenow(1986:78)는 Ni가 공표의 실현에 중요한 역할을 했다고 믿는다.

> 1975년 5월에 초안이 국무원에 제출된 이래 Zhang Chunqiao가 자신의 보호를 위해 아무런 조치도 취하지 않았다는 사실을 알게 된 Ni는 초안을 발견한 그대로 제출할 수밖에 없었는데, 그때는 대체로 1977년 말쯤이었을 것이다. CCSR이 2년 전에 초안을 제대로 제출했다는 것, Zhang Chunqiao가 보류했다는 것, 또 인기가 높은 Zhou의 지지를 받은 것이 알려짐에 따라 훨씬 더 긴급한 문제들을 처리해야 할 상태에 있던 국무원은 간단히 초안을 승인하고, 시험 사용과 공개 논평을 위한 발표 또한 허가했다.

문화대혁명 시기, 더 구체적으로 1976년 무렵의 정치적 상황이 얼마나 격렬했는지를 고려할 때 SSS가 이렇듯 이례적으로 성립되어 공표된 것은 놀랄 일이 아니다. 비록 그 정보가 다른 말로 표현돼 있어서 모호하긴 해도 한 참가자가 제공한 또 다른 정보원情報源은 초안의 신비로운 출판을 둘러싼 막후의 사실 및 당시의 혼란상과 관

---

14   1933년 상하이에서 태어난 Ni Zhifu는 전국인민대표대회 상무위원회 부위원장the vice-chairman of the Great People's Congress이자 전국총노동조합All Nation Worker's Union, 中華全國總工會 주석을 지냈으며, 1977년 8월 제11차 중국 공산당 대회에서 중앙정치국위원Politburo으로 선출됐다.

련해서 더 많은 것을 말해준다. 전 CCSR 부회장이자 전 인민대표대회 상무위원회 부위원장, 또 SSS를 뒤집는 데 큰 역할을 했던 Hu Yuzhi는 이 방안을 전국 신문에 게재할 권한을 누가 부여했는지 알고 싶어 『인민일보』 직원한테 의지해야 했다. 퇴임 전 중국 관영 신화통신에서 기자로 활동했던 Zhang Xuetao(2000:6)는 "제2차 방안이 정식으로 출간된 지 몇 년이 지난 어느 날 Hu Yuzhi 동지가 어떻게 제2차 방안이 출간될 수 있었느냐고 묻고는 자아비판을 쓰라고 명령했다"고 말했다. 그 자신의 얘기를 들어보면 다음과 같다.

> 문화대혁명이 시작됐을 때 CCSR의 모든 구성원은 '5.7' 간부학교Cadre's Rehabilitation School로 갔고 혁명이 끝난 1970년대 중반까지 도시로 돌아오지 않았다. … 당시 우리 '748 프로젝트' 표준문자 특별연구단은 CCSR한테서 방을 얻어 매일 출근했다. 우리 조의 한 동지는 『인민일보』 출신으로 문자 개혁에 매우 열심이었다. 그래서 우리 조는 이 동지를 통해 SSS의 조판을 미리 배치할 수 있었다. 전국인민대표대회의 승인 없이 CCSR 내에서 일반 구성원들이 연구를 거듭한 끝에 SSS는 '혁명은 옳다'는 분위기 속에서 매우 서둘러 출간됐다.

다음 얘기는 당시 상황을 더 명확하게 이해할 수 있는 추가 정보를 제공한다. 한자 문제에 대한 한 공식 후원 회의에서 SSS 반대자들과 대면 논쟁을 벌이는 동안 널리 존경받는 문자 개혁의 선구자인

Zheng Linxi(1988b: 348)는 다음과 같이 말했다.

> SSS는 '4인방'과 아무 관련이 없으며, '좌파 노선'의 수반
> 물도 아니다. 사실 SSS의 초안을 '위'(최고 권위자)에 제출하
> 자고 주장한 첫 번째 사람은 당시 교육부 장관이었던 Zhou
> Rongxin이었다. 그를 죽도록 못살게 한 사람은 '4인방'이었
> 다(그들 말고는 아무도 그러지 않았다). 따라서 SSS에 좌익의 모
> 자를 씌우는 것[좌익의 혐의를 덮어씌우는 것]은 역사적 사실에
> 반한다. 이것은 근거 없는 비난이다.

　　Zhang and Zheng의 발언에 근거를 두고 볼 때, 그 과정에선 더욱
표면적인 정치 투쟁보다 CCSR 내 경쟁 세력 간의 내부 갈등이 상
당 부분 작용했을 가능성을 짐작할 수 있다. 재임 중 저지른 모든 잘
못에 대해 책임을 물어 축출된 정치인들을 망신시키는 것이 관례였
는데, 이는 언론이 왜 그렇게 '4인방'은 비난하고 다른 사람들의 이
름은 까맣게 만드는지를[까맣게 만들어 언론의 수용자가 그 이름을 알아보지도
못하게 만드는지를] 부분적으로 설명해 준다. 그러나 실제 상황을 지나
치게 단순화하는 이런 접근법은 어떠한 과학적 연구에도 도움이 되
지 않으며 역사적 사실을 흐리게 할 뿐 아니라 합리적 분석에 대한
장벽을 세운다. 그리고 이는 미래에 평가돼야 하고 비판적 분석에 종
속돼야 하는 근본적 이유에서 우리의 관심이 멀어지게끔 만든다.
　　Jackson과 T'sou(1979:78)는 언어개혁이 다양한 이익집단들 사이에
서 정치적 균형을 얻기 위한 수단으로 사용될 수 있다고 지적한다.

모든 언어 개혁은 차이와 상호 불신을 악화하지 않을 수
있는 속도로 이뤄져야 한다. (왜냐하면) 정부의 리더십은 다
양한 사회적·경제적·정치적 전략을 통해 권력을 유지하고
있기 때문이다. … 그 같은 상황에는 전복적이고 반공산주
의적인 집단 또는 현재 집권 세력을 축출하려는 당 자체의
내부 파벌이 작용할 수도 있다.

SSS의 경우를 볼 때, 한때 그 방안의 공개를 막고 서서 그 '길을
막는 호랑이'(장애물)라는 비판을 받던 당내 같은 계파가 다른 때에
이르러 배후로 지목된 점은 흥미롭다. 공식 문서가 제공하는 정보를
무비판적으로 받아들일 경우 전체 과정의 그림은 더 모호해질 수 있
다. LP가 착근된 복잡한 사회정치적 구조를 드러내는 것은 전체 과
정의 기원과 발전에 대한 우리의 이해를 어느 정도 밝혀줄 수 있다.
그러나 정치적으로 편향된 검토는 언제나 특정 요인을 경시하고 왜
곡하여 LP의 복잡성을 간과하는 경향을 보인다. 따라서 이 같은 특
정 질문은 피한다. 만일 4인방이 그 방안의 연기에 책임이 있는 당
사자라면 그 실패로 이어지는 그럴듯한 근본 요인은 무엇인가? 축
출된 정치인 무리를 비난하는 것엔 어떤 함의가 있는가? 그 밖의 시
도, 이를테면 이전에 실패한 1935년의 개혁은 유사한 방식으로 일반
화될 수 있는가?
　게다가 SSS의 출판 과정과 관련한 공식 설명version을 잠정적으로
탐구하는 것은 어떠한 LP 평가라도 순전히 정치적 맥락을 조사하거

나 실제 책임을 지는 개인을 찾는 데 관심을 둬서는 안 된다는 것을 보여준다. LP의 전체적 검토에 대한 관심이 산만해지지 않도록 하기 위해 정치적으로 격론을 불러일으킬 만한 설명은 다소간의 양심적 검토를 필요로 한다.

5.2.3 제2차 방안의 포기

그 방안The Scheme [제2차 간화 방안]은 1977년 12월 20일 중국에서 가장 중요한 두 신문(『인민일보』와 『광명일보』)에 전면적으로 실렸으며, 각각엔 「문자 간화의 속도 향상」*Speeding up the Pace of Character Simplification*과 「대중이 환영하는 즐거운 행사」*A Jolly Event Welcomed by the Masses*라는 제목의 사설 또한 함께 게재됐다. 이튿날, 이 두 주요 신문은 제1표의 문자들을 사용하기 시작했다. 발표 후 처음 며칠 동안, 서명된 기사 다수가 방안의 출판을 환영하기 위해 준비됐고, 일반 대중의 반응은 어느 정도 긍정적이었다. 특별히 『광명일보』의 '언어 개혁'란은 대중의 열렬한 지지를 기록한 수많은 기사를 쏟아냈지만, 개혁 과정을 지연하는 4인방의 역할, 또 "교육과 언어 계획에서 그들이 초래한 큰 손실"에 대해서는 강하게 비판했다(1977년 12월 20일, 『인민일보』 및 『광명일보』). 비난의 화살은 심지어 Liu Shaoqi[15]와 Lin Biao한테도 날아들었

---

15 1964년 GLSC [『간화자총표』]가 도입되었을 때 Liu의 지위는 Mao에 이은 두 번째였다. Mao 숭배는 그를 Deng Xiaoping과 함께 당내 최고의 '자본주의 길잡이'이자 수정주의자라는 누명을 뒤집어씌웠고, 이후 문화대혁명 동안 그는 육체적으로 박해

다. 이는 한자 개혁에 대한 Liu의 실제 역할을 뒷받침했던 반증, 또 Lin Biao의 이력에도 간화에 반대하는 것으로 알려진 시기 따위 없었다는 증거와는 상관없이 이뤄진 일이었다.

이렇듯 초기의 공식 환영이 열렬했기 때문인지는 몰라도 방안의 철회는 간단치 않았다. 그리고 여기선 뚜렷한 세 단계가 보인다.

1. **냉각 기간** 이 시기의 특징으로는 SSS의 정치적 분위기 tone 속에서 열정이 가라앉은 것의 원인으로 주목할 만한 사실 세 가지가 있다.

- 전문가들 사이에서는 냉랭한 반응을 보였다. 중국 최고의 언어학 학술지인 『중국어문』(《中國語文》, *Chinese Linguistics*)은 SSS의 글자를 사용하지도 않았고 SSS를 지지하는 논문도 발표하지 않았다. 이는 1950년대의 간화에서 그 학술지가 수행했던 열정 넘치는 역할과 극명한 대조를 이룬다.

- 더욱 이례적이었던 것은 1978년 3월의 전국인민대표대회 연례회의 및 정치자문회의에서 그 자신들이 회의의 대표자이기도 했던 몇몇 저명한 언어학자가 회의 전에 회의 조직 사무국 측에 강력하게 경고했는데, 그 내용은 회의와 관련한 어떠한 공식 문서에도 SSS의 글자를 사용하지 말라는 것이었다(Fei 1997: 352).

받고 사형에 처해졌다.

- 그러고 난 1980년 1월 7일, 『인민일보』는 독자들의 편지에 대답하면서 이 같이 선언했다. "(SSS의) 대규모 실험이 완료됐고 수정 단계에 들어갈 것이다". 혼란을 해소하기 위해 이 공식 입장은 『인민일보』(1980년 12월 5일 자)의 보도에 반복적으로 언급됐고, 다음과 같이 발표됐다. '시험 사용은 승인 획득을 위해 국무원에 제출되기 전에 추가 수정을 필요로 했다'.

2. **재평가 기간** 이 시기는 1980년 봄에 시작됐다. 당시 CCSR은 재기능을 하기 시작했고, 특별 SSS 개정위원회가 설치됐다. 위원회를 이끈 인물은 언어 문제에 대한 자신의 견해를 표현했다는 이유로 정치적 박해를 받은 Wang Li였다. 참조할 만한 자료가 아무것도 없는 관계로 일련의 비공개 회의로 진행된 재평가 과정에서 구성원 간 이견을 해소하기 위한 합의에 어떻게 도달했는지와 관련해선 알려진 바가 없다. 그러나 이 과정이 결국 근본적으로는 한 가지 쟁점으로 귀결됐음을 시사하는 의견 불일치의 징후는 몇 가지 감지할 수 있다. "개정 결과 및 전반적인 추가 간화를 위한 지침 원칙은 어떤 것이어야 하는가?" 예컨대 간화는 전체 문자 체계에 대한 신중하고도 체계적인 개편에 기초해야 하는가, 아니면 대중이 이미 사용하고 있거나 대중한테서 발생하는 형태를 더 많이 사용하되 또 그런 만큼 한자 체계 전체를 다루는 과학적 관점은 거의 고려하지 않아야 하는가? 한자의 모양을 계속 변경하는 것에 대한 반대는 훨씬 더 광범위했다. 이 같은

문제에 대한 논쟁은 근본적이고 이론적인 정치적 올바름
의 필요성으로 말미암아 필연적으로 복잡해졌다. 그리고
그런 상황, 곧 그 기간의 특성이었던 불가해한 상황과 변
덕스러운 정책을 고려할 때 학자 중 휘말리고 싶은 사람
은 아무도 없었을 것이다. 이런 관점에서 보면 개정위원
회와 CCSR이 그 쟁점[sss, 제2차 간화 방안]을 숙고하는 데
왜 그토록 오랜 시간이 걸렸는지, 아울러 그러는 동안 아
니나 다를까 확실한 결정은 왜 또 내리지 못하고 있었는
지를 이해하긴 어렵지 않다. CCSR 내부에서 경합을 벌
이고 있던 여러 견해를 외부인은 명확하게 인식할 수 없
었고, 방안과 관련한 어떤 뉴스나 기사 또한 거의 찾아볼
수 없었다. 이 암울한 상황은 1984년까지 이어졌으며, 심
지어는 이러한 비공식 정보도 있었다. "사실 SSS의 개정판
은 일시적으로, 아니 어쩌면 무기한 보류되었다"(Rohsenow
1986: 83). 그 결정은 더욱 명확한 정치적 분위기나 고위 당
국의 메시지를 기다려야 하는 것처럼 보였다.

3. **공식적인 포기** 앞[5.2.2]에서 알 수 있듯이, 이론상으로
SSS는 7년 동안 "의견 도출" 상태로(Fei 1997: 425), 곧 1986
년 1월 베이징에서 열린 7일간의 전국언어문자작업회의
National Conference of Language Work [NCLW]에서 정식 결정
을 내릴 때까지 운영됐다. 의사 결정 과정이 외부인한테
노출되진 않았지만, 회의에서 공개된 공식 문서와 회의
이후에 산발적으로 이뤄진 학술 토론으로 미루어 SSS는
NCLW에서 다뤄야 하는 가장 어려운 문제 중 하나임이

분명했는데, 부분적으로 그 까닭은 이 기간 동안 당이 한
자의 추가 개혁에 대해 명확한 입장을 채택하지 않았다는
사실 때문이다. 회의 문서에 대한 분석 결과, 회의 분위기
는 비교적 보수적인 학자들과 그 회의를 대표하진 않았던
급진주의자들, 그러니까 그 이전의 SSS에 대해선 이바지
를 했지만 당시 회의에선 진정한 친구가 거의 없는 것으
로 드러났던 급진주의자들의 견해를 특징으로 했다는 것
을 시사한다. [그들은] SSS를 통해 제안된 2차분 문자(605
자)의 거절에 대해선 별다른 이견이 없었지만, 1차분 문자
(248자)의 처리, 특별히 개정위원회가 추천한, 자리를 확실
히 잡은 110자의 처리에 대해선 동의할 수 없었던 것으로
보인다. 상당한 논쟁 끝에 회의 참석자들은 마침내 이 난
처한 쟁점에서 손을 떼고 그것을 "더 높은 자리에 있는 사
람들"한테 넘기기로 결정했다. 그래서 최종 거부 결정은
회의 논의의 결과가 아니라 최고위급의 결정적 재가에 기
초해서 회의가 마무리될 때쯤 내려졌을 가능성이 높다.
SSS의 전복은 명확한 설명 대신 정부가 미래의 한자 개혁
에 대해 극도로 신중한 접근을 할 것이라는 일반적인 정
책 성명을 동반했다.

5.3 포기를 초래한 요인

　　여기선 SSS의 포기에 서로 얽혀 들어가 있는 네 가지 함축
적 요인, 곧 기관 세력, 시기적 요인, 기술적 이유rationals, 경제적 이유

를 논의한다.

5.3.1 기관 세력

SSS가 일단一團의 이례적인 상황, 이를테면 사실 적절한 국가 기관이 제정하긴 했지만 완전한 의사 결정 과정에 공식적인 LPers Language Planners, 언어 계획자는 관여하지 않은 상황에서 실행됐기 때문에 SSS의 최종 거부를 초래한 이유로 곧잘 언급되곤 한 것은 SSS의 적법성이다(예: Zhou 1992). 그러나 이것이 주요 관심사는 아닌 듯 보였다. 당국이 1986년에 그 방안을 무효화하기로 결정했을 때 적법성 문제는 전혀 언급되지 않았기 때문이다. CCSR의 일부 실세를 비롯해 이념 문제를 담당하는 그 밖의 고위 당국자들이 전면적 거부에 결정적 역할을 한 것으로 풀이된다. 가장 강력한 공격은 CCSR에 집중돼 있던, 꽤나 단단히 결속된 그룹에서 나왔다. 시간이 지남에 따라 그들의 입장은 점점 더 많은 사람들이 자신의 반대 의견을 분명히 하는 분위기를 조성했다. 앞서 지적한 바와 같이 TSCT *Table of Simplified Characters*, 『간화자표』 작성의 주역이었던 문화대혁명 이전의 CCSR 구성원 대부분은 문화대혁명의 정치투쟁 과정에서 우익으로 고발당해 고통받았다. 문화대혁명이 끝나자 이 학자들은 시골에서 도시로, 재편성된 CCSR로 돌아왔고, 마침내 그들의 원래 자리를 차지했다.[16]

---

16 1966년 문화대혁명이 발발하자 그들의 '잘못wrongs'에서 비롯한 '악질분자bad

1986년, 대립 중이던 두 파벌은 변함없이 서로를 경멸했다. 공통의 '언어'가 부족했던 탓에 이념적 분기分岐, divergence가 발생해 '언어 투쟁'에 필요 이상의 기름을 부었던 것이다. 이 구성원들은 SSS의 출현에 불편함을 느꼈는데, 이는 그들이 본래부터 보수적인 경향을 보였기 때문이 아니라 기관 내 자격 미달의 비전문가 구성원들, 그러니까 원래는 적절했던 방안 초안을 확장해 더 급진적인 것으로 만들어 1977년에 수용되게끔 한 책임을 졌어야만 하는 이들한테 강력하게 반응했기 때문이다. 대부분은 개인적인 혐오감과 함께 비공식적인 경로를 통해 SSS를 전복하려는 시도를 감추려고도 하지 않았다. Liu Yongquan(1991: 397)은 이렇게 말한 적이 있다. "나는 SSS에 전적으로 반대했고 기회가 있을 때마다 상급 지도자들한테 불만을 토로했다". 이러한 정서는 SSS 포기에 대해 나중에 이뤄진 성찰에서 일부 학자(예: Chen Y.S. 2004; Yu 1996)가 지적한 바 있다.

국가 언어 정책에 대한 결정이 영향력 있는 로비 단체의 지지나 반감을 바탕으로 내려질 수 있다는 것을 외부인은 믿기 어려울 수도 있다. 안타깝게도 언어 개혁이 일신상의 모욕으로 말미암아 고의적으로 방해된 사례들은 다른 정체에서도 입증됐는데, 다른 예시로는 잘 알려진 1961년의 '일본언어회 사건Janpanese Language Council Incident'(He 2001)과 논란이 많은 두 문자집(CCCII 대 CNS 11643) 중 어느

---

elements'를 개조하기 위해 '학자 폭군'이자 학계의 '반혁명 권위자'로 비판받은 CCSR의 모든 학자는 세뇌 캠페인의 일환으로 시골로 보내졌고, 복귀는 1970년대 중반까지 허용되지 않았다.

것을 한자 인코딩 표준으로 사용할 것인지를 둘러싸고 타이완에서 빚어지고 있는 반목을 들 수 있다(Hsieh and Huang 1989; Hsieh 2001).

문자 개혁 논쟁을 둘러싼 사회적 우려의 영향을 논의하면서 Geerts et al(1977: 233)은 Couvreur[Walter Couvreur 1914-1996]가 "일부 투사combatants한테는 일신상의 원한을 해소하기 위한 기회인 것 같다"고 말한 것을 인용한다. Gonzalez(2002:10)는 필리핀 지성화의 국어인 필리핀어의 발전이 더딘 것은 필리핀어 관련 국가 위원회의 "구성원이 일신상의 의견으로 벌이는 고지식한 논쟁" 때문이라고 봤다.

5.3.2 시기적 요인

시기적timing [또는 시기 선택의] 문제는 LP 프로그램의 성공을 보장하는 핵심 요소다(예: Ball 1999). SSS는 문화대혁명 동안의 사회적 격변이 10년 넘도록 진행된 이후 전 국민이 정상적인 생활에 정착하기를 열망하던 시기에 공표됐다. 국민은 끊임없는 급변에 진저리를 내고 있었던 것이다(Zhou 1992). 다른 한편으로는 4인방이 채택한 '잘못된 정치 노선wrong political line'을 통해 이뤄졌던 일들을 원상태로 되돌리려는 경향이 강했다. "이러한 정서는 1979년 이후 더욱 강해졌다. Mao의 후계자 Hua Guofeng은 이전 정책에 대한 어떠한 재평가와 수정에도 격렬하게 저항했지만 Deng Xiaoping이 이끄는 개혁세력한테서 정치적 타격을 입고서는 제거됐다"(Zhao 2005: 339).

Eastman(1983: 24)은 이렇게 주장했다. 문자 개혁은 "소통망에 한꺼

번에 영향을 끼치며, 점진적으로 도입될 순 없지만 습관을 바꾸려는 즉각적인 의지는 필요로 한다". 이런 의미에서 만약 제2차 간화가 몇 년 더 일찍 이뤄졌거나 1980년대에 좀 더 정상적인 의사 결정 과정의 결과였다면 성공할 공산은 한층 더 커졌을 것이란 가설을 모험하듯 조심스럽게 세워 볼 순 있을 것이다. 기술적인 관점에서 볼 때 적어도 처음에 제안된 100자는 꽤 견실한 기반이었다. 따라서 외부 간섭이 제2차 방안의 최종 거부 국면에서 언어학적 고려를 기각했을 것이라는 가정은 유효할 개연성이 높다.

5.3.3 기술적 이유

Cheng(1983: 5-6)은 중국 문자 개혁의 성공을 가늠할 때 고려해야 할 세 가지 요인을 다음과 같이 지적한다.

- 인기: 일반 사용자들 사이에서 영향을 받는 문자의 수용성
- 안정성 : 두 간화 사이의 연수(학교 년수)
- 변경 규모: 공통 문자의 총수와 개별 문자의 획수에서 이뤄진 감소

매우 논란이 많은 주제인 데다가 정확한 측정 또한 어려운 '인기'를 제외하면 나머지 두 요인에 대한 수치 결과는 쉽게 알 수 있다. 안정성의 경우, TSC와 SSS 사이의 기간time span은 22년인데, 이는

언어 진화의 정상적 규모에서 뭐라도 실질적인 변화를 낳기엔 충분치 않은 것으로 간주된다. 변경 규모는 이 방안의 두 표에서 부분적으로 볼 수 있다. 제1표는 248자를, 제2표는 605자를 포함한다. 그러나 제2차 간화 방안은 일반적으로 사용되는 4,500자와 270자 이상의 재간화자 또는 폐자를 포함할 것으로 예상됐다.[17]

더욱이 SSS의 수혜자는 FSS나 TSC처럼 동질적 집단이 아니었다. SSS가 공개될 때까지 TSC는 22년 동안 사용돼 왔으며, 한 세대는 간화된 문자 체계에서 교육을 받았다. 미취학 아동과 문맹자한테선 환영받았을지 모르지만, 22년 전 전통 문자에서 간화자로 전환해야 했던 구세대는 물론 TSC로 교육받은 사람들까지 포함한 대다수의 국민한테는 일종의 부담으로 여겨졌을지도 모른다. 더 중요한 것은 그 즈음에 이르러 FSS가 복무하고자 했던 문맹자를, TSC 문자엔 익숙하고 SSS 문자엔 불편함을 느꼈던 비문맹자the literate가 수적으로 추월했다는 점이다.

끝으로 방법론적 관점에서 볼 때, 과도한 간화의 자의적 특성은 기술적 실패였다. TSC의 성공이 이러한 사실, 곧 TSC에 포함된 글자 대부분이 TSC 방안이 작성되기 전 수 세기 동안 이미 일반인 사이에서 일상적 사용을 위해 순환되고 있었다는 사실에 자리를 잡고 있다는 것은 상당히 중요하다. 예컨대 TSC의 제1표에 있는 간화

17　예를 들어, TSC에서 籃(lán, 바구니 [람])은 篮으로 간화됐다. SSS에서는 동음이의자 셋, 篮(lán, 바구니 [람 籃]), 蓝(lán, 푸른색 [람 藍]), 兰(lán, 난초 [란 蘭])가 兰, 이 한 글자로 합쳐졌다. 동시에 이는 이전의 두 글자가 폐지되었다는 것을 의미하기도 했다.

형태의 상당수는 FSS에서 비롯한 것이다. Su(2001c: 199)는 TSC에 채택된 동일하거나 유사한 FSS 형태 288개를 집계했는데, 이는 FSS 전체의 88%를 차지하는 수치다. 대개 '확립된 사용established usage'은 1935년의 FSS와 1956년의 TSC 둘 다의 기본원칙인 것으로 여겨진다. 대중 사이에서 이미 우세한 간화 형태는 홍보하기가 쉽다. 비록 그 형태가 반드시 합리적이거나 체계적인 것은 아니지만 말이다. Zhou(1986b)는 이렇게 주장한다. 제2차 간화 방안이 실패한 주원인은 그것이 이 [확립된 사용의] 원칙에서 벗어나 이전엔 결코 볼 수 없었던 '새로운 얼굴을 가진' 문자를 갑자기 많이 만들어 냈기 때문이다.

Zhao(2005: 337)가 지적한 바와 같이 "꼭 1958년의 경제 현장에서에서 대약진운동Great Leap Forward이 일어난 것과 마찬가지로 미숙한 SSS는 대량mass [일방향적인 대중] 캠페인을 통한 신속한 결과를 희망하는 가운데 유토피아적 이상주의라는 유사한 좌파 분위기 속에서 발행됐다". 더 중요한 것은 추가적으로 산업별 특정 문자와 지역별 이체자를 포함하는 일은 하지 말았어야 했다는 점이다(Zhou 1986c).

5.3.4 경제적 이유

기술적 고려 사항의 또 다른 측면은 IT 산업의 급속한 발전으로, 이는 당시 요청됐던 포괄적 변화의 수행에 필요한 시간을 충분히 허락하지 않았다. 국가 표준인 BSSCCII-GB 2312-80은 1980년에 막 발효됐으며, 다수의 수입 하드 디스크를 다시 프로그래밍하는

것은 감당할 수 없을 정도의 재정적 부담이 됐을 것이다(Fu 2002: 개인
적 소통). 문화대혁명으로 말미암아 문화 기반 시설 업무가 장기간 중
단된 후 국가의 후원을 받는 참고서와 국가적 중요성을 띠는 백과사
전 및 사전 일부가 진행 중이거나 완성 중에 있었으며, 문자에 가하
는 변화는 그것이 뭐가 됐든 참여 학자와 출판 산업의 입장에선 엄청
난 반복 작업과 경제적 손실을 의미했다. 예를 들어 저명한 사회언어
학자이자 상무인서관商務印書館, The Commercial Press (중국어권 세계에서 가장
권위 있는 출판사)의 책임자였던 Chen Yuan은 격렬한 반대론자였다(Chen
2001: 개인적 소통).

5.4. 제2차 간화 방안 요약

요약하자면 이 책의 저자들이 견지하는 시각은 비록 개정
과정이 많은 숙고와 논의를 거치긴 했지만 사후적으로 보면 포괄적
연구와 내부적 합의 없이 마무리됐다는 것이다. 따라서 애초에 양 진
영 논자들(옹호자와 반대자)의 만족을 위한 절충안으로 제시됐던 1986년
결정은 처리해야 할 문제들을 미결인 것으로 남겨뒀다. 그러나 불투
명성과 막후 조작이 일상처럼 돼 버린 중국 내 LP 발전의 다른 많은
일탈과 마찬가지로 SSS의 공식화 및 최종 공개와 관련한 다수의 질
문은 추가적인 관련 증거에 접속할 수 있을 때까지 여전히 추측의 문
제로 남아 있다.

오늘날 중국의 정치적 금기는 변함없이 매우 중요하며, 민감한

정치적 특성 때문에 1977년의 SSS처럼 더 많은 조사를 필요로 하는 일부 LP 영역이 현재 논의될 가능성은 낮다. 관련 출판물에서 얻을 수 있는 소량의 정보는 혼란스러운 데다가 모순투성이다. 제1 저자와 가진 사적 대화와 공개 토론에서 다수의 공식 학자는 어려운 질문에 직면했을 땐 추상적 토론에 참여하거나 4인방을 비난함으로써 안전한 경계 안에 머물러 있었으며, 이 같은 쟁점들을 비판적으로 논평하는 모험은 거의 하지 않았다. 유감스럽게도 근본적인 현실을 자세히 이해하려고 하기보다는 문화대혁명을 현재에 볼 수 있는 모든 병폐의 전조라고 비난하는 것이 언제나 더 수월했다. 중국 공산당의 역사에서 다수의 역사적 사건에 대한 공식 입장은 바뀌어 왔다. 예컨대 앞서 살펴본 것처럼 SSS가 처음 출판됐을 때 4인방의 핵심 구성원이었던 Zhang은 이 계획을 승인할 만큼 충분히 혁명적이지 않다는 비난을 받았다. 이는 Zhang이 모든 전통에 대해 혁명을 원했던 극좌파였다는 Mao 이후의 공식적 역사 설명과 모순된다.

　중국 LP에 대한 SSS의 궁극적인 중요성은 한자 계획이 1986년 결정의 결과로 남아 있게 된 모호한 입장이다. 다수의 핵심 쟁점을 해결하는 데 실패함으로써 LP의 노력은 약화했다. 이러한 결정의 결과는 다음 장에서 논의한다.

2장

새로운 관점에 대한 숙고:
중국 사회의 개방

1. 문자 개혁, 탈바꿈하다: 성찰과 재정향

이 장에선 앞서 논의한 세 가지 개혁 프로그램의 영향을 비교적 폭넓게 검토한다. 기술 발달에 따른 새로운 난제에 대처하고, 또 과거 경험을 요약하고 미래를 위한 의제를 공식화할 목적으로 1986년 1월 베이징에선 너무도 중요한 NCLW전국언어문자작업회의가 열렸다. 이 절의 첫 부분은 언어 계획의 초점이 어떻게 이동했는지, 또 새롭게 재구성된 맥락, 곧 1980년대 중반에 정부가 언어 계획에 대해 여러 접근을 채택하고 그 접근들이 우선순위의 재정향reorientation과 역할의 재정의를 이끌어 낸 맥락에서 LPers언어 계획자가 직면한 새로운 과업에 대해 비교적 상세하게 설명하는 데 전념한다.

그런 다음 그 회의의 또 다른 주제, 곧 한자 간화와 함께한 과거 경험에 대한 성찰로 넘어간다. 이 절에서 해당 회의가 언어 계획에 끼친 영향에 대해선 간략하게 설명하고, 회의에 앞서 한자에 대한 임상적 처치clinical treatment of hanzi에서 발생한 세 가지 주요 역사적 경험에 대해선 자세하게 논의한다. 우리가 견지하는 입장은 만약 한자 체계의 추가 개혁을 고려한다면 다른 것보단 1950년대의 간화에서 발견된 반갑지 않은 결과 유형 세 가지에 더 많은 관심을 기울일 만한 가치가 있다는 것이다. 이 역사적 교훈을 이론적 차원에서 요약하기 위해 '长 효과'와 '国 현상'이라는 두 가지 중요한 구성체construct를 당시의 데이터를 토대로 개념화하고 실증한다.

간화자를 30년 동안 실용적으로 사용하는 동안 마주치게 된 문제들은 한자 계획의 다면적 특성을 아주 분명하게 보여준다. 이를 염두에 두고, 마지막 절에선 한 발 더 나아가 한층 더 복잡한 층層, 곧 한자는 사회 환경에 거의 전적으로 얽혀 들어가 있기 때문에 언어 계획의 진전이 달성되려면 문자 개혁의 사회정치적 측면은 반드시 다뤄져야만 한다는 층이 하나 더 쌓인다. 따라서 이 장의 세 번째 초점은 정치 영역 내에서 일어난 변화와, 또 1980년대 중반 이후 발생한 기술 진보의 영향과 관계를 맺은 채 중국의 언어 계획에서 전개되는 발전이다. 1986년 NCLW에서 중국 문자의 추가 간화는 개정된 정책 의제에서 제외됐고 표음화의 가능성도 암묵적으로 배제됐다. 그러나 이 결정 직후 보수파와 개혁파 간에는 한자의 미래를 둘러싼 논쟁이 벌어졌다. 이 오랜 논쟁의 함의를 바탕으로 이 절은 중국어 문자 계획의 복잡한 특성을 강조하고 이를 통해 이어지는 장들에선 이 쟁점을 다중적 관점에서 검토할 필요성을 제기한다.

1.1 1986년, 새로운 사회의 요구에 부응하기 위한 조정: NCLW

1986년 NCLW의 소집은 중국어 개혁 운동의 분수령이었다. 1955년의 전국언어회의national language conference가 첫 번째 이정표였으며, 1986년에 중앙 정부가 이 정도의 규모로 언어 문제 관련 회의를 조직한 것은 중화인민공화국 역사상 두 번째였다. 회의는 중국 공산당 중앙 위원회와 국무원의 후원을 받아 1986년 1월 6일부터 13일까

지 베이징에서 열렸으며, 전국에서 LP언어 계획 노동자 280여 명, 언어
학자들, 문화·교육 담당 관리들이 참석했다.

　회의는 중국의 언어 작업이 기로에 섰던 역사의 중요한 순간에,
또, 이어지는 논의에서 볼 수 있는 것처럼, 몇 가지 주요 LP 문제가
시급히 다뤄져야 할 시기에 소집됐다. 따라서 회의에서 내린 결정은
전 국민의 언어생활과 향후 수십 년간 이뤄질 언어 작업의 LP 정책
기반에 대해 상당히 중요한 의미를 갖는 것이었다. 전 주민population
을 위한 가장 직접적인 염려의 결과는 제2차 간화 방안에 대한 대대
적이면서도 공식적인 거부와 맞춤법의 로마자 표기를 향한 공식적
인 지지의 철회였다. 언어 안정성이 회의에서 거듭 강조됐다는 것,
아울러 간화가 언급된 공식 문서의 작성을 이행하지 않았다는 것은
끊임없는 변화에 반대하는 아주 강력한 메시지를 전달했고, 더욱 보
수적인 분위기를 보여주는 분명한 신호였다. 이것은 LP 우선순위에
서 중요한 전환을 의미했다. 1950년대 이래로 간화와 로마자 표기는
언어 개혁의 세 가지 주요 과제 중 두 가지로 꼽혔기 때문이다. 이
두 과제가 공식적으로 철회된 것은 이번이 처음이었다. 하지만 이는
암묵적인 방식으로 이루어졌는데, 그 목적은 간화와 로마자 표기를
강력히 옹호하면서 회의 직전엔 지배적인 견해를 갖고 있었던 집단
의 반발을 피하는 데 있었다.

　회의에서 가장 주목받은 결정은 표준화 중점focus의 확립이다. 표
준화는 1955년 전국언어회의의 주요 주제이기도 했다. 그러나 1950
년대에는 국어 진흥을 관철하기 위한 표준화가 이뤄졌기 때문에

널리 다양한 지역 방언regionalects을 통일하기 위한 토대로서 표준어 putonghua, 普通話의 사용을 목표로 발음과 문법에 중점을 두었다. 이번 회의에서 표준어 진흥 관련 논의가 거듭되긴 했지만 진짜 강조점은 중국 문자에 있었다. 회의가 열렸을 때, 중국 언어학자들과 컴퓨터 과학자들은 컴퓨터 입력 방식의 첫 번째 세대를 고안하는 데 관여하고 있었다. 입력 프로그램 설계는 상당한 인내력을 요구하는 모험적 시도로서a robust venture, 중국의 모든 주요 IT 기업들은 거의 예외 없이 문자 입력 소프트웨어 관련 작업을 통해 발전해왔으며, 이 시기 초에는 표의문자에 토대를 둔 체계가 개발을 위한 주요 중점을 마련했다. 극복해야 할 첫 번째 난관은 운영 효율성을 보장하기 위해 소프트웨어 공급업체와 소비자 모두한테 구속력이 있는 일련의 규약이 마련되도록 문자에 대한 일련의 표준을 설정하는 방법이었다. 이 같은 표준들, 곧 현대 한자 연구에서 '四定[한자표준화를 위한 네 가지 규정]'으로 불리는 것은 다음을 포함한다. 글자 총수 고정[定量], 물리적 통일성 창출[定形], 발음 통일[定音], 한자구성 순서의 표준화[定序]. 이것들은 컴퓨터에서 한자를 해체하고 재생산하는 데, 따라서 중국어로 정보를 전산화하는 데 필수적이다. 현대화의 길에 오르려는 국가의 열망 속에서 정보 기술이 산업의 기둥으로 간주되고 중국의 정보 처리가 IT 산업을 발전시키기 위한 전제조건이었다는 점을 고려하면, 한자 표준화 또는 이른바 四定이 회의장에서 펼쳐진 논의의 전면에 등장한 것, 또 언어 작업의 미래적 의제를 위해 새로운 분위기를 설정한 최종 성명서에서 중심 초점 중 하나로 적확하게 지적된 것은 당연했다.

국가 LP 기구agency의 구조조정은 회의의 또 다른 주요 발의initaitive
였는데, 그 목적은 떠오르는 IT산업이 초래한 새로운 도전에 직면
하고 회의 이전 시기의 것과는 크게 다른 IT 지향적 LP 과제를 효과
적으로 해결하는 데 있었다. 회의에서 1956년부터 운영돼 온 중국문
자 개혁위원회Commission of Chinese Script Reform, CCSR는 국가언어작업위
원회State Commission of Language Work, SCLW, 國家語言工作委員會로 대체됐다.
재조직된 기구는 LP를 둘러싼 쟁점들의 복잡한 다양화, 더 구체적
으로는 새로운 역사적 맥락에서 기술적 협약technological compacts을 처
리하는 새로운 기능적 역할을 부여받았다.

그 후 10년간의 발전 이후, 언어 문제가 국민 생활에서 더 중요해
질 때, SCWL은 1998년에 또 다른 주요 개혁을 거쳤다. 전통적으로
1950년대 중반부터 그 최고 LP 기관[SCWL]은 국무원 주도로 운영
돼 왔으며, 이는 SCWL의 기능에 권위와 집행력이 있다는 것을 의
미했다. 이 개혁에서 SCWL은 교육부의 관할로 이관, 언어정보관리
과Department of Language and Information Administration와 언어문자사회사용
과Department of Social Use of Language and Script라는 두 전문가 부서를 포함
하는 쪽으로 확대됐다. 이는 SCWL에 더 많은 행정 권력을 부여하
여 더 독립적으로 행동할 수 있도록 하였으며, 그 독립성은 특별히
LP 활동의 수행에서 더 두드러졌다. 동시에 1984년 중국사회과학원
내에 설립된 응용언어학연구소The Research Institute of Applied Linguistics (이
하 RIAL)도 이전하여 SCLW와 교육부의 이중 행정 체제로 귀속됐다.

SCLW의 한 연구 부문으로서 RIAL의 일상적 연구 활동은 LP 목표의 모든 측면을 다루고 있다. 그것들엔 언어 및 문자의 사회언어학적 적용을 둘러싼 이론적·실천적 쟁점에 대한 연구가 포함되며, 현재 한자 표준화·어휘 집대성lexical codification·국어national speech 촉진에 중점을 두고 있다. RIAL은 LP 의사 결정을 위한 연구 기반 자문 지원의 제공 외에도 다양한 제도적 기능, 이를테면 LP 저널의 편집 및 발행, 교육 및 테스트 활동 수행, 언어 업무 관련 자문 서비스 조직 같은 기능을 담당하도록 지정됐다.

과거 LP 경험에 대한 평가가 회의에서 달성한 주요 성과로 꼽히긴 했지만, 이 같은 규모의 회의에서 구체적인 LP 쟁점 하나하나를 종합적으로 검토하는 것은 확실히 불가능했다. 한자 개혁의 경우, 간화는 물론 언어 개혁과 관련한 여타 쟁점을 둘러싸고 비교적 자유로운 논의와 논평이 오고 갔다. 그 논의와 논평은 회의 전에 논의됐고 또 의심할 여지없이 회의의 조직을 이끄는 요인 중 하나였던 견해들을 반영했다. 다른 한편으로 문자 개혁에 대한 결론은 이 민감한 주제에 대한 추가 논의를 부추겼다. 이에 RIAL은 같은 해 12월 한자 문제에 대해 구체적인 초점을 맞춘 심포지엄을 마련했다. 기억해야 할 것은 1980년대 중반이 PRC 역사에서 한 특별한 시기, 곧 민주주의와 투명성에 대한 통제가 가장 덜한 때였단 점이다. 따라서 다양한 배경과 견해를 가진 전국의 학계 동료들이 참석한 이 5일 간의 전국 회의는 문자 개혁 문제가 큰 정치적 제약 없이 논의된, 아울러 상충하는

진영에 속한 개인이 함께 앉아 여러 쟁점을 둘러싼 대면 토
론에 참여할 수 있었던 최초의 사례로 봐야 할 것이다.

심포지엄에서 발표되어 『중국 문자의 여러 쟁점에 대한 심포지
엄 논문집』*Collected Papers of Symposium on Issues of Chinese Characters*에 실린 논문은
1950년대 이래의 한자 간화에 대한 유일한 종합적 평가다. 그렇기에
그 책은[그 논문집은 당시, 그러니까 1980년대 중반부터] 30년 전에 시작된 문
자 개혁 운동의 득실을 객관적으로 검토하는 데 큰 도움이 됐다. 우
리는 기본적으로 이 심포지엄에서 표현된 견해를 바탕으로 삼지만
곧이어 제시될 평가적 설명은 심포지엄의 관점에 대한 요약을 훨씬
뛰어넘는다. 그러나 여기서 요약된 주요점들을 한자 간화 문제 전체
에 대한 전반적 평가를 위한 시도로 해석해선 곤란하다. 그렇게 하
기에는 제기되는 쟁점들이 너무 복잡하다. 정보의 가용성에 대해 한
층 더 개방적인데도, 예컨대 50년이 지나야 비로소 제공되는 영국과
러시아의 각료 문서와 같이 중국엔 너무 민감해서 논의하기 힘든 쟁
점이 여전히 있다.

1.2 과거 경험에 대한 성찰

TSC와 SSS 둘 다를 통해서 밝혀진 것은 간화된 글자 다수
가 실용적으로는 만족스럽지 못하다는 점, 그러니까 필획 감소의 효
과에 지나치게 중점을 둘 경우 간화의 편익이 상쇄될 수도 있다는 점

이었다. 따라서 일부 문자의 경우, 획수가 줄었어도 그 결과로 만들어진 간화형simplified forms은 필기하기가 더 어려웠을 수도 있는데, 그 까닭은 일부 유사 문자와 구별하기 어려웠거나, 새로운 획순이 익숙하지 않았거나, 그 간화형의 구성 방식이 기존의 필기 습관writing habits과 달랐거나 했기 때문이다. 일부 문자는 그것들의 물리적 구조가 문화적 또는 심리적으로 용납될 수 없거나 미적 매력이 부족했던 탓에 대중의 환영을 받지 못했다. Hu Qiaomu(『광명일보』, 1999)는 간화자를 수정하기 위해선 체계적인 시각이 필요하다고 주장했다. SSS 문자의 정정 뿐 아니라 "1956년 제1표의 오간화誤簡化, ill-simplified 문자들"에 대한 재검토 및 수정 또한 이뤄져야 한다. 이 장에서 당국이 재고해야 할 것으로 제안하는 오간화 문자의 세 가지 유형, 곧 체계성이 결여된 문자, 长 효과, 国 현상[1]은 곧이어 논의한다.

---

1   반세기의 실제 사용 이후, 간화의 결과를 평가하는 데 다수의 귀중한 통찰력을 제공할 수 있는 개별 연구 몇 가지가 있다. 일부 해외 연구자는 전면적인 측면에서 간화자 하나하나를 연구하면서 간화자를 그것들의 수용성, 예컨대 '즉각적인 채택에 대한 준비', '수용 가능성', '재간화 제안'과 같은 다양한 표로 분류해 왔다. 전통한자[번체자]를 사용하는 사람이 간화자를 효과적으로 사용하도록 돕고 대만 해협the Strait을 가로지르는 필기 소통 장벽을 돌파하는 것을 목표로 삼은 한 연구 프로젝트에서 Tsang(1996: 33; 97-107)은 '알아보기도 힘들고 배우기도 힘든 간화자Hard to Recognize and Hard to Learn Simplified Characters'라는 제목이 붙은 표에 459자를 나열하고, 전통 문자를 사용하는 지역의 사람들은 향후 수정이 완료될 때까지 이러한 문자[간화자]의 학습을 연기할 것을 제안한다. 흥미롭게도 Tsang(25-31)은 TSC에서 선별한 문자 22개의 역사적 발전을 검토하고 현재 사용의 편의성을 분석함으로써 사례 연구를 수행한 연후에 새로운 간화형 22개를 제안한다.

1.2.1 과간화 過簡化, oversimplification, 그리고 체계적 관점의 결여

잃어버린 것과 얻은 것을 이해하기 위해서는 주제의 다양한 측면과 맺고 있는 상호관련성을 검토해야만 한다. 체계적 방식을 충분히 고려하지 않았다는 것은 간화의 방법론적 원리를 평가하는 데 가장 큰 비판을 이끌어내는 쟁점으로 드러났으며, 이는 또한 과간화의 원인이기도 하다. 중국 문자의 형태를 대상target으로 삼은 한자 개혁 경험을 살펴본 결과 체계적 계획이 부족한 것으로 나타났다. Hannas(1997: 207)는 한 영역에서 복잡성을 줄이는 것은 고작 그것을 다른 영역으로 옮기는 데 지나지 않는 것이라고 올바르게 지적한다. 이는 겉으로는 진보처럼 보일 수 있겠으나 사실은 체계의 여러 측면 사이에서 문제를 이동하고 있는 것일 뿐이다.[2] 획수 축소의 지나친 추구는 문자 체계 전반의 간화보다는 복잡성을 야기했지만 이는 나중의 단계에 와서야 비로소 실현됐다. 게다가 이러한 실수 중 일부는 개혁을 위해 정치적으로 동기화된 접근과 근시안적인 접근을 채택했기 때문에 저질러졌는데 이는 더 탐구할 만한 가치가 있는 좋은 교훈이었다. 더 최근에는 기술적 고려가 더욱 중요해짐에 따라 이러한 예견의 결여로 초래된 불만족스러운 결과들은 더욱 뚜렷해지고 재검토

2　이러한 주장과 병행하여 문체적·어휘적 간소화가 '평이한 영어plain English' 운동으로써 옹호돼 왔으며, 다양한 사법권 내의 다양한 문서를 간단한 영어로 작성할 것이 요구되고 있다. 그러나 좋은 의사소통은 단순성과 동의어가 아니며 비평가들은 간화가 실제로는 덜 정확한 텍스트로 이어져 사용자한테는 이해에 대한 부담을 줄 수 있다고 주장한다(Kaplan and Baldauf 1997: 75 참조).

또한 더욱 긴급한 것으로 만들고 있다. 간화를 이루기 위해 획수 축소를 지나치게 추구함으로써 생기는 문제점은 다음과 같은 다섯 가지 범주rubrics, 곧 일관성 없는 원칙, 오간화자, 비기술친화적 문자, 분류상의 양립불가능성, 착오로 분류할 수 있다.

1.2.1.1 일관성 없는 원칙

대중적 대량 문자와 유추analogy를 통한 간화는 1956년 간화의 두 가지 기본 원칙이다. 후자는 유추를 통해 추론하는 방법을 말하며, 전자는 '인민의 글자characters of the people'로 불리기도 했다. 그것들은 대중이 간화했고 역사적 전통을 통해 잘 확립됐다. 이 글자들은 대중의 인기와 승인을 획득하긴 했지만 개인이 무작위로 만들었던 탓에 대부분 비논리적이거나 비체계적이다. 예컨대 購(gou [구], 사다)는 购로 간화됐다. 일종의 고립된 예시로서 이 간화는 적절해 보인다. 새로운 성부 勾는 쓰기가 훨씬 더 쉬울 뿐 아니라 전체 문자의 발음 또한 정확하게 제공하기 때문이다. 그러나 원래 부건인 冓가 講와 遘에서 그런 것처럼 다른 다수의 글자에도 널리 사용되고 있다는 것을 개개의 '대중'이 의식하고 있을 가능성은 낮다. 하나의 변경이 모든 경우에 보편적으로 일반화될 수 있다면 그것이 사용자한테 상당히 편리할 것이란 점은 분명하다. 따라서 부건 冓가 있는 모든 문자는 동일한 간화형인 勾로 대체되는 것이 바람직하다. 그러나 講(jiang [강], 말하다)은 勾를 올바른 부건으로 사용하는 대신 讲으로 간화됐다. 편방 井(jing [정])이 실제 발음과 더 가깝기 때문에 遘(gou [구], 맞닥뜨리다, 고어적 용법)는 进으로 간화될 수 없는데, 이는 进이 進(jin [진], 들어가다)의 간화형이기 때문이다. 또한 遘는 여전히 분명히 밝혀지지 않은 이유로 迯로도 간화되지 않았으며, 이는 다음 기회에 이 글자를 재고할 필요가 있음을 시사한다.

1.2.1.2 오간화자: 부호 대체

한자가 오랜 발전을 거듭하는 동안 일반 대중은 일종의 부호 대체법을 채택하고 있는데, 이는 또 다른 형태의 '인민의 글자'다. 부호 대체법은 가장 효과적인 간화 방법 중 하나였지만 자의적 사용 탓에 가장 많은 논란을 일으켰다(Editing Team 1999: 292). 부호 대체에선 다수의 상이한 문자에 있는 상이하고 복잡한 부건을 대체하기 위해 더 단순한 기존의 부건이 사용되는데, 과학적·체계적 원리가 거의 고려되지 않은 채 이뤄지기 때문에 한자 체계의 내부적 일관성이 위태롭게 된다. 이는 혼돈 효과의 발생 가능성을 만들어내며, 간화 반대자들이 가장 강하게 공격한 약점이기도 했다.

대부분의 경우 한 글자는 동일한 유전적 부건을 포함하는 '자족 character family [字族]'의 한 구성원이다. 복잡한 부건을 대체하기 위해 새롭고 단순한 부건이 만들어지는 경우, 이 새로운 부건은 그 자족의 모든 글자에 사용돼야 한다. 예컨대 趙(zhao [조], 큰 성씨)가 赵로 간화됐을 때, 대체 부건은 부건 肖(趙의 오른쪽 윗부분)를 포함하고 있는 모든 글자에 사용돼야 한다. 乂는 새롭게 만들어진 부건 가운데 가장 자주 인용되는 예시 중 하나이며, 다른 예시는 又다. 두 획에 불과해 간화하려는 사람들simplifiers의 사랑을 가장 많이 받았고, 많은 문자에 있는 상이하고 복잡한 부건을 대체하는 데 남용되기도 했다. 그림 2-1에서 분명히 볼 수 있는 것처럼 又는 대체된 부건의 체계적 성격에 관계없이 어떤 글자에서든 거의 모든 복잡한 부건을 대체할 수 있는 만능 부건으로서 무분별하게 채용됐다.

1.2.1.3 기술 친화적이지 않은 문자

기술적 관점에서 볼 때, 문자는 고정돼 있고 전송 가능한 최소수의 부건과 함께 이상적으로 구성돼 있기 때문에 모든 문자를 구성하는 데 필요한 부건은 최소의 하드 디스크 공간을 차지할 수 있으며, 이들 부건은 컴퓨터 입출력을 위해 자유롭게 결합될 수 있다. 일관성의 원칙은 자동화의 높은 효율성을 보장하는 열쇠이기도 하다. 그러나 간화라는 목적의 달성을 위해 한자 체계엔 새롭게 만들어진 10여개의 구성 부호가 추가됐을 뿐 아니라 많은 경우 복잡한 부건이 간화될 때엔 동일한 원래의 부건이 한자 체계의 일부에 잔존하게 된 것, 다시 말해 유추를 통해 간화됐어야 할 일부 부건이 바뀌지 않은 채로 남아 있게 된 것이다.

예컨대 복잡한 부건 X가 둘 이상의 글자에 나타난다고 가정하고 X가 Y로 간화될 때, 규칙 A는 이렇게 설명될 수 있다. 모든 글자에 있는 모든 부건 X는 새로운 부건 Y로 대체돼야 마땅하다. 만약 모든 여타 조건이 유사하거나 동일하다면 말이다. 규칙 A가 한자 체계 내의 모든 문자에 적용된다면 문자 처리 계획에 대해선 이상적

일 것이다. 그러나 그림 2-1의 왼쪽 열에 나타난 바와 같이 실제로는 揀과 같은 일부 문자의 X(闌)는 새로이 만들어진 부건 Y(东)로 대체됐고, 澜과 谰 따위의 일부 다른 문자엔 X가 여전히 사용되고 있다. 따라서 한자가 자동으로 처리될 때 시스템이 고장 나지 않으려면 어떤 특정 조건에선 부건 X를 대체하면 안 된다는 규정 B를 설계해야 한다. 안타깝게도 대개의 경우엔 어떠한 이유도 제시되지 않았고 유추로 도출될 수도 없다.

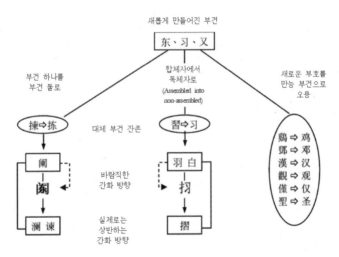

그림 2-1. '부건은 간화되고, 구성 구조는 복잡해진다'는 설명

오른쪽 열의 경우 겉보기엔 독체자 習를[xí, 습] 더 단순한 글자인 习로 간화했다. 하지만 習은 간화되지 않은 다수의 다른 글자에서도 부건으로 사용된다. 아울러 간화형이 더 적은 획으로 구성되긴 하지

만 입력 방안 개발자들은 간화형보단 원래의 복잡한 형태를 선호하는데, 구조는 복잡해도 더 작은 현존 자소 units [字素 = 부건]둘로써, 다시 말해 習 = 羽 + 白으로써 유사해질 수 있기 때문이다. 다른 한편으로 刁는 羽[yǔ, 위]의 더 작은 구성 자소지만, 刁가 독립 자소로 쓰이는 경우는 결코 없기 때문에 그것은 새롭게 만들어진 여분의 부건으로서, 전체 한자체계에서 한 번만 사용된다. 이 자소 하나는 어느 것이든 반복되는 자소가 사용하는 만큼 많은 공간을 사용하며 표의적 입력 방안에서 사용될 경우 키보드에선 동등한 물리적 공간도 차지한다. 이 두 가지 문제는 그림 2-1에 설명돼 있다.

1.2.1.4 분류상 호환불가능성

새롭게 만들어진 부호 일부는 한자 체계의 전체성 밖에 있는 불규칙적이고 예측 불가능한 요소들이며, 따라서 이른바 '개별적으론 간화되지만 체계적으론 복잡해지는' 한자라는 결과를 초래한다. 이 자소들은 전체 체계에 부합하지 않기 때문에 비록 형태가 단순하고 획수가 적다고 하더라도 필기·인식·암기가 반드시 쉬운 것만은 아니다. 게다가 어원학자들과 IT 전문가들은 무정형적 부건을 기존의 분류 및 검색 시스템으로 분류하는 것이 어렵다는 것을 발견했다. 이 경우 그 시스템은 사전과 인코딩 문자의 표준 세트를 색인화하는 데 사용된다. 이는 간화와 운영 용이성 사이에 완벽한 상관관계가 존재하지 않는다는 것을 한 번 더 보여주는 증거가 된다. 특정 문자의 경우, 물리적 형태가 매우 복잡할 순 있지만 구조가 논리적이고 일관적이기만 하다면 간화된 대응물보다 정신적·물리적으로 더 쉽게 처리될 수 있다.

1.2.1.5 착오

문자에서 불필요해 보이는 일부 요소는 고유의 의미적 가치를 갖고 있으며 범주적 지표 역할을 한다. 필획 감소 또(는)and/or 동음이의어적 대용이 의미론적 착오를 유발할 가능성은 크다. 이는 '회의'associative compounds와 '형성'semantic-phonetic의 방법으로 만들어진 문자들에 대해선 의심의 여지없는 사실이다. Chen Y. C.(1994)가 드는 예시는 이렇다. 遊(여행하다 [yóu, 유])가 游(헤엄치다 [yóu, 유])로 합쳐지고, 游가 河[hé, 하]·江[jiāng, 강]·海[hǎi, 해]로 끝나는 장소명, 이를테면 이것들과 관련 있는 낱말인 '珠海'(도시 이름 또는 그곳 주변의 바다 이름) [zhūhǎi, 주해] 또는 '黑龙江'[黑龍江 hēilóngjiāng, 흑룡강] (러시아와 국경을 맞대고 있는 흑룡강의 이름을 딴 북부 지방) 앞에 쓰여 '游珠海'[yóuzhūhǎi]나 '游黑龙江'[yóuhēilóngjiāng]처럼 될 때, 이러한 우연한 조합은 특별히 화교들과외국인 방문객들한테는 금세 혼동을 불러일으킬 수 있다. 동음이의적 대용은 동음이의어로 말미암는, 그러니까 발음은 동일하거나 유사하지만 의미는 상이한 글자들을 대체하기 위해 한 글자를 이용함으로써 야기되는 의미론적 문제에 그치지 않고 어느 정도는 형성자의 소리 정확도를 손상하기까지 한다. Shi Youwei의 통계(1991: 177-178)는 GLSC『간화자총표』에서 최초의 전통 문자[번체자] 508자에 대한 성부의 표현 효율이

0.598임을 보여준다.[3] 이 글자들이 간화된 후 표현 효율은 0.324로 줄었다.

1.2.2 필기 습관과 상충하는 문자: 长 효과

　　정치 환경이 비판에 더 개방적으로 됐던 1980년대, 뿌리 깊게 박힌 필기 습관을 방치하는 것은 그 방치가 해결하는 것보다 더 많은 문제를 만들 수 있다는 것을 점점 더 많은 사람들이 깨닫는 덴 오랜 시간이 걸리지 않았다. 획수가 적은 글자가 새로운 학습자한테는 확실히 더 쉽지만 이렇듯 혼용된 문자는 글을 읽을 줄 아는 사용자한테는 문제를 일으킬 수 있다. 그 적은 획들의 필기에 요구되는 방식이 일반적 필기 습관이나 관습적 필기 관행에 부합하지 않을 경우 획수가 적다고 해서 반드시 필기가 더 쉬워지는 것은 아니기 때문이다. 현대 문자는 아직 그것의 기원에서 독립할 만큼 충분히 발전하지 못했다. 붓글씨와 서예 예술의 유산이 일부 특징이지만 오래된 문체가 현대 문자에 끼치는 영향은 본질적으로 지속적이며 때로는 매우 강하다. 문자 필기의 일부 특징은 붓 쓰기와 서예 예술의 유산이다. 비록 오래전에 방기되긴 했지만 옛날의 필기 스타일이 현대 문자에 끼친 영향은 본질적으로 끈질기며 때로는 상당히 강력하다.

　　长(chang [장], 긴, 전통형: 長)과 尧(yao [요], 전통형: 堯)는 오간화자의 결

3　　표현 효율의 계산법과 관련한 자세한 내용은 Zhou(1986a: 141-151) 또는 Si(1991) 참조.

함을 잘 보여주는 두 가지 좋은 예시다(예를 들면 Gao 2002, Su 2003, Zhou 1992). 长의 간화 구성은 일반인들한테 깊이 뿌리 내리고 있는 필기 습관과 맞지 않으며, 长에서 윗부분은 새로 만들어진 부건이다. 가 장 유명한 현대 서예가 중 한 명인 Ouyang Zhongshi(1988)는 长이 4 획 문자로 규정돼 있다고 언급했지만 4획으로 쓰는 것은 사실 매우 어렵다. 이 문제적 간화는 일부 다른 학자들이 자주 언급한다. 저명 한 심리학자 Zeng Xingchu(1988: 319)에 따르면 "*chang*은 한 획을 덜 쓰기가 정말 어렵다". 아울러 외국어로서 중국어를 가르친 제1 저자 의 개인적 경험이 그 주장을 밝히는 추가 증거로서 도움이 될지도 모르겠다. 저자는 16년의 경험에서 이 간화된 长을 올바르게 쓰는 전통 문자 사용자가 거의 없다는 것을 발견했다. 그들은 항상 그것 을 4획보단 长(6획)이나 长(5획)으로 쓰는 것을 선호한다.

　이 문제가 발견될 수 있는 유사 사례가 너무나 많기 때문에 저자 들은 그 문제를 한 가지 개념, 곧 '长 효과'로 제안하고자 하는데, 목 적은 그 같은 관련 현상의 범위, 곧 획 간화의 결과로 만들어진 간 화자들이 부정적인 간섭 때문에 필기를 더 복잡하게 만든다는 것 을 묘사하려는 데 있다. 예를 더 들어 보면 武(wu [무], 무기), 步(bu [보], 걸음), 试(shi [시, 試], 시험 또는 시도하다), 时(shi [시, 時], 시간), 车(che [차, 車], 뭍 에서 탈 것), 马(ma [마, 馬], 말), 贝(bei [패, 貝], 조개·부[富]) 같은 것이 있다(마 지막 넷은 많이 사용되는 부건임). 이것들 또한 '长 효과'의 개념을 잘 드러 내 보여주는데, 적어도 제1 저자의 개인적인 경험에선 그렇다. Xu Chang'an(1999: 138)은 TSC『간화자표』, *Table of Simplified Characters* 내 비확장적 부건의 목록을 추가적으로 작성한다. 그 부건들은 이전에 정해진 것 외에 사람들이 글을 쓸 때 이상하다고 느끼는 것들이다. "비록 그것들이 단순함을 제공하긴 해도 한자의 구조에 대한 사람들의 상식 밖에 있기 때문에 환영을 받진 못한다."(139쪽). 중국어 교사와 편집자는 '长 효과'로 발생하는 문제에 가장 적합한 증인이며 좋은 예시도 훨씬 더 많이, 쉽게 제시할 수 있다. 공교롭게도 Huang Peirong(1992:95)은 되찾을 만한 가치가 있는 문자를 제안하는 가운데 이렇게 언급하기도 한다. "车, 马, 贝의 전통 문자를 제자리로 돌려놓는다고 해서 필기에 부담이 되는 일은 결코 없을 것이다".

긍정적 간섭과 부정적 간섭은 제2 언어 교육학에서 사용되는 짝패 구성체다. 제1 언어와 목표어의 동일한 언어적 특징이 외국어 습득을 용이하게 할 수 있는 것과 꼭 마찬가지로 사용자한테 내재화돼 있는 필기 습관은 새로운 필기 형태에 적응하는 데 큰 역할을 한다. 간화자 필기 방식이 기존의 체계와 동일한 것으로 확인되면 사용자는 그 방식의 수용을 쉽고 자연스러운 것으로 여기게 돼 긍정적 간섭이 발생한다. '长 효과'는 부정적 간섭의 매우 전형적인 예시다. 이 유용한 개념은 미래의 문자 개혁을 위한 새로운 규범을 마련하는 측면에서 특별히 주목할 만한 가치가 있다. 얼마나 많은 '长 효과' 간화자가 제자리로 돌아가야 하는지['长 효과'를 초래하는 간화자 가운데 얼마나 많은 글자를 전통 문자로 되돌려야 하는지]는 다양한 문자 사용 집단들 내의 경험적 연구, 특별히 예전과 현재의 전통 문자 사용자들, 강조하자면 학교 학생들에 대한 설문 조사를 거칠 때 비로소 알 수 있다. 안타깝게도 과거에 '长 효과'는 대체로 무시돼 왔고, 언어 교육자들은 언어 교사가 필기 오류를 바로잡는 데 엄청난 시간과 에너지를 쏟는다고 불평한다. 그 결과, 열성적인 교사들은 학생들한테서 고루하고 잘난 체 한다는 비난을 받았다. 오기된 글자에 대한 분석은 정책 입안자들한테 아마 많은 것을 밝혀내 줄 수 있을 것이다. 문자 개혁가들은 문자 개혁에서 자신이 옳은 일을 하려고 노력하기 때문에 항상 옳다고 가정하는 것으로 자기를 기만해선 안 된다.

1.2.3 문화적 가치와 충돌하는 문자: 国 현상

각각의 문화엔 시각적 의사소통의 상징적 체계가 있다. 일부 인류학자는 세계를 시각적으로 인식하는 것이 중국 문화의 중요한 특징이라고 주장한다. 표의 기반 문자로서, 대부분의 한자는 그것들의 그래픽 구조에서 분석 가능한데, 이를 두고 누군가는 중국어로 이른바 '그것의 모습으로 뜻을 말한다(*jian xing zhi yi* — 见形知义 [見形知義 견형지의])고 말할 수 있을 것이다. 중국 한자는 제각각 고유한 의미를 지니는 상이한 부건으로 구성되기 때문에 성부가 음운적 지표indicator로 존재하는 것 이외에 수행하는 중요한 역할은 글자의 의미와 관련한 정보를 전달하는 것이다. 어표문자logographic scripts [語標文字]를 효과적으로 읽어 내는 성인 독자는 복잡한 문자를 성운 편방[聲符]과 의미 편방[義符]으로 나눈 다음 각각을 극도로 효율적인 방식으로 처리한다. 특별히 교육을 받은 사람들은 글자의 구조를 아주 잘 알아차린다. 따라서 누군가가 표의문자 하나에 맞닥뜨렸을 때 그이는 그것의 문자적 의미를 추측하기 위해 그것의 시각적 요소들을 습관적으로 식별한다. 이 과정에서 그 이미지에 대한 추가적 함의가 추론됨과 동시에 그 글자의 구조에 대해 틀에 박힌 개념 곧 그 함의의 고정관념이 만들어진다. 이러한 분석은 문자가 만들어지는 방식에서 비롯한다. 모든 문자들은 허신의 육서*liushu* 원리에 따라 분석 가능한 구조로 구성돼 있는 것으로 인식된다. 이 원칙에 따라 간화된 문자가 가장 성공적인 문자라는 점에 주목할 필요가 있다. 한자의 물리적 구성 특징을 이용하여 만들어진 한자 수수께끼는 많은 중국인이 즐겨 하는 게임이며, 간화를 반대하는 사람들이 한자의 변경이나 방기는 안 된다는 주장을 정당화하기 위해 사용해 왔다. 매우 강력한 표현인 일부 인기 있는 민간 격언 또한 이러한 한자적 특성을 이용하여 형성된다. 게다가 의미론적 측면에서 이뤄지는 문자 분석은 매우 가치 있는 연상 기호 mnemonic 기법으로 사용돼 왔으며 문자는 이러한 관점에서 장기간 수집, 교육돼 왔다. 그것은 의심의 여지없이 문자 학습을 더 용이하고 지속하게끔 하기 위한 필수 보조 수단이다.

한자를 상서로운 메시지로 가득 채우기 위해 그래픽 이미지를 사용하려 노력하는 것, 또 시각적 연결을 통해 그러한 노력을 기울이는 것은 중국 한자 문화의 두드러진 특징이다. 가장 대표적인 예가 바로 '国 현상'인데, 이는 한자를 만드는 이나 개혁하려는 이가 표의문자적 구성에 특정한 가치를 구현하기 위해 쏟는 의식적인 노력을 보여준다. '*Guo*'(나라·국가, [國])의 현재 형태인 国는 물리적으로 '口 =

국경 + 玉 옥·부[富]'로 구성돼 있다. 그것의 전통형 國(口 = 인구, 戈 = 무기, 口 = 네 국경)은 한 왕조 이전에 진 왕조의 문자 통일을 통해 안정됐다. (*guo*의 의미와 관련한 그래픽 설명은 Reley and Tang (1993: 28) 참조)

*guo*의 이체자가 41개인 데 대한 주요 이유 하나는 서로 다른 통치자들이 그것에 영구적인 표시를 남김으로써 그들의 국가관을 강요하려고 시도했기 때문이다. 아마도 가장 복잡한 형태는 한 왕조의 건국 시기에 만들어졌을 가능성이 높은 ▓일 것이다. 한의 선조들은 전국 구석구석을 지배하려는 욕망과 함께 그것[國]을 3秦으로 바꿨는데, 이는 秦(qin, 오늘날 산서성의 중심부)이 당시 그들의 전략적 근거지였고 '3'은 무수히 많은 것을 의미했기 때문이다.

이러한 추론은 또한 圀(내부 부건은 그것의 물리적 구성에 따라 '사방' 또는 '모든 곳'을 의미한다)의 고안을 설명하는 토대를 마련하기도 한다. 이 글자는 중국 역사상 거의 반세기 동안(656-705) 온 나라를 실질적으로 지배한 유일한 황후인 무측천(Wu Zetian [武則天])이 만들었는데, 그녀는 새로운 문자 창제에 집착한 것으로 회자된다. 그녀의 이름 曌(zhao [조, 照와 同字])는 이 여성 지배자가 만들고 합법화한 12개 문자 중 하나다. 그녀는 (역사상 가장 잘 수용된 형태인) 國를 처음엔 囻로 바꿨지만 마치 그녀 자신이 감옥에 갇혀 있는 꼴(武는 그녀의 성씨였고, 감옥을 뜻하는 囚는 人과 口로 이뤄진다)이라 상서롭지 못하단 것을 알았고, 그래서 나중엔 그것을 圀(내부 부건은 국경 내의 모든 땅을 의미)과 囻('국경' 안의 문자는 '백성'을 의미)으로 최종 확정했다(더 자세한 내용은 He 1999: 256-258 참조).

가장 간단한 형태인 口는 '더 단순하고 더 혁명적으로'라는,

SSS[제2차 간화 방안]의 원칙 아래 간화된 것이다. 1956년 제1차 간화 개혁 방안이 논의될 때 國의 간화자로 제안된 国(안의 글자는 '왕'을 의미) 은 1935년 제1차 간화 방안(부록 A 참조)에서 채택된 것으로, 1969년 싱가포르 정부가 공식 목록에 포함했다(Chia 1992). 아울러 소작농 봉기로 수립된 단명 혁명 정권 '太平天國'(Taiping Tianguo, 1851-1864, [태평천국])'의 간화형 '太平天国'에도 사용됐지만 이는 사회주의 국가에 王(왕)을 두는 것은 부적절하다는 일부 사람들의 반대에 부딪혔다.[4] 결과적으로 国은 일본인한테서 차용돼 공식적으로 채택됐다. 이 문자에 대한 시각적 설명을 둘러싼 논쟁은 최근 정치적 동기에 따른 여러 공격으로 분출됐다(Su 2002).

　Xia Lu(2004: 273-274)에 따르면 国 간화의 추가적 함의는 다음을 포함한다. a) 간화 과정은 대중 사이에서 충분히 논의됐듯이 당의 대중노선을 전형적으로 보여주는 예시가 된다. b) 간화형에서 고전 중국어의 '옥'은 대체로 영웅주의와 왕위王威 같은 훌륭한 미덕과 연관된다. c) 전통 문화에서 '옥'은 우월한 본성의 상징이다. d) 国의 전통형은 국가가 지배 계급의 억압적 기구일 뿐만 아니라 타협하지 않는 계급 투쟁의 결과임을 의미하며 이는 마르크스주의의 신조다.

4　그러나 Wang(王)이 매우 흔한 중국의 성씨이기 때문에 guo(国) 안에 있는 'Wang'은 왕이 아니라 '인민'을 대변하는 것으로 해석될 수도 있다는 주장이 제기돼 왔다(Ye: 1995: 10-11). 전 SCLW 당대표인 Lin Yanzhi(1996:4)에 따르면 개인적으로 国을 国으로 바꾼 이는 바로 Zhou Enlai였다. 문화적으로나 정치적으로나 아주 복잡하게 얽혀 있는 이 글자의 간화법을 둘러싸고 TSC[1956년 『간화자표』]에서 벌어진 논쟁의 더 자세한 내용은 Xia (2004: 273-274)와 Gao(2002: 258)를 볼 것.

더 넓은 관점에서 *guo*의 그래픽 구성 진화[國 → 国]는 문자 자체
가 중국 문화 체계의 요소임을 함의한다. 한자는 문화적 세부 내
용을 문자 구조와 구성 방식에 통합하는 것을 특징으로 한다.
Coulmas(1991: 228)의 지적처럼 "문자writing에 중국인보다 더 심오한
의미를 부여한 문화, 또 그런 문자에 기반을 둔 문화는 중국 이외엔
거의 없다". 문화유산에서 비롯한 영향이 한자에 만연해 있는 관계
로 문자 개혁은 언어적으로 고려돼야 할 뿐 아니라 사회적·문화적
으로도 다뤄져야 한다. 어쩌면 이런 유형의 글자가 많지 않을지도
모르겠지만 그것들은 사용 빈도가 가장 높은 문자이며 그것들엔 끊
임없이 문제를 일으킬 수 있는 잠재력이 있다. 그것들 중 몇몇은 특
정 집단의 사람들한테는 수용되지 않는데, 특별히 개인 이름이 관련
될 때 또는 그것들이 때나 경우에 맞지 않고 우스꽝스럽게 사용될
때 그렇다.

　Leng Yulong(2004: 339)은 한자 목록repertoire에 "민감한 문자들"로
불릴 수 있는 일군의 문자가 있다고 지적한다. 이것들은 "전 국민이
매우 친숙하고 자주 사용하고 관심을 많이 두는 글자들이기 때문에
이것들에 일어나는 어떠한 변화라도 동요적 반응을 유발하기 마련
이다". Leng은 우리가 이러한 "민감한 문자들"을 다룰 때 극도로 신
중해야 한다고 경고한다. 작은 변화조차 한자의 사회적 사용과 사람
들 정서의 가장 민감한 부분을 건드릴 수 있다. 문자가 사회적으로
나 문화적으로 수용될 수 있도록 하기 위해 많은 요인들은 불가피하
게 얽혀 들어간다. 유능한 어표문자 독자들은 글자에서 의미론적 단

서를 추출하려는 유혹을 뿌리치기가 특별히 어렵다는 것을 알게 되
는데, 이는 일부 간화형에 대해 빈번하게 이뤄지는 비판에서 분명
히 입증된다. 그러므로 Zhang Jinqiu(1999: 23)가 적절하게 경고한 바
와 같이 문화적 요소들이 적절히 고려되지 않는다면 문자에 대해 이
뤄지는 어떠한 개혁도 '대광주리로 물 퍼다 나르기carrying water with a
basket'로 끝날 것이다(대광주리에는 물이 새는 구멍이 있기 때문에 '아무리 노력을
많이 해도 결국 헛수고로 끝난다'는 뜻. [竹籃打水一場空 죽람타수일공장]). '国 현상'
의 구성은 기존에 발견된 문제적 간화의 무질서한 복합화를 한 개념
으로 구현하고 유사 유형의 문자를 편리하게 다룰 수 있는 지침을
제공한다. '国 현상'은 네 가지 구체적인 범주로 나타난다.

1.2.3.1 国 현상 유형 1: 가치 판단적 부건

愛(ai [애], 사랑하다)의 복잡한 형태엔 편방 心(heart 심장·마음)과
友(friendship 우정, comradeship 동지애) 둘 모두가 포함돼 있다. 간화자에선
'心'이 생략, 爱로 바뀌었다. 비록 "심장이 전통적으로는 정열의 기관
이 아닌 지성의 자리로 간주"돼 왔고(Unger 2004: 15) 예컨대 맹자의 유
명한 격언엔 "Xi zhi guan ze si — 心之官則思(마음의 기능은 생각하는 것이다
[心之官則思 심지관즉사])"라는 말이 있긴 하지만 상당수의 사람들, 특별
히 화교들은 이러한 간화에 분노했다. 그들은 묻는다. "마음 없이 어
떻게 누군가를 사랑할 수 있겠는가, 이것이 '사랑'에 대한 공산주의
식 감정인가?"(Lu 1992: 218) 더 나아가 정치적으로 격앙된 비난은 다음
을 포함한다. '사랑'은 공산당 사전에서 많이 사용되지 않는 단어다.

원래 의부 心을 대체하기 위해 '동지애'를 사용하는 것은 공산당의 입장에서 보면 '사랑' 따위 없고 오직 '동지애'만 있다는 것을 나타낸다. 예를 들어 1950년대 반우파 운동 동안 부분적으로는 간화에 반대했기 때문에 사형 선고를 받은 Chen Mengjia(1957)는 이 글자[愛]에 '마음' 부건은 필수라고 주장했다. 한편 현대 중국의 기이한 현상을 조롱하는 책을 많이 쓴 현대의 은둔자 Zhao Wenzhu(2004: 5)는 이 글자[爱]가 매우 적절한 간화형이자 통찰력 있는 발명품이라고 비웃었다. 오늘날 사회엔 (마음에서 우러나오는) 진정한 사랑이 없기 때문이다. 비슷한 사례로 儿(er [아] 아들·아이)가 있다. 儿의 전통형은 갑골문 이래로 兒를 써 왔다. "윗부분은 벌린 입이 있는 머리, 아랫부분은 두 다리를 의미한다. 간화하고 나니 머리는 잘리고 다리만 남았다. 그럼 어떤 아기일까?"(Ni 2003:3)

爱는 이러한 간화자군簡化字群, group of simplified forms에서 아주 대표적인 글자로 꼽힌다. 피하기 어려운 비판에 취약하기 때문이다. 이렇듯 문화적으로 수용 불가한 유형의 간화자는 일부 확고한 간화 옹호자들한테도 광범위한 우려를 낳았다. LP에 직접 관여한 국가 최고 지도자 Xu Jialu(1990: 39)는 타이완 출신 학자들과 가진 인터뷰에서 이렇게 말한 적이 있다. "일부 간화자는 그냥 말이 안 된다. 어떻게 해서 '아주 세속적인(圣, 又 = 더, 土 = 땅·흙)'이 'sheng'(현명한 [聖])'이 될 수 있으며, SSS의 간화형에서 심장 하나(㣺, 一 (상부) = 하나, 心 = 마음)가 'de'(덕 [德])가 될 수 있는 이유는 또 뭔가?"

1.2.3.2 国 현상 유형 2: 심리 미학

Kaplan and Baldauf(1997)는 한 학문 분과로서 언어 계획에 있는 큰 문제 중 하나는 언어가 공적 의사소통 도구이고, 모든 사람이 자신을 전문가로 보고 있고, 어떤 관점에선 언어 계획에 대해 강력한 견해를 갖고 있다는 점에 주목한다. Ferguson(1996: 280)은 언어 공동체speech community 구성원이 언어에 대해 갖고 있는 이러한 자각을 '사용자들의 평가'로 부른다. 사용자가 특별한 이유로 모종의 언어 평가에 동의한다면 그는 이를 "합리화된 평가"로 부른다. 그는 많은 경우에 이러한 사용자들의 평가가 "이상화, 고정관념, 완전히 무의식적인 것, 공유된 가치관, 또는 개인의 태도와 같은 상이한 현실"을 반영할 수 있다고 지적한다. 비록 언어 구조나 사용의 개별 특징에 대한 합리화가 단지 무의식적인 감정일 수 있다손 치더라도 언어 사용자들은 모종의 형태들이 "더 좋게 들린다"는 이유만 갖고 그것들을 받아들인다. Ferguson은 사용자의 판단이 이성적이든 비이성적이든 종종 집단 정체성의 신호로 간주된다는 데 동의하는 것으로 보인다. 그 판단들은 "동향과 가치의 지표로서 특별한 중요성을 가질 수 있고, 궁극적으로는 제도적 언어 계획 활동이 도출되는 초기의 원천을 구성한다"(281쪽). 따라서 그는 "언어에 대한 사용자 평가의 전체 영역은 언어 변화를 식별하는 데 매우 중요하지만 그 영역은 오직 일반적 조건에서 다뤄져 왔을 뿐이다"고 강조한다.

심리적 요인들, 또는 Ferguson의 용어로 **사용자들의 평가**users' evaluation[강조 저자]는 문자 개혁에서 크게 무시돼 왔던 것이다.

DeFrancis(1984b:78)에 따르면 "미학은 중국 문자에 대해 극도로 중요한 역할을 하는데, 이는 그 밖의 어떤 문자 체계보다 더 그렇다". 1980년대 전통 문자의 부활에 대한 Liu Mingchen(1997: 144)의 조사에서 예기치 않게 발견된 것처럼 문화적으로 수용 가능하고 눈을 즐겁게 하는 형태는 더 큰 관심을 받을 만하다. 그는 "사람들이 전통 글씨를 쓸 때의 선호도를 설명하는 여러 이유 중 미적 지각과 예술적 감각은 첫 번째 고려 사항"이라고 밝혔다. 예컨대 厂: 廠(chang [창], 식물·방앗간), 广: 廣(guang [광], 넓은·대규모의), 产: 産(chan [산], (낳다·키우다) 같은 다른 글자들은 일부 사람들한테서 환영은 받지 못하고 비판을 받는데, 그 이유는 그 간화자들이 단지 '보기에 좋은 것'이 아니라는 데, 간화 후에 진짜 형태의 대칭 구조가 불균형해졌다는 데 있다 (Li 2001: 16; Yan et al. 2004; Su 2003 참조). Li는 또한 때때로 사람들의 감정이 설명하기 어렵거나 심지어는 비이성적이기도 하지만 주의를 기울일 만한 가치는 있다고 말한다. 어떤 이는 아름답다·예쁘다는 뜻을 나타나는 글자 丽가 아름답지 않다고 생각하고 원래 글자인 麗 [lì, 려]를 쓰기를 선호한다. 간화된 것보다 12획이 더 많은데도 말이다. Hu Qiaomu(Editing Team 1999: 80)는 또 다른 예시로 '중화인민공화국헌법'을 드는데, 간화형 中华人民共和国宪法이 전통형 中華人民共和國憲法보다 덜 장엄해solemn 보인다는 것이다. 어떤 사람들은 간화 후엔 심지어 '장엄함'을 뜻하는 글자 庄严(zhuangyan, solemn)조차 원래 형태 莊嚴보단 장엄하지 않다고 느낀다. Ferguson(1996:283)은 유사점을 잘 드러내 보여주는 좋은 예를 든다. 그는 스웨덴인들이 교회

의 예배를 위해 사용되는 일부 고어 형태가 "장엄하고 영적으로 만
족스럽다"고 생각한다면 "이러한 판단이 반영하는 것은 언어적 특
징에 대한 직접적이고 자연스러운 반응이 아니라 각각의 목적을 위
해 이러한 변형들을 관습적으로 사용하기 때문에 드는 적절성의 느
낌이다"고 말한다. 이는 또한 朕(중국어로는 *zhen*, 또는 일본어로는 *chin*, [한국
어로는 짐] 황제가 독점적으로 사용하는 말로서 '나', 절대 권력자로서 군주, the sovereign
을 뜻함)이 『当用漢字表』*Table of Contemporary Characters*, [일본의 『당용한자표』]에
서 제외된 것과 관련한 논쟁을 떠올리도록 한다. 그 글자는 1981년
에 그 표[『常用漢字表』(『상용한자표』)]에 재도입됐는데, 이유는 "그 글자를
일본어 가나로 적으면 재미있는 상상을 불러일으킨다"는 것이었다
(He 2001: 133). 더 아이러니한 것은 몇몇 사람들이 "상업"에 대한 SSS
의 간화형[南, 부록 B, 원서 342쪽]과 문화대혁명 말기에 발생한 시장 내
상품 부족 이유의 상관관계를 발견하기까지 했다는 점이다(Chen Y.S.
2004: 355).

1.2.3.3 国 현상 유형 3: 이름에 대한 금기

　　문자 개혁에 대한 문화유산의 영향을 보여주는 또 다른 구
체적 예시는 '이름에 대한 금기'다. 특정 문자는 대개 제대로 된 이름
에 사용되므로 특별한 주의가 필요하다. 『제1차 이체자 정리표』*First
Table of Verified Variant Forms*, 1955, 이하 FTVVF 밑에 있는 한 주석엔 이렇게 명
시돼 있다. "폐기된 이체자의 원형이 출판물엔 성姓으로 계속 사용될
수 있지만 이는 오직 성에 사용되는 글자에 국한해 적용한다".

Yin[殷, 은], 제4장 2.2.1 참조)의 구조적 변경에 따르는 어려움 하나는 "Yin이란 성을 가진 사람들이 이것[간화]에 대해 매우 분노할 것"이라는 두려움이다(Fu 2002: 개인적 소통). 이는 이름을 바꾸는 것이 중국인이 할 수 있는 가장 모욕적이면서도 참을 수 없는 일 중 하나이기 때문이다. 중국 속담엔 이런 말이 있다. '나는 잘못을 저지르더라도 이름을 숨기지 않을 것이며, 나의 추잡한 행동 때문에 성을 바꾸는 일 따윈 결코 없을 것이다(行不更名, 做不改姓 [행불갱명 주불개성]). Wu Chang'an(1995:76-77)은 [改姓의] 문화적·심리적 함의를 분석하면서 다음과 같이 주장한다.

> 성씨 전용 글자는 2,000자 이상이다. 어느 쪽이 개혁되든 이 성을 가진 사람의 동의를 얻는 것은 거의 불가능하다. 비록 한 사람의 성씨가 '죽인다'거나 '도살한다'는 불길한 뜻을 가진 刘(liu, 劉 [유])라고 해도 Yuen Ren Chao가 시사한 것처럼 다른 글자로 바꾸려 하진 않을 것이다.

전통적으로 중국인들은 자신의 이름이 원래 형태로 적혀야 한다는 생각을 강하게 가져왔다. Zhao(1999)의 연구에서 간화자는 문화적으로 전통 문자 사용자인 성인 태국계 중국인 학생들한테 대체로 잘 받아들여지긴 했지만 과제 표지의 친필을 보면 그렇지 않다는 것이 밝혀졌다. 사람들은 뭐가 됐든 다소 형식적이거나 중요하거나 엄숙해 보이는 것, 이를테면 가게의 접시나 간판, 상표와 결혼 증명서 같은 서류를 볼 때면 영구성과 영원성 때문에 그것들을 바꾸기를 더 꺼린다(Huang 1992: 61). 정부는 이 문제를 잘 알고 있었고, '지역민한테서 먼저 동의를 얻어야 한다'는 원칙 아래 1960년대에 시작된 전국적 규모의 지명 간화 운동에 성공했다.[5] 그러나 그 운동이 인명용 글자의 간화에는 훨씬 덜 성공적이었음은 인정돼야 한다. 1950년대의 간화 및 축소 운동에서 쓸모없는 문자의 사용이 가능한 유일한 예외 상황은 성을 위한 것이라는 원칙이 언급됐지만 실지로 그것은 많이 훼손됐다. 일부 변형 형태(*yiti zi* [이체자], 異體字)는 유명인과 함께 사용될 때 여전히 존재하며, 다른 예시로는 Rong(溶 [용], 녹이다)의 이체자로서 폐기됐던 Rong(鎔 [용], 주조하다)의 취급 방법을 두고 크게 공론화된 경우를 들면 충분할 것이다. 전 국무원 총리의 이름given name [성명: 朱镕基, 朱鎔基]인 Rongji(鎔基, 기반을 굳건히 하다)를 溶基로 다시 적을 때 그것은 '기반을 약화시키다'는 의미를 띠게 된다. 따라서 중국 이름에 내포된 금기 효과를 한 번 더 고려한다면 총리 자신이 그의 이름이 언론에 반대 의미로 인쇄되는 것을 완강하게 반대했다는 것은 이해할 만하다. 게다가 풍수(길흉판단)에 대한 믿음이 강한 중국인들, 특별히 구세대는 '기반을 약화한다'는 함의가 깃들어 있는 이름의 총리가 있는 것을 불행하다고 여길 것이다.[6]

---

5   최근 들어 Li Yuming(2004c: 66)은 일부 지명에 대한 동음이의 대체의 적절성에 대한 의문을 최초로 제기했다.

6   흥미롭게도 중국 총리 이름given name의 불법 문자가 타이완에선 합법적이다. 鎔은 1982년 타이완 당국이 공표한 『한자표준형표』*Table of Standardized Shapes for Hanzi*에서

가장 흔한 중국 성씨 중 하나인 趙(960-1279의 송 왕조에서 처음 편찬된 어린이용 글자책에서 가장 큰 몫을 차지하는 성씨)는 赵로 간화됐다. 복잡한 성부 [肖]가 더 적은 획수의 乂로 대체됐다. 그러나 乂는 경극과 같은 전통 공연 예술에선 사형 선고의 징표로 등장한다. 이런 이유로 1935년의 제1차 간화 방안에선 赵(부록 A 참조)로 간화됐을 가능성이 높다. Hu Qiaomu(Editing Team 1999: 292)는 赵(小, xiao [소]는 乂나 又보다 한 획 더 많지만 성운적으로는 더 적합하다)로 간화할 것을 제안했다. Zhao Ziyang[趙紫陽, 조자양] 전 중국 공산당 주석은 자신의 성이 엇갈리는 것에 대해 불평했다고 한다(Wang 2002: 개인적 소통).

몇몇 유명한 사람이 불평을 하거나 자신의 이름 자체를 위해 간화자 사용을 거부하거나, 또는 다른 사람들이 특별히 성씨를 위해 간화자를 사용하도록 내버려 두는 얘길 듣는 일은 드물지 않다. 예컨대 簫-萧-肖[xiāo, 소], 阎-闫[yán, 염 閻]같은 유형의 간화는 비판을 많이 받았다. 따라서 성 전용 글자를 제자리로[간화자를 번체자로] 되돌려야 할 뿐 아니라 일반적으로 폐기된 이체자 또한 그것이 성으로 쓰일 경우엔 그 사용이 허용돼야 한다.[7] 특정 문자를 사용하는 지명에서도 유사한 문제는 상당히 자주 발생한다. 역사적으로 유의미한 다

공식적인 지위를 갖고 있다.

7 성명names 변경은 세계적으로 매우 민감한 문제이며 대체로 인권 문제와 관련이 있다. 예컨대 Neustupný(1983)는 제2차 세계대전 직후 제정된 일본 법률이 반드시 아이들 이름엔 '공통적이고 쉬운' 글자가 사용돼야 한다고 명시해 놓은 맥락에서 이 문제를 논의한다. Fu and Kataoka(1997)는 홍콩과 관련하여 명명 문제를 논의한다.

수의 문자에 대한 사례별 연구가 필요하다. 龢(he, [화])는 거의 사용되지 않는 문자로 FTVVF에서 배제됐지만, Wong Tonghe(翁同龢 [옹동화], 역사적 인물)란 이름이 출판물에서 언급될 때 공식 문자(禾)를 사용하는 이는 거의 없다(더 많은 예시는 Su 2001d 참조). 심지어 유명한 LP 전문가들이 쓴 LP 관련 책도 마찬가지다(Fei 1997: 98 참조).

이체자의 폐지가 사람들을 짜증 나게 하고 논쟁을 불러일으키는 주요 이유 하나는 일단 원래의 한자 성이 계보학적으로 바뀌면 중국 씨족의 필수 부분인 혈통에 혼란을 일으킬 것이기 때문이다.[8] 그러나 Lu Feikui(陆費逵-六弗奎, Zhou 1979: 321)와 같은 일부 극단적 개혁론자 말고도 많은 일반인이 자신의 이름을 간화된 형태로 적는 것을 쉽다고 생각하고 기꺼이 받아들였다는, 특별히 문화대혁명 시기에 그랬다는 증거 또한 있다(Ding 1974, Gao 1997).

종족적·정치적 금기는 이러한 유형의 하위 범주로 간주돼야 한다. 인종 차별의 역사, 한족 우월주의, 편협한 성향은 문자 구성에 엄청날 정도로 심각하게 반영된다. 1950년대엔 종족명의 이상적 형태

---

8   더 중요한 사례 중 하나는 CCSR중국문자개혁위원회의 상임위원이자 한자 최적화 부문을 담당했던 사람(책임자)인 Ye Gongchao[마公超, 葉公超 엽공초]의 경우다. 그는 자신의 성이 간화된 Ye(마, 잎)에 합쳐지는 것에 매우 화가 났다. 그는 그 상황에 너무 불만스러웠던 나머지 새로운 형태의 Ye(葉, [sic])가 붙은 이름으로 언급되기를 거부하고 신랄하게 비꼬면서 이렇게 말했다. "내 성은 Ye(葉)지 Ye(마)가 아니다. 만약에 누군가가 계부의 성을 따르고 싶다면(중국어로 매우 강한 모욕적 표현), 그것은 그 사람 자신의 일이지 나하고는 아무런 상관이 없다"(Chia 1992: 351). 성씨 葉가 동음이의적 대용을 적용하여 마로 간화됐을 때의 논란이 너무 커서 결국엔 Zhou Enlai 총리가 결정해야 했다(Gao 2002: 131).

고안이 주요 문제가 됐는데 이는 정치적 민감성 때문이었다. 僮(tong [동], 중국 남부에 사는 소수 민족)을 壮(zhuang [장])으로 바꾸는 데는 수년간의 논의가 필요했다. "일부 다른 소수 민족의 이름엔 인간 또는 사람 human or person 관련 부수를 포함하는 글자가 사용되기도 한다. 꼭 필요하진 않아서 삭제할 수도 있지만 그 사람들은 반대한다"(Wu 1995: 76-77). Yi 족[彝族, 이족][9]의 표기에 어떤 글자를 선택할 것인가의 처리를 둘러싼 논란은 이 문제와 관련한 충분한 예시를 제공한다.

1.2.3.4 国 현상 유형 4: 표음 대 그래픽 일치

　　문자에서 상서로운 시각화의 관계는 표어문자와 음운론 간의 상호작용을 고려한다면 훨씬 더 복잡한 문제다. 일부 문자는 물리적 변화 후에 부정적 의미를 띠게 됐다. 그것들은 단독으로 사용될 땐 이상해 보이지 않을 수 있지만 특정 맥락에선 매우 불쾌하고 강한 분노를 유발할지도 모른다. 雕(diao [조], 파다·새기다)가 훨씬 더 단순한 동음이의자이면서도 '교활하거나 까다롭다'는 뜻을 가진 刁(diao [조])로 대체됐을 때, 'diao'가 포함된 일부 단어, 예컨대 'diaoxiang'(statue [雕像, 조상 彫像])과 'diaoshi'(carving [雕饰, 조식 彫飾])와 같은 것은 매우 불길한 의미를 갖게 된다. 이 말들은 "그것들이 사람의 눈을 마주칠 때 부인할 수 없을 정도의 충격과 공포를 준다"(Jin and Chen 1997:128). 이와 유사하면서도 잘 알려진 또 다른 비판은 展(zhan [전], 펼치다 또는 내보이다, 윗 부

9　중국 남서부 산악지대에 사는 4백만 명 이상의 종족 집단.

분 尸는 '시체'를 의미)에 대해 이뤄진 간화 접근이다. 展의 간화형인 尼

는 널 위의 시체로, 쉽게 그래픽으로 해석될 수 있기 때문에 展览会

(exhibition [展覽會 전람회])라는 말은 '시체 전시회'로, 展览馆[展覽館 전람관]

이란 말은 '시체 전시관'으로 바뀐다. 성이 Zhan[展]인 중국인뿐만 아

니라 나이든 중국인들은 특별히 그것[展의 간화자, 尼]에 넌더리를 친다.

일부 문자는 정치적으로 수용되지 않는다는 이유만 해도 문제가

된다. 간화 이전에 臺(tai [대])는 타이완을 뜻했고, 颱은 오직 *taifeng* (태

풍 [颱風])만 뜻하는 것이었다. 그러나 후자가 전자의 이체자로 간주돼

폐기됐기 때문에 抗台(*kangtai* [항태])는 '태풍에 맞서다' 또는 '타이완

에 맞서다'로 모호하게 해석될 수 있다. 따라서 "정부는 행동하고 태

풍과 싸우기 위해 푸젠성[10] 연안지역의 인민을 동원한다."는 문장은

"정부는 행동하고 타이완과 싸우기 위해 푸젠성 연안지역의 인민을

동원한다."로 쉽게 해석될 수 있다(Shen and Shen 2001: 226).

2. 변혁의 사회-정치적 양상

1980년대의 사회적 이행과 정책 방향 전환은 문자계획 분

야에서 두 가지 결과를 낳았다. 1980년대는 문자 사용에서 가장 혼란

스러운 시기였다. 혼돈의 원인이 된 두 가지 요인은 1) 제2차 간화 방

---

10   대만 해협 바로 건너편이자 중국에서 태풍에 가장 취약한 지역 중 하나이다.

안의 부정적 영향과 2) 금지된 전통 문자의 침입이었다. 이러한 요인들은 비표준 문자의 자의적 사용을 증가시켰다. 게다가 당의 선전 전략 변화는 좀처럼 정치적 통제력을 잃진 않았지만 반대 의견이 더 일반적으로 용인되는 우호적인 환경을 만들었다. 전통 유산에 대해 재개된 관심은 여전히 진행되고 있던 다수의 한자 관련 쟁점에 대한 논쟁을 촉발했다. 이 절에선 한자의 실질적 사용과 한자의 미래에 대한 사회정치적 함의를 중점적으로 논의한다.

2.1 사회적 이행기의 혼란스러운 상황

1980년대 중국은 모든 면에서 사회정치적으로 매우 동질적인 국가였지만 고도로 중앙집권적인 중국 사회의 성격과는 대조적으로 문자 사용은 혼돈의 상태에 있었다. 1977년 SSS 문자가 승인되기 이전에 중국은 엄청난 수준의 문자 일관성, 또 정부가 규정한 것과 사실상 일치하는 매우 안정적인 기준을 확보했다. 따라서 1980년대 이전의 문자 사용과 비교해 보면 중국은 한때 선호됐던 획일성의 이상이 힘을 잃기 시작했을 때 공식적인 기준에서 더 많이 벗어나는 편차를 보였다. Chen Ping(1999: 192)의 지적에 따르면 "언어 문제에 대한 규제들은 1960년대와 70년대에 그것들이 누렸던 권위나 구속력을 상실하기 시작했다".

유념해야 할 것은 문자 사용에 대한 공식 표준이 주로 인쇄 자료와 공공 용도에 적용되긴 하지만 사적 서신을 위한 비공식 환경에선 많은 사람이 시간 절약을 위해 고유의 간화 속기 스타일 문자를 고안한다는 점이다. 다시 말해서 이전의 간화 방안에 사용된 방법을 추론하여 엄청나게 많은 이체자가 새롭게 만들어졌으며 이 중 상당수는 더욱 광범위하게 뿌리를 내렸다. 아울러 1980년대까지는 전통 문자의 본토 복귀가 급속히 진행되고 있었으며, 일부 관료는 광범위한 공식 간행물이나 반관영semi-official, [半官營] 출판물에 그것들이 출현하는 것에 경악했다.[11] 비공식 한자의 도입은 범위의 측면에서 볼 때 혁명적이진 않았지만 정치·경제·사회 분야에서 진행되고 있던 변화와 병행하여 발생하고 있었기 때문에 최고 정치 당국의 주목을 받기까지 했다. 예를 들어 1986년 회의의 연설에서 당시 중국 부총리였던 Wan Li는 "한자의 자유방임 상태가 (물질문명과 정신문명을 언급하면서) 우리의 두 문명 발달에 해를 끼쳤고, 또 그렇기에 그것은 우리나라 안과 밖 모두의 영향력 있는 사람들한테서 광범위한 비판을 불러일으켰다"고 한탄했다. "문자 사용 장애의 심각한 상황"은 SCLW가 SSS의 공식 철회를 국무원에 신청하는 과정에서 철저히 기록됐다(The Office of Standard Work 1997: 20).

'비공식 문자'라는 용어는 모호하고 일관적이지 않다. 현재 중국 본토에서 비공식 문자는 주로 이체자와 번체자를 포함하며, 각 문자

---

11   1993년 4월 26일, 언론출판부와 SCLW가 공동으로 발행한 '출판물 내의 문자 사용에 관한 규정'의 시행을 검토하기 위해 양 기관은 2월 4일 발행된 14개 중앙 및 지방신문을 대상으로 문자 사용과 관련한 조사를 실시하였으며, 규정을 어긴 문자 526개가 발견됐다. 최악의 경우는 한 지역 석간신문으로, 그 달 동안 1,173개의 비공식 문자가 발견됐다(Fei 1997: 560).

는 다음에서 논의된다.

2.1.1 문자의 변형: 이체자

의미와 발음은 같지만 형태는 다른 여러 글자를 이체자*yiti zi*라고 한다. 여기서 이체자는 더 넓은 의미로 사용되는데, 1956년의 TSC[『간화자표』] 목록에도 없고 전통형도 아닌 모든 문자로서 새롭게 만들어진 친필 문자를 포함한다. 아울러 오직 지역 방언에서 볼 수밖에 없는 문자 또는 일본어 같은 다른 언어에서 볼 수 있는 문자들을 가리킨다(이체자와 관련해서 더 많은 논의는 제4장 2.1.3에서 찾을 수 있다). 이체자의 출처는 지리적으로 또는 연대기적으로 돼 있다. 구체적으로 이체자의 주요 출처에는 SSS의 문자 말고도 원고·지역 신문과 문학·선전 게시물과 포스터·광고 표지·개인 서신과 같은 비공식적인 글이 포함된다. SSS가 사회에서 끈질기게 살아남은 결과, 새로운 종류의 이체자가 만들어졌는데, 이것들은 신이체자로도 알려져 있다.

알파벳 문자 체계가 폐쇄돼 있는 것과는 대조적으로 한자 체계는 대중의 창의성과 생산성에 개방돼 있다. 어떤 의미에서 모든 중국인은 한자 창작자가 될 수 있으며, 이는 문자 그대로 글자꼴의 수가 너무 많아서 기술할 수 없도록 만드는 결과를 낳는다. 글자를 적는 것은 매우 별난 것이 되기 쉽기 때문에 아주 유사한 형태는 공존하는 법을 배웠고, 사람들은 늘 광범위하고 다양한 형태의 글자를 사용하는 데 익숙해져 왔을 가능성이 높다. 같은 이유로 독자들뿐 아니라 정부 또한 개인의 필기 특이성은 물론 심지어 실수에 대해서도 더 큰 관용을 발전시켰다. 연속된 정부들이 지속적으로 감시·관리하고 있긴 하지만 역사를 통틀어 단 하나의, 통일된 형태의 필기 일치성 conformity이 있었는지는 의심스럽다.

새로운 간화자 유형들의 급격한 출현과 함께 1980년대는 간화에서 가장 창의적인 시기 중 하나였다. 타분야에서 문화대혁명을 지배했던 '대중 노선'과 '대중 운동' 원칙doctrines이 언어 쟁점에 영향을 끼치며 문자 창작이 유행처럼 되는 분위기를 조성했다. 이러한 비공식 또는 인민의 문자에 대한 정책엔 두 가지 유형이 있다. 통제하고, 상황에 따라 지도한다. 후자는 비표준 문자에 대해 일종의 자유주의적 태도를 채택한다. 곧 합리적인 문자를 인정하고 추천한 다음 최종 결정은 '사용'에 맡기는 것이다. 그러나 LP 당국은 둘 이상의 시스템을 사용할 경우 공식 기준에 너무 맞지 않아 문자 사용에 혼란이 생길 것을 우려했다.

2.1.2 전통 문자: 번체자

번체자는 문자 그대로 물리적으로 복잡한 글자를 뜻하지만 타이완과 홍콩엔 여전히 공식 기준이 존재하기 때문에 정체자 *zhengti zi* [正體字](정통 문자)로 불린다. 그 글자들이 본토로 침입하는 것은 지리적 인접성보단 사회-정치 및 경제와 더 관련이 깊다. 1980년대와 90년대, 전통 문자가 PRC 구석구석으로 침입하는 데 주된 역할을 한 요인이 5가지라는 점엔 대체로 합의가 이뤄져 있으며, 그것들은 문화적 요인·지리적 요인·심리적 요인·전통적 집착·의사 결정이다(Shi 1993). 마지막 둘은 좀 더 설명이 필요하다.

　　좋은 교육의 상징인 전통 문자는 오랫동안 간화자보다 우월한 것으로 여겨져 왔다. 이러한 잘못된 믿음을 지탱하는 것은 원래 형태가 유서 깊은 문학 유산과 연관돼 있기 때문에 높은 위세prestige와 진본의 지위를 누린다는, 일종의 부정할 수 없는 현상이다. 전통 유산은 문화대혁명 이전과 동안에 혁명이 필요한 대상으로 간주됐다. 그러나 1980년대부터 사회·교육·정치 문제에서 당 태도의 진자가 좌에서 우로 흔들리기 시작했다. 문화대혁명 말기엔 전통 유산에 대해 더욱 긍정적인 태도가 부상하면서 전통적인 것을 향한 귀환이 있었고, 과거에 존재했던 모든 것에 맹목적인 찬사를 불러일으키는 정치적 조작은 그 같은 경향에 기름을 끼얹었다. 한자의 사용과 정치 운동 사이의 관계는 다음 논의에서 더 명확해질 것이며 제5장 7.1에서 다시 논의된다.

2.2 문자 사용에 대한 사회언어학적 분석

　　앞의 분석은 손으로 쓴 글자가 공식 표준에 대해 일치성이 결여돼 있음을 보여준다. 따라서 오늘날 사회에선 성인들의 일반적 의사소통을 위한 친필 원고에 상이한 형태를 사용하여 한자를 적어 놓은 경우가 많다. 이 같은 상황은 그림 2-3에 제시된 간단한 그래픽 표현으로 설명할 수 있다.

1980년대의 문자 사용과 관련한 이 모델에서 우리는 이론적으로 현재 S, V, T, ST, SV, VT, STV라는 일곱 유형의 문자 사용자가 있다고 가정한다. S 유형은 중국 본토 내의 문자 사용자를 나타내도록 돼 있지만 대부분의 중국인은 실제로 다양한 이체자를 사용한다. 사용자 대다수는 의심의 여지없이 STV(중앙의 원) 유형에 속한다. 오직 V, T, VT 유형만 중국 본토에서 안전하게 제외될 수 있다. 사람들의 한자 필기 선호도가 이렇듯 광범위하게 변동하는 상황에서 이 같은 현상의 원인에 대해 의문이 제기되는 것은 당연하다.

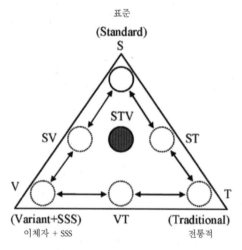

그림 2-2. [sic] 문자 사용자 유형의 모델

모든 개인은 자신의 경험과 사회언어적 환경에서 획득한 자기 고유의 문자 사용 성향orientation을 갖고 있다. 위의 원들로 표현되는 문자 사용자들의 유형은 주로 나이·교육 배경·직업·개인의 심리적 특징을 포함하는 여러 요인이 결정한다. 만약 어떤 사용자가 1956년 이전에 교육을 받았다면 어쩌면 그이는 전통 문자와 함께 TSC 및 제2차 간화 방안에 나타난 문자들을 사용할지도 모른다. 이는 부분적으로는 필기 습관 때문이다. 어릴 때 몸에 밴 그 습관들은 쉽게 바뀌지 않는다. 그리고 사람들이 글을 쓸 때 언어의 외형보다는 내용에 주의를 집중하는데, 이때 전통적 필기 체계에 발생한 의도적인 변화나 공식 표준에 대한 의식적 집착은 고려되지 않는다.

전국 16만 가구 47만 명을 대상으로 한 전국 언어 사용 실태조사(6장 3.3.3 참조)에서 95% 이상이 '일상에서 표준 한자를 사용한다'고 밝혔다. 만약 이것이 실제 사용을 반영한다면 위의 모델에서 인구의 95%는 S 유형 대신 STV 유형의 사용자로 분류돼야 한다. 졸업 직전과 졸업 직후의 10대처럼 젊은 사용자한테는 비표준 형태(유형 V와 T)가 생소하다. 현 단계에선 S 유형 사용자이지만 나이가 들면서 새로운 한자 환경을 통해 '오염될' 수 있다. 'S' 원은 점차 하강하며 그들은 특정한 종류의 문자 사용 설정에 노출되는 정도에 따라 ST, SV, STV 유형 사용자로 분류될 수 있다. 만약 어떤 이가 ST 유형 사용자가 된다고 가정하면 이는 그이가 전통 문자를 사용하는 데 광범위하게 관여하고 있음을 시사한다. 가장 큰 이유는 그이가 상업과 산업 분야에서 화교들과 자주 접촉해야 하는 직무를 수행해야 하기 때문일 가능성이 크다. 우리 저자들이 사회 계층적 배경이 상이한 사람들의 필기 습관을 살펴보기 위해 실시한 설문 조사[12]에서 우리는 타이완과 밀접한 관련이 있는 신문의 옛 독자들이 사용하는 전통 문자의 수가 여타의 세 집단, 초등교사·농부·대학생이 사용하는 것보다 현저하게 많다는 것을 발견했다. 이와는 대조적으로 원이 S에 더 가깝게 움직인다면 이 경우 사용자는 여전히 ST 유형이지만 전통 문자는 아주 가끔씩 서면으로in writing 사용되기만 할지도 모른다.

공식 맞춤법 정책의 구속력이 발휘되는 대상은 오직 학생들과 공무원들 밖에 없다. 다수의 사람은 학교와 관공서 밖에서 공식 표준을 사용하지만 그 밖의 다수는 그리하지 않는다. 대부분의 필기가 발생하는 실제 상황에서 사람들은 인쇄 지향적 표준에 맞춰 쓰려고 하기보다는 가장 쉬운 형태를 사용하는 경향을 보인다. 다유형multitype 문자 사용자가 실제로 존재한다는 것은 어느 정도 규제가 필요하다는 것을 의미한다. 그러나 불가피한 것으로 간주되는 점은 규제 활동이 늘 한자 창작에 뒤처진다는 것이다. 따라서 이 분야에서 이뤄지고 있는 모든 노력은 불충분할 것이며, 규제 당국이 그 글자

---

12   2001년 7월, 우리 저자들은 베이징과 중국 동북부 지린성의 성도인 창춘, 이 두 개 도시에서 소규모 조사를 실시했다. 목적은 첫째, 간화자, 특별히 SSS에 채택됐다가 그 이후 당국이 금지한 문자들에 대한 사회적 태도를 평가하고, 둘째, 공식적인 영향과 외압에서 독립된 상황에서 문자 사용에 대한 대중의 선호도와 관련한 직접적 데이터를 얻는 것이었다. 친필 자료는 오늘날 중국 사회의 다양한 계층을 대표하는 네 범주의 문자 사용자들한테서 수집됐는데, 그 범주는 다음과 같다. a) 농부들(독자들한테서 입수한 3,517개의 잡지 구독 양식), b) 중국방송통신대학China TV and Radio University [The Open University of China, 中央广播电视大学, 中央廣播電視大學 중앙광파전시대학]의 성인 학생(학생 60명의 과제), c) 전통 한자로 교육받은 지식인(독서가 50명의 편지), d) 초등교사(교사 115명의 교사 연간 근무 보고서).

들을 둘러볼 때쯤이면 그 피해는 회복 불가능한 지경에 이르러 있을
지도 모른다. 한편 사회적 행동으로서 필기 습관은 특정 사회에 노
출됨으로써 획득되는데, 거기서 어디에나 있으면서도 비정부적으
로 제어되고 있는 문자 생산원source of writing production [文字 生産源, 예컨대
이체자와 번체자]은 지리적으로 또 전문적으로 광범위한 영역에서 항상
이용 가능하다. 적어도 가까운 미래에 TSC의 상태는 그대로인 반면
그 두 생산원에서 비롯하는 글자들[이체자와 번체자]은 공식 표준과 편
안하게 공존할 것이다.

　비공식 한자가 계속해서 존속하는 상황은 Schiffman(2002: 98)
이 프랑스어에 대한 중앙집권적 LP 정책의 무효성을 분석하면서
Bourdieu의 "언어 암시장"을 적용한 상황과 흡사하다. 어쩌면 우리
역시 이러한 비공식 한자, 더 구체적으로는 전통 문자를 Bourdieu
의 "암시장" 모델에서 작동하는 일종의 상품으로 생각할 필요가 있
다. 그 글자들이 "(타이완과 홍콩에서) 불법적으로 수입되고 '소비'된다"
는 주장이 있는데, 그 까닭은 그 글자들엔 은밀한 위세가 있어 언
어 시장의 소비자들이 그 합법성과 상관없이 그것을 원하기 때문
이다(Schiffman 2002: 98). 우리는 "은밀한 위세" 또는 "시그니티브 파
워signitive power"에 1980년대에 발생한 전통 문자의 강력한 재유행
comaback을 적절하게 설명할 수 있는 힘이 있음을 발견했는데, 여기
서 '시그니티브 파워'는 "지각자의 마음에 긍정적이든 부정적이든
모종의 가치를 지닌 언어 속성들의 연관성"을 가리킨다(Rahman 2002:
40). 전술한 바와 같이 전통 문자의 위세는 두 가지 주요 원천에서 비

롯한다. 첫째, 유서 깊은 고전 중국어의 매개체이기 때문에 지식과
교양education으로 충만하다. 둘째, 경제적으로 선진화된 타이완과 홍
콩의 공식 표준이면서 해외 유력 중국인 대부분이 사용하기 때문
에 현대성 및 국제성과 결부돼 있다. 정부 통제 언어 시장에선 불법
적 지위를 부여받고 지난 30년간 본토에선 그것들을 제거하려는 정
부의 끈질긴 압박을 받아왔는데도 번체자는 상징 권력의 획득을 욕
망하는 다수의 사용자한테는 정제refinement [精製]와 대단한 존경의 훈
장으로 여겨지고 있다. 오늘날 번체자는 명함·식당 및 호텔·상업 광
고·상점 간판·제품 설명서 같은 것에서 광범위하게 목격될 뿐 아니
라 다수의 공공 영역에선 사람들이 그것을 사용하고 싶어 하는 유혹
을 받아 정부 규제를 공공연히 어기기까지 하고 있다. 언어 관리를
분석하기 위해 자본·시장·교환과 같은, Bourdieu의 경제적 용어를
사용하는 것은 왜 정부의 완강한 노력이 번체자를 저지하는 데 실패
했는지를 이해할 수 있는 방법을 우리한테 제공하는 것으로 보인다.

2.3 한자의 미래를 둘러싼 격론(논쟁)

1986년 NCLW전국언어문자작업회의 이전까지는 상당 기간
한자와 관련한 여러 쟁점을 둘러싸고 논란이 일었다. 과거 개혁 프로
그램의 성과를 평가하는 방법과 한자 체계의 언어적 특질에 대한 몇
몇 견해, 더욱이 한자의 미래와 관련해 더 중요한 질문과 직결해 있던
그 견해들이 너무도 대립적이었던 나머지 회의 참가자들은 양극화

하기에 이르렀다. 그리고 1980년대 후반, 크게는 한자 문화파(Chinese Character Cultural Faction, 이하 CCCF)를 중심으로 한 보수파와 개혁파로 나눌 수 있는 두 진영 사이엔 치열한 논쟁이 벌어졌다. 보수파들이 CCCF로 불린 것은 부분적으로는 『한자 문화』(Hanzi Culture)[13]를 주도적 학술지로 하는 국제한자 문화연구소International Institute of Hanzi Culture Studies라는 단체를 설립했기 때문이기도 하지만 더 중요한 이유는 문화적 문제들이 매우 뜨겁고 호기심을 자극하는 화두가 되었을 때 한자와 관련한 여러 쟁점을 둘러싼 논쟁을 전면에 내세웠기 때문이다. 이 새로운 맥락은 1950년대의 보수주의자나 1930년대의 전통주의자가 살았던 사회 환경과는 달랐다. 논쟁의 함의를 살펴보기에 앞서 CCCF가 주장하는 한자의 장점이나 우수성을 이해하기 위해 그들의 입장을 검토해 볼 필요가 있다.

2.3.1 한자의 6가지 우수성

CCCF는 한자와 관련해서 많은 것을 주장해 왔으며 보통은 그들이 표의문자 체계의 장점으로 간주하는 것들을 과장했다.[14]

13　이 격월간 학술지는 영향력 있는 학자 다수의 강력한 저항에도 공식 매체와 언론이 인정한 '일류 언어학 학술지'로 평가받아 오늘날(2006년)까지 계속 발간되고 있다.

14　언어적 우월성에 대한 이러한 주장에서 독특함을 찾아보기는 매우 어렵다. 때때로 다양한 언어의 옹호자들은 이러한 민족주의적 자기중심성의 견해를 설파해 왔다. 예컨대 17세기 웁살라 대학의 총장이었던 Rudbeck은 "스웨덴인은 성경에 등장하는 첫 번째 인간들의 직계 후손이었다. 스웨덴어는 또한 히브리어나 심지어는 인류

"새로운 발견"으로 선전돼 온 것 대부분은 중국 한자와 언어 연구 역사에서 오랫동안 논란이 됐던 주장들로 거슬러 올라간다. 예컨대 중국어의 단음절어 사용은 약점이기보단 강점이다. 왜냐하면 그것은 중국어를 표현의 측면에서 매우 경제적인 것으로 만들기 때문이다. 연상association은 모든 발명의 어머니다. 그리고 중국 한자가 연상을 촉진함에 따라 연상은 중국어에 큰 도움이 된다. 중국어 문법은 수학·음악 표기법·화학 기호에 가장 가깝고, 또 그렇기에 중국어엔 최다 사용 국제어가 될 잠재성이 있다(Guo 2004: 9697). 가장 극단적인 주장은 이렇다. 한자는 중국이 세계 문명에 주는 다섯 번째 위대한 선물이며, 결국 다른 모든 문자를 대체하여 세계의 문자 체계가 될 것이다.

　　중국 문자 체계의 장점과 관련한 이러한 이론 대부분은 '헌 부대 속의 새 술new wine in old bottles'이라는 꼬리표가 붙은 것으로서(Zhao 2005: 348), DeFrancis가 자신의 고전적 저서 『중국 언어』*Chinese Language* (1984b)에서 여섯 표제로 열거해 놓은 것이다. Unger(2004: 1-12)는 중국 한자에 대한 이러한 "신화"에 대해 통찰력 있는 분석을 제공한다. 이 쟁점을 둘러싼 논쟁의 세부 사항을 검토하는 것이 과도해 보일지는 모르지만 LP와 관련한 여러 쟁점을 이해하는 배경으로서 요점을 제시할 필요는 있다.

의 첫 번째 언어, 또 세계 최초의 문자 언어와도 밀접한 관련이 있다고 한다"고 말했다(Winsa 2005: 297). Schiffman(1996: 59)은 자신의 책에서 "언어 정책이 언어적 문화에 깊이 뿌리 내리고 있지 않으면 언어 사용자의 요구에 잘 맞지 않을 것"이라는 주요 논제를 펼치고 있으며, 이러한 현상과 관련한 다른 예시 다수를 제공한다.

2.3.1.1 정보 지향성

한자 우수성의 옹호자들은 한자 기반 문자 체계가 떠오르는 정보화 시대를 맞이하는 데 그 체계를 사용하는 국가들에 곤란함을 초래한다는 개념을 논박하면서 이렇게 주장한다. 컴퓨터 언어학의 관점에서 [중국] 글자들은 일종의 정보 지향적 문자 체계이며, 이것이 전산화될 땐 더욱 강력해진다. 중국 문자는 그것의 표음적 대응물보다 더 많은 정보를 포함하고 있다(더 큰 엔트로피). 그리고 중국어는 세계에서 가장 명징하고 간결한 언어일 뿐더러 중국 한자는 표현의 측면에서 볼 때 경제적이기도 한데, 이는 표의문자 자체가 의미를 표현하고 선형적 알파벳 문자보다 더 많은 정보를 저장하기 때문이다. CCCF가 이 주장을 입증하기 위해 반복적으로 드는 예시는 중국어 외에 유엔에서 사용되는 공용어 5개로 작성된 문건들과 중국어로 작성된 것을 비교했을 때 중국어판이 언제나 가장 짧다는 사실이다.

그러나 한자 비평가들이 설득력 있게 지적하는 것처럼 한자 표기 체계가 어떻게 작용하는지를 논의할 때 CCCF가 작성한 대부분의 글엔 단어와 형태소 같이 문자와 어휘 단위를 구분하는 데 필요한 언어적 분별력이 부족한 경우가 허다하다. 게다가 그들이 주장해 온 장점 중 상당수는 중국 문자 체계의 특징이라기보다는 중국어 그 자체의 특징이라고 할 수 있다. 반대하는 학자들은 이러한 '한자 수호자들'이 언어와 그것을 나타내는 체계-문자의 차이조차 말하지 못한다는 증거로 이 주장을 사용한다.

2.3.1.2 지능형 문자

정방형의 중국 문자는 인간 두뇌의 신경계 발달에 좋고 학
습자의 지능을 높여 준다. 이 글자들은 부호와 이미지로 구성돼 있으
며, 그 자체로 지적 발달에 기여하는 정신적 이미지를 환기하는 데도
독특하다. 흔히 인용되는 증거는 중국 문자 사용 국가의 학업 이해도
로서, 수학에 탁월하고 실어증 요법을 통해 고무적인 결과를 만들어
냈다. 인지 능력 향상의 추가 증거는 미국 심리학자들이 진행한 몇몇
소규모 실험에 근거를 두고 있는데, 그 실험은 읽기에 문제가 있는 미
국 어린이 30명이 단어가 한자로 적혀 있을 경우 제한된 영어를 이해
하는 법을 배울 수 있다는 것을 보여준다(Zhang 1994). 한자가 인간의
지능에 긍정적인 영향을 미친다는 것은 사실적 증거가 부족하기 때
문에 가설에 지나지 않는다. 개혁론자들은 문자를 배우는 것이 일종
의 기억력 훈련이라고 주장하는 것은 기만적이라고 주장한다. 그러
나 그러한 어림짐작conjectures은 시험하기 어렵고, 결론에 이르지 못한
결과는 사람을 추측speculation의 영역으로 이끈다.

2.3.1.3 전이 가능성과 국제성

한자가 사실상 언어에서 독립돼 있고, 또 그렇기에 어떤
언어에도 적용이 가능하다는 생각은 가장 논쟁적인 주장의 하나였
고 엄청난 혼란을 초래했다. 한자의 전이 가능성transferability, 곧 보편
성 신화는 오래됐고 논쟁적이긴 하지만 호소력 있는 주제이기도 하
다. Coulmas(1991: 233)는 전이 가능성을 이렇게 정의한다. 그것은 "특

정 문자 체계written system의 속성으로서 그 체계가 복무하도록 설계된 언어 이외의 다른 언어에 적용할 수 있다". Krzak(1987: 61)는 또 이렇게 단언한다. 중국 문자는 "오늘날 가장 보편적인 문자다. 왜냐하면 중국 문자는 중국 언어의 속성에 반드시 의존할 필요가 없고, 이론적으로는 다른 어떤 언어에도 사용될 수 있기 때문이다". 한자는 그 모양에 따라 자동으로 그 의미를 표현하며, 발음에 대한 지식 없이도 모든 중국인은 물론 일반적으로 중국어와 유전자적으로 또 유형학적으로 무관한 언어를 사용하는 동아시아인 또한 자동으로 읽을 수 있다. 이같은 믿음의 논리적 확장은 표의문자적 기호들이 그것들의 메시지를 우리 마음에 직접 전달한다는 것이다. 새로운 전통주의자들은 이것을 모든 언어에 적용하려고 노력해 왔고, 따라서 그 자체로 자명한 문자인 한자는 모든 언어의 사용자들한테 쉽게 이해될 수 있다. CCCF는 이 새로운 발견을 그들의 논문에서 자주 제시하고 인용해 왔다. 이러한 주장에 대한 최대의 질책은 비록 갑골문과 금문이 실제 사물의 선묘線描 및 그림drawings and pictures과 가장 밀접한 관련이 있는 표의문자이긴 해도 전자의 3분의 2는 해독되지 않았고 후자의 약 8백 글자는 이 같은, 이른바 자명한 부호들을 연구하는 데 평생을 바친 최고의 한자 전문가들한테도 알려지지 않고 있다는 점이다.

2.3.1.4 영구적 명확성: 통합력

한자는 연대기적·지리적 한계를 초월하여 상이한 방언권dialectal areas에서 온 화자들이 서로의 말을 모르더라도 글로 소통

할 수 있게끔 해 준다. DeFrancis(1984b: 149)는 "이 같은 관점은 지난 4세기 동안 수도 없이 표현됐다"고 말했다. 아울러 그 관점은 전통적인 보수주의자들, 또 이젠 CCCF 구성원들이 즐겨 얘기하는 주제이기도 하다. 중국어의 여러 다른 측면에선 큰 차이가 있기 때문에 그 문자들은 다양한 구어로 나뉘는 여러 종족peoples을 위한 공통된 단결의 유대를 창출했다. 더 중요한 것은 역사적으로 파생한 한자 형태들(비중국 문자이지만 그 형태들이 한자에서 파생한 경우)이 한자를 종족적 단합과 문화적 응집력 및 친화력의 구심점으로 만든다는 것인데, 이는 라틴어가 로망스어를 위해 수행해 왔던 역할과 같은 것이다.

2.3.1.5 학습성

CCCF는 중국 문자의 구조가 인간 언어 중 가장 논리적이고 과학적이어서 배우기 쉽다고 주장한다. Ann(1982)의 5권짜리 『중국어 수수께끼 풀기』*Cracking the Chinese Puzzles*에선 중국 문자가 쓰기는 아주 번거롭고 외우기도 어려운 체계라는 일반적 인식과 달리 한자를 배우는 것은 매우 즐거운 활동이 될 수 있다고 밝히고 있다. 중국 문자 체계에는 일종의 내부 경제가 있는데, 일단 기초 지식에 대한 최초 파악이 이뤄지면 한자는 사실상 다른 모든 문자와 동일하다. 그것은 세상에서 배우기 가장 쉬운 문자 체계인 것이다. 게다가 한자는 더 적게 들여 더 많이 생산한다는 측면에서도 두드러진다. 문자 학습은 어휘 축적과 매우 유사하며, 의사소통을 목적으로 하는 다량의 상이한 부호를 생산하기 위해 구성 요소들building blocks은 가장 적게 사용된다. 한자 문화 옹호론자들이 발견한 한자의 다른 강점들과 비교해 볼 때, 이 같은 특질은, 비록 다른 맞춤법 체계보다 반드시 유리한 것은 아니지만 적어도 어떤 사람들한테는 훨씬 더 잘 수용될 수 있다. 아울러 문자 학습의 곤란함을 다른 사람들이 과장하거나 지나치게 강조할 수도 있다는 점은 인정돼야 한다.

2.3.1.6 문화유산과 역사성

중국의 비범하고 풍부한 문화유산, 옛 형태의 문자로 쓰인 수만 점의 고대 작품들로 이뤄진 그 유산을 잃어버릴 위험은 한자 개혁을 반대하는 사람들이 갖고 있는 유서 깊은 두려움이다. 단절되지 않은 역사와 함께 기능해 온 유일한 문자 체계로서, 한자는 중국의 국보일 뿐 아니라 동남아 문화에 대해 중국이 우세한 영향력을 행사하는 데도 크게 기여하고 있다. 미학은 또 다른 관심사다. 서예가 한자에서 유래한 독특한 예술 형식인 데다가 다른 문화 어디에서도 찾아볼 수 없는 것이기 때문이다.

한자의 역사성에 대해 Eileen Chen(1982: 138)은 "중국 문자에 대한 연구는 표의문자적 체계에서 드러난 사회 체제와 상형 문자에 나타난 고대 발명품과 같은 고대 문화 발전을 조명할 것이다"고 주장한 바 있다. 한자는 시간이 지남에 따라 급변한 문자의 모습을 완전히 무시한 채 수천 년에 걸쳐 쓰인 고전들을 읽을 수 있게 한다.

2.3.2 사회-정치적 배경

　　CCCF의 주장 대부분이 1930년대와 50년대 간화 반대론
자들이 만들어낸 주장과 본질적으로 다르지 않다는 것은 어렵지 않
게 알 수 있다. 그러나 새로운 역사적 맥락에서 그들은 대중의 관심을
불러일으켰고, 학계의 광범위한 참여와 장기화된 논쟁을 촉발했다.
이후의 전개에서 드러난 것처럼 가장 중요한 이유가 변화하는 정치
환경에 따라 자신을 맞추는 전술이었다는 것엔 전반적으로 동의가
이뤄져 있다. 문화는 당 정치, 구체적으로는 1980년대 말의 토착 문화
에서 유행어가 되었으며, 당은 그것을 서구적 영향의 바람직하지 않
은 충격에 대항하기 위한 일종의 무기로 간주했다. Bakken(1999:6)이
지적한 것과 같이 "당은 사실상 과거 중국의 기억으로 회귀했으며,
이후 잠재적으로 무질서한 주민들을 '결속'하거나 '안정화'하기 위한
낡은 형태의 통제는 현대화·재배치·증강·정제됐다". Barme(1999:256)
은 동일한 추세를 관찰한다.

　　마오주의를 향한 이데올로기적 신념의 급속한 쇠퇴와 지
　　속적 안정에 대한 중국 공산당의 필요성은 통합 이데올로기
　　로서 민족주의에 대한 의존도 증가로 이어졌다. 1980년대에
　　당은 국가의 최고 애국세력으로서 자신의 역할을 강조했고,
　　또한 자신의 지위를 강화하기 위해 민족주의적 상징과 신화
　　를 동원했다.

따라서 전통 문자에 다시 기울이게 된 관심의 이면엔 떠오르는 민족주의 정서에 덧붙은 공식적 호의라는 주된 추진력이 있었다. 문화적 쟁점은 늘 중국의 정치 경관 형성에 독특한 역할을 해 왔다. 새로운 역사적 시기의 민족주의적 정서는 만연하는 신新전통주의를 특징으로 했는데, 많은 경우 토착적인 것에 대한 맹목적 숭배가 두드러졌다. 당시 문화계에서 대두하던 현상은 당 선전가들이 토착 문화 성과의 미화를 통해 사회에 대한 통제의 고삐를 조이려 했던 것이었다. 전통문화 활성화는 중국 공산당의 애국 교육 선전,[15] 또 1989년 민주화 운동의 여파로 시작한 '국가의 현실 교육'(*Guoqing Jiaoyu* — 国情教育 [國情教育 국정교육]) 캠페인의 주제다.

이런 맥락에서 한자 문화 진흥의 자연스러운 경향이 한자 간화에 대한 과거의 약속을 완전히 훼손하는 결과로 이어지게 될 것이란 점은 분명히 해야 한다. 게다가 언어 관리들은 당의 노선을 따르거나 실제로는 행정부 내에서 일하도록 조건을 부여받았기 때문에 당 노선에 반대하는 것으로 비치는 것을 극도로 조심스러워했다. 더욱이 1950년대의 반우파 운동이 남긴 끔찍한 기억은 많은 토착 학자들의 마음속에 여전히 남아 있었다. 이런 상황에서 CCCF의 이러한 공격에 직면한 언어 관리들은 이례적으로 약한 입장을 취했다.

그렇더라도 중국처럼 훈육된 사회에서 비공식적 단체가 장기간

---

15   세 가지 사랑 캠페인: 우리나라를 사랑하고, 우리 국민을 사랑하고, 우리 당을 사랑한다.

국가의 지지를 받은 LP 정책에 이의를 제기하는 일이 어떻게 가능
했는지는 물어봐야 한다. 개인의 영향력이 중국 LP의 독특한 측면
이라는 사실에 답이 있을지도 모른다. CCCF의 몇몇 핵심 회원은
그 단체의 사회적 인지도를 높이는 데 매우 특별하고 실질적인 역
할을 했다. CCCF의 정신적 지주인 Yuan Xiaoyuan은 중국으로 되돌
아온 화교다. 당 엘리트들 사이에서 발휘된 그녀의 개인적 영향력
은 자신의 특별한 배경에서 비롯했다.[16] 당은 그녀를 본보기로 세우
는 데 열심이었고, 애국적 화교한테 모국에 정착하도록 구애하는 것
의 이점을 마치 전시하듯 보여줬다. 국가 최고 지도자들과 맺은 긴
밀한 관계 또 아낌없는 지원을 위한 약속은 그녀가 중국 본토에서
민감한 정치적 금기마저 깨뜨릴 수 있게 했다. 예를 들어 1958년 이
후 개인들이 제출한 로마자 표기 방안을 정부가 검토한 적이 없다
는 것은 공공연한 비밀이었지만 그녀의 음운 방안에는 가장 밝은 청
신호가 켜졌다. SCLW는 그것을 들여다보기 위해 특별한 포럼을 조
직해야 했을 뿐 아니라 국공립학교에서 철자법과 독해 실험 또한 개
시했는데, 이는 PRC에 있었던 유일한 사례라고 한다(Wu 2001: Personal
Communication; Li M.S 2000).

　　또 다른 CCCF의 두 핵심 구성원인 An Zijie(또는 Ann T. K., 홍콩 기반
섬유 업계의 거물이자 당시 중국인민정치협상회의, Chinese People's Political Consultative

---

16　1980년대에 그녀는 미국 시민권을 포기하고, 논쟁이 일어났을 당시 자신의 남편이
　　여전히 부원장으로 있었던 타이완 입법법원에서 물러났다.

Conference 부의장)와 Xu Dejiang 또한 해외 배경을 갖고 있긴 마찬가지였다. 한자 문화 운동의 착수라는 측면에서 볼 때 위에서 지시를 내리는 그들의 성공적인 전략은 상당하고 지속적인 영향을 끼쳤다. 국공립학교 내 실험을 통해 개별 방안들을 추진하려는 시도와는 별개로 일간지와 학술지엔 대대적인 홍보전이 펼쳐졌다.

학자들의 경제적 사회참여에서 비롯하는 이른바 학사 비리도 눈여겨볼 만한 요인이다. 전체 지식인 계급이 독자적 판단과 비판적 통찰력을 박탈당했을 때 그것은 사회 진보에 가장 골치 아픈 장애물 중 하나를 제공한다. 지식인들은 점점 더 이윤 지향적인 사회 계층이 되고 있었는데, 이는 달리 말해서 그들의 원칙·평판·신용이 시장에서 거래될 수 있도록 됐다는 말이다(Collective Editors 2004). 이런 상황에서 한자 문화 진흥을 위해 CCCF가 조직한 회의·세미나·시연 및 기타 행사에 수많은 학계 권위자·사회 전문가·저명인사가 참석한 것은 놀랄 일이 아닐 것이다. 아이러니하게도 Hu Qiaomu, Zhang Youyu, Liu Daosheng, Xu Jialu와 같은 일부 인사는 SCLW나 그 전 조직인 CCSR의 (부)주임이기도 했다.

CCCF의 선전 캠페인에는 TV 연속물 제작, 전통 필기 홍보를 위한 화교 어린이 중국 방문 초청, 중국어 타이핑이 영어보다 빠르다는 것을 증명하기 위한 콘테스트 후원, 인민대회당(중국 국회 의사당)에서 개최한 한자 문화 관련 국제 심포지엄이 포함됐다. 그들은 심지어 한 발 더 나아가 민간 부문이 정부 언론에 관여하는 것을 중국 정부가 금지했는데도 신문의 특별란을 작성해선 자신의 생각을 전국지에 팔기까지 했다. 예를 들어 CCP의 대변자인 『인민일보』는 검열체계의 엄격한 통제를 받고 있었다. 그것에 등장하는 주제는 그것이 어떤 것이라도 정치적 중요성이 큰 것으로 간주돼야만 한다. 따라서 전국적 규모의 대중 매체에 등장하는 이러한 기사와 프로그램이 정부의 입장을 대변하는 것이라고 생각할 만한 이유들은 있었다. 그렇기에 더욱 자세히 살펴보면 한자 문화 진흥이 점점 더 탄력을 받기 위한 필수 전제조건은 중앙 정부 차원에서 이뤄진 관계 당국의 암묵적 동의라고 추정할 수 있다. 정치적 상징성을 띠는 장소에서 CCCF가 개최한 가장 널리 알려진 행사 중 일부를 열거한 후 Guo Yingjie(2004: 108)는 이렇게 말했다. "막후에서 무슨 일이 일어났는지는 알 수 없지만 이 행사들이 상부의 동의 없이 이러한 주요 국가 행사장에서 개최되진 않았을 것이라고 추정해도 무방하다". 이는 어쩌면 CCCF가 LP 정책에 부정적 영향을 끼치고 혼란을 초래했는데도 그것을 애초부터 저지하지 않고 그것이 언어에 대한 당의 전략적 입장에 영향력을 행사할 정도로 발전하도록 내버려 둔 책임을 누가 지느냐 하는 질문을 아무도, 심지어 오늘날에 이르기까지 던지지 않는 이유일지도 모른다.

한자 문화 옹호자과 반대자 간의 논쟁은 세 가지 중요한 사건이 일어난 해인 1994년에 정점에 이르렀는데(Chen W.Z. 1999), 그것들은 1) 『잘못된 사례의 한 세기 복구: 문자에 대한 An Zijie의 과학적 체계』*Rehabilitating One Century of a Wrong Case: An Zijie's Scientific System of Characters*, 2) 중국어 현대화 협회의 설립, 3) 협회의 첫 회의 이후에 탄생한 기관지

『언어 현대화 포럼』, *Forum on Language Modrenizaiton*의 발간 시작이다. 협회
는 언어 개혁자들이 한자 문화 진영에 대한 일종의 공식적 대응으로
설립했다.

논쟁은 결국 학문적 경계를 넘어 전개됐고, 작성된 기사의 정치
적 색채를 통해 민중은 문화대혁명 시대를 상기했다. 신문들의 정치
적 취지와 그것들이 논쟁에서 찬반을 저울질하는 호의적인 태도 사
이에 분명한 연관성이 있는 것으로 보이자 정치화는 불가피해졌다.
Liu Bin 당시 교육부장관은 한자 문화 옹호자들을 정치적 음모와 공
개적으로 결부한 격론에 참여한 최고위 관료였다. 1992년 전국교육
작업회의의 연설에서 그는 이 운동을 "홍콩과 타이완의 이데올로기
적 영향 아래"에 있는 것으로 불렀다(Li 1992: 22).

근본적으로 문화 관련 주제에 대한 논의는 중국에선 언제나 정치
적으로 가장 중요한 특징이 되는 쟁점이었고, 문자 개혁 반대론자들
은 당연히 정적政敵으로 인식됐다. CCCF가 한자의 우월성에 대해
펼친 주장의 요점을 고려하는 것은 애국주의적 기치 아래 전통 문자
를 복권시키는 것이었다. 한자 문화 관련 주장의 이면엔 [대만]해협
건너편에서 온 주장들에 공명하고 본토를 문화적으로 수복하려는
타이완의 전략을 따른다는 진짜 목적이 있다는 얘기가 있었다. 따라
서 LP에서 수십 년간 이뤄진 견고한 진보가 그 격론으로 무효화될
것 같은 위협이 발생하자 정치적 개입이 그 격론에 종지부를 찍었다
(Jiang Zeming [sic.], [Jiang Zemin]의 1996년 연설. Zhang and Xia 2001: 264 참조). 하지
만 토론 중에 제기됐던 다수의 근본적이면서도 해결되지 않은 논쟁

거리는 한동안 존재해 왔고, 그것들이 언제든 떠오를 기회만 노리고 있었다는 점은 주목할 필요가 있다.

2.3.3 논쟁의 함의

여기선 일종의 비교적 기술 방식이 사용되는데, 그 목적은 상기의 논쟁이 초래한 여러 복잡한 문제의 그림을 더 완성도 있게 제공하는 데 있다. 그리고 그 논쟁은 한자의 미래를 둘러싼 이 논쟁과 이전의 논쟁들 간의 차이를 살펴봄으로써 더욱 분명해진다.

2.3.3.1 정치적 요인

1950년대에 보수파의 주장은 당의 이념 노선에 대한 악의적 공격으로 비쳤다. 한자 문화 논쟁에서 이 논의는 감상적 이념 논쟁이란 특징을 갖지만 상대적으로 자유주의적이었던 정치 환경은 이데올로기적 박해가 없었음을 의미했다. CCCF는 일부 급진 개혁파들이 '신보수주의'와 '퇴행 세력'으로 선전했지만 1996년까지 정치인의 직접적 개입은 그 어떤 것도 일어나지 않았다. 이 문제에 대해 권한을 갖고 있는 인사들이 전 과정에서 이례적으로 침묵한 것도 이 기간의 문자 개혁 방향과 관련한 정책이 애매한 이유 중 하나였다. 문화대혁명 이전엔 지도자들의 역할이 훨씬 더 능동적이고 지시적이었다. 1950년대의 보수주의자들은 정치 환경에 적응하는 데 수동적이었고 그것의 희생양이 됐다. 1990년대에 CCCF는 정치 상황을 전술적으로 활용하는 법을 배웠다. 앞서 지적했듯이 1990년대에 본토에선 전통적 향수의 많은 측면이 발견됐다. 과거는 민족적 젊음과 활기로 충만해 있었다. 한자 문화 옹호자들은 전술적으로는 자신의 자리를 전통 유산의 구원자로 다시 잡고, 당의 선전을 등에 업은 포퓰리즘적 상업 민족주의의 성장에 따라서는 자신의 역할을 변경했다.

다음의 예시는 학문적 전념만 갖고는 정치 풍토를 이용하기에 충분치 않다는 사례에 대한 추가 증거를 제시한다. 한자 우수성 옹호론자들의 선도자는 사실 본토 학자이자 심리학 교수였던 Zeng Xingchu다. 그는 공식 언어 정책에 이의를 제기한 최초의 본토인이었다. 그가 쓴 장문의 논문, 「한자에 대한 증거: 배우기 쉽고 쓰기 쉬운」*Evidence for Henzi — Easy to Study, Easy to Use*은 1980년대 초에 출간됐다 (Zeng 1983). Zeng의 주장은 간화 옹호자들한테서 즉각적이면서 맹렬한 공격을 이끌어냈고, 유일한 불화의 목소리는 그것이 큰 파장을 일으키기도 전에 잦아들었다. 문화대혁명의 바람직하지 않은 영향에 뒤이어 정상적인 학문적 논의는 아직 제 궤도에 오르지 못했다.

상황의 번잡함과 복잡성을 보여주는 또 다른 쟁점은 이전의 토론에선 양쪽 참가자들이 기본적으로 언어학자·LP 실무자·관련 분야 학자와 같은 소규모 집단에 국한돼 있었다는 점이다. 1950년대의 논쟁은 전통 언어학philology의 틀 안에서 일어난 잠깐의 싸움이었고, 잇따른 반우익 운동으로 말미암아 갑자기 중단됐다. 이와는 대조적으로 최근의 대규모 토론은 10년 이상 이어져 왔고, 여전히 폭넓은 학계의 관심을 수반하며 어느 정도는 계속되고 있다. 이례적인 것은 지난 몇 년간 발표된 언어학 연구에서 이 논쟁이 지금까지도 충분히 설명되지 않고 있다는 점이다. 예컨대 RIAL[응용언어학연구소]의 관계자들이 집단적으로 편찬한 중국 LP의 반¥공식 역사인 Fei(1997)의 『중국 현대화 한 세기의 연대기』*Chronology of Chinese Modernization for One Century*에는 관련 정보가 거의 없다. 대학 교과서로 개발된 현대 한자 연구의 포괄적 개론서인 『현대 한자 연구 개관』*Outline of Research on Modern Hanzi*(Su 1994)에선 거의 주목받지 못했다. 언어 계획 당국의 한 구성원이 집필, 상당수의 공식적인 역사 관련 설명을 활용하는 『20세기의 언어학 응용연구』*Applying Studies of Linguistics in the Twentieth Century* (Yu 1996)에는 아예 관련 언급조차 없다. 추측건대 학계에서 이 논쟁에 대해 어떠한 요약도 작성되지 않았다는 사실이 현실도피적인ostrich-like 정책을 함의하진 않는다는 것, 다시 말해서 문자 개혁의 영역에서 경합 중인 이해관계의 투쟁에 대한 공식적인 태도가 그렇듯 어리석진 않다는 것을 이해할 필요가 있다. 오히려 그와는 반대로 이렇듯 아무런 언급이 없다는 것은 언어 문제가 여전히 민감하고 당의 전적인 통제를 받고 있음을 나타낼 뿐이다.

2.3.3.2 기술 지향성

이전 논의에서 기계 효율적 문자 체계를 갖추는 것이 바람직하다는 것에 대해선 논란의 여지가 거의 없었다. 유일한 쟁점은 타자typewriting와 관련한 것과 인쇄 과정의 기계적인 측면뿐이었다. 이 논쟁에선 기계적 재생산에 대한 한자의 역량이 중심 주제였다. 앞

서 본 것처럼 문화적 관심사가 또 다른 주제였긴 하지만 말이다. 가
장 자주 사용되는 개념 중 하나는 엔트로피로, 특정 언어로 작성된 통
신 시스템의 효율성을 측정하는 정보 연구의 중요한 개념이다. Feng
Zhiwei(1989)의 계산에 따르면 중국어 엔트로피는 거의 10비트인데 다
른 언어에선 이것의 절반 정도에 불과하다. 그러나 논쟁의 양측은 높
은 엔트로피를 상이한 방식으로 봤다. 개혁론자들은 그것을 중국어
의 현대화를 가로막는 장애물로 간주한 데 반해 CCCF는 그것이 한
자의 우수성 중 하나, 곧 한자가 정보력이 풍부한 문자 체계임을 증명
한다고 주장했다.

　마찬가지로 문자가 어느 정도는 성공적으로 전산화됐다는 사실
에 대해서도 여러 견해가 경합을 벌이고 있다. CCCF는 문자를 터
득하기 위한 힘든 과정이 크게 줄었다고 주장해 왔다. 따라서 한자
개혁을 더 추진하려는 노력은 불필요한 것으로 여겨질 뿐 아니라 중
국의 문화유산에 끼치는 폐해를 감안할 때 완성된 개혁프로그램 또
한 재검토되고 수정돼야 한다. 다른 한편으로 개혁론자들은 문자 입
력에 대한 현재의 해결책이 만족과는 거리가 멀다고 주장한다. 따
라서 인적 자원에 대한 기하급수적 요구와 지난 수십 년 동안 수천
수만 개의 입력 방안을 고안하면서 발생한 비극적인 창의성 낭비에
도 문어 중국어의 기계 처리는 극소수 특권층의 영역으로 남아 있을
정도로 정교함을 요구한다. 더욱이 문자 입력과 컴퓨터를 활용한 문
서 작성word processing은 중국어 전산화 전체를 포괄하지 않는다. 인터
넷이 관련된 한 효과적이고 효율적인 전송을 보장하려면 아직은 갈

길이 멀어 보인다. 그렇다면 다음 장에서 보게 되겠지만 인공지능과 중국어 정보 처리에 대한 수준 높은 응용이 있는데, 이는 과학기술 분야에서 중국의 경쟁력에 대해 상당히 중요한 것으로 보인다.

2.3.3.3 언어적 함의

　　이 논쟁에서 재조명된 언어적 우려의 대부분은 해결되지 않은 채 어떤 형태로든 1세기 이상 동안 중국 사상가들의 마음에 위력을 행사해 오고 있었기 때문에 이 논쟁은 양측이 새로운 역사적 맥락에 맞서서 여러 쟁점을 검토할 수 있는 기회를 제공했다.

　이 논의로 다양한 언어 쟁점에 대한 출판물이 크게 증가하여 한자의 장단점에 대한 이해도가 높아졌으며, 전통 유산 보존과 국가 현대화 추진에서 한자가 수행하는 역할에 대한 과학적 평가도 제공됐다. 이 논쟁은 또한 상당한 관심을 불러일으켰고 LP 문제에 대한 대중의 인식을 자극했다. 이는 밝혀진 바와 같이 영구적 학문 관심사로 성장하게 된다. 아울러 그러한 성장은 결국 새롭게 부상하고 있는 출판물의 발간으로 이어지게 되는데, 그것들은 한자 자체와 학과로서 한자 연구의 다양한 측면과 관련한 최신 정보를 담고 있었다.

　통신 시대 대두의 맥락에서 한자 연구에 대한 새로운 관심은 더 많은 언어 전문가가 한자 연구의 전통적 방법론을 채택하고 개혁하는 이유를 재고하도록 고무했다. 전통적으로 중국 언어학philology은 천 년 이상 거슬러 올라가는 전통을 가진 독립적 학문subject이었다.

인도·유럽어 기반의 현대 언어학이 도입된 이래 토착 언어학은 일반 언어학으로 통합돼 입문 자료의 보잘것없는 부분으로 취급돼 왔다. 1990년대엔 첨단 기술의 추진과 그 논쟁에 촉발된 영감으로 새로운 학문적 분과인 현대 한자연구가 구체화되고 있다(Su 1994).

2.3.3.4 역사적 관점에서 본 민족주의와 문자 개혁

1910년대의 신문화운동부터 가장 최근의 모더니즘 관련 동향들까지, 보수 순수주의자들과 사회개혁가들 사이에 벌어진 중국어 개혁 전쟁에는 문자 개혁을 둘러싼 3대 분쟁이 있었다. 이러한 움직임은 처음엔 서구화 쪽으로 기울었고, 그 후엔 애국주의 선전에 잇따른 전통주의로 회귀하는 전환을 보였다. 여기선 1950년대와 1980~1990년대에 있었던 두 논쟁 간의 차이를 일종의 연속체적 관점에서 살펴보는 것이 더 유용할지도 모르겠다. Guo(2004:97)가 말했듯이 "오늘날 언어 개혁에 대한 문화 민족주의자들의 재검토는 단지 언어 개혁에 대한 백 년 묵은 저항의 연속일 뿐이며, 5·4 운동의 인습 파괴적 전통 전부에 대해 그들이 꾀한 전복의 일부라고 믿을 만한 충분한 이유가 있다."

모든 혁명이나 사회 변혁은 사회적·생산적 관계에 변화를 가져온다. 이런 종류의 강력한 변화는 문화를 통해 의구심tremor을 전달하며 문자 개혁을 위한 사회적 조건을 창출한다. 현대적인 문자 개혁의 길은 현대사와 평행선을 달리고 정치 상황과 밀접하게 맞물려 있다. 그렇기에 중국이 급격한 전환을 겪고 난 뒤인 1980~90년대에 논쟁이 벌어졌다는 것은 우연이 아니다. 중국의 체계적인 현대 언어 개혁은 지난 세기의 첫 수십 년 동안 일어난 5·4 운동으로 거슬러 올라간다. 중국의 문자 개혁 발전에 대한 간략한 검토는 중국 문자 개혁의 정치화가 문자 개혁과 민족주의 운동 간의 명시적 관계를 특징으로 한다는 것을 드러낸다. 제2차 세계대전 이후 시행된 문자 개혁 프로그램을 "이렇듯 강렬한 5대 민족주의의 기간 모두는 문자 개혁에 가장 적극적인 관심을 보인 기간과 대략 일치한다"는 DeFrancis(1950:220)의 관찰과 관련지으면 표 2-1에서 제시된 관계를 파악할 수 있다.

표 2-1. 시회적 변화로 구분 가능한 문자 개혁

	1898년 서양에서 배운 자강과 개혁운동	1911년 신해혁명과 군주제 종식	1919년 5·4운동 민주주의와 과학의 진흥	1949년 중화인민공화국 건국 사회주의 건설	1966-76년 문화대혁명 이데올로기 투쟁	경제개혁과 시장경제 개방	기술 혁명 정보화 시대와 디지털 사회
2000							한자의 미래와 로마자 표기를 둘러싸고 새롭게 부상하는 논쟁
1980						1986년 로마자 표기 연기, 제2차 간화 방안 폐기, 四定	
1970					1977년 제2차 간화 방안		
1950				1956년 『간화자표』 1958년 병음			
1930			1928년 국어 로마자 표기 방안 제정, 1935년 제1차 간화 방안				
1920		1913년 발음 통일 회의, 1918년 최초의 공식 발음 알파벳					
1898	Lu Zhuangzhang 및 여타 선구자가 제안한 새로운 문자						

DeFrancis(1950: 129)는 민족주의 운동의 역할이 중요함을 인식하면서 중국의 문자 개혁, 특별히 로마자 표기는 언어적이기보다는 순전히 정치적인 쟁점이라고 말함으로써 민족주의와 문자 개혁의 내재적 관계를 강조했다. 비록 이 진술이 PRC 이전의 중국 역사에 기초하여 작성되긴 했지만 그의 예측적 주장은 이후의 중국 언어 개혁에서 전개된 여러 상황으로 뒷받침된다. 민족주의는 표면에 등장하기 쉽고, 국가가 강화되거나 외국 세력의 위협을 받을 때 전 국민이 급진적으로 행동하도록 자극하는 경향을 보인다. 오늘날 중국 사회처럼 특정 국민이 의식적으로 애국적일 때 민족주의를 둘러싼 쟁점들은 어떤 개혁 시도에도 역동적인 영향을 계속 미칠 것이다.

한자 문화 옹호론자들은 언어 정책의 변화와 당의 선전 전략을 이용하는 데 성공할 수 있었다. 중국의 문자 현대화는 언제든 뒤집힐 수 있는, 길고 고된 과정임을 일깨워 준다. 현 상황은 아무도 만족시키지 못하는 듯 보인다. 문자 체계를 둘러싼 쟁점들이 해결되지 않고 중국의 사회정치적 상황이 그대로 남아 있는 한, 여러 정치적 요인, 특별히 민족주의가 이 논쟁에 다시 불을 붙일 수도 있다는 점은 조심스럽게 예측할 수 있다.

3장

디지털 사회로 가기 위한
새로운 시험대:

컴퓨터 시대의 한자

1. 도입

이전 장에선 한자 간화를 위한 계획 과정에 집중함으로써 문자 개혁의 발전 궤적을 개괄적으로 제시하였다. 이러한 역사에 대한 성찰은 영향력 있는 외부 요인과 미래의 한자 발전 간 관계에 대한 탐구의 배경과 맥락을 제공한다. 이 맥락적 자료는 한자 발전의 현재 문제를 이해하기 위한 기초를 제공할 뿐 아니라 향후 언어 계획이 채택할 수도 있는 방향 또한 정초해야 한다. 이 장에선 우선 컴퓨터가 한자를 어떻게 처리하는지를 살펴보며, 한자가 현대의 컴퓨터 기술과 어떻게 충돌하는지를 보여준다.

이 장에선 두 가지 주요 쟁점을 다루고 두 가지 핵심 개념인 重码와 乱码에 초점을 맞춘다. 이 두 가지 성가신 현상을 붙들고 씨름하는 것은 모든 중국어 컴퓨터 사용자한테는 일상의 문제이며 중국 정보 처리 전문가한테는 계속되는 도전이었다. 重码가 한자 입력과 관련한다면 乱码는 한자가 다른 플랫폼에 표시되거나 한자로 둘러싸인 정보가 국제 통신망을 통해 전송돼 시야에 들어올 때 발생한다. 이 두 가지 사안은 중국 문자의 전산화를 괴롭히는 두 종류의 문제를 나타내는데, 첫째는 한자를 효과적으로 컴퓨터로 전달하는 방법과 디지털 환경에서 이 전산화된 한자를 신뢰를 갖고 읽을 수 있도록 표시하는 방법이고, 둘째는 한자를 안정적으로 인코딩하고 그렇게 인코딩된 한자를 디코딩하는 방법이다. 이하의 첫 번째 부분에선 첫 번째 문제의 취급 방식과 관련한 기본적인 배경지식을 제공하고,

두 번째 부분에선 정보 디지털화의 기본 원칙과 중국어 온라인 정보를 다룰 때의 몇몇 실질적인 문제를 포함하는 두 번째 문제를 다룬다. 컴퓨터 매개 언어에 국경 따윈 없기 때문에 동아시아의 한자 사용 정체에서 발생하는 한자 인코딩 세트의 국제 표준과 관련한 문제도 간단히 논의한다.

2. 디지털 사회의 문제에 대처하기

현대 워드프로세서는 원래 서구에서 작성된 알파벳 문자를 처리할 목적으로 고안돼 언어처리에 효율성을 가져다 준 데 반해 중국 한자는 비인간적인 기계적 맥락에서 그것의 비효율성 탓에 오랫동안 주목받아 왔다. 디지털 시대에 이르러 컴퓨터나 통신망이 널리 보급되면서 중국 문자의 부족함은 더욱더 크게 부각됐다. 이 절에선 한자 사용자들이 자신의 문자 체계를 기술에 맞게 조정하는 과정에서 직면해 온 곤란함의 유형과 한자의 기계적 결함을 극복하기 위해 얼마나 다양한 방법을 시도해 왔는지를 살펴본다. 한자 전산화 종사자들이 직면하고 있는 진퇴양난의 상황을 이해하기 위해서는 반드시 이 두 가지 기본 개념, 곧 重码(제3장, 2.2.1 참조)와 乱码(제3장 3.1장 참조)을 파악해야 한다. 간단히 말해서 전자(문자 그대로 중복된 코드를 의미함)는 컴퓨터에 한자를 입력했을 때 성운학적으로든 표의문자적으로든 한자가 동음이의어적으로 발생하는 것을, 후자(문자 그대로 어지럽고 지저분한 코드를 의미함)는 중국어 인터넷 사용자가 국제 통신을 통해 전송된 중국어 정보를 보고 표시하려고 할 때 자주 맞닥뜨리게 되는 것으로서 이해할 수 없이 횡설수설하는 것을 말한다.

2.1 중국 문자의 기계 응용 프로그램

현대화를 향한 한자의 진보는 기계화와 전산화라는 두 개의 역사적 시기로 나눌 수 있다. 그러나 이 두 시기 모두에 직면한 어려움은 기본적으로 그 특성상 동일했다. 현재 중국인들이 컴퓨터에서 한자를 처리하면서 씨름하려는 문제들은 한자 타자기 고안자들이 해결하지 못한 채 남겨 놓은 것들과 유사하다. 따라서 전산화에 대한 검토의 시작은 그것이 어떤 것이라도 중국어 타자기가 설계될 때 어떤 작업이 이뤄졌는지를 살펴보는 것으로 이뤄져야 한다.

2.1.1 기계적 처리

19세기 유럽식 타자기typing machines의 도입은 중국 지식인들이 기계적 재생산에 적합한 한자를 만들도록 영감을 불어 넣었고, 중국식 타자기를 고안하려는 이러한 노력, 대부분 개인적 차원에서 이뤄졌던 그 노력은 컴퓨터 기술이 도래할 때까지 계속됐다. 기계적 처리가 가능한 문자를 만들려는 끈질긴 시도가 타진하지 않은 채 남겨 놓은 가능성은 아무것도 없었다. 하지만 낳은 건 보잘것없는 결과

뿐이었다. 타자에 널리 사용되는 몇몇 접근법은 다음을 포함한다.

- **전체 글자 입력** 전통적인 인쇄 기술에서 파생한 매우 원
  시적이고 직접적인 방법이라 오직 고도로 훈련된 운용자
  만 크고 어색한 쟁반에 배열된 수천 개의 문자 중에서 필
  요한 문자를 적절한 속도로 선택할 수 있다. 장치의 물리
  적 치수가 운용자한테 시각적 및 운동적 장애를 일으키는
  탓에 입력 속도가 크게 감소하는 것은 분명하다.

- **전보**_telegraphy_ **방법** 중국어 전문telegrams 電文의 송수
  신 원리에 기반을 둔 것이다. 그 원리는 미국인 Samuel
  Morse(1791~1872)의 기발한 발명이었으며, 중국에선 1881
  년 채택됐다. 모든 한자에는 전문을 인코딩하는 데 사용
  되는 '4자리 숫자'가 할당됐고, 0001에서 9999에 이르는
  참조 숫자에 연결되어mapped on 일반 용도에 필요한 숫자
  에 대해 최대 10,000자까지 수용할 수 있었다. 운용자가
  특정 문자를 입력하려고 할 땐 문자들이 임의의 4자리 아
  라비아 숫자로 제시돼 있는 코드 변환책에서 찾아보며 문
  자를 선택했다. 선택의 가속화를 위해 운용자는 특정 한
  자와 관련한 숫자를 가능한 한 많이 외워야 한다. 이것이
  더 광범위한 사용을 막는 주된 이유다.

- **사각**(4코너) **시스템** 이 방법은 현대 사전 편찬가인 Wang
  Yunwu가 고안한 것이다. 한자는 정방형의 모양을 하고 있
  으며, 문자의 획순이나 네 모서리의 모양으로 표현되는

정보는 문자를 구별하기에 충분할 정도로 특이하다. 문자를 나타내기 위해 획 구성을 0에서 9까지 숫자로 표시되는 10가지 유형으로 나누고, 문자의 네 모서리에 할당된 4자리 숫자로 문자를 식별한다. 이 시스템의 단점은 중복 숫자가 너무 많고 "규칙도 많은데 그것들엔 예외도 너무 많다"는 것이다(Yin and Rohsenow 1997: 249). 선택의 필요성은 문자당 한 번의 키 입력이란 이상ideal을 방해하면서 빠른 입력이 이뤄지지 못하도록 막는다.

이러한 기계적 선택의 문제를 전산화는 단지 부분적으로 완화하기만 할 뿐이기에 새로운 갈등 또한 발생한다.

2.1.2 다양한 층위에서 벌어지는 문자와 컴퓨터 사이의 충돌

넓은 의미에서 정보화 시대에 한자가 통신 기술과 충돌하는 층위에는 두 가지가 있다. 한편으로는 직접적 충돌, 곧 컴퓨터상의 문자 입력과 관련한 '기계적' 어려움을 가리키는 것이 있고, 다른 한편으로는 간접적이지만 더 근본적인 충돌, 곧 중국어 인공지능과 중국어 정보 처리를 수반하는 것이 있다.

- **인공 지능**(AI) [Artificial Intelligence] 보통 자동 기계 번역이라고도 하며, 문장 구조의 통사적 분석에 기초한 자연 언어에 대한 이해를 말한다. 곧 AI는 자연 상태에서 언어를

분석·이해·생산하는 자동 또는 반자동 시스템을 개발하는 것과 관련한다. 문맥 내의 단어 기능 정보는 우리의 일상적 사용에서든 아니면 그것을 시뮬레이션하려는 어떠한 시도에서든 언어 처리엔 필수적이다. 언어학자들은 알겠지만 중국어는 유형학적으로 분석적 언어이기 때문에 굴절어에서 그런 것처럼 중국어 단어들 사이의 기능적 차이를 구별할 수 있는 체계적 표기가 대개는 없다. 이를 더 복잡하게 만드는 것은 실행 텍스트로 작성된 문자가 단어 경계를 위한 공간을 남기지 않는다는 점이다. 현대 중국어에서 의미 단위가 단일한 문자일 뿐인 경우는 무척 드물다. 오히려 그 단위는 더욱 긴 청크chunk [특정 의미를 갖는 말 덩어리], 복합적인 다문자 단위, 성구成句, 심지어는 완전한 문장인 경우가 훨씬 더 많다. 이는 자연 텍스트 분석에 큰 문제를 제기한다. 왜냐하면 단어 또는 단어 분할을 식별하는 것은 기계가 자연 언어를 읽고 이해하는 첫 번째이자 중요한 단계이기 때문이다.

• **중국어 정보 처리**(CIP) [Chinese Information Processing] AI의 일부이긴 하지만 엄격한 의미에선 AI보다 더 낮은 층위에 있는 것이다. 때때로 중국어의 전산언어학과 바꿔 사용되기도 하며, 주로 정보 검색(IR) [Information Retrieval]을 가리킨다. IR은 자동화된 정보 저장 시스템으로서 워드프로세싱과 다양한 컴퓨터 보조 전문가 시스템을 포함하는데, 그것들엔 키워드 검색·콘텐츠 실체화substantiation와 분석·제목 연결threading·자동 추상화 및 색인화로도 알려져 있

는 범주화 같은 것이 있다. 현대적 정보 처리 시스템이 서구에서 유래했기에 그것들 모두는 알파벳 순서에 근거하고 있는 데 반해 중국의 전통적 부수 체계는 정보 추출을 목적으로 하는 인간과 기계 둘 다한테 더 복잡하고 시간이 더 많이 드는 방법인 듯 보인다. 현 상황에서 데이터 순서의 색인화가 구조적 요소에 따라 이뤄져야 하는지 아니면 병음에 따라 이뤄져야 하는지와 같은 기본적 쟁점들은 아직 충분히 다뤄지지 않은 문제로 남아 있다. 대체로 사람들은 도서관과 그 밖의 정보 집약적인 산업에서 다수의 상이한 분류 체계가 채택되고 있음을 발견할 수 있을 것이다. 이 문제는 제4장 2.4에서 다룬다.

이 두 가지 컴퓨터 응용 프로그램을 간략하게 설명하는 목적은 데이터 입력이 중국어 전산화의 첫 단계인데도 중국어 기계 자동화를 둘러싼 쟁점 전체는 컴퓨터에 한자를 입력하기 위한 매우 효율적인 인코딩 시스템을 설계하는 것 훨씬 더 너머에 있다는 것을 강조하려는 데 있다. AI와 CIP는 수십 년 동안 중국 IT 산업의 주요 기술 벤처 사업이었지만 관련 기업들은 보편적으로 수용 가능한 어떠한 해결책도 아직 내놓지 못하고 있다.

2.1.3 컴퓨터상의 문자 입력

표음문자 체계는 언어의 인코딩을 위해 상대적으로 적은 수의 기본 단위를 활용한다. 중국어엔 키보드를 통한 텍스트 입력 기준으로 사용할 단위(또는 문자)의 집합이 명확히 정의돼 있지 않아 전자 화면에서 직접 텍스트를 생성할 수 없다. 따라서 한자를 전사轉寫, transcribe하고 컴퓨터에 접속 가능한 상태로 만들려면 반드시 인코딩-디코딩 과정을 완료해야 한다.

컴퓨터상의 중국 문자 입출력 과정이 그림 3-1의 도해로 제시될 경우 중국 문자 처리의 난이도와 복잡성은 박스 2와 4에 나타나게 된다. 내부 코딩 변환을 수반하는 프로세스 5 또한 알파벳 문자와 처리될 때보단 훨씬 더 정교해야 한다. 특정 방안 체계의 질은 그 체계가 박스 2와 4 각각의 특징에서 추출되고 일반화될 수 있는 정보를 얼마나 충분히 활용할 수 있는지에 따라 결정되므로 프로세스 5에서 소비되는 시간을 최소화할 수 있다. 박스 4의 핵심이 되는 기술 문제는 重码(동음이의어)를 어떻게 다루느냐다. 인코딩 규칙이 복잡하면 重码는 어느 정도 감소되지만 비용은 사용자들이 이 체계가 지정한 타이핑 요구 사항을 배우는 데 더 많은 에너지와 시간을 투자해야 한다는 것이 된다. Hannas(1997: 267-268)의 말을 빌리자면 "각각은 훈련 시간, 그리고 정확성이나 속도 사이에서 다소간의 타협적 거래trade-off를 수반한다". 따라서 그것은 '배우긴 쉽지만 사용하긴 어렵다'와 '배우긴 어렵지만 사용하긴 쉽다' 사이의 균형을 이루는 문제인데, 이것은 표음문자의 입력 방안phonographic input scheme을 설계하는 모든 이가 직면하고 있는 딜레마인 것이다.

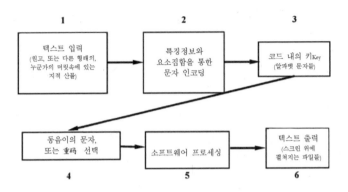

그림 3-1. 음성 기반 한자 전산화 체계의 기능 프로세스

한자는 형태를 나타내기 위해 채택될 수 있는 무한한 잠재력이 그 구조에 있다는 것을 특징으로 하는데, 이것이 지난 20년 동안 수많은 입력 방안이 고안된 주된 이유라고 생각된다. 대체로 한자의 구조적 짜임새에서 드러나 보이는 정보는 음성 문자열에서 그런 것보다 한층 더 풍부하기 때문에 문자 기반 입력 방안이 음성에 기반을 둔 것보다 더 많다. Mair(1991)가 지적했듯이 일부 입력 방안은 부건에 따라 한자를 분해하고, 다른 방안은 한자의 모서리에 있는 획의 유형에 따라 한자를 식별할 수도 있다. 또 다른 방안은 문자를 구성하는 획의 일부 또는 전부를 순차적으로 컴퓨터에 입력하기도 한다. 그 결과 1970년대 중반부터는 각계각층의 중국인들이 문자 부호

화 체계encoding schemes를 고안하는 데 엄청난 열정을 보여 왔다.

　1978년 7월 19일 『문회보』Wenhui Bao Daily(상하이) [《文汇报》, 『文滙報』] 1
면에 보도된 Zhi Binglin의 한자 전산화 계획은 중국 내에서 개발된
최초의 한자 입력 방안이었다(중국인과 중국 밖의 외국인 모두가 고안한 것은
훨씬 이전에 만들어졌다.) 문화대혁명이 종식된 지 불과 1년 만인 1978년,
칭다오에서 열린 제1회 전국한자입력방안 심포지엄에선 이상한 방
안 30여 건만 보고됐다. 그 이후로 본토만 해도 수천 개의 방안이 발
명·공개됐으며, 그것들 중 100개 이상이 소프트웨어 제품에서 발견
될 수 있다. 대부분의 중국 컴퓨터엔 컴퓨터 생산자나 판매업자가
제공하는 다양한 사전 설치preinstalled 한자 입력 프로그램이 있다. 현
재까지 얼마나 많은 입력 방안이 고안됐는지에 대한 정확한 통계는
없지만 사람들은 대체로 거의 격주마다 새로운 것이 생겨난다고 믿
고 있다(Mair 1991; Zhou 2001b). 1980년대부터 1990년대까지 때때로는
50만 명 이상이 입력 계획을 짜는 데 참여했고,[1] TV 뉴스를 통해 한
자 인코딩·디코딩을 위한 최신 방안과 관련한 기자단 브리핑을 시
청하는 것은 당시 중국 사회의 생활상이었다. 이는 이 문제의 해결
을 위해 엄청난 노력을 기울였음을 입증한다. 하지만 그 해결에 시
간·돈·노력을 쏟아부었는데도 중국은 진정 만족스럽거나 널리 채
택된 방안을 아직 못 보고 있다. 1990년대 중반까지 중국 입력 소프

1　현재 중국 IT 업계에서 일하고 있는 주요 인사들은 모두 원래 입력 소프트웨어 개
　발자였던 것으로 알려져 있다.

트웨어의 경쟁은 더욱 치열해졌고, *Wanma Benteng* (numberless encoding schemes or horses galloping, 무수한 인코딩 방안 또는 말, 말의 급등, 경쟁 중인 말 만 마리 [万马奔腾, 萬馬奔騰 만마분등]) 같은 용어는 말 그대로 국가 시장에서 자신의 입지를 확보하기 위한 개인의 노력을 기술하는 데 사용됐다. Zhang Pu(1997: 6-8)에 따르면 1997년까지 특허국이 받은 336건의 신청 중 159건이 지적 저작권을 인정받았다. 이와는 별개로 소프트웨어 등록 관리 센터도 등록 신청을 받는다. 현재 문자 입력을 원하는 소비자가 선택을 해야만 하는 소프트웨어 시장에서 성공적 경쟁의 역량을 갖추고 있는 시스템은 20개 정도다.

2.2 입력 방안의 세 가지 경향

일반적으로 한자 입력 방법은 키보드 입력이나 비키보드 입력(그림 3-2 참조)으로 범주화될 수 있으며, 그림 3-3과 같이 키보드 입력엔 두 경향streams(표음적, 표의적)이 있다. 대부분의 표음적 입력 방식은 한자를 다른 문자로 옮기기transliterate 위해 병음을 사용한다. [이후 transliterate는 '전자(轉字)하다'로, transliteration은 '전자'로 옮긴다. 표준국어대사전의 의미와 많이 다르긴 하지만 의미의 전용(轉用)을 통해 맥락에 적합한 번역어를 고안, 번역의 전반적 편의성을 높이려 한다.] 그러나 중국 정부가 1905년에 도입한 획 기반 알파벳 전자轉字 시스템인 주음(또는 Bopomofo [注音符號 주음부호]) 방안은 물론 개별적으로 고안된 알파벳 시스템도 있다. 비병음 방안은 일반적으로 하드웨어의 일부인 특정 키보드나 변경된 국제 키보드와 함께 제공된다. 국제 표준(이를테면 QWERTY) 키보드의 사용은 병음 기반 시스템의 가장 매력적인 측면이다. 증가하는 관심과 시장성과는 중국 문자를 화면에 표시하는 가장 편리하고 자연스러운 방법이 발음으로 입력하는 것임을 보여준다.

표의문자 또는 한자 기반 시스템의 불편한 점은 중국어 특유의 키보드를 사용해야 한다는 것, 또 다른 단점은 전통적인 획과 부수·부건 체계의 통일된 표준이 없기 때문에 이것들을 나타내도록 고안된 키보드가 매우 상이하다는 것이다. 한자 기반 알파벳 방안에 국제 표준 키보드를 사용할 수는 있지만 획이나 부건을 어떻게 문자로 표현해야 하는지에 대해서는 여전히 공감대 형성이 이뤄지지 않고 있다. 예컨대 물리적 유사성 때문에 口를 나타내기 위해 D나 O를 사용하기도 하지만 일부 여타 방안은 만다린 중국어로 Kou로 발음되는 口를 나타내기 위해 K를 채용한 음성 관계를 사용할 수도 있다.

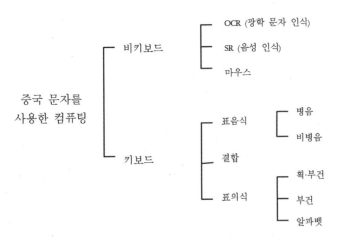

그림 3-2. 중국 문자를 사용한 컴퓨팅

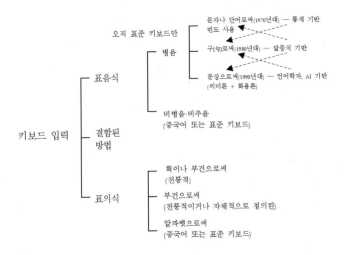

그림 3-3. 키보드 입력 방안의 분류 체계

2.2.1 주류 방안: 알파벳 또는 표음 기반 방법

다수의 알파벳 또는 키보드 기반의 소프트웨어 패키지엔 한자가 공식 병음을 사용하여 표음적으로 인코딩되며, 변형된 병음 또는 기타 개별적으로 고안된 표음 시스템이 포함된다. 표음 기반 입력 방법의 가장 좋은 특징은 인간 언어에 대한 친밀감이다. 따라서 병음에 대한 지식을 어느 정도 가지고 있는 보통화 화자는 특별한 훈련 없이 그것을 쉽게 사용할 수 있다. 그러나 동음이의어나 重码, 보통화 요건, 희귀자는 알파벳 기반 방안에 대해 치명적인 세 가지 약점이다.

2.2.1.1 동음이의어

표음 기반 시스템에서 거의 해결 불가능한 장애물은 이른 바 重码 위기다. 앞서 말했듯이 重码 또는 동음이의 한자는 표음적으로 음절을 입력할 때 올바른 문자와 함께 화면에 자주 나타나는 불필요한 문자다. 이는 중국어에 형태소 단위(한자)는 매우 많은 데 비해 표음 체계에 사용할 수 있는 음절은 부족하기 때문이다. 영어 사용자 한테 적합한 예는 "right, rite, write, Wright"를 구별하는 것이 될 수도 있다. 알파벳 언어용 워드프로세서가 키보드 입력이 아닌 음성 입력을 받도록 설계된 경우엔 음성적 맥락에서 듣는 단어를 정확하게 식별해야 한다. 예컨대 마이크로소프트사[이하 MS사]에서 중국어 사용자를 위해 개발한 표음 기반 입력 방안인 Microsoft pinyin 2.0에서 赵 (zhao)를 입력하면 단음절 동음이의 重码 53개가 화면에 뜨는데(그림 3-4

의 패널 막대 참조), 다음절 단어나 구는 포함돼 있지 않다. 重码의 잦은 방해에 따른 낮은 정확도로 말미암아 알파벳 기반 방안을 향한 사용자들의 열정은 꺾여 버렸다. 이와 비슷하게 구조화된 문자 또한 표의적 입력 시스템에 동음이의 重码를 초래하지만 표음 입력 방식에서 그런 것만큼 심각해 보이진 않는다.

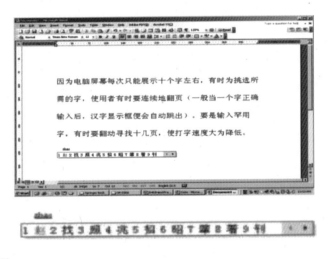

zhao

1 赵	2 找	3 照	4 兆	5 招	6 昭	7 肇	8 着	9 钊	◁	▶

그림 3-4. 컴퓨터 유형 중국어 텍스트의 예시 샘플

[패널 막대 확대 및 글자 첨가]

언어적으로 중국어 음성 시스템은 현대 중국어에서 무려 3,000자나 되는 거대한 한자 체계를 나타내기 위해 400개 이상의 비성조적 소리를 사용한다. 이론적으로 사성을 고려하지 않는다면(대부분의 입

력 방안은 비성조적이다), 한 음절은 최소 7.5개의 동음이의 문자를 나타
내야 한다. shi, yi, ji 같은 일부 철자는 어떤 방안에선 수백 가지의 대
체물을 만들어 낼 것이다. 대체로 화면은 한 번에 약 10자 정도만 표
시할 수 있기 때문에 원하는 사용자는 검색해서 옳은 문자를 고를
때까지 화면에 표시되는 페이지(보통은 유효한 음절이 입력될 때 동음이의 문
자를 표시하기 위해 화면에 나타나는 막대[그림 3-4에 보이는 것])를 넘기기 위한
스크롤질을 계속 해야 한다. 거의 사용되지 않는 일부 문자의 경우
약 10페이지를 검색해야 할 수도 있어(Gu 2000: 30) 타이핑 속도는 현
저히 떨어진다. [밑줄 원저]

  이전 단락에서 밑줄 쳐 놓은 부분의 중국어 번역을 Windows 98
이상 대부분의 컴퓨터 시스템에 사전 설치돼 있을 정도로 인기가 있
는 'Microsoft pinyin' 입력 방법을 사용하여 타이핑했을 때 그 시스
템의 숙련된 사용자인 제1 저자의 경우 9분이 걸렸다. 대부분의 시
간은 동음이의 문자를 수정하는 데 사용됐으며, 관련 단어 수는 17
개였다. 입력 속도는 분당 9.2자로서, 이는 평균 타이피스트의 분당
50 단어보다 훨씬 느린 것이다(Wu and Ding 1992 : 3).

  Zhang Zirong and Chu Min(2002: 17-18)의 연구는 자연어 사용의
重码 문제를 강조했다. 그들의 통계에 따르면 『현대한어사전』*Modern*
*Chinese Dictionary*의 최신판엔 동음이의자homophonous characters 1,036개가
있고, 『인민일보』의 250만 자 말뭉치에서 단음절 단어로 한 번 이상
사용된 것은 1,036개의 동음이의어homophonies를 구성하는 688개 글
자에 지나지 않지만 이 동음이의어 1,036개 중에서 많이 사용되는

문자는 상당히 제한적이다. 예를 들어 'shi'라고 말하면 거의 100개의 문자가 표시될 수 있지만 가장 많이 사용되는 '是'(shi, to be: is/are)가 요구될 가능성은 그 밖의 다른 어떤 문자가 그려질 가능성보다 한층 더 높다. 가장 많이 사용되는 180자가 발생의 95% 이상을 차지하는 반면 오직 42자만 더 적게 사용된다. 이 42자는 자연어에서 실제 자소-음소 변환에 문제를 일으킬 가능성이 가장 높은 것들이다. 이것들을 이론적이면서도 실천적으로 만족스럽게 처리할 수 있다면 동음이의어 오류가 75%로 감소하여 그로 말미암는 重碼 현상이 현저히 약화할 것이다. 좀 더 일반적인 층위에서 『현대 중국어 사전』에는 580개의 단어가 동음이의적인 것으로 밝혀졌지만 『인민일보』의 250만 자 말뭉치에선 170개의 단어만 발견됐으며, 단지 48개의 높은 빈도(95% 이상)를 보이는 단어만 구별돼야 했다. Zhang and Chu의 방안을 사용함으로써 자소-음소 변환 오류율이 1,000자당 8.8자에서 1,000자당 4.4자로 감소했다. 그들의 결정적인 주장은 이 방안이 대부분의 시스템에 대한 평균 용량으로 예상할 수 있는 표음적 입력과 문자 출력 간의 변환에서 동음이의어 오류에 대해 가능한 한 최대치의 발생률을 설정해야 한다는 것이다.

표음 방안 사용자들한테 발생하는 또 다른 번거로운 부담은 개인이 자기 고유의 사적인 알파벳 시스템을 개발했다는 것이다. 비록 정부 기관들이 공식적으로 승인된 병음 제도를 고수할 것을 모든 사람한테 거듭 촉구했지만 컴퓨터 지향적인 로마자표기를 도입한 새로운 방안이 수도 없이 만들어졌으며, 그 대부분은 교육받은 호사가

educated dilettantes와 아마추어의 손으로 이뤄졌다. 혹자는 그들의 시스템이 동음이의 코딩을 최소 수준으로 줄였다고 주장했지만 사용자가 새로 고안된 방법의 철자 규칙에 익숙하지 않다는 것은 자신의 시간과 에너지를 훈련하는 데 써야 한다는 것을 의미하고, 이는 그 시스템들을 양과 질 두 가지 측면 모두에서 위태롭게 한다.

2.2.1.2 병음 및 보통화와 관련한 추가 지식

표음법의 기본 요건은 한자를 틀림없고 정확하게 읽어 그 철자를 쓸 수 있어야 한다는 것이다. 중국 14억 인구의 30%가 다양한 방언 변이형의 화자로서(Hannas 1997:373-4), 보통 사투리 화자는 정확한 표음적 입력을 제공하는 데 문제를 겪는다. 만다린어 화자의 경우 모든 이가 병음을 입력 방법으로 사용할 수 있는 것은 아닌데, 그 이유엔 1) 병음과 관련한 충분한 기능적 지식을 갖고 있지 못하고 또(는) and/or 2) 단어 구분에 필요한 올바른 철자법을 모르는 경우가 있다. 전국 대규모 사회언어학적 조사(제6장 3.3.3참조)에는 전체 인구의 68%가 "병음"을 사용할 수 있는 것으로 나타났다. Rohsenow(2001 : 136)는 이 상황을 두고 다음과 같이 간단하게 설명한다.

대다수 주민이 충분한 국어 교육을 받고, 표준 발음 또(는) 단어의 표준 한어 병음 철자법에 충분히 익숙해질 때까지 한어병음 입력 시스템의 대중적 수용은 요원해 보인다.

그러나 Mair(1991: 7)는 컴퓨터 입력이 알파벳 문해력 확산에 도움을 줬다고 주장한다. "2년 동안 표음적 입력 방식에 의존한 뒤에 사용자들은 로마자 표기가 정말로 자신의 언어를 충실하게 표현한다는 생각에 점차 편안해진다". 병음이 입력 시스템을 대중화하는 데 역할을 한다는, 이 같은 주장은 온라인 설문 조사 결과로 강력하게 뒷받침된다.[2] "병음 기반 입력 시스템을 사용한다면 병음에 대한 지식은 어떻게 얻었는가?"라는 질문에 대한 답변에서 104명의 응답자 중 오직 6명만 타이핑을 목적으로 한 병음 학습에 시간을 써야만 했다고 대답한 반면 대부분의 사람들(104명 중 77명)은 학교를 통해 얻은 병음 지식을 사용했다고 답했다. 흥미롭게도 17명의 응답자는 병음 기술이 타이핑 연습을 통해 자동적으로 획득될 수 있다고 말했다.

2.2.1.3 거의 사용되지 않는 문자의 철자에 대한 무능

표의적 입력 방안의 가장 매력적인 점은 프로그램된 데이터 뱅크에 저장된 모든 부호를 체계적으로 분류하기만 하면 처리할

---

2   제1 저자는 2003년 1월 10일부터 2004년 1월 10일까지 시드니 대학교 Arts IT Unit의 지원을 받아 소규모의 온라인 설문 조사를 실시했다. 조사를 통해 문자 전산 가능화character computability의 측면에서 중국 인터넷 사용자들이 직면하는 문제와 한자는 어느 정도까지 중국어가 국제 통신망과 전자우편을 통해 공개된 정보에 접근하지 못하게 하는 지연 요인으로 작용하는지에 대한 실증적 증거를 확보했다. 600통 이상의 이메일이 중국 밖에 거주하는 중국인 인터넷 사용자들한테 전송됐다. 그것엔 [중국] 문자의 전산 가능화 및 전산화와 관련한 12개의 객관식 문제가 실려 있는 설문지가 첨부됐다. 유효한 회신 설문지 78개에다가 출력된 답변 자료 38개가 수집됐다.

수 있다는 데 있다. Wang Shiyao(2000: 217-218)는 "문자는 시각적 코드
이기 때문에 문자를 입력하는 이상적 방법은 시각적 수단으로 이뤄
져야 한다. 이는 세계적으로 어떤 문자도 음성적 수단으로 컴퓨터에
입력되고 있지 않다는 사실에서 알 수 있다"고 주장한다. 표의적 방
법의 설계자와 지지자는 거의 사용되지 않는 문자를 처리할 수 없다
는 이유로 표음적 방안을 비판한다. 그리고 이 같은 표음적 방안이 중
국어로 가용한 모든 문자를 생산할 수 없다면 그것은 결코 이상적인
것으로 여겨지지 않을 것이다.

2.2.2 비주류 방안

비주류 방안에는 표의적 입력 접근법과 비키보드 접근법
이 포함된다. 전자는 한자의 구조적 요소(보통 획과 부건)를 인코딩하여
문자들을 문자 그대로 재현하는 것을 일컬으며, 문자 입력 프로그램
개발의 초기 단계엔 지배적 접근이었다. 1990년대 중반까지만 해도
한자 입력 방식의 전형이었을 뿐 아니라 전문 타이피스트의 입력 속
도가 빠르기로도 유명했던 Wang Ma 시스템이 전체 입력 소프트웨
어 시장의 70%를 차지했다(Zhang 1993: 37). 그러나 현재 전문 타이핑은
일몰 산업인데, 도시적 전문가가 컴퓨터를 더 많이 이용하고 있기 때
문이다. 이러한 분위기에서 한자 기반의 접근법은 점차 일반 컴퓨터
사용자들 사이에서 지배적인 위치를 상실해 갔다. 언젠가 수용의 폭
이 엄청나게 커질 가능성이 있긴 해도 비키보드 접근법은, 이하에서

보게 될 것처럼, 가까운 장래의 실천적 선택지가 아니다.

2.2.2.1 표의 기반 방법

일반적으로 한자 입력 방안 설계자는 부건을 문자 입력에 사용하는 대신 기술적 편의를 위한 분석 단위로 사용한다(부건 기반 방안은 단지 프로그램 개발 초기 단계에서만 볼 수 있었다). 인지 부조화는 IT산업이 기술적 편의성 기반의 문자 입력을 설계하기 때문에 발생하는데, 그 편의성은 문자 구조 및 필순과 관련한 교육적 관례와는 상반하는 것이다. 국가가 한자의 분석 및 해체 방법에 국가표준을 부과하고 이 표준이 전국의 학교에서 엄격하게 준수되고 있긴 하지만 대체로 소프트웨어 설계자한테선 무시당하는 경우가 많다. 한자 기반 방안이 더 널리 사용되지 못하도록 하는 또 다른 결정적인 단점은 사용자로 하여금 더 많은 노력을 기울이도록 한다는 데 있으며, 이는 사용자가 타이핑을 하는 동안 그 구조를 계속해서 분석해야 하기 때문이다. 정신적 창조 과정이 중단되면 사고 흐름은 깨지고 집중력과 타자 속도가 떨어져 한자 방안은 주로 전문 타이피스트한테 국한된다.

결합된 방안은 한자를 정의하기 위해 표음 및 표의 정보를 사용한다. 그것은 의미 정보를 나타내기 위해 획을 그어 동음이의어를 구별하려 시도한다. 이 방법은 주의를 덜 산만하게 하기 때문에 많은 시간, 곧 이 방법을 쓰지 않을 경우 타이핑 동안 동음이의어의 구별에 허비될 만큼의 시간을 절약할 수 있도록 해 준다.

표 3-1은 두 가지 주요 인코딩 방안의 강점과 약점을 비교한다.

표 3-1. 두 입력 경향의 장단점

특징	문자 기반 방안	알파벳 기반 방안
속도	타자 기술이 좌우	타자 기술은 거의 무관
선천성	중국인 눈엔 더 익숙함 중국인한텐 토착적인 것, 특별히 구세대한텐 수용 가능함	중국인한텐 문화적으로 생경함
필자 친화성	사유 과정에 대한 간섭, 집중력 상실 초래	더 자연스럽고 언어와는 내재적인 관계를 맺고 있음
요구되는 특별훈련	대부분의 방안에서 몇 주 간의 과정 필수, 반면에 망각되기 쉬움	기본적으로 불필요 기술 습득 이후 더 오랫동안 유지
공식 정책에 대한 합치성	대부분 언어 및 교육 당국이 지정해 놓은 표준과 충돌	대부분 공식 표준인 병음 사용 일부는 그 사람들 고유의 알파벳 시스템 고안
재선택 관련	한 번 클릭에 곧바로 문자 획득	여러 동음이의 문자가 후보로 제시되는 패널에서 선택
방언에서 자 유로운 정도	남중국의 방언지역 출신 사람들한테서 가장 큰 환영을 받음	사투리 화자한텐 어려움 발음이 틀려 철자가 틀리면 문자 획득에 실패하기 때문
기술 지속성	상당히 빠른 약화, 일정 기간 동안의 중단 후엔 복기가 힘듦	유지에 용이, 일단 숙달되면 오래 지속
키보드	대부분 특정 키보드 또는 자체 정의 키보드 사용	대부분 국제 표준 키보드 사용

2.2.2.2 비키보드 입력 경향

오직 키보드 입력 방식에 의존하기만 하는 답답한 경험은 사람들이 다른 대안으로 눈을 돌리게 만들었다. 마우스 기반 입력이 어색하고 서툴다는 것이 입증됐기 때문에 IT 업계의 세 가지 비키보드 입력방식(이를테면 읽기, 필기, 스캐닝) 외에 자동 음성인식에 장기적 초점을 맞추고 있다. OCR은 아직 개발 단계에 있지만 소매 시장에 진출하는 유일한 방법이다(그림 3-5 참조).

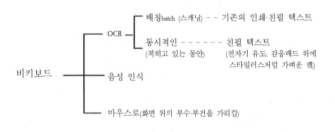

그림 3-5. 비키보드 입력 방안의 분류 체계

OCR엔 스캐닝과 동시 필기, 두 가지 종류가 있다. OCR의 스캐닝 방법은 기존 텍스트 입력을 수반하는데, 이는 스캐너를 사용하는 것과 유사하다. 동시 필기 OCR은 컴퓨터가 계속 진행 중인 패턴인식 일치를 만들도록 요구하며, 손으로 입력한 문자를 컴퓨터에 미리 프로그램돼 있는 매핑된 문자에 동시 비교함으로써, 또 최대치의 구조 유사성을 가진 문자가 발견될 때까지 이뤄진다. 음성 인식 기술이 가까운 장래에 사용될 수 있을 정도의 현실적 기대를 받는 것은 아니기 때문에 OCR은 컴퓨터에 한자를 입력하는 것의 어려움을 극복하는 잠재적 돌파구로서, 사람들의 상상력을 포착했다. 최초로 인쇄된 한자 OCR 방안은 1966년 IBM이 개발한 1000자 방안이었다. 중국의 경우 1970년대 말까진 학자들이 OCR에 대해 어떠한 연구도 시작하지 않았으나 이후 1990년대부턴 마케팅을 시작으로 급속한 연구 개발이 이뤄지고 있다.

다음과 같은 이유로 OCR엔 중국의 한자 처리에 대한 특별한 함의가 있다.

- 방언 화자들은 그것을 환영했다.
- 구세대들은 다양한 이유로 키보드에 익숙하지 않기 때문에(Tompson 1991) 필요한 신체적 기술을 만년에 습득하기엔 너무 늦다.
- 컴퓨터 문맹자와 병음 문맹자는 표음 기반 입력 시스템을 사용할 수 없다.
- 복잡한 한자 기반 입력 시스템을 효과적으로 사용하기 위해 필요한 시간과 에너지는 많은 사용자한테 너무 큰 부담일 수도 있다.
- 타자기가 장기간 사용돼 보통은 대부분의 텍스트가 타이핑되는 서구의 알파벳 원고와 달리 중국어로 된 지적 산물의 상당 부분은 처음엔 친필로 이뤄진다.

여러 가지 현실적인 이유로 시장에선 어떤 결합 입력 시스템이라

도 발견하기가 참 쉽지 않은데, 이는 그 시장이 이견의 여지없이 병
음 기반의 방안에 지배당하고 있기 때문이다.

2.2.3 입력 방안 최적화

1980년대 후반과 1990년대 초반, 입력 소프트웨어 시장의
관리에 대한 정부의 적절한 역할과 관련해 논의가 증가하고 있었다.
Zhou(1986c: 52)는 모든 목적을 위한 보편적 방안을 추려낼 가능성은
사실 없다고, 또 이는 "상이한 서비스엔 상이한 유형의 입력 방안이
필요하기 때문"이라고 주장했다. Hu Shuangbao(1996: 404-405)는 중국
본토의 공통적·전문적 사용자들을 위해 수용된 대안의 집합을 4가지
계획으로 축소해야 한다고 제안했다. 그러나 다음과 같은 현상이 존
재하는 한 이러한 일은 일어날 것 같지 않고 대중 또한 그 대안에 만
족하진 않을 것 같다.

- 방안 선별을 위한 평가 기준에 대해 논쟁이 진행 중이다.
- 학술적·개인적 차원의 입력 프로젝트를 위한 속도 경쟁
  은 이익 단체한테서 지속적인 후원을 받는다.
- 입력 방안의 고안은 여전히 번창하고 역동적인 사업이다.

입력 방안을 위한 일단―團의 평가기준에 대해선 합의가 없지만
고려돼야 할 원칙과 요인엔 다음과 같은 것들이 있어야 한다는 데

대해선 전반적인 동의가 이뤄져 있다.

- **과학성** 입력은 공식 기준에 따라야 하며, 건전한 언어이론에 근거하여 국가 교육정책과 양립해야 한다. 또한 인체공학적 과학과 인간공학적 연구human body engineering science and ergonomics study와 같은 관련 학문 분야의 최신 발전을 바탕으로 고안돼야 한다.

- **사용자 친화성** 특별한 훈련이 필요치 않아야 한다. 만약 필요하다면 그것은 감당할 수 있는 기간 내에 가용될 수 있어야 한다. 작동 원리는 간결하고 일관되고 명확해야 하며, 더 중요한 것은 사용자가 기억을 떠올리는 데 전념하는 것보다는 자연적인 연관성에 따라 타이핑할 수 있도록 해야 한다. 이 시스템은 한자와 중국어 고유의 특징을 이용한다. 전통 문자와 현대 문자는 연령·위치·교육배경 따위에 상관없이 전 주민한테 편리하고 무차별적으로 적용할 수 있는 일관된 규칙을 고수함으로써 동등하게 취급해야 한다.

- **광범위한 용도에서 이뤄지는 응용** 다양한 목적을 가진 사용자들한테 똑같이 유효하다. 일반 주민한테는 전문가한테 필요한 것과는 상당히 다른 속도가 요구된다. 따라서 대부분의 방안은 공통 한자, 이를테면 국가 표준 코드 집합 BSCCSII[*Basic Set of Standard Chinese Characters for Information Interchange*, 『정보 처리 교환용 한자 부호화 문자 집합 기본집』

GB2312-80에 포함돼 있는 6,763자(정확히 말하면 6724자 + 39 부건) 내에서 유효하도록 고안된다. 이상적 방안은 현대 중국어뿐 아니라 고어 및 비중국문자까지 포함할 수 있도록 충분히 많은 수의 문자를 수용해야 한다.

· **높은 효율성** 키 획key strokes을 최대한 적게 사용하는 것으로서, 다시 말해 타이핑 속도를 높일 수 있을 만큼 코딩 길이가 충분히 짧은 것이다. 1990년, Qian Yuzhi은 입력 방안의 효율을 평가하기 위한 공식을 발전시켰다(Feng 1995: 74). 효율성(θ로 표현)은 다음과 같은 세 가지 요인의 최적화다. 'n'가 키보드에 필요한 총 캡 수(대부분은 국제 키보드 상의 26자를 모두 사용), 'l'(문자)가 요구되는 키 획 수(대부분은 4)이고, 'c'가 정적 조건static conditions에서 일어나는 동시 발생coincident occurrence(重码)인 경우, 효율성 $\theta = n \times l \times c$ 가 된다. θ의 최소치는 효율성의 최대치를 의미한다. 그 밖의 영향력 있는 요소 둘은 키보드 디자인과 어휘 DB다.

· **일국성과 국제성** 입력 방안은 주민의 출생지와 방언 사용 여부에 관계없이 전국적으로 동등하게 효력을 발휘해야 한다. 현재 모든 알파벳 기반 방안은 공식 표준 발음, 곧 보통화에 기초하고 있다. 그렇기에 알파벳 기반 방안의 옹호자들이 볼 땐 일국적이지만 문자 기반 방안의 지지자 한테선 국지적으로 편향됐다는 비판을 받고 있다. 아울러 입력 방안은 그 밖의 한자 사용 국가와 화교 커뮤니티에서 사용되는 국제 표준 키보드 및 문자와 호환돼야 한다.

- **일관성** 입력 방안은 학교 언어 교육 방법, 기존의 사전 분
  류 방법 및 검색 시스템에 일치해야 한다. 장기적으로 볼
  때 학교 학생이 좋은 입력 시스템의 가장 큰 수혜자 집단
  이 될 것임엔 틀림이 없다. 여기에 관여될 2억~3억 명 정
  도의 학생들 모두는 더 많은 IT 기술을 습득하기 위한 기
  본 요건인 컴퓨터 타이핑을 배워야 할 것이다.

1990년대 중반 이전, 특별히 1980년대엔 컴퓨터가 고가의 첨단
사무기기였고, 입력 방안이 겨냥한 이용자는 전문 타이피스트와 비
서 및 사무직 직원들로 한정돼 있었기 때문에 (보통은 장기간의 훈련과 친
숙함을 의미하는) 높은 타이핑 속도와 (광범위한 텍스트들의 처리를 위한 큰 문자
DB로서 지니고 있었던) 강력함은 모든 입력 방안 공급 업체의 주요 추구
사항이었다.

지난 10여 년 동안 급진적 경제 발전과 결합된 컴퓨터 기술의 큰
진전은 컴퓨터를 상품으로, 또 도시 가정의 생활필수품 중 하나로
만들었다. 이는 새로운 사용자가 워드 프로세싱 제품을 선택할 때
현실적인 요인, 더 구체적으론 특별한 교육 요구 사항이 없고 우수
한 호환성을 더 많이 강조함에 따라 입력 소프트웨어 개발 전략의
초점을 크게 바꿨다. 끝으로 입력 방안 개발에 대한 20년간의 과열
된 의욕 끝에 사람들은 마침내 문제의 복잡성을 감안할 때 언어과학
측의 투입이 더 이상 없을 경우 현재 달성된 수준 이상의 진전은 있
을 수 없다는 것을 깨달았다. 사실 입력 및 인코딩 관련 쟁점들에 대

해선 우려가 줄어들고 있는 상황이다. 국제 통신 시스템을 통해 문자를 유효하게 전송하는 방법, 더 구체적으론 상이한 응용 프로그램 플랫폼에 이해될 수 있는 방식들로 그 전송을 가능케 하는 방법에 관심이 쏠리고 있기 때문이다. 이는 이메일과 인터넷이 중국어 사용자 삶의 일부가 되면서 더 시급한 문제로 여겨지고 있다.

3. 중국 문자의 인터넷 사용

현재 중국 문자로 작업하는 데 필요한 특수 소프트웨어 또(는) 하드웨어를 갖추기 시작한 컴퓨터는 점점 더 많아지고 있다. 대다수의 사람은 중국어를 세 가지 방법 중 하나로 취급한다. 중국어권에선 대부분의 운영 체제가 중국어로 현지화돼 모든 텍스트 환경은 중국어로 설정돼 있다. 사용자는 내장돼 있는 중국어 폰트로 중국어를 자유롭고 편리하게 입력, 표시할 수 있다. 예컨대 MS사는 새 버전을 출시할 때마다 전통적이고 간화된 중국어 윈도즈를 쓸 수 있게 해놨다. 매일 중국어를 다루는 사람들한테는 이런 시스템이 가장 좋다.

시간이 지남에 따라 해외의 중국 컴퓨터 사용자들이 중국 문자에 접속할 수 있는 또 다른 두 가지 실용적인 방법이 등장했다. 한 가지 접근 방식은 흔히 중국어를 사용할 수 있도록 중국어 폰트와 함께 제공되는 중국어 도우미 프로그램을 다른 언어 운영 체제, 또 워드 프로세서와 인터넷 브라우저 같은 프로그램과 함께 추가하는 것이다. 유니코드를 탑재한 프로그램이 많아지면서 인기가 높아지고 있는 두 번째 접근법은 시스템 자체를 통한 중국어의 직접 처리를 위해 유니코드를 이용한다. 유니코드의 인기가 높아짐에 따라 더 많은 컴퓨터가 다문자 친화적 환경에서 작업할 수 있게 됐으며, 비중국 컴퓨터 사용자가 중국 한자를 입력·표시할 수 있는 잠재적 솔루션을 제공한다. 하지만 이들 시스템 중 어느 것도 완전히 신뢰할 수 있는 것으로는 입증되지 않았고, 보통은 로컬[컴퓨터 사용의 맥락에선 "통신 회선을 통하지 않고 직접 채널을 통하여 컴퓨터와 접속된 상태"를 뜻한다. 출처: 『프라임 영한사전』, 네이버] 시스템에 대해 일으키는 간섭이 자주 발생한다.

한자와 관련한 대부분의 기술 표준이 여전히 '구축 중'이었던 1990년대 초엔 중국 시민 중 오직 소수만 컴퓨터 시설을 보유하고 있었고, 중국어 윈도즈나 특별한 중국어 지원 소프트웨어를 설치하지 않은 채 중국문자로 된 온라인 정보를 처리하는 것은 일반적으로 가능하지 않았다. 중국어 인터넷 사용자가 '문제없는' 방식으로 중국어 정보를 보고 만드는 능력을 개발하기까진 아직 갈 길이 멀지만, 현재 대부분의 중국 컴퓨터 사용자는 때때로 다양한 지원 소프트웨어와 자신의 기술에 의존하긴 해도 큰 문제없이 온라인에서 중국어로 일할 수 있다. 다음은 중국어 웹사이트와 e-메일의 표시 및 디코딩과 관련한 몇 가지 기술적인 문제를 간결하게 논의한 것으로서, 그 목적은 중국문자의 인코딩(입력)과 디코딩(출력) 문제에 대한 통찰력을 제공하는 데 있다.

3.1 중국 문자 인코딩 및 디코딩의 기술적 쟁점

인터넷에서 한자를 다루는 것과 다언어 텍스트에서 한자 인코딩-디코딩 문제를 논의하기 전에 중국어 전산화에 대한 기본적인 이해를 제공하는 것이 도움이 될 수 있다. 컴퓨터는 두 가지 간단한 명령, 곧 Yes 또는 No 아니면 수학 용어로는 일련의 이진수만 받음으로써 작동한다. 프로그래밍된 모든 컴퓨터 데이터는 이진수 체계로 불리는 두 숫자 0과 1로 표현된다. $2^8 = 256$ 비식별 코드는 모든 서양 알파벳 52자(대·소문자 포함), 10개의 아라비아 숫자, 라틴어 문자의 구두점 및 키보드상의 일부 제어 코드를 나타낼 수 있다. 문자에 숫자를 할당하는 과정이 인코딩으로 알려져 있다. 디코딩은 인코딩된 문자의 내부화된 매핑 테이블을 통해 그것을 검색, 화면에 표시하는 과정이다.

알파벳 문자는 다른 소프트웨어와 접속하고 있는 일종의 인터페이스로서 내부 코딩과 외부 교환을 위한 범용 시스템을 사용할 수 있다. 다른 언어의 경우 수백 개의 코드 시스템이 전 세계에서 사용되는 모든 철자법을 인코딩하는 데 사용됐다. 각 언어가 그것만 사용하는 집단의 범위 한도 내에서 작동할 땐 아무런 심각한 문제도 발생하지 않지만 상이한 시스템이 인코딩한 이러한 문자가 동일한 애플리케이션 환경에서 밀접하게 접촉하게 될 때 그것들은 화면상에 이해할 수 없는 텍스트의 덩어리들(亂碼)을 만들어낸다. 중국어 사용자들은 같은 언어를 공유하지만 내부화된 코드 레이블링 시스템

중의 다용도성이 부족한 탓에 의사소통을 할 수 없다. 다용도성이
필요로 하는 것은 공유 문서에 사용되는 코드가 항상 식별돼야만 한
다는 것이다. 그래야 기계가 이 동일한 코드를 인식하고 처리할 수
있기 때문이다. 달리 말하면 보편적 표준에 대한 국가 내 합의가 의
사소통을 용이하게 하는 것이다. 더블 바이트(216 = 65,535)를 사용해
6,763자를 인코딩하는 GB 2312-80의 출시는 중국 내 상이한 소프트
웨어 제조사와 편집자가 사용하는 다양한 개인적 코드 시스템의 자
유방임 상태를 종식했다. 그러나 한자 사용 지역의 각 정부나 대형
IT업계는 무수히 많은 문자 코드를 고안해 냈다. 그 밖의 일부 영향
력 있는 시스템의 목록은 제4장 2.1.1.3에 제시돼 있다. 고립적으로
채택된 표준들의 공존은 모두한테 해로운 영향을 끼치고 정보가 안
정적이고 원활하게 전달되고 상호교환되는 것을 막는다. 제4절, 제7
장, 부록 F에서는 중국의 기술표준과 언어관리 당국이 다양한 내부
표준 문자 세트들을 통일하고 그것들이 국제표준과 호환되도록 만
들기 위해 어떤 과정을 거쳤는지를 살펴본다.

　　현재 중국 문자를 입력하거나 비중국어 윈도즈 컴퓨터에 이메일
메시지를 만들려면 보통은 주요 인코딩 시스템이 미리 설치돼 있는
기존 중국어 소프트웨어의 활성화를 수반한다. 지금 대부분의 윈도
즈(2000과 XP 이후)는 GB 231280, GB 13000.1, Big5 같은 다양한 한자
표준 세트의 가용성과 함께 우수한 내장 중국어 지원 기능을 갖추고
있으며, 적어도 이론적으로 사용자는 국제적으로 중국어 폰트와 입
력 방법에 접근할 수 있다. 지난 몇 년에 걸쳐 문자 세트에 대해 더

많은 일국적·국제적 기술 표준이 시행됨에 따라 시스템의 신뢰성이
크게 향상했다. 답답한 것은 여러 이유로 프로그램이 늘 예상대로
인식하고 반응하는 것은 아니라는 점, 또 외부 세계와 소통할 땐 간
섭이 다반사여서 중국어로 인터넷을 사용하는 것이 알파벳 언어를
사용할 때만큼 즐거운 경험은 아니라는 점이다. 우리는 다음 부분에
서 이 쟁점을 검토한다.

3.2 웹 페이지상의 중국어 정보 디코딩

　　　　과거엔 특별한 프로그램의 설치 없이도 인터넷 익스플로
러, 넷스케이프 네비게이터 같은 윈도즈 웹브라우저가 알아서 한자
를 지원할 수 있었지만 올바른 폰트는 사용자가 선택해야만 했다. 이
는 대체로 정보를 인코딩하는 데 사용되는 폰트에 대해 확신할 수 없
는 경우에 골칫거리와 시행착오 과정을 수반해 매우 실망스러운 경
험이 될 수 있다. 중국 문자의 입력 방법을 담고 있는 MS사의 무료
언어 팩을 포함하여 무료로 다운로드가 가능한 좋은 소프트웨어 폰
트는 많이 있다. 하지만 이들 언어 팩을 설치할 경우 중국어용 브라우
저도 자동으로 설치돼 가끔은 현지 시스템에 지장을 초래할 수 있다.
MS 폰트 외에도 중국어 사용자들은 현재 윈도즈에서 사용할 수 있
는 그 밖의 폰트를 많이 갖고 있다. 이 폰트 중 일부는 사용자가 MS
Outlook에서 중국어로 이메일을 쓸 수 있도록 해 줄 것이다.

　그러나 두드러진 문제는 눈에 들어오는 결과물들의 불안정성, 곧

보통은 乱码라고 알려져 있는 것으로서, 이 경우 문자는 해독되지 않았거나 제대로 모양이 갖춰지지 않은 코드로 표시된다. 이러한 종류의 혼란스러운 코드는 다음의 두 가지 주된 이유로 설명된다. 1) 상이한 한자 내부 코드가 상이한 소프트웨어 또는 인터넷 서버에 사용되고, 2) 중국 문자는 싱글 바이트를 사용하여 프로그램되지만 알파벳 문자는 더블 바이트를 사용한다. 이 둘 중 하나는 왜곡된 문자를 만들어 내어 내용을 알 수 없게 만든다. 그림 3-6은 이러한 乱码 또는 손상된 텍스트 문자열의 몇 가지 예를 제공한다. 처음 두 줄은 *Kongma* (빈 코드 [空码]) 로도 불린다. 乱码의 경우 특수 설계된 (온라인) 프로그램을 사용하는 텍스트의 복구 가능성은 여전히 있지만 空码는 코드화된 정보가 전송 과정에서 완전히 손실됐기 때문에 고칠 수도 없고 되돌릴 수도 없다.

```
*********************.
□□□□□□□□□□□□□□□□□□□□□□□□;
µÚ Ò¼ ½²Ð÷ ÂÛ£-£-£-£-£-£-£-£-£;
üÖØÁË¡£ 1_9_9__(_(丁茄拗杖 ū 贰探□姘 _(;
¡£, or ÖÐ¹ú¸è£º·ÂÂíÉ½¸è£¬ÌðÃÔÔÔ£¬¹ú¸è¡¢Ã·±ßµÄÒ¹»º²»Ò²É.
```

그림 3-6. 손상된 텍스트 문자열의 샘플 그림

    윈도즈에 중국어 글꼴이 설치돼 있는 경우에 한해서 주요 브라우저 두 곳 모두는 한자를 표시할 수 있고 중국 인터넷 사용자web surfers 는 서로 다른 중국어 웹 사이트를 볼 수 있다. 그러나 이것이 발생하

는 경우는 오직 웹 페이지가 정보를 태그하여 브라우저에 문자가 중
국어로 돼 있음을 알릴 경우뿐이다. 그렇지 않으면 브라우저는 Big5
와 같은 코딩 체계가 생성시킨 정보를 GB로 잘못 인식하거나 또는
그 반대의 경우엔 브라우저에 亂碼가 표시된다. 이 경우 사용자는
메인 메뉴의 '보기View'로 이동하여 '문자 집합Character Set'(Netscape에
서), '문자 인코딩Character Encoding'(Mozilla Firefox에서) 또는 '폰츠/인코딩
Fonts/Encoding'(Internet Explorer의 경우 그림 3-7 참조)을 클릭, 수동으로 디코
딩 폰트를 선택해야 한다.

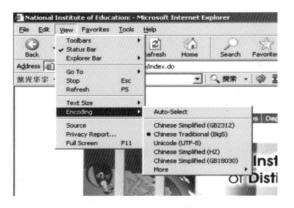

그림 3-7. IE에서 사용 가능한 한자 문자 집합들의 그림 샘플

그 같은 문제는 복잡하다. 정보 인코딩을 위해 사용되는 코드 표
준이 점점 더 많아지는 선택지들에서 명시돼야 하기 때문이다. 현
재 간화된 중국어(GB)나 전통 중국어(Big5)는 여전히 가장 많이 사용

되는 코드다. 후자가 전통 문자를 인코딩하고 타이완·홍콩·그 밖의 중국어 공동체에서 사용되는 반면 GB는 간화자를 인코딩하고 주로 중국 본토와 싱가포르에서 사용되지만 사용되는 인코딩은 목표로 하는 수용자 집단에 따라 다르다. 유니코드는 인기가 높아져 간화자와 전통 한자 모두에 사용할 수 있으며, 많은 웹 사이트들은 이중 코드로, 곧 두 코드 모두에 동일한 정보를 제공한다. 유니코드 시대 이전엔 웹 편집자들이 단일 인코딩 시스템을 사용하여 정보를 코드화하는 것이 표준 관행이었고, 이 정보는 여전히 웹에서 이용할 수 있다. 그렇기에 본토인들이 웹사이트에서 전통 문자로 코딩된 정보를 볼 수 없는 경우와 그 반대의 경우도 드물진 않다. 이 간단한 소개는 윈도즈 브라우저의 작동 방식만 설명할 뿐이다. 매킨토시Macintosh나 유닉스Unix 같은 그 밖의 운영체제 같은 경우 적절한 중국어 폰트를 설치한 뒤라 해도 사용자는 어려움을 겪을지도 모른다.

3.3 비중국어 컴퓨터상의 이메일 사용

중국어로 이메일을 볼 때의 난관과 그것에 대해 가능한 공통의 솔루션은 본질적으로는 인터넷 정보를 취급할 때의 그것들과 동일하다. 1990년대 중반 이전까지 중국 컴퓨터는 영어로 사용되는 정상적 ASCII [American Standard Code for Information Interchange: 미국 정보 교환용 표준 부호, 아스키 코드] 범위를 벗어난 인코딩 메커니즘을 사용했기 때문에 국제 이메일에서 중국어를 사용하는 것은 거의 불가능했다. 컴퓨터 사용자들은 알파벳 언어가 8비트 바이트 단위의 7비트만 사용하며, 8비트 안에 포함된 모든 것은 무시되거나 변경될 수 있다는 것을 알고 있을 것이다. 국제 미디어 네트워크를 통해 8비트의 더블바이트로 인코딩된 한자 정보가 송신되면 그것은 서구의 문자 플랫폼(일반적으로 싱글바이트 영어 윈도즈 환경에서)에서 전 세계적으로 전송되고 읽힌다. 중국어 인코딩을 알파벳 코드와 다르게 만들기 위해 중국 문자 인코딩 편집자는 8번째 비트를 한자를 나타내는 구분 표시로 사용해야 했다. 그러나 중국어에 사용되는 이러한 8비트 바이트는 '&' 기호 ampersand signs [영어의 'and'를 의미하는 앰퍼샌드 기호]와 같은 특수 문자를 만드는 데 사용되는 그 밖의 바이트로 오인될 수 있다. 1990년대 중반 이후 컴퓨터는 중국어를 다룰 수 있는 성능의 측면에서 큰 진전을 이뤘고, 온라인 중국어 정보에 대처할 필요성은 사이버 세계에서 점점 더 큰 국제적 문제가 되고 있다(제7장 4 참조). 이러한 경향은 소프트웨어 개발자들의 관심을 끌었고, 그 결과 다양한 디코딩 도우미와 특수 폰트 소프트웨어가 개발됐다. 이러한 지원 도구의 도움을 받아 본, 경험이 쌓인 중국어 인터넷 사용자가 주요 국제 브라우저를 사용하여 손상된 일부 중국어 텍스트를 성공적으로 보거나 고칠 순 있지만 그 같은 텍스트는 여전히 사람들이 중국 온라인 정보에 접근하는 것을 가로막는 가장 큰 장애물이다.

지금껏 이 문제에 대해 보편적으로 수용 가능한 솔루션은 없으며, 이는 심지어 아주 경험이 많은 사람들한테도 마찬가지다. 교차언어cross-language 컴퓨팅과 소프트웨어 국산화 전문가인 Jack

Dai(1996:24)는 "때때론 가장 노련하고 경험이 풍부한 (소프트웨어) 관리자한테도 예상치 못한 아시아 언어 특유의 몇몇 별난 일이 발생할 수 있다"고 말했다. 기업 비즈니스 커뮤니케이션에서 아시아어의 컴퓨팅 관련 난제를 어떻게 다룰 것인가와 관련한 사례 연구, 그리고 이 사례의 "별나고 기괴하며", "복잡하고 성가신" 상황을 타개해 나가는 과정에서 겪은 "모든 골칫거리 가운데서도 최고의 것"을 언급하며 그는 이렇게 경고한다(25쪽). "지금 이 시점에서도 난 아시아 언어 컴퓨팅의 위태로운 비즈니스에 기반을 둘 수 있다는 가능성에 지금도 땀 흘리고 있다. 내 자신감이 얼마나 높고 내 경험이 얼마나 많이 쌓였다 해도 그건 아무 상관없다." 이 난관을 극복하기 위해 노력한 웹 사이트는 Bluesea(2003)다. 『乱码 완전 수집』*Complete Collection of Luanma*이라는 제목으로 쓰인 장문의 기사엔(telnet//bbs.tsinghua.edu.cn, 또는, hppt://bbs.tsinghua.edu.cn) 乱码를 일으킬 수 있는 24가지 이유의 목록이 있다(22페이지). 저자들은 중국어 인터넷 이용자들을 도우려는 이 같은 선의엔 아무런 소용도 없을 것으로 의심한다. 乱码의 문제가 믿을 수 없을 정도로 너무 복잡한 탓에 컴퓨터 전문가들조차 텍스트를 반쯤 읽은 뒤엔 열의를 잃기 때문이다. 온라인 설문 조사를 통해 얻은 여러 응답자의 경험 중 하나는 다음과 같은 관점을 확증한다.

> 예컨대 똑같은 기계, 똑같은 기계적 조건에서 이메일을 읽을 때 몇몇 문자는 알아볼 수 있고 몇몇은 그렇지 않습니다. 이번에 알아볼 수 없었던 그 글자들을 읽을 수 있었다고

해서 다음번에도 그러리란 건 확신할 수 없습니다. 같은 메
시지라고 해도 말이지요. 어떤 땐 글자들로 된 메시지가 화
면에 보이는 그대로 출력되는 경우도 있고, 다른 땐 그냥 乱
码인 경우도 있습니다. 더 혼란스러운 땐 일부는 乱码, 다른
일부는 알아볼 수 있는 텍스트인 경우입니다.

　전술한 온라인 설문 조사(2002년 실시 [이 장의 각주 2에 언급된 것을 가리키
는 듯하다.]) 결과에서도 응답자 164명 중 사이버 생활에서 오직 한자
에 의존하기만 한다고 답한 사람은 32명에 불과했다. "전반적으로
볼 때 컴퓨터상에서 중국 문자가 수반된 당신의 디지털 서핑 경험을
어떻게 기술하시겠습니까?"라는 질문에 대해선 응답자 114명 중 49
명이 '만족하지 않는다'에, 12명은 '매우 답답하다, 많은 문제가 있
다'에 체크 표시를 했다. 한 응답자는 이렇게 썼다.

　글자 인코딩·디코딩 때문에 생기는 골치 아픈 지연을 피
하려는 제 경험은 이렇습니다. 급한 일 때문에 인터넷으로
누군가한테 연락할 때, 저 끝에 있는 기계에 글자를 처리하
는 소프트웨어 패키지가, 그게 제가 쓰는 것하고 똑같은지
아닌지 하고는 상관없습니다만, 어쨌든 그게 설치돼 있다는
것을 확실히 알고 있을 때에도 가장 확실한 방법은 이메일
을 받는 사람의 영어 능숙도에 따라 영어나 병음을 사용하
는 것입니다.

다행히 현재 대부분의 중국어 인터넷 사용자들은 영어나 병음 둘 중 하나를 알고 있지만 컴퓨터의 급속한 대중화와 컴퓨터 사용 연령의 점진적 하향세에 따라 이러한 상황은 앞으로 바뀔 것이다.

이메일이 세계적 현상이 되면서 Outlook과 Netscape Messenger 같은 일부 이메일 프로그램은 이메일이 작성되고 있는 단계에서 텍스트 본문에 사용되고 있는 적절한 언어를 지정할 수 있는 선택권을 사용자한테 준다. 이리되면 최종 수신자한테 도달했을 때 중국어로 메시지를 열고 읽을 수 있다. 그러나 최종 수신자의 이메일 프로그램이 보낸 사람의 것과 동일하지 않으면 대개 언어 태그를 성공적으로 인식하지 못하기 때문에 이메일 텍스트의 문자 표시도 자동적으로 이뤄지지 않는다. 따라서 최종 사용자는 브라우저의 메인 메뉴에서 디코딩 도우미를 찾아야 할 것이다. 한 번 더 말하지만 브라우저와 이메일 프로그램마다 이 기능을 상이한 방식으로 내장하기 때문에 경험이 많고 자주 사용하는 사람만 빠르고 성공적으로 중국어 메시지를 읽을 수 있다.

3.4 온라인 딜레마 요약

이 논의는 중국어 온라인 정보를 다루는 데 사용되는 몇 가지 기본 원칙과 일반적인 접근법을 간략하게 설명한다. 그러나 컴퓨터 운영체제는 날로 정교해지고 있으며, 특별히 그것을 국제 전자 통신 시스템으로 연결시켜 소통하려고 할 땐 수많은 불안정성 요인이 발생한다. 따라서 더 좋은 성능을 발휘하는 시스템이 있어도 전문가와 대기업 사용자를 괴롭히기 위해 매일 발생하는, 예측 불가의 상황과 기이한 사건은 너무 많다. 간단히 말해 하드웨어·소프트웨어·플랫폼 간에 가능한 모든 요인들의 100% 호환성을 달성하지 않고 또 원래 환경의 중복을 정확하게 하지 않으면, 정보 교환 과정의 어떠한 작은 결함이라도 정보 표시의 실패를 야기할 수 있으며, 종종 비중국어 윈도즈에선 乱码나 총체적 손실의 결과를 낳을 수도 있다. 개인적 차원의 사용자한텐 중국 문자를 작동시키는 문제가 거의 불가능에 가까운 경우가 많으며, 이는 그 사용자한테 중국어 온라인 정보를 볼 수 있는 것은 기회의 문제라는 인상을 남긴다.

디지털로 설계된 언어 환경에서 품질 보증과 시스템 안정성은 한자로 둘러싸인 온라인 정보를 본다는 측면에서 볼 때 손쉬운 웹 검색에 대한 병목 현상이 됐다. 이해 가능 텍스트 획득에 대한 실패율을 보여주는 통계 데이터는 아무것도 가용하지 않다. 중국어가 어떻게 해외의 한자 기반 웹 시민이 효율적으로 온라인 정보에 접속하는 것을 가로막는가에 대한 간명한 온라인 설문 조사(이 장의 주 2 참조)에서 '얼마나 자주 인터넷 정보를 보거나 중국 한자로 된 메시지를 받을 수 있습니까?'에 대한 답변으로, 응답자의 3분의 1 이상이 '좀처럼 없다seldom'(32/114) 또는 '아주 가끔very frequently'(8/114)을 선택했으며, 10명은 '중국어로 읽기를 시도한 적이 아예 없다'를 선택했다.

유니코드의 개발은 컴퓨터 개발사에서 일종의 역사적 분수령을 의미했으며, 그것은 한자 사용 공동체의 공통 문자라는 오랜 영감을 위한 잠재적 플랫폼을 제공한다. 유니코드는 특정 과업을 위해 만들어졌는데, 그 과업이란 곧 단일 숫자 코드 세트를 채택하여 전 세계의 문자들을 디지털 방식으로 수용함으로써 문자의 물리적 복잡성과 관계없이 미래의 모든 컴퓨터에서 식별, 처리, 표시할 수 있게 하는 것이다. 그러나 우리가 제7장의 4와 부록 F에서 보게 되겠지만, 한자를 사용하는 정체政體 전체에 걸쳐 한자 목록을 통합한 초기 성과에도 그 결과는 여전히 만족스럽지 못하다. 첫째, 유니코드엔 그 자체의 기술적 한계가 있다. 둘째, 개발 과정에 수반되는 사회정치적 요소들은 동아시아 사이노그래피sinographs[3] 대부분의 처리가 가능한 통일된 전자적 환경의 획득에 대한 동의를 더 곤란하고 복잡하게 만든다(제7장 4.2 참조).

표준화는 모든 문자에 유니코드를 적용하기 위한 전제 조건이다. 중국 한자의 내부 표준화를 어떻게 달성할 것인가가 다음 장의 주제다.

---

3   Sinography는 Mair(1991: 2)가 동아시아의 한자 파생 표의문자를 총칭하기 위해 만든 단어다. 동아시아 표의 문자, CJK[Chinese-Japanese-Korean]나 한자Han characters는 인코딩 전문가가 중국어 및 중국어 파생 문자, 일본어 칸지Kanji 및 한국어 한자 Hanja를 총칭할 때 사용하는 또 다른 용어들이다. 가끔 개혁 이전의 베트남어가 포함된 경우엔 CJKV[Chinese-Japanese-Korean-Vietnamese]를 쓰기도 한다.

4장

해결책으로서 표준화:
구체적 목적을 위한
다중적 표준

1. 도입

한자 전산화의 기본 원리, 지금껏 이뤄온 진전, 특별히 시 간적으로 검증된 문자 시스템이 어떻게 현대의 통신 시스템과 충돌 하게 됐는지를 살펴본 결과, 이제 LPers[Language Planners, 언어 계획자들] 가 두 시스템[표음 및 표의 기반 시스템]을 하나로 모으기 위해 무엇을 했 는지 살펴보는 일이 적절해졌다. "언어 계획은 언어 문제가 있는 곳 이면 어디든 요구되고 있다. 어떤 이유로든 언어적 상황이 불만족스 럽다고 느껴진다면 언어 계획 프로그램의 여지는 있다"(Haugen 1966b: 52). 그동안 중국 LPers가 지적해 온 프로그램은 표준화였다. 제2장에 서 언급한 것처럼 四定은 공식적으로 1986년 회의의 업무 의제에 주 요 과제로 등재됐고, 공통어 중심의 언어 표준을 제정하고 언어 표준 의 이행을 감독하는 것이 중국어 계획 당국의 새로운 책임으로 부각 됐다. 그러나 1986년의 증거가 보여주듯이 표준화는 주로 이론적 관 심사였던 모호한 개념이었다. 회의 전에 결정된, 언어 사용과 관련한 어떤 표준·지침·규정에도 기술적 표준이나 필요성은 거의 고려되지 않았다. 하지만 그 이후 LPers와 소프트웨어 개발자들이 한자를 사 용할 때 높은 수준의 표준 사용을 달성해야 한다는 절박함을 깨닫기 까진 오랜 시간이 걸리지 않았다. 아울러 말뭉치 방법이 문자 입력과 CIP[Chinese Information Processing, 중국어 정보 처리] 분야의 여러 문제를 해결 하기 위해 제공하는 응용 가치에 대한 인식이 높아졌는데, 이는 달리 말해 일부 경우엔 한자 시스템의 체계적인 최적화가 기능적으론 상당히 추가되고 이상적으론 바람직할 뿐 아니라 시행을 위해선 실용적일 수도 있다는 것이다. 한자를 새로운 기술·활자·교육학적 적정성의 요구에 맞게 조정하려면 문자가 조정될 수 있는 영역에 대한 명확한 이해가 있어야 한다.

표준화 또는 정확성은 1950년대 이후 정부가 시작한 말뭉치 계획의 핵심 주제였다. 일반적 제안은 특정 규범 내에서 언어를 유지하고, 혼란 및 무정부상태와 동일시되는 변동과 변화에서 언어를 보호하는 것이었다. 그러나 1950년대, 일련의 표준화 회의에서 시작된 표준화 운동은 문법과 보통화Putonghua에 초점을 맞췄다. 문법학자와 합리주의자가 이 같은 표준화를 통해 달성하려 한 것은 다양해진 지역방언의 광범위한 영역에 걸쳐 효과적인 의사소통의 기반을 조성하는 것이었다. 표준화의 사각 링에서 새롭게 펼쳐지게 될 라운드round [會戰 회전]의 목적은 컴퓨터 친화적인 문자 시스템 개발에 초점을 맞추고 있기 때문에 표준화는 개인 간 통신보다는 기술 편의에 더 중점을 두고 있다. 정확성은 인간의 의사소통과 기계 자동화에 필수적인 역할을 한다. Cheng Rong(1999: 144)이 주장했듯이 "1955년 이후, 1977년을 제외하곤 표준화 과정이 점차 개선돼 지난 30년간 적어도 공식 간행물에선 역사상 처음으로 표준화가 달성됐다"는 점을 인정해야 한다. 그러나 인간의 의사소통은 제한된 정확성으로 일어날 수 있지만, 인간과 컴퓨터 간 의사소통, 또 기계에서 기계로 이뤄지는 정보 교환은 매우 과소평가되기 때문에 기계는 표준적인 작동 환경을 필요로 한다. 컴퓨터 과학의 급속한 발전으로 언어학계와

IT업계 둘 다 근심에 싸여 있는데, 한자의 체계적 개선이 곧 이뤄지지 않을 경우 병목 현상의 발달 가능성이 높아져 기술 현대화의 길에 걸림돌이 될 것이라는 우려다.

역사를 보면 사회가 목표로 하는 기술은 표준화(이를테면 포디즘) 이후가 돼야 비로소 빠르게 개발, 대중화될 수 있다. 일련의 명확한 공식 표준이 없다면 신기술의 광범위한 경제적 이익에 대해 주민의 상당수는 접근할 수 없을 것이다. Cheng Rong(1999: 144)의 자극적인 말로는 "언어와 문자가 표준화와 규범을 준수하는지의 여부는 국가와 민족성의 문명 정도를 나타내는 지표"다. 네 가지 표준화, 또는 컴퓨터 시대 이전에 四定(Si Ding, 한자의 총수·물리적 형태·발음·획순을 정하는 것 [定量·定形·定音·定序])으로 불렸던 것은 언어 계획의 중요한 역할을 옹호하는 주요 논거가 됐다. 다음 절에서는 四定 문제 해결의 첫 번째 주요 단계로 총수의 표준화에 더 큰 중점을 두고 이러한 각 표준의 어려움과 기술적 함의를 자세히 살펴본다.

四定은 1950년대에 처음 제기됐지만 이전의 연구는 기술 요건에 대한 큰 고려 없이 개별 학자나 기관이 주로 단편적으로 수행했다. 이 四定 각각은 제각각의 문제에 부딪혔고, 그 결과 한자는 중국어 전산화의 병목현상으로 계속 남아 있다. 한자 특징의 범위를 최적화함으로써 한자체계의 연산성을 한층 더 높이려는 정부의 의지를 보여주기 위해 2002년 중국 언어 당국은 『표준한자표』*Comprehensive Table of Standardized Character* [이하 CTSC로 표기]라는 국가 연구 사업을 시작했다. 이 야심찬 국가 명령state-mandate LP 프로그램에 대한 설명과 더불어 한자 목록repertoire 전체의 전면적 개편을 시사하는, 훨씬 더 광범위한 제안이 이 장의 마지막 절에서 제공, 논의된다.

2. 표준화의 새로운 라운드: 기술적 영향에 대한 사회언어론적 해결책

2.1 중국 문자의 총수와 씨름하기

중국 문자의 목록이 광범위하다는 특징은 잘 알려져 있으며 프롤로그와 이 책의 첫 장에선 역사적 관점을 통해 부분적으로 서술됐다. 한자의 가장 불확실한 측면 중 하나는 총 문자 수다. 그러나 한자의 총수를 결정하려고 하기 전에 [중국] 문자의 목록stock에 대한 전체적인 그림이 반드시 필요한데, 이는 지금껏 한 번도 수행된 적이 없는 일이다. 여기선 총 문자수의 간소화streamlining 과정에 수반되는 복잡한 요인에 대해 사회언어적 검토를 실시하고, 최근 몇 년간 LP 실무자들이 주장하는 새로운 이론적 얼개를 비판적으로 분석하여 이 문제를 다루는 딜레마에 대처한다.

2.1.1 세 영역의 확장성

한자가 개방적인 시스템임을 감안할 때 수세기 동안, 또

지리적 공간을 가로질러 총수가 점점 더 많아져서 정확히 몇 개인지
알 수 없을 지경이었다. 따라서 이 문제의 근간을 이루는 시스템을 고
려할 때 모든 변형을 '만다린' 문자로 생각할 수만은 없다. 모든 문자
를 포함하는 포괄적 시스템은 다음을 포함해야 한다.

- **비중국 한자**: 주로 Lunde(1993)가 JKV(일본어·한국어·베트남
  어) 문자로 부른 것, 또 엄밀한 의미의 중국 내 중국어 소
  수 민족이 만든 한자 파생 문자(역사에 걸쳐 20개 이상의 시스
  템)를 지칭한다.

- **중국어 지역 문자 또는 방언 문자**: 현대 출판물(Zhou 1999:
  175-176)에는 광둥어 문자만 사용되지만 다른 구어 종류에
  특화된 문자는 역사적으로 존재했거나 여전히 현지에서
  유통되고 있으며, 일부에선 문자 통신에 대해 더욱 적극
  적인 역할을 할 가능성이 있다. 그것들은 최근 몇 년간 많
  은 관심을 불러일으켰다(Chen 1996; Jordan 2002 참조).

- **사자** obsolete characters [死字, 옛 것이어서 더 이상 사용되지 않는
  문자]: 갑골문이나 금문 같은 고대 문자에 있는 것들이다.

현재, 사람들이 한자의 총수를 얘기할 때는 보통 다음과 같이 가
능성이 있는 세 가지 기준점 중 하나 이상을 염두에 두고 있다.

2.1.1.1 영향력 있는 자전

허신의 『설문해자』에선 구조적 분석에 기초하여 9,353자가 어원적으로 설명됐다. 오늘날에도 널리 사용되고 있는 바로 그다음 자전은 청나라 강희제 연간(1664~1911)에 왕실의 후원을 받아 만들어진 『강희자전』으로 47,035자를 정리했다. 더 최근엔 최대한 많은 문자를 모은 가장 포괄적인 자전인 『중화자해』(中華字海, 중국 문자의 대양, 1994년)에 85,568자가 수록됐다. 더 넓은 의미에서 이체자·비한자·방언한자를 포함하여 지금까지 존재했던 모든 한자와 파생된 형태를 계산할 경우 널리 알려진 추정은 한자의 궁극적 수가 10만 자를 훨씬 넘을 수 있다는 것이다(아울러 표 P-2의 사전 목록도 참조).

2.1.1.2 문자 목록

일부 잘 확립된 교육용 문자표와 세간의 이목을 끄는 문자 목록, 이 둘 다 공식적이며 개별 학자가 개발한 상이한 목적에 요구되는 총수를 보여준다. 가장 많이 인용되는 표는 1988년 중국어 행정 당국이 발간한 『현대한어상용자표』[現代汉语常用字表, 現代漢語常用字表] *Table of the Most Used Characters* (3,500자, 부록 C 참조)와 『현대한어통용자표』[現代汉语通用字表, 現代漢語通用字表] *Table of General Characters* (7,000자), 이 두 가지다. 후자는 출판계의 요구에 부응하기 위해 1965년에 발행된 『인쇄 통용 한자 자형표』[印刷通用汉字字形表, 印刷通用漢字字形表] *General List of Print Fonts of Chinese Characters* (6,196자)를 대체하기 위한 것이었다.

교육 지향적 한자표 3개는 언급할 만하다. 『소맹용자표』[扫盲用字

表, 掃盲用字表 문맹 퇴치를 위한 문자표] *Table of Characters For Illiteracy Elimination* (1993)
는 2,000자를 포함하고 있으며, 이 숫자는 출판물 및 일반 독자의
93.9936퍼센트를 차지하는 것으로 생각된다. 『소학어문용자표』[小
学语文用字表, 小學語文用字表 초등학생을 위한 글자표] *Table of Characters for Primary
Students*에는 3,071자가 있고, 세 번째 교육학적 문자표는 『중국어 어
휘 및 한자 능력에 대한 등급 측정 요강』[汉语水平词汇与汉字等级大纲, 漢
語水平詞彙與漢字等級大綱 한어수평사휘여한자등급대강] *Grading Outline of Chinese
Vocabulary and Character Proficiency Criterion*이다. 이것은 1991년에 국립 제2 언
어 중국어 교육청National Office of Teaching Chinese as a Second Language [China
National Office for Teaching Chinese as a Foreign Language, NOTCFL, 国家对外汉语教学
领导小组 이후 공자학원의 본부로 익히 알려져 있는 Hanban 汉办으로 불리게 된다]과
제2 언어로서 중국어 시험 센터Testing Centre of Chinese Language as a Second
Language [Centre for Language Education and Cooperation, 教育部中外语言交流合作中
心]가 협업으로 제작한 것이며, 비중국어권 학생을 위해 4단계(A=800,
B=804, C=601, D=700)로 정리된 2,905자를 포함한다.

2.1.1.3 정보 교환을 위한 표준 문자 인코딩 세트

문자를 처리하려면 컴퓨터 소프트웨어 개발자들이 처리
해야 할 모든 형태를 제공하는 목록이 필요하다. 1980년 첫 문자 세트
인 '정보 교환을 위한 중국 문자 코드Chinese Character Code for Information
Interchange' (CCCII, 53,940자) [中文資訊交換碼 중문자신교환마]가 타이완에서 발
행된 이후, 한자 사용 지역의 각 정부나 대형 IT 기업에선 무수히 많

은 문자 코드를 고안해 발표했다. 컴퓨터 사용자한테 가장 친숙한 두 가지는 GB-2312와 Big5이다. 전자는 6,763자로 1981년 중국 국가 표준국National Bureau of Standards의 사용 허가를 받은 반면 후자 곧 Big5는 타이완에서 GB-2312와 같은 지위에 있는 것equivalent이다. 그것은 13,053자를 포함하고 있으며 1984년에 타이완의 대형 컴퓨터 회사 5개가 공동으로 승인했다. 이들 표준 세트는 한자의 수를 검사하는 중요한 매개 변수로 자리매김했다. 그 밖의 일부 영향력 있는 국가 기반 시스템으론 홍콩의 '정부 중국 문자 세트Government Chinese Character Set'(GCCS, 3,049자, 1994) [香港增補字符集 향항증보자부집]. 타이완의 '중국어 국가 표준 교환 코드Chinese National Standard Interchange Code'(CNS11643, 48,027자) [中文標準交換碼全字庫 중문표준교환마전자고], '일본 산업 표준'Japanese Industry Standard (JIS code 6226, 6,349자), '한국 정보 처리 표준Korean Information Processing Standard'(KIPS, 2,192자)가 있다. 1993년 ISO10646.1/GB 13000.1은 ISO[International Organization for Standardization, 국제표준화기구]와 유니코드 컨소시엄Unicode Consortium이 고안했으며, 20,902 CJK 사이노그래피는 미국·타이완·중국 본토·한국이 도입했던 20개 이상의 문자 세트와 전신電信 코드(총 121,403자)를 통폐합하거나 통일한 결과로 포함됐다(Lunde 1993: 49-53). 이러한 국가 및 국제 표준 세트에 인코딩된 한자의 수는 해마다 증가하고 있다. 2000년 3월 17일, 정보산업부Ministry of Information Industry와 PRC의 전전前 국가기술품질감독국State Bureau of Technological Quality Supervision [현재 The state bureau of quality and technical supervision 国家质量技术监督局]은 공동으로 GB 18030-2000을 발행했는데, 이는

27,484자에 대한 또 다른 국가 인코딩 표준이다. GB 2312-80에 이어 가장 근본적인 인코딩 표준이기 때문에 무한한 미래를 위한 국가의 컴퓨터 시스템을 규정할 가능성이 높다(Lin 2004).

2.1.2 기술적 관점

중국 문자의 숫자에 대한 간단한 소개는 방대한 총수를 보여주지만, 다른 영역에 사용되는 총 숫자엔 큰 차이가 있음 또한 보여준다. 전통적으로 교육적 고려 사항은 글자 수 및 사용법을 규정하는 표가 있어야 한다는 주장의 요지였다. 예를 들어 문맹퇴치 프로그램에선 문맹자가 특정 문맥에서 성공적으로 작업하기 위해 필요한 한자의 수를 아는 것이 매우 중요하며, 학교 독서와 글쓰기 교육의 경우, 사용하는 문자의 수에 어느 정도 제한을 두는 것은 마찬가지로 바람직하다. 왜냐하면 이미 언급된 것처럼 모든 문자를 아는 사람은 아무도 없기 때문에 사용 빈도가 가장 높은 한자에 대한 숙달은 서면 담화에서 비교적 높은 이해력을 제공하므로 더욱 중요하다.

컴퓨터 시대가 도래함에 따라 계속되는 불확실성과 한자의 수 증가는 LPers와 컴퓨터 과학자들 모두한테 점점 더 큰 문제가 됐다. 문자 사용을 규제할 필요성은 거의 해결 불가능한 것으로 나타났다. 그 이유는 다음과 같다.

1. 한자 획이나 부건 기반 소프트웨어에 대한 입력 방안을

만들려면 획 또(는)and/or 부건의 전체 범위가 무엇인지를 알 필요가 있는데 그 목적은 컴퓨터 화면에 한자를 나타내는 기본 단위를 형성하는 데 있다. 모든 중국 문자를 가장 잘 재구성할 수 있도록 최적화된 획 또(는) 부건의 분류 시스템을 확보하려는 작업이 많이 시도되긴 했지만, 총 문자 수에 대한 정확한 지식이 부족했던 탓에 결정적인 결과를 가져오진 못했다.

2. 현재 전 세계의 컴퓨터 산업은 정보 교환을 위해 상이한 인코딩 문자 세트를 엄청나게 많이 채용하고 있는데, 고립적으로 채택된 이러한 표준들의 공존은 정보 통신의 원활하고 안정적인 교환에 해로운 영향을 끼치고 그 교환을 가로막는다. 유니코드가 급속히 부상하고 있긴 해도 선택할 전체 문자의 수가 크고 불안정한 한 모든 한자 코드 표준을 통일할 희망은 거의 없어 보인다.

3. 세 번째 이유는 아마도 더 명백할 것이다. 컴퓨터엔 모든 문자를 처리할 수 있는 능력이 있다고 가정하는 반면 한자의 독특한 특징 세 가지, 곧 크고 불안정한 숫자, 복잡한 구조, 발음 표시 능력의 부재는 사용자가 심지어 모든 글자를 인식할 수 있는 DB가 설치돼 있는 컴퓨터를 갖고도 자신의 일상 영역 밖에서 문자를 다루는 것을 사실상 비현실적일 정도로 서툴게 만든다.

더욱 광범위하게 말하면 한자와 컴퓨터 사이의 총 문자 수를 둘러싼 갈등은 두 가지 방식으로 나타난다. 첫째, 현재 표준 문자 세트로 인코딩된 총 문자 수는 전문가 영역에서 일부 큰 말뭉치 텍스트를 처리하기엔 너무 적다. 현재 정부가 발행한 가장 큰 IT 지향 문자 세트에 인코딩된 총 숫자는 ISO10646/GB13000.1(1993)의 20,902자, GB18030-2000의 27,484자다. 이 정도의 형태 수가 지금까지 존재했던 모든 맞춤법 형태를 처리하기에 턱없이 부족하단 점은 분명하다. 예를 들어 중국 고전 문학 유산을 재현하는 방법이 부족하단 얘긴 꽤 오랫동안 진행돼 왔다. Li Yuming(2004b)이 지적하듯이 인터넷은 고속도로로, 웹 사이트는 차량으로 볼 수 있지만 도로가 있고 효과적인 교통이 있어도 운송할 상품이 가용하지 않은 상황인 것이다(Xu JL 1999: 208 참조). Li는 중국 고대 문헌을 원형으로 이용할 수 있도록 중국 문화유산의 디지털 뱅크를 구축할 것을 권고한다(이 장 3.2의 토론 참조). 이 과정의 첫 번째 단계는 현대적 용도의 측면에서 한자 총수의 경계를 명확히 표시하고 최종적으로 결정하는 것이다. 고대 문헌을 전산화하려면 고대 작품의 거대한 몸체에 사용된 모든 문자를 분석·분류·인코딩하는 것이 필요하다. 이는 필연적으로 한자의 전체 목록에 대한 전면적인 정비를 수반하게 될 터인데, 그것은 사실상 냉혹할 정도로 어려운 과정이다.

둘째, 일상생활의 일반 텍스트에 사용되는 총 숫자조차 일반 독자들이 전자적으로 다루기에는 너무 크고 불안정하다는 것이 입증됐다. 따라서 이러한 어려움을 극복하기 위해서는 일반용도로 사용되는 총수를 제한하여 문자 사용을 통제하는 것도 필요하다. 컴퓨터의 비전문 사용자의 경우 가장 큰 문제는 이른바 '드물게 사용되는 문자Rarely Used Characters' (이후 RC [Rare Characters, 희귀자]로 표기)다.

연구에 따르면 총 문자 수가 아주 많을 순 있어도 일반인이 현대의 필기 자료를 잘 이해할 수 있는 수준에서 읽는 데 필요한 숫자는 상대적으로 적다고 한다. 다양한 영역과 말뭉치가 특정 유형의 문자를 선호할 순 있지만 효용률percentage of coverage에 대한 통계 연구는 최저 2,500자에서 최고 3,500자의 지식이 본토 독자가 현대 인쇄본을 99% 이상 이해하는 데 적절한 목표라고 제시한다. (전통 문자를 이용하는 정체의 독자들한테는 이보다 조금 더 높을 수 있다.) 대부분의 사람들한텐 약 3,000자에 대한 숙달 여부가 분수령으로 간주될 수 있기 때문에 독자는 이 기준선을 넘는 문자 지식에서 순이익을 얻지 않는다.

RC는 정보 처리의 진정한 문제 유발자들이다. Ao Xiaoping(2000:74)이 말하는 것처럼 3,000자가 텍스트의 99% 이상을 차지하지만 3001자가 등장하지 않는다고 장담할 수 있는 사람은 아무도 없다. "현재 유통되는 7, 8천 자 가운데 절반 이상이 비공통 문자다". 이는 Zhou(1992: 156)가 '한자 효용 체감의 법칙Rule of Decreasing Percentage Coverage' (*Hanzi Xiaoyong Dijian Lü* — 汉字效用递减率 [漢字效用遞減率 한자효용체감률])으로 부른 것에서 잘 관찰되는 현상이다. 그 법칙은 달리 말하자면 실행 중인 텍스트에서 다수의 저빈도 한자가 조금 발견됨에 따라 비교적 소수의 고빈도 한자는 대개 현대 문헌의 매우 높은 비중을 차지하게 되는데, 이 같은 빈도 분포의 한 가지 영향은 체감률의 마지막 몇 퍼센트 포인트가 엄청나게 많은 RC로 구성된다는 것이다.

예상될 수도 있겠지만 대부분의 저빈도 RC는 특수 명사들이다. 그러나 이들 명사엔 세 가지 특징이 있다: 수가 많고, 내적 일관성에 문제가 있고, 일상생활에서 어디서나 볼 수 있다(Zhang 1988). 전체 문자 수의 불안정성이 IT 업계에 큰 혼란을 야기하고 있다. 곧잘 들리곤 하는 얘기는 고객의 이름에 사용된 일부 문자를 정보 교환을 위한 국가 표준 코드 세트national standard code sets for information에서 찾을 수 없다는 이유 하나로 은행 서비스가 거부된다는 것이다. 중국 은행 시스템의 약관상 중국어 이름은 한자로 정확하게 식별돼야 한다(Wang 2002). 이러한 종류의 정책은 현재 '신원확인 정책'Identification Policy (Shi Ming Zhi, 实名制 [實名制 실명제])으로 널리 알려져 있으며, 그것은 최근 몇 년간 항공권·호텔 예약이나 인터넷·휴대전화 등록 같은 서비스 업종으로 급속히 확대되고 있다. 이 정책은 새로운 맥락에서 (부정을 피하기 위한) 공안의 명목으로 국민 활동에 대한 통제를 강화하는 또 다른 형태라는 비판을 받아왔다. 그러한 정책을 구현하기 위해서는 모든 이름을 계산할 수 있어야 하며, 따라서 이는 LPP의 중요성을 강조한다. 국민의 관심을 자주 끄는 예로는 컴퓨터 시스템의 일부 문자 부족으로 말미암아 많은 학생들의 국립대학 입시 결과가 지연되는 것을 들 수 있다. 예컨대 국제 무역 대학교University of International Trade [University of International Business and Economics, 对外经济贸易大学 대외경제무역대학, 전신은 北京对外贸易学院 북경대외무역학원]는 베이징에 약 200명의 학생들을 등록했지만, 학생 11명의 이름given names은 부모님이 RC를 사용하여 지었기 때문에 까만 네모[■]로 인쇄됐다. 신문

Xin Bao (2006) [《新报》, 『新報』 신보]가 보도한 최근 사건을 하나 더 보면 베이징에 거주하는 980만 명의 신분증 갱신 과정에서 231장의 카드는 갱신이 불가했는데, 이유는 업데이트된 문자 데이터베이스에 신분증 상의 문자가 없었기 때문이다. 비록 이러한 문자들이 현지에서 만들어질 순 있다손 치더라도 코드화되지 않은 이상 다른 컴퓨터나 인터넷상엔 표시·전송될 수 없을 것이고, 이는 사람들이 미래에 은행·우편물·여행과 같은 공공 서비스를 이용하려고 할 때 끝없는 문제가 될 것이다. 여기에 제시된 예시는 빙산의 일각에 불과하다. 따라서 더 많은 사회 서비스가 온라인에 접속함에 따라 다른 분야에서 야기될 수 있는 심각한 결과를 상상하는 것은 그리 어렵지 않다.

대부분의 언어는 상이한 전문분야에서 거의 사용되지 않는 단어들을 다루기 위해 상이한 복잡성의 사전들을 가지고 있지만, 알파벳 문자는 한자 문자*hanzi* script를 사용하는 단어들이 맞닥뜨리는 것만큼 많은 문제에 직면하지 않는다. Xu(1993:86-87)는 컴퓨터가 자동 정보 처리에서 더 큰 역할을 하지 못하도록 심각하게 제약당하는 곤란함을 논의하면서 "ID카드·지명·기계·화학산업의 관리를 다루는 행정 기관들은 GB 2312-80 내에서 가용하지 않은 문자에 끊임없이 시달린다"고 지적했다. 또한 지나치게 큰 문자 집합은 연구자들이 인쇄된 텍스트의 자동 인식을 위한 프로그램을 개발하면서 마주친 첫 번째 장애물이다(Wu and Ding 1992: 96). RC 제한 노력과 관련한 쟁점들은 차후 더 논의될 것이다.

정수定數의 문자를 만들어 내자는 얘기는 오랫동안 있어 왔다. 그러나 한자의 미래와 전 국민의 복지를 걱정하는 사람들한테 이것은 허망해 보였다. 하지만 변화의 시기는 왔다. 한자가 점점 디지털화 되는 세계에서 살아남으려면 더 이상의 지연은 감당할 수 없기 때문 이다. 일부 사람들은 문자 수를 합리적인 수준, 이를테면 2만 개 정도로 제한함으로써 문자를 규정된 범위 내에 두는 것이 달성될 수 있다고 믿는다. 일찍이 1950년대부터 왕성한 활동을 벌인 중국어 LP 연구자 Zhou Youguang(1979: 331)은 현대 문자의 고정된 수와 관련한 초기 개념의 첫걸음으로 한자를 검증하고 정비하여 모종의 완전한 표를 개발한다는 개념을 구상했다. 그는 이 완전표의 작성 가능 여부를 묻는 말에 이렇게 답했다. 미래에 새로운 문자가 만들어질 수 없다면 "그 표의 총 글자 수는 6,000~8,000개 정도가 될 것으로 추정되며, 거기엔 사용 빈도가 가장 높은 글자와 상대적으로 낮은 문자가 포함된다. 하지만 이 숫자는 사회 전체에 비해 너무 크다"(1980a: 112).

Yang(2000:198)은 완전표를 100% 정확하게 만드는 것은 "거의 불가능하다"고 인정하면서도 다음과 같은 수학 방정식, 곧 '완전표 = (특수문자 + 가장 많이 사용되는 문자) - 공유 문자'를 제안했다. 정확한 숫자와 관련해선 눈에 띄는 표 두 개, 곧 『현대한어상용자표』 *Table of the Most Used Modern Characters*와 『현대한어통용자표』 *Table of the Common Modern Characters*가(앞선 논의 참조)가 그 같은 목록의 개발에 대한 지침 parameters을 제공한다. 과거의 경험을 돌이켜보면 1956년에 CCSR이 출판한 『통용한자표초안(초고)』*Draft Scheme of Common Modern Characters* [《通用

汉字表草案(初稿)》은 5,390자를 포함했다. 더 널리 수용되는 통계로는 1965년 『인쇄 통용 한자 자형표』의 6,196자가 있는데, 이 숫자는 40년의 경험을 통해 전체 인쇄 산업의 수요를 기본적으로 충족한다는 것을 보여줬다. 따라서 중국어 현대화 협회Association of Chinese Language Modernization의 회장인 Su Peicheng(2001c:50)은 현대 중국어의 총 수가 약 7,000자 정도 돼야 한다고 말한다. Zhang and Xia(2001)는 숫자 표준화가 문자 총수를 결정하는 것이 아니라 현재와 미래의 사용을 위한 문자임을 강조한다.

2.1.3 언어 너머: 사회언어적 차원

이전의 논의에서 자연스럽게 발생하는 질문은 '현대 텍스트에 사용되는 문자가 꽤 제한적인 상황에서 숫자 증가에 대한 상한 설정을 막는 것은 무엇인가?' 하는 것이다.

중국 문자의 체계는 문화적 부담이 큰 것으로, 문자 형태의 사용에선 개인주의가 뚜렷하게 나타나며 역사적으로나 현대의 관점에서도 규범에서 발생하는 일탈은 광범위하게 용인돼 왔다. 대부분의 경우에 사람들의 문자 사용에 제한을 두는 것은 행동 통제의 한 형태를 구성하는 것으로 오랫동안 여겨져 왔다. 초기 한자의 수와 관련한 연구는 내부 요인에 국한됐지만 현재 LPers는 오해의 소지가 있는 한자의 수가 많은 것에 대한 해결책이 더욱 넓은 관점에서 관찰돼야 한다는 것을 깨닫게 됐다. 대략적으로 말해서 총 문자 수의 확장에 대한 구속을 방지하는 데는 두 가지 힘이 작용하고 있는데, 바로 언어의 참신함에 대한 사람들의 성향과 문화적 집착이다.

앞서 언급한 RC와 함께 사자死字 및 변형(이체자) 또한 전체 한자의 수를 통제할 수 없게 만드는 또 다른 두 가지 주요 원인이라는 데는 일반적 동의가 이뤄져 있다. 사자는 역사 속에 존재했던 적이 있는 모든 글자와 역사적 사건을 기록하는 데 사용된 모든 글자를 말한다. Zhou(1992: 208)는 "중국 한자의 기록부엔 오직 출생만 기록돼 있고, 사망은 결코 기록돼 있지 않다"고 말했다. 이체자는 축적되어 사전에 침전돼 있다. 이들 문자는 일부 사전에서 발견되는 한자 수량의 폭발적 증가를 설명하는 중요한 요인 중 하나지만 다음에서 범주화되고 논의될 소수의 역사적 문자를 제외하고는 대부분이 영원히 소멸돼 현대적 용법엔 위협이 되지 않는다. 다음 분석은 이체자와 RC에 초점을 맞춘다.

2.1.3.1 이체자

제2장 2.1.1에서 살펴본 것처럼 이체자는 의미와 발음은 같지만 형태는 다른 여러 문자를 가리킨다. 이체자는 한자 총수의 두 가지 종류의 증가에 기여한다. 긍정적인 증가는 표현의 정확성을 충족하기 위한 요구에서 비롯하는 반면 부정적인 증가는 불필요한 변형 형태와 관련이 있다. 언어학적으로 한자는 형태소적morphemic 문자로 분류된다. 인간이 세상을 이해하는 방식대로 촘촘히 추적하고 베끼기 때문에 세상에 일어나는 모든 변화와 인간의 이해는 눈에 띄게

한자에 반영되고, 그 결과 형태가 늘어난다. 사회발전의 정확한 반영으로서 문자가 기능하도록 하기 위해선 이러한 증가가 필요하다. 부정적인 증가는 주로 같은 문자의 누적된 변형으로 말미암아 발생한다. 현재적 측면에서 볼 때, 역사 발전의 오랜 전통에서 비롯하는 이러한 절대적 이체자는 한자의 침전물이며 전적으로 무의미하고 피상적인 과잉, 곧 사용자의 기억력에 불필요한 부담을 지우는 것 말고는 아무것도 더하지 않는 중복성만 생산할 뿐이라는 일반적 합의점엔 도달해 있다. 그러나 일단 만들어지면 이체자는 알아서 틈새를 찾을 수 있는 가능성을 낳는다.[1] Wang(1989:573)은 형태 표준화 및 문자 수 제한과 관련해서 역사적으로 존재해 온 일종의 '퇴행적 원리backward principle'가 있다고 본다.

　　　　모든 왕조의 권위자들은 고대 문헌의 기존 이체자에 대해선 관용적인 것으로 밝혀졌고, 현재 통용되고 있는 신조新造 이체자에 대해선 엄격히 제한을 뒀다. 따라서 '과거는 중시하고 현재는 억압한다'는 이 같은 정책을 통해 수많은 이체자가 보호됐으며, 이는 불가피하게 한자 수의 급격한 증가로 이어졌다.

---

[1]　　진 왕조에서 중화민국(1912)에 이르기까지 이체자의 성장 규모는 『석판 이체자의 새로운 비전』 New Vision of Variant Form Characters on Stone Tablets 에서 확인할 수 있다. 이 책엔 상이한 글자 2,528개, 이체자까지 더해서 모두 12,844자가 있으며, 이는 한 자 당 평균 5개 이상의 이체자를 만든다. 灵-靈(ling, 영혼 [령]) 같은 글자의 이체자는 80개, 归-歸(gui, 되돌아가다 [귀])의 이체자는 40개다(Cheng 1999: 143).

이러한 문자 복잡화의 이유와 유형은 더 깊이 탐구할 만한 가치가 있는 흥미로운 주제다(Kan 2000년 참조). 예로부터 한자를 쓰는 것은 개인적 성향을 나타내는 자기표현의 수단이 돼 왔다. 어떤 고안자들은 주로 한자의 신비한 본성에 관심이 있는가 하면 다른 고안자들은 단순히 문자를 선택하거나 새롭게 만듦coining으로써 자신의 학자다움이나 현학적인 기질을 과시하고 싶어 한다. 工人은 이체자의 전형적인 예를 제공한다. Mao Zedong(1968: 793)은 『당내 팔고문의 진부함에 반대하며』*Oppose Stereotype Party Writing* [《反对党八股》, 『反對黨八股』 반대당팔고, 당시 당에 만연해 있던 팔고문, 곧 진부하고 형식적이고 공허한 글쓰기의 행태에 대한 반론으로서 1942년 마오가 연안간부회의석상에서 진행한 강연이다. 1951년 人民出版社가 간행한 《毛泽东选集》第三卷에 실려 있다.]에서 당내의 일부 교육받은 호사가들, 곧 자신의 욕망을 채우고 벽에 구호를 쓸 때 일부러 工人(Gongren, 노동자 [공인])을 丒 𠆤으로 쓰는 당 간부들을 비판하면서 이렇게 말했다. "이 동지들은 단순한 것을 신비로운 것으로 만들고 고의로 대중을 속이기 위한 잔꾀를 부리는 데 큰 기쁨을 느끼는 것 같다." 따라서 한자의 예술적·오락적 성격은 새로운 문자 창작자를 양성하는 중요한 이유 중 하나다. 일반인들은 아무런 제한이 없는 자소들을 해체·조립해 새로운 자신의 문자를 마음대로 만드는 일이 즐겁다고 생각하기 때문에 형성자가 대거 탄생했다. 새로운 독특한 문자를 창조하는 것은 중국 전체 주민의 취미와 오락일 뿐 아니라 사람들은 자신의 발명품으로 역사를 각인할 기회에 매료되기도 한다. 수용된 규범에서 이뤄지는 변화는 거의 모든 언어, 특별히 특이

한 글쓰기·철자법·발음을 통해 관찰될 수 있다. socks의 속기형 'sox'
나 night의 'nite'처럼 새로운 영어 단어를 무수히 만들어 내는 심리
학적 기발함과 동일한 것이다. 차이점은 중국어에선 새로운 문자가
만들어질 때, 그 문자가 유지되고 전체 문자 체계에 체계적 변화를
일으킬 가능성이 있는 경우 단순히 어휘적 항목을 구성하는 문자의
새로운 조합으로 머물지 않고 시스템 복잡성을 가중한다는 점이다.

　　미래 발전을 예측하고 한자 개혁 프로그램을 제안하려면 세력들
의 내외적 상호 작용, 곧 사회언어적 차원 또는 언어 외부의 요인과
언어적 가능성을 살펴야 한다. 대개 한자의 발전 방향을 결정하는
데엔 이 두 요인이 얽혀 있다. 한자에 대해 실행 가능한 구상의 윤곽
선을 그릴 때 LP의 성공은 정부가 두 가지 요인, 곧 외압과 언어적
근거 간의 균형을 맞추기 위해 행동할 때 이뤄지는 경향이 있다. 이
장에선 주로 후자, 곧 한자의 물리적 최적화 방법을 미시적 층위에
서 설명하지만 외부 요인은 다음 장의 거시적 차원에서 다룬다.

2.1.3.2 희귀자

　　거의 사용되지 않는 문자나 자주 사용되지 않는 문자엔 새
로 발견된 화학 원소처럼 특별한 목적으로 존재했거나 생성된 문자
가 포함된다. RC의 수는 상용 문자 수의 약 20배이며 문자 감소를 가
로막는 가장 중요한 요인이다. 이 문자들은 사용 빈도가 크게 다르다.
대부분은 가끔씩 나타나기만 할 뿐이지만 읽기와 쓰기의 바다에 잠
겨 있는 바위처럼 언제든지 또 나타날 수도 있다. RC는 주관적 조건

이란 점은 주목할 만한데, 이를테면 일부 RC 또는 이른바 죽은 글자 [死字]는 사람들이 고대 문화에 다시 관심을 가질 때처럼 특정 조건에서 부활하고 심지어는 인기까지도 얻을 수 있다. 다른 예시는 누군가의 이름에 문자가 사용될 때 발생한다. 사실 특정 문자를 써서 자녀의 이름이 독특하게 들리거나 보이기를 간절히 바라는 보통의 부모를 찾는 일이 어렵진 않을 텐데, 만약의 경우 그 자녀가 유명해지면 그 글자는 아주 많이 사용될지도 모른다. 같은 일이 지명 관련 글자에도 발생할 수 있다. 일부 지명 특화 문자는 대개 현지에서 사용되지만 특정 상황에선 하룻밤 새에 흔한 문자가 될 수 있다. 일반적으로 RC는 두 가지 부류, 전문 문자 (特殊/业专用字) [特殊·專業用字, 특수 및 전업용자: 특수한 상황이나 전문 분야에 사용되는 글자]와 문학 문자literary characters (文学色彩字) [文學色彩字 문학색채자: 형태의 측면에서 고전문학적 색채를 띠는 글자]다.

전문 문자는 특정 주제와 목적을 위해 필요하다. 대체로 이러한 문자의 출처가 되는 영역이 6~9개라는 데 일반적 합의가 이뤄져 있긴 하지만 그것들은 두 가지 더 광범위한 주제로 고려될 수 있다.

- 외국 고유 명사 번역, 소수 민족 및 종교적 목적의 문자를 포함하는 고유 명사에 사용되는 글자
- 과학·기술·동식물에 사용되는 글자

인명이나 지명 말고도 고유 명사엔 기존의 유명한 역사적 사건이나 현상을 기록하기 위해 사용된 문자도 포함된다. 역사적 문자 대

부분은 현대 생활에서 거의 볼 수 없지만, 예컨대 전통 의약품을 가리키는 명칭은 여전히 자주 사용되고 있다. 지명의 문자는 이 범주의 주요 부분을 차지한다. 전문 한자의 한계 설정을 위한 성공적 시도 하나는 1955년 3월 30일부터 1964년 8월 29일까지 발생한 지명을 대체한 것이다.

이 기간 동안 중국 정부는 현county 행정 규모보다 더 상위의 특징을 참조하여 35개 지명의 RC 36개를 교체하라는 명령 9개를 내렸다. 물리적 형태든 발음이든 관계없이 이러한 문자를 바꾸는 것은 극도로 감정적이고 논란이 많은 쟁점이었다. 특별히 역사적 의미가 있거나 소수 민족 집단이 사용하는 지명들과 관련해선 더 그랬다. 그러나 정부는 국무원(Fei 2000a, Fu 1991)이 정한 8가지 원칙을 고수함으로써 만족스러운 결과를 얻었다. 현 단위 이상 지명이 3000여 개가 넘는 관계로 추가 감축을 단행할 여지는 남아 있다. 인명을 나타내는 문자는 전체 숫자를 크게 줄인 또 다른 영역을 구성한다.

현재 개발 중인 인명 한자 목록list for naming엔 (전통 및 이체자를 포함한) 12,000자가 포함될 예정이지만 관련 연구에 따르면 2,500자가 현대식 인명의 98%를 감당할 수 있다고 한다(Su 2004). 현재, 『인명문자표』List of Characters for Naming의 공식적 시행에 앞서 인명용 RC 수를 철저히 조사해서 수용할 목적으로 정보산업부가 다른 정부 부서와 공동으로 개발한 '제2차 시민 신분증 문자 DB Character Database for the Second Round Citizen ID Card'엔 일반 문자 DB보다 약 10배 더 많은 72,000자가 포함돼 있다(Yang 2003). '명명의 권리에 제한을 둬야 하는가?'의 문제를 둘러싸고 전국적으로 벌어진 과열 논쟁은 국가 언어 연구 프로그램 목록에 『명명상용자표』*Table of Standardized Characters for Naming*가 포함되면서 촉발됐다(제6장 3.3.3 참조).

과학과 기술은 빠르게 발전하고 있으며, 이러한 영역에 추가되는 문자는 주로 새로 발견된 화학 원소에 대한 것이다. 과학자들은 지구상의 모든 물질이 발견되고 합성됐을 때 그 수가 수백만 개에 이를 수 있다고 추정한다(Zhang 1988: 56). 새로운 과학적 발견에 따른 새로운 글자의 창조를 끝내려는 시도가 있긴 했지만(Wu 1995: 77), 기존의 글자로 다음절 단어를 만들어 그 모두를 효과적이고 정확하게 표현할 수는 없었기에 그 시도는 실현 불가능한 것으로 입증됐다. 이 문제를 담당하기 위해 국가전문용어위원회State Commission of Technological Terms가 설립됐고, 새로운 용어의 고안은 계속되고 있다.[2]

번역용 문자는 주로 외국 이름 및 중국 소수 민족 이름의 번역에 사용되는 문자를 말하며, 더 구체적으론 만다린어의 음운학 체계에서 흔한 소리가 아닐 때 RC나 새로운 문자를 만들어야 하는 상황을

---

2   예를 들어 2003년 8월 16일 최신 화학원소 110번 다름슈타튬Darmstadtium,(Ds)가 보고됐을 때 새로운 글자 鐽가 만들어졌는데, 이것은 왼쪽의 의부로는 '쇠'를 뜻하는 钅[金 금]을, 오른쪽 성부로는 达 (da [達 달])를 사용한 것이다. 이유는 达가 과학자 집단이 이 원소를 발견한 독일의 장소인 'Darmstadt'와 가장 비슷하게 들리는 문자이기 때문이다. 그런 다음 위원회는 이 새로운 문자를 연구 저널인 *Technological Terminology*와 국어 웹 사이트에 게시하여 대중한테 자문을 구했다(Wang B. X. 2003). 『현대 중국어 사전』 제5판(2005)에 鐽가 추가됐고, 새롭게 발견된 화학 원소 7개에 대해 만들어진 새 글자 7개도 최신판에 추가됐다(Han 2006: 185).

일컫기도 한다. 이 문제는 한동안 논의돼 왔으며,[3] 현재 IT 분야의 긴급한 필요성 덕분에 공식적인 『외국 고유 명사의 전자轉字를 위한 통용문자표』*Table of Standard Characters for Transliterating Foreign Proper Name*는 국가 연구 개발 계획의 핵심 언어 연구 주제로 등재됐다.

문학 문자의 목적은 이름 그대로 문학적 글씨를 양식화하여 독자한테 매력적으로 보이게 하는 것이다. 고대 한자와 방언 한자가 이 구성체의 큰 부분을 차지한다. 고대 문자는 주로 속담과 관용어구에서 발견되는 고어적 단어와 표현의 형태로 고전 중국어에서 현대 텍스트로 계승되는 것이다. 어휘의 풍부함으로 잘 알려진 중국어는 갑골문 이래의 왕조 역사에서 무수한 작품을 창조해 왔다. 대개 사람들은 적어도 8천 권의 고대 중국 고전 문헌이 현대까지 살아남은 것으로 보고 있다. 고대 유산이 표준화에 끼치는 이 같은 영향은 두 가지 관점에서 살펴봐야 한다. 한편으로 이 문헌들은 전통 문자로 기록됐기 때문에 간화 반대의 한 힘으로서 작용하고 있다. 다른 한편으로 그것들은 일반 문헌에서 발견되는 RC의 원천이다. 고전 문학이나 전통 문자처럼 내재적으로는 고전 작품과 연관되지만 현대 텍스트에서 의미론적으로는 필요치 않은 다수의 문자는 유서 깊은 유산에 경의를 표하기 때문에 높은 권위와 진품의 지위를 누린다.

문학 문자가 근본적으로는 언어적 필요성보다 의고체擬古體와 문

---

3   『외국인 성명 번역을 위한 문자 목록』*A List of Characters for the Translation of Alien Names*은 Zhou Youguang(2002)이 제안했다. 음역 및 기술 용어를 사용한 문자 표준화과 관련해서 자세한 내용은 Zhou(2004)와 Barnes(1974: 458-467) 참조.

화적 집착의 전형적 예시라는 것이 이 논의를 통해 명백해졌다. 중국어의 구어와 문어는 확연히 다르다. 어휘와 구문 범위 간 격차의 정도는 서로 거의 알아들을 수 없을 정도로 넓다. 백화 운동의 완결 이후 한 세기가 지났어도(제1장 각주 2 참조) 고전 문헌의 문자 다수는 여전히 살아남아 규정된 수의 문자만 사용하여 문어에 획일적 표준을 제공하려는 노력을 크게 무력화하고 있다. 일반적으론 저빈도 글자지만 특정 조건에선 그것들의 사용 빈도가 높아질 가능성이 있다. 문제를 더 복잡하게 만드는 것은 현시대 텍스트에 엘리트주의의 기풍을 더하기 위해 수천 년 된 표현을 채용하는 일엔 모종의 문학적 우월감이 깊이 뿌리 내리고 있다는 점이다. 이들의 사용을 제한하려는 시도가 있을 때마다 중국 고전 문학의 오랜 위세가 발휘된다. DeFrancis(1984b: 286)가 언급한 것처럼 "문자에 대한 애착, 곧 중국 사회에 깊이 착근돼 있는 체제인 문학의 방대한 몸집을 자랑하는 그 애착이 변화에 훨씬 더 저항적인 것은 당연하다". 문화대혁명(1966-1976) 동안 심각하게 훼손됐던 전통 유산에 대해 더욱 건강한 태도가 1990년대 이후 존재해 왔다. 이는 많은 고전 작품을 학교 교육에 재도입함으로써 '고대 작가로 돌아가자!'는 정서를 대중문화에 불러일으켰고, 문어적 의사소통에서 고어 사용의 재등장을 증가시켰다.

이는 문자를 문어적 소통의 수단으로 취급하기보다는 사람들, 더 구체적으로는 일부 학자들이 자신의 학문과 지적 우월성을 과시하기 위한 특정 능력으로 활용한다는 것을 나타낸다. 문학 문자는 대체代替적인 것이며 글쓰기에 절대적으로 필요한 것은 아니지만 그것을 사용하려는 충동은 거의 억누를 수 없고 문자 수에 대한 구속을 약화시킨다. 일본은 비슷한 문제에 직면해 있다. 일본 학자들 역시 고전적인 글에 집착하고 있으며 그들의 글은 지적 연습으로 사용되는 고풍스러운 문자로 가득 차 있다. Twine(1991 : 215)은 "불필요할 정도의 복잡한 문자로 담론의 본문을 장식하는 것은 학자들이 즐겨 쓰는 책략이었다"고 지적한다. 그러나 일본은 1946년에 현대적 용도의 합법적인 글자 수를 1,850자[4](『当用漢字表』*Table of Contemporary Characters*)의 상한선으로 규제하는 데 상당히 성공적이었고, 1951년 5월 25일 이후에 출생한 아동의 작명을 위해 92자를 추가 포함한 공식 목록도 발표했다(He 2001).

통제 가능성의 관점에서 이들 RC는 활동성과 가시성 면에서 큰 차이를 보인다. 앞선 논의가 보여주는 것처럼 이체자와 문학 문자를 제외한 나머지 모든 문자를 숫자로 고정시킬 가능성은 존재하며, LP 당국은 실제로 한자의 총수를 통제하기 위한 RC 관리를 중단한 적이 없다. Wang Tiekun(2003:2) 교육부 언어정보관리부 차장은 "인명·지명·기술용어에 대한 문자의 표준화 작업이 이렇게 중요하고 시급했던 적은 일찍이 없었다"고 주장한다. 이 세 유형의 특수 문자는 모든 종류의 RC 정비로 시작하기에 가장 쉬운 구성 요소들이다. 다른 영역의 RC 같은 경우 역시 숫자는 많지만 특정 용도가 있어서

---

4   1981년 발행된 『상용문자표』*Table of Common Characters*에서 그 숫자는 1,945개로 증가했다(He 2001: 131).

해결책으로서 표준화: 구체적 목적을 위한 다중적 표준 299

미래 계획에 포함될 수 있다. 그것들의 표준화를 위한 연구 사업은 '제10차 국가 사회 발전 5개년 계획을 위한 응용 언어학 연구 방안 및 사업 지침'에서 상당한 부분을 차지한다.

안타깝게도 다양한 RC 유형 간의 차이에 대한 경험적 연구[5]는 지금껏 거의 이뤄지지 않고 있다. 표 4-1에는 7가지 RC 유형의 구체적 특징이 나열돼 있으며 각 특징의 강도에 대한 주관적 추정치가 제시돼 있다. 이 표는 각 RC 유형의 구체성을 포착하고 어떻게 해서 각 범주가 개별적으로 취급돼야 하는지와 관련한 지표를 제공한다.

요약하자면 일반 목적을 위한 언어의 어휘적 표현에는 최대 3,500자면 충분하다. 따라서 전체 문자 수의 제한에 대한 실질적 장애가 언어적 문제이기보다는 사용자의 태도에 있다는 것은 분명하다. 문자를 손으로 쓰는 한 이러한 태도에는 차이가 거의 없었다. 글자를 손으로 적는 것은 아주 유사한 형태가 공존하는 일신상의 것으로 이해됐고 사람들 또한 다양한 형태의 문자를 사용하는 데 익숙해져 있었기 때문이다. 그러나 기술은 구체성에 대한 기술 자체의 요구 조건과 더불어 문어적 소통체계에서 요구되는 것을 변화시켰다.

---

5   일부 연구자가 몇 가지 통계를 제공하긴 하지만(예컨대 Ding 1990:14, Wang 2002: 66), 이 모두는 간략한 조사를 기반으로 한다.

표 4-1. 거의 사용되지 않는 상이한 유형의 문자에 대한 강도 수준

RC의 목적	현대 출판물 내 글자 수	수적 안정성	통상적 사용에 서 활동성과 가시성	미래의 잠 재적 생산 성	현대적 삶을 위한 필요성
이체자	•••	••••	•••	••••	•
문학 스타일	•••••	•	•••••	••	••••
역사·지리	••••	•••	•••	•••	••••
고유 명사	••••	•••	••••	••	•••••
종교·소수자	•••	•••	•••	••	••••
과학·기술	•••	••	••••	•••	••••
번역	•••	•••••	•••	•••	•••

2.1.4 해결책은? 이전의 시도와 과거의 경험

전체 문자 수의 감소, 또 새로운 글자를 만들려는 끊임없는 충동에 대한 확인은 한 세기의 문자 개혁에서 필수적인 부분이었다. 일본은 일반적으로 한자 수 감소의 선구자로 간주됐다. 그러나 일본의 개혁 이전에 문학의 고풍스러운 문자들이 검토된 적이 한두 번 있었다. Lu Feikui는 어쩌면 간화 이전에 1921년 자신의 논문, '한자의 수집과 대조에 대한 나의 제안'*My suggestions on collecting and collating banzi*을 통해 상용 문자에 대한 구분의 중요성을 간파한 첫 번째 학자일 것이다. 그는 일반적인 용도로 2,000자를 제안했는데, 이는 당시 일반인들

이 실제로 사용하는 기본적 욕구를 충족하기엔 넉넉한 것으로 보인
다. 유명한 극작가 Hong Shen은 현대 한자의 수를, 그것도 훨씬 더 적
게 줄일 것을 적극적으로 주창했던 또 다른 사람이었다. 그의 방법은
복수 음절의 신조어coinage를 채용하는 것이었는데, 이는 구조적으로
복잡하고 거의 사용되지 않는 단어들을 대체하기 위해 규정된 문자
들을 사용함으로써 이뤄졌다. 그는 자신의 저서 『기초문자 1,100자의
교수법』*Teaching Methodology of 1,100 Basic Characters* (1935)에서 일반 용도의 1,000
자를 특수 용도의 250자로 구분하려고 시도했는데, 예컨대 '泥(진흙)'
을 대체하기 위해 湿土(젖은 흙) [濕土 습토]를 사용했다. 1939년엔 더더욱
극단적인 감축 옹호자 Zhai Zenxiong이 중국 문자를 전자轉字하기 위
한 음절로 454자만 사용하기를 원했다. 그러나 제자리에서 한참을 벗
어난 이 모든 제안은 문자 개혁과는 너무 거리가 멀었다. 어휘 체계에
영향을 끼치고 언어의 표현력을 제한하는 결과를 초래하면서 교육
수준이 낮은 독자들한테는 말이 많고 인위적인 하향평준화식 문체로
이어졌기 때문이다. Su(1994: 50)가 말했듯이 문자 체계는 언어에 복무
하는 도구다. 한계가 정해진 문자를 수용하기 위해 더 큰 범위의 새로
운 어휘가 만들어지면 그것은 언어와 문자의 기능을 뒤집는다. 이러
한 노력이 헛되고 그것들이 복무하도록 지정된 주민의 지지를 얻지
못한 것은 놀라운 일이 아니었다.

　　이런 상황에서도 이전의 실패가 1949년 해방 이후 다른 학자들이
문자 사용에 제한을 두려는 야심찬 과정을 지속하는 것을 막진 못했
다. 정치 풍토의 급격한 변화는 개별 방안을 실험하는 데 도움이 되

는 환경을 배제했기 때문에 학자들의 노력은 이론적 가능성을 탐구하는 데 집중됐다. 1964년(6월 24일) Lin Handa는 『광명일보』에 「상용되는 일만 자는 반 토막이 날 수 있을까」*Can Ten Thousand Common Characters be Cut by Half*를 실었고, 약 한 달 뒤 Zhou Youguang은 같은 신문에 「현대 중국어에서 문자의 제한 설정 및 감소」*Delimiting and Reducing Characters in Modern Chinese*를 발표하면서 오직 3,500자 한도 내에서 한자를 사용할 것을 대중한테 호소했다.

안타깝게도 이러한 제안은 문화대혁명 시작 직전에 이뤄졌고, 당국이나 일반인의 큰 관심을 끌지 못했다. 1982년 존경받는 원로 LP 전문가인 Zheng Linxi는 그 주제에 대한 영향력 있는 작업, 『한자 총수의 감축에 대한 실천과 이론』*The Practice and Theory of Reducing the Total Number of Hanzi*을 내놓았다. 그는 향후 사업의 일환으로 채택할 수 있는 8가지 방법을 제안하고 대중·LPers·정부의 공동 노력을 통한 감축 가능성을 강조했다. 개별 학자들이 내놓은 이런 제안 말고도 진지한 집단적 시도가 두 번 더 있었는데, 그것들은 실천적 측면에서 더욱 유의미한 것이었다. 1953년, CCSR은 『1,469자표』*List of 1,469 Characters*가 현대 생활의 12개 영역에서 광범위한 텍스트를 다루기에 충분한지 조사하기 위한 실험을 시작했지만, 그 결과는 그들이 해결한 것보다 더 많은 문제를 야기하는 것으로 밝혀졌다. 부정적 증거가 쌓여 오긴 했어도 문화대혁명이 끝날 무렵엔 출판사 직원들이 또 다른 표준 한자 세트를 만들어 다양한 샘플로 시험했다. 그 결과, 규정된 3,260자로 인쇄된 샘플 텍스트에서 (주로 동음이의적 대체로 말미암아) 발생한 착오가 수용 한계를 벗어난 것으로 나타났다.

2.1.5 잠정적 요약

Su(2001b:56)는 고정 문자 수가 적은 문자 체계를 한 세기에 걸쳐 추구한 점을 돌이켜 보면서, 비록 실패는 했지만 인터넷을 통한 정보 교환이 점점 빈번해지는 시대에 상대적으로 문자 수가 적은 문자 체계를 만드는 것이 이전보다는 훨씬 더 바람직하다고, 또 숫자 감축은 "미래로 향하는 상당 기간 동안 LP에서 가장 중요한 과업 중 하나가 될 것"이라고 지적한다. 그러나 반세기 전과 비교해 볼 때 이 목표는 오늘날 더욱 달성하기가 어려워졌는데, 그 이유는 다음 부분에서 제시된다.

제2장에선 어떻게 해서 한자의 문화운동이 전통 문자의 강력한 부활에 대해 직접적 영향을 끼치는지 살펴봤다. 당의 구호·상징·정책·언어 사용이 대중the masses한테 더욱 쉽게 수용될 수 있도록 만들기 위해 전통유산이 활성화되기에 이르렀고, 그 목적은 서구 자본주의 정신의 부정적 영향과 그 정신적 산물의 문화시장 독점에 맞서 싸우는 데 있었다. 대중the public의 문화생활은 이데올로기들의 전쟁에서 교육 못지않게 중요한 것으로 인식돼 왔다. 과거의 영광을 돌아보며 현 정책의 정당성을 강화하기 위한 공식적 독려가 있었고, 이 전통적 판테온은 출판·기념·영화·기타 시각 예술에 반영돼 있다. 민족주의적 정신을 함께 고려해 볼 때 전 주민이 자신의 문화유

산에 헌신하는 것처럼 보인다. TV엔 왕조 시대의 중국이 과거에 누렸던 영광을 묘사한 대하드라마가 밤마다 상영되고, 서점엔 언어 계획에 해로운 영향을 끼친 다양한 형태의 전통 출판물이 넘쳐난다. 이러한 활동이 젊은이들한텐 너무도 강렬한 영향을 끼친 나머지 한 중앙지는 98세의 언어학자를 초청하여 작가들한테 구식 한자에 대한 애착을 포기하도록 설득하려는 노력을 기울였다(Zhou 2003). 전통적 수정주의는 그 밖에도 건축·복장·경제 활동과 같은 영역에서 볼수 있으며, 이러한 추세는 아직 정점에 이르지 않았을 가능성이 높다.

문자 감축, 자신의 문화유산에 대한 대중의 태도, 그들의 문화소비 습관 간의 관계는 LPers의 많은 관심을 끌었다. 전통문화를 정치적으로 조작해서 이용하는 것, 곧 반전통적 관점에서 친전통적 관점으로 전환한 것을 논의하면서 Wang(2002: seminar; 제1장 주 10)은 고전 작품 암송 대회[6]의 조직을 통한 고전 문학 진흥 캠페인을 왕성하고 신랄하게 비판했다. 어린이가 이렇듯 죽은 것들에 지나치게 집착하도록 고무하는 것은 일종의 역사적 퇴행이라고 말이다.

2.2 모양: 물리적 균일성을 위한 상위 표준 개발하기

물리적 균일성의 문제는 크게 볼 때 두 가지인데, 하나는 구조적 일관성, 다른 하나는 동일한 문자에 대해 하나 이상의 변형이

---

6   지난 10여 년간 전국을 휩쓴 논어 및 고전 암송 캠페인과 관련한 자세한 내용은 Zhang Limin(2001) 참조.

공존하는 것 곧 이체자다. 구조적 일관성을 둘러싼 여러 쟁점은 기술적으로 상당히 복잡하고 여기에서 완전히 조사하려면 장황하고 복잡한 설명을 필요로 하기 때문에 다음에 요약된다(그러나 Zhao 2005를 볼 것). 그리고 이어서는 이체자의 표준화와 관련된 쟁점을 논의한다.

2.2.1 내적 일관성의 향상을 위한 구조적 편방의 고정

획과 부건의 일관성은 최근에 등장한 관심사다. 그것은 기술적 요건을 충족하기 위해 더 높은 수준의 표준적 형태를 필요로 하기 때문에 발생하는 것으로서 획 길이의 미미한 차이나 상이한 문자에서 구성되는 위치를 가리킨다. 이것들은 육안으로는 큰 차이가 없을 수도 있기 때문에 컴퓨터에 대한 응용이 아니라면 문제가 되지 않았을 것이다. 그림 4.1과 같이 부건 쌍의 유사 부분엔 미묘한 차이만 있을 뿐이지만 구조적 차이에 매우 민감한 컴퓨터는 그것들을 다른 범주에 넣을 것이다. 일부 획이나 부건은 원래 어떤 식으로든 동일하지 않거나 무관할 수도 있지만 정확한 컴퓨터 처리를 위해선 단일 표준 단위로 통일하는 것이 좋다. 왼쪽 열에 있는 두 번째와 세 번째 예시의 경우, 두 문자로 된 두 개의 유사 부건이 동일하게 만들어지면 입력 방안의 측면에선 하드웨어 및 소프트웨어 저장과 검색이 덜 복잡함을 의미할 것이고 OCR 소프트웨어의 측면에선 인식률 또한 훨씬 더 개선될 것이다. 이러한 유형의 불일치 대부분은 문자들 간에 발생하는데, 그 경우는 그 문자들이 분리된 독체자separate independent

characters로 사용될 때, 또 동일한 요소가 다른 합체자compound characters
의 부수 또는 부건으로 사용될 때가 된다. 이 같은 유사 획의 집합과
부건을 결합하는 것은 그래픽 표현의 애매함을 없애고 차이를 분명
히 보여주는disambiguate 효과적 수단으로 간주돼 왔다. 필기 활동이 더
욱 광범위한 컴퓨터의 사용으로써 대체되고 있는 상황에서 구조적
특성이 점차 주요 관심사가 됐기 때문에 이러한 변화는 OCR의 품질
과 효율성 또한 향상시킬 것이다.

공유된 부분	공유된 부분	차이	표준화 이후의 가능한 형태
美	美	아래 수평획이 더 짧다	美 or 羙
	羹	아래 수평획이 더 길다	
七	北	왼쪽 아래로 떨어지는 획이 수직획을 관통하지 않는다	七 or 匕
	宅	왼쪽 아래로 떨어지는 획이 수직획을 관통한다	
夕	夕	내부의 획은 점(dot)이다	夕 or 夕
	窗	점이 왼쪽 아래로 떨어지는 획을 관통한다	
木	床	건드린다. 마지막 획은 오른쪽으로 떨어진다	木 or 朮
	茶	건드리지 않는다. 마지막 획은 왼쪽으로 떨어진다	
王	玩	왼쪽 구석의 획은 점(tick)이다	王 or 玊
	琴	위 왼쪽 구석엔 수평획이 있다	
辱	辱	위에서 아래로 오는 구조	辰 or 辱
	褥	오른쪽은 절반이 에워싸였다	

그림 4-1. 중국 문자 내 구조적 불일치의 예시들

Deng Caiqin and Zhang Pu(1997: 116)는 상당히 많은 형태의 수, 복잡한 구조, 불분명한 모양; 이 셋이 중국어를 OCR 기술의 적용이 가장 힘든 문자 중 하나로 만드는 큰 장애물들이라고 생각한다. 친필과 독서에 별로 중요치 않은 여러 가지 불일치가 컴퓨터 인식엔 심각한 위협이 될 수 있다. Fei and Xu(2003)의 연구에 따르면 『현대한어상용자표』 *Table of Commonly Used Characters* (1988)에 수록된 7,000자 중 기술적 관점에서 다시 표준화해야 하는 문자는 400자(6%)가 넘는다. 불일치를 통일하고 표준화하려면 그림 4-1의 우측 열이 시사하는 것처럼 작은 외과적 치료가 필요할 것이다. 그러나 이전 장들에서 강조했듯이 전체로서 한자 체계는 오랜 세월에 걸쳐 발전해 온 상의 상관相依相關적 구조다. 작은 개별 변경엔 이러한 취약한 균형을 파괴할 위험이 뒤따르며 바람직하지 않은 결과를 초래할 수 있다. 따라서 이러한 유형의 표준화는 단지 전체 시스템에 대해 잘 조정된 정비의 일부로서 수용될 수밖에 없었다.

이러한 불일치의 대부분은 친필과 인쇄 형태의 차이에서 기인한다. 송 왕조(960~1279) 이후 활자체 인쇄 기술이 발명돼 널리 쓰이기 시작하자 문자 글꼴 주형은 필체 양식을 본떠서 제작돼 인쇄 형태에 큰 영향을 끼쳤다. 또 다른 중요한 원천은 양식적stylistic 인쇄 폰트의 범위 차이다. 1965년 『인쇄 통용 한자 자형표』가 공표되면서 정식 간행물의 폰트 스타일을 둘러싼 혼란은 종식됐다. 이 목록엔 (송왕조에서 유래한) Song Style의 6,196자에 대한 표준형식이 고정돼 있었다. 이후 Wei Style과 Li Style의 형태에 대한 표준화만 SCLW(2004a, b)와 교육부(1999년)에 의뢰됐다. 그 밖에도 개발이 잘 되어 사용 빈도가 높은 폰트 스타일이 몇 가지 있다. 이 표준화는 매우 복잡한 것으로 입증됐다. 매우 풍부한 역사적·현대적 출판물들에서 모종의 표준을 편찬하는 작업을 수반했기 때문이다. 이로써 한자 전문가·심리학자·서예 대가·산업미술 전문가, 폰트 디자이너 간의 학제간 협업이 꼭 필요하게 됐다(Zhang W.B. 2003).

그간 한자 체계의 내적 일관성 향상을 위한 LPers의 지속적 노력이 있긴 했지만, 그 과업을 더 큰 맥락에 자리 잡게끔 하고 더 이상은 미룰 수 없는 시급한 문제로 만드는 것은 바로 기술 발전이다. 부건 최적화는 일부 부건의 체계적 감축과 표준화를 필요로 하는데 그 목적은 단순하고 구별되는 구성 블록이나 자소를 만드는 것이다.

그리함으로써 기술 발전은 인간과 기계 모두, 알파벳 문자가 단어의 철자를 위해 글자를 사용하는 방식으로 문자를 '철자'할 수 있도록 할 것이다. 다음의 예시에서 첫 번째 글자의 아래쪽 부분과 두 번째 글자의 왼쪽 부분은 일반 사용자한텐 지시적인 기호로 작동하지 않으며, 시스템 내에서도 일관성이 없다. 달리 말해 그 부분들은 오직 이 두 글자에 사용되기만 할 뿐이다. 따라서 이 두 부분을 더 합리적으로 만들기 위해 그것들은 사용 빈도가 높은 기존의 부건으로 대체될 수 있었다.

夜 (ye, 밤 [야])　⇨　亠 (부건)　＋　但 (dan, 그러나)　　　　　＝　㾑

殷 (yin, 성씨 [은])　⇨　白 (bai, 흰 [백])　＋　力 (li, 힘, [력])　＋　殳 (부건)　＝　𣪊

상기의 예시들처럼 개혁된 구조는 상당 기간 논의돼 왔다. 이러한 변화는 1982년 Hu Qiaomu가 비공개 토론에서 최초로 제안했지만 일부 참가자는 물론 몇몇 SCLW 회원들의 강력한 저항에 부딪쳤다. 그 이유는 "그 글자들이 더 이상 한자로 보이지 않는다"는 것이었다(Fu 2002: 개인적 소통). 같은 자리에서 Hu는 이렇게 지적했다.

> 현재 우리가 사용하고 있는 문자는 음운적으로 철자된 것도, 물리적으로 철자된 것도 아니다. 우리가 한자의 구조화 방식을 개혁하고 싶다면 한자의 그래픽 형태나 독립적 부건으로 철자되게끔 해서 교수·정보 처리·기계화를 용이하게 하도록 노력해야 한다(Wang 1995: 112-113).

지난 10여 년 동안 다수의 학자는 구조적으로는 더 논리적이고 기계적으로는 더 접속하기 쉬운 한자를 만들어내기 위해 여러 가지 방법을 모색해 왔다. 예를 들어 Chen Abao(2000: 176-177)는 이를 달성하기 위한 세 가지 방법을 제안한다.

일부 부건 통합: 隙 ⇨ 隙(오른쪽 위의 부건이 小로 변경, 小는

온전한 글자로서 '작다'는 뜻). 아울러 周를 周로 변경. 이유는
周의 내부 부건은 '비문자'이지만 제안된 대체물 吉은 독
립된 문자로서 그 자체를 나타낼 수 있을 뿐 아니라 구성단
위composing unit[부건, 자소]이기도 하기 때문.

　자주 사용하지 않고 적기 어려운 일부 부건의 개혁reform:
丷 ⇨ 艹(새롭게 꼴이 바뀐reformed 위의 부건은 사용 빈도가 높은
의부로서 그 뜻은 '잡초·풀') 동일한 원리rational를 활용, 粵 (yue,
[월])은 粤로 바꾼다.

　다음과 같은 일부 유사 부건을 합친다. 丨를 刂와 결합하면
师, 帅, 归 [각각 shi, 師 사; shuai 帥 수; gui 歸 귀] ⇨ 师 , 帅 , 归 .

2.2.2 이체자 감축 및 통합Reducing and Merging

　　　이체자 감축은 글자의 물리적 형태를 표준화하는 영역에
선 근본적인 과제였다. 이 과업의 복잡성을 이해하려면 절대 이체자
와 타 유형 이체자 간의 차이를 구분하는 것이 얼마나 어려운가를 살
펴볼 필요가 있다. 후자의 경우, 그 자체로 의미론적 가치를 지니고
있을지도 모르기 때문에 그것들이 어휘 체계에서 제거되는 것이 마
땅한 일인지 아닌지를 둘러싼 논쟁이 발생한다.

　이체자의 종류는 동일한 집단 내의 문자들 간 관계에 따라 범주
화된다. 다양한 형태의 어휘 항목(한자)이 다양한 출처에 존재하는 것
으로 밝혀졌다고 가정할 때, 예상 표준 문자는 A, 나머지 표준 문자
는 B가 되며, 이들 사이에서 성립 가능한 세 가지 관계는 다음과 같

다(각 문자에 대한 항목들은 *Modern Chinese Dictionary*, Beijing : Commercial Press, 1989 [《现代汉语词典》, 商务印书馆, 『現代漢語詞典』『현대한어사전』, 商務印書館 상무인서관]와 *Ciyuan*(《辭源》, 『辭源』 사원) 또는 *Etymological Dictionary of Chinese Characters*, Vol. I, Beijing : Commercial Press, 1997)에 따라 나열된다.)

- **절대 이체자.** A는 의미론적으로도 또 음운론적으로도 B 와 동일하다 [both A and B의 관계]. B 글자들은 A의 이체자 라 버려진 문자다. 예를 들면 다음과 같다.

  A   床(chuang, 침대 [상])   A   窗(chuang, 창문 [창])

  B   牀   B   窓, 窻, 牕, 牎

- **관계 포함** 의미상 A는 B보다 더 광범위하기 때문에 B의 모든 의미는 A에 포함돼 있다. 예를 들면 다음과 같다.

  A   布(bu [포])
  ① 옷감
  ② 공포하거나 발행하다
  ③ 전파되거나 분배하다
  ④ 주선하거나 계획하다
  ⑤ 고대 통화通貨의 일종
  ⑥ 성씨

  B   佈
  ① 공포하거나 발행하다
  ② 전파되거나 분배하다
  ③ 주선하거나 계획하다

- **중복 관계** A와 B는 의미론적 또는 음운론적으로 겹친다 [either A or B의 관계]. 다음 예시에서 喩는 두 가지로 발음될

수 있다. B가 'yu' [유]로 발음될 때 그 의미는 A 곧 偷(tou)
에 포함되지 않는다.

A	偷(tou [투])	① 훔치다 ② 은밀하게 ③ 시간을 할애하다 ④ 겉치레의, 일시적 안락함에 행복해 하는
B1	媮(tou [투])	① 겉치레의, 일시적 안락함에 행복해 하는
B2	媮(yu [유])	① 유쾌함 ② 깔보다, 경멸하다

절대 이체자는 그것의 표준 대응물[正字]에서 발생하는 의미적 분
화와 관련해 어떤 기능적 역할도 수행하지 않은 채 순전한 복제물들
을 나타낸다. 1950년대와 1960년대에는 구조적 복잡성을 줄이고 사
용 중인 문자 수를 낮추기 위한 노력과 병행하여 그러한 이체자를
대량으로 제거하는 작업이 이루어졌으나 어휘적 요인이 개입되면
서 이러한 노력은 난관에 부딪혔다.

한자 사용자들은 미묘한 차이를 표현하는 독특한 방법을 갖고 있
다. 이는 그러한 문자 다수를 필수적인 것으로 만들기 때문에 문자
감축의 효과 제약을 강화하는 주요 요인이다. Coulmas(1989: 242)의
지적처럼 "문자 표준화는 따라서 무엇보다도 자전 편찬상의 과업"
이다. 이체자를 없애는 것은 다음 두 가지 흥미로운 예시가 보여주
듯이 본질적으로는 의미적 구별성과 수적 단순성 사이의 균형을 맞
추는 문제다.

- 背(bèi [배])는 '등'을, 또는 'bēi'로 읽으면 '등에 지다'는 뜻이다. 어떤 사람들은 의부 하나(손수변, [재방변, 扌])를 추가하여 이것이 손도 수반하는 행위(揹)라는 것을 나타낸다.

- 같은 추론에 따라 叉(cha, 갈퀴 또는 그런 모양을 한 것)는 세 가지 변형, 곧 각각이 '의복 측면에 나 있는, 통풍을 위한 좁고 기다간 구멍이나 틈(衩 : 衤 = 옷의변)', '강의 지류(汊 : 氵 = 삼수변)', '나뭇가지(杈 : 木 나무목 부수)'를 뜻하는 글자들을 발달시켰다.

　　기존 문자에서 쉽게 구할 수 있는 부수를 더해 새로운 문자를 만들어내는 것은 매우 간단하기 때문에 많은 사람들이 그렇게 하고 싶어 한다. 그러한 이체자 다수는 의미상 필요한 차이점이라고 여겨지는 것을 나타내기 위해 만들어질 수 있지만 미묘한 의미 차이를 식별하는 박식과 기술을 과시하기 위해 만들어지는 경우가 더 많다.

　　한자의 최적화를 위해 1956년 CCSR과 문화부가 공동으로 FTVVF *First Table of Verified Variant Forms*, 『제1차 이체자 정리표』를 공표했고, 신중한 선택을 통해 1,053개의 이체자를 없앴다. (이후 26개 정도는 제자리로 돌아왔다.) 이 숫자는 일반적으로 사용되는 현대 문자만 나타내며 모든 문자를 검사할 땐 급증한다. 예컨대 『강희자전』엔 47,035자가 있는데, 이 중 20,000개 이상이 이체자로 문자의 40%를 차지한다(Gao 2002: 276). 가급적 많은 문자를 축적한 포괄성으로 잘 알려져 있는 『한어대사전』*Great Dictionary of Modern Characters*에서 제시되고 있는 56,000

자 중에 약 20,000자는 이체자다.

　이러한 극적인 통계에 비추어 볼 때 이체자를 제거하거나 통합하는 것은 전체 글자 수를 줄이는 효과적인 방법으로 고려돼 왔다. 그러나 너무 많은 글자가 이체자로 간주돼 문자 체계에서 제거된다면 구별할 수 있는 능력이 축소돼 의미적 모호성을 증가시키고 또한 잠재적으로는 언어의 표현력을 제한할 수 있다. 가장 많이 논의되는 쟁점은 고유한 의미적 또는 음운적 가치를 갖는 이체자 다수의 처리다. 덜 권위적이고 더 복잡한 이체자를 방출하는 것은 필연적으로 동음이의 대체를 증가시키기 때문에 문제의 본질은 일반 대중이 의미적 모호성을 어느 정도까지 용인할 것인가를 시험하는 것이다. 대다수의 이체자엔 의미나 범주의 미묘한 차이를 갖는 의부가 관여한다. 실제 운용 절차의 관점에서 볼 때 부건들 간의 관계를 식별하는 것은 상상할 수 없을 정도로 복잡하다. 예를 들어 순수 또는 절대 이체자는 가장 덜 복잡한 유형이지만 현대 중국 내에서 가장 잘 알려진 한자 전문가 중 한 명인 Qiu Xigui는 이 범주를 8개의 하위 범주로 세분화한다. 상이한 범주의 이체자를 다루는 과간화 및 이데올로기적 방법들은 많은 문제를 야기한 것에 대한 비난을 받아왔다.[7]

7　전 체신부Ministry of Posts and Telecommunications 장관인 Zhu Xuefan이 다음의 사건을 언급했다(Fu 2002: 개인적 소통). Xia Xiaoyu라는 성명의 한 여성이 일터에서 큰 소리로 '도둑 Xia'로 불렸는데, 그녀한테 온 전보에 공식 문자로 Xia Xiaoyu가 아니라 'Xia Xiaotou'(夏小偸=좀도둑)로 적혀 있었기 때문이다. 婾는 Yu로 읽는데, 여성 이름에 쓰일 때는 '유쾌하다'를 뜻한다. 하지만 대부분의 경우엔 'tou'로 발음되며 '훔치다'를 뜻한다. 여성 해방 운동이 공산주의 선전의 가장 중요한 관심사 중 하나였던 1950

FTVVF『제1차 이체자 정리표』는 한자 진화사에서 이체자를 시정하려
는 최초이자 유일한 시도였으며, 거의 50년의 사용 끝에 합리화는
기본적으로는 성공한 것으로 증명됐다. 그러나 새로운 언어 환경에
서 그것의 결핍은 점점 더 명백해졌다. Zhang Shuyan(2003)은 이러한
비적절성이 증가하는 세 가지 이유를 언급하고 있다. 첫째, 지난 반
세기 동안 중국엔 엄청난 변화가 일어났고, 그 결과 새로운 것 모두
는 어휘에 반영돼 한자로 기록돼야만 한다. 하지만 표준은 정기적으
로 갱신되지 않기 때문에 우리는 50년 된 표준을 사용하여 오늘날
의 문자 사용을 통제할 때 일이 잘못된다는 것에 놀라지 말아야 한
다. 둘째, 그 표의 주된 본래 목적은 비표준 문자의 제거를 통해 인
쇄 문자의 열악한 품질을 개선, 인쇄 산업에서 사용하는 문자 활자
케이스character typecast의 혼란스러운 상태를 끝내는 것이었다. 이 목표
는 오래전에 달성됐다. 셋째, FTVVF엔 출판물에 더 자주 나타나는,
더욱 문제가 되는 형태를 체계적으로 개편할 의도나 능력이 없었기
때문에 그 표가 이후 정부가 발표한 그 밖의 공식표 및 목록과 충돌
한 것은 놀라운 일이 아니다(Editors 2001). 첫 번째 두 요인은 역사적
관점에서 검토돼야 하며, 단지 세 번째 이유만 근시안적 지침 원리
에 뿌리 내리고 있다. FTVVF는 활동성이 높은 현대 문자만 대상으

년대엔 여성을 뜻하는 글자(女)를 편방으로 하는 글자 다수가 여성적 차별로 간주
돼 간화되거나 폐기됐다. 따라서 사람을 뜻하는 편방(亻)만 표준인 것으로 유지된
반면 女를 편방으로 하는 글자들은 이체자로서 제외됐다. 그러나 Xia Xiaoyu한테
이 결정은 자신의 이름이 인쇄된 형태에서 특색 있는[자신의 이름을 다른 이의 것과 구별
해 주는] 글자 하나가 사라졌음을 의미했다.

로 하기 때문에 이체자가 역사적으로 형성된 현상이라는 사실을 노골적으로 무시하면서 더 오래된 맥락에 대해선 거의 고려하지 않는다. 한자 형태의 관점에 볼 때 상이한 역사적 시대 사이에 뚜렷한 경계선이 존재한 적은 결코 없다.

문자 시스템에서 보이는 모든 단위에 고유한 공간이 주어지면서 현재 유니코드는 점차적으로 확립되고 있다. 중국인한테 이것은 한자에 대한 새로운 개혁안이 더 이상 2,000자 또는 3,000자로 제한되지 않는다는 것을 의미한다. 훨씬 더 넓은 범위의 문자들을 검토하기 위해 개혁에 대한 시야가 확대됨에 따라 1950년대에 합리화된 이전 이체자의 결함은 크게 다가오고 있다. FTVVF의 검토는 불가피하다. 다시 말해서 그것은 한자 표준화를 위해 정부가 강구하는 어떠한 의무적 조치에 대해서도 임박한 일이다. 한자의 물리적 형태 및 구성과 관련해서 두드러지는 어려움 세 가지는 복잡한 형태 대vs. 간화된 형태, 표준 형태 대 변형 형태[정자 대 이체자], 오래된 인쇄 글꼴 대 새로운 인쇄 글꼴이다. 표준 형태를 검증하고 그 밖의 변형 형태를 제거하는 것은 복잡한 식별 및 선택 메커니즘을 포함한다. 따라서 변형 형태[이체자]를 정의하는 것은 현재 수행되고 있는 가장 중요한 언어 계획 활동인 『통용규범한자표』*Comprehensive Table of Standardized Characters*(이 장의 다음 설명 참조)의 제작에서 최우선 과제가 됐다.

2.3 소리: 발음 변형 감축

프롤로그에선 한자가 그림글자와 뜻글자에서 소리글자에 이르는 진화 과정을 살펴봤다. 의미 표현에서 소리 표현으로 옮겨가는 이러한 경향은 뜻-소리글자[형성자]의 증가를 통해 실현됐다. 뜻-소리 (또는 그림-소리)글자의 성부가 문자 전체에 어느 정도의 발음을 제공하긴 하지만 그 정확도는 완벽에서 무시할 수 있는 수준까지 다양하다. 한자는 그 자체로는 정확한 발음을 제공할 수 없는 문자 체계다. 물리적 구성과 마찬가지로 발음 또한 불안정성과 예측 불가능성을 그 특징으로 하기 때문에 표준화를 필요로 하게 된다. 발음의 표준화와 관련해선 두 가지 쟁점이 발생하는데, 바로 이음성heterophonic 문자[이음자 異音字]와 지역 방언이다.

2.3.1 이독자

Yin and Rohsenow(1997: 162)가 대부분의 한자는 고정돼 있고, 보통화 사용자들 사이에선 발음에 대한 일반적 동의가 이뤄져 있기 때문에 "표준화의 주 대상은 남아 있는 소수의 다음자polyphonic characters [多音字]다"고 말한 것은 타당하다. 이어지는 논의에서 우리는 다음자와 관련한 그 밖의 복잡한 문제엔 크게 신경 쓰지 않는 가운데 이독자heterophonic characters [异读字, 異讀字: 다르게 읽히는, 그래서 다르게 소리가 나는 글자. '異音字'로 봐도 무방], 곧 상이한 발음을 사용하여 동일한 의미를 표현하는 중국 문자와 관련한 주요 관심사에 초점을 맞춘다. 한자와 관련된 소리는 알파벳 언어처럼 음성으로 그 형태에서 음성으로 확인할 수 없기 때문에 같은 문자를 다른 방식으로 읽을 수 있다. 가장 중요한 요인인 지리적 차이는 잠시 제쳐 두고 대체로 말하자면, 어떤 이가 모종의 문자를 읽는 방법은 다음 세 가지 요인에 따라 결정된다.

- **나이** 발음은 부수로 변했지만 노인들은 자랄 때 배운 발음을 그대로 지키는 경향이 있다. 이는 일상소통에서 구세대와 젊은 층의 발음이 엇갈리는 데서 확연히 드러난다.

- **교육** 발음은 말하기 및 쓰기 방법과 관련이 있다. 구두 의사소통용 구음과 문어용 독음의 두 가지 기준이 존재하는 경향이 있다. 교육을 잘 받은 사람들은 발음이 훨씬 더 보수적인 반면 문맹자들은 '최저 노력 원리'를 사용하여 원하는 대로 문자를 말한다. 예컨대 다음자 묘는 약간의 어휘적 경계를 만드는 상이한 맥락에서 상이하게 발음된다. 다수의 문자엔 둘 이상의 발음이 있다. 이러한 발음을 지식인은 인식하지만 서민은 그러한 독특한 특징에 별로 관심을 기울이지 않거나 그냥 무시한다.

- **성부가 제공하는 그릇된**misleading **정보** 숙련된 성인 중국 독자는 한자의 성부에서 발견되는 음운 정보를 사용하여 도움을 받기 때문에 발음을 더 정확하게 한다. 그러나 독자[문자의 발음자]를 잘못 이끄는misleading 정도까지 음운 기

능이 약화되는 경향은 점점 더 심해지고 있다.[8] Yin and
Rohsenow(1997: 170)는 "글자가 잘못 읽힐 가능성이 높은
세 가지 상황 가운데 성부에서 잘못된 유추를 이끌어 내
는 것이 가장 흔한 오발음mispronunciation의 원인"이라고
언급했다. 한자가 발음에서 음운 표현과 효과성을 어느
정도로 제공하는가는 의견 불일치의 문제로서 이 장의 다
음 논의에 더욱 상세히 기술돼 있다.

한자의 문자 형태라는 관점에서 볼 때 이체자와 유사하게 동일한
의미에 대해 하나 이상의 변형을 갖는 문자를 이독자yiduzi [异读字, 異
讀字] 또는 이음자heterophonic characters [異音字]로 부른다. 이독자는 문자
의 표준화에 주안점을 두고 있으며, 문제의 난이도는 이체자만큼이
나 높다. 현대 LP 활동의 일환으로 정부는 이독자의 발음을 통일하
는 것을 목표로 두 세트의 공식적인 기준을 제정했다. 첫 번째 표준
인 『보통화의 이독어에 대해 공인된 발음을 구성하는 세 가지 결합
목록의 첫 번째 초안』 The First Draft of Three Combined List of Authorized Pronunciations
for Heterophonic Words in Putonghua[9]은 최종 결정까지 7년이 걸렸다. 1963년에

---

8   『잘못 발음되기 쉬운 글자들』Characters That Are Easily Mispronounced 이란 책(Beijing:
     People's Press)에 나오는 428자 가운데 절반 이상(246자)이 형성자다. 예를 들어 성부
     千(qian) [천]을 갖고 있는 네 글자 歼(jian) [殲 섬], 忏(chan) [간], 纤(xian) [纖 섬], 迁(qian)
     [遷 천] 중에 하나만 'qian' [천]으로 발음된다. 그 밖에도 破绽(pozhan-poding) [破綻 파
     탄], 屹立(yili-qili) [흘립], 停滞(tingzhi-tingdai) [정체]처럼 흔히 사람들의 주의를 끄는 것
     이 있는데, 이것들은 잘못 발음된 글자의 전형적인 예시가 된다.

9   개별 문자의 발음은 오직 단어, 곧 그 대부분이 현대 중국어에선 이음절이거나 다
     음절인 단어에서 결정될 수밖에 없기 때문에 이체자는 대체로 이체사(yiyici [异体词

완성돼 대부분의 사전에서 통합되는 공식 표준의 역할을 하고 있지만 대중한테는 결코 공개된 적이 없었다. 두 번째 표준은 1985년 말 SCLW와 라디오 및 TV부Ministry of Radio and TV [中国广播电视部, 中國廣播電視部 중국광파전시부]가 공동 발행한 것으로 첫 번째 것의 개정판이다. 발음 평가 원칙의 가장 큰 변화는 어원적 합리성과 체계적 논리에 근거한 것이 아니라 대중적으로 수용되는 사용법에 더 큰 중요성을 부여함으로써 사회적 현실을 인정하는 실용주의적 또는 '대중 노선' 접근법을 채택했다는 점이다.

두 표의 차이에서 알 수 있듯이 발음 교정 원칙의 불일치는 일반 주민과 전문가(이를테면, 배우·방송인·TV진행자) 모두한테 혼란을 초래했다. 게다가 표에 제시된 정부 표준과 사전에서 사용되는 표준도 서로 모순된다. 따라서 발음의 통일과 관련해선 다음과 같은 의문이 풀리지 않은 채 남아 있다.

- 어느 것에 무게가 더 실려야 하는가? 대중 친화적이지만 매우 불규칙한 인기 있는 발음인가, 아니면 오히려 '과학적'이면서도 역사 발전과 일치하는 체계화된 발음인가? 앞서 인용한 『제2차 공식 발음 표준표』 *The Second Table of Official Pronunciation Standards* (1985)는 이전의 표준보다 대중노선을 더 많이 고려한다. 다시 말해서 일단 새로운 발음이 대중들 사이에 잘 정착되면 설령 중국 음운체계의 진화방

異體詞], heterophonic words [異音語 이음어])로 알려져 있다.

향에 역행하는 것으로 밝혀진다손 치더라도 당국의 인정
을 받아야 한다. 이는 또한 젊은 세대와 기성세대 간의, 또
주로 타이완을 위시한 다른 지역 간의 격차를 더 벌리는
결과를 낳는다.

- 방언의 발음은 계속 용인돼야 하는가? 과거에 '보통화 말
  하기, 사투리 유지하기'는 보통화 홍보에 대한 지역 내 반
  발을 무마하기 위한 선전 전략이었다. 그러나 디지털 시
  대의 기계 사용과 관련해 한 치의 실수도 허용치 않는
  unforgiving 특질을 다루기 위해서는 엄격하고 신속한 표준
  이 필요하다. 이것은 이어지는 논의와 다음 장에서도 다
  시 제기될 문제다.

- 정부가 공인하는 발음 규범을 어떻게 강제할 것인가? 사
  전 편찬자와 편집자들조차 정부 표준에 별로 신경을 쓰
  지 않았다. 예컨대 정부가 승인하고 오랫동안 가장 많이
  팔린 사전인 『현대한어사전』에 국가가 설정한 기준이 반
  영되긴 하지만 1992년까지도 가장 최근에 허가를 획득한
  이 표준[『제2차 공식 발음 표준표』]은 채택되지 않았다(Peng
  1999). 같은 연구에 따르면 현재 시판되고 있는 사전 대부
  분은 여전히 1963년에 규정된 낡은 발음 표준을 사용하
  고 있다. Peng은 조사 대상 사전 22개 중 서점에서 판매된
  6개만 1985년의 공식 표준을 채택했다고 보고했다. 이는
  1985년의 정부 표준 채택에 실패한 사전 편찬자와 편집자
  의 보수적 본성을 보여준다.

이 질문들의 각각은 더 많은 질문을 제기한다. 각각의 질문은 우리가 이 주요 문제를 더 잘 이해하는 데 도움을 줄 수 있는 중요한 쟁점들을 지적한다. 한 가지 분명한 것은 대중이 공식 기준을 무시하는 것은 더욱 일반적인 문제의 반영이라는 점이며, 그 문제는 바로 대부분의 개혁 프로그램이 유지·관리 메커니즘 없이 시행된다는 것이다. 중국의 언어계획사를 살펴보면 언어 계획 프로그램을 보완하는 프로그래밍·코딩·합법화·실행·평가과정이 진행되는 동안 학자들이 표준norms 코딩 단계에서 우수한 연구를 수행하였다는 것(그들이 시행한 것은 기본적으로 정부기관이 완료할 수 있는 것이다), 하지만 동시에 그 시행에 대한 후속 검토와 평가는 가장 소홀히 취급된 분야였다는 것을 알 수 있다.

2.3.2 지역 방언

현대 중국 문자의 표준 발음은 보통화 또는 1950년대 이전엔 국어*Guoyu* (만다린어 또는 국가 언어)로 불렸던 것이다. 후자는 여전히 타이완에서 사용되는 공식 명칭이며, 해외 화교 공동체들 사이에선 보통화보다 더 인기 있는 이름이다. 현대의 표준 발음은 한 지역 방언, 이를테면 베이징 방언의 음운 체계를 기반으로 한다.

중국의 마지막 제국 정권 셋, 곧 원(1206-1368), 명(1368-1644), 청(1616-

1911)[10] 왕조 동안, 또는 700년 이상에 걸쳐 베이징은 국가의 수도였다. 왕조 시대에는 제국 전체에 국어의 사용을 확산시키려는 시도가 없었다. 13세기 이후 베이징 주변 지역인 북쪽에서 쓰이던 언어가 일종의 행정적·지적 공용어lingua franca가 되긴 했어도 그것의 공식적 지위는 중국의 여러 지역이 경제적으로 상호의존적이고 정치적으로 통합됨에 따라 언어 장벽을 줄이기 위한 표준 토착어를 갖는 것에 대한 열망이 명백해진 1923년의 국어운동National Language Movement 때까지 형식적으로 확립되지 않았다. 보통화란 용어는 1954년 제2차 CCSR 회의에서 최초로 제안, 규정됐다. 그것은 북경Peking 방언의 발음, 북방 방언의 구문, 현대에도 수용도가 높은 문학Baihua [白话, 白話 백화]의 어휘로 구성돼 있다고 정의됐다. 그것은 어떤 지방 사투리를 사용하든 간에 한족 지역에서 가르치는 단일 언어가 돼야 했고, 전국에서 온 화자들 간의 의사소통이란 목적에 복무해야 했다.

언어적으로 한족의 70%는 다양한 보통화를 사용하며, 그 지역은 러시아 및 한국과 국경을 접하고 있는 북동쪽에서 저 멀리 남서쪽의 장강 남쪽 지역까지 뻗어 있다. 하지만 심지어 보통화 화자의 4대 하위 집단들 사이에서도 분명한 언어적 차이가 있어 그들의 구두 의사소통은 흔히 커다란 장벽에 부딪힌다. 나머지 한족들은 다른 집단이 알아들을 수 없는 다양한 지역적 중국어 방언을 구사한다.

---

10   청은 1616년에 성립된 지방 정부였다. 그 통치는 만리장성 너머의 만주족 주민이 거주하는 동북부 지역에 국한돼 있었다. 만주족 청은 만리장성을 무너뜨리고 1644년에 베이징을 점령했다.

논란의 여지가 있는 새로운 용어, 곧 대중 또는 지역[지방] 보통화 mass or local *putonghua*가 1990년대 후반에 개발됐다(Yao 1998). 여기엔 크게 두 가지 이유가 작용했다. 첫째는 보통화의 확산이 제각각 상이한 방언을 사용하는 지역들에서 불균형하게 이뤄진 데 따른 불만이 생겨났다. 둘째, 심지어는 북방 만다린어의 원어민 화자 다수가 베이징 말의 모든 음운학적 차이를 알아차릴 것으로 기대하는 것조차 비현실적임을 보여주는 증거도 점점 더 많이 나오게 됐다. 이런 연유로 보통화 진흥에서 현지 방언을 어느 정도 허용할 수 있는지에 대한 논의는 LP계의 뜨거운 화두였으며, 말씨accent가 정확한 컴퓨터 입력에 중요하기 때문에 이 논쟁은 더욱 심화될 것으로 보인다.

대중 보통화Mass *Putonghua*가 어떤 것이 돼야 타당한지와 관련해선 다양한 설명이 있지만, 핵심은 상이한 지역에서 상이한 직업을 가진 상이한 사람들과 관련될 수 있도록 그 표준이 더욱 가변적이어야 한다는 것이다. 지역 규모level에서 대중 보통화 사용을 옹호하는 사람들은 Zhou Youguang과 Wang Jun 같은 저명한 LP 연구자한테서 강한 지지를 받는다. 대중 또는 지역 보통화라는 생각은 전혀 새로운 것이 아니다. 사실 직업에 따른 다양한 학습자를 위해 일단一團의 유연한 표준을 채택할 필요성은 보통화 캠페인이 시작된 직후부터 오랫동안 인정돼 왔다(Barnes 1977: 259). 이 쟁점을 더욱 유의미하게 만드는 것은 그것이 반세기 동안의 보통화 확산 경험 끝에 제기되고 있다는 점이다. 정부가 보통화를 홍보하는 동안 지방에서 받는 미온적 지지를 감안할 때, 대중 보통화 홍보를 국가적 LP 작업에 접목하는 것은 더 깊이 탐구할 만한 가치가 있는 실용적 정책이다. 방언 지역 전체에서 더욱 유연하고 보편적으로 존중되는 규범이 출현한 것에 대해선 이미 공식 인정이 이뤄졌으며, 보통화 표준 시험 시스템의 다규모적multi-level 모델이 몇 년 전부터 사용되고 있다.

그러나 방언의 변형은 발음 기반 소프트웨어에 장애가 됐다. 철자 오류가 용인되거나 자동으로 확인·교정이 가능한 영어 및 대부분의 다른 알파벳 문자와는 달리 음성 기반 입력 프로그램으로 인코딩된 문자는 정확한 발음으로 표현되기 때문에 발음의 측면에선 고도의 정밀도가 요구되고, 철자가 틀릴 경우엔 화면에 다른 문자가 나타난다. 이는 다규모적 표준의 개념이 보통화로 적용될 때 문제를 야기한다. 예를 들어 만다린어 사용 지역의 대부분을 포함하는 대다수의 주민은 'z, c, s'와 'zh, ch, sh'의 차이를 구별하거나 발음할 수 없다. 다시 말해 워드프로세서 프로그램을 사용할 때 권설음 'zh, ch, sh'가 없는 지역 출신의 사용자는 첫 번째 추측이 틀리면 화면에 원하는 문자를 얻지 못하게 될 텐데 이는 방언을 말하는 모든 사용자한테는 다소 짜증나는 경험일 것이다. 그러나 LP 규제자들의 강력한 반대에도 거의 모든 음성 기반 입력 시스템은 방언 말씨로 표준 발음을 받아들이도록 설계돼 있어 국어 정책에 대한 명백한 위반으로 간주되고 있다. 언어기획자 입장에서 보면 소프트웨어 시장에서 허용되고 있는 방언 발음에 대한 관용은 국민들로 하여금 보통화 수준을 더 향상시키지 못하도록 하고 언어기획자의 국어 통일 노력을 잠재적으로 약화시켜 장기적으로는 비참한 결과를 초래한다.

이 같은 규정들은provisions 급속도로 시장화하고 있는 중국에서 언어 통합을 위해 경주되고 있는 그 밖의 전문적 노력과 극명하게 대비 된다. 예컨대 응용언어학연구소 보통화진흥연구과Putonghua Promotion and Research Section in the Research Institute of Applied Linguistics 소속 연구진과 기타 언어학자들로 구성된 국립보통화시험교육센터National Centre for Putonghua Testing Training는 전국적 규모의 보통화 시험 활동을 정기적 으로 조직할 수 있도록 장관급 권한을 부여 받은 최고 수준의 기관 이다. 그리고 그 활동들은 교사·관광 가이드·버스 차장·스타 등급 호텔의 웨이터 및 웨이트리스 같은 언어 집약적 직업을 위한 것으로 그 센터가 발행한 증명서는 보유자가 구사할 수 있는 표준적 보통화 의 수준을 보여주기 때문에 다양한 직업에 지원할 경우 일종의 개인 적 자산으로 활용되기도 한다.

요컨대 1950년대에 시작된 보통화 홍보 캠페인은 1920년대 국어 운동의 연속이다. 안타깝게도 보통화의 대중화는 어쩌면 중국어의 현대화에서 가장 성공적이지 못한 측면이었을 것이며 보통화의 전 국적 대중화를 2050년까지 이룩한다는 것은 일종의 낙관적 목표에 지나지 않는다(Li 2004c: 65). Zhou Youguang(2004:71)은 "보통화의 대중 화를 말하기 전에, 지금 '대중화'를 말하는 건 언감생심이라 고작 말 할 수 있는 건 '홍보'밖에 없다"고 불평한다. 따라서 보통화 발음의 국가적 표준화를 향한 궁극적 목표는 장기적인 것으로 남아 있다. 발음 표준화의 시급한 현실적 목표는 전체 주민 사이의 구어에 가장 큰 혼란을 일으키는 다양한 발음의 문자들, 더 구체적으론 교육과 기술 분야에서 끝없는 문제를 일으키는 문자들을 표준화하는 것이다.

2.4 배치: 참조 방법의 표준화

Gao Gengsheng(2002:351)이 충분한 근거를 갖고 주장하는 것처럼 "(중국 문자) 배치ordering [순서] 표준화는 (중국) 언어 현대화의 전제조건이다. 그것은 사전 편찬, 도서관 카탈로그 작성, 컴퓨터용으로 고안된 문자 DB, 중국어 자동 처리의 전제 조건이다. 배치는 정보 처리와 문자 입력이라는 두 가지 측면에서 컴퓨터 기술과 관련된 쟁점이다. 언어학적으로 이 배치라는 단어는 정보의 가장 기본적인 단위를 일컫는다. 중국어에선 단어가 문자로 구성돼 있는데, 이는 곧 모든 사전이나 어휘 목록의 분류 체계에서 단어가 표제 문자로 묶인다는 것을 의미한다.[11] 따라서 문자는 유일한 항목, 곧 사전의 단어 또는 심지어 출석부의 개인 이름을 찾기 위해 IR[Information Retrieval, 정보 검색] 시스템이나 말뭉치나 도서관 카탈로그의 정보에 대한 접속을 제공하는 표제가 된다.[12] 문자 입력의 측면에서 보면 한자 입력 방식을 설계

11　　고전 중국어와는 대조적으로 현대 중국어엔 다음절어가 지배적이다. 만약 어떤 단어가 단음절이면 문자는 단어와 같다. 예외로는 새로 만들어진 몇몇 글자를 들 수 있는데, 특별히 과학적 미터법 용어(측정 단위)로 만들어진 것이다. 예컨대 浬(해리)는 **한** 단어 단어지만 이음절 'hai li'로 읽는다 [강조 원제]. 이 단어는 1960년대의 표준화 조치로 취소되었지만 여전히 중국 본토 안팎에서 매우 인기가 있다.

12　　Mair(1991: 1)는 중국에서 자신이 겪었던 일을 설명하면서 베이징에 있는 아파트 단지의 주택 사무실에서 한 친구의 이름을 찾는 데 몇 시간이 걸릴 지도 모른다고 말했다.

할 때의 필수 업무는 한자 배치 체계를 고안하는 것이 된다. 이런 의미에서 입력 방법의 범주화와 마찬가지로 한자 배치법 또한 표음 접근법과 표의 접근법이라는 두 개의 흐름으로 분류할 수 있다. 표음 접근법은 일반인들 사이에선 가장 편리하고 인기가 높은 방법이다. 문자의 발음을 알고 병음에 대한 기능적 지식이나 그 밖에 분류 목적으로 사용되는 알파벳 체계를 갖고 있으면 문자·단어를 즉시 찾을 수 있기 때문이다. 꼭 표음식 입력 방안의 단점과 마찬가지로 이 방법의 가장 큰 문제는 알려진 문자의 발음에 대해서만 유효하단 것이다. 하지만 많은 경우, 사람들이 확인하고자 하는 문자나 단어가 흔한 것이 아니고 참고자료를 사용하는 주요 목적이 발음을 확인하는 것일 수도 있어서 표음적 입력 방식은 보통화를 사용하지 않는 화자를 위한 공통 목적이 되고 있다. 따라서 대부분의 사전엔 한 가지 이상의 색인 방법이 있는 데 반해 다수의 중형 또는 대형 사전 및 참고자료는 표음식으로 색인화되지 않는다. 『현대한어상용자표』(7,000자, 1988년)와 GB 2312-80(6,763자, 1981년)에선 사용 빈도가 높은 문자로 구성되는 절반에 대해선 병음 색인을 사용하고 나머지 절반 곧 사용빈도가 더 낮은 문자에 대해서는 획 색인을 사용한다.

　병음 도입이 한자의 시퀀스[배치 및 그 순서나 차례] 방식 결정에 중요한 대안을 제공했다는 점은 인정해야 할 것이다. 하지만 방금 언급한 단점을 포함한 여러 이유 때문에 중국 문자의 참조 방법referencing은 해결과는 거리가 먼 쟁점이며, 한자 시퀀스 방식은 컴퓨터 사용의 인기가 날로 높아짐에 따라 한층 더 심각한 문제가 되고 있다.

전통적인 표의 방법 중에서 지배적인 것은 이른바 부수 방법이
다. 이름에서 알 수 있는 것처럼 이 방법은 문자가 포함하고 있는 부
수에 따라 문자를 분류한다. 한자의 85% 이상이 형성자이며 그 밖
의 모든 합체자도 사실상 의미적 성격을 띠기 때문에 적어도 의미적
부건 하나는 포함하고 있다.[13] 한자 구조의 이 같은 측면은 거의 모
든 개별 문자를 더욱 제한된 수의 부수에 따라 분류할 수 있는 조건
을 만들어 내는데, 같은 부수를 통해서도 수십, 수백 개의 글자가 묶
이게 된다. 예를 들어 중형사전인 『현대한어사전』을 보면 口(kou, 입)
엔 400개 이상, 目(mu, 눈)엔 (전통형식을 포함한) 100개 이상의 항목이 있
기 때문에 특정 문자를 찾으려면 획수와 획 모양 같은 한자의 다른
구조적 특징을 사용해야 한다. 한자의 최초 분류는 허신이 『설문해
자』에서 소전문자에 대해 540개 부수를 사용한 것이며, 이 배치 체
계는 계속해서 사용되고 있다. 그러나 표준화되어 보편적으로 수용
되는 체계는 없다. 가장 오래되고 또 영향력 있는 체계는 214개의
부수로 이뤄져 있다. 이는 부수 감축, 곧 허신의 540 부수를 1647년
매응조가 『자회』(Glossary―《字汇》, 『字匯』 [자회])에서 줄인 결과였고, 1716
년 집단 편찬된, 더욱 권위 있는 『강희자전』으로 유지됐다. 이 사실
상의 *de facto* 표준은 오늘날 타이완을 비롯한 중국 문자 사용국의 주요

---

13   대부분의 부수는 독립적인 단일 부건 문자 또는 이러한 문자의 파생형인데, 예를
      들면 忄은 心(xin, 심장)에서, 刂는 刀(dao, 칼)에서, 扌는 手(shou, 손)에서 온다. 灬(뜨겁다
      [화]), 冫(차갑다 [빙]), 疒(아프다 [녀])처럼 그 자체로는 문자가 아닌 부수, 그러니까 오
      로지 부수로 사용되기만 하는 것이 많이 있다.

대형 참고서적에 지속적으로 사용되고 있다. 그러나 중국 본토에서 새로 출판된 어휘목록과 사전은 다양한 부수 체계를 사용한다. 대부분은 세 가지, 곧 *Cihai*(어휘의 바다)[《辞海》, 『辭海』 사해] 신판에서 제시하고 있는 250개 부수, 『현대한어사전』에서 제시하고 있는 189개 부수, 셋째는 LP 당국이 표준화하고 권고하고 있는 201개 부수 중 하나를 따른다. 하지만 오늘날 중국에서 참고서적 출판은 거대하고 번창하는 산업이며, 무수히 많은 사전과 참고서가 도대체 얼마나 많은 시스템을 사용하고 있는지를 말할 수 있는 사람은 아무도 없다. 표의 기반의 컴퓨터 입력 시스템을 통해서는 심지어 더욱 많은 분기가 목격된다. 특징적이고 참신한 자신의 방안에 충분한 공간을 제공하기 위해 새로운 시스템을 고안하는 모든 사람은 자신의 특정한 기술적 요구 사항을 충족하기 위한 입력 방안을 만들어 내고 기존의 재고에 사실상 수백 개의 시스템을 추가한다.

공식 표준화와 관련해서 문화부·교육부·중국과학원 언어연구소의 지원을 받던 CCSR은 1961년에 특별 태스크 포스, 곧 '문자 참조 방법 수정을 위한 실무 그룹'Working Group to Rectify Character-Referencing Methods을 결성, 관련자들과 함께 3년간의 집중 연구와 자문을 거친 후 문자 참조 방법의 4가지 시스템, 곧 i) 부수 방법, ii) 사각(4코너) 코드 방법, iii) 필획 방법, iv) 병음 방법을 추천했다. 그 후 1983년엔 SCLW와 문화부에서 승인한 '부수 참조 방법의 통일을 위한 실무 그룹'Working Group to Unify Radical Referencing Method은 편집 및 출판 기관 조직과 협력하여 개량된 201부수 시스템을 내놨는데, 그것은 간화자와 전통 문자 둘 모두를 위한 표준체제로 복무할 것을 목표로 했다. 그러나 또다시, 그것은 정부가 후원하는 사전에도 수용되지 않았다. 예를 들어 현대 중국어에서 어휘 코드화·발음·문자의 표준적 사용을 장려하는 데 가장 큰 권위를 발휘하는 『현대한어사전』은 자체적으로 189개의 부수를 제공한다.

우리가 방금 본 것처럼 부수 방법은 자족적이지 않으며, 오히려 그 밖의 두 가지 결정요인인 획수와 획 모양에 크게 의존한다. 이는 또한 적은 수의 문자를 처리하는 경우 자체적으로 독자적인 배치 방법이 될 수도 있다. 그러나 실제 사용에서 문자나 단어는 이 세 가지 방법을 모두 동원해야만 찾을 수 있다. 그러므로 문자를 찾고자 한다면 부수를 식별하는 것이 전형적인 과정의 첫 번째 단계라고 할 수 있다. 그러고 나선 획수를 헤아려야 한다. 공통 부수에 딸린 글자가 너무 많기 때문이다. 만약 찾으려는 글자가 이 두 요소로 규명될 수 없다면 세 번째 요소인 획 모양을 사용해야 한다. 획 형태법은 다섯 가지 기본 획의 순서에 따라 문자를 순차적으로 배치하는데, 말하자면 수평 획(一)이 먼저 가고, 수직 획(丨, ㅣ)이 두 번째, 왼쪽으로 떨어지는 획(丿)이 세 번째, 점(丶, ㇏)이 네 번째, 굽은 획(乛, ㄴ)이 다섯 번째다. 이 순서는 글자 札zha [찰]에 전형화돼 있기 때문에, 이 '5획' 참조법'five-stroke' referencing method [五笔字型輸入法, 五筆字型輸入法 오필자형수입법]은 '札 방법'Zha Method으로 알려져 있기도 하다.

따라서 문자를 찾는 일은 시간은 많이 드는 데 반해 그 결과는 곧잘 실패로 끝나버리는 일이 될 수 있다. 전체 과정의 특정 부분에서 발생하는 사소한 실수가 모든 노력을 허사로 만들 수도 있다. 현실적으로 개인은 자신이 발음하기 힘든 문자들을 확인하는 것을 피하려고 한다. 그러나 점차 디지털 세계로 진입하는 사회에선 그러한 문자에 접속해야 할 경우가 자주 발생하는데, 그 이유는 컴퓨터 입력 프로그램을 이용하거나 전자적으로 저장된 정보에 접속할 때 사람 수가 증가하기 때문이다. IT 지향적 LP 표준화 활동의 일환으로 언어 당국은 문자 참조 방법 및 한자 교육의 적용을 용이하게 하기 위한 관련 표준을 마련했다. 1997년에 SCLW와 미디어 및 언론부Department of Media and Press는 『정보 처리용 GB1300.1 문자집합 부건규범 – GF 3001-1997)』*GB 13000.1 Standard of Character Components for Information Interchange – GF 3001-1997* [《GB 13000.1. 信息处理用字符集汉字部件规范 – GF 3001-1997》]을 공동으로 의뢰했다. 그리고 2년 뒤(10월 1일) SCLW는 관련부서와 연계하여 한자 배치와 관련한 국가표준 개정판 둘, 곧 『GB1300.1 문자집합 필순규범 – GF 3002-1999』*GB 13000.1 Standard of Stroke Ordering of the General Modern Characters – GF 3002-1999* [《GB13000.1字符集汉字笔顺规范(GF3002-1999)》]와 『GB1300.1 문자집합 한자배치순서 (획순서) 규범 – GF 3003-1999』*GB 13000.1 Standard of Chinese Character Order (by stroke) – GF 3003-1999* [《GB13000.1字符集汉字字序(笔画序)规范(GF3003-1999)》]를 발효했다. 그러나 이 표준들은 오직 『문자집합규범 GB 13000.1』에 포함된 문자 곧 20,902자에 적용되기만 할 뿐이다. 그러나 문자 배치는 여전히 문제인데, 이는 어쩌면 전혀 예상치 못한 일은 아닐 것이다. 예컨대 가장 영향력이 큰 사전 둘, 『신화자전』*Xinhua Chinese Character Dictionary*

(1998년 판) [新华字典, 新華字典]과 『현대한어사전』(2002년 판)에서 동일한 부건인 'ノ'에 딸려 있는 3획 글자는 상이한 순서로 배열돼 있는 것으로 밝혀졌는데, 이를테면 『신화자전』에선 '乞川几乂么九丸及 [乞川幾義慶九丸及]', 『현대한어사전』에선 '千毛川九么及 [千毛川九慶及]'의 순서로 돼 있다(Gao 2002 : 352).

일부 표준화 작업이 복잡하다는 것은 사회언어학적으로 입증됐다. 한자의 부수와 부건을 어떻게 부를 것인가 하는 문제에서 발생하는 분기와 혼란은 부수 참조 방식의 사용에 대해 주요 장애물로 작용한다. 1960년대 이후 특별히 교육적 목적을 위해 한자 부건을 구두로는 어떻게 언급할 것인가에 대한 일종의 약속convention이 필요하다는 것이 인정됐다(제6장의 주 6 참조). 2001년 2월 26일, 『정보 처리용 GB1300.1 문자집합 부건 호칭 규범』*National Standard for Components' Calling Names for Standard Character Set GB-13000.1 for Information Processing*의 초안을 작성하는 과정에선 논쟁의 여지가 있는 문제에 대한 대중의 의견을 추가로 구하기 위해 그 같은 필요성을 명시한 공개서한이 정부 웹사이트 'China-language.gov.cn'에 「규범과 표준」이라는 제목으로 실렸다. 그러나 이 표준과 관련해서 이뤄진 새로운 발전은 더 이상 보고된 바 없다(자세한 내용은 제6장 3.3.3 참조).

한자 배치의 표준화에서 더욱 복잡한 일은 친필을 어떻게 규제하는지와 관련이 있다. 고대 땐 서예 대가들의 작품에 있는 여러 모범을 통해 붓글씨가 효과적으로 지배됐다. 현대에 이르러 중국 본토에선 사람들의 친필을 대상으로 하는 어떤 표준도 시도되지 않았다.[14] 그 같은 시도가 필요하다는 학자들의 요청이 거듭됐는데도 말이다(예: Fei 2000b). 만일 기술 진보로 말미암아 발생하는 수요가 없었다면 이 모습 그대로 남아 있었을지도 모른다. 제3장에서 기술한 바와 같이 OCR 입력 기술은 중국 IT 소프트웨어 시장에서 장래가 촉망되는 분야다. 다양한 OCR 제품이 꽤 오랫동안 시장에 나왔고 구세대·기업 관리자·비보통화 화자와 같은 특정 계층의 사람들한테서 가장 큰 환영을 받은 것으로 드러났다. 그러나 OCR 프로그램의 인식 속도와 정확도를 한 단계 더 개선하려면 언어학자의 상당한 노력과 LP의 참여가 필요하다. 더 구체적으로 동시 OCR 방법의 경우 가끔은 사용자의 친필 행위가 시스템의 작동 품질 향상에 핵심 역할을 하기도 한다. 한자를 화면에 재현하려 할 때 OCR 성공률 감소를 설명하는 주요 요인으로는 예측 불가능한 획순 같은 등 친필의 불규칙성과 개인적 특성이 꼽힌다(Gu 1997년).

동시 쓰기 OCR 방식의 운영 원리는 컴퓨터가 회선의 문자열만 처리할 수 있다는 것이다. 획의 추적 정보trace를 단일 차원의 신호(string line) [문자열]로 변환하는 과정에서 기계는 (가벼운 펜의 일종인) 특수 스타일러스stylus를 통해 전송되는 모든 정보를 포착해야 한다. 그 영향인자에는 획수와 방향, 획순과 쓰기 속도, 심지어 펜 끝의 압력도 포함된다. "이렇듯 풍부한 그래픽 보조 자료와 움직이는 신호를 지

---

14 『친필 문자에 대한 공식 지침』*Official Guidelines for Handwritten Characters*은 1976년 타이완의 LPP 당국에서 발행했다. 일본 교육청은 학생들의 친필 행위에 대해 엄격한 기준을 부과하려 했으나 강한 저항에 부딪혀 중단했다(He 2001: 135).

속적으로 측정함으로써 동시 OCR은 스캐닝 OCR 방식보다 더 높은 품질을 확보하여 인식 속도를 향상시킨다"(Zhao 2005: 355). 그러나 이 과정에서 예기치 못한 일이 발생할 때, 이를테면 "표준적이지 않은 획순이 입력될 때 한 글자는 둘 이상의 상이한 문자로 인식될 수 있다"(Wu and Ding 1992: 176). 이 과정은 다음의 그림으로 나타난다.

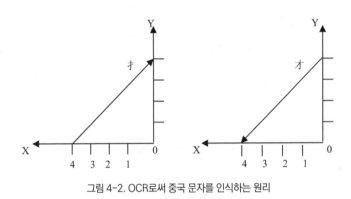

그림 4-2. OCR로써 중국 문자를 인식하는 원리

그림 4-2는 OCR에 대한 표준 배치의 중요성을 보여준다. 컴퓨터가 '扌'[shou, 손 수]와 '才'[cai, 재주 재]라는 그래픽 부호를 읽으려 할 때 둘 다엔 45도 사선으로 보이는 획, 'ノ'[撇 pie, 삐침 별]이 있다. 전자의 올바른 획순은 왼쪽 밑에서 오른쪽 위로, 후자의 그것은 반대다. 기계는 X축의 값을 측정하여 이 두 선을 구분한다. 기계가 X축에서 큰 것부터 작은 것(4→0)까지 추적 정보를 읽으면 기계는 쉽고 빠르게 그것을 오른쪽으로 올라가는 획으로 식별할 수 있으며, 그것을 내부화된 문자 DB에 저장된 올바른 획과 일치시킬 수 있다. 그렇

지 않고 X축의 숫자가 작은 것에서 큰 것(0→4)으로 바뀐다면 오른쪽 위에서 왼쪽 아래로 떨어지는 획이어야 한다(Gu 1997: 107). Wu and Ding(1992:177)은 불안정한 획 모양과 필기 순서를 "동시 OCR의 두 가지 핵심 쟁점"으로 간주한다. 그들은 "사람들의 친필 습관에 다소간의 표준화는 부과할 필요가 있다"고 주장한다(147쪽). 그렇지 않을 경우 "제한되지 않은 친필 텍스트에 대해 시스템이 고품질 OCR 제품을 산출할 가능성은 매우 낮다".(150쪽).

최근 몇 년 동안 연구자들은 최근에 생겨난 무無키보드non-keyboard 개발에 더 큰 집중력을 발휘해 오고 있다. 점점 더 많은 컴퓨터 소프트웨어 제조업체들이 음성 입력과 필기 입력을 촉진하고 있기 때문에 무키보드 입력은 최상이자 최애의 방법이 될 것으로 예측된다. 여전히 너무 느리고 오류가 발생하기 쉽다는 현재의 사실에 비춰 볼 때 이 솔루션이 가까운 시일 내에 뜰 가능성이 거의 없어 보이긴 하지만 말이다. 그러나 OCR 기술은 '자연으로 회귀'하는 것으로 간주된다. Gu Xiaofeng(2000: 44)이 말한 것처럼 국제적 입력 경향은 '펜-컴퓨터-펜'이다. 일부 판매업체는 컴퓨터가 점점 작아지면서 키보드는 점점 더 불편해지는 장비에 불과하다고 주장한다.

한자의 독특한 특징 한 가지는 수천 개의 상이한 그래픽 부호에 수천 개의 친필 표현이 겹쳐 이 문자들의 수십억 가지 표의적 배열 ideolectical configurations을 생성시킬 수 있다는 것이다. 더욱 강력한 신세대 컴퓨터를 써서 수십억 명의 개별 필자마다 하나씩, 그리해서 수십억 개의 개별 필기 유형을 프로그래밍할 수 있다는 가능성에 대해 이론적으로는 의심의 여지가 없다. 그러나 이것은 분명히 비현실적인 과정이다. 어떻게든 정확한 패턴 일치가 가능하도록 하려면 필기 형태의 분류가 이뤄져야 하며, 그 목적은 변형의 수를 줄이는 것이어야 한다. 이것이 바로 LP가 표준화 노력을 통해 현대 친필 기술에 기여할 수 있는 분야다. 획순을 표준화하는 것은, 그 대상이 인쇄 형태든 친필 습관이든 상관없이, 정부의 조율을 필요로 하는 원칙 기반의 LP 계획 유형이다. 그러나 이는 국가적인 LP 작업의 약점이기도 한데, 여기엔 획순 표준화의 복잡한 특성이란 부분적 이유가 있다. 시장의 사전에서 발견되는 비공식적·자칭적 표준은 비표준적인 친필로 말미암은 불일치 제거를 향해 가는 데선 중요한 단계였다. 하지만 그러한 사전 출판업자들이 자신의 개별 작업을 "표준 …의 사전"이라고 주장하는 일의 허용 여부는 앞서 언급한 LP 관련 논쟁으로 거슬러 올라간다.

3. 현행 표준화 프로젝트

문자 발전이 직면해 있는 문제 중 일부를 규명하는 것 못지않게 정부가 현재 어떤 사업을 추진하여 이러한 문제에 대처하고 있는지를 살펴보는 것 또한 중요하다. 중국은 언어발전에 국가가 규범적으로 개입하는 오랜 전통을 갖고 있는 나라로(Shi 1997; Chen P. 1999), 이는 역사 전반에 걸쳐 한자의 생존을 가능케 한 한 가지 요인으로 간주돼 왔다.

역사적으로 정부 주도의 개혁 조치는 두 가지 일반적 범주로 나뉜다. 하나는 한자의 물리적 형태는 그대로 유지하면서 여러 본보기를 설정해 표준화하고 통일하는 것이고, 다른 하나는 수정을 통한 최적화 및 체계화, 또는 비유적으로 말하자면 외과수술을 시행하는 것이다. 이러한 두 유형의 개혁은 시행의 측면에선 보통 상호연계돼 있지만 후자의 경우엔 더 많은 노력을 필요로 하며 시행에 더 큰 위험이 따른다. 이는 문자란 것이 일단 확립되기만 하면 수백 년, 심지어 수천 년 동안 천천히 또 성숙하게 발전하는 일단一團의 관습이기 때문이다. 대다수가 선조의 문자 유산을 변경하거나 포기하고 개혁적 문자 제도를 채택하도록 만드는 것은 아마 세계에서 가장 어려운 직업 중 하나일 것이다. 그러나 문자 체계는 의사소통의 도구이며, 역사적으로는 튀르키예어처럼 문자 개혁 성공 사례 또한 적지 않다 (Dogancay-Aktuna, 1995).

새천년이 시작된 이래 분명해진 것은 중국 IT 산업에 가해지는 엄청난 제약들을 중국 문자 체계의 결여를 통해 완화하기 위해서는 좀 더 근본적인 LP 작업이 국가 차원에서 이뤄져야 한다는 점이다. 여기선 그러한 목적을 달성하기 위해 개발된 두 가지 정부 승인 프로젝트에 초점을 맞춘다. 하나는 표준화된 문자의 종합표comprehensive table를 만들어 일부 중국 한자에 대한 임상적 처치를 더욱 진전시키는 것을, 다른 하나는 중국 고대 문자를 정비하기 위한 일련의 연구 프로그램에 착수하는 것을 목표로 한다.

3.1 체계적 최적화 및 수정: CTSC[15]

현재 모든 표준과 표를 합치면서 진행되고 있는 『통용규범한자표』*Comprehensive Table of Standardized Character* [2013, 《通用规范汉字表》『通用規範漢字表』]는 사실 앞서 말한 四定Four Fixations의 구현이다. 완결된 한자표의 작성은 일찍이 1960년대부터 본격적으로 시작됐으며(Chen 1981), 국가 차원의 핵심 LP 연구 과제로 정식 수립된 것은 이번이 세 번째다. 앞으로도 오랫동안 가장 중요한 국가 언어 과제가 될 터였던 이 계획은 잘 정의된 연구 목표, 전체적인 틀, 현장 연구 운영 원칙에 따라 수행됐다. 2001년 4월 출범 이래 과업 연구팀이 본격 가동됐고, 전국적 학술대회가 계속해서 개최됐고,[16] 인명용 한자와 같은 시범사업을 통해선 대중한테서 의견을 구하기 시작했고(제6장 3.3.3 참조), 별도의 표준 초안표 몇몇이 전국 각지의 학자한테 제시됐는데 그 목적은 그

15　중국어에선 **표준화된**STANDARDIZED 문자와 **표준**STANDARD 문자가 구별되지 않는다. 둘 다 중국어로는 *biaozhun*[标准, 標準 표준]이지만 등가적이진 않다. 향후 CTSC에서 **표준화될**STANDARDIZED 많은 문자가 중국 본토의 공용을 위한 **표준** STANDARD 문자(예: 전통 한자 및 이체자)가 되진 않을 것으로 예상되지만 이 표에서 그 것들은 **표준화된 문자**STANDARDIZED CHARACTERS다[강조 원저].

16　2001년 12월 21~22일에 상하이에서 열린 '문자 표준화에 관한 학술대회'Conference on Character Standardization 이후 2002년 5월 16~17일엔 Jinggangshan(Jiangxi [江西省 井崗山, 江西省 井崗山 강서성 정강산])에서 '이체자에 관한 학술대회Conference on Variant Forms of Characters'가, 잇달아 2002년 6월 22~23일엔 Hefei(Anhui [安徽省 合肥 안휘성 합비])에서 '문자 간화의 쟁점에 관한 학술대회'가, 2002년 8월 22~23일엔 Yantai(Shandong [山東省 烟台 산동성 연대])에서 '인쇄된 문자의 그래픽 형태에 관한 학술대회'가 열렸다. 마지막 셋의 목적은 전적으로 CTSC를 만드는 과정에서 발생하는 난제들만 다루는 데 있었다.

들의 논평을 받기 위해서였다.

　이미 살펴본 바와 같이 양적 감축은 오래전부터 한자 연구 영역의 난제로 간주돼 왔다. 국가 언어 당국이 한자와 관련해 공표한 모든 표준과 표의 궁극적인 요약인 CTSC는 지금껏 개발된 중국 문자 LP 프로그램 중 가장 유의미한 것이었다. 표에 포함돼야 하는 문자를 기술함으로써 고정된 숫자에 도달하는 것은 첫 번째 단계이자 다른 세 가지 고정의 기초가 된다. 그러나 CTSC에 포함될 한자의 총수를 고려할 때 핵심 주장자 간엔 차이가 존재한다(Li 2004b, Wang T.K. 2004, Zhang 2004 참조). 간단히 말해서 총수 결정을 둘러싸고 경합을 벌이는 견해 둘이 있다. 첫째는 다수의 학자가 공유하는 견해로서, CTSC의 주요 목적은 현대의 한자 사용자한테 서비스를 제공하는 것이고, 이는 바꿔 말하면 RC[희귀자]를 표준화할 필요가 없다는 것과 일맥상통하기 때문에 총수는 8,000~12,000 사이의 고정된 숫자로 제한돼야 한다는 것이다. 둘째는 그 밖의 집단이 주장하는 것으로서, CTSC는 적어도 정보 교환을 위해 현존하는 표준 코드를 포함해야 한다. 다음에 제시되는 것은 총 문자 수 12,000개를 세 가지 위계적 계층화 층위three hierarchical stratified levels로 배열한 것으로서 Li Yuming(2004c)이 제안한 것이다.

- 등급 Ⅰ 사용 빈도가 높은 3,500자, 1988년에 발행된 『현대한어상용자표』와 대략 일치
- 등급 Ⅱ, 일반적으로 사용되는 4,000자

- 등급 Ⅲ, 4,500명은 고유 명사 같은 특수 목적을 위한 것으로서 거의 사용되지 않는 4,500자

    기계 친화적 입장은 곧 선을 뵐 CTSC의 두드러진 특징이 될 것이다. 한자의 컴퓨터 친화성을 더욱 높이기 위해 CTSC는 제거된 전통 형태의 복원이나 폐기된 변형의 재도입을 통해 다수의 비공식 문자를 합법화할 것이다. 이 두 가지 모두 이데올로기적 금기에 대해선 획기적 도전이 될 것이다. LP 의사 결정자들은 언어 관련 소프트웨어 시장의 자유방임 상태를 통제하기 위한 단 하나의 명확한 목표를 갖고, CTSC의 본격적인 시행이 한자 기준을 높여 중국 한자 시스템의 전산화 가능성computability을 크게 향상시키기를 희망한다.

    가장 불안정한 한자의 속성 네 가지(숫자, 형태, 소리, 순서)를 고정하는 것 외에도 CTSC는 한자 구조의 물리적 결함을 최적화하여 비논리성을 최소한으로 줄이기 위한 의식적 노력을 뚜렷한 특징으로 한다. 여기엔 제2장 1.2.1에서 논의된 것처럼 잘못 변경된 문자를 바로잡고 이전 개혁들부터 남아 있는 바람직하지 않은 결과를 제거하는 것이 포함된다. 이 장의 앞부분에선 내적 일관성의 개선을 위한 구조적 부건의 고정, 또 이체자의 통합과 관련해 논의했다. 다음 부분에선 가능한 합리화의 두 가지 다른 측면을 살펴보기로 한다. 다만 강조돼야 할 점은 이것이 LP 실무자들이 논의한 이후에 제안하고 있는 것의 예시를 제공하긴 하지만 최적화는 전체 프로젝트의 작은 일부에 불과하며 제시된 선택지, 더 일반적으론 이 책에서 제시되고

있는 것들은 프로젝트의 결과도, 의사 결정자가 궁극적으로 채택한 결과도 아니라는 것이다.

3.1.1 일부 문자에 대한 외과 수술

여기서 수사적 표현으로 사용되고 있는 외과수술은 일부 문제가 있는 문자를 사용하기 쉽고 컴퓨터 친화적으로 만들기 위해 물리적으로 다루는 것을 말한다. 이는 일종의 수리 작업으로서, 부수나 부건 교체를 포함할 수도, 또 원하는 부분은 더하고 개별 문자나 체계 전체에 이질적인 불필요한 부분은 줄일 수도 있다. 외과수술법은 다음과 같은 가정에 기초하고 있다. "논쟁의 여지가 없는 사실은 구성 단위composing units[부건·자소]가 다수의 불합리하고 비논리적 요소가 내재돼 있는 한자의 일부를 구성하고 있기 때문에 조만간 정비가 불가피하다"(Huang 1992: 67). 예컨대 무의미한 부호의 습관적인 사용, 곧 德(de, 덕 [덕])·隆(long, 웅장한 [륭·융])·拿(na, 잡다·손에 넣다 [나])의 가로 획은 특별한 함축이나 차별화 기능이 없는 추가 요소를 가미한다. 이러한 자의적 요소를 문자에서 배제할 경우, 그 글자들은 德, 隆, 拿와 같이 더 쉬워질 것이다. 아울러 중국어의 초기 역사에서 단음절 단어가 우세했을 때 동음이의자를 구별하기 위해 일부 의미 부건의 주요 부분이 의도적으로 추가됐다. 현대 중국어엔 다음절어가 압도적으로 많기 때문에 이러한 추가 획들은 더 이상 어휘적으로 유의미하지 않다. 더욱이 동음이의자를 구별하기 위해 사용되는 방법론은 문자를

구조적으로 복잡하게 만들어 간화를 향한 일반적 추세를 따르지 못
하게 하기도 한다.

육서 전통에서 영향을 받은 한자의 논리적 요소는 대개 한자 개
혁 반대자들과 그 밖의 언어 순수주의자들 손에 부적절하게 과장
됐다. 증거를 공정하게 조사한 결과 언어 발달 과정에서 성부와 의
부 모두의 예측 능력은 강화되기보다는 약화됐음을 알 수 있다. 일
부 문자의 경우 그래픽 구성 및 조자造字 방식을 통해 전달되는 정보
는 그 문자들의 합성 요소에서 의미와 소리를 판단하는 데 방해가
될 뿐이다. 예를 들어 고대 생활에서 말horse [馬]은 매우 중요했고 아
주 많은 글자에 말의 부건이 포함돼 있기도 하다. 하지만 현대적 맥
락에서 그 글자들의 의미나 발음은 전혀 관계가 없거나, 만약 관계
가 있다 하더라도 그것은 문자들이 원래 만들어졌던 의도와는 아주
동떨어진 것일 뿐이다. 나무[木]와 돌[石]의 편방이 있는 일부 문자 역
시 시각적 구성을 보고 설명하긴 어렵다. 비록 명시된 결과는 아니
지만 의미적 지표를 더욱 논리적이고 현대 생활에 수용 가능하도록
하기 위한 편방의 합리화는 TSC*Table of Simplified Characters* 『간화자표』에서
광범위하게 사용됐다. 예를 들어 驚(jing, 깜짝 놀라게 하다·놀래다 [경])에서
惊으로 간화됐을 때 馬(말)은 심리적 부수 忄(심장·마음)으로 바뀌었고,
護(hu, 지키다 [회])의 의부 또한 言 = 讠(말)에서 扌(손)으로, 따라서 護 ⇨
护로 간화됐다. 다수의 문자는 세계에 대한 이전의 인식에 기초하거
나 언어적 정교함의 부족으로 형성되거나 (잘못) 개혁되었다. 이 문자
들이 인류학적·고고학적으로 중요한데도 그것들을 이해하거나 적

는 것은 사람들한테 큰 어려움을 야기한다.[17]

이 같은 기형적이고 결함 있는 문자를 개량하는 데 이용할 수 있는 자원이 방대하긴 하지만 물리적으로 수리할 수 있는 글자 수는 최소한으로 제한해야 하며 이는 문자에 대한 철저하고 체계적인 연구를 바탕으로 할 때 비로소 가능하다. 예를 들어 Qi Chongtian(1997:394)은 『현대한어통용자표』*Table of Standard Shapes of Modern Characters* (1988) [《现代汉语通用字表》]의 일부 글자, 더 구체적으로는 여타의 표준, 곧 사전에 수록된 것 또는 재평가의 대상이 되는 측면이 있는 것과 상충하는 25자를 논의했다. CTSC 프로젝트는 한자의 결함들이 원래 만들어진 것에 뿌리를 내리고 있든 아니면 더 최근의 발전에서 비롯한 것이든 상관없이 그것들을 교정할 수 있는 귀중한 기회를 제공한다.

3.1.2 음성 기표의 책임 증가를 위한 노력

프롤로그에서 설명한 것처럼 한자는 보통 표의 부분과 표

---

17 예를 좀 더 들어 보면, '고래' 鯨(鱼 = 물고기 [jing, 鯨 경])은 '물고기'의 한 종류인가? '박쥐' 蝙蝠(虫 = 벌레 또는 곤충 [bianfu, 蝙蝠 편복])는 '곤충'의 한 종류로 분류돼야 하는가? '자랑스러운' 骄(马 = 말 [jiao, 驕 교])의 경우에 '말'과 '자랑스럽다' 또는 '자부심'의 관계는 무엇인가? '다리' 桥(木 = 목재 [qiao, 橋 교])의 경우에 다리가 꼭 목재로 만들어진 것은 아니다. '웃음' 笑(竹 = 대나무 [xiao, 소])는 대나무와 어떤 관련이 있는가? 목재 컵 杯(木 = 목재 [bei, 배])는 오늘날 희귀한 것이다(Research Team of Chinese Department 1974).

음 부분 모두를 합친 것으로 전자는 의미 관련 정보를, 후자는 발음 관련 지표를 제공한다. 경험에 따르면 역동적인 성부가 새로운 간화자들을 만드는 데 사용되는 한자의 논리적 요소라는 것을 알 수는 있지만, 이러한 특성이 모든 한자를 용인될 정도로 정확하게 만들 수 있을 만큼 아직 충분히 발달하지는 않았다. 이와 관련해서 Fei(1991: 116)는 이렇게 말한다.

> 지금껏 꽤 오랫동안 제안돼 온 것은 의미와 발음을 더 정확하게 표현하려면 성부와 의부의 80~90%가 모호함 없이 더 연상적suggestive일 수 있도록 체계적으로 합리화될 필요가 있다는 점이다. 오늘날 이 같은 연구를 진행하고 있는 사람은 결코 드물지 않다.

한자는 애매모호하다. 왜냐하면 "일본어 음절 문자 체계syllabaries처럼 조작되고 정제된 것이 아니라 그 역사를 통해 오늘날에 이르기까지 다소 무계획적인haphazard 방식으로 진화했기 때문"이다(DeFrancis 1989: 111). Xu Chengmiao(1974: 29)에 따르면 고전 중국어에선 의미를 갖는 형성자가 전체의 90% 이상을 차지했다. 현대 중국어에서 한자의 음성 표현 정도와 효과성에 대해선 의견이 분분하다. Yuen Ren Chao(1976: 92)는 한자가 단지 25%만 음성적이라고 하고, Zhou(1986c: 144)는 39%를 주장하고, 비교적 새로운 추정치라고 주장하며 49.9%를 내놓는 경우도 있다(Wang 1998: 33). 단계적 차이는 성부가 무엇이고 얼마나 많은 한자가 평가돼야 하는지에 대한 상이한 정의에 따라 달라진다. 그렇다 해도 현대 표준 문자의 관점에서 대부분의 학자들이 수용할 수 있는 근사치는 약 40%가될 것이다. Li Yan의 연구(cited in Su 2001b: 103에 인용)는 흔히 쓰이는 7,000자 중 56.6%만 형성자라는 것을 보여주는데, 음성 측면의 발음 지표는 100% 정확한 것부터 그저 희미한 힌트를 제공하는 것까지 다양하다. 문자 체계화의 일환으로서 형성자를 최대한 최적화해야 하는데, 그 목적은 표음 부분이 현대적 발음을 더욱 정확하게 반영하도록, 또 전체 문자의 발음을 더욱 효과적으로 표현하도록 만드는 데 있다.

Zhou(1979: 332-338)는 음성 기능 강화 방법 세 가지를 제안했다. 그는 새로운 형성자의 활용을 신자新字 제작의 유망한 방법이자 고무될 만한 중요한 발상으로 보았다. 비록 각 음절을 오직 음성 표기하나만 갖고 표시하는 방식으로 문자를 재구성하는 것이 비현실적으로 보이긴 하지만 이 야심찬 목표는 관련 논쟁에서 때때로 언급돼왔고, 아마도 한 가능성으로 제시하기에도 너무 엉뚱하진 않을 것이다. Yang(1999) and Chen Ping(1999)은 "현대적 형성 체계modern phonetic-semantic system"를 되살릴 가능성에 주목하고, Chen은 "문자의 역량을 나타내는 소리와 뜻을 개량하는 것"이 한자를 최적화하는 세 가지 방법 중 하나라고 말한다.

Tang Lan(1949)이 처음 고안한 이른바 신형성자 방안New Semantic-Phonetic Characters scheme [당란의 삼서설, 唐蘭의 三書說]은 문자 전체의 재분류, 또 가장 잘 알려진 문자의 규정된 수를 사용한 음운 측면의 개혁을 제안했다. 그 목적은 동일하게 발음되는 문자엔 동일한 성부가 있고 상이한 문자의 동일한 성부는 항상 유사하게 발음된다는 목표를 달성하는 데 있었다. SSS 개정 목록 편집에 아주 중요한 역할을 담당했던 Wang Li(1938)는 이런 생각을 지지하진 않았지만 적어도 어느 정도는 한자가 논리적이고 체계적인 방법으로 재구성될 가능성 또한 배제하진 않았다. 이러한 시도는 다양한 어려움에 부딪혔지만 신자 제작엔 다소간의 귀중한 영감을 주기도 했다. TSC의 형성자 다수는 이러한 원리에 기초했으며 일부 취약했던 형성자들은 개선됐다. 이후 그 글자들은 그 방안[SSS, 제2차 간화 방안]에서 가장 우수한 것으로 나타났다(Gao 2002; Qiu 2004). 동시에 일부 문자는 대중의 자의적 제작에 따른 부정적 영향을 받았고, 따라서 다음 기회, 이를테면 CTSC에서 수정의 필요성이 발생했다.

이론적으로 볼 때 새로운 형성자를 실행에 옮기기 전에 극복해야 할 어려움엔 두 가지가 있다. 하나는 음성 표지phonetic indicator의 형태다. Wang은 명백한 문제를 일으킬 수 있는 음성 표지 형태로서 오랫동안 제안된 혼종적 형태, 이를테면 라틴 문자를 한자의 음성 표시phonetic indicative로 사용하는 것을 거부했다. 두 번째는 더 중요하고 복잡하다. 성부는 수천 년 동안 엄청나게 복잡하고 변화무쌍한 환경에서 발전했기 때문에 한자 사용자 대다수를 위한 기능을 오래전에 상실했다. Chao(1976: 92)가 지적한 바와 같이 "이른바 성부는 처음 개발됐을 땐 소리를 상당히 가깝게 표현했지만 현대적 발음엔 더 이상 적합하지 않은 경우가 많다". 이는 다시 말해 동일한 성부가 상이한 발음을 갖게 됐다는 것이다. Wang Li가 드는 예로는 耻(chi, 수치심 또는 굴욕감 [치])를 볼 수 있는데, 만약 그 글자가 职로 재구성된다면 만다린어 화자들은 그것의 발음을 정확하게 예측할 수 있겠지만 적어도 그 밖의 여섯 지방에서 온 사람들한테는 止[zhi 지]와 尺[chi 척]가 그 글자의 발음과는 무관하기 때문에 성부가 아니다. 그러나 Wang은 일종의 표준 성부를 고안해 내는 해결책엔 낙관적이었다. 그는 세 가지 조건을 열거했는데, 이 조건을 충족해야만 성부는 전체 인구가 낼 수 있는 유사한 발음을 갖게 된다. 미온적인 태도를 보이면서도 Wang은 이론적으로 볼 때 로마자 표기보다 신형성자의 수용 및 성공 가능성이 더 높아질 것이라고 인정했다. 왜냐하면 그것은 모종의 혁명이라기보다는 단지 문자 개혁일 뿐이기 때문이다. 60년 전에 직면했던 문제들을 현 시점에서 볼 때 보통화 홍보 방안이 비교적 큰 성공을 거두고 있는 관계로 방언의 격차에 대한 Wang의 우려는 빠르게 사라지고 있다. 정보시대의 한자 현대화 방법을 논의하는 가운데 Hung Hin-chung (1997: 150)은 "한자 발전의 미래 방향"으로서 신형성자를 아주 적극적으로 고려하는데, 이는 "신형성자가 그것 위에 쓰여 있는 의미의 모자를 벗어버릴 때 표음 문자로 이어지는 가교 역할을 하기 때문"이다.

그러나 전체 한자 시스템을 포괄적으로 쇄신하거나 최적화하는 것이 전통적으로는 너무 이상주의적인 것으로 여겨져 왔다고 할 순 있겠지만(Fan 2000: 165-166), 그렇다고 해서 그것이 제도 개선을 위한 어떠한 체계적 조치도 이뤄질 수 없다는 것을 뜻하진 않는다. 국제

적 경험에 따르면 16세기의 한국어 및 현대의 핀란드어·체코어에서
볼 수 있는 것처럼 언어와 음성 표현 간의 기존 차이를 좁히기 위해
교정적 개혁 조치를 시행한 사례도 있다(Gelb 1979). 비록 시작할 가능
성이 거의 없다는 것을 시인했어도 그것은 사실 너무나 매력적이고
환상적이고 저항할 수 없는 주제이기 때문에 관심 있는 연구자들은
특별히 끊임없는 기술 변화의 관점에서 적어도 부분적 실현이라 할
지라도 더 합리적인 한자 시스템을 만들 가능성에 대한 탐구를 결코
멈춘 적이 없다(예를 들어 Zhou 2004; Wang 2004a 참조).

3.1.3 표준화를 통한 입력 방안 최적화

　　CTSC의 완성은 지나치게 많은 입력 프로그램 간의 불건
전한 경쟁을 종식시킬 수 있는 환경 또한 제공할 것으로 기대된다.
Xu Shouchun(Xu and Zhao 2000: 385-391)은 자동 정보 처리 영역에서 컴퓨
터가 더 큰 역할을 하지 못하도록 심각하게 제약하는 한자의 결함을
열거하고 있다. 그는 가장 중요한 문제는 매우 효율적인 입력 프로그
램 하나 또는 몇몇의 비가동률unavailability이라고 주장한다. 아무런 성
과도 없이 수십 년 동안 이뤄진 국가적 입력 방안의 최적화 노력은 사
회에 악의적 영향을 끼쳤고, 컴퓨터 사용의 점진적 확대와 함께 그 [경
쟁의] 문제는 사회적 딜레마를 만들고 있다. Zhang Pu(1997: 41)는 일종
의 혼돈 상태에서 상이한 방안이 공존하는 과잉의 상황을 "입력 방안
공해"로 부른다.

한자 문자의 컴퓨터 입출력 방안이 현재 갈피를 못 잡을 정도로 다양하게 존재한다는 것은 분명 특이한 현상이다. 대중 및 교육 시스템 영역에선 여전히 사용자 친화적이어야 하고 의무 교육 기준에 부합해야 함과 동시에 여타의 방안에 비해 압도적으로 우위에 있는, 단일하면서도 널리 보급된 방안이 있을 것으로 예상된다. 중국의 인기 있는 방안 20개 이상이 소프트웨어 시장에서 경쟁하고 있기 때문에 언어 사용을 통제하기 위한 포괄적 표준이 필요하다. '시장이 해결하게끔 놔둬라letting the market sort it out'는 개념이 IT 개발 초기에 등장했던 해결책의 일부로는 적절했다 손치더라도 현 상황에선 통하지 않는다. 한자·병음·키보드 사용을 위한 다양한 자체 정의self-defined 소프트웨어 표준이 대중들의 혼란과 원망을 가중했기 때문이다. 이러한 쟁점에 대해 진전을 이루려면 표준화의 새로운 라운드는 자의적으로 고안된 방안들을 시장에서 제거하고 공식적으로 규정된 표준을 준수하는 사람들한테는 보상을 해야 한다. 1990년대 중반 이후, 컴퓨팅 활동은 개별 기업에서 사회적 행위로 확대됐고, 이는 국제화를 향한 미래적 경향을 수반한다. IT산업에 대한 개인의 기여도는 크게 감소하여 사실상 사라지고 있거나 국가적 또는 국제적 표준과 상충하는 경우엔 일종의 방해 요소가 되고 있다.[18] 특별히 유념해야 할 것은 IT 관련 언어 표준이 대중이 사용하는 문어 형태written

---

18   예컨대 Zhou Youguang(1999: 232), Liu Yongquan(1997: 394), Qian Weichang(Zhang 1997: 73), Zhang Pu(1997: 74) 같은 많은 언어학자와 과학자가 입력 방안 설계자였지만 결국 모두 더 이상 이어가지 않거나 자신의 방안을 홍보하는 일을 포기했다.

form와 항상 동일한 것은 아니지만 어떤 측면에선 관련 부문 간의 응집력 있는 가교 역할을 할 수 있다는 점이다.

현재 두 진영 사이엔 근본적인 불일치가 있다. 다시 말해 입력 소프트웨어 개발자들은 기술적 편의와 상업적 이익에 초점을 맞추는 반면 학교 교과서와 사전엔 합리주의적 입장을 채택하는 경향이 있는데, 이는 엄격한 원칙·설명 논리·확립된 관행·어원학적 기원 및 정확성에 더 큰 중요성을 부여하면서 이뤄진다. 그 결과 수업에서 학생을 가르치는 기술과 규칙은 소프트웨어 회사가 제공하는 교육과정이나 운영 지침서와 다르다(Xu C.A. 1999: 132). 같은 글자가 교실·사회·사전·키보드에서 다른 방식으로 기술될 수 있거나 같은 부건이 다른 구독자constituencies가 붙인 다른 이름을 부여받는 것은 부적절하고 비효율적이다. 문제는 소프트웨어 구매자들이 한자 쓰기와 관련한 오래된 지식과 자신이 구매한 소프트웨어를 운영하는 방법 간의 차이점에 직면할 때 가장 분명하게 나타난다. Wan Yexin (1999: 95)은 표의문자 기반 소프트웨어 사용자들은 "한자와 관련해 확립해놓은 모든 지식과 습관을 타자를 치기 위해 없애야 할 때 짜증을 아주 많이 낸다"고 말한다.

현재의 문자가 현대사회에서 요구하는 효과적 도구임을 확실히 하기 위해서는 학제간 공감대가 필요하며, 그것은 한자의 불일치를 어떻게 처리할 것인가에 대해 보편적으로 수용되는 기준에 근거한 것이어야 한다. Fei Jinchang(1996: 444)은 학제간 의사소통이 원활하지 않음으로 말미암아 "IT 업계와 언어학계 사이에서 기본 한자 단위가 무엇인지 또 이를 어떻게 해체할 것인지에 대한 이해의 차이가 확대되는 경향이 있다"고 지적한다. 이 맥락에서 표준화는 특정 커뮤니티의 구성원이 기계의 인코딩·디코딩 과정을 통해 자신이 글로써 한 발화[서면 발화]를 신뢰성 있게 전달할 수 있도록 하는 일련의 규칙이다. 효과적인 접근법은 분쟁 절차와 함께 공식 요구사항에 대한 지침을 마련하여 관련 기준이 나온 후의 의견 불일치를 해결할 수 있도록 하는 것이다. 이 같은 운영 표준은 IT 산업·공적 글쓰기·문해력 교육, 이 세 가지 영역에 보편적으로 적용돼야 하며, 이는 당국이 그 사용에 대해 시장을 엄격한 중앙집중식으로 통제할 것을 요청한다. 자연스러운 결과는 IT 지향 표준이 더욱 확실하게 자리매김함에 따라 입력 방안 수가 점차 감소하는 것이어야 한다.

3.1.4 CTSC에 대한 몇 가지 생각

CTSC 작성 계획 발표 이후 대중은 열광적인 반응을 보냈고, 다수의 비전문가(비공식적 채널을 통해, 예를 들면 Chen M.G. 2004; Li 2004)와 학자(공식적 채널)는 의견과 제안을 내놓았다(예를 들면 Gong 2004; Liu 2004). [지금껏 이 책에서] 서서히 전개되는 논의, 이를테면 앞에서 요약된 것과 더 크게는 CTSC가 고려했어야 한다고 간주되는 쟁점에서 자극을 받은 우리는 CTSC 프로젝트가 거의 보완에 가까워지고 있다는 점에 주목하면서 다음과 같은 의견을 제시한다. 이 주제에 관심이 있는 독자들은 CTSC가 권한을 갖고 있는 결과CTSC mandated outcomes를 이 제안에 맞대어 보기를 바랄 수도 있을 것이다.

3.1.4.1 유연성과 실용성

표준엔 경직성과 상의하달성이란 특징이 있고, 변화엔 표준을 하루에도 열두 번 훼손하기 십상인 그런 가능성이 있다. 이와는 대조적으로 표준화는 과정이다. 언어의 역동적 성격을 고려할 때 우리는 이러한 표준들의 최종적 완결을 기대할 수도 없고 원하지도 않는다. 대답해야 할 관련 질문들이 언제나 남아 있기 때문이다.

실용적인 해결책은 시간이 지남에 따라 발전할 수 있는 여지를 남기고 사용자가 선택할 수 있도록 준수할 표본model을 설정하는 것인데, 이는 일부 제한된 유연성으로 말미암아 표준의 수용 가능성과 함께 실제에서 운영되도록 하는 시행의 용이성 또한 더 높아지기 때문이다. 좀 더 구체적으로 말하면 불확실한 괴리를 둘러싼 분쟁이 발생해서 선택이 이뤄져야 할 때마다 표준의 위상을 잠식할 명백한 가능성이 없는 한 이용자한테 맡겨도 나쁠 건 없다. 유연성, 그리고 표준의 위상 사이에서 균형을 잡는 것은 표준을 만드는 전체 과정에서 필수적인 부분이다. 따라서 일정 기간 동안 표준에 따라 대체 형태나 하위표준의 목록을 작성하는 것은 매우 유용할 것이며, 이로써 대중은 어떤 한자가 비표준적 변형인지를 상기하게 되는데, 이는 무엇이 표준인가에 대한 정의를 개발하는 데 도움이 되는 방법이다.

3.1.4.2 대중의 참여

그 표[CTSC]의 일부 하위 프로젝트에 대한 대중의 뜨거운 반응은 LP 활동이 본질적으로 사회적 과정이라는 개념을 강요했다. 이제 모든 이한테 영향을 끼치는 큰 문제들에 대해 사람들이 이해당사자로 취급되리라는 사회적 기대의 분위기가 있다는 것은 분명해 보인다. 표준이 개발되는 동안 대중의 참여를 위해 적절한 역할을 제공하는 방법은 많이 있다. 표준은 공청회나 대변인의 정기적 뉴스 브리핑 같은 대중매체를 통해 전파할 수 있는데, 타이완이나 홍콩에선 이미 그렇게 하고 있다. 그 목적은 교사·언어 전문가·사전 제작자·서예가 같은 폐쇄적 LP 집단뿐 아니라 가급적 많은 주민까지 폭넓게 참여시키는 데 있다. 둘째, 여론을 일종의 반향판反響板으로 활용할 수 있는 적절한 방법을 강구하는 것이 중요하다. 중국 인구의 경우 오로지 그 규모만 고려하고, 또 중국 사람의 경우 대다수가 민주주의적 참여자로선 성숙하지도 않고 경험도 많지 않다는 점을 감안할 때 여론의 집결지pool는 오직 출발점으로 작용할 수밖에 없고 이들의 참여 또한 상징이나 징표로 보일 수 있다. 그래도 여론과 전문가 의견의 근본적 구분은 있는 만큼 제한적 논의라도 아예 없는 것보단 낫다. 이는 일부 한자의 발음을 다루면서 배워야 할 교훈이 있었기 때문에 특별히 더 그렇다. 유감스럽게도 이번 잠정안을 두고 공식 학자들이 제시한 주요 논문 3편 모두 대중적 수용을 보장하는 조치, 또는 이행의 일환으로서 정비 메커니즘과 관련한 언급은 거의 하지 않았다.

3.1.4.3 SSS 문자와 관련해서

앞서 지적한 것과 같이 대대적으로 거부당한 이후 20년이 넘는 시간 동안 일부 SSS 문자는 "이미 사람들의 마음속에 뿌리를 내렸다. 적어도 그 중 일부는 국정state-sanctioned [國定] 사전의 공식 표준 문자와 평행하게 나열돼야 한다"(Wang 1992: 19). 이는 "일부 SSS 문자는 상당히 성공적"이라고 명시한 『CTSC 잠정 계획』*Tentative Plan of the CTSC*에서도 인정됐다. 게다가 친필 스타일 조사의 결과를 보면(3장) 일반인들의 SSS 문자 수용은 고립된 사건 하나가 아니라 사회의 거의 모든 단계에서 발견되는 만연한 사건이라고 가정하는 것이 솔깃하다. 이는 1988년 8월부터 1992년 4월까지 3년 6개월에 걸쳐 중국 전역에서 실시된 Huang Peirong(1992: 사진은 5-21)의 연구 사진 증거로 강력하고도 생생하게 뒷받침되고 있다. CTSC는 SSS를 재고하고 재평가할 수 있는 좋은 기회를 제공한다. SSS 한자는 비록 정식 지위는 부여받을 수 없더라도 어떤 형태로든 인정은 받을 만하다. 이러한 사실에 대한 인식을 꺼리거나 더 지연하는 것은 현재의 맥락에서 문자 사용의 현실을 반영하는 데 실패하는 것이며, 겉보기에 타당하지 않은 그 밖의 문자가 예상 표준에 포함될 가능성이 있는 경우 대중의 짜증을 유발할 위험이 있다. 이 제안은 표준이 '리더십'을 제공하긴 하지만 널리 수용되려면 대중적 이용을 반영해야 한다는 사실을 나타낸다. 여기선 미묘한 균형을 맞출 필요가 있는데, LP 변화에 대한 대중의 저항이 표준과 그것의 사용을 저해할 수도 있기 때문이다. 이 쟁점은 제6장 3.2에서 더욱 자세히 논의된다.

3.1.4.4 전산화 가능성과 국제성

IT의 동기부여와 국제적 호환성이 이 프로젝트[CTSC]의 주요 이유로 거듭 언급돼 왔지만 이 두 가지 목표를 해결하기 위한 구체적인 조치를 앞서 언급한 세 논문에서 찾아볼 순 없다. 일찍이 1982년에 Hu Qiaomu(Editing Team 1999: 288-289, 299)가 내놓은 건설적이고 통찰력 있는 제안이 있었는데도 말이다. 한자 부건의 전환 가능성·전달 가능성·분해가능성transferable, conveyable and decomposable을 더욱 높이기 위해서는 일부 변형 형태를 통합·변경·폐기하여 부건의 총수를 줄이는 것이 가장 바람직한 결과물이다. 한자의 국제성은 최근 몇 년간 많은 관심을 모았던 또 다른 주제인데, 이 프로젝트의 첫 번째와 일곱 번째 운영 지침은 "CTSC가 그 밖의 한자 사용 커뮤니티와 불일치discrepancy를 키우는 데 아무런 영향도 끼쳐선 안 된다"는 것이었다(Zhang S.Y. 2003). 중기적으로in the medium term 볼 때 통일된 체계는 달성 가능한 목표가 아니기 때문에 일반적으로 사용되는 일부 한자의 물리적 형태를 통일함으로써, 이를테면 타이완의 LP 당국과 연계하여 전통 문자와 이른바 상속된inherited 한자를 함께 표준화함으로써 그쪽으로 향하는 작은 발걸음을 내딛을 수도 있을 것이다. 다만 그 표[CTSC]를 논의한 어떤 간행물에서도 해외 표준이 언급되지 않았다는 점은 눈에 띈다. 비록 이론적으론 명시적 조정을 통해 문제 해결을 담당하는 연락 기구의 설치 같은 가시적 조치 없이 그래픽 기반의 차이를 좁히기 위한 의식적 노력이 이뤄질 것임을 의심하는 이는 아무도 없지만, 해협을 가로지르는 격차의 불가피한 확대 및 영구적 화석화에 대한 가능성을 조심스럽게 예측하는 것은 타당하다. 다음 부분에서 논의되겠지만 타이완에선 유사한 규모의 한자 표준화 작업이 진행되고 있으며, 현 단계에서 이뤄지지 않으면 이들 사업을 조정하기엔 너무 늦을 것이다. 정치적 요인은 차치하고 이유는 간단하다. 왜냐하면 양측이 엄청난 노력과 인력은 물론 막대한 예산까지 투입했기 때문이다. 만약 그들이 따로따로 발전하도록 그대로 놔둔다면 결과는 거의 되돌릴 수 없다.

3.2 중국 문자 체계의 목록 정비: 전 한자 말뭉치

CTSC에 필적하면서도 훨씬 더 야심찬 또 다른 LP 인프라 프로젝트. '전 한자 말뭉치'Corpus of Whole Chinese Characters (CWCC) ['汉字全息资源应用系统', '漢字全息資源應用系統', 한자전식자원응용계통, 줄여서 '全息字典', '전식한자', 더 자세한 내용은 https://qxk.bnu.edu.cn]가 거의 동시에 구상됐다. 현대화 과정의 일부로서 다수의 말뭉치는 상이한 사용 영역에서 언어 통계학을 통해 발전해 왔다. 다음 논의에선 한자로 된 말뭉치 구축을 검토한다. 이 프로젝트의 목적은 CTSC에 포함되지 않은 모든 한자를 표준화하는 플랫폼을 구축하고, 향후 유니코드 확장 시 이를 위한 장소를 확보하는 것이다. Zhao (2005: 365)가 말하는 것처럼 CWCC의 궁극적인 목적은 다음과 같다.

지금까지 존재했던 모든 부호와 기호를 모으고, 그런 다

음 그것들을 체계적인 틀에서 표준화한다. 언젠가 학자들이
국제 표준으로 귀결할 정비와 통합을 통해 갑골·청동기·비
단·대나무에서 비롯한 모든 문자를 유니코드 시스템의 자
기磁氣 및 광학 형식으로 바꿀 수 있기를 바란다.

주로 중국 문자 체계의 고대 문자(예: 갑골문, 금문, 프롤로그 2.1.1 참조)를
대상으로 하면서도 문자 코퍼스는 중국 역사에 존재한 적이 있는 모
든 중국어 비사용 소수 민족의 한자 파생 사자死字, 중국 방언 문자,
중국의 문화유산을 기록하는 데 중요한 것으로 간주됨과 동시에 역
사적으로 핵심이 되는 정보를 담고 있는 모든 상징적 부호도 포함한
다. 조직적 관점에서 보면 2004년 SCLW의 실무 어젠다 중 하나로
열거돼 있긴 하지만 잘 조율된 연구팀이 수행하지 않고 있다는 점에
서 CTSC와는 다르며, CWCC의 최종적 결과는 하나, 또는 꽤 오랫
동안 지속되고 있던 관련 프로젝트가 달성한 성과를 통합한 다수의
말뭉치가 될 것이다. 이들 프로젝트는 "전국 여러 대학과 연구 기관
에 전파돼 상이한 학문 분야의 연구자들이 단편적으로 진행하고 있
다"(Zhao 2005: 365).

문자를 통한written 인간의 의사소통이 종이 기반 데이터에서 자기
磁氣 및 광학 형식으로, 정태적인 것에서 유동적·변화적 존재로, 모
종의 혁명적인 변화를 경험하고 있으며 기존 데이터 형식이 국제 통
신 네트워크를 통해 전 세계로 지속적으로 전송되고 있다는 데는 모
든 사람이 동의하고 있다. 이러한 전송이 국제 사회에서 발생하려면

이 전송 범위에 참여하고자 하는 모든 문자scripts는 특정 규칙 및 표준을 사용하여 인코딩돼야 한다. 현재 경쟁 중인 표준이 많이 있긴 하지만 철자법의 차이로 말미암은 언어 장벽을 허물기 위해 지정된 새로운 표준은 유니코드다(제7장 4 참조). 유니코드에 포함될 계획인 문자의 경우 얼마나 고대적이든 또는 현대적이든에 관계없이 유니코드 계열Unicode family에 들어갈 수 있는 권한을 획득해야 한다. 유니코드 컨소시엄이 표준화되지 않은 스크립트script [소프트웨어를 실행할 수 있는, 프로그램 언어 이외의 간단한 언어로 작성한 명령어. 출처: 『우리말샘』]는 허용하지 않는다고 결정했기 때문에 표준화 지향적 정비가 이 프로세스의 첫 번째 단계다.

1980년대와 1990년대에 중국어 LP 당국은 기술 표준 사무소 및 관련 부서와 협력하여 GB 2312-80을 필두로 한 일련의 문자표와 표준 문자 코드 세트를 공표했다. 여타의 중국 문자 사용 국가 및 지역의 제출물을 고려하면 거대한 한자 체계의 기본 부분들은 이미 유니코드화됐다고 말할 수 있다. 지금까지 중국·일본·한국의 과학자들로 구성된, ISO 10646에 따른 표의적 철자법 공동 연구팀은 코드화를 목적으로 71,000개 이상의 한자를 완성했다. 현재 이러한 동아시아 표의문자는 인쇄 매체(예: 종이, 화면)에서 실제 문자로 편리하게 이해할 수 있는 글리프 대신 추상 문자를 사용하여 인코딩된다. 유니코드의 향후 방향은 각 특정 한자 시스템의 모든 개별 문자에 대해 뚜렷한 그래픽 특성을 정의하기 위한 언어 기반 글리프를 제공할 수 있다는 것이다. Cook의 용어(2001: 3)를 사용하면 이 접근 방식은 "텍스트 기반" 또는 "소스 기반" 인코딩으로 불린다. 이 방식은 사용된 글리프가 파생된 역사적 맥락을 문서화하도록 하는데, 이로써 특정 텍스트와 명문inscriptions에 있는 각 문자의 개별 모양은 사이버 공간에서 보존될 수 있다. 이러한 특별 한자에 대한 글리프 설명을 유니코드에 제공하려면 상당한 표준화·유형화·재활성화 작업이 필요하다. 앞서 언급한 것처럼 CWCC 프로젝트의 핵심은 지역 방언 또는 역사적 한자에 대한 표준 형식을 제공하는 것이다. 이러한 문자 대다수와 그 밖의 비정통 민속 한자 및 문화 특유의 기호는 소멸 위기에 처해 있다. 그것들 대부분은 심지어 종이 기반 매체에서도 가용하지 않기 때문이다. 분명한 것은 우리가 유니코드 기반 사회에 빠르게 접근하고 있다는 점, 또 그 사회에서 표준화의 부족은 치명적이란 점이다. RIAL[응용언어학연구소]의 이사인 Li Yuming(2004a)의 적절한 지적에 따르면 이러한 독특한 그래픽을 원래 형태로 보존하는 유일한 방법은 "그래픽을 유니코드 시스템에 통합하고 각 기호에 고유한 개별 코드 포인트를 할당하는 것"이다.

　제안된 CWCC의 순전한 규모와 복잡성은 다양한 출처에서 볼 수 있다.

  • 현재 사용되는 모든 한자, 구체적이면서도 과학적으로 사용되는 모든 한자는 예서화Li-change(프롤로그 2.1.6 참조) 이후, 이를테면 간화자와 복잡한 글자[번체자] 뿐 아니라 유산 문자legacy characters[갑골문과 금문 같은 고대 문자]까지 포함

하는 그 모두는 주류 한족 문화를 기록하기 위한 서면 의
사소통 도구로 사용됐다. 주목할 만한 것은 이 범주에 포
함돼야 할 SSS의 한자가 여기선 의도적으로 언급되지 않
았다는 점이다.

- 비공식적이긴 하지만 대중적인 한자 및 일부 지역에서 국
  지적으로 사용되는 한자, 방언 한자, 역사적으로 사용됐
  든 현재 사용되고 있든 상관없이 심지어 이체자까지 포함
  하는 비정통 및 민속 한자, 우발적 오류로 잘못 필기됐거
  나 잘못 구조화된 한자, 변질되거나 불규칙한 형태의 한
  자, 역사상 비공식 한자의 중요한 출처인 석판과 탁본에
  서 발견된 것

- 고체古體 및 고전 문자, 여기엔 갑골문, 금문, 전국 문자, 죽
  간·비단·도장에 쓰인 문자, 소전(기원전 213-206년)을 비롯
  한 예서화 이전의 모든 문자

- 고대나 오늘날 중국에 살고 있는 그 밖의 민족이 사용하
  는 파생 한자, 예컨대 고대 Zhuang[壯, 壮 장] 문자, 서하 문
  자(1038~1227년, 중국 북서부에 존재), 한자에서 파생된 거란의
  대자大字와 소자小字

- 고대 및 오늘날 중국에서 그 밖의 종족 집단이 사용한 비
  非한자 문자, 예컨대 나시족Nakhi nationality [纳西族, 納西族, 납
  서족] (윈난성의 일부지역에 거주)의 문자

- 소수 민족의 표음문자, 예를 들어 몽골 문자·티베트 문
  자·위구르 문자(신장 위구르 자치구) 같은 것

- 음성 기호, 예컨대 보통화·방언·고대 중국어 및 소수 민
  족의 문자 같은 중국 고대 및 현대 언어에 주석을 붙인 국
  제 음성 기호뿐 아니라 중국 언어에 고유한 그 밖의 음성
  기호

- 모든 표의문자를 구성하는 것, 이를테면 획·부건·부수·그
  밖의 모든 문자 구성단위들

- 문화 관련 부호 및 기호, 예컨대 도자기에서 발견되는 것,
  『역경』의 점괘 기호(*Yijing*, 중국 고전 철학; 그것의 육효hexagram
  symbols[六爻]는 이미 유니코드 4.0으로 인코딩됨), 도교(도교 이론
  에 기초하여 당나라 때 형성된 중국 유일의 토착 종교)의 부호 및
  기호, 중국의 고대 수학 및 음악에 사용된 것

　지금껏 유니코드로 인코딩된 것은 여성의 문자와 도교의 육효
Tao's hexagram symbols뿐이다. CWCC의 야심찬 계획은 중국 표의문자
체계의 모든 표현을 포괄적으로 정리하는 것을 특징으로 하는데, 본
질적으론 미래를 위한 과거의 인코딩이다. CWCC는 중국 문자 체
계의 생활 경험을 갑골에서 컴퓨터로 재코딩recode하며, 이렇게 볼 땐
언어에 대한 주요 LP 개정의 의미와 함께 언어를 정보화 시대에 접
속 가능한 것으로 만들려는 목적을 갖고 있다. 그것은 중국 문자 체

계를 위해 수립된 가장 중요한 인프라 프로젝트임에 틀림없다. 중국
문화를 온라인으로 전달하는 플랫폼으로 CWCC를 출범시킨 것이
왜 행정적으로 결정된 목표가 되고 있고 또 왜 지난 몇 년간 화두가
되고 있는지를 이해하는 가장 좋은 방법은 국가 자부심과 정치적 감
수성에 대한 함의를 검토하는 것이다. 중국이 민족통일에 대한 정치
적 함의를 고려하면서 한자에서 파생한 문자로 대표되는 다양한 고
대 형태의 비한족 문화를 국제 주류로 통합하길 원한다면 유니코드
에서 더 많은 공간을 확보하기 위한 지속적인 노력에서 무시하거나
놓치는 일이 없도록 해야 한다.

　IT 발전에 점점 더 큰 영향을 끼치는 유니코드는 정치권에도 진
입했다. 입안자들이authors 예측하는 것은 정치적 고려가, 동일한 맞
춤법이 하나 이상의 정치 체제에서 문자 체계 역할을 하는 다중심적
언어에 필연적으로 맞닥뜨리게 될 것이란 점이다. 표준화는 대부분
의 국가 기반 문자 체계에선 합법성 및 소유권과 관련하여 큰 문제
를 일으키지 않고 성공적으로 수행될 수 있지만, 다중심적 언어들이
사용되는 환경에선 내재된 이데올로기적 적대감이나 역사적 복잡
성 때문에 적대적 대립의 가능성을 발생시킨다.

　중국의 경우 첫 번째 국제 한자 부호화 표준 CCCII [Chinese
Character Code for Information Interchange '정보 교환을 위한 중국 문자 코드', 中文資訊
交換碼]의 공식화가 구체적인 예시일 것이다. 1981년 타이완의 반관
반민 연구팀이 일방적으로 제출한 CCCII는 발간, 발효될 때까지 본
토에선 비밀로 유지됐다(Hsieh and Huang 1989: 5). 요즘 들어 해협을 가

로지르며 벌어지고 있는, 대중을 설득하려는 싸움[, 곧 헤게모니 투쟁]에
선 문화라는 카드를 갖고 노는 특징이 새롭게 떠오르고 있다. 타이
완은 늘, 자신은 중국 전통유산의 합법적 소유자로, 공산주의 본토
Communist Mainland는 그 유산의 파괴자로 간주해 왔다. 언어적 전선에
서 이전엔 간화자와 전통 한자를 놓고 경쟁이 벌어졌고, 이젠 두 라
이벌이 디지털 미디어에 중국 전통문화를 보존하자고 주장하면서
서로 경쟁하고 있다. 타이완에선 CWCC와 유사한 프로젝트인 '국
가 디지털 아카이브 프로그램'National Digital Archives Program(NDAP) [數位
典藏國家型科技計畫 수위전장국가형과기계획, https://www.ndap.org.tw/]이 5개년 국
책사업(2002-2006)으로서 2002년 1월 1일 시작됐다(Hsieh 2002).

NDAP의 결과물은 '타이완 디지털 아카이브'Taiwan Digital
Archives(TDA)로 불리는 중앙집중식 DB가 돼서 국가 간 DB와 기술
적으로 호환되면서 "문화유산을 아끼고 전 인류가 공유 가능한 소
중한 자원으로 디지털화하는 어떤 프로젝트와도 손쉽게 협력"할 수
있을 것이다. 잠정적 비교 결과, 본토의 CWCC는 아직 배아 단계에
있지만 타이완의 NDAP는 이미 부분적 이용이 가능하다. 이는 후자
의 경우 그 규모가 적정한 데 반해 CWCC는 너무 야심차고 애매해
서 가까운 장래에 구체적인 결과를 볼 순 없을 것이다(Zhao 2005: 365
참조). 아울러 두 프로젝트의 주요 부분이 서로 겹치는 것으로 조사
됐으며, 둘 다 미래의 WWW가 수행할 10 가지 기능 목록에서 가장
위의 두 자리를 차지하고 있는 영역인 백과사전 참조 및 아카이빙의
잠재적 시장을 겨냥하고 있다(Crystal 2001).

4. 잠정적 요약

일반적으로 말해서 의사소통을 위한 공통 코드로서 문자 시스템은 인간의 사용에 복무하는 그 밖의 도구들과 다르다. 의사소통 효율을 보장하기 위해선 가급적 작은 변동성을 수반하는 표준화가 필요하다. 하지만 동시에 언어는 역동적 과정이고 변화와 다양화의 영향을 지속적으로 받기 때문에 유연해져야 하기도 한다. Wright(2004: 53)는 이 같은 딜레마를 이렇게 정리한다. "수렴을 향한 구심력이 분화를 향한 원심력과 경합하면서 발생하는 영속적 긴장이 있다". 한자는 문자 체계가 다양하고 모양이 불규칙하기로 악명이 높다. 하지만 더 큰 문제는, 구조의 불안정성은 차치하더라도, 글자 수의 불안정성인데, 이는 고안에 대한 개방성 때문에 즉석에서 새롭게 만들어져 체계의 구성원이 된 것을 배제할 수 없다는 데 있다. Lin Yun(1988: 147)은 매일매일 대중이 원할 때마다 새로운 문자가 만들어지고 사용된다고 지적한다. Wang Fengyang(1989: 573)의 말을 빌리자면 "안정성은 (역사적 관점에선) 순간적일 뿐이며, 변화는 변치도 않고 결코 끝나지도 않는다stability is only momentary [in historical terms], change is invariable and never-ending". [역사적 흐름에서 안정성이란 것은 찰나에 불과할 뿐이며, 오히려 변치 않는 진실은 무한한 변화가 끝도 없이 일어난다는 것이다.]

이는 한자체계의 개방성이 의사소통의 효율을 유지하려면 다소간의 표준화를 필요로 한다는 것을 시사한다. 대부분의 경우 이는 자동 발생하는 점진적 과정으로 간주된다. 그러나 그것은 또한 급변하는 일부 상황에서 발생하는 변화가 자연적 발전이 수용할 수 있는 것보다 더 크기 때문에 외부 개입이 필요할 수 있다는 가능성을 열어준다. 역사적으로는 Huang(1956: 33-38)이 말한 것처럼 문자 창조와 사용의 혼란을 통제하기 위해 중국 정부는 수백 년마다 맞춤법 수정과 정정을 실시해 왔으며, 이 기준들을 법적 요건을 통해 이행하는 것이 일반적 관행이었다. 한 예시가 1986년에 발생했는데, 당시의 긴급한 기술적 요구는 정부를 LP 의제를 재평가하는 쪽으로 몰아붙였고, IT 지향 표준화가 새로운 맥락에서 우선순위로 식별됐다. 중요한 것은 기계적 응용이 요구하는 표준화와 인류의 의사소통 시스템인 언어의 유동적 특성 사이엔 끊임없는 갈등이 존재하는 것처럼 보인다는 점이다. 그 결과 표준화의 조건화엔 두 가지 측면이 있는 것으로 볼 수 있는데, 달리 말해 그 조건화는 한편으론 인간 활동의 다양한 외부 요인에 따라, 다른 한편으론 표준화의 계획된 결과가 그 계획이 목표로 하는 주민한테 수용될 수 있어야 한다는 사실로써 이뤄지는 것이다. 이 두 주제는 다음 두 장에서 각각 다뤄질 것이다.

5장

영향력 있는 결과:

비문자에 기반을
두고 있는 쟁점에 대한
사회언어학적 분석

1. 도입

앞 장에선 한자의 변화를 위해 가능한 향후 방향을 언어적 관점에서 검토했다. 그러나 언어를 계획하는 일은 사회를 계획하는 일이며, 이 장에선 계획돼야 할 프로그램과 실행돼야 할 정책에 대한 환경조건을 제공하는 사회정치적 요인에 초점을 맞춘다. Cooper(1989: 177)가 지적하는 것처럼 "어떠한 언어 계획의 예시라도 그것이 끼치는 영향을 이해하려면 그 예시가 착근돼 있는 일반적인 사회적 맥락을 반드시 이해해야 한다". Baldauf(1990: 16)는 계획된 언어 변경 또는 언어 유지에 영향을 끼치는 것으로 제안된 일부 개입 변수 일부를 LP와 관련한 것으로 규명한다. 그는 또 "상이한 상황에선 이 같은 변수들이 언어 계획 정책의 성격과 발전에 다양한 영향을 끼칠 수 있다"고 지적한다. 제안된 개입 변수는 다음과 같다.

- 지각된 경제적 수요(예: 무역, 관광, Gright 2003)
- 정보 및 과학 교류의 필요성(예: Grabe and Kaplan 1986, Jernudd and Baldauf 1987, Amon 2001)
- 민족주의(Fishman 1973; Maata 2005)
- 종족 정체성(예: Edwards 1985)
- 종교(예: Das Gupta 1971; Schiffman 1996)
- 역사적 상황, 도시화의 증가(Jourdan 1990)
- 관료주의와 교육(Shuy 1988, Sommer 1991, Moore 2001, Baldauf, Ingram 2003)

　　앞의 장에서 볼 수 있었던 것처럼 1949년 이후 중국의 언어 개혁은 갈피를 잡지 못한 채 갈팡질팡 진행돼 왔다. 지난 몇 년 동안 논란이 되고 있는 쟁점들에 대한 정책 및 공식 발표 다수가 번복됐다. 그중 대부분은 주된 경로에서 발생하는 짧은 우회 정도에 불과할지도 모르지만 일부 전환은 아예 방향을 튼 것처럼 보인다. 발전의 경로는 크게는 한자의 여러 특징, 그리고 그 밖의 복잡하면서도 유관하고 영향력 있는 요인들 간에 발생한 상호작용의 결과였다. 그러나 새로운 세기에 한 발 더 나아간 개혁이 필요할 때 어떤 측면을 고려해야 하는지는 아직 탐구되지 않은 영역으로 남아 있다. 우리는 문자 개혁의 형성과 발전이 수많은 요인으로써 조건화됐다는 것을 인정하는 가운데 그중 7개를 여기서 밝혔다. 우리가 제안하는 바는 변화의 심도 profoundness와 관련한 일종의 연속 변이cline에 따라 배열 가능하다.

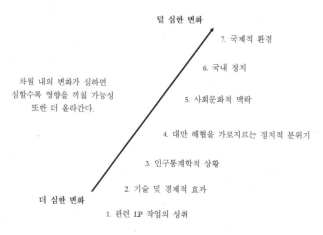

그림 5-1. 7가지 사회언어학적 차원의 위계적 층위

그림 5-1에 제시된 7가지 사회언어적 차원[1] 모두가 문자 개혁에 똑같이 중요한 것은 아니다. 다음 논의에선 이러한 사회언어적 차원이 각각의 가능성 있는 개혁 프로그램과 어떻게 연관될 수 있는지를 논증하기 위한 시도가 이뤄질 것이다. 전반적 합의에 도달해 있는 것은 문자 개혁의 발생이 내적으로 허용되는 조건을 갖추려면 그 조건을 결정하는 것은 외적 합법화enabling 조건이지 그 반대는 아니라는 점이다. 중국의 문맥에서 문자 변화의 가능성과 정도는 전적으로 이러한 외적 합법화 요인들의 조합에 달려 있다고 주장할 수 있다. 어떠한 문자 개혁 시도에도 건전한 기술적 기반은 분명히 중요하다. 하지만 실패로 이어질 수 있는 영향이나 저항 대부분은 위 그림의 상단, 그러니까 상대적으로 변화가 심하지 않은 요인들과 관련이 있다. 과거에 개혁 프로그램이 시작됐을 때 기획자들은 내부언어적inner-linguistic, 곧 기술적인 요인들에 가장 깊은 관심을 보였다. 미래엔 사회적 제약에 더 큰 비중을 둘 필요가 있을 텐데, 그 제약은 더 구체적으로 말하면 덜 심한 요인들, 곧 쉬이 무시되긴 하지만 특정 상황, 특별히 예측 불가능한 정체polities에선 오히려 더 큰 영향을 끼치는 것들이다. 예컨대 이용자들의 태도는 문화적 가치 및 사회정치적 배경과 밀접한 관련을 맺고 있으며, 이는 세계의 다른 지역에서 시행된 문자 개혁에서도 중요하게 여겨져 왔다. 그러나 여타의 정체

---

1   이 책에선 한자 발달을 논의하면서 사회 변화의 영향을 언급할 때 비언어적, 언어학 외부 또는 외부적 요인과 함께 사회언어학적 차원 또는 요인·조건을 사용한다.

에선 문제를 일으키지 않을 것으로 보이는 사소한 문제가 중국의 특정 상황에선 암묵적이면서도 근본적인 방식으로 재앙적 결과를 초래할 가능성이 있다. 이는 중국 상황의 특성과 다양한 중국 언어적 특징에 대한 면밀한 분석을 따라가 보면 가장 잘 이해할 수 있다. 따라서 각 차원은 1) 역사적 경험에서 비롯하는 일반화, 2) 분석적 접근법을 이용한 현재 동향과 미래 방향에 대한 조사, 3) 국제적 비교, 4) 경험적 근거 중 하나를 적용하여 조사한다.

이러한 비언어적 요인은 특정 개혁 차원 각각에 대해 꽤 불균등한 영향을 끼칠 수 있다. 일부 요인은 제안된 변경을 조절하는 데 더 중요한 결과를 초래할 수도 있고, 또는 어떤 경우에 그 관계는 희미하거나 중립적인 영향을 미칠 수도 있기 때문이다. 다시 말해 특정 사회언어적 상황에 따라 어떤 경우엔 그 밖의 경우보다 영향 요인의 존재가 더 뚜렷이 나타날 수도 있다. 일반적으로 말하자면 명백한 변화는 은밀한 것보다 더 노골적인 반면 간접적인 변화는 더 암묵적인 것처럼 보인다.

2. 언어학적 연구와 LP의 성과

여기선 한자 전산화에서 발생하는 병목 현상의 상당 부분이 언어적 접근을 통해선 어떻게 해결될 수 있는지를 살펴볼 텐데, 그 효과는 1950년대 이후 LP의 3대 과제 중 하나인 보통화의 대중화를 얼마나 성공적으로 달성할 수 있는지에 달려 있다. 하지만 컴퓨터 기술이 언어학이나 LP 문제와는 어떻게 연관돼 있는지 알아보기 전에 중국 문자의 음운학적 특징에 대해 적절한 배경을 제공하는 것이 유익할 것 같다.

현대 중국어 음성 체계는 성모initials 29개, 운모finals 39개에 더해 성조 4개까지, 세 가지 철자 요소로 구성돼 있다. 이 세 요소의 조합은 현대 중국어에 대해 대략적으로 1,300개의 유효한 발음을 만들어 낼 수 있다[원문엔 'a total of 417'(총 417개)로 돼 있던 것을 저자가 서신으로 해온 별도의 요청에 따라 'a total of approximately 1300'으로 수정했다]. 달리 말하면 제한된 수의 소리는 그래픽이 상이한 문자 형태 3,000개(가장 자주 사용되는 문자) 이상 또는 거의 8만 개(출판된 사전에 있는 총 숫자)를 나타낼 필요가 있다. 한자가 단음절이고 또 문자 수와 음절 수 간의 차이가 엄청나게 큰 것을 고려해 볼 때 동음이의 음절homophonous syllables로 대표되는 문자가 엄청나게 많다는 것은 당연히 예상할 수 있다.[2] 이것은 국제 표준 키보드의 문자letters 26개를 사용하여 문자를 소리 나는 대로 phonetically 입력할 때 그 결과는 이상하거나 짜증을 불러일으키는 동음이의 문자, 곧 제3장 2.2.1에서 강조된 重码chongma [2개 또는 그 이상이

---

2   중국어 텍스트를 이해하는 데 문자가 필수 불가결하다는 사실을 보여주기 위해 Y. R. Chao는 40개 이상의 문자를 사용하여 한 유명한 구절을 장난스럽게 썼는데, 각각은 'shi'라는 음성 단어 하나만 사용하여 발음됐다. 'shi'를 큰 소리로 40번 이상 읽는 것이 귀로는 말이 안 되지만, 중국 문자로 조용히 읽으면 재미있는 이야기가 된다. 그 밖에 Chao가 또 음절 'xi'를 사용해서 친 비슷한 장난은 DeFrancis(1984b: 192)에 인용됐다.

되는 글자나 단어의 동일 코드]의 불가해한 조합이 될 것임을 시사한다. 다음 부분에선 언어 연구와 컴퓨터 응용 분야의 발전을 통해 重碼 딜레마가 부분적으로 해결될 수 있는 방법을 알아볼까 한다.

2.1 병음과 보통화를 위한 새로운 기능

　　거의 30년 동안의 혼란과 시장 경쟁이 있은 뒤 사람들은 다양한 유형의 입력 시스템 중에서 음성학 기반의 소프트웨어가 더 생산적이라는 것, 그래서 그것이 경쟁적인 시장에서 점차 우위를 차지하고 있다는 것을 점점 더 인식하게 됐다(Lu and Xie 1995). 그러나 음성학에 기반을 둔 방안의 궁극적 성공은 보통화를 잘 구사하고 국제적인 키보드에 병음을 쉽게 사용할 수 있는 사람들한테 달려 있다. 이는 병음과 보통화 둘 모두가 공공의 일상에서 자리를 잡을 수 있게끔 하는 새로운 현상이다. 보통화를 기반으로 한 타이핑 소프트웨어를 사용할 수 있으려면 먼저 무수히 많은 형태의 비非만다린 중국어 화자들이 공식 규범에 맞게 발음을 수정해야 한다. 이러한 관점에서 음성 기반 입력 소프트웨어의 인기는 보통화 확산에 중요한 역할을 하고 있으며, 결국 보통화의 인기는 IT 대중화에 매우 중요해지고 있다. 병음과 보통화의 중요성을 강하게 부각하는 또 다른 IT 분야는 음성 인식 기술(SR: Speech Recognition)의 개발이다. SR은 펜 입력과 꼭 마찬가지로 중국어 사용자한텐 키보드 입력의 대안을 한 가지 더 제공한다. 이것의 거대한 잠재력은 표준 발음의 촉진이 긴급한 사안이라는 데 기름을 끼얹는 또 다른 요인이 될 수 있다. 이런 맥락에서 국가 발전을 위한 보통화 홍보의 중요성과 필요성은 이전엔 결코 그렇게 절실하게 느껴지지 않았다.

컴퓨터 애플리케이션이 초래한 또 다른 부산물은 병음의 새로운 기능이다. 따라서 오랫동안 논쟁의 대상이 돼 온 다중문자 사용digraphia의 쟁점(제7장 2.1 참조), 곧 알파벳 체계로 향하는 부분적 이동은 컴퓨터 사용자의 급속한 증가에 따라 강력하게 촉진될 것이다. 우리가 진행한 온라인 설문 조사의 결과에서 보이는 것과 같은 정보집약적 삶에서 병음이 컴퓨터를 문자 프로세서로 사용하거나 인터넷을 통한 정보 검색의 목적으로 사용하는 가장 손쉬운 도구임은 의심할 나위 없이 분명하다. 중국 LP들은 이 기회를 환영하고 있다. 계속 늘어나는 컴퓨터 인구가 병음 교육을 크게 촉진할 것이기 때문이다. 동시에 병음의 현주소를 감안해 보면 기술적 측면의 개선에도 힘써야 할 일이 많다(Zhou 2004: 243). 이는 병음 철자를 위한 공식 맞춤법이 여전히 확고하게 정립돼 있지 않기 때문인데, 이는 여러 오류가 심지어는 언어학 저널이나 가장 중요한 전국 TV 프로그램에서도 보이고 일반 대중한테는 더 광범위하게 퍼져 있기 때문이다.[3]

지난 50년간의 인상적이지 않았던 병음 및 보통화 진흥의 결과가

---

3   Zhou(2002: 개인적 통신)는 "매일 저녁 전국에선 단 1초만에 Xinwen Lianbo('전국뉴스', 중국에서 가장 많이 시청되는 TV 프로그램 [新闻联播, 新聞聯播 신문련파])의 잘못된 철자 두 개를 보게 될 것이다"고 불평했다. 출판물에서 정확한 병음 철자 비율은 약 85%인 것으로 추정된다(Li and Fang 2004: 139).

광범위한 비판을 야기하긴 했지만 IT 시대의 도래는 뜻밖에도 중국 LP 작업에 새로워진 초점을 제공했다. 이는 LP 역사에서 되풀이되는 일종의 흥미로운 현상을 떠올리게 한다. 다시 말해 의식적이지만 무익한 노력으로 얻은 것이 예상치 못한 외부의 힘으로 달성된 획기적 성과에 비해 보잘것없어 보이는 것은 드문 일이 아니다. 결과적으로 특정 조건에선 LP에서 극복할 수 없을 듯 보이는 어려움이 아무런 문제도 되지 않는다. 예를 들어 사람들은 볼리우드Bollywood가 힌디어 전파에서 수행한 중요한 역할, 하지만 누구도 예상치 못한 그 역할을 얘기한다. 이와는 대조적으로 인도 연방정부의 힌디어 사용 장려 정책promotion of Hindi은 거듭된 패배를 겪어 왔으며 힌디어가 사용되지 않는 지역에선 대개 피비린내 나는 싸움으로 발전했다(De Silva 1998). 타이완에서도 비슷한 시나리오는 목격되는데(Tsao 2000:77), 정부의 강압적인 조치와 비교해 볼 때 2년간의 병역 의무는 그 밖의 외부 LP 또는 여러 은밀한 요인과 함께 성공적인 만다린어 진흥 정책에서 더 중요한 부분이 됐다. 그 밖의 적절한 예시로는 태국 TV가 의도치 않게 라오스 내 태국어의 막을 수 없는 전파에 끼친 강력한 영향을 들 수 있다(Keyes 2003).

2.2 언어 과학의 함의

기술 발전과 중국어 간의 갈등은 AI와 CIP[중국어 정보 처리]의 폭넓은 적용에 문자·단어 처리의 제약이 뒤따른다는 것을 특징으로 한다. 1990년대 중반쯤 언어 영역엔 한자 인코딩(입력)과 디코딩(출력) 기술이 AI와 CIP 개발의 첫 단계라는 인식이 널리 퍼져 있었다. 하지만 분명한 것을 놓치는 일 또한 일어나기 십상이라, AI 개발·입력 방법 업그레이드·언어 연구 간 관계에 적절한 주의를 기울이지 못하는 결과를 초래한다. AI는 언어학 연구에 도움이 되는 데 반해 향상된 입력 효율성은 그 결과 AI 발전을 앞당기는데, 이는 사실 IT 산업의 발전을 위한 일종의 연쇄 반응 효과다.

2.2.1 동음이의 딜레마에 대한 궁극적 해결책

제3장에서 기술한 것처럼 모든 음성 입력 방안과 자연 언어 처리 시스템이 직면해야 할 주요 문제는 모호성을 해결하는 것, 이를테면 특정 음향acoustic 입력에 일치하는 정서 전사orthographic transcriptions[正書 轉寫]의 가능성이 두 개 또는 그 이상일 경우의 선택이다. 重碼 문제는 치명적 난점임과 동시에 표음 방안에선 해결 불가능한 결점으로 간주됐다. 따라서 동음이의 음절을 어떻게 해소할 것인가는 IT 개발자가 극복하려 노력해 온 가장 큰 걸림돌이었다. 동음이의 음절의 자동 구별을 위해 사용할 수 있는 기본 원칙엔 둘, 곧 통계·말뭉치 기반과 원리 기반이 있다. 1980년대 중반 이전엔 주로 통계적 방법을 통해 문자 구별이 이뤄졌다. 원하는 문자를 음성적으로 동일한 그 밖의 음절과 구별하는 시스템의 능력은 전적으로 정태적 텍스트 내의 문자 발생률에 달려 있었다. 통계 시스템이 작동하는 것은 무

관한 문자가 함께 모여 어휘적으로 올바른 단어나 구를 형성할 가능
성이 지극히 낮기 때문이다. 내장형 데이터 뱅크(사전)에서 다른 문자
와 짝을 이룬 문자가 이 문자와 연결될 가능성이 가장 높다는 통계적
개연성이 있다. 말뭉치 언어학에선 이를 연어連語, collocations로 부른다.
연어는 통계학적으로 유의미하다. 말뭉치에서 단어의 동소 배치 개
연성collocational probability 또는 동시 발생co-occurrences을 통해 발화 단위를
식별할 수 있기 때문이다.

　　언어 원리에 기초한 방법은 비교적 높은 정확도로 특정 문자를
지능적으로 식별하는 능력 때문에 인텔리전트 인코딩 방안Intelligent
Encoding Scheme(Zhineng Fa [智能法], 이하 '지능형 방안')으로도 알려져 있으
며, 이는 입력 텍스트의 더욱 광범위한 일관성을 이해함으로써 달성
된다. 이런 유형의 입력 시스템 발달은 대다수의 모호한 기호가 문
맥상 쉽게 명확해질disambiguated 수 있다는 언어학적 사실에 기초하
고 있다. 지능형 방안은 전체 문장에 대한 이해도에 따라 문자를 선
택하는데, 이는 음성적으로 표현된 한자의 입력 문자열을 통사적으
로 올바른 단위로 상당히 정확하게 분할하는 (문법적으로 주석돼 있는) 대
형 구문 분석 말뭉치와 같이 전체 문장의 통사 구조에 대한 자동적
분석에 더 정교한 과정을 수반하는 언어 원리를 이용하거나, 다양한
단어가 문맥에서 어떻게 기능하는지를 보여주기 위해 각 문장에 대
해 레이블이 지정된 분석을 제공하는 사전 내장형pre-internalized 문법
트리를 적용함으로써 이뤄진다.

　　이 과정이 어떻게 작동하는지를 설명하는 가장 좋은 방법은 예시

를 보는 것이다. 만약 다음 문장들이 컴퓨터에 표음식으로 입력된
다면 통계 기반 시스템들은 보통 10자 이상을 나타내는 각각의 병
음 음절을 해독할 수 없기 때문에 각각의 문자를 식별하지 못할 것
이다. 지능적 방안은 마지막 단어가 입력될 때까지 개별 문자를 추
측하려고 하지 않는다. 다시 말해서 문장 전체가 완성되면 컴퓨터는
내장된 글로벌 지식 DB와 자동 처리 알고리즘을 통해 문장 전체의
통사 구조를 체계적으로 파악할 수 있다. 일단 모호성이 자동적으로
배제되기만 하면 이 프로그램은 단번에 표음식의 병음 입력을 중국
문자로 즉시 번역, 전사 할 수 있게 될 것이다.

> A. Ta Kan shu kan dao le ban JIE.
> 他砍树砍倒了半截。
> (그는 나무를 잘랐고 나무의 반이 잘렸다.)
> B. Ta kan shu kan dao le ban YE.
> 他看书看到了半夜。
> (그는 한밤중까지 책을 읽었다.)

　　중국어의 연어적 특성은 음향 입력 문자열의 해독이란 측면에서
보 볼 때 언어학적으로 중요하다. 언어학이 표음식의 모호성 제거
phonetic disambiguation [표음적 명확화]에서 발생하는 다수의 문제를 다루기
위해 제공할 수 있는 잠재력에 대한 자각이 증가하고 있다. 빠르게
부상하는 이 방법이 큰 성공을 거뒀고 현존하는 모든 입력 방안 중
가장 유망한 방법이기 때문이다. 이러한 노력에 대한 설계자들의 자

신감은 동음이의 문자가 구두 의사소통의 장애물로 느껴진 적이 없기 때문에 종국엔 인간다운 지능을 얻게 될 컴퓨터 또한 그 글자들을 오해해선 안 된다는 견해에 바탕을 두고 있다. 1996년 Zhou(1999: 224-225; 232-233)는 중국어에 내재하고 있는 네 가지 언어적 특징을 적용함으로써 입력 방법론이 크게 향상될 수 있다고 보았다.

- 통사 연구는 중국어 문장이 어떻게 만들어지고 있는가와 관련해서 더 많은 규칙을 밝혀낼 것이다.
- 빈도 통계는 시스템이 동음이의 음절이 나타낼 수 있는 가장 개연성 있는 문자를 좁히는 데 도움이 된다.
- 문맥은 뜻한intended 문자를 정확하게 식별하는 데 가장 중요한 역할 가운데 하나를 수행한다.
- 편의성, 현재 성모와 운무 결승선. 병음 철자법의 측면에서 볼 때 각한자의 음성적 철자는 성모와 운모의 두 부분으로 이뤄진다. 대부분의 방안은 이음절 및 다음절 단어를 전사하기 위해 운모만 사용한다. 더 많은 음성 정보가 입력된다면 重码는 크게 줄어들 것이다.

Jernudd and Das Gupta(1971: 205)의 견해에 따르면 "철자 혁신은 근본적으로 말speech의 문제다. 그런 까닭은 주로 철자법의 동기부여가 알파벳이나 음절 문자의 경우엔 음운론적·형태론적 규칙, 또는 어표문자logographic scripts의 경우엔 어원을 통해 이뤄지기 때문이다". 이러한 견해에 동의하는 가운데 Zhou는 동음이의어는 문자 문제이

기보단 언어적 문제여서 동음이의어와 관련된 重码 문제는 언어적
방법을 통해 효과적으로 다룰 수 있다고 주장한다. 동음이의어로 간
주돼선 안 되는 다음의 네 가지 범주를 제외하면 사람들의 우려를
자아내는 동음이의어의 수는 지금껏 가정된 것만큼 많지 않다.

- 따로 단어로 사용되지 않는 문자. 현대 중국어에서 사
  용 빈도가 가장 높은 문자 중 단음절로 활발히 사용
  되고 있는 것은 비교적 몇 개 안 된다.[4] 연구 결과에 따
  르면 단어나 구로 이음절을 입력할 경우 동음이의어와
  함께 발생하는 모호성 문제는 30%까지 감소한다.
- 성조가 다른 문자. 예컨대 『현대한어사전』엔 'shen' 발
  음을 내는 글자가 48개 있지만 성조를 입력하면 'shen3'
  은 단 두 글자와 일치한다.
- 오직 고전 문헌에 사용되는 동음이의 문자는 현대 중국
  어에선 동음이의어로 간주되면 안 된다.[5]
- 유사하게 발음되는 단어와 구.

---

4   예컨대 'wen'(따뜻하다) [溫]은 단음절로는 좀처럼 사용되지 않으며, 대개의 경우엔
     'wenuan'(따뜻하다) [溫暖 온난] 또는 'tiwen/wendu'(온도) [体溫, 體溫·溫度] 같은 다른 음
     절과 연쇄하여 사용된다.
5   고대 중국어에선 단음절 단어가 지배적이었다. 현대 단어의 압도적 대다수(90% 이
     상)는 다음절이다. 고전 텍스트는 훈련 지향적 입력 소프트웨어를 써서 처리해야
     한다.

2.2.2 말뭉치 기반에서 원리 기반으로

CIP에서 점점 더 커지고 있는 원리 기반 입력 방안의 중요성은 언어 연구에서 발생하고 있는 일반적 경향과 유사하다. 현대 언어학이 언어를 정태적 체계로 취급하는 데서 의미를 필수적인 것으로 받아들이는 능동적 체계로 간주하는 쪽으로 발전했기 때문이다. 이러한 변화로 말미암아 중국 전산언어학계에선 중국의 언어학 연구, 더 구체적으론 의미론과 화용론, 또는 더욱 최근의 용어를 쓰자면 어휘화용론 영역에서 비약적 발전이 이뤄지지 않는다면 향후 AI가 유의미한 단계를 밟을 가능성은 낮을 것이란 공감대가 커지고 있다.

발생 빈도에 따라 단어나 구에서 문자를 결정하는 말뭉치 기반 접근법과 달리 원리 기반 접근법은 문법적 기능 및 통사적 관계에 따라 문장의 문자를 식별하는데, 이는 인간이 문장을 이해하는 방식과 더 유사하다. 실제 구두 의사소통에선 동음이의어가 너무 많기 때문에 효율성의 관점에서 볼 때 중국어가 다른 언어보다 더 나을망정 못하진 않다는 사실은 사람들한테 언어학 분야의 돌파구를 통해 궁극적으로 동음이의어 딜레마를 극복할 수 있으리라는 흥미진진한 가능성을 제시한다(Xu J.L 1999: 124-129). 언어지식의 통합은 표음적 입력 접근법을 매력적이고 효과적인 것으로 만들었으며, 지난 10여 년 동안엔 적당한 성공이 이뤄졌다. 더욱 정확하고 효율적인 시스템들이 전산언어학의 동태적 이론들이 제기하는 근본적 질문들에 대한 해결책을 기다리고 있다. 이는 언어 연구가 입력 방법의 질에 어떤 방식으로 영향을 끼치게 될는지를 보여주는 사례다.

Bates and Weischedel(1993: 7)은 "문맥의 모형 제작modeling과 활용이 언어 이해엔 가장 어렵고, 따라서 자연어 처리에선 가장 이해가 돼 있지 않은 영역"이라고 주장한다. 언어과학이 한자 자동처리에 필수불가결하다는 관념은 언어와 관련한 규칙은 몇 가지나 발견될 수 있는지, 언어의 본질은 또 어느 정도까지 드러날 수 있는지에 대한 의존이 크다는 데서 드러난다. 한자 처리 및 중국어 AI 분야 전문가 다수는 CIP가 채택하는 모든 단계가 언어 연구 그 자체의 성과와 병행한다는 것을 알아챘다. 이전엔 이러한 유형의 연구가 필획 발생률, 말뭉치 구축, 이른바 전문 지식은행 건설과 같은 하위 수준의 통계에 집중돼 있었다. 이런 종류의 작업은 기본적으로 1980년대와 1990년대에 완결됐다. 언어학적 성과를 더욱 충분히 활용하려면 추가 협업을 필요로 하는데, 이에 대해 학계는 아직 준비돼 있지 않은 상태다. 왜냐하면 컴퓨터 전문가가 언어학 교육을 받는 경우는 거의 없고, 해외에서 개발된 기존의 컴퓨터 언어 방법론은 중국어 고유의 특징 때문에 응용 가치가 거의 없기 때문이다. 이제 두 번째로 IT 산업은 장기적 전략에 따른 언어적 난제들의 공동 극복을 위해 언어학으로 눈을 돌렸다. 따라서 "인간두뇌를 대상으로 했던 통사 규칙을 전자두뇌(컴퓨터)에 가르치는 일에 집중하기 시작한 것은 한자 인코딩 연구를 위한 전략에서 중요한 전환점이었다"(Zhang 1997: 80). 더욱 근본적인 수준에서 다시 시작하자면 언어학과 컴퓨터 과목의 복수학위를 가진, 이른바 수륙양용의 인재를 양성하는 것이 LP

의사 결정자들의 목표로 언급돼 화제를 낳고 있다.

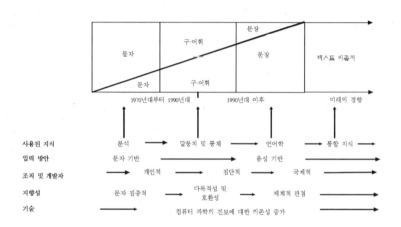

그림 5-2. 입력 방안과 언어학 연구의 발전
[입력 방안의 발전과 언어학 연구 발전의 상관관계]

그림 5-2의 도해는 중국어 입력 연구자들이 수행한 개발에 대해 간략한 개요를 제공하고, 아울러 향후 문자 입력 시스템의 개선에 대한 언어 연구의 역할 또한 제시한다.

대체로 전통적 말뭉치 기반 언어 모델을 사용하여 이 영역[전산언어학]에서 달성한 제한된 결과는 언어학 모델에 대한 관심의 증가로 이어졌다. 이전엔 말뭉치 데이터의 빈도에 기초하여 계산된 개연성에 의존했다. 하지만 미래의 컴퓨터가 갖게 될 진정한 매력은 지능적 시스템에 있으며, 컴퓨터는 이러한 시스템에 필요한 지능을 주로 언어학 연구의 성과를 통해 얻을 것이다. 컴퓨터 과학의 급속한 발전은 컴퓨터가 기술적으로 무한한 전력과 역량을 얻기에 충분한 고속 작동·대용량 하드 디스크 저장장치·메모리를 제공한다. 사람들의 일상생활에 사이버 문화가 적극적으로 개입하는 것은 컴퓨터의 한자 처리를 더욱 중요하게 만든다. 이런 의미에서 중국 IT산업의 미래는, 어느 정도는 컴퓨터 과학 그 자체보단 언어학이 결정한다고 보는 것이 적절할 지도 모른다. 이렇게 말하면서 우리는 한자의 현대화가 여전히 CIP에 이상적인 해결책을 제공하는 초기 단계에 있다는 것을 이해하게 된다.

3. 촉매제로서 기술 및 경제 개발

3.1 IT 산업과 한자 간 갈등

기술적으로 영감 받은 변화는 도구결정론의 관점에서 이해할 수 있다(제7장 2.3 참조). 1956년의 간화에 대한 공격을 비난하면서 SCLW의 전 부국장 Lin Yanzhi(1995: 1)는 "문자 간화의 득실은 오직 컴퓨터만 갖고 판단할 수 있다"고 말했다. 중국 문자의 전산화엔 입력, 출력·디스플레이, CIP의 세 가지 복합 부분이 포함된다. 이 책에서 예시하듯이 최신 기술과 (고대 히브리어와 함께) 현존하는 가장 오래된 문자[한자] 시스템 사이의 갈등은 어느 정도 두드러진다.

중국 이외에 문자 체계의 현대화에 상당한 시간과 지력智力을 쏟아 부은 나라를 찾기란 매우 어려울 것이다. 중국어 AI 프로젝트는 1956년부터 국가발전계획에 포함됐다(Feng 1989: 6). 전산언어학이 다른 어느 나라보다 중국에서 늦게 시작했단 점은 널리 알려져 있지만 컴퓨터 과학에서 얻은 제한된 결과는 중국 과학자들이 투자한 인력과 노력에 비례하지 않을 뿐 아니라 중국의 과학적 능력과도 뚜렷한 대조를 이룬다. 한 국제적 연구 보고에 따르면[6] 중국 과학자들은 많은 연구 분야에 걸쳐 철두철미한 능력을 갖고 있으며 국제적 비교에서도 좋은 성과를 내고 있다. 하지만 세계가 문자 기반 지식의 저장·검색·조작의 혜택을 받으며 전자 시대로 옮겨간 데 반해 인쇄 기술과 종이 제작의 본고장에 있는 중국인들은 자신의 문자를 모니터 화면에 이해될 수 있게끔 표현하는 방법을 두고 여전히 고민에 휩싸여 있다. 여기에 드는 비용은 양화의 범위를 벗어나 있다.

1980년대 초만 해도 중국 국방연구 인프라의 주요 설계자 중 한 명인 Qian Xuesen은 "컴퓨터 소프트웨어는 언어 및 문자 작업과 관련한다"고 말했는데, 이는 기술과 LP의 밀접한 상관관계를 나타내는 통찰력 있는 주장이다. 컴퓨터 대중화는 입력 소프트웨어 개발자들한테는 새로운 기회를 제공할 뿐만 아니라 문자 개혁 진행, 그리

---

6   캐나다 기관의 연구에 따르면(International Development Research Center 1997: 20-21, 45, 109), 중국은 4백만 명 이상의 과학자와 기술자, 2만 개의 과학 기술 기관 덕분에 대형 과학 분야의 벤처뿐 아니라 전략적 연구의 강력한 전통을 개발할 수 있는 능력도 보유하고 있는데, 그 전통은 중국의 단기적인 기술 발전과 밀접한 관련이 있다. 중국은 금세기 중반 이전에 과학과 기술의 모든 전선에서 미국 및 EU와 경쟁할 수 있는 유일한 잠재력을 가진 나라다.

고 특별히 표준화에 박차를 가하는 추동력으로 작용할 것이다.

3.2 IT 산업과 LP 간 갈등

시장 주도 세력과 국가 언어 정책의 신뢰도 사이에서 발생하는 갈등은 LP계에선 우려할 만한 사안이다. 논쟁의 주제 하나는 특정 사용자 집단을 대상으로 하는 표음 기반 입력 시스템이 의도치 않게 비공식 발음을 장려하지만, 이는 사실 보통화의 표준 발음에 있는 진위성眞僞性을 훼손하는 대가를 치르는 것이라는 데 집중돼 있다.

병음 기반 입력 소프트웨어의 개발자들은 방대한 방언 사용 지역의 잠재적 사용자를 수용하기 위해 자신의 제품이 방언 발음을 반영하는 다양한 말씨를 허용토록 한다. 이 경우 방언 발음은 이를테면 zh : z, ch : c, sh : s, n : l, f : h, an : ang, en : eng, in : ing, j : q의 차이를 구별하는 데 따른 문제를 야기하는데, 그것은 바로 학교·대학·보통화 교육센터의 언어 교사들이 자신의 학생들이 극복하도록 돕고 있는 바로 그 문제다. 더욱 역설적인 것은 일부 입력 방안의 경우 발음이 둘 이상인 문자가 있을 때 사용자는 보통 '올바른 문자'를 얻기 위해 잘못된 철자를 사용하도록 강요당한다는 점이다.[7] 이는 마치

---

7   예컨대 베스트셀러 컴퓨터 입력 프로그램인 '신병음방안'New *Pinyin* Scheme에선 정확한 발음인 'dei'와 'wu'로는 '갖다have/has(得 [득])' 또는 '싫어하다dislike (惡 [惡 오])'라는 단어를 찾을 수 없다. Lin(2003: 306)은 일부 다른 입력 방안에서 동일한 문제의 더 많은 예를 제공한다. 그 글자들은 (교육을 거의 받지 못한 사람들이나 특정 사회 계층에서 사용하는) 그 밖의 의미에 해당하는 발음들로 표현된다. 정확한 문자를 획득하

'컴퓨터에서 중국어를 효과적으로 입력하기 위해선 옳지 않거나 정확하지 않은 발음을 사용하는 방법을 배우고 그것에 또 익숙해져야 한다!'고 말하는 것과 같다. 이것은 언어 표준화의 수준이 향상됐을 때 불필요한 미래 문제의 잠재적 위험을 발생시킨다.

이 같은 단점 중 일부는 입력 방안 개발자들의 언어적 무지가 야기한 실수들이지만 대부분의 방언 수용 소프트웨어는 보통화 능력이 떨어져 병음을 사용하는 데 자신이 없는 고객들의 불확실성을 수용하기 위해 의도적으로 고안된 것이다. 방언 수용성dialect tolerance은 판매 인센티브와 광고의 시스템 특성으로서 촉진되는데, 이는 미국이나 영국의 음성 인식이 영어 음성 인식 프로그램에 대해 선전되는 것과 거의 같은 방식으로 이뤄진다. IT업계가 채택한 보통화 절충판compromised version으로 말미암아 보통화의 입지가 대중의 눈엔 얼마큼 영향을 받았거나 평가절하됐는지에 대해선 아직 아무런 연구도 이뤄지지 않았다. 하지만 중국 내 LPers는 표준을 설립하고 규범을 정의하는 사람들일 뿐 아니라 그 사람들의 작업은 코드화된 결과물의 확산과 관리에도 중요한 역할을 담당하고 있다. 국립 보통화 시험 및 훈련 센터National Centre of Putonghua Testing and Training의 관계자들과 RIAL[응용언어학연구소] 내 보통화 진흥 및 연구부Putonghua Promotion and Research Section의 전문가들한테 이 같은 부정행위는 국가 언어 정

지 못할 때, 시간이 매우 많이 걸리는 과정엔 보통 그 밖에 가능한 모든 발음의 추측이나 시도가 뒤따르게 된다.

책에 명백히 해를 끼치는 도전이다. 그러나 이 같은 위반이 중국어 관리 당국의 입장에선 예기치 않은 혼란 상황이었지만 대중의 입장에선 진정한 의미의 우려를 자아낼 만큼 충분히 충격적이진 않았다. 따라서 언어 표준화를 위해 노력하는 사람들이 거듭 경고하는 것은 소프트웨어 시장에서 방언 발음이 사실상의 인정을 받음으로써 언어 통일에 국가가 전념을 기울이는 상황이 위태로워질 가능성에 노출돼 있다는 점이다. "국가는 보통화를 국가 표준말로 진흥한다"는 1982년 헌법에 안치됐고, 『중화인민공화국 국가 통용 언어 문자법』 *National Common Language and Script of the P.R. of China* (2000)에 재차 강조됐다.

3.3 경제 발전의 결과

중국의 LP 경관 형성에 대해 지난 20년간의 급속한 경제 변화보다 더 큰 역할을 한 것은 없다. Yao(2001: 135-136)는 중국의 경제 발전이 LP에 끼치는 영향을 얘기하면서 과거 국가 정책은 행정 수단과 선전 운동을 통해 기본적 사회 세포 모두에 효율적으로 접근할 수 있었고, 이것이 바로 이전의 언어 개혁 운동이 성공한 주요 이유라고 언급했다. 이렇듯 고도로 제도화된 사회 구조는 현재 해체 과정에 있으며, 경제적 이동성은 사람들의 행위를 더 강력하게 통치하고 있다. 경제 발전과 한자 변화의 관계는 어휘와 발음만큼 눈에 띄거나 직접적이진 않다. 그러나 문자 체계는 사회적 필요에 따라 탄생했고 경제는 사회의 근간이다. 문자 평준화의 새로운 사회적 배경을 곰곰이 혜

아리는 가운데 Wang Tiekun(2003)은 급속한 기술 및 사회 발전이 그 어느 때보다 활발한 언어생활을 자극한다고 주장한다.

3.3.1 경제 활동과 문자 사용

Li Junqun(2000: 184)은 중국이 경제 개혁의 길로 들어서기 전엔 볼 수 없었던 시장 경제의 세 가지 특성을 통일, 개방성, 경쟁력 이라고 설명한다. 새롭게 떠오르는 이 특성들을 적용하여 경제발전 이 한자 개혁 및 진화에 끼치는 영향을 분석해 보면 1950년대와 1960 년대에 마지막 표준화 운동이 전개됐던 시기엔 중국 사회주의 경제 가 가장 잘 발달했음을 알 수 있다. 이는 문자 수정을 위한 일련의 개 혁 활동을 시행하는 데는 호의적 조건을 창출했을 뿐만 아니라 결과 적으로 더욱 간화된 표준 맞춤법 또한 국가 재건 과정에는 긍정적 기 여 요인이 됐다. 오늘날 중국의 시장 경제는 삼십 년째 접어들었고 현 재의 LP프로그램은 사회발전을 위한 현대적 요구사항을 해결하려는 노력의 결과물이다. LP는 경제 분야에서 발생하는 더욱 급격한 변화 를 다뤄야 하기 때문에 더 큰 도전 과제에 직면하게 될 것이다. 이러 한 변화는 앞서 언급한 통일, 개방성, 경쟁의 세 가지 도전 과제에서 볼 수 있다.

(1) **통일** 경제적 관점에서 국유화와 통합을 의미한다. 통일된
   경제는 결국 단편적 지역 경제 활동과 개별적 경제 활동

을 종식할 것이다. Xu(1998) and Yao(2001)는 경제 발전과 시장 성숙의 결과로 사람들은 세대를 거쳐 살아 왔던 고향이란 곳에 더 이상 얽매이지 않는다고 말한다. Ager(2003)는 영어 표준화의 역사적 전개에서 "도시화와 인구는 농업사회에서 ('급격한 변화'를 의미했던) 산업으로 변화한다"고 본다. 중국에선 어느 때보다 더 크고 역동적인 전체 인구의 순환이 발생하고 있으며, 이는 광범위한 여행과 수많은 이주노동자 (7,000만 명)의 빈번한 상호작용에 기인한다. 아울러 이 같은 상황은 유능한 의사소통을 보장하기 위해 더욱 높은 수준의 언어와 문자 표준화를 요청하고 있다. 인쇄물이 경제 활동을 촉진하는 데 이처럼 중요한 역할을 한 적은 일찍이 없었다. 이는 서면 의사소통에 유리한 환경을 조성하고 있으며, 지역적 영향, 주로 방언 문자와 지명을 위한 RC에 대한 압박을 가중할 것이다. 동시에 이는 소수의 필수 방언 단어엔 보통화로 진입할 수 있는 기회를, 다수의 지역적·문화적인 특정 문자엔 통용성currency을 획득할 기회를 아울러 제공한다(Lin 1998: 13-19). 경제적 통합 및 더욱 빈번한 지역적 접촉의 결과는 일부 문자의 상태를 변화시킬 가능성이 있다(예컨대 Wang 2004a: 42 참조). 예를 들어 RC의 경우 소수는 비옥한 환경을 잃고 마침내 사용되지 않을 수도 있지만 다수는 전국적 규모의 일상생활에서 더 자주 사용될 가능성이 있다. 따라서 미래의 표준한자표에서 사용 빈도가 더 높은 것의 위치로 격상할 공산이 있다.

(2) **개방성** 경제적 국제화를 말한다. 상호적 언어 영향력은 본

질적으로 경제적 경쟁이다. 지배 경제의 언어가 그것만큼 발달하지 않은 경제의 언어보다 유리하다는 것은 언제나 사실이다. 이는 나라 안, 또 외부 세계와 접촉하면서 반복적으로 발생해 왔다. Zhou(2001a)의 연구는 상하이와 광둥 지역의 보통화 진흥이 국내 어느 지역보다도 더 큰 어려움을 겪었다는 것을 보여준다. 그는 지역 구어와 보통화 사이의 갈등이 경제적인 이유에서 비롯하는 것으로 본다. Chen Songcen(1991: 31-32)의 연구에 따르면 1978년부터 1990년대까지, 개방화 정책의 채택 이후 광둥어 방언이 유행했고 전통 한자가 범람했다. LPP 당국의 문자 표준화 담당자들은 외부 문자, 특별히 비중국어 한자를 포함해서 주로 타이완 및 홍콩에서 유입되는 문자 형태의 영향에 늘 경각심을 갖고 있었다. 앞으로 해외투자는 감소하기보다는 계속 증가할 것이다. 그러나 전통 형태의 반란이 1980년대에 목격됐던 것과 같은 규모로 다시 일어날지 어떨지를 말하기엔 너무 이르다. 다른 한편으로 국내 경제의 급격한 성장과 함께 토착 기업가들은 해외 시장 개척에 더욱 공격적으로 나섰다. 이렇게 되면 간화자의 지리적 분포는 더욱 넓어지고 그 영향력은 중국 국경 너머로 확산할 것이다.

(3) **경쟁** 중국 경제가 계속 성숙함에 따라 점점 더 심해지고 있는 경제 분야의 경쟁은 산업과 상업 부문이 자신의 상품 홍보를 위한 전반적 품질에 더욱 신경 쓸 것을 압박하고 있다. 언어적 요소, 특별히 문자가 비용 절감 시장 내의 경쟁 우위를 기업에게 가져다 줄 수 있다는 것엔 의심의 여지가 없다.

기업 이미지·기업 문화·제품 평판 같은 것의 구축에서 언어적 역할이 증대하고 있다. 장식적 문자는 회사 및 그곳 제품의 얼굴로 사용된다. 비표준 문자는 작은 회사가 만든 허름하고 가짜인 브랜드와 연관돼 있다는 게 통설이다. 품질에 점점 더 민감해지는 소비자들은 상품의 품질을 판단하는 중요한 실용적 방법 중 하나가 표준 문자 사용의 정도라는 것을 이해하게 됐다. 문자 품질은 또한 광고와 선전을 위한 노력에도 영향을 끼친다. 따라서 그것을 무시하는 것엔 대중한테 제품 구매를 하지 않도록 설득하는 위험이 뒤따른다. 광고와 설명서에 문자를 잘못 사용할 경우엔 제품 판매에 해로운 영향을 끼치는 경향이 발생한다. 이런 상황에서 한자 사용은 기업 입장에선 점점 더 무시해선 안 될 쟁점이 되고 있다. 다른 한편으로 상업 부문에서 사용되는 문자는 그 수는 적은데도 가시성은 또 높아 국가의 언어 정책에 크게 이바지한다. 상업적으로 동기가 부여된 문자 오용은 표준 한자를 진흥하는 사회적 인식 캠페인을 두고 펼쳐지는 중요한 전쟁터다. 이 주제는 곧이어, 이를테면 문자 형태의 이미지 형성에 대한 서예의 역할을 살펴보는 것과 함께 다루도록 한다.

3.3.2 경제 발전과 IT 산업

문자 개혁에 대한 경제적 효과는 더욱 구체적인 예시와 관련을 맺을 수 있다. Mair(1991: 2)는 표음문자 기반 또는 표의문자 기반 입력 소프트웨어의 선택에서 대중이 선호하는 것을 얘기하면서 "사실상 무제한적으로 저렴한 노동력의 가용성은 비용 효율성이란 것이, 엄밀한 의미의 중국 내에선 아직 중요한 요소가 아니라는 것을 의미한다…"고 말한다. 이 상황은 바뀌었다. 예전엔 일부 '빠른' 입력 방식이 1년간의 지속적 훈련과 암기를 요청하는 시대가 있었지만 (Thompson 1991: 124), 경제활동의 경쟁력 제고는 삶의 페이스를 가속화하고 있어 컴퓨터 입력 훈련과정에 참여해서 시간을 보내는 것을 더욱 주저하게 만들고 있다. 따라서 표의문자식 입력 방안에 대한 욕구는 현저히 감소했다. 사람들이 단지 타이핑 기술 하나만 획득하려고 시간을 투자하기는 원치 않기 때문에 이 시나리오는 의심할 여지없이 표음문자 기반의 입력 방법이 차지하고 있는 주류적 위치에 새로운 활력을 불어넣은 연후에 LP의 세 가지 기본 과제[통일, 개방성, 경쟁]에 상당한 힘을 실어줄 것이다.

더 높은 수준에선 경제가 발전할수록 언어 문제 또한 더 중요해질 것이다. 경제가 비상하려고 하기 전에 정부가 더 의미 있는 LP의 운영을 적극적으로 시작하기를 기대하는 것은 비현실적이었다. 경제 번영이 일본 LPP에 끼치는 영향과 관련한 다음의 논의에서 Gottlieb and Chen(2001: 11)은 중국 상황에 완벽하게 적용 가능한 관계를 개관한다.

　　　경제적 번영은 정부가 언어 계획에 얼마큼의 중요성을 부여하는지를 결정하는 요인이 될 수 있다. 침체하고 있는 경

제를 회복시키기 위해 열심인 정부가 직접적 경제 이익을
낳을 가능성이 높다는 것이 제시되지 않는다면 언어 계획을
높은 우선순위로 고려할 가능성은 낮다.

더욱 중요한 것은 경제 개혁이 IT 제품의 수요를 더 키울 것이기
때문에 LP의 결과물이 국력 강화의 측면에서 점점 더 큰 비중을 차
지하기 시작했다는 점이다. 컴퓨터와 평균 인구의 거리가 좁아지면
서 생활 수준의 향상에서 비롯하는 IT 개발은 점점 더 한 나라의 경
제적 성공, 특별히 국제 경제에선 국가 경쟁력의 필수 속성이 됐다.
현대사회가 IT 산업 내의 건전한 토대 없이 그것의 잠재력을 키울
수 있다는 것은 상상하기 어렵다. 전국 중국어 정보 처리 학회National
Association of Chinese Information Processing 제5차 연례총회에서 확인된 것
처럼(Feng 1995: 87), "CIP는 중국 IT산업의 기반이자 핵심이며, CIP의
기본 구성 요소는 중국 문자 처리 기술"이다. 현대국가로서 국제정
보망에 온전히 참여하려면 원활하고 신속한 정보 전달 수단의 확보
가 가장 중요한 동기부여의 힘이 돼야 하고, 이는 결국 문자 문제의
궁극적 해결로 이어질 것이다.

가용한 증거는 2010년까지 중국이 세계에서 가장 앞서가는 통신
망 중 하나를 갖게 될 것이라는 주장에 힘을 실어준다. IT 산업 발전
의 핵심 요소를 살펴보면 중국은 자격 있는 프로그래머를 대거 양성
해 국제 표준 하드웨어를 생산할 수 있는 잠재력을 갖고 있다(1990년
대엔 매년 약 325,000명의 새로운 기술자가 중국의 대학을 졸업하고 있었음). 중국은

"소프트웨어 개발, IT 서비스, 제품 테스트의 주요 수출국으로서 이 지역의 다른 국가들과 어깨를 나란히 한 뒤 궁극적으로는 그 국가들을 능가할 것을 목표로 한다"(Shidner 2004). 아직 극복하지 못한 장애물은 문자 시스템이다. IT 산업 발전의 약한 고리로 간주되는 한자는 오래전부터 전문가와 사회 전체의 비판에 취약하다(Feng 1997).

　한 세기 동안 중국 언어와 문자를 현대화하기 위한 노력 끝에 중국 지성계에선 한자의 비효율성이 국가 현대화에 끼치는 영향과 관련해서 다음과 같은 단선적 모델이 오랫동안 수용돼 왔다.

　　　문자 시스템의 비효율성(대규모 문맹) ⇨ 한자 전산화의 어
　　　려움(무능한 자동 정보 처리, 인상적이지 않은 AI 성과) ⇨ IT 산업
　　　병목현상 ⇨ 과학 및 기술의 저조한 성과 ⇨ 경제발전에 끼
　　　치는 영향 ⇨ 국가 현대화 과정 둔화

　시간이 지남에 따라 LPP가 국가의 경제적 노력과 관계를 맺었던 방식에 근본적인 변화가 나타났다. 컴퓨터가 등장하기 전, 한자의 영향과 관련한 중심 관심사는 인력의 질, 이를테면 현대국가를 문맹인구가 건설할 순 없다는 것이었다. 지향성의 관점에서 오늘날 LP가 경제에 끼치는 거대한 영향은 새로운 형태를 띤다. LP는 식자율보단 기술 개발을 통해 국가 건설에 더 크게 기여한다. 비록 대량으로 접속할 수 있는 문자 시스템이 똑같이 바람직하긴 하지만 말이다. 따라서 현재의 문자 개혁은 두 가지 과제를 짊어지고 있는 것

으로 볼 수 있다. 첫 번째, 광대한 농촌 지역은 여전히 문맹인 농민들이 다수를 차지하고 있기 때문에 1950년대에 LPers가 직면한 문제들은 여전히 처리돼야 한다. 더 중요한 것은 두 번째 과제다. 국가 경제의 미래에서 IT 산업이 차지하고 있는 중심적 위치를 감안할 때 모든 컴퓨터 문맹자들을 교육하는 것이야말로 기술 중심적이고 미래 지향적인 LPers의 새로운 사명이라고 할 수 있다. 하지만 이는 전자 못지않게 풀기 어려운 문제다.

4. 사회-인구적 특징

우리가 이 논저에서 본 것처럼 과거엔 상의하달식 LP 모델이 지배적이었다. 언어 개혁은 늘 사회 전체를 대신하는 지식 엘리트나 독재적 권위자들이 시작했기 때문이다. 1980년대 초 이래의 경제 발전은 인구 구성과 사회 구조에 압도적인 변화를 초래했다. 이러한 변화 중에는 더 높은 식자율, 더 많은 교육 기회, 또 가장 분명한 것으로는 집단적 권리를 보호하고, 정보에 대한 접속 가능성을 확보하고, 지역 문화를 보호하고 심지어 더 큰 언론의 자유를 위한 법적 권리를 획득해야 한다는 것과 같은 민주적 인식이 있다. LP 프로그램의 성공률은 특별히 집단의 연대감 및 공동체의 결속력에 기초한 다수의 인구학적 변수에 달려 있다. 다음 논의에선 이러한 새로운 어려움들이 점점 더 증가하는 인구에 어떻게 맞닥뜨리게 되는지를 탐구한다.

4.1 광범위한 문해력

문자 체계에 일종의 영향력을 행사하려는 경향이 있는 인구통계학적 차원에서 가장 분명하고 직접적 요인은 문해력literacy [식자성]이다. 인구 구성과 문해력은 문맹 퇴치를 위한 집단 교육의 노력과 함께 산아 제한과 생활수준 향상에 대해 정부가 전념함으로써 변화했다. 이러한 변화들은 문자 개혁 분야에서 적어도 세 가지의 새로운 시나리오를 만들어 냈다.

4.1.1 문자 간화의 기본 이유에 대해 질문하기

신중국 건국 당시의 문맹률은 80%를 넘었을 것으로 추정된다. 그 이후 문맹률은 1964년 인구의 38.1%에서 지난 세기말 15% 미만으로 꾸준히 감소, 현재 문맹 인구는 대부분 도시에 살지 않는 노인들로 구성돼 있다. 방대한 문맹 대중은 문맹 교육 캠페인의 표적이 돼 왔으며, 문맹 간화는 교육을 덜 받은 사람들한테서 가장 큰 환영을 받았다. 공식 집계에 따르면 2000년까지 중국은 기본적으로 보편적인 9년 의무교육을 달성했으며, 청년 문맹률은 4.8%, 성인 문맹률은 8.72%로 낮아졌다(Ministry of Education 2002: 101-102).[8] 문맹 인구의 감소는

---

8   중국의 식자율은 86%이며(World Almanac and Book of Fact-2004, 1996), 15세 이상의 문맹률과 반문맹률은 전체 인구의 10.95%다(China Statistical Yearbook-2004, 2004: 109).

간화를 향한 욕망을 크게 줄였다(다음 참조). 이와 관련한 새로운 연구에 따르면 전통 작문 학습의 '세 가지 어려움'은 오직 기초 학습자한테 적용 가능하며, 가장 강력한 지지를 보내는 간화 그룹의 구성원은 주로 문해력이 보통 수준인 사람들이다. Li(2004c: 64)는 최근의 한 연구 논문에서 "한자 정비의 새로운 라운드에서 문맹 퇴치는 더 이상 주요 관심사가 되지 않을 것"이라고 단언한다.

4.1.2 문자 변경을 향한 전반적 욕망은 점차 감소할 수도 있다

이전의 문자 개혁 수혜자들은 습득한 기술을 구식으로 만들어 버리는 추가 개혁에 반대하기 때문에 광범위한 문해력은 향후의 문자 개혁에 역효과를 가져올 수 있다. 식자識者들은 어떤 정치 체제에서든 문자 개혁의 대의라는 관점에선 반동세력으로 간주되고 있으며, 그 같은 개혁을 고려할 때 개혁에 유리한 요인으로서 낮은 문해력은 문자 개혁의 성공적 달성에 기여하는 핵심 요인인 것으로 나타났다. 예를 들어 Totten(2004: 349, 아울러 Nie 1998: 208 참조)은 1443년 한국에서 백성 친화적인 표음문자인 한글이 채택됐을 때 "읽기와 쓰기에 대한 독점을 저해할 것"이라며 보수적 관료(중국 한자를 사용하는 식자 계급)의 반발을 샀다고 한다. Zhou(1986c: 182-183)는 "20년 전 간화자를 지원하던 적잖은 사람들이 요즘 들어 마음을 바꾼다. 이런 변화의 함의는 연구할만한 가치가 있다"고 말하고, "일단 누군가가 문자들을 자기 맘대로 통제하게 되면 그 문자들이 표준화·안정화되기를 바란다"

고 얘길 이어간다.

　Zhou(1986a) and Yu Xialong(1978: 128)은 SSS의 불수용성unacceptability
이 이전 간화[1956년의 간화, 『간화자표』] (현 세대의 상당수는 이 방안에 따라 교
육 받고 그것에 익숙해졌다)의 성공 때문에 발생했다는 가설을 세웠다.
Geerts(1977: 230-231)의 용어에서 '소유-본능'possession-instinct은 이 같은
유형의 문자 보수주의writing conservatism에서 일정 부분 역할을 수행한
다. "conservatism을 철자법에 맞게 쓰는 것은 매우 자연스러운 일이
다. 다시 말해서 그것의 추종자들은 '자신의their' 철자법, 이를테면
그들이 배운 철자, 그들이 '터득한' 철자, 그들이 '완벽히 통제하고
있는' 철자를 유지하기 위해 싸운다". Hu Shi(1923: 1-2)의 유명한 설
명은 또 다른 지지 주장으로 볼 수 있다. "나는 내 자신이 역사 및 문
자 진화에 대해 수행해 온 연구에서 모종의 공통 법칙을 발견했다.
대개의 경우, 언어개혁사에선 보통 사람이 개혁자고, 학자 및 식자
엘리트는 보수주의자"다.

　언어 개혁 수용 또는 거부의 태도를 분석한 결과, 문자 개혁에 대
한 각 사회 집단 간의 태도가 크게 달라질 수도 있음을 알 수 있다.
대체로 글자를 그다지 많이 알고 있지 않은 사람과 낮은 직업 계층
에 있는 사람은 급진적 개혁주의자인 반면에 전문가는 문자에 대한
어떠한 변화에도 다소 온건하고 신중하다. 간화에 대한 저항과 교육
사이엔 직접적 상관관계가 존재하는 듯하다. 이 사실은 Zhou Enlai
당시 총리가 프랑스 교육학자한테 한 말에서도 잘 드러난다. "1950
년대에 우리는 글씨를 로마자로 표기하려고 했다. 그러나 교육을 받

은 사람들, 또 교육 확대를 위해 우리가 절대적으로 필요로 하는 복
무를 제공하는 사람들 모두는 표의문자에 단단히 들러붙어 있었
다"(DeFrancis 1984b: 258).

4.1.3 문자 계층화에 요인 하나 더 추가하기

사용 빈도는 다양한 문자표의 세심한 제작에 필요한 첫 번
째 분류기준이다. 문해력이 높은 사회엔 일반적으로 사용되는 사전
규정prescribed 문자 수가 더 많아야 한다.[9] 일반 주민의 식자율과 교육
수준의 꾸준한 증가는 문자표 제작에 새로운 차원을 제공한다. 일반적
으로 사용되는 문자의 수를 검토하고 확대해야 할 뿐 아니라 더 중요
하게는 일부 문자의 행렬matrix 위치를 조정해야 할 수도 있다. 예를 들어
몇몇 사용 빈도가 낮은 문자는 눈에 더 잘 띄는 위치로 업그레이드해야
한다. 이를 알아챈 Wang Tiekun(2003: 5)의 적절한 지적에 따르면,

9　이는 (이체자 요인을 무시할 수 있다면) 다음과 같은 데이터로 입증 가능하다. 3,500자가
『현대한어상용자표』(중국 본토, 1988년 1월)에 포함돼 있으며, 『상용국자표준자체표』
The Standard Forms Table of Most Used Characters (1982년 9월, 타이완) [常用國字標準字體表, 약칭
『상자표』 또는 『상용자표』]에는 4,808자가 있다. 매핑된 코드 포인트의 경우, 컴퓨터를
위한 표준 인코딩 세트 GB 2312-80엔 7,445개가 있는 반면 GB-2312에 대해 타이
완에서 같은 위치에 있는 Big5엔 13,053개가 있다. 공식적인 『정보 교환을 위한 일
반 문자 인코딩 세트』(1986년 3월) [通用漢字交換碼字集, 통용한자교환마자집]에도 13,053
자가 포함돼 있는데, 이는 그 규모로 봤을 때 본토에서 사용되는 문자 세트의 거의
두 배다.

전국적 규모의 의무교육, 일반 주민에 대한 교육의 두드
러진 증대, 전 국민의 문화생활 수준 향상이 달성됐다. 이 모
든 요인은 한자의 수를 빈도로 층화하기stratify 위한 새로운
매개변수와 맥락을 제공한다.

더 많은 사람의 문화 복지가 지속적으로 향상됨으로써 한자의 본
질에 대한 인식 변화가 예고되기에 이르렀다. 한 가지 이점은 더 많
은 식자literate [識字] 인구가 생산 관련 활동에서 해방돼 더욱 많은 여
가 시간을 문화 활동에 할애할 수 있도록 해 준다는 것이다. 아울러
전통문화 감상은 개인의 삶에서 중요한 역할을 하는 경향을 보이며,
이는 전통문화 또 그것과 마찬가지로 전통 문자의 가치로 완전히 전
환될 수 있다. 한자 개혁의 유일한 명분은 대다수, 곧 거대한 문맹
노동계급을 위해 그 계획이 산출할 이익에 놓여 있다. 독일 기반의
중국 LP 평론가 Peng Xiaoming(2001)이 '과거에 정의됐던 이 다수는
꾸준히 줄어 이젠 소수자가 돼 버렸다'고 한 말은 꽤 타당해 보인다.
그는 또한 사람들이 기본적 생존 요구엔 시간을 더 적게, 또 교육과
문화 활동엔 더 많이 쓰는 세계적 추세를 지적한다. 강제적이고 힘
든 노동시간에서 벗어나 자유로운 시간이 점점 더 늘어나면 이는 한
자 개혁에 대해 적어도 두 가지 측면에서 영향을 끼칠 것으로 예상
된다. 첫째, 그것은 정규 교육이나 독학을 통한 쓰기 기술을 습득할
수 있는 시간을 사람들한테 더 많이 가져다 줄 것이다. 둘째, 영적
spiritual 추구를 위해 상당한 시간과 돈이 가용하다는 것은 중국 고전

문학과 그 밖의 가치 있는 전통 유산에 대한 감상을 포함하는 자기 고유의 과거와 문화를 성찰할 수 있는 비교 여가의 정도를 나타낸 다. 하지만 이는 어떤 이한텐 전통 한자와 관련한 필수 지식 없이는 접속이 불가능할 것이다.

4.2 민주주의에 대한 인식

경제 발전에 따른 생활수준 향상과 관련해서 부상하고 있 는 또 다른 결과는 민주주의에 대한 일반 주민의 인식과 국정에 참여 하려는 그들의 열망이 문자 개혁을 한층 더 복잡하게 만들 것이라는 점이다. 두드러진 예시로는 계엄 해제 후 타이완에서 토착 언어와 문 화에 대한 인식 증대와 함께 현지 방언(예: Minyu 민어 [閩语, 閩語])이 부활 한 것을 꼽을 수 있다(Tsao 2000: 101; Chen 1996: 234235). 그 밖의 주목할 만 한 사례로는 구소련의 분열로 촉발된 것으로서 옛 비러시아어권 공 동체의 언어에서 러시아어 영향의 모든 흔적을 없애려 했던 운동을 들 수 있다(Thomas 1991). 현재 중국 내 LP 주제는 표준화 프로그램에 초점이 맞춰져 있지만 민주주의의 동의어가 다양성 및 다원주의라는 점은 새겨둘 만하다. 기술 발전으로 말미암아 사회의 입장에선 표준 들과 더 깊은 관계를 맺어야 하지만 이와 동시에 주민의 입장에선 다 양성은 점점 더 갈망하는 한편 획일성은 더 많이 반대하게 됐다. 제2 장 2에 기술된 한자의 사용 상황을 예로 들어보면, 경제 개혁·개방이 처음 시작된 1980년대 초기엔 필기 실수와 개인적 글쓰기 특이성에 대한 관용이 더 커져 공식 승인 문자의 사용이 감소했다.

언어는 국가 자원임과 동시에 공공 재산이기도 하지만 과거에 언어 문제는 마치 원래 그랬다는 듯이 정리돼선 자연스럽게 폐기됐다. Yang Duan-liu(Barnes 1988에 인용)의 주장처럼 문자 개혁은 전적으로 호의적인 합의에 달려 있으며, 그 합의는 불균형한 소수로 구성된 극소수의 사회 엘리트가 베푼 친절을 통해 확보된다. 정보 주도 사회에서 신기술의 진보는 정보 독점을 평준화하는 힘이 돼 왔다. 이는 새로운 유형의 시민, 곧 어떠한 권위도 믿지 않는 일종의 유행적 의식으로 무장한, 젊고 들썩거리는 시민을 창출했을 뿐 아니라 일반 시민은 자신한테 제공된 선전을 더 잘 알고 의심하기까지 한다. 타이완엔 "본토의 개방성과 진보성이 높아졌다"는 가정이 팽배하다. 민주적 의식이 있고 부유한 주민은 간화 체계의 단순함과 천박함을 깨닫게 되고 그 결과 정통 형태로 회귀할 것이다"(Huang 1992: 83).

이제 의사 결정 과정이 더욱 민주적으로 됐기 때문에 LP의 일방통행식 상의하달 전통은 새로운 에토스와는 더 이상 양립할 수 없다. 주민 특성의 급변과 학적 연구 및 여론에 대한 용이한 접근 또한 일반 대중이 자신의 개인적 관심사를 분명하게 표현할 수 있도록 했다. 이젠 정부 공식 홈페이지(www.china language.gov.cn)를 봐도 훨씬 더 개방적이란 것 알 수 있다. '정부 언어 정책의 확산'이 목표라고 선언된 이 정부 후원 출판물에선 심지어 장문의 '반동적' 주장들조차 찾아볼 수 있다.

4.3 지역주의

중국인은 언어와 문화의 일체감을 공유하는 것으로 알려져 있다. 그러나 불균형한 경제 발전의 결과로 지역별 격차는 커지고 있다. 지리적으로 분산돼 있고 단일언어적 토폴렉트topolect [중국어의 지역적 다양성, 특별히 표준 만다린어 이외의 다양성을 일컬음]와 방언으로써 정의되는 지역적 충실성loyalties은 중국에서 매우 깊은 감정적 뿌리를 갖고 있다. 이러한 것들은 동질적 통일과 결속의 진전을 목표로 하는 모든 국가 위임 조치에 대해 가장 큰 억지력으로, 그것도 상당한 범위까지 작용하고 있음이 입증되고 있다. 지역감정은 첨예한 논쟁을 불러일으키지 않고는 쉽게 극복할 수 없는 또 다른 논쟁거리다. 이것의 극단적인 예는 '낡은 국어 발음'Old National Pronunciation [老国音]이다. 1913년은 만주 제국이 막 전복되고, 분열하는 국가가 지역 군벌의 조종을 받으며 끊임없이 교체되고 단명하는 정부에 통치당하던 혼란기였다. 그해에 열린 국가언어통일회의Conference of National Language Unification에서 전국 각지에서 온 대표들은 언쟁에 시달리면서도 각 지방에 한 표씩 배분하여 국가 표준 발음에 대한 합의를 이뤄낼 결정을 내렸다. 한 달이 넘는 동안 음운학 전문가들은 그 지방들에서 제공하는 6,500여 개 소리(각각은 특정 문자와 연관됨)의 발음 변형을 녹음했고, 각각에 대한 투표가 실시된 후 이른바 '낡은 국어 발음'이란 것이 고정되기에 이른다(Wang 1995: 16). 이 사례는 LP가 지역 봉건주의를 포함한 다양한 영

향에 취약한 제도임을 보여준다.[10]

최근 몇 년 동안 지역주의의 부작용 하나는 특별히 상대적으로 부유한 지역에서 지역 특성에 대한 열정을 북돋우며 발생하는 위험한 암류였다. 지역 문화 보존론자들은 방언을 지역적 특수성을 강조하기 위한 수단으로 사용하고, 그 결과 표준화는 불필요한 제약으로 간주된다. 보통화 진흥에서 지역주의의 발현은 지방 방언이 섞인 보통화를 제안하는 것으로, 1990년 초부터는 지역 및 방언 보통화가 뜨거운 논쟁거리가 되고 있다. 지역적 자각 증대의 결과로 표준 이하의 보통화는 과연 정당한가에 대해 격론을 불러일으키는 문제가 제기되면서 실용적 국가 언어 당국은 발음 표준에 대한 타협 기준을 개발할 수밖에 없게 됐고, 이전의 단일 규준은 보통화 능력 시험에서 3단계 6등급으로 범주화됐다. 그러나 소프트웨어 응용 프로그램의 입력에 낮은 수준의 보통화가 사용될 때 이 새로운 분류 시스템은 무능한 컴퓨터 사용자를 더 많이 촉진할 뿐이다.

지역주의는 한자의 물리적 형태에도 영향을 끼친다. 방언 문자는

---

10   Zhou Youguang(2001b: 10)에 따르면 살아 있는 입말speech에 근거를 두지 않은 채 이렇듯 인위적으로 '선택된' 표준은 다양한 방언음의 잡동사니 모음이며, 그 소리들은 "난징엔 가깝지만 베이징에선 멀리 떨어져 있고, 모든 방언과도 다르고, 중국의 어떤 사람의 입술 위에도 살고 있지 않는 것들이다". 그 결과는 표준 발음을 녹음한 언어학자 Chao가 농담으로 말했듯이 "13년 동안 4억, 5억, 심지어 6억 인구 전체를 대상으로 했던 이런 종류의 국어를 사용한 사람은 나밖에 없다"는 것이었다(Fei 1997: 39). 1924년에 이르러 이 쟁점을 둘러싼 논란은 마침내 가라앉았는데, 그 계기는 '신국어발음'New National Pronunciation, 곧 Li Jinxi [黎錦熙, 『新著國語文法』, 1924] 같은 일부 유력한 언어학자의 옹호를 받으면서 전국의 독점적 입말로 채택된 베이징 방언의 출현이었다.

비공식문자이며, 그것의 사용을 현대 중국어로 제한하려는 공식적 구속이 있다. 그러나 지방 간행물에서 방언 문자의 실질적 존재는 널리 퍼져 있고 역동적이며, 일부 지역에선 점차 공문으로 스며들기까지 하면서 점점 더 막을 수 없는 것이 돼 가고 있다. 방언 특유의 문자를 어떻게 공통 언어common speech로 흡수할 것인가 하는 문제는 오랫동안 논의돼 온 주제였지만 지금까지도 의견 일치는 이뤄내지 못했다. 광둥어 문자는 홍콩에서 인쇄된 출판물에 사용되는 유일한 방언 특화 문자dialect-specific characters다. 1980년대와 1990년대에 공식 검열이 느슨해지자 급속한 경제발전에 기인한 지역감정은 이러한 비공식 형태를 전국 구석구석까지 데려왔다. 이것은 새로운 시대에 중요한 역설의 원인이 됐다. 기계 수요가 더욱 정밀한 언어 표준을 요구하고 있는 동안 사회는 더욱 민주적이고 다양해져 어떤 형태의 표준화에도 저항할 수 있는 추진력을 만들어 내고 있었다. 홍콩 현지의 방언 문자에 상이한 문자 집합이 지정되는 혼란스러운 상황은 훌륭한 교훈을 준다. Meyer(1998: 35)는 "기존 표준과 시스템의 단점이 부족하다면", 다양한 표준 문자 집합, 곧 산업계와 관공서에서 발표한 문자의 지역적 모양새를 수용하려 애쓰는 그 집합은 "상황을 더욱 악화시켰을 것이고 … [그렇게 악화된 상황에 대해선] 유니코드의 완벽한 시행조차 해결책이 될 수 없었을 것"이라고 말한다.

4.4 다시 현실로

LP와 깊은 관련이 있는 중요 인구통계학적 요인으로 최근 떠오르고 있는 것은 최근 몇 년간 컴퓨터 사용능력 인구의 높은 증가율이다. 컴퓨터가 있는 가정의 증가와 웹 사이트 수의 확대는 두 가지 측면에서 중국 LP에 영향을 끼쳤다. 우선 전체의 40%를 차지하는 도시 인구의 경우, 친필 원고 제작의 필요성이 급격히 사라지는 반면 그 사람들이 웹 사이트를 읽는 데 소비하는 시간은 나날이 증가하고 있다. 이는 "중국어 워드 프로세싱 기능을 갖춘 개인용 컴퓨터가 점점 더 널리 사용되면서 문자를 배우고 쓰는 것이 예전보다 덜 힘들어질 수도 있다는 점을 시사한다(Chen 1994: 377). 그러나 컴퓨터 화면에 한자를 쉽게 알 수 있고 표시할 수 있도록 만드는 데 따르는 우려는 현실이 됐다. 둘째, 기술이 대부분의 일반 중국인한테 끼치는 영향은 아무리 강조해도 지나치지 않다. 대다수의 주민한테 복무하는 것이 여전히 오늘날 LPers의 중심 과제라면 인구 통계 수치는 더 많은 분석을 필요로 한다. 따라서 컴퓨터가 초래한 전국적 그래픽 생활의 혁명적 변화는 광활하고 외진 시골 지역에선 매우 제한적이다. 아울러 도시의 전지전능하고 편재해ubiquitous 있는 통신 및 그 밖의 미디어 기술은 오직 컴퓨터 사용 능력이 뛰어난 청년한테만 영향을 끼치고 있으며, 고령의 사회 구성원은 자신한테 확립된 습관을 위협하는 노하우를 받아들이기를 꺼린다는 점도 유념해야 한다(Wang 2001).

본질적으로 문자 개혁은 소외계층에 복무하는 LP 직업으로, 발전 중인 국가의 대다수 국민한테는 옳은 길인 것으로 간주된다. 중국의 경우엔 가장 최근에 들어서도 오직 소수만 컴퓨터를 살 수 있었고 심지어 극소수만 웹에 접속할 수 있었다. 인터넷 소식통(Yesky. com)에 따르면 최근 일부 대도시의 48,704가구에 대한 표본 조사를 실시한 결과 도시 가정의 11.7%만 컴퓨터를 갖고 있는 것으로, 또 모뎀, 인터넷, 이메일 설치율은 각각 7, 18.4, 13%로 가정용 컴퓨터의 활용도는 떨어지는 것으로 나타났다. 『세계 연감』*World Almanac and Book of Facts*(2004)에 따르면 인터넷 사용자는 590만 명이다. 이 같은 분석은 미래지향적 기술에 기반을 둔 LP정책이 개혁 활동의 초점이긴 하지만 더욱 넓은 현실과 쟁점을 유념하지 않을 경우 목표의 시야를 상실할 위험이 있음을 시사한다.

5. 대만 해협을 가로지르는 정치적 분위기

기본적으로 같은 언어와 문자를 가지고 있긴 하지만 본토와 타이완의 언어 사용 관련 변화는 다수의 언어적 징후를 보여주는데, 그 중 가장 눈에 띄고 논란이 되는 것은 문자 형태의 불일치다. 해협 양안의 사람들 사이에 얼마큼의 차이가 있는가 하는 것은 일반인과 학자 사이에선 논쟁의 여지가 있는 영역이다. 타이완 쪽 사람들은

그 분기를 과장하는 반면 본토 쪽 사람들은 과소평가한다.[11]

새로운 세기는 통일과 차이의 평준화에 대한 열망과 함께 시작했다. 미래를 정교하게 고안해 나가는 가운데 양측은 전면적 수용이나 거부는 현실적이지 않다는 데 의견을 같이 했다. 그 대신 각자 자신의 기준을 고수하고, 미래의 통일은 전면적 채택도 전면적 재시작도 하지 않는 것을 바탕으로 기존 표준의 최선 요소를 통합하는 기반에서 추진돼야 한다. 양측이 통일된 시스템을 염원하고 있고, 이 목표를 달성하기 위한 학술적·반공식적semi-official 접촉이 잦아지고 있다는 게 기본 공감대다. 철자법 통일이란 목표를 어떻게 달성할 것인가에 대한 차이는 존재하지만, 격차는 커지긴커녕 오히려 점점 작아지고 있다.

5.1 차이의 발원지: 정치적 균열

해협을 가로지르는 LP 정책의 중심적 차이는 전통 문자와 간화자의 선택에 있다. 정치적 관점에서 간화 형태나 전통 형태의 한자는 합법적 소유권 문제와 관련이 있다. 국민당은 1949년 타이완으로 망명했지만 적어도 선전 차원만 갖고 보더라도 중국의 정통 지배

---

11   이 쟁점과 관련해서 본토에 대한 최초의 포괄적 연구는 Fei Jichang(1993: 42)이 수행했다. 이 연구에 따르면 4,786개의 비교 가능한 문자 중 1,941자(41%)는 완전히 동일한 형태를, 1,864자(39%)는 약간 다른 형태를 띠고 있다. 문맥적 요인을 무시할 경우 서면 의사소통에 장애를 초래할 가능성이 있는 서로 다른 975자가 전체의 20%를 차지한다.

를 재개하겠다는 약속을 공식적으로 포기한 적이 없다. 공화국과 인민공화국 모두 중국의 합법정부임을 자처하며 서로를 '비적bandit [匪賊]'(공산주의자·붉은 비적 vs 창Chiang(카이세크 Kaishek) 비적)으로 부른다. 간화된 문자는 타이완에서 '비적 문자(fěi zì - 匪字 [비자: 비적의 글자])'로 낙인찍혔고, 정통 문자는 정통 정부와 연결됐다. 자신을 중국 전통 문화의 구세주이자 국어의 소유자로 보는 국민당에게 간화 문자를 합법화하는 것은 공산당의 정통성을 인정하는 것이나 다름없다. 이와는 대조적으로 LP 영역 내의 정치 부재는 어쩌면 싱가포르가 1950년대와 1960년대에 한자 간화에 대한 자신감을 갖고 결국 본토의 간화 방안을 전면적으로 채택하게 된 주된 이유일 수도 있다. 타이완은 '비적 문자'에 대한 공식 지위 부여를 거절했고, 아주 최근까지도 간화자 출판물의 무조건적 수입 금지를 해제하지 않았다. 역설적이게도 1996년 첫 번째 자유 총선 이후 타이완의 정치적 전망은 극적으로 변화했다. 다시 말해서 본토에 뿌리를 둔 민족주의 정당이 이젠 야당 쪽에 앉아 있고 현 정부는 타이완을 본토와 동일시하기를 거부하고 있는 것이다. 중국어는 민족성을 인식할 수 있는 한 측면을 제공하기 때문에 독립에 찬성하는 여당은 본토의 영향력이라면 그 어떤 것이라도 근절하기 위해 가능한 노력을 다 기울이고 있다. 사실 정권교체는 LP 쟁점들을 두 배로 복잡하게 만들었다.

　일부 학자는 간화된 문자를 국민당 정부가 먼저 공표했더라면 중국 본토의 공산당 정부가 이를 받아들이는 데 국민당 정부가 겪었던 것과 비슷한 난처한 상황에 직면했을 것이라는, 꽤나 합리적인 가설

을 제시한다. 이 같은 가설은 타이완이 가장 최근인 2002년에 그것
의 공식 로마자 표기 체계로서 병음을 거부함으로써 뒷받침됐다. 병
음이라는 확고부동한 국제적 입장을 감안할 때 이처럼 반동적인 언
어 정책의 결괴로 심 안에선 엄청난 난리법석이 벌어졌다. 이런저런
정당한 이유가 제공된다고 해도 LP 정책의 수립이란 측면에서 볼
때 정치가 경제적 이익을 포함한 그 밖의 어떤 고려사항보다도 여전
히 우선한다는 것은 명백하다. 이데올로기 논쟁 때문에 해협을 가로
지르는 맞춤법 차이의 간극은 더 넓어져 버렸다. 분기는 현대적 국
가 표준을 어떻게 규정할 것인가를 둘러싼 논란이 가장 적은 분야
에서도 나타난다. 20년 전 Chao(1976:105)는 중국어가 "대부분 정치적
상황의 전개와는 무관했다 … 언어적 측면에선 아무도 '두 개의 중
국'에 대해 문제를 제기하지 않는다"고 외쳤다. 오늘날엔 음운론적
기준과 문법적 기준 사이의 간극도 급속도로 커지고 있다. 현 상황
에서 국가 통일과 LP 문제가 서로 뒤섞이는 것이 LP를 더 엉망으로
만들고 심지어는 더 폭발적으로 만든다는 덴 의심의 여지가 없다.[12]

　본토와 타이완 양측의 학자로 구성된 비공식 단체 공통문자연구

12　1996년 국민당에 이어 친독립적 성향의 DPP Democracy Progress Party [民主進步黨 민
　　주진보당]가 집권한 이후, 지역 방언을 Guoyu (만다린어) [國語 국어]의 대체물로 발전시
　　키려는 노골적인 목표와 함께 해협을 사이에 두고 있는 두 정치 체제의 언어적 차
　　이를 강조하거나 심지어 과장하기까지 하려는 관심이 높아지고 있다. 첫 번째 단계
　　는 2002년에 공식 전자transliteration [轉字] 시스템으로 널리 예상되었던 병음 사용을
　　공식적으로 거부하고 일부 타이완 언어학자들이 고안한 방언 지향적 체계인 통용
　　병음Tongyong Pinyin [通用 拼音]을 채택하는 것이었다. 국제적 편의를 위해 병음 사용
　　이 허용된 곳은 오직 타이베이의 공공장소밖에 없다.

회Research Association for Common Script의 Feng Shouzhong 회장(2006)이 "본
토에서 새로운 [언어 계획, 원저자] 방안이 수립될 때마다 타이완 쪽에선
대응책이 나올 것"이라고 말하는 것엔 어느 정도 일리가 있다. 정치
적으로 타이완이 본토와 떨어져 새로운 국가 정체성을 모색하는 한
간화자 대 복잡한 한자의 사례는 여전히 불협화음으로 남아 있을 것
이다. 중국의 문자 개혁론자의 입장에서 볼 때 본토에서 LP 개혁에
영향을 미칠 수 있는 요인은 중요하게 간주되는 반면 타이완 문제는
그렇지 않을 수도 있다. 하지만 때때로 타이완 문제는 결정적 영향
을 미칠 수 있다. 다시 말해서 특별하거나 예상치 못한 상황이 발생
할 때마다 국가 안보 또는 통일은 결정의 가장 중요한 이유로 충분
할 수도 있는 것이다.

5.2 안정성과 통일:
현상 유지에서 더 가깝게 다가가는 쪽으로

앞서 살펴본 것처럼 한자 문화 논쟁에서 '민족 통일 전에
문자 통일부터'는 반체제주의자들이 격렬하게 선전했던 구호 중 하
나였으며, 1980년대와 1990년대엔 양측이 획기적인 언어 접촉을 이
뤄냈다. 이렇듯 서로를 환영하는 분위기는 1996년 이전의 특정 기
간 동안 유지됐다. 그 후 양측의 관계는 미사일 실험 탓에 교착 상태
에 빠지게 되고 이전에 빈번했던 접촉은 갑자기 중단됐다. 그 이후 본
토의 관점에서 통일은 '여부'가 아닌 '시기'의 문제였지만 공식 담론

에서 본토 측은 문제를 더 과장해서 다루지 않기 위해 자유방임적 태도를 취하게 됐다. 이는 1992년 12월 14일 Jiang Zemin 전 중국 주석의 연설에서 표현되는데, 석상에서 그는 "양측은 각자의 기준을 준수해야 하며, 불일치는 향후 논의에 맡겨야 한다"고 했다(Education Office 2001: 293). 해협을 가로지르는 표준 문자의 통일 목록을 작성하는 데 뒤따르는 어려움이 순전히 언어적 적절성보단 이념적 차이에 더 가깝다는 것을 고려한다면 이 선언은 분명히 실용적인 전략이다.

이 같은 입장이 천명됐는데도 학자들은 지난 몇 년에 걸쳐 자신의 입장을 재고하게 된다. 여기엔 두 가지 요인이 있었다. 첫째, 중국 밖의 화교 커뮤니티를 상대해야 하는 불편함이 있다. 홍콩과 마카오 모두 중국의 주권에 종속돼 있긴 하지만 문자의 측면에서 두 지역은 단호할 정도로 전통 체제에 집착한다. 모든 면에서 두 문자 사용 지역의 접촉이 전례 없는 속도로 증가하고 있기 때문에 통일된 표준의 필요성은 점점 더 피할 수 없는 화두가 되고 있다. 동일한 추세가 부분적이긴 하지만 타이완에도 적용된다. 접촉이 재개됐다가 증가하기 전에 해협 양안의 사람들은 상대방의 언어 사용을 거의 알지 못했다. 이제 대중이 이견을 충분히 인지하고 있는 만큼 관련 학자들이 서로 소외되기보다는 통일의 방향으로 변화를 가져올 것이라는 기대도 나온다. Huang Diancheng(1988: 121-122)의 주장이다.

> 본토와 타이완이 인간의 개입으로 분리됐으니 양쪽을 통일할 수 있는 것은 언어(보통화와 민 방언) 및 문자(반드시 전통

문자)다. 기존 조건을 활용해 양측을 연결하지 않으면 그 상
황은 또 다른 인공의 장벽을 추가하게 될 것이다.

문자 통일에 기인할 수 있는 두 번째 요인은 더 시급하다. 전 지구
화된 시대에 문자는 경제적 지역화와 인터넷을 통한 자유로운 정보
의 흐름 덕분에 점점 더 국제적으로 변하고 있다. 유니코드 컨소시
엄이 부과한, 각 문자에 대해 통일된 표준의 필요성은 즉각적 조치
를 요청한다. 정치적 경쟁이 있는 한 언어 통합은 어려울 것이라는
예측이 있긴 하지만 정치적 경계를 넘어 한자를 통일하기 위해 작업
하고 있는 세력은 그 어느 때보다 왕성하다. 그러나 이런 상황에서
도 유념해야 할 것은 지난 몇 년간 양안 간 격차를 좁히는 쪽으로 양
측을 밀어붙이는 데 점점 더 큰 역할을 해 오고 있는 것이 기술적 이
유라는 점이다.

5.3 미래 들여다보기: 통일을 위한 계획

언어 계획 연구는 국가 공동체가 직면하고 있는 주요 언어
문제를 발견해야 하며, 국가 공동체의 발전적 필요에 따라 발생하는
상황적 긴급성은 의식적 선택으로 이뤄지는 언어 통일성의 가능성
을 초래할 수 있다(Jernudd and Das Gupta 1971). 새 시대에 해협 본토 쪽에
선 이미 긍정적인 변화가 시작됐다. 애초에 소수의 전통 문자가 불필
요하게 간화됐다는 인식이 높아졌는데, 이 중 1986년에 재개된 문자

는 8자에 불과했다. 그 이후 원형의 더 많은 요소가 다시 사용되기를 바라는 전통 문자 애호가들이 생겨났을 뿐 아니라 적어도 신중히 선택된 일부 원래 문자들을 제자리로 되돌려 놔야 한다는 요구 또한 더욱 다양한 전문가 영역, 특별히 IT 전문가들한테서 나오고 있다. Hu Shuangbao(1998: 52)가 지적하는 바에 따르면 "전통 문자는 쌍방의 교류를 촉진하고 조국의 평화 통일에 도움이 될 수 있다. 그것은 전통 문자의 실용적 역할과 기여다. 이것은 아마도 1950년대엔 우리가 생각하지 못했던 것이었지만 앞으론 더 지각하게 될 것이다".

본토 입장에서 볼 때 타이완과 통일이 중요한 것은 정치적 명분이다. 따라서 해협을 건너온 동포한테 구애하기 위해 놀라울 정도의 자유latitude를 허용할 수 있으며, 때론 Fei(1991: 122-123)의 제안처럼 조금은 상상의 나래를 펴기도 한다.

앞으로 조국 통일을 위한 대장정Great Course에서 필요성이 생긴다면 우리는 더욱 거대한 체계화를 실행해야 할지도 모른다. 나의 섣부른 견해로는 우리 본토가 부적절하게 간화된 문자들을 재간화하여 심지어는그것들의 전통 형태로 회귀함과 동시에 타이완과 홍콩의 경험에서 비롯한 소리 요소들을 채택할 수도 있다는 것이다.

새로운 역사적 조건에서 간화나 복잡화가 국가 통일의 대장정과 직접 충돌할 때 문제가 되진 않을 것이다. 고압적 상황에서 이상주의는 더욱 실용적인 추구에 자리를 양보할 수밖에 없는데, 여기선 문자 체계의 물리적 형태보다 다른 것의 우선순위가 더 높을 수 있다. Wang Fengyang(1989: 683)의 주장대로 "어느 때든 국가와 민족의 이익이 우선하는 것은 언제나 참이다 … ". 따라서 기존의 것보다 더 새롭고 높은 목적에 한자가 투입될 수 있다는 추정 또한 가능할 것이다. 문자 형태의 해결이 국가 통일로 이어진 의제의 첫 번째 안건 중 하나였다면 언제든지 본토 측이 타협점에 도달하긴 쉬울 것이다.

CTSC의 제작을 위한 7대 기본 원칙 중 하나로 간화자와 전통 문자의 호환성이 채택된 이후 본토에선 한자 표준화에 필요한 차이를 좁히는 데 더욱 적극적으로 나선 것으로 보인다(Zhang 2004: 230). 또 다른 중요한 예시는 『GB1300.1 문자집합 필순규범 - GF 3002-1999』의 서문에 설명돼 있다. 거기선 "20,902(자)의 일부 복잡한 문자에 대해선 전통적 요소를 고려하되 가능한 한 타이완·홍콩의 기존 관행과 동일하다는 원칙의 안내에 따라 획순을 확립해야 한다"고 명시하고 있다(Gao 2002: 360). 그러나 현재까지 공식적·정기적 접촉을 위한 연락사무소나 조직은 설치되지 않았다. 공식 인사나 전문가가 타이완을 방문한 적은 없지만 현대 중국 한자의 통일 목록을 작성하는 최선의 방법에 대해 언어학자들 사이에선 빈번한 논의가 이뤄져 왔다.[13] 중국 문자 체계와 관련한 학계의 심포지엄은 수년에 걸쳐 수시로 개최돼 왔다. 일부 비정부 전문기관은 해협 양안의 중국인들이

---

13   Huang Peirong(1992: 93-96)은 이 문제를 문자 체계 통일을 위한 자신의 4단계 제안
      에서 아주 상세히 다루고 있다.

정치적으로 함께하기 이전에 문자통일은 가능하다는 희망을 갖고
양측 학자가 설립했다(제6장 주 10 참조).

6. 대중문화: 문화와 문자에 대해 변화하는 태도

LP의 문화 관련 요인은 가장 분명한 형태로 드러나는 다
수의 언어 순수주의적 징후 중 하나다. Zhou(1986c: 182-183)는 간화자에
대한 사람들의 태도 변화가 함의하는 바를 볼 때 "우리는 아마도 단
순히 방법론적 결함을 몇몇 개별적 사례에 귀속시키진 않아야 할 것
이다. … 내 생각에 우리는 자신의 지평을 넓히고 사람들의 대중문화
와 간화의 사회적 효과를 철저히 탐구해야 할 것이다"는 주장을 펼친
다. 사회 전체의 가치 체계를 언급하지 않고 국민의 필기 습관을 개혁
하겠다는 그 어떤 제안도 대중한테는 잘못된 메시지를 전달할 것이
다. 가장 전형적으로 문화적 요소는 일종의 무의식적 자기 검열 메커
니즘을 통해 기능한다. 이 메커니즘을 발생시킬 개연성이 더 높은 경
우는 변화가 문화적 지각의 심리적 고정관념과 충돌할 때다.

정치적 목적을 위해 문화 문제를 조작하는 것은 중국의 전통이
었다. Ji(2004: 283)는 "1949년 공산당이 집권했을 땐 [무력으로, 원저자] 통
치하는 것이 아니라 중국인들의 삶과 의식을 변화시키겠다는 의지
가 확고했다"고 말했다. 중국 근현대사는 부단한 정치운동의 전개
를 특징으로 하는데, 이는 언제나 예외 없이 사회 및 문화운동으로

귀결해 왔다. 중국은 지난 세기 초부터 문화적 연속성을 깨뜨린 두
차례의 문화혁명을 겪었고, 그 결과 언어 현대화의 측면에선 괄목할
만한 진전을 이뤘다.

첫 번째 혁명은 1919년의 5·4 운동으로 초기엔 정치적 동기가 있
었으나 결국 국가 강화를 목적으로 한 문화 운동으로 발전하여 확
산해 가는 서구 문화의 침습에 저항했다. 지적으로는 중국의 후진성
저변에 있는 근본 원인을 찾는 것이 특징이었다. 전통 제도와 이데
올로기가 서구 열강의 손에 당한 일련의 국가적 수모에 책임이 있음
이 밝혀졌고, 그 결과 언어와 문자를 필두로 한 문화의 급격한 개혁
이 이뤄졌다.

두 번째 격변은 PRC 설립에 동반된 것으로서 대문화혁명 시기
에 절정에 다다른 뒤 1976년에 막을 내렸다. 유교와 전통에 대해선
가장 악랄한 사적 가치의 근원이란 비난이, 그것도 아주 맹렬하게
쏟아졌고, 당은 그것들을 진정한 마르크스-레닌주의 이론에 입각해
새로운 현대 국가를 건설하기 위한 새로운 사회주의 사상으로 대체
하려고 했다. 이는 언어의 급격한 변화에 이상적인 조건을 제공했
고, 1950년대와 1960년대엔 세 가지 언어 개혁 과제가 큰 어려움 없
이 달성됐다. 이후 혁명 열의가 최고조에 달했던 시기엔 더욱 급진
적인 SSS가 개발됐는데, 이는 홍위병Red Guards이 낡은 모든 것을 토
벌한 데서 두드러진다.

이전에 있었던 두 번의 정치적 격변과는 대조적으로 1989년의
6·4 운동을 계기로 해서 문화는 선언되지 않은 문화 르네상스 운동

의 일환으로서, 국민 통합과 국민 회생을 위한 자원으로 간주돼 왔다. 1990년대 중반, 과거 영광의 열광적 부활이 정치 전술로 등장한 것은 이 시기의 특징이 됐다. 애국주의의 공식적 선전이 어느 정도로 전통주의에 귀속될 수 있는지는 일종의 열린 질문이긴 한데 적어도 부분적으로는 서구에서 오는 부정적 영향을 최소화하려는 당의 전략이 변화한 결과물이다.

전통 문자가 만들어내는 관심을 제외하면 대중문화의 새로운 흐름은 지나치게 많은 한자를 줄이려는 최근의 노력에 부정적 영향을 끼쳤다. 고전을 가르치고 배우려는 열정을 되살리는 불꽃은 도시 엘리트들이 다시 지펴 1990년대 이후 급속히 탄력을 받고 있다. 전통 문화는 전통 문자와 함께 어울린다. 고전 출판물에 등장하는 문자들은 RC 레지스트리 8개 중에서 가장 알기 어려운 문자로, 그 결과 그것들은 문자 수를 제한하려는 노력을 엄청나게 어렵게 만들었다. 1990년대 이전의 상황과는 상당히 대조적으로 건조하고 마치 먹물이 으스대듯 하는bookish 학식의 형태로 등장한 의고체archaic style writing는 독자들한테는 선의의 현학적 괴벽으로 막 간주되기 시작했다. 1950년대에 간화자는 고전 출판물에 사용하기 위한 것이 아니었다. 간화의 근본 원칙은 간화자가 전통문화의 확산을 무력화한다는 보수주의자들의 주장을 무마하는 것이었다. 그러나 과거 회생의 공격적 추세에 직면한 우리가 간화 검토의 측면에서 반드시 인정해야 하는 것은 "우리는 간화자를 현대 언어에 편리할 뿐 아니라 고전 텍스트에도 도움이 될 수 있도록 만들어야 한다"는 점이다(Su 2003: 122).

문화적 요인들이 암묵적으로 작용하기 때문에 문자 개혁에 대한 그
것들의 두드러진 영향력은 무시되기 쉽다. 정책 입안자들은 대중문
화의 어떤 요소들이 문자 개혁과 관련이 있는지, 이러한 문화적 요
소들은 또 어떤 방식으로 개혁 프로그램의 논의에 영향을 끼칠 것인
지와 같은 문제들에 대해 적절한 중요성을 부여하지 않았다. 최근에
Li Yuming(2004c: 64)은 이렇게 말했다.

> 세계 경제의 전 지구화로 말미암아 사람들은 문화적 다양
> 성을 점점 더 크게 인식하고 있으며, 전통문화에 대한 조사
> 와 연구는 상당한 관심을 끌고 있다. 입조심을 할 필요는 전
> 혀 없을 것 같다. 이전의 문자 표준화 과정에서 전통 유산을
> 보존하는 한자의 역할이 적절히 고려되지 않았기 때문이다.

문화적 동향이 한자 개혁 프로그램에 끼친 영향을 LP 의사 결정
권자가 인정한 것은 이번이 처음이다.

둘째, 이러한 문화적 동향은 병음을 문자와 평행한 위치로 올리
거나, 병음이 더 적절하거나 효과적인 곳으로 대체하는 데 장애물
을 만들어냈다. Wu Wenchao(2000) 북미중국어현대화협회장North
American Associa- tion of Chinese Language Modernization은 오늘날의 중국 사회
가 병음을 심리적·문화적으로 받아들일 준비가 돼 있지 않다고 지
적한다. "세대를 거듭할수록 모든 사람의 마음속에 깊이 뿌리박고
있는 것은 문자가 권위적인 것이자 학문의 중요한 지표로 간주된

다는 것이다. 많은 사람이 RC[희귀자]를 사용할 수 있다는 것에 대해
선 아주 자랑스러워하는 반면 병음에 대해선 2급 기술로 취급한다".
Su(2002: Seminar; 제1장 주 10 참조)가 "1986년 총회 이후 지난 15년 동안
일반적인 방향은 후퇴했다. 지금은 보폭을 크게 가져갈 때가 아니
다"고 말한 것은 바로 이런 의미에서다.

LP전문가들은 대중문화의 변화가 전통문화에 대한 사람들의 인
식은 어떻게 변화시켰고, 변화가 문자 개혁에 미칠 수 있는 잠재
적인 영향엔 또 어떤 것이 있을지를 살펴봐야 한다. Zhou(1992) and
Taylor and Taylor (1995)는 1977년 제2차 개혁 방안의 실패에 대한 주
된 책임이 새로운 사회적 가치에 있다고 믿는다. 이처럼 복잡한 상호
작용의 성격을 더 잘 이해하기 위해선 더욱더 많은 조사가 필요하다.

7. 내부 정치 풍토가 끼치는 영향

LP가 다양한 방법으로 정치적 목적을 달성해야 한다는 사
실은 오랫동안 LPP 연구자들한테 인정돼 왔다. 정치적 필요와 맥락
은 어느 나라에서나 LP의 중심이다. 중국에서 정치적 실재presence는
아마도 규모 면에서 더 강력하고 더 분명하게 드러나지만 다른 어느
곳보다도 더 다양한 형태로 예시된다. '모든 것은 정치를 위해 복무
해야 한다' *Yiqie wei zhengzhi fuwu* ('Everything must be in the service of politics') [一切为
政治服务]는 중국에서 일이 발생하는 방식을 이해할 때 필요한 공산주

의 전문 용어의 핵심이며, 학문 활동도 전혀 예외는 아니다. LP의 정치적 요인은 그 실재를 세 가지 형태로 드러낸다. 첫째, 이데올로기적 교화indoctrination는 LP가 작동하는 가장 노골적인 방식이며 당 이데올로기의 구성 요소로 간주됐다. 이는 제1장 5.1에서 이뤄진 SSS의 배경 관련 설명에서 명확히 입증됐다. 두 번째 형태는 더 간접적이고 수동적인 방식으로 작동한다. 정치가 LP 업무 자체에 영향을 끼치진 않지만 당 권력구조의 변화나 당 선전 어젠다의 정책 전환은 LP 정책 영역의 급격한 변화에 조건들을 제공한다. 이러한 상황은 특정 이익집단이 자신의 정치적 목적을 위해 악용하는 경우가 대부분이다. 이러한 형태는 CCCF가 한자 문화 논쟁에서 정국을 조작한 것에서 전형적으로 나타났으며, 관련 논의 및 그것에 대한 자세한 검토는 곧 이어진다. 세 번째 형태는 LP 문제를 정치적 과제에 통합하여 현재의 정치적 상황 전반에 관계를 맺게끔 하는 것이다. 과거엔 이것을 '지휘하는 정치'zhengzhi guashuai(politics in command) [政治挂帅]로 불렀다. 대부분의 상황에선, 본 장의 7.3에서 보게 되겠지만, 정치 정책과 LP 정책의 균형을 유지하는 방법을 아는 기술이 있다. 이어지는 논의에선 한자 계획 정책의 형성에서 개인의 영향력과 개인의 개입을 강조할 텐데, 이는 개인적 권력 및 영향력의 강력한 실재를 중국 LP의 매우 독특한 측면으로 볼 수 있다는 가정에 입각해 있다.

7.1 당 선전 전략의 전환

1980년대 초반부터 당의 선전 스타일을 최신의 것으로 바꾸는 경향이 두드러졌고 1989년 6월 이후로 이뤄진 더욱 다양한 문화적 분위기의 발전은 점점 더 열광적인 반응을 얻었다. Guo(2004: xi)는 "초점이 '후진 전통문화'와 '추악한 국민성'의 청산에서 '민족문화의 재구축'과 '민족정신의 재발견'으로 확연히 이동했다"고 지적했다. 제4장에서 살펴봤던 것처럼 세심한 교양이 필요한 전통지식을 귀중한 문화유산으로 인식하는 것은 당의 이데올로기 전략에선 인기가 높은 주제다. 당의 선전 기계는 대중의 심장과 마음을 조종하기 위해 고군분투하면서 1990년대에 떠오른 향수nostalgia라는 대세를 이용하려고 안간힘을 썼다.

이는 1999년 4월 25일, Jiang Zemin이 중국의 최고 역사학 권위자인 Bai Shouyi[白寿彝, 白壽彝 백수이]가 『중국통사』*Complete History of China* [《中国通史》]를 완성했을 때 그한테 보낸 축하 편지를 보면 아주 분명하게 알 수 있다(Dai and Gong 2001: 3).

전체 사회와 당 모두 중국 역사 연구에 적절한 중요성을 부여해야 하며, 특별히 젊은 세대 사이에선 역사에 대한 기초 지식의 확산을 촉진토록 한다. 그 목적은 그들이 중국 민족의 우수한 유산을 갖추게끔 하고, 그들의 애국정신을 확고히 하고, 그들이 올바른 세계관과 가치관을 획득토록 하

여 전통 문화에서 영감을 이끌어내는 데 도움을 주고, 중국
의 과거 영광이 위대하게 부흥하는 데 이바지하도록 하는
데 있다.

제2장 2.3.2에서 제시된 것처럼 1990년대에 한자의 미래를 둘러
싼 논쟁을 촉발한 직접적 이유는 고립된 언어적 사건이라기보다는
정치적 편의expediency의 표현이었다. 이 논쟁이 국어 정책에 미치는
파장은 지금도 가끔 감지할 수 있으며, 혹시라도 정치 풍토가 바뀌
면 이 드라마는 언제든 재개될 수 있다는 시각이 지배적이다. 예컨
대 2000년의 '병음 사건'은[14] LP가 기껏해야 특정 사회 상황에서 쉽
게 변경되는 편리한 도구에 불과하다는 관념을 강화하여 사람들한
테는 현재 중국의 정치적 혼란에서 LP의 취약성을 상기시킨다. 학
교 교육에서 병음을 위협하는 제안을 교육 당국이 심각하게 받아들
일 수 있고 또 거의 전국적으로 채택할 수 있다는 생각은 LP 사용자
들한테는 무서운 일이었다. 이는 병음 습득이 전체 인구가 정보화
사회로 전환하는 전제 조건으로 널리 인식되고 있음이 그들한테는
명백했던 시기에 일어났다.

---

14   전국 초등학교에서 병음 교육을 줄이기 위한 장관급 논의에 대한 보도는 LP 전문
가들 사이에서 큰 공포를 일으켰다. "우리는 의무교육에서 병음이 단계적으로 폐
지될 가능성을 우려하고 있다. 우리는 교육부에 편지를 썼고, 『광명일보』와 『교육
일보』 Education Daily 에도 편지를 써서 학교 수업시간 단축이 잠재적으로 끼치게 될
해로운 효과를 지적하고 대중의 지지를 호소했다. 이 두 신문은 감히 싣지 못했지
만 마침내 『중국청년일보』 China's Youth Daily 에 게재할 수 있었고 그 제안은 철회되
었다"(Wang 2002: 개인적 소통; 『중국청년일보』, 2000년 5월 2일).

중국에서 언어투쟁은 정치투쟁이며, 일종의 독자 세력으로서 중국 지식인들은 아직 집단적 발전을 이뤄내지 못하고 있다. 문자 개혁과 국가 발전의 밀접한 관계에도 언어 문제는 예측할 수 없다. 모든 원칙과 정책이 더 중요한 이해관계와 충돌하는 경우 그것들은 주저 없이 타협되거나 심지어는 희생되기까지 할 것이다. 다른 나라의 일반적 방향과는 대조적으로 중국에서 정치는 결정적 역할을 하지만 전통 유산의 영향을 강하게 받는다. 사회문화적 측면 또한 다른 나라의 그것보단 더 눈에 띄고 문자 개혁에 더 많은 영향을 끼친다. 경제적 요인이 어떤 역할이라도 담당하는 경우는 오직 정치적 필요에 부합하는 경우, 또는 바꿔 말하자면 상부구조이자 경제적 토대를 결정하는 당의 이데올로기와 모순되지 않는 경우 밖에 없다.

7.2 리더십: 국가 층위에서 발생하는 정치적 개인의 관여

국제적 규모에서 정치인이 하는 긍정적 홍보 역할은 LP 연구자한테 널리 인정받았고, 때로는 수사적으로rhetorically 뒷받침되기도 했다. 관련 예시로는 Lee Kuan Yew가 싱가포르의 만다린어 진흥에서 담당한 역할(Shepherd 2005: 59), Ataturk가 1920년대 튀르키예에서 수행한 수정과 혁신(Landau 1993), Sukarno가 말레이어Bahasa Malay를 통일하는 데서 발휘한 카리스마 넘치는 영향력(Anwar 1980: 176), Julius Nyerere가 식민지 후기 탄자니아의 스와힐리어 진흥에서 수행한 역할(Wood 1985: 13, 89) 같은 것이 있다. Gonzalez(2002: 18)는 그 밖의 국가 다수에서 저명한 개인이 언어 진흥에서 담당한 역할과 관련해서 더 많은 예를 들고 있다. Kaplan and Baldauf(2003: 224)는 "개인이 언어정책에 영향을 끼치는 것은 보통은 어렵다"고 주장하면서도 정부 권력과 연계된 높은 지위의 개인이 언어정책 발전에 긍정적이거나 부정적인 영향을 강력하게 끼친 태평양 분지 국가의 사례를 많이 인용한다. 특정 정치 행위자의 아쉬운 영향에 대한 검토의 빈도는 낮아졌다.

이어지는 내용에선 중국의 맥락에서 몇 가지 사례를 논의하겠지만 중국의 두 이웃 국가를 포함한 여타 국가의 비교 사례 또한 전혀 부족하지 않다. 우선 Kim Il Sung은 마르크스-레닌주의적 해석과 자신의 개인적 선호를 바탕으로 한국어에 대해 광범위하고 집중적인 개입을 시행했다(Moon 2000; Kaplan and Baldauf 2003: 41-44). 심지어는 민주주의 체제의 정치적 인사한테도 치명적인 최종 실패는 닥칠 수 있다. 두 가지 예를 들면 1954년 대한민국 초대 대통령 Syngman Rhee은 1933년에 통일된 맞춤법을 간화하라고 명령했지만 대중의 항의로 사면초가에 빠져선 "1년이 조금 지난 뒤엔 그 법령을 철회해야 했다"고 말했다(Kaplan and Baldauf 2003: 34-35). 1999년에 일본 총리 Keizo Obuchi는 영어를 일본의 공용어로 만드는 계획을 고안한 위원회를 임명했다. 이 비현실적인 목표는 2000년 그의 사후 조용히 삭제됐는데, 그 이유는 아마도 그것이 "언어 관련 자격을 갖춘 전문가라면 누구라도 쉽게 파악했을" 중대한 실수를 저질렀기 때문일 것이다(Baldauf and Kaplan 2003: 23).

Dennis Ager(2001: 175)는 언어 정책 수립은 사회에서 권력을 쥐고 있는 이들의 행동을 재현한다고 지적한다. 영향력 있는 개인이 행사하는 권력은 대개 마땅히 이뤄져야 할 일에 대해 꽤나 개인적인 관점을 반영하거나, 아니면 이보다 덜 극단적인 수준에선 특정 관심을 가진 핵심 구성원이 상당한 영향력을 행사할 수 있다. 이 같은 개인적 차원의 정책은 자신의 이데올로기와 선호도·호감도에 따라 결정되며, 때로는 기발하기까지 하다. 중국 LP 역사에서 정치력 권력을 쥐고 있는 개인이 문자 문제에 개인적 호불호를 강요할 수 있는 역량을 갖고 있다는 Arger의 주장을 단적으로 보여주는 사례는 많다.

7.2.1 개인적 영향 대 공익

언어 계획의 측면에서 "계획자와 행위자는 누구인가"와 "그들의 역할은 무엇인가"라는 문제는 Cooper(1989)가 처음 제기한 이래로 LPP에 대한 폭넓은 관심을 불러일으켰다. 언어 정책의 시행에서 수행되는 정치인의 강력한 역할은 흥미로운 주제여서 최근 몇 년 사이엔 다소간의 관심을 끌었다. 중국 LP의 현대사엔 합법적 권력을 가진 사람(정치인)이나 사회적 지위가 있는 사람(지적 엘리트) 가운데 중요한 방식으로 LP의 모양새를 갖추는 데 결정적 역할을 한 사람이 십여 명 정도 있었다. 정치권력을 쥐고 사람과 사회적 지위가 있는 개인 간에 뚜렷한 차이는 없다. 두 집단의 개인을 구분하는 결정적 요점은 의사 결정의 성격이다. 전자는 의사 결정권을 행사할 수 있는 합법적 권한을 가지고 있지만 후자는 그렇지 않다. 그러나 LP가 인간의 행동을 변화시키는 것을 목표로 하는 복잡하고 장기적인 과정인 만큼 이 과정에서 효과적 결과를 만들어 내는 데 누가 더 강력한지 단언하긴 힘들다. LP에서 지배적 중심 주제 두 가지는 의사 결정과 권력이다. 권력은 단지 강요할 수 있는 권력에 국한되지 않는다. 권력이 타인의 행위에 영향을 끼치는 능력으로 간주될 수 있고 언어 계획이 인간의 행위를 변화시키려고 한다면 타인한테 영향을 끼치는 능력의 측면에선 엘리트의 역할을 검토하는 것이 유용하다. 게다가 중국에선 지식인으로 불리는 엘리트 계층은 어느 정도는 정무에 관여할 수밖에 없다. 저명한 지식인의 상당수는 보통 이른바 '8개 민주당파'Eight Democratic Parties [八个民主党派, 八個民主黨派]로 구성된 '정협'Zhengxie [政协, 政協] 또는 중국인민정치협상회의의 다양한 층위에서 행정직을 갖고 있다.

문자 개혁과 관련해서 이러한 역할은 개입intervention(예컨대 Dai Jitao, Chiang Kaishek, Mao Zedong이 수행한 역할들)에서 관여involvement(예컨대 Zhou Enlai, Hu Qiaomu가 수행한 역할들), 영향influence(예컨대 Qian Xuantong, Luxun, Guo Moruo가 수행한 역할들)에 이르기까지 다양하다. 이들 개인이 중국 문자 개혁의 방향에 영향을 끼치는 능력의 규모는 연구해 볼 만하다. 우리가 그러한 사례 연구와 관련해서 알고 있는 것은 네 가지밖에 없다. 가장 최근의 것은 Yu Jin'en(2003)이 실시한 역사연구로, 우여곡절이 많았던 음운기호Phonetic Symbol (Zhuyin Zimu, [注音字母 주음자모] 1918)의 공표에서 교육부 장관의 역할을 평가하여 "정치인의 이데올로기적 가치가 특정 LP 프로그램의 시행 실패나 성공에 대한 결정적 요인"이란 결론을 내렸다(99쪽). 다른 3가지 경우는 FSS 전후의 간화자 수집과 홍보에 Chen Guanyao가 주력한 것(Barnes 1988), SSS의 공정을 개시하는 Guo Moruo의 역할(Milsky 1973), 1940년대부터 1950년대까지 펼쳐진 문자 현대화 운동에 Mao가 광범위하게 관여한 것과 관련이 있다(DeFrancis 1979). 다음의 두 가지 사례는 강력한 개인이 의식적이든 무의식적이든 관계없이 문자 계획 작업에서 가질 수 있는 영향력의 크기를 보여준다.

7.2.1.1 서예 문화의 사례

개인적 의사소통의 수단으로 간주되는 친필은 간화와 표준화의 영향에서 자유롭다(the Office of Standard Work 1997: 11; Education Office 2001: 7). 그러나 국가 지도자의 친필이 관련이 있는 데선 그것이 논쟁거리가 되고 있다. '제사'*tici* [題词, 이하 題詞로 표기]는 대중 시연을 위한 서예나 친필의 일종인데, 지도자(때때로 전 지도자의 친필에서 복제되기도 함)이나 서예가 또는 사회 유명인사가 쓴 것으로 한자에서 유래한 중국 전통 예술의 독특한 형태다. 題詞는 기관의 명판이나 사회에서 가장 영향력 있는 구성원이 쓴 격려와 위로의 몇 마디 말에서 발견될 수 있다. 개인, 더 구체적으로 사업가·상공업자·유력인사는 잠재적 상업 가치나 그 밖의 개인적 목적을 위해 題詞를 얻을 기회를 소중히 여긴다. 題詞는 학술지·잡지·정기 간행물·관광지·상표·기관·회사의 이름에 가장 많이 사용된다. 예를 들어 중국 내 거의 모든 대학의 이름은 저명인사의 친필 題詞를 가지고 있다. 상징적 친필은 전통 유산이며, 일반 대중의 사랑을 많이 받고 있어 사람들 삶의 일부가 됐다.

1950년대 TSC와 『중화인민공화국 국가통용 언어문자법』*Law of the National Common Language and Script of the P. R. of China* [《中华人民共和国国家通用语言文字法》, 부록 D]에 서예는 간화자에 적용되는 규칙에서 면제된다는 조항이 포함되긴 했지만 이 결정이 아무런 의심 없이 수용되진 않았다. 題詞가 일종의 서예로 간주될 수 있는지, 또 얼마나 많은 관료가 '국가 지도자'로 규정돼야 하는지 같은 문제엔 논란의 여지가 있다. 1990년대에 이르러 題詞를 둘러싼 논쟁은 중앙 정부의 비서실이 관련 정책을 발표해야 할 정도로 발전하여 국가 지도자들이 題詞에 전통 문자를 사용할 수 있는 수준을 지시했다.(Luan 1992: 14) 일부 LP 지지자(Wang 2001, 2002: 개인적 소통)는 국가 및 당 지도자들이 쓴 전통 문자와 비표준 문자가 편재하는 것에 강력하게 반대하는데, 이유는 간단하다. 언어라는 민감한 영역에서 높은 가시성은 대중한테 나쁜 인상을 주고,[15] '표준 문자 쓰기' 캠페인은 또 더 어렵게 만들기 때문이다. 타이완 출신 한자개혁 연구자 Huang Peirong(1992 : 51)이 지적한 것처럼 "중국 본토에서 간화자를 진흥한지 37년이 지난 요즘, 대부분의 책·잡지·신문은 표준 한자를 사용하고 있다. 예외는 상업용 브랜드나 광고·간판에서만 볼 수 있다".

Jiang Zemin의 題詞는 전통 문자를 남용했다는 이유로 LP 관계자들의 비판을 거듭 받아왔다. 그가 14년 동안 최고의 자리에 있으면

---

15 예를 들어 베이징에서 실시된 한 무작위 표본 조사에 따르면 58개의 고등 기관 중 25개(52%)의 대학과 기관이 전통 한자를 사용하여 이름을 쓰고, 51개(84%)의 식당과 호텔 중 43개가 브랜드 이름에 전통 한자를 사용한다(Zhang and Xia 2001: 263).

서 쓴 題詞는 수적으론 27년 동안 통치했던 Mao Zedong의 것마저 훨씬 능가했다.[16] 그 결과, 중앙정부는 이런 일을 전담할 題詞 사무실(2003년 1월)을 설치해야 했다(Sun 2003). 중국 국가주석이 비공식 한자로 쓴 題詞가 비표준 문자의 영구제출을 뒤집는 힘이 됐다고 해도 과언은 아니다.

Wang(2001, 2002, 개인적 소통)은 題詞 문화를 다루는 것이 얼마나 어려운지를 얘기하면서 SCLA의 책임을 맡고 있던 동안 CCP와 국무원의 지도자 각각한테 편지를 썼고 비서진은 자신의 상사와 함께 이 문제를 제기하겠다는 약속을 했다고 말했다. Wang은 전통 문자로 적힌 題詞가 변함없는 채로 남아 있어 어디에서나 볼 수 있다는 사실에 불쾌감을 느낀다. 그러나 그는 수도에서 잘못 적힌 글자를 없애기 위한 캠페인을 통해 거의 한 세기 동안 중국 최고의 쇼핑센터였던 Wangfujing 백화점의 상점 간판에서 비표준 문자를 제거할 수 있었던 것에 기뻐했다.[17] 그러나 Wang은 Wangfujing에 이어 인기도

---

16   Google.com을 통해 중국의 당과 국가 지도자들의 題詞를 검색한 다음의 수치(Sun 2003)는 이렇듯 가장 눈에 잘 띄고 항상 실재하는 題詞가 표준 한자에 대한 대중의 관념에 끼칠 수 있는 엄청나게 부정적인 영향을 보여준다. 2003년까지 Jiang Zemin 은 33,800개, Mao Zedong은 22,800개, Deng Xiaoping은 19,400개, Li Peng은 11,800개의 작품을 썼다.

17   LP 관계자의 역량으로 그 일을 수행하지 못한 후, Wnag은 상업 행정 당국에 문의해야만 했다. "나는 그 가게에 백만 위안의 비용이 들 것이란 얘길 들었지만, 그들은 그것의 영향력 때문에 반드시 그리해야 했다. 지방에서 온 관광객 가운데 Wangfujing 백화점을 방문하지 않고 베이징을 떠나는 사람은 아무도 없다". 개명하는 덴 돈이 아주 많이 든다는 계산이 나온다. 일부 국가적으로 중요한 은행을 예로 들어 본다면 수천만 위안의 인민폐가 될 것이다(Li 1992: 29). 1992년 7월 SCLW

[人氣度] 2위인 Xidan 백화점에선 같은 성과를 거두지 못했다. "왜냐하면 그것의 이름이 Dong Biwu[널리 존경받는 전직 지도자, 원저자; 董必武, 1972~1975년의 주석, 옮긴이]의 題詞이기[題詞로 적혀 있기] 때문에 그것은 오늘날에도 여전히 여기 있는 것이다".

언어의 전시display는 언어의 타당성·관련성·우선순위·언어표준과 관련한 상징적 메시지를 전달한다. Shohamy(2006: 111)는 "언어 사용뿐 아니라 언어 정책에서도 관심의 초점으로서 공공 공간은 비교적 새로운 관심 영역인데, 이는 언어 사용 관련 연구 대부분의 초점이 화자한테 쏠려 있어 화자들 둘러싸고 있는 환경은 상대적으로 등한시되고 있기 때문이다"고 말한다. Landry and Bourhis(1997)의 언어 경관, 곧 원래는 특정 영역 내의 공공 공간을 표시하는 사물objects로서 언어 가시성을 가리키는 개념을 자세히 설명하면서 Shohamy(2006: 110)는 이렇게 주장한다. ""특정 언어로, 또 특정 방식으로 표시되는 특정 언어 아이템의 실재(또는 부재)는 사회 내 특정 언어의 중심성 대vs. 주변성과 관련한 직간접적인 메시지를 전달한다".

Shohamy에 따르면 공공 공간의 언어는 환경의 다양한 맥락에서 전시되는 모든 언어 아이템을 가리킨다. 따라서 공공 공간은 사실상

가 미디어 및 언론부와 공동으로 발행한 『출판물의 문자 사용 관리에 관한 지침』 *Directive on the Management of Character Use in Publications*을 시행하기 위해 일부 지역에선 전통 문자 형태를 간판과 편액*Bian'e*(문 위나 문의 양면 위에 있는, 글자가 새겨진 각판) [匾額, 扁額])에서 없애기 위한 캠페인이 일정 기간 동안 시작됐다는 보고가 있었다(Liu 1992: 19). 이 캠페인이 실패한 이유는 재정적 여유보다는 그것들의 역사적 중요성 때문이었다.

의 *de facto* 언어 정책을 창출하기 위한 메커니즘으로 복무하기에 가장 관련성이 가장 높은 각축장이며, 그런 까닭에 새로운 국민국가에서 벌어지고 있는 이데올로기적 투쟁은 실천으로 전환될 수 있다. 따라서 공공장소에서 사용되는 언어는 정책에 영향을 끼치는 주요 메커니즘의 하나로 인식돼야 하는데, 이 경우 그 메커니즘은 은폐되고 비밀스런 방식으로 사실상의 언어 관행을 초래하고, 조작하고, 부과한다. 중국 서예와 題詞는 아마도 어디에나 더 있을 것이지만, 그것들은 Shohamy가 언어 경관 의 예시로 드는 것, 예컨대 건물·장소·기관의 이름, 광고판, 신문, 인터넷, 책 제목, 문서, 거리 이름, 상업적·개인적 방문 카드, 라벨, 지시문 및 공공 양식, 가게 이름, 공공 표지판 같은 것과 크게 겹친다. 공공장소에서 찾을 수 있는 그런 언어 아이템의 수는 거의 끝이 없고 무한정하다. 언어 경관의 중요한 특징은 그것을 개인·협회·회사뿐 아니라 공공 당국 또한 형성한다는 것이다. 따라서 특정 국가·지역·도시 환경의 언어 경관은 언어[학] 공동체linguistics communities의 상대적 힘과 지위를 나타내는 정보적·상징적 지표로 기능할 수도 있다. 중국 서예문화, 더 구체적으로 題詞 사용이 한자 표준화에 끼치는 영향은 언어 정책 시행 영역에선 관심의 초점으로서 언어 경관 관련 논쟁의 유의미한 함의와 공공 공간의 쟁점을 부각한다.

7.2.1.2 성명의 위기

문자 정책에 대한 권력자의 개인적 영향력을 분명히 보여

주는 또 다른 예시로는 전 총리의 성명姓名과 관련한 위기가 있다. 앞
서 언급했듯이 1955년의 FTVVF*First Table of Verified Variant Forms* [『제1차 이체
자 정리표』]가 규정한 바에 따르면 성씨surnames [姓]에 사용되는 것은 제
외하고, 이름given names [名]에 사용되는, 표 안의 모든 이체자는, 역사
적 인물의 이름에 사용된 것까지 포함해서 싹 다 표준 문자로 대체해
야 한다. Zhu Rongji [朱镕基, 朱鎔基]의 이름 중 한 글자(rong) [镕, 鎔]는 위
의 표에서 제외된 것이다. 이 글자가 그 밖의 동음이의자로 대체된 일
부 언론 출판물에 있긴 하지만, 반대의 뜻[镕, 기반을 약화시키다]을 지닌
글자를 적어 놓은 출판물엔 여기에 있어야 할 rong 자엔 쇠금 변이 있
어야 한다는 설명이 괄호 안에 덧붙어 있고, 그 밖의 출판물은 그 글
자의 자리를 그냥 비워둔다. 이름을 사용할 권리는 중국에서 문화적
으로 격론을 불러일으킬 만한 금기이며, Zhu Rongji는 '기초를 닦는
다'[镕基]는 원문의 의미를 온전히 지키고 싶었다. 그가 여전히 상하이
시장으로 있을 때 그는 신문에 자신의 이름이 공식 문자로 적히는 방
식에 반대했다. 자신의 이름이 정반대의 불길한 의미를 지닌 것으로
여겨질 수 있었기 때문이다.

    Zhu Rongji가 국내 2위의 권력자가 된 1993년 무렵엔 필연적으
로 공적 쟁점이 돼 국내외의 주목을 받았다. 1993년 9월, 언어 관리
당국은 총 6,735자[18](Fu 2002: 개인적 소통; Hu 1998: 50)의 변경 사항을 공표

---

18   이는 2002년 상하이의 Cishu Chubanshe[辞书出版社, 辭書出版社 사서출판사]가 발간한
    『표준현대한어사전』*Standard Modern Chinese Dictionary* 편집팀이 편찬한 『언어표준의 사
    용에 관한 지침』*Instructions on Using Language Standard* 에서 처음 암묵적으로 드러났다
    (Fei an Xu 2005: 33-34 참조).

하지 않은 채 그것들을 GB 2312-80에 추가하면서 대중의 주목을 거
의 끌지 않는 접근법을 채택했다. 이 사건은 개인적 행위자를 잘 나
타내 보여주는데, 단지 고위 인사의 이름에 사용된 문자를 포함할
목적으로 국가 표준을 개정해야 했기 때문이다. Zhu 총리는 2002년
11월에 열린 제16차 중국 공산당 전국대표대회 이후 정계를 떠났
다. 그는 공화국 역사상 널리 존경받는 수상 중 한 사람이었지만 이
제 사람들은 그의 이름을 거의 듣지 못한다. 저명한 한자학자 Wang
Ning(2004b: 6)은 한 개인의 이름을 수용하기 위해 국가 표준을 수정
하는 것은 부적절하다고 비판하는데, 이는 그림 5-3을 사용하여 3개
월 동안 이 글자(Rong) [镕]의 사회적 사용이 전국 매체에서 급감하는
모습을 보여줌으로써 이뤄진다.

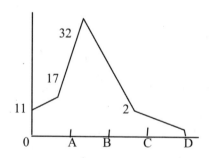

A: '제16차 전국대표대회' 한 달 전
B: '제16차 전국대표대회' 가 열리는 달 동안
C: '제16차 전국대표대회' 한 달 뒤

그림 5-3. 3개월에 걸친 문자 사용 빈도의 급격한 변화

7.2.2 현재의 고통

Blachford(2004: 101)는 중국 문자 정책 수립의 관료적 구조
를 논의하면서 "중앙당의 최고 지도자들은 틀림없이 PRC의 모든 정
책과 관련해 전반적인 방향을 설정해 왔다. 절대적 권력을 지닌 한
개인이나 개인이 모인 한 집단의 통치는 오랫동안 중국의 전통이었
다"고 말한다. 이정표가 됐던 NCLW[전국언어문자작업회의]에선 30년
의 사용 후 GLSC [『간화자총표』]에서 발견된 문제들을 어떻게 처리할
것인가에 대한 첨예한 논쟁이 있었다. 대표자들 사이에서 주장은 양
극화됐다. 보수 측은 현상유지와 사회혼란 해소에 대한 정부의 의지
를 보여주기 위해 이전과 변함없이 그대로 유지하되 재공표해야 한
다고 주장했다. 반면에 극단적 옹호론자들의 주장은 이 표가 특수했
던 그 당시의 결과물이고 문자 다수의 간화 수준도 형편없기 때문에
이 역사적 계기를 활용하여 SSS의 111자 통합을 포함한 전반적 검
토 후 실질적 수정(초기 제안은 60자)을 수행해야 한다는 것이었다. 마지
막 합의는 큰 변화를 초래하거나, 아니면 아무런 변화도 초래하지 않
는 것이었다. 그러나 Chen Zhangtai(2001: 개인적 소통)에 따르면 재공표
된 GLSC엔 딱 6자만 재도입됐는데, 이는 선전 및 문화 정무와 관련
해선 의심의 여지없는 실권자czar였던 Hu Qiaomu가 제안한 것이었
다. 반대자들의 예상대로 이 결정은 사회에 끝없는 분쟁과 혼란을 야
기했다. 이 여섯 글자는 통계적으론 미미하지만 오늘날의 출판물에
선 문자 사용의 혼동을 일으키는 중요한 원천이 됐다. 1992년에 Hu

Qiaomu가 세상을 떠난 뒤부터는 심지어 일부 공식 학자들마저도 그의 제안대로 내린 결정에 대해 통렬한 비판을 쏟아 내고 있다(Yu 1992; Gao 2002). Fan Keyu(1996: 7)는 많은 노력을 기울여 SSS의 무분별한 철회와 공표된 GLSC에 대해 이뤄진 변경을 "잊지 못할 정도로 가슴 아픈 고통"이자 "꽤나 심각한 영혼 파괴"라고 기술하고 있다.

  절실히 필요했던 개정안이 승인을 얻지 못한 이유에 대한 공식 설명은 대중적 혼란과 기술적 불편과 관련한 근심과 걱정이 있었다는 것이다. 그러나 이러한 정당화는 설득력이 없었고 오히려 명분만 크게 잃게 됐는데, 그 이유는 Hu Qiaomu가 제안한 6자만 더하는 쪽으로 변경된 그 방식에 있었다. 대대적인 수정에 실패한 것이 불필요한 대중의 혼란과 조판 업계의 손실 방지, 또는 일부 주요 사전 및 참고 도서 출판사의 반대와 관련한 것이라면 6자와 60자는 뭐가 다른가? 상당한 변화가 출판된 책의 막대한 낭비를 초래하리라는 이론을 비판하면서 1994-1995년에 SCLW의 부회장이었던 Lin Yanzhi(1996: 9)는 이렇게 물었다.

  어떤 종류의 손실이 더 큰가? 몇 만 권의 책인가, 아니면 [전 주민을 위한, 원저자] 의사소통의 편리함인가? ··· '아, 아가야, 네가 자라지 않았으면 좋겠어. 키가 크면 [지금 사 준] 신발과 옷이 다 소용없을 테니까.'라는 말을 할 정도로 어리석은 부모가 과연 있을까?

다행히도 사건에 대한 우리의 이해를 돕기 위해 그 일화와 논쟁
은 잘 문서화되어 Hu 주석의 사후엔 사본들이 출판됐다. 일반 독자
들은 이제 Hu 주석과 일부 언어 정책 입안자들 사이의 격렬한 논
쟁은 물론 6자를 제자리로 되돌려놔야 한다는 제안을 받아들이도
록 SCLW를 강요하는 그의 믿을 수 없는 완고함과 관련한 세부 내
용에도 접속할 수 있게 됐다(Editing Team 1996: 291, 353-357). 2002년 당시
SCLW의 부회장인 Chen Zangtai [sic] (2002: 개인적 소통) [Chen Zhangtai 陈
章太]가 발견한 Hu Qiaomu의 편지 및 연구 자료 다수는 중국 LP 역
사와 관련해선 매우 흥미로운 통찰력을, LP 의사 결정 과정에서 개
인이 수행하는 역할과 관련해선 훌륭한 사례 연구를 제공한다.

　　SCLW의 작업에 대한 Hu 주석의 불쾌감은 오래전부터 있어 왔
으며, 끝 무렵의 작업 방식에 대해선 매우 비판적이었다(예: Editing
Team 1996: 301, 338, 343, 350 참조). 이러한 긴장은 1986년까지 이어진
TSC 개정 기간 동안 정점에 이르렀다. TSC의 재발간에 복원된 6개
의 변형 또는 전통 문자를 포함하는 일을 둘러싼 Hu 주석과 SCLW
의 논쟁이 너무도 격렬해진 나머지 종국엔 주석과 총리를 포함한 국
가 최고 지도자들한테 해결을 요구해야만 했다. 이 사건은 전국대표
대회와 국무회의의 정례회의에서 논의됐다(Journalist 2006). 표면적으
로 그 같은 교착상태는 '민주집중제'*Minzhu Jizhong Zhi* [民主集中制] (당과 국
가의 조직적 이념, 이를테면 민주주의에 기초한 중앙집권주의 또는 중앙집권적 지도
하의 민주주의)의 원칙을 통해 깨졌다. 그러나 [당시의] 국가 지도자들은
1980년대 이전 세대의 지도자들이 가졌던 언어학 또는 LP에 대한

지식이나 관심이 없었기 때문에 Hu 주석의 의견이 최고 수준에서 우세했던 것은 놀랄 일이 아니었다. Baldauf and Kaplan(2003: 20)은 계획이 숙고 단계에 있을 땐 언어 전문가가 관여하지만 "명시적임과 동시에 암시적이기도 한 언어 정책을 구성하는 정책 결정을 실제로 내리는 것은 전혀 다른 집단"이라고 지적한다. 그 밖의 대표적인 사례로는 1980년대 TSC 개정 과정에서 발생한 일련의 사건들을 꼽을 수 있다.

7.2.2.1 Mao의 개인적 견해와 언어 개혁에 대한 영향

Mao Zedong은 27년 동안 중국 공산당 주석 자리에 있었다. 중국 LPP의 방향 조절에서 그가 수행한 개인적 역할을 살펴보면 그보다 더 직접적인 권한을 휘두르거나 더 큰 영향력을 행사한 사람이 아무도 없다는 것은 분명하다. 그의 영향력과 개입은 정책 수준부터 특정 문자의 운명에 이르기까지 광범위하면서도 역동적이었다.[19] Mao Zedong은 PRC 초창기 동안 다뤘어야 할 의제가 한껏 몰려 있었는데도 문자 개혁에 큰 관심을 보였다. Mao 주석의 가장 잘 알려진 인용문 중 하나는 "문자는 개혁돼야 하며 우리는 전 세계에서 채택된 표음화의 공통된 방향을 따라야 한다"는 것이다(1951). 이 선언은 중국

---

19 Hu Qiaomu(Editing Team: 294)는 Mao Zedong의 '제안' 때문에 Yi 족의 Yi(夷) 자가 彝로 바뀌어야 했다고 밝혔는데, 이는 고대 중국어에서 쇼비니즘의 정서를 함의하기 위해 사용됐기 때문이다. 그러나 彝는 현대 생활에선 사용되지 않는 다소 희귀한 문자이며, 그것을 쓸 줄 아는 사람도 거의 없다. Hu는 "이제 우리는 그것이 [그것이 초래할 수 있는 혼란 때문에, 원저자] 비난을 받을까 봐 그것을 되돌릴 수 없다"고 말했다.

문자 개혁의 지침이었고, 1986년까지 중국 문자의 미래를 둘러싸고 수많은 추측을 불러일으켰고, 그것이 야기했던 지속적 혼란은 오늘날에도 해소되지 않고 있다. "우리의 문자는 일정 조건하에서 개혁돼야 한다"(1940)는 그의 발언은 1940년대 공산당 지배 지역의 언어 개혁 운동을 출발시켰다. 앞서 살펴본 것처럼 이후에 SSS와 함께 발견된 문제는 간화가 한자의 궁극적인 개혁이 아니라는 믿음에서 비롯했는데, 그 같은 개혁의 발상은 사실 로마자 표기를 향한 Mao의 열망에서 나온 것이었다. "표음 철자법은 비교적 편리한 문자 체계다. 중국 문자는 너무 어렵고 복잡하고, 현재의 개혁은 간화에 초점을 맞추고 있다. 하지만 조만간 근본적인 개혁이 있을 것이다(1955). 이러한 표음화 옹호자phoneticizers한테 간화는 예정된 알파벳화의 길로 들어서기 전의 임시방편일 뿐이었다.

1950년대 들어 병음 문자를 위한 서구 알파벳의 채택을 지연한 것은 바로 중국어 알파벳 방안Chinese Alphabetic Scheme의 국가적 형태를 향한 Mao의 집요함이었다. Zhou Enlai 총리는 "1952년부터 중국 문자 개혁위원회는 (표음 알파벳의 수정을 포함한) 우리 고유의 알파벳을 만드는 작업에 3년을 바쳤지만 만족할 만한 성과를 거두지 못하고 그때에 이르러서야 비로소 그것을 포기하고 라틴 알파벳을 채택하기로 결정했다"고 시인했다(DeFrancis 1979: 146).

병음 이전의 주된 알파벳 표기 체계엔 셋이 있었는데 그 중 살펴볼 만한 것은 둘, 곧 *Luomatze* [1928년 당시에 '로마자' 곧 '羅馬字'(罗马字, 라마자)를 로마자로 표기한 것]와 Latin *sinwenz* ['sinwenz' 또한 '新文字'(신문자)'의 당시 표기다. 그것들은 중국학자들이 1928년과 1930년대에 각각 고안했으며, 라틴어 기반이라 중국의 로마자 표기 역사에서 중요하다. 따라서 공산당이 새로운 알파벳 체계를 공표하기로 결정했을 땐 라틴 문자가 음성 표기 체계의 자연스러운 선택이었던 것으로 보인다. 그러나 라틴어를 기반으로 해서 제안된 병음 방안이 최고 권위에 제출됐을 땐 몇 번이고 퇴짜를 맞았으며, 그 과정은 1953년 Mao가 병음은 그 형태에서 토착화를 이뤄야 한다는 자신의 요청을 포기하기로 동의할 때까지 계속됐다. 한자의 전사에 서양 글자 또는 자획 중에서 어느 것을 사용해야 할지를 둘러싼 혼란은 1956년 1월 27일 중국 공산당 중앙 위원회의 비밀 공식 문서에서 다음과 같이 선언될 때가 돼서야 비로소 해결됐다. "중국 공산당 중앙 위원회는 라틴 문자가 중국어 표음 알파벳을 설계하는 데 적합하다는 입장을 견지한다". 1950년대 로마자 표기에서 Mao가 담당한 역할을 DeFrancis(1984b: 257)가 '대역진大逆進, great leap backward'으로 부른 것은 바로 이 사건 때문이다. 이 정보는 LP 조직의 초기 핵심 리더 중 한 명으로서 평생을 병음 활동에 바친 Ye Laishi(1981: 60)가 1980년대에 처음 공개했다. 이 일 전엔 병음 방안이 3년 지연된 이유가 순전히 토착 문자에 대한 마오쩌둥의 개인적 선호 때문이라는 것을 LP계 내부 사람들조차 몰랐다.[20] 돌이켜보면 일부 학자는 이 지연을 국가적 리더십의 지혜

---

20   Mao가 내린 지침의 불일치와 관련해서 더 자세한 내용은 DeFrancis(1984b: 295)에서 볼 수 있고, Rohsenow(2004: 39)에선 소련과 스탈린이 중국어의 로마자 표기에 대한 Mao의 생각에 어떤 영향을 끼쳤는지와 관련해 간결한 검토를 찾아볼 수 있다.

때문이라고 하면서(예: Wang 1995: 3) 그 반대 또한 당연히 참일 수도 있다는 사실을 무시하는데, 이는 꽤 역설적이기도 하다.

7.2.2.2 언어학 내의 리더십

아마도 이 세계에서 중국 이외의 그 어느 나라도 그것의 문자 체계 및 언어학 연구와 아주 밀접한 상호관계를 맺고 있는 IT 산업을 보유하고 있진 않을 것이다. LP는 점점 더 정교해졌고 학제간 연구의 주제가 됐다. CIP[중국어 정보 검색]의 고품질 시스템을 획득하기 위해 IT 산업은 LPers의 조정과 협력을 통해 실질적인 성과를 낼 수 있는 가능성을 높여야 한다. 이를 위해선 정부 참여에 따른 재정적 지원뿐 아니라 대규모 학제간 협력 또한 필요한데, 그것을 위해 고위 지도력이 착수한 연결은 필수불가결한 것으로 입증됐다. 비영리 지향성을 가진 근본적 연구가 직접적 결과를 도출할 수도 없고 산업 제휴를 통해 이뤄질 수도 없다는 점이 명백해져야 한다. 언어적으로 영감을 받은 CIP 프로그램의 성공이 필수적으로 의존하고 있는 것은 국가 정책 입안자한테는 지속적으로 프로젝트의 전략과 비전을 전달하고 또 정치적 층위에선 일부 전략 사업에 대한 자원과 지원을 위해 로비를 할 수 있는 LP계 내의 리더십이다. 컴퓨터용 한자 인코딩의 초기 성과는 주로 Qian Xuesen 같은 몇몇 개별 개척자의 덕이 컸다. 최근 몇 년 동안 이러한 전통은 계속돼 왔고 언어학자에서 국가 지도자로 변신한 Xu Jialu와 교육부 언어정보국장인 Li Yuming처럼 비슷한 생각을 갖고 문자 개혁의 추진에 유익한 역할을 하는 LP 정책 입안자

가 있다. 그들 자신은 LP에 대해선 깊은 개인적 관심을 갖고 있으면
서 이러한 문제에 대한 지원을 주장하기 위해선 최고 지도자들한테
쉽게 접근할 수 있는 능력을 갖고 있다. Xu(2000: 490)는 "CIP가 언어학
을 기반으로 해서 진행되고 있을 때라야 우리는 비로소 중국어가 자
동으로 처리될 수 있다고 말할 수 있다"고 주장한다. 일찍이 1996년
에 Xu(1996: 44)는 이렇게 지적했다.

> IT 산업에 언어연구가 응용될 경우의 가치에 대한 정부와
> 국민의 인식 증대는 우리가 언어학의 중요성을 발견하도록
> 이끌 것이다. 이것이 바로 언어학이 번창할 수 있는 기반을
> 조성하는 조건이며, 언어학을 새로운 세기를 주도하는 학적
> 주제로 만드는 데 도움이 된다.

고위 언어 교육가이자 말년엔 중국어 현대화 협회장을 역임한
Zhang Zhigong이 1992년 봄에 개최된 중국 언어학 연구 40주년 기
념 심포지엄Symposium of the Fortieth Anniversary of Chinese Linguistics Study에
서 자신 있게 말한 것은 자신한테 국가 최고위 정책 입안자들과 대
화할 기회가 온다면 단 30분 만에 언어개혁을 단행하겠다는 그들의
결의를 굳힐 수 있다는 것이었다(Ma 2000: 108). 중국의 AI 개척자 Liu
Yongquan(1997: 393)에 따르면 Deng Xiaoping와 Hu Qiaomu한테 전달
된 한 개인의 친서는 1978년 12월 칭다오에서 열린 제1차 입력 방안
에 관한 전국 학술회의First National Conference on Input Schemes의 조직으로

이어진 우연의 하나였다. 중국 전산언어학에서 가장 안타까운 것은 언어학자, IT 전문가, 최고위급 지도자 간의 의사소통이 원활하지 않아 비슷한 연구 과제가 개별 단위로 분리돼 전국에 흩뿌려졌다는 점이다. 정부에서 자금 지원을 받아도 게릴라식으로 진행되는 연구 과제는 연구 수준의 중복으로 엄청난 낭비를 초래한다. 첫째 저자[趙守輝 자신]의 주요 정보 제공자 다수는 이 쟁점에 대한 지도자들의 관심을 설득하고 이끌어내기 위한 그 연구 과제들의 노력이 성공적이지 못한 것에 다소 실망감을 느꼈다. Li(2002: 개인적 소통)는 어느 정도의 건설적 결과를 얻기 위해선 특별히 지금이 정부의 지원을 얻을 수 있는 중요한 시기라는 것을 알고 있었다. 그는 CIP에서 수십 년의 발전이 이뤄지고 난 지금, 몇몇 이론적인 쟁점 대한 근본적인 연구로 돌아갈 때가 온 것 같다고 주장한다.

7.2.3 잠정적 요약

여기서 이뤄진 논의가 보여주는 것은 1949년 이후, 주로 정치적 함의와 이데올로기적 토대 때문에 공산당 지도자들은 언어 문제에 깊은 관심을 가져왔고, 고압적인 공식 LP 기구를 통해 적극적·실질적 역할을 수행해 왔다는 점이다. 이 개인들은 강한 정치권력을 가졌거나 사회에서 높은 지위를 갖고 있었다. 설득력 있는 영향력이 긍정적 요인인 반면 개인적 개입은 대부분의 경우 LP에 악의적 영향을 끼쳤다. 하지만 예컨대 Zhu Rongji의 이름given name을 수용하기

위해 만들어진 문자 'Rong'[镕, 鎔]의 변화에서 볼 수 있는 것처럼 정치
인이나 명망 있는 사회 구성원이 발휘하는 모든 개인의 영향력이 의
식적으로 행사되는 것은 아니라는 것 또한 사실이다.

　그러나 개인적 개입에 부정적이고 바람직하지 않은 함의가 있긴
해도 그것이 꼭 유해한 요소가 되는 것은 아니며 앞서 언급한 사례
에서 이뤄진 고찰 역시 개입 그 자체에 대한 보편적 비난으로 간주
돼선 안 된다. 이러한 개인적 개입의 잠재적 위험성을 충분히 인식
하고 있는 한편 중국 LP 역사에서 일부 국가 지도자의 적극적 관여
가 도움이 돼 일부 LP 프로그램의 원활한 시행을 보장해 주었다는
점에 주목해야 할 것이다. 예컨대 1958년 1월, Zhou Enlai 국무원 총
리는 전국정치협상회의에서 『새로운 시대의 언어 작업에 관한 지
시』*Directives on Language Work in the New Era*라는 제하의 중요한 연설을 했다.
이 연설은 문자 개혁 역사상 가장 권위 있는 공식 기록이라는 평가
를 받으며, "언어 개혁 작업을 위한 주된 추동력을 제공했다"(Seybolt
and Chiang 1979: 5). 또 다른 상황에서 Zhou Enlai의 역할은 한층 더 직
접적이고 구체적이었다. "Zhou의 개인적 개입이 없었다면 1971년
판 『신화자전』*Xinhua Character Dictionary*엔 병음이 등장하지 않았을 것이
다"(Zhou 1982: 6).

　그렇다고 해도 언어적 쟁점과 관련한 결정은 상황을 신중하게 분
석한 학자들의 자문에 근거를 두고 이뤄지는 것이 이상적이다. 언어
투쟁이 정치투쟁의 한 형태인, 또 일종의 독자 세력으로서 중국 지
식인들이 아직은 집단적 발전을 이뤄내지 못하고 있는 전체주의 체

제에서 의사 결정권은 여전히 개인에게 투여되고 불리한 보도는 통제되는 경우가 많다. 너무 작은 손에 너무 큰 권력을 쥐는 것은 미래에 대해 여전히 잠재적인 위협이다. 기성세대 지도자들과 비교해 볼 때 현재의 국가 지도자들은 책임을 최소한으로 줄였다. Hu Qiaomu가 문자 개혁 작업을 하고 있는 주요 LP 학자 5명과 대화할 때 인정한 것처럼 말이다. "중앙의 지도자들은 LP 작업에 신경 쓰느라 너무 바쁘고, 지방 차원에선 문자 개혁에 관심을 갖고 있는 지도자가 훨씬 적다"(Editing Team 1999 : 301). 돌이켜보면 1980년대에 있었던 전통적인 복합 한자의 강력한 부활에는 최고 수준의 의사 결정 기구에서 나온 모호하고 일관성 없는 발언도 한몫했다. 그러한 최고의 수준에 걸맞지 않은uncharacteristic 높은 수준의 정치적 무관심은 언어 관리들을 장기간에 걸쳐 너무 우유부단하게 만들어 버렸고, 그 결과 그들은 자신을 비판하는 이들한테 실질적 조치를 취하지도, 강력하게 대응하지도 못하게 됐다.

7.3 진행 중인 정치 캠페인을 LP 작업에 통합하기

일반 대중은 매우 강압적인 정치 체제에서 살아남기 위해 정치 관행에 적응하는 법을 배운다. 인생에서 성공하기 위해선 자신의 분야에서 선택할 진로를 당 정치 노선과 동일시하는 것이 관례이며, 특정 분야에서 벌어지고 있는 일은 현재의 선전으로써 가장 잘 정당화될 수 있어야 하고 당이 사용하는 용어에도 꼭 들어맞아야 한다. 설령 립서비스의 형태에 불과한 것이라 할지라도 말이다. '올바른' 사상을 표현한 정치 슬로건과 흔해빠진 문구를 통한 혁명 공식의 지속적 반복, 곧 사람들의 마음을 관통하여 마르크스주의의 가치에 대한 믿음을 불러일으키는 데 사용된 그 반복은 Ji(2004)가 '언어적 공학linguistic engineering'으로 부른 것의 성공적인 부분이 됐다. DeFrancis(1979: 151-152)의 지적에 따르면 언어 개혁과 관련한 모든 측면의 근저를 이루는 복잡한 문제들을 논의하는 일은 Mao의 말 중에서 특정 입장에 대한 지지 표명에 도움이 될 만한 몇 구절을 인용하고, 또 현재 수용된 입장에 반대하는 몇 구절을 [이른바 Mao의 문집이나 어록 같은 것에서 갖고 와서] 현재 반대하는 사람들의 탓으로 돌리는 논쟁의 수준을 거의 넘지 않았다. 1980~1990년대 한자 문화 논쟁에서 양측이 쓴 장황한 '학술논문'은 사실인지 또는 정확한지의 여부가 아니라 상대의 견해가 언어 및 문자 문제와 관련한 당의 노선에 부합하는지에 대한 질문을 중심으로 이뤄졌다. 어쩌면 CCCF 쪽엔 이것이 진실에 더 가까웠을 것이다. Yuan Xiaoyuan(1992: 11-24)과 Shi Fa(가명, 1992: 5758)가 자신의 입장을 정당화하거나 주장을 뒷받침하기 위해 지도자들의 연설이나 공문을 어느 정도 길게 인용했기 때문이다. 국가 LP 정책을 의도적으로 방해했다는 비난에 논박하면서 논쟁을 촉발한 중심인물인 Xu Dejiang(2002: 5-6)은 이렇게 자신을 변호했다. "중국 문화를 전국적으로, 세계적으로 확산시키려는 우리의 노력은 [원저자, 1989년의 6·4 운동 이후 당의 선전으로 제시된] 중국 전통문화를 강력하게 홍보하는 정책을 잘 준수한다".

우리가 살펴봤던 것처럼 중국의 언어 문제는 예술과 문학처럼 상부구조의 구성 요소들이기 때문에 그것들은 보통은 정치적 수단으로 간주된다. 정치 이데올로기와 언어적 차원의 관계는 지식인들이 반우파 운동의 표적이 된 1950년대 중반에 수립되기 시작했다. 이 기간 동안과 문화대혁명 후기에 언어학자들은 모든 종류의 행동에 대한 원천적 근거였던 Mao의 작품에서 인용구를 발췌해 언급하지 않고서는 아무 말도 할 수 없었다. 그것은 그 특수한 시기의 중국 언어학에 있던 특징이었고, 또한 개인의 생존을 위한 기본 기술이었다.

국민의 삶과 학문적 쟁점에 부과된 제약이 느슨해진 후에도 특정 영역의 중요성에 대한 정당성은 현재의 정치적 주제와 관련한 이데올로기적 논문에 제시된 규범과 밀접하게 일치될 필요가 있었다. 오늘날의 중국에선 언어학이 좋은 위치에 자리 잡고 있다. 왜냐하면 CIP와, 또 그래서 경제발전과 연관돼 있고, 이는 이른바 지식경제Knowledge Economy와 함께 당의 중심 관심사이기도 하다. 현재(2006년) 중국에서 운용되고 있는, 지배적이면서도 무엇보다 중요한 이데올로기는 '3개 대표 사상'Three Representation Theory [三个代表思想, 三個代表思想], 곧 Jiang Zemin 전 공산당 주석이 중국 공산당 리더십의 핵심으로 지정한 정치 이데올로기로서 제16차 전국인민대표대회의 공식 문서에 구체화됐다. 이 이데올로기는 사회의 모든 사회경제적 관계에 스며들어 그것들을 정의한다는 점에서 무엇보다도 중요하다. 이렇듯 중요한 이데올로기와 함께하고 또 자주 연결되는 것은 교육·문화·소수자 노동·가족계획 따위와 관련한 그 밖의 다양한 지배 이데올로기이며, 그것들을 수반하는 실천은 그 밖의 소외된 이데올로 기들과 공존한다. 각계각층의 사람들이 토론을 통해 3개 대표 사상 이 각자의 일과 직업trades and professions의 중심이 될 수 있는 방법을 찾 으려고 노력한다. 첫 번째 대표는 우리가 수행하고 있는 일이 생산 력의 전진적 방향과 사회 발전의 진보를 대표할 것을 요구한다. 이 것이 LP에서 제 모습을 드러내는 것은 LP의 결과를 그 첫 번째 대 표와 연관시키는 것인데, 그 이유는 언어적 쟁점이 경제 활동을 용 이하게 하는 데 중요한 기여를 하기 때문이다.

다음은 2002년 교육부 언어문자정보관리과Department of Language, Script and Information Management of the Education Ministry(2002)의 『실무 의제 안내 원칙』*Principles Guiding the Working Agenda*을 번역한 것이다. 과학 연구 (SCLW 2004d)의 목표를 제시하고, 특정 학문 주체가 당에서 비롯하는 계기를 어떻게 잡는지를 보여주는, 전형적으로 정치적 색채가 짙은 발언이다.

> Deng Xiaoping 동지가 물려준 이론의 위대한 깃발을 높이 들고 '3개 대표'라는 중요한 사상의 지도하에 일하면서 [우 리는, 원저자] 중국 공산당 제15차 전국대표대회 제5차 및 제 6차 본회의에서 Jiang Zemin 동지가 전달한 중요한 연설의 정신으로 '3개 대표'를 수행하고, 한 발 더 나아가 『중화인민 공화국 국가 통용 언어 문자법』을 시행하고자 한다.[21] 생각

---

21   『중화인민공화국의 일반 국어와 문자에 관한 법률』*Law of National General Language and*

을 해방시키고, 사실에서 진리를 추구하고, 사회기반시설에
초점을 맞추고, 노동 문화를 개혁하고, 시대와 함께 전진함
[이것들은 정치 구호다. 작자]으로써 제15차 국가경제사회발전
계획 내의 언어 및 문자발전계획을 점진적으로 이행하는 것
은 언어 및 문자 표준화와 정보가 IT 산업과 더불어 제16차
중국 공산당 전국대표대회 개막을 앞두고 그것을 탁월한 성
과로 기념하기 위해 큰 걸음을 내딛고 있는 교육과 사회적
언어생활에 더 잘 복무할 수 있도록 한다.

정치 풍토는 예측할 수 없지만 정치 상황에 적응하고 LP 활동,
정당 정치, 정치적 올바름 간의 긴밀한 제휴를 지켜보는 것은 중국
LPers가 배워야 했던 기술이다. 앞으로 중국 LP가 언어 및 문자 관
련 문제를 해결하는 데 독자적인 궤도를 따라 발전할 수 있을지는
상당 부분 언어 문제가 정치 이데올로기에 어떻게 부합하느냐에 달
려 있다.

---

*Script, People's Republic of China*은 2000년 10월 31일에 통과, 2001년 1월 1일부터 시행됐
다. 이 법의 비공식 번역은 부록 D에서 볼 수 있다. [원래 영어로 번역돼 있던 부록 D는
중국어 원문, 곧 《中华人民共和国国家通用语言文字法》, 『중화인민공화국 국가 통용 언어 문자
법』으로 소개한다.]

8. 국제 환경

국제적 요인은 아마도 문자 개혁 추동 요인의 위계에선 가장 밑에 있을 테지만, 역사적 관점에서 볼 때 그것은 특정한 상황에선 결정적 영향을 끼쳤다. 냉전 종식 후 중국의 문자 개혁에서 일어났던 많은 중요한 변화들은 세계의 급진적 변화를 고려하지 않고는 상상할 수 없지만, 이러한 영향들은 대부분 노골적이고 직접적이지 않았을지도 모른다. 일반적으로 말해서 국제 정치 환경에서 가벼운 변동 정도만 겪는 것은 반드시 언어 개혁 운동이 방해 받지 않고 계속되도록 하기 위한 유리한 조건을 제공할 수 있다.

8.1 국제 비교 및 협력

문자 제도 개혁(곧 간화)을 정당화한 것은 국가 경제 건설에 대한 한자의 지연적 역할이었다. 그러나 비교 국제적 관점에서 보면 한자와 국가 발전 사이엔 명확한 연관성이 없다. 이와 관련해선 북한과 남한의 경험을 가장 전형적인 예로 들 수 있다. 제2차 세계대전 이후 전자는 한자를 폐지한 데 반해 후자는 그리하지 않은 것이다. 현재 원래의 중국 문자가 사용되고 있는 타이완과 홍콩도 마찬가지다. 베트남은 역효과를 잘 보여주는 사례인 반면 튀르키예는 비문자 사용 정치 체제에서 볼 수 있는 더 적절한 사례다. 더 긴 기간의 틀에서 살펴보면 문자를 다룰 줄 아는character-literate 일본의 높은 식자율과 방글라데시(70% 이상), 인도(60% 이상), 인도네시아(40% 이상)처럼 수세기 동안 알파벳 문자를 사용해 온 국가의 낮은 식자율이 대량 식자율 생산 producing mass literacy의 결정적 요인이 되는지는 매우 의심스럽다. 일부 비교적 발달한 국가조차도 중국에 비해 식자율이 크게 높진 않다. 포르투갈과 페루 같은 국가의 문맹률은 20%가 넘는다. 디지털 시대의 도래로 식자율의 정의가 변화하고, 또 그에 따라 이 같은 비교의 영향이 달라질 순 있겠지만, 만약 액면 그대로 받아들인다면, 이러한 종류의 국제적 비교엔 향후의 어떠한 언어 개혁이라도 그것에 제동을 걸 수 있는 잠재력이 있다.

중국어는 다중심적 언어이며 그것엔 상호작용하는 중심이 여럿 있다. 각각은 적어도 고유의 (성문화된) 규범 일부와 함께 민족적 다양성을 제공한다. 국제 경험의 영향은 이론적 수준과 실천적 수준 모두에서 볼 수 있다. 여타 국가에서 얻은 문자 개혁 경험은 1950년대에 참고 자료로 널리 탐구됐다. 당시 일종의 연구 주제로서 LP는 갓 걸음마를 하고 있었고 LPP 관련 연구는 배태 단계에 있었다. Weinreich는 1957년에 LP라는 용어를 처음 만들었고, 그때부터 LP 영역에선 상당한 경험이 국내외 모두에서 축적됐다(Eastman 1983: 130).

과거엔 계획 프로그램을 수행할 때 타이완과 홍콩을 포함한 주변 지역의 언어적 요인들을 상당 부분 무시했기 때문에 오늘날엔 그 유감스런 결과를 느낄 수 있다. 현재 중국 문자를 사용하는 국가의 문자 개혁 문제는 중국의 그것과 서로 밀접하고 복잡하게 얽혀 있다. 그 밖의 한자 사용 지역에서 볼 수 있는 문자 개혁이 진전하면 중국의 문자 개혁에 더욱 큰 영향을 미칠 것으로 추정할 수 있다. 앞으로 중국 문자 체계를 위해 제안되는 개혁은 그것이 뭐가 됐든, 이를테면 간화·표준화·로마자 표기 문자로 대체될 가능성에 관계없이, 중국어를 사용하는 세계와 세계 전체에서 중요한 쟁점이 될 것이다. 정치적 전환이 얼마나 극적으로 보이든 간에 중국어 같은 다중심적 언어의 경우, 오직 중국 고유의 정치 체제를 두르고 있는 경계 안에서만 효과적으로 수행될 수 있는 문자 개혁 따윈 아예 없다.

　한자 문화권의 모든 집단한테선 더욱 역동적인 상호작용, 더 구체적으론 전 세계에 흩어져 있는 약 3천만 명의 해외 화교, 곧 문자의 주인으로서 동등한 정당성을 부여받는 그 사람들의 참여가 필요하다. 사람들이 권력자들한테 제기하는 문제는 점점 더 증가하고 있는데, 그 내용은 화교처럼 점차 영향력을 키워 가고 있는 중국인 집단에 대한 관심을 왜 계속해서 거두고 있느냐 하는 것이다. 수적으로는 지극히 적지만 디지털화와 전 지구화의 시대에 그 사람들의 중요성은 부인될 수 없으며, 이는 LP 정책 입안자들이 공식적 고려 사항에 그 사람들을 포함하는 데 무게를 두는 경향을 도출하고 있다(Li 2004c, Wang T.K. 2003, Zhang S.Y. 2003). 독일과 독일어 사용 국가의 철자 개혁 공동 협의는 다중심 언어들에 대한 국제 심의와 관련해서 훌륭한 예시로 인용될 수 있다(Clyne 1995). 냉전 시대엔 불가능했던 중국어와 중국 문자 사용 국가 사이의 협조 및 조정은 미래를 위해 더 이상은 피할 수 없는 것이 됐다. 이는 상당히 복잡하지만, 또 그렇게 복잡한 만큼 매우 바람직한 발전이며(Zhou 1986a), Kaplan and

Baldauf(1997: 300)은 이를 유창하게 주장하며 뒷받침한다.

LP 활동은 계획이 진행 중인 정체polity의 언어 상황뿐 아
니라 인접한 정체의 언어상황도 고려할 필요가 있다. 아울
러 계획 중인 정체와 인접한 정체 간 경계의 상대적 침투성
을 고려하는 것이 중요하다.

8.2 역사적 관점에서 본 이데올로기적 요인

중국 LP 역사에 대한 국제적 영향과 관련 있는 한 사건은
1950년대 병음의 그래픽 표현 밑바닥에 깔려 있는underlying 의사 결정
과정이다. 아주 최근까지 병음을 고안하는 데 직접적으로 관여했던
대다수의 LP 전문가를 포함하여 라틴 알파벳 문자를 병음 맞춤법의
기초로서 채택하기로 한 결정의 진짜 이유는 무엇인지, 그 결정은 왜
또 라틴 알파벳 사용에서 문자 획으로 바뀌었다가 다시 알파벳 표현
으로 바뀌었는지를 아는 사람은 거의 없었다(VI 8.1.3 참조).

최근 정보(Zhou 1999: 195; Wang 2001: 개인적 소통)를 통해 드러나는 것
은 중국 음운 체계를 대표하는 국가적 형태에 대한 Mao의 발상이
1950년대에 있었던 첫 소련 방문의 결과로 나왔으며, 당시 Stalin은
중국 고유의 문자 형태를 개발해야 한다고 제안했다. 라틴어 기반
병음의 제안이 지연된 또 다른 까닭은 중국과학원에서 학술고문으
로 일했던 소련 과학아카데미 출신의 일부 학자들이 끈질기게 기울

인 자기 이익을 위한 노력이었다. 그들은 권력자들한테 라틴어 대신 키릴 문자를 채택하도록 로비할 기회를 단 한 번도 놓치지 않았다 (DeFrancis 1972, Chen P. 1999, Zhou 2004). 이 교착상태는 Chen Yi가 전술적으로 해결했다.[22] 병음 방안이 국제공산주의 운동의 산물이라는 증거는 Wang Xuewen(1974: 21)한테서 나왔는데, 그의 주장은 병음 방안이 채택된 이유가 제1차 전국언어개혁회의National Conference of Language Reformation에서 이뤄진 한 러시아 고문의 연설에서 라틴 문자가 상찬을 받았고 그것이 "토착 형태를 채택할 가능성을 배제했기" 때문이란 것이다. 어떠한 경우라도 중국어 로마자 표기의 표음 형태를 토론하고 선정하는 덴 외국의 영향이 큰 역할을 한 것으로 보인다.[23]

　이데올로기적으로 소련은 1950년대 중국 공산주의 정책의 척도였고 언어도 예외는 아니었다. "라틴화는 동양의 가장 위대한 혁명[24]"이란 Lenin의 말, 또 모든 언어가 표음문자로 기록될 시대에 대한 레닌주의의 예측을 반복적으로 인용함으로써 사람들은 공산주의 정부

22　Chen은 "국제 혁명적 관점에서 보면 소련이 동유럽을 담당하고 있고, 중국은 라틴어 기반 문자를 사용하는 동남아 지역 문제에 더 많이 관여하고 있다"고 소련 전문가들한테 설명했다(Feng 2001: 개인적 소통). 쓰촨성 출신인 Chen Yi(1900-1972)는 프랑스에서 공부할 때 중국 공산당에 가입하여 상하이 시장, 부총리 겸 외교부장이 됐다.

23　이러한 영향 중 일부는 현실이 됐다. 중국 정부는 키릴 문자를 사용하여 6개의 '신문자New Script' 소수 민족 언어를 설계했다. 그러나 1958년에 취소된 몽골어를 제외하고는 아무것도 진흥되지 않았다(Nie 1998: 227-228).

24　Duan(1990: 2)에 따르면 '동양'은 원래 그 당시 소비에트 제국 내에 살고 있던 여타 종족들을 가리키는 말이었다. 그것은 중국이나 그 밖의 어느 '동양' 국가하고도 아무런 관련이 없다.

가 조만간 [중국] 문자를 폐지할 것이라는 잘못된 믿음을 갖게 됐다. 제1장 5.1에서 논의된, 국제적 규모에서 벌어진 그 밖의 이데올로기적 사건은 학문적 논쟁이 언어 이론에 끼치는 영향이었다. '언어는 여타 계급들의 배제를 위해 한 계급한테 복무하지 않는다'는, 세계에서 가장 위대한 프롤레타리아 지도자(Joseph Stalin)의 한 마디 주장은 '무계급 본질non-class nature' 진영의 언어학자들한테 시기적절하고 권위적인 도움을 줌으로써 끝없는 논쟁을 줄이고 1950년대에 이뤄지게 될 개혁의 길을 터 줬다(Barnes 1974: 460). 1950~1960년대에 있었던 언어와 방언의 정의를 둘러싼 국제적 이데올로기 투쟁의 부정적 영향 또한 사회주의 블록Socialist Block의 외국 전문가들이 관여한 데서 입증됐다(DeFrancis 1972: 462-465).

하지만 특정 개혁이 국제 환경의 영향을 크게 받았어도 중국 문자 개혁의 주요 프로그램엔 대개 일정 기간의 반성과 후속 수정이 뒤따랐으며 그 목적이 그 프로그램들을 전통적인 중국의 가치와 국가의 정치 이데올로기에 부합하게 만드는 데 있었다는 점은 지적돼야 한다.

8.3 최근 현실에 대처하기

최근 중국에서 세계적으로 중요한 사건 두 가지가 발생했다. 중국의 WTO 가입과 2008년 올림픽 유치 성공이다. 이 두 사건과 관계를 맺는 것은 바로 임박한 LP 작업이다. 2008년 게임을 준비하는 과정에서 언어 서비스를 제공하는 것이 핵심 관심사임은 분명하다. 올림픽(에 참가하는) 선수들을 위해 언어 장벽을 낮추려는 엄청난 도전 과제가 있다. Li Yuming(2002: 개인적 소통)은 그것에 대처하는 방법을 논 의하면서 중국의 추가 개방과 국제화는 LPers를 위한 기회로 간주돼 야 한다고 말했다. CIP는 그가 덧붙인 설명처럼 지렛대의 힘 같은 역 할을 할 수 있다.

> 2008년 중국에 오는 올림픽 선수들을 위해 우리가 하려는 일의 궁극적 목표는 단기적으로는 통역 시설과 같은 언어적 편의를 제공하고, 적어도 일상생활·스포츠·여행을 누릴 수 있도록 언제 어디서든 비교적 자유로운 의사소통을 할 수 있도록 보장하는 것이다. 장기적으로는 문자 및 언어 관련 직업을 실질적으로 줄이는 데 핵심적 역할을 담당해야 한 다. 예컨대 비서의 수는 CIP 기술의 발전 때문에 감소하고 있다.

중국이 세계 경제에 추가 편입되면서 한자 표준화는 국제 관행 과 접촉하게 됐다. 언어정보과Department of Language and Information의 시 급한 업무 하나는 상표를 위한 문자 사용 및 한자 사용 지역에서 들 어오는 수입품과 관련한 인쇄 지침 같은 쟁점에 정책 지침을 제공하 는 것이다. 중국은 외국인 투자자가 자국어로 회사명과 상품명을 등 록할 수 없는 몇 안 되는 나라 중 하나다(정부 또한 중국어 안내가 없는 수입 품은 금지한다). 그 밖의 논쟁적 주제는 타이완과 홍콩에서 들어오는 수

입품과 본토 생산 제품의 라벨에 대한 간화자 사용 여부다.

8.4 국익

전 지구화는 LP를 더욱 복잡하고 정교하게 만들었다. Yao(2001: 130-131)의 적절한 지적처럼 오늘날의 디지털화된 세계에서 국제 경쟁이 군사·정치·경제 분야에서 '부드러운 영역'(언어를 통한 문화와 종교)으로 점점 더 전환되면서 언어 전선에선 침묵의 전쟁이 벌어지고 있다. "문화적 침투와 반침투는 국가들 사이에서 국력과 국익을 위한 경합의 주요 내용이 됐다". 이는 단순히 언어가 정보의 매개체일 뿐 아니라 정보 또한 국부의 중요한 원천이자 국방 산업의 중요한 영역이기 때문이다. 이런 의미에서 Li Yuming(2004b)은 인터넷상의 언어 확장을 언어 제국주의 또는 문자 우월주의로 규정했다. 더욱이 중국에서 철자법의 효과성이 기술적 진보와 매우 밀접하게 관련돼 있다.

8.4.1 문자 개혁과 국가 안보

경제 개혁 및 개방 정책의 시행 과정에서 중국은 과학 역량과 경제 수준을 선진국의 그것과 대등하게 만들기 위해 노력해 왔다. CIP 개발의 최초 동기는 국가 안보였고, 그 개발은 1970년대 초 Qian Xuesen과 Qian Weichang 같은 군사 기술 과학자가 시작했다. 당시 연구는 국익을 위한 중요성 때문에 최고위층의 지원을 받았고,

그 결과는 1980년대에 이르러 비로소 시민의 이용에 적용됐다. 공교롭게도 타이완의 중국 문자 코드화 시스템 개발 필요성 또한 군사 목적의 적용에서 비롯했다[25].

특별히 미국을 비롯한 외국의 이해당사자들은 중국 IT 산업을 향해 광범위하면서도 전 방위적인 침투를 벌였고, 이는 중국 정부와 CIP 커뮤니티의 우려를 크게 자아냈다(Xu 2000: 494). 현 상황이 계속될 경우 CIP의 핵심 기술이 중국 과학자들의 손에 넘어갈지 어떨지를 둘러싼 회의적 시각이 점점 더 늘고 있다. 이번 개방으로 중국은 자유시장 방향으로 움직이면서 사실상 경제적으론 무방비 상태가 됐고, 중국이 추가 개방 및 자유 접속을 요구하는 WTO에 가입함으로써 이런 의식은 고조됐다. 꽤 오랫동안 거론돼 온 한 가지 불안스러운 화두는 중국 정보 소프트웨어 시장이 외국산 제품에 좌우되고 있다는 두려움이다. 이는 엄청난 경제적 손실일 뿐만 아니라 중국과 그곳의 지적 엘리트들한테도 굴욕적인 일이 될 것이다. 수익성이 좋은 입력 소프트웨어 시장에서 발생하고 있는 일은 이 같은 우려가 고통스러운 현실이 되고 있음을 보여준다.[26] 물론 일반적으로 이

---

25   한자 전산화의 선구자 중 한 명인 Zhu Bangfu(2000)의 설명에 따르면 그는 1970년 대 말 업계의 지원을 받기 위해 타이완의 거의 모든 컴퓨터 회사를 방문했지만 모든 곳에선 똑같은, 그러니까 불가능한 것에 돈을 투자하는 위험을 감당할 수 없다는 부정적 반응을 보였다. 게다가 그는 컴퓨터 시대의 한자가 아주 이른 시일 내에 버려질, 일종의 고대 유물이라는 말도 들었다. 거듭된 실패 끝에 그는 국방 분야에서 자동통신시스템 개발을 절실히 필요로 하는 때 공공부문으로 눈을 돌렸고, 그의 연구팀은 국방사관학교National Defense Academy의 전폭적인 지원을 받아 채용됐다.

26   2003년 12월 5일, 중국 중앙TV(CCTV.com 2004)는 통계자료를 통해 휴대전화에 한

러한 동향은 전 지구화된 현대 세계의 특질을 반영한 것으로, 이 세
계에선 보통 대기업이 다수의 국가보다 경제와 지적 재산 면에서 더
강력해져 있다.

8.4.2 MS의 역할: 마케팅 전략인가, 아니면 전략적 음모인가?

지난 세기의 전환기에 MS의 중국 내 활동에 따른 이른바
해로운 영향을 둘러싸고 매우 열띤 논의가 벌어졌다. 이에 대해 큰 관
심을 보인 것 중엔 Mi Alun가 제공한 설명이 있는데, 그는 MS의 중
국 마케팅 전략에 특별히 비판적이던 미국계 중국인 IT 분석가 겸 칼
럼니스트였다. Mi(1999)는 중국의 IT 발전이 인상적이지 못한 것에 대
해 MS가 부분적인 책임을 져야 한다고 주장한다. MS는 문자 처리
에 관여함으로써 의도적으로 정부와 일반 대중 모두를 오도하여 한
자가 컴퓨터 애플리케이션에 사용되는 다른 어떤 문자 시스템보다도
덜 효율적이라고 믿게 만들었다는 비난을 받았다. Mi에 따르면 MS
의 진짜 의도는 중국 소프트웨어 시장을 독점하려는 것이다. Mi(1997)
는 MS의 중국 내 활동이 중국 IT 개발에 득보다 실이 많다고 설득력
있게 경고하고, 이것이 경제적 함의를 넘어설 수도 있다고 추론해 왔

자를 입력하는 데 오랫동안 외국 기술에 의존해 왔기 때문에 중국 기업들이 한자
기술 사용을 위해 휴대전화 한 대당 미화 7센트를 더 지불해야 한다고 보도했다.
막대한 소비 능력(현재 2억 세트)과 30%의 성장률을 감안하면 외국 기업이 보유한
한자 입력 기술에 대한 지불액은 매년 7억 위안에 이른다.

다. 이는 정보 전쟁이 향후 실제 전쟁의 형태로는 가장 가능성이 높은 것이라는 점에서 국제 전략 전문가들의 특별한 관심을 받을 만하다. 그의 견해는 그 밖의 학자들한테서 반영되기도 했는데, 젊고 능동적인 언어 현대화 주장자인 Zhang Feipeng(2001: 5)은 "한자의 효율속도는 표음문자보다 훨씬 낮고, 정보 처리에 적용될 경우엔 쉽게 고장나거나 충돌한다. 일단 전쟁이 터지면 그 결과는 상상을 초월할 것이다"고 주장한다.

Zhang은 MS의 중국 내 활동에 대해 가장 맹렬한 비판을 퍼붓는 사람 중 한 명인데, 그 핵심은 MS가 중국 IT산업의 미래를 댓가로 단기적 이익을 추구한다는 것이다. Zhang(1999)은 이렇게 말한다.

> MS의 주장이 보여준 방향은 이 회사가 이미 [한자 처리와 관련한, 원저자] 모든 어려움을 극복했다는 것이다. 이제 남은 것은 기존 소프트웨어 제품들의 마케팅 방식을 결정하는 일이다. 이로써 그 밖의 많은 중국 소프트웨어 개발자들은 생존을 위한 싸움에 휘말리게 되고, 그 결과 인프라 작업을 할 시간적 여유 같은 건 아예 남아 있지 않게 된다. 중국 IT 산업 전체는 질식 상태에 놓여 있다.

Mi Alun(2001)은 MS가 중국 시장에 처음 진출했을 때 '1석2조' 마케팅 전략을 펼쳤다는 것을 보여주는 증거가 있다고 말해 왔다. 다시 말해서 사업 상황을 조작함으로써 중국 개발업자들이 저작권 침해행위를 하도록 의도적으로 부추긴 뒤 소송에 의존했다는 것이다.

두 갈래로 나뉘는 목표는 한편으로는 합법적인 과정에서 명성을 퍼뜨려 자사 제품을 홍보하고, 다른 한편으로는 수많은 중소 소프트웨어 기업을 삼켜버리는 것이었다. 이 과정을 통해 언어 연구 프로젝트의 인프라 구축보다는 지적 저작권 분쟁에 대한 대중의 관심을 끌려고 노력해 왔다.

한자 문자가 중국에 큰 군사적 불이익이 될 것이란 생각, 암암리에 중국 국방 현대화가 다소 지연되고 있단 생각은 다른 전산언어학자와 국방 전문가 사이에서도 큰 인기를 끌고 있다. Qian Xuesen(Zhang F.P. 1999)은 이 같은 신념을 표현하면서 "중국어의 정보 효과성 개선 방안은 국가 안보와 관련된 중대 문제"라고 말한다. 정보 통제가 점점 더 세계 권력정치의 구심점이 되면서 중국은 실행 가능한 정보망 시스템을 구축하고 많은 관심을 받고 있는much-sought 온라인 정보를 도입해야 하는 엄청난 과제에 직면해 있다. 더 넓은 관점에서 볼 때 디지털 전쟁에서 정보는 전쟁을 위한 중요한 자원이자 가장 치명적인 무기다. 이런 의미에서 중국이 수입 기술에 대한 의존에서 벗어나려는 노력의 군사적 의미는 자명하다.

8.4.3 외부 변화와 내부 정치의 상호작용

제3장의 분석과 이번 장에서 지금껏 진행해 온 논의에선 1990년대의 한자 우월성 논쟁이 실제로는 서구 문화 확장에 대항하는 무기로서 선전원들 사이에 유행했던 전통주의에서 비롯했다는 것

을 보여줬다. 제4장에선 한자의 총수를 제한하는 첫 번째 어려움이 1990년 이후의 민족주의 정서 강화와 함께 번성하던 문학적 표현과 고어의 RC[희귀자]라고 강조했다. 따라서 민족주의와 전통주의는 국제 환경의 영향에 취약할 수 있는 두 가지 쟁점이다.

국제 정치 변화는 자신의 전통 유산에 대한 대중의 인식을 바꾸는 데 기여한 주요 요인 중 하나다. 지난 몇 년간 중국 민족주의를 국제적 사건들의 결합이 자극했다는 증거가 늘어나고 있다. 맨 앞에 자리를 잡고 있는 것은 전 세계에 새로운 형태의 국민적 열망과 관심을 불러일으킨 냉전 종식이다. 소련 붕괴 이후 중국 공산당의 문화 설계자들은 현 정권에 정통성을 부여하기 위해 당을 전통 의상 속에 은폐하고, 또 그럼으로써 주민들이 계속해서 중국성Chineseness의 감각에 빠져 있게끔 만들었다. 게다가 급속한 경제발전과 생활 수준 향상, 동아시아와 동남아시아에 있는 중국 문화 영향권 국가들의 괄목할 만한 경제적 성과로 국가 신뢰도는 높아졌다. Guo Yingjie(2004: xii)는 '급성장하는booming' 경제와 "'아시아의 네 마리 작은 용'이 거둔 성공"이 유교의 '긍정적 측면'에서 기인하는 것으로 간주했다. 의심할 여지없이 이전에 언급된, 국제적 맥락에서 발생하고 있는 정치적·경제적 사건들은 전 주민을 맹목적인 민족주의의 물결로 몰아넣어 토착 문화와 현지 지식의 르네상스로 이어지게 하고, 그 결과 고풍스러운 언어와 전통 한자에 대한 새로운 관심을 불러일으킨 근본적 요인들이다. Mao 시대의 향수를 불러일으키는 추억도 이 같은 대중적 정서에 반영됐다. 이는 더 구체적으로 1993년 중국에서 가장 많이 시청한 TV 시리즈인 『뉴욕의 북경인』*A Beijing Man in New York* [北京人在纽约, 北京人在紐約 북경인재뉴약]과 1996년의 냉정한 정치 르포 『중국은 'No'라고 말하지 못한다』*China Can Say No* [中国可以说不 中國可以說不 중국가이설불] 같은 허구적 작품이 압도적 인기를 끌면서 두드러졌다. 이 같은 유형의 문화 생산물은 특정 인구층, 특별히 지식인과 어린 학생 사이에서 새로운 세계 질서에서 인지된 자신의 위치와 중국에 대한 서구의 태도가 못마땅하다는 표현이다.

9. 요약 및 결론

제4장과 제5장에선 중국 한자 개혁과 관련한 대내외적 요인을 탐구했다. 제4장에선 四定, 그것들이 요청하는 기술적 요건, 중국 한자의 불안정한 속성을 바로잡기 위한 노력에서 직면하게 되는 어려움을 자세히 살펴봤다. 한자의 미래적 전망에 대한 이러한 언어학적 검토는 현재의 언어 계획 이론화, 이를테면 '언어 변화는 사회적·문화적 공백에서 발생하지 않고 언어 생태학, 사회 및 정치 생태학의 일부다(Kaplan and Baldauf 1997; 2003)'에서 시작하는 이론화에서 발견되는 사회적 활성화enabling 요인들을 고려하지 않았다.

이 장에선 영향력 있는 외부 결과물들에 전념했다. 중국 문자 개혁의 미래적 향방에 영향을 끼치는 힘엔 두 가지 집합이 있다. 하나는 특수한 언어 개혁 기반 프로그램 및 방안과 관련한 미래의 시나리오를 스케치하는 것이고, 다른 하나는 미래의 추세에 영향을 끼칠 가능성이 높은 요인들을 더욱 일반적인 의미에서 고찰하는 것이다. 이 장에선 7가지 사회언어적 차원[그림 5.1], 곧 한자 발전 및 개혁 조치를 예측하는 데 필요한 동향선a trend line 구축에 가치가 있다고 판단되는 차원들을 확인한다. 우리는 이 7개 차원이 미래의 문자 개혁에 대한 의의 면에서 차이를 보일 뿐 아니라 이 개혁의 특정 측면에 영향을 미칠 (명시적·암시적) 방식에서도 차이가 난다는 것을 보여줬다. 이들 7개 차원과 관련한 논의는 이러한 상호 의존적 요인들의 조합에 대한 검토를 통해 제시되며, 그 목표는 결과가 예측할 수도 있을 인과관계 패턴을 식별하는 데 있다. 다음 장에선 그러한 변화가 취할 수도 있는 방향에 기여하는 변수를 살펴본 후 이러한 변화 중 일부가 어떻게 발생할 수 있는지를 들여다본다.

6장

미래를 상상하기:
동향 및 전략

1. 도입

이 장에선 현재 LP 작업의 가장 중요한 쟁점인 표준화와 그것을 이룩할 수 있는 방법을 다루는 데 전념한다. 제4장에서 우리는 표준화의 주요 내용, 곧 四定과 중국어 전산화에 대해 그것이 갖고 있는 기술적 함의를 분석적으로 서술했다. 아울러 이 책의 다른 부분에선 표준화가 모든 유형의 언어 소프트웨어 제품, 더 구체적으론 한자의 입출력을 용이하게 만드는 것들을 향상시키기 위한 열쇠일 뿐 아니라 점점 더 필수적인 것이 돼 가고 있는 한자 전산화에서도 중요한 요인이 되고 있음을 시사한 바 있다. 따라서 표준화 문제는 현대 중국어 LP의 중심 원리tenet가 됐다. 어떻게 해야 LP를 사회-정치적 변화와 양립할 수 있게 할 수 있을 것이며, 점점 더 실용적인 지식을 쌓아 가고 있는 사람들이 LP의 성과물을 더 잘 받아들일 수 있도록 하려면 또 어떻게 해야 하는가와 같은 문제를 해결하기 위해 이 장에선 역사적 경험과 현재 상황을 종합하여 표준화 문제의 추가적 검토를 위한 이론적·기술적descriptive 얼개를 제공한다.

이 장에선 표준화 관련 중요 문제 네 가지를 주로 다룬다.

- 사회 발전 및 기술 진전과 양립 가능성 측면에서 표준화의 어려움
- 다중 표준 모델이 진전하고 있는 상태에서 표준 범주화 및 그 범주들이 사회적 조건과 양립할 가능성

- 표준화와 관련한 최근의 사유, 또 표준 시행에서 발생하는 현실적 문제를 해결하기 위한 이론적 모델의 발견 시도를 둘러싼 논의
- 표준화 지향적인 LP 작업이 새로운 역사적 조건과 양립할 수 있도록 하는 대안적 방법에 대한 탐구

간단히 말해 이 장은 두 가지 주요 주제를 중심으로 구성된다. 하나는 과거의, 또 현재 진행 중인 LP의 모험을 설명할 때 필요한 새로운 표준화 모델의 유용성이고, 다른 하나는 언어 표준 보완을 위한 합의 모델 구축의 중요성이다. 우리는 먼저 일단一團의 다중 표준을 제안하며, 이 같은 표준화와 그 밖의 표준화 변화는 새로운 사회-정치적 맥락의 일부로서, 오직 LP에 대해 더욱 개방적인 공감대가 중국에서 형성될 경우에 비로소 발생할 것이라고 주장한다. 그런 연후에 우리는 역사적 경험과 국제적 상황을 참조하면서 향후 개혁을 위한 민주성과 투명성을 일종의 정상화된 방식으로 보장하는 안정적이면서도 신뢰 가능한 메커니즘 구축의 가능성을 탐구한다.

2. 다중심적 표준 모델을 향하여

현대 생활에서 가장 두드러진 현상은 제품의 상품화였고 그것이 이뤄지는 곳에선 기업과 정부가 사회적 활동의 실천을 표준

화하기 위해 점점 더 큰 규제를 부과한다. 중국 언어 당국은 현대 전산화 기술이 사회에 더 잘 복무할 수 있도록 언어 환경을 개선하는 가운데 표준화를 LP가 국가 기술 발전에 기여할 수 있는 주요 선택지 중 하나로서 구체화했다. 그러나 언어 표준화를 향한 욕망이 언어 사용의 참신함을 추구하는 인간의 내재적 특성과 그렇게 조화를 잘 이루는 것은 아니다. Wright(2004 : 53)의 언급처럼 말이다.

> 우리가 표준화를 수용하도록 이끄는 정치적·제도적 영향(교육·징병·관료주의·애국심 따위)은 부과된 규범에서 벗어나는 시적이면서도 창의적인 스타일을 채택하려는 개인의 결정, 또 그 결정을 뚜렷이 구분되는 것으로 표지mark [標識]하는 코드·사용역registers·전문용어를 채택하려는 집단적 선택과 끊임없이 모순된다.

표준화 활동엔 오직 컴퓨터 애플리케이션의 편리성만 위해 법률을 시행함으로써 대중한테는 자유를 강탈하는 것으로 보일 위험이 도사리고 있다. 이는 사람들의 완고한 필기 습관을 표준화하려는 시도가 필연적으로 사회 경향과 충돌할 수밖에 없다는 것을 시사한다. 표준화 활동은 언어 사용을 억제하게 될 통일된 기준을 부과하는 것으로 보이기 때문이다. 이런 현상은 더 구체적으로 전체주의 정치 체제에서 개인주의와 창의성이 높이 평가되는 민주주의로 급변하는 사회에서 두드러진다. 사람들이 두려워하는 이 같은 특질은 여

러 엄격한 표준이 점점 더 무료해지는 삶에 동일성과 규범적 규칙을
부과할 경우에 줄어들거나 사라질 것이다. 언어 또는 문학적 언어의
창의적 사용은 근본적으로 엄격한 표준과 상반하기 때문에 표준에
도전하는 언어를 만들어 내는 것이 유행이 됐다.

2.1 사회-정치적 맥락: 다양화와 민주화

여기선 중국에서 발견되는 상충적 경향의 맥락에서 표준
화와 현대화의 관계를 고찰한다.

2.1.1 표준: 현대화의 전제 조건

언어 연구자들은 현대화된 언어 또는 언어 현대화라는 용
어를 사용하는 데 신중하다. 예를 들어 Ferguson(1996:41)은 "언어의 후
진성 또는 제한적 발달에 대한 판단을 언어 구조에 기초해서 할 순 없
다"고 지적하면서도 "언어발달 측정과 관련해선 최소 세 가지 차원이
있다"는 관점또한 채택하고 있는데, 표준화는 그 중 하나다. 중국에
서 다수의 LPers는 언어와 문자 사용에 대해 명확히 표현되고 진술된
표준이 없는 언어는 현대 언어가 될 수 없다는 일종의 발달적 관점을
갖고 있다. 제4장에서는 미시적 층위에서 한자 전산화에 대한 기술적
함의를 살펴봤다. 거시적 층위에선 언어 표준화와 코드화가 신산업
발전의 전제 조건이 된다. Jernudd and Das Gupta(1971 : 203-205)는 철자

법 개혁과 서면 발화written discourse 변경도 현대화의 기능이라고 주장
한다. 현대 사회가 발전하는 동안 철자법은 계속해서 검토된다. 관계
의 유형과 강도(그림 6-1 참조)는 사회가 발전함에 따라 변화할 것이다.

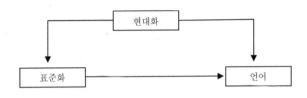

그림 6-1. 현대화, 표준화, 언어 간의 근본적인 관계

전 지구화 및 디지털화가 특징인 세계에서 살고 있다는 맥락에서
표준화는 오늘날 현대 사회의 기반이다. 한발 더 나아가 좀 더 크게
본다면 현대사에서 우리가 어떻게 바꿀 수 없을 만큼 냉혹한inexorable
동향으로서 표준화는 사회의 모든 측면에서 발생하고 있다. 국제적
의사소통망에서 벌어지고 있는 정보교류의 전 지구화가 철자법 목
록에 대해선 동질적 효과를 증가시킬 것으로 예상되는데, 이는 순
수주의자 다수가 뒤집히는 걸 봤으면 하고 바라는 동향이다. 표준화
지지자들standardizers은 표준화가 기계적 적용에서 발생하는 중국 문
자의 본질적 결함을 부분적으로 상쇄할 수 있다고 믿는다. 앞서 지
적한 것처럼 한자 사용 세계에 다소간의 문자 동질성이 있을 땐 중
국어로 이뤄지는 국제 의사소통이 더 효과적이다. 표준화는 디지털
메시지가 더욱 빠르고 신뢰할 수 있는 상태에서 교환되는 것을 의미

하며, 그러한 지역적 통일은 오직 국가 또는 국제 표준의 기본 전제에서 달성할 수 있다.

2.1.2 사회의 갈등적 동향: 한자의 이동과 발전

그런데도 인간의 언어는 역설적인 방식으로 기능하는데, 가장 근본적인 특징 중 두 가지는 정반대다. 한편으로 언어는 체계적이고 정태적이어야 한다. 일관성과 안정성은 의사소통 시스템의 기본 요건이며, 모든 언어는 그러한 규약을 유지하기 위해 사용자의 지원을 필요로 한다. 다른 한편으로 인간의 언어는 끊임없는 변화 또 새로움과 기이함에 대한 집착의 영향을 받기 쉽다지. 이 같은 역설은 중국의 근대화 과정에서 기술 지향적technology-oriented 표준화와 민주적 발전 사이의 모순으로써 더욱 심화된다. 이러한 필연성을 얘기하면서 Thomas(1991: 207)는 동질성을 동일시to identify with homogeneity해야 한다고 설득·강요하기 위한 압박은 일종의 강력한 정서적 반응을 유발하는 경향을 띠는데, 그 반응에선 전통주의자와 지역적 관점이 다른 무엇보다 중요할 수 있다.

반대로 현대화는 단일하고 동질적인 국제 문화에 순응하도록 많은 문화권의 사람들을 압박해 왔다. 그 문화는 통합된 세계 경제체제의 지배를 받는 것이며, 또 그 체제는 보편적 기술에 기초하면서 물질주의적·공리주의적 철학에 사로

잡혀 있는 것이다.

한편으로 IT의 영향이 초래한 사회언어적 결과는 문자의 총수 total stock를 정비하기 위해 어떤 일이 이뤄져야 하는지를 철저히 조사할 수 있는 전례 없는 기회를 LP 작업자들한테 제공한다. 다른 한편으로 표준화는 다수의 분과 학문과 모든 사회적 층위를 포함한다. 그것은 언어적이기보다는 사회-정치적이다. 번영하는 민주적 LP 문화가 의사 결정 체계(다음에서 논의해야 할 주제)에 강력한 대중적 참여를 필요로 한다는 것은 두말할 나위도 없다. 이는 중국인들이 현대화로 가는 길에서 민주주의를 받아들이려 할 때 LP의 노력이 더 큰 저항에 직면할 것임을 함의한다. 표준화와 정부의 개입은 비전문가들과 학자들 모두를 양극화시킨 뜨거운 논쟁거리였다. 지난 15년 동안 사람들의 문화생활에서 일어난 경이로운 변화를 감안할 때 대중들한테는 LP의 문화가 지난 시대에 속하며 새로운 시대엔 적합하지 않다는 인상이 남아 있다.

표준화가 연구, 전파, 시행, 평가로 이뤄지는 일종의 연속체(곧 표준화 과정)에서 일어난다고 본다면 LP가 기껏해야 그 과정에서 썩 중요하지 않은 부분과 관련돼 있다는 것은 중국의 경험을 통해 주장할 수 있다. 이 책에서 논의된 증거는 주로 사회적 합의의 관리를 수반하는 전파와 시행이 전체 과정에선 약한 고리였다는 것을 시사한다. 고려돼야 할 매우 중요한 사회적 요인 하나는 문화대혁명의 파장인데, 그것은 지금도 여전히 중국 생활의 모든 면에서 매우 크다.

Su(2004: 2)가 사회적 저항을 분석한 뒤 우리한테 상기시키는 것은 20세기 중반에 중국인들의 영적 생활이 중국식 집단주의의 극단적 형태를 통해 심하게 억제 당했다는 점이다. "경제 개혁 및 개방 정책이 도입된 이후 인간의 개성과 창의성은 이제 해방되고 있고 낡은 구속은 깨지고 있다. 당면한 문제는 그것이 반대로 바뀌는 것을 막는 것이다". 이는 표준화 중심의 LP 활동에 새로운 차원을 더한다. 다양성과 지역주의는 한층 더 만연해지는 국가화·국제화 경향을 방해하고, 그 결과 많은 경우엔 사회를 문화적 다원주의와 기술적 효율성 사이의 선택에 직면하도록 내버려 둔다. 기술적 발전과 사회문화적 환경 사이의 상관관계는 일종의 철학적 탐구로서 다뤄질 필요가 있다. Coulmas(1992 : 241)는 사회 규범에 대한 국민의 태도를 보여주는 네 가지 입장을 제안한다.

우선 규범을 긍정하는 관점에선 좋은 규범이 있다는 것보다는 규범이 있다는 것이 더 중요한 반면 합리적-규범적 관점의 신봉자는 어떤 규범이 수용되려면 그것에 대한 동기부여가 잘 돼야 한다고 주장한다. 한편 평범한 보수주의자는 공시적 관점에서 볼 때 전통적인 것이 아무리 번거롭거나 비합리적인 것으로 보인다 하더라고 그것들엔 그 나름대로 보존할 가치가 있다는 의견을 갖고 있다. 끝으로 아나키즘은 규범이 개인적 자유와 창의성에 대한 불필요한 제약이라는 입장을 견지한다.

점점 다양해지는 사회에서 LP 작업은 표준 시행에 대한 Coulmas의 범주화를 훨씬 뛰어넘는 다채로운 형태의 반응에 직면할 것으로 예상된다. 그러나 표준의 계획에 대해 더욱 실행 가능한 접근법을 찾는 것이 상당히 바람직한 것으로 간주돼야 한다는 점은 분명해 보일 것이다.

2.2 다중심적 표준의 얼개

문자 표준화는 시대에 적합해야 하며 이전처럼 시대의 주인이 되기보다는 그것의 하인이 돼야 한다. 과거에 표준화 실천은 표준이 정태적 "완결"이며 권위적 규범을 반영한다고 가정했지만 이는 언어가 끊임없이 변화하는 세계에 영향받기 쉬운 시스템이란 사실과는 무관한 것이었다. 엄격하게 규정된 표준과 함께 유연한 표준 또한 사회 내에선 본래 동시에 존재하는 것으로 밝혀졌다. 한자는 더욱 다각화된 사회 및 교육 시스템으로 진입하는 과정에 있으며, 이는 한자 언어 공동체에서 일어나고 있는 광범위한 사회-문화-정치적 변화에 따른 것이다. 예외 없이 이러한 변화들은 점차 다각화되는 구조적 필요를 수용하기 위해 고전적 계획 패턴의 혼란을 야기한다. 1950년대의 표준화 운동은 당시의 정치 구조와 함께 잘 작동했다. 그러나 디지털 사회에선 이전의 요구를 넘어서기 위해 언어 표준화의 개념이 요청되며, 게다가 표준화는 동질적 사회에서 그랬던 것보다 이질적 사회에서 달성하기가 몇 배는 더 어렵다. 1950년대의 LP 시행은 일종의 대중 운동으로서 성공적으로 수행될 수 있었지만, 더욱 개방적이고 이질적인 오늘날의 중국 사회에선 한자의 다각화된 사회적 사용을 고려하는 것이 중요하다. 이 같은 사회적 현실은 그 문자[한자]의 미래를 위해 다중 표준 계획의 실현 가능성을 검토하기 위한 정당성을 더욱 넓은 관점에서 제공한다(표 6-1 참조). 이는 예컨대 영어 같은 여타 언어를 위해 존재하는 다중 표준의 계획과도 일치하는데, 그 계획에선 특정 목적을 위해 고도로 표준화된 언어가 요청된다.[1]

표 6-1. 사회언어적 맥락과 표준화의 관계

사회	동질적	이질적
정치 환경	고도로 중앙 집중화된	민주적, 다양화된
비전	정태적으로 보수적, 비교적 안정적	역동적, 극단적, 지속적인 변화의 상태에 있는
목표	현상 유지	미래 지향적
언어적 기초	역사 언어학에서 출발	사회언어학에서 출발
정책 및 방법론	규범적prescriptive, 은밀한, 엄격한	기술적descriptive, 명시적, 유연한

표 6-1은 여러 현재적 조건의 다양한 측면을, 매우 동질적인 사회언어 환경에서 문자script 표준화가 전통적 접근방식을 채택할 수 있

---

1   이를테면 항공 교통 관제, 국제 해운(Seaspeak – Strevens and Weeks, 1985), 경찰대 (Policepeak - Johnson, 1994), 영국 해협 터널을 위해 사용된다.

었던 몇몇 주요 이유와 대조한다. 새로운 역사적 맥락에선 다중심
적이거나 다중적인 표준pluricentric or multi standards이 문자 개혁의 영역
은 물론 보통화putonghua 표준의 정의에 대해서도 대세를 이룬다. 대
중 보통화는 일종의 유연한 표준으로 구성되며, 그것엔 지역·구역·
직업·학교·연령 같은 요인을 고려한 지역 방언의 음운학적 특징들
이 있다(제4장 2.3 참조). 이전 표준은 3개 대역과 6개 수준으로 더 세분
화됐다(국가 보통화 능력 시험National Putonghua Proficiency Test에서 측정한 수준 및
숙련도와 관련한 자세한 설명은 Sailard 2004: 176 참조). 이전의 표준화는 가능한
한 역사적으로 정확한 표준에 유일한 관심을 뒀기 때문에 그것이 둘
이상more than one의 목표를 다뤄야 한다는 점엔 주목하지 못했다. 현
대 사회의 다양성에 비춰 볼 때 철자법 개혁 실천은 현재의 문제에
대한 최선의 해결책을 찾으려고 노력해 왔다. Ferguson(1996: 268-269)
은 표준을 제정하는 것이 매우 복잡할 수 있다고, 또 이것이 표준 형
태와 그것에서 파생하는 여타 모든 형태 간의 다양한 차이 때문이라
고 지적한다. '이상적' 표준화는 "단일하고 광범위하게 수용되는 규
범을 보유한 특정 언어를 가리키며, 그 규범이란 그 언어가 사용되
는 모든 목적을 위해 이뤄지는 사소한 수정이나 변화만 있어도 적절
하다고 간주되는 것을 말한다". 이 같은 이상적 조건이 존재하지 않
는 경우 이 표준이 "어떤 식으로든 사용되려면 그것은 상당한 하위
분류를 필요로 한다". 이는 중국 문자의 표준 수립자들standard setters이
직면해야 할 상황이며 다음 논의에서 다룰 내용, 곧 중국 문자는 다
양한 목적을 위해 상이한 층위의 확장된 영역들에서 점점 더 많이

사용되고 있다는 점과도 일맥상통한다. Ferguson은 "둘 이상의 규범이 있을 경우엔 반드시 규범의 본질을 다뤄야 한다"고 제안한다. 따라서 표준화는 단일모드일 수도, 이중 또는 다중모드일 수도 있다.

사회정치적 근거의 시사점은 상이한 영역을 위해 별도의 문자 표준이나 문자 체계를 만들 필요가 있다는 것인데, 이는 뚜렷이 구별되는 표준이 적어도 셋 이상은 필요하기 때문이다. 그림 6-2에서 제안된 다중 표준 모델은 이전의 실천을 수정하여 한자the script에 대해 요청되는 새로운 기능에 더 적합하게 만드는 것을 목표로 한다. 이런 모델을 실제로 시행하기 위해선 사회언어학적 조사가 필요한데, 그 목적은 어느 문자가 뭘 위해 사용되고 있는지를 알아내서 정책 개발의 건전한 토대를 제공하는 데 있다. 예측대로 이 얼개에서 한자의 개혁 방향은 다양성을 수용하기 위한 다중 표준 모델로 전환된다. 표준들 사이에서 발생 가능한 관계들은 그림 6-2에 설명돼 있다.

2.3 표준화 개념에 대한 숙고

이어서 검토할 것은 중국 문자에 대해 요청되는 것을 충족하기 위해 필요한 최소한의 세 가지 표준, 곧 일반 대중용 '표준 A', 개인용 하위표준, 기계용 하위표준이다. 우리가 '다중심적 모델'로 부르는 것, 곧 여기선 '3자 구성 표준tripartite standards'으로 제시되는 것이 좀 더 잘 작동하려면 그것은 기능별 다층화 과정function specific multilayered process이란 관점에서 정의될 수도 있을 텐데, 그 과정은 고진

연구나 전문 학문 분과 같은 영역을 위한 사회-정치적 문자 집합을
포함한다.

2.3.1 일반 대중용 '표준 A'

중국에서 '표준 A'에 대한 이론적 구축과 규범적 코드화
분야에선 많은 일이 이뤄졌다. 전통적으로 인간 지향적인 이 표준은
일반 표준General Standard으로도, 또는 IT 지향 표준IT-Oriented Standard으
로서 컴퓨터 사용을 위해 코드화된 문자를 갖고 있는 표준으로도 정
의할 수 있다. Zhou(1986c: 50)의 견해에 따르면 이곳의 표준 A는 그의
기본 표준Basic Standard (BS)으로 이해할 수 있으며, 이곳의 나머지
표준은 모두 그의 적용 표준Application Standard (AS)이 된다. 표준 A
는 표준화 작업의 중심이며 그 밖의 하위표준에 대해선 중심 공통분
모 역할을 한다. Zhou(1986b: 51)는 두 가지 표준화 범주 간의 관계를
두고 이렇게 주장한다. AS는 BS에 기초해서 정의하고 그 주위에 군
집화해야 하는 반면 AS는 특수한 적용 영역의 다양한 요건을 충족하
기 위해 "어느 정도는 조정"할 수 있다. 더욱이 "AS는 BS 이전에 형
성될 수 있다. BS가 가용하게 됐을 때 AS가 BS와 불일치하는 것으로
확인되면 AS는 그에 따라 적절한 시기에 수정될 수 있다".

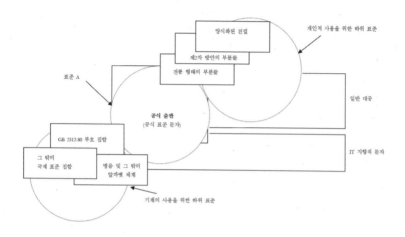

그림 6-2. 중국 문자 표준화를 위한 다중심적 모델

역사를 통틀어 한자 목록의 체계적 수정이 많이 있긴 했지만 그 어느 정부도 완결된 공식 한자표를 시도하거나 제공할 순 없었다. 모든 한자를 아우르는 완결된 공식표의 이 같은 부재 때문에 표준 문자의 공식 형태를 어떻게 정의할 것인가에 대한 합의는 거의 불가능하다. 그러나 이러한 한자의 비체계적 상태는 표준 한자에 대해 역사적으로 의의가 있는 개념의 존재를 부인하거나 부정하는 것이 아니라 표준화된 한자의 개념이 상이한 왕조에서 다양하게 정의돼 왔음을 보여준다.

컴퓨터 응용에 꼭 필요한 표준 문자란 것은 현대적인 발상으로, 그 역사는 불과 16년 정도밖에 안 된다(Wang T.K. 2003). 다양한 정의기 여러 연구 간행물에서 발견된다. 예컨대 「도시 내 공공 문자 사용의 관리 업무 평가에 대한 기준 안내」Guiding Standard for Assessing the Management Work of Public Character Use in the Cities (시험판), 또 「출판물의 문자 사용에 관한 관리법」Management Decree of Character Use in Publications (the Office of Standard Work 1997: 65, 73)가 간행돼서 회람용으로 배포된 일이 있는데, 이 문건들은 표준 및 비표준 문자의 정의를 시도한 최초의 공문서다. 2000년에 이 쟁점은 『언어법』(2001년 1월) [이하 구체적 언급이 없는 경우, 『언어법』은 『중화인민공화국 국가통용 언어문자법』을 가리킨다] 제정에서 큰 문제가 됐다(부록 D 참조). 『언어법』the Law에 명확하고 공식적인 정의를 내리려는 시도는 포기됐고 은밀한 정책이 채택됐다. 이러한 논의 과정에서 도출된 합의는 공식 보고서에 기록됐으며, 합의된 정의는 다음과 같다(Education Office: 2001: 43-44).

표준 문자는 두 가지 유형, 곧 간화되거나 검증된simplified/verified 문자와 역사적 유산을 갖고 있는 문자를 포함한다. 후자는 현대 중국어에서 여전히 활발하게 사용되고 있는 역사적 문자를 말하며, 그것들은 표준 문자의 주요 부분을 구성하므로 검증을 필요로 하지 않는다. 간화되거나 검증된 문자엔 1955년부터 1995년까지 본토 정부가 공식 간행물을 규제할 목표를 갖고 법령으로 정한 5개 하위분류의 문자가 포함되며, 그것들은 다음과 같다.

• 1986년 10월, 국무원에서 승인 및 재간행한 『간화자총표』의 간화자

- 1955년 3월, 문화부와 CCSR이 승인한 『제1차 이체자 정리표』의 수정 문자
- 1988년 3월, SCLW가 미디어 및 언론부State Department of Press and Media와 연계하여 발행한 『현대한어통용자표』
- 1955년과 1964년 사이에 국무원에서 발표한 『현 단위 이상의 지명을 위해 검증된 희귀자』*Verified Rare Characters for Geographical Names above County Level*의 9개 표에 있는 수정 문자로 대체된 문자
- 1977년 7월, CCSR이 국가 측정 표준국State Bureau of Measurement Standards과 함께 방송한 『일부 측정 단위 명칭에 대해 통일된 문자의 발표』*Announcement of Unified Characters for Some Names of Measurement Units*(km, kg 같은 미터법 단위)의 수정 문자로 대체된 문자

2.3.2 개인용 하위표준

일종의 기술적descriptive[언어학적 맥락에선 정태적 규칙의 제시보단 동태적 실제 사용 현황의 탐구와 관련한 용어] 표준으로서, 인정recognition은 이미 현재 사용되고 있는 대중적 형태에 부여돼야 한다. 왜냐하면 그것은 덜 엄격하고 더 유연할 뿐 아니라 특정 사회 영역에서 사용되기 위해 더 다양한 한자 형태를 포괄하기 때문이다. '개인용 하위표준'이 일반 사용자한텐 합법적·표준적 양식을 제공하지만 개인적 사용에 대한 제한으로 간주돼선 안 된다. 오히려 그것은 개성 있는 문체로 글을 쓸 목적으로 자신 고유의 방식을 선택할 수 있는 자유를 더

많이 제공한다. 기술적 하위표준이 있을 때의 또 다른 장점은 표준화와 관련한 대중적 인식을 높이는 좋은 방법이라는 것이다. 어떤 의미에선 비공식 한자를 합법화하여 실제 상황을 인정하는 실용적 수단이다. 제2장 2.2에서 논의한 것처럼 상당수의 비공식 문자는 꽤 오랫동안 광범위하게 사용돼 왔다. 학자들은 그 같은 비공식 문자들의 자유방임적 사용 상태를 규제하기 위해 그것들을 수집, 기술, 공표할 것을 수년간 요구해 왔다. 예컨대 인기가 많은 SSS 문자 다수는 여전히 널리 사용되고 있지만 공식 표준엔 포함되지 않았다. 언어 표준화 연구자인 Li Jianguo(2000: 11) 또한 대중적 한자 사용의 변화에 대처하는 LP 정책의 비효과성에 대해 아주 비판적이다. 그는 이렇게 지적한다. 공식 표준인 『현대한어사전』은 1960년대의 표준이었고, 현재엔 새로운 규범을 고려하도록 그것을 수정할 수 있는 메커니즘이 없기 때문에 그것은 언어 발전과 보조를 맞출 수 없다[the official standard *Modern Chinese Dictionary* was the standard in the 1960s, and there is no mechanism to modify it to take into account new norms so that it **can** keep abreast of language development. (원문) → the official standard *Modern Chinese Dictionary* was the standard in the 1960s, and there is no mechanism to modify it to take into account new norms so that it **cannot** keep abreast of language development. (옮긴이 자체 수정, 번역, 강조)].

기술적technological 관점에서 개인용 하위표준Substandard for Personal Purposes의 첫 번째 수혜자는 장차 OCR 기술 및 친필 입력 소프트웨어를 사용하거나 개발하는 사람들일 것이다. 앞서 언급했듯이 OCR 기술은 병음을 읽거나 쓰지 못하는 사람, 보통화를 잘 구사하지 못

하는 사람, 알파벳 키보드를 다룰 수 없는 노인 같은 다수의 주민한
테 매우 매력적이다. 그러나 현장에서 일하는 사람들은 OCR이 키
보드 타이핑과 근본적으로 같은 수준으로 작동하기까지는 적어도
10년이 걸릴 것으로 추정한다. 이는 친필의 불규칙적 특성 때문, 그
러니까 모든 사람이 개인적 선호도까지 포함해서 자기 고유의 친필
에 여러 특징을 갖고 있기 때문이다. 천 명의 다른 사람이 천 가지
다른 방법으로 글자를 쓸 순 있다. 하지만 이 천 가지 변종의 기저엔
표준화될 수 있고 또 그리돼야 할 문자의 본질을 규정하는 기본적
윤곽이 있다. 전통적으로 사람들의 친필을 지도할 때 권장된 표준은
인기 있는 서예 습자책copybooks을 기반으로 했다. '특정 목적을 위한
하위표준 개발'을 위해선 잘 조정되고 계획된 체계적 작업이 필요하
다. 관련 의견은 이렇다. '하위표준'의 기본은 국민들 사이에서 선별
된, 가장 보편적으로 사용되고 있는 형태여야 하고, 학자들이 권고
대안을 제시하기 위해 그 규범의 코드화를 반공식적 자전에서 시작
하면 그 결과는 사용자가 참조할 수 있는 철자법 규약이 된다. 이것
이 타이완선 20년 전의 『친필 문자 공식 목록』*Official List of Handwriting
Characters*으로 이뤄졌지만, 중국 본토에선 이러한 방향의 조치가 아예
없었다.

　　동일한 문자에 대해 둘 이상의 형태가 있는 경우, 더 구체적으로
하위표준의 수용 범위가 공식 규범의 그것보다 더 커졌을 때, 공식
규범은 또 어떻게 유지할 것인가 하는 딜레마를 해결하는 것은 표준
화의 중요한 과업이다.

2.3.3 기계용 하위표준: IT 지향

친인간적 표준과 친기계적 IT 지향 표준 사이엔 명확한 경계선보단 엄청나게 많은 중첩이 있을 것이다. 후자는 기술적으로 시행 가능한 특징들의 시스템으로 정의될 수 있으며, 이 경우 그 특징들엔 기술 발전에 필수불가결한 그 특징들에 특별히 집중하는 정태적이고 양화 가능한 요소들이 있다. IT 지향 표준은 기본적 층위에서 작동하는 것으로, 또 친인간적 표준은 어느 언어 공동체에서도 일종의 상부구조인 것으로 간주돼 왔다. 친기계적 표준은 그것의 속성들, 곧 유연성·모호성·수용성·세부사항 적응성과 함께 일반 표준(표준 A)에 구현돼 있다. 반면에 기계는 이것들과 상반하는 원리들로 기능한다. 다시 말해 그것은 절대적이고 더욱 높은 수준의 형태 표준화를 요구하는 것이다. 많은 경우에 기계는 분기와 편차를 전혀 용납하지 않으며, 산업적 편의를 위해 구축됐기 때문에 강압적이고 규정적인 규칙을 따른다. 친인간적 일반 표준과 IT 지향 표준의 차이점은 상이하게 기능하는 여러 영역과 범위에서 이뤄지는 문자 사용을 반영하는데, 이를테면 IT 지향 프로토콜은 명백하게 정량적 기준과 정밀한 측정에 고정돼 있다. 이와는 대조적으로 비록 표준들이 인간의 의사소통에 필수 역할을 하긴 하지만 사람들은 변화를 수용할 수 있다. 그렇기에 친인간적 표준은 늘 더 모호하고 상대론적이고 주관적일 것이며, 대개의 경우엔 대안들 간의 선택과 더불어 자격을 확실히 갖추고 있지 못한 후보들의 포기 또한 수반할지도 모른다.

일부 언어적으로 더 중립적인 것이 있긴 하지만 대부분의 IT 지향 표준은 종래의 표준에 기반을 두고 있다. 다시 말해 한자를 더욱 논리적이고 수용 가능한 것으로 만들기 위한 언어적 정당성을 필요로 한다는 점에선 IT 지향 표준 또한 마찬가지란 것이다. 따라서 대부분의 IT 지향 표준은 사회가 목표로 하는 표준에 기초하여 공식화된다. 중국 법체계 내에 보면 2003년 SCLW 산하에 소위원회 (Approval Commission of Standardization Work, 표준화 작업 승인 위원회)가 설치됐고, 표준을 어떻게 제안하고 제출하고 평가하고 승인할 건가와 관련한 세부 조항이 개발됐다. 하지만 언어 표준은 국가 표준국에서 통과돼 시장에서 시행될 때까진 산업 표준이 되지 않는다. 만약 인간의 사용을 위한 표준을 만드는 과정이 정상화로, 또 컴퓨터를 위한 표준을 만드는 과정이 표준화로 간주된다면 두 범주 간의 관계 및 차이는 표 6-2에 제시된 여러 기준을 참고하여 기술될 수 있다.

표 6-2. 규범과 표준의 차이

	규범화		표준화
방법론	기존 이형異形에서 선택	←→	양적 특징 수립
지향성	인간과 사회	←→	기계와 산업
상보성	유연한, 교환 가능한	←→	경직된, 고정된
	선전을 통해	←→	시장을 통해
장소 및 맥락	국내	←→	국제

정의	기술 가능한, 질적인 연구자가 주체	←—→	규범적인, 운용과 관련한 기술자가 주체
강조점	체계와 과정	←—→	세부사항과 결과
고려사항	합리적인, 수용 가능한	←—→	컴퓨터 친화적인, 기계적으로 편리한

IT 지향 표준이 일반 표준과 맺는 관계의 측면에서 볼 때 전자엔
세 가지 유형이 있다.

1. 첫 번째 유형은 순전히 IT 지향적인 표준으로서 어떠한 언
   어적 고려도 없이 오직 정량적 측정의 관점에서 정의된
   다. 따라서 이러한 표준의 상당 부분은 전적으로 언어학자
   의 관심 밖에 있다. 예를 들면 1993년에 국가기술감독국
   State Bureau of Technology Supervision이 발행한 『GB/T14720-93
   256×256 정보교환용 볼드체한자의 격자코드』GB/T14720-93
   256×256 Grid Code of the Bold Characters for Information Interchange[《信息交
   换用汉字256×256点阵黑体字模集及数据集》, 『信息交換用漢字256×256點
   陣黑體字模集及數據据集』, 『식신교환용한자256×256점진흑체자모집급
   수거집』, 좀 더 풀어서 말하면 『정보 교환용 한자 256×256 격자형 굵은
   활자체 DB』]가 있다.

2. 두 번째 유형은 대중의 언어 사용과는 무관하며, 인간의 언
   어활동에 대한 함의 또한 거의 갖고 있지 않다. 이 표준은 언
   어적 기술에 기초하여 정의되지만 소프트웨어 프로그래머
   가 일반적으로 인정된 표준에 따라 작동하도록 보장하여 그

들의 제품이 언어공동체의 모든 구성원한테 효과적으로 복무할 수 있도록 한다. 예컨대 1997년 SCLW와 미디어 및 언론부가 발행한 『GB1300.1 문자집합 필순규범 – GF 3002-1999』*Standard of Stroke Ordering of the General Modern Characters*와 같은 해 SCLW가 발행한 『정보 처리용 GB1300.1 문자집합 부건규범 – GF 3001-1997』*GF 3001-1997 Standard of Character Components for Information Interchange*이 있다.

3. 세 번째 유형은 IT 발전을 용이하게 하는 것을 목표로 하며 주요 기능은 기술적 편의를 위한 것이다. IT 산업 측의 요청이 없었다면 이러한 표준들을 시행할 필요가 없었을지도 모르지만 일단 그 표준들이 확실히 자리를 잡게 되면 인간의 언어 행동에도 제한이 뒤따르게 된다. 예컨대 GB 2312-80의 경우, 코드 세트에 포함된 문자들이 사회에서도 유통되는 공식 표준 문자들이긴 하지만 다른 한편으로 그 문자들은 인간의 사용을 위한 공식 표준, 이를테면 다수의 전통 문자와 변형[이체자]가 통합된 것을 훨씬 넘어선다. 왜냐하면 그것의 목적이 기계에서 대용량 텍스트를 자동으로 처리해야 하는 필요성을 수용하고, 사이버 공간과 이른바 빅 세트 Big Set 인코딩 표준으로 불리는 것(1990년대 중반에 사용된 일련의 GB-2312 보조 세트, GB 13000.1, 부록 F에 언급된 그 밖의 문자 표준 세트 일부)의 일부에서 국내 표준과 국제 표준 간 인터페이스를 제공하는 데 있기 때문이다.

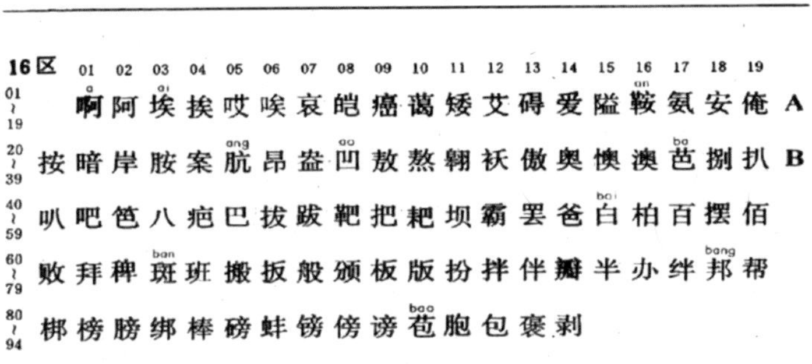

GB 2312—80

16区 01 02 03 04 05 06 07 08 09 10 11 12 13 14 15 16 17 18 19

01～19 啊阿埃挨哎唉哀皑癌蔼矮艾碍爱隘鞍氨安俺 A

20～39 按暗岸胺案肮昂盎凹敖熬翱袄傲奥懊澳芭捌扒 B

40～59 叭吧笆八疤巴拔跋靶把耙坝霸罢爸白柏百摆佰

60～79 败拜稗斑班搬扳般颁板版扮拌伴瓣半办绊邦帮

80～94 梆榜膀绑棒磅蚌镑傍谤苞胞包褒剥

그림 6-3. GB2312-80의 샘플 페이지

지난 47년 동안 LP 작업자들과 IT 전문가들은 언어 문제를 바로잡기 위해 정부에 투여된 힘을 사용하는 데서 중요한 일을 해 왔다. 중국 공산당의 중앙the Centre에서 발행한 『중국 문자 간화 방안 관련 논의에 대한 지침』*Directive on Discussing the Chinese Character Simplification Scheme*이 발표된 1954년 11월부터 시작해서 『중화인민공화국 국가통용 언어문자법』*Law of the P.R. China for General Chinese Language*이 공표된 2001년 10월까지 국가 차원의 다양한 정부 기관은 언어 및 한자 사용과 관련한 법·규정·지침·결정·지도 101개를 발표했다(SCLW 2004c). 2001년에 즈음해선 18개의 법률에 언어 사용 관련 규정이 있었다. 1981년 5월, 최초의 IT 지향 표준인 GB 2312-80이 공식화됐고(그림 6-3), 2001년 12월엔 『GB 13000.1 문자 집합에 대한 중국 문자의 꺾는 획 표준』*The Chinese Character Turning Stroke Standard of GB 13000.1 Character Set* [《GB13000.1字符集汉字折笔规范》, 『GB13000.1字符集漢字折筆規範』『GB13000.1자부집한자절필규범』,

여기서 '절필'은 말 그대로 '乙' 같은 글자에서 볼 수 있는 '꺾는 획'을 가리킨다]이 시행됐다. 20년에 걸쳐 IT 지향 기술 표준 81가 공표됐다(이 가운데 일부는 몽골어, 또 위구르어 맞춤법 같은 비한자 문자와 관련한다). 국가기술감독국이나 최고국가표준국Chief Bureau of National Standards이 발표한 'GB 표준 등급'은 70개, SCLW가 발행하는 'GF 표준 등급'은 8개, ISO 표준은 2개다.

한자 사용을 위해 세부화된 기준과 IT 발전 간의 새로운 연관성은 점점 더 많은 인정을 받게 됐다. 표준화가 디지털 생존의 성공이란 측면에서 이 정도의 중추적 역할을 한 적은 일찍이 없었다. 베이징 주재 미국대사관(US Embassy 1997)의 보고서엔 이렇게 실려 있다.

> 기술 표준 준수 불량 탓에 문자 정렬이 열악하고 잘못된 문자가 표시된다 … PRC 국가 기술 표준을 더욱 잘 준수하면 중국어 정보 생산물의 품질은 향상되고 사람들은 그것을 훨씬 더 쉽게 사용할 것이다.

2.4. 계속되는 탐험: 미래를 위한 얼개를 향해

이러한 다중심적 모델이 제시된 지 몇 년이 지난 후, 일부 핵심 언어 정책 연구자들 사이에선 언어 표준의 본질과 관련해서 유사한 견해가 우세해지고 있었다. 이 같은 변화는 한자의 다양한 측면에 대한 표준을 정의하는 데 기인하는 실제적 문제를 다뤄야 할 필요성, 더 구체적으론 현재의 얼개가 표준 공식화의 예외를 수용하기엔 부적절했다는 비판을 다뤄야 할 필요성에서 주로 발생했다. 예를 들어 『통용규범한자표』*Comprehensive Table of Standardized Characters* [CTSC]에 있는 총 문자 수의 표준화에 따르는 어려움을 보자.

2002년 이후, CTSC의 공식화를 위한 지속적 노력은 LP 실무자들의 최우선 과제가 됐다. 중요한 것은 제4장 2.1에서 논의한 바대로 수량 결정이 난제임이 입증됐다는 점이다. Wang Tiekun(2004: 190-191)에 따르면 어떤 표준표standard table라 할지라도 그것에 포함될 문자들을 규정하는 세 가지 핵심 요인이 있는데, 그것들은 곧 그 문자들이 i) 현대의 평범한 목적을 위해 사용되는지, ii) 일반적 의사소통의 목적을 위해 사용되는지, iii) 중국 본토 내에서 사용되는지의 여부다. 이 가정을 기반으로 Wang은 일종의 만능 표준a one-fits-all standard으로 해결하려고 노력하는 대신 CTSC에 포함된 문자를 세 가지 위계적 층위의 클러스터, 곧 사용 빈도가 가장 높은the commonest 층위의 Level-I(약 3,500자), 그것보다 사용 빈도가 낮은 Level-II(약 4,500자), 특수 목적을 위해 지정된 Level-III로 묶을 수도 있으리라고 제안한다.

CTSC가 적어도 향후 수십 년 동안 인간과 기계 모두의 문자 사용을 지배하는 가장 중요한 국가 표준이 될 것이라는 점을 감안할 때 일반 한자 사용자한테는 상대적으로 적은 수의 문자가 적합하지만 컴퓨터는 국경 없는 정보의 흐름을 특징으로 하는 어떤 세계에서 모든 문자를 처리할 수 있을 것으로 예상된다. 하지만 필연적이게도 두 경우 모두 명백한 역설로 이어질 수밖에 없다. 운용되는 글자가

적은 경우, 그러니까 그것이 교육적 관점에서 약 3,500자 정도라고
치면 이것들은 의심의 여지없이 현대 출판물의 99.99% 이상을 감당
할 것이다. 그러나 서면 텍스트가 더 넓은 영역까지 확장된다면 이
정도 규모에선 오류가 발생하기 쉽다. 예를 들어 컴퓨터 애플리케
이션의 경우엔 고대 문헌을 재현하는 것이 불충분하거나 한자를 두
른hanzi-wrapped 채 국제 통신망에 유통되고 있는 정보를 다루는 것이
어색해 보일 것이다. 반면에 기술적으로 볼 때 한자가 더 많은 경우,
좀 더 구체적으론 그것들 대부분이 아주 특별한 목적만 위해 필요한
경우, 이는 사이버 공간 자원을 낭비할 뿐 아니라 LP의 관점에선 상
상을 초월할 정도의 큰일을 만들어 낼 것이다. 국가 표준에 더 많은
문자(일부 표준 코드 세트의 범위는 20,000~30,000자)를 포함하는 것은 더 많
은 RC·변형[이체자]·비만다린 문자가 대중적 사용common use을 위해
유통되는 상황을 초래할 뿐더러 오래전에 사용이 중단돼 현대생활
에선 더 이상 사용되지 않는 문자 다수의 부활 또한 요청하게 될 것
이다. 앞서 논의되지 않았던 한 가지 측면은 일단 정부가 의무화한
government-mandated 표준이 시행되면 그 표준은 사전 편찬자·입력 프
로그램 개발자·소프트웨어 판매회사 사이에서 '더 많은 것이 더 낫
다'(최대가 최선이다)는 방식의 경쟁을 유발하는 경향을 띤다는 것이다.
이는 사전의 포괄성과 많은 한자의 데이터 처리 능력이 실질적으론
가치가 없지만 시장에선 상품으로 더 잘 팔릴 수 있는 장점selling point
과 차별화의 표지를 제공하기 때문이다.

　　이 같은 유형의 역설에, 특별히 최근 몇 년간 점점 더 다양해지는

상황에 대처하기 위해 고안된 다양한 공식 표준의 실패에 쏟아지는 잦은 비판에 직면한 뒤(아울러 문자 사용 관리 영역에서 이뤄졌던 이전의 실천을 광범위하게 성찰·검토하고, 또 새로운 역사적 맥락의 더 복잡한 상황에서 파생할 가능성이 있는 문제를 예측한 뒤), 기능별 다층화 표준으로 불릴 수 있는 새로운 모델이 주류 LP 의사 결정자들 사이에서 수용됐고 많은 연구자 한테서 매우 긍정적인 평가를 받았다. Wang Tiekun(2003)이 처음 제안한 이 표준은 Fei and Xu(2005) 및 Wang Ning(2004b) 같은, 그 밖의 쟁쟁한 학자들이 더욱 상세한 설명을 곁들이며 가다듬었다. 다층적 multilevel 접근방식은 앞서 발표된 표들의 한계를 이해하기 위한 이론적 설명을 제공하려고, 또 공식화되고 있는 CTSC에 등장할 문자를 규정하는 패러다임 또한 개발하려고 시도한다.

　이러한 기능별 다층화 표준 모델에 있는 최상의 특징은 이전에 혼재했던 여러 관계, 이를테면 과거와 현재의, 내부와 외부의, 다수와 소수의, 문자 사용 측면에서 인간과 기계의 관계를 식별한다는 것이다.『간화자총표』(2,235자)를 예로 들어 보자. 1950년대에 만들어져 1964년에 정식 공표된 이 표의 원래 대상자는 일상생활에서 마주치게 되는 문자를 읽고 쓰는 기본 능력을 획득하려고 노력하는 일반 사용자였다. 일부 학자들은 해당 표의 기능적 영역과 사회언어적 토대underpinning를 이해하는 데 실패했기 때문에 간화된 부건의 원리들을 유추하여 사전 편찬 과정에선 다소 많은 수의 문자를 간화하는 데 그 원리들을 사용했다(Wang 2002: 62). 마찬가지로 보통은 비교적 소수의, 이른바 지식인이란 사람들이 읽는 고전 문헌을 재출간하려면 간화된 2,235자보단 몇 배나 많은 글자가 필요하다. 그 결과 공식 간화표에 포함되지도 않고 역사적으로 존재하지도 않은 다수의 '간화자들'이 지나친 일반화를 통해 새롭게 만들어져 독자들 사이에선 엄청난 오해와 혼란을 야기했다. 이와 비슷하게 기계 애플리케이션 사용의 측면에서 보면 최근 들어 사람들이 짜증을 자주 내는데, 그 까닭은 그 애플리케이션이 자동 변환 과정에서 간화자와 그것의 전통 문자 대응물counterparts을 1대1로 일치시키지 못하기 때문이다. 다시 말하지만 기능별 다층화 표준 모델에 따르면 그 같은 문제는 문자 간화가 가장 많이 사용되는 한자만 다루는 인간 서면 의사소통의 편의성을 위해 고안됐기 때문에 발생한다. 컴퓨터 애플리케이션은 그것이 제공하고자 하는 서비스의 기능 영역 너머에 가 있는데, 이는 대규모 텍스트 처리의 기대를 포함하고 있다. Fei and Xu(2005)는 층위 특수성level specificity의 개념을 강조하면서 문자 사용과 관련해서 예전에 정식화된 표준 대부분이 본질적으론 다수, 곧 대중적 사용자의 층위를 목표로 하고 있다고 주장한다. 이러한 표준엔 책임 따윈 없고, 오직 소수의 사회 특권층한테 가장 일반적으로 적용되기는 예외적 발생을 규제할 능력도 없다. 이 개념을 한자 표준 수립자들standard setters이 명시적으로 표현한 적은 결코 없지만 이런 유형의 얼개 안에서 상대적·다차원적 모델을 사용함으로써 과거엔 불법적이거나 부적절하다고 여겨졌던 사용법 다수를 이젠 개별적으로 취급할 수 있게 됐고, 따라서 다수와 소수 사이의 불일치는 쉽게 해결된다.

이 새로운 모델이 최근에 선보인 다수의 논문에서 설득력 있게 표현됐다는 사실은 이전의 변형[이체자]에서 생겨난 문제들을 새로운 관점에서 고찰할 필요가 있다는 것, 또 그 목적이 규정된 표준과 실제 삶에서 발견되는 변화들 사이의 불일치discrepancy를 다루는 데 있다는 것을 보여준다. 하지만 많은 쟁점이 해결되려면 아직 멀었고, 이들 중 일부는 다소 근본적인 질문과 관련이 있다. 예를 들어 디지털 사회에서 현대적 사용자는 무제한 범위의 서면written 의사소통 체계에 노출되는데, 이는 정해진 수의 문자로 규정되거나 제약될 수 없다. 설령 그렇다손 치더라도 사용자한테 이 영역을 규정하는 글자 수가 딱 정해져 있기만 하다는 것은 그이가 필요로 하는 변형을 지나치게 제한하는 경향을 띤다. 다층적 이론에 대한 구체적 관심은 그것이 더욱 유연한 발전을 위한 표준의 역할을 정의하고, 문자 사용에 대한 개인의 권리를 적절히 고려하고, 과거 대 현재, 내부 대 외부, 다수 대 소수, 인간 대 기계라는 네 가지 관계 집합 간의 균형을 유지할 필요성을 인정하고 있다는 사실에 크게 기인한다. 저자들은 다층화 표준 모델이 인기를 끈 이유가 기능과 층위의 개념이 이전 표준화 실천의 불만족스러운 결과에 대해 특별히 유용한 해결책을 제공하는 것으로 이해됐기 때문이라고 믿는다. 새로운 개념에 대한 새로운 패러다임은 점점 더 다양하고 복잡한 사회의 이 같은 경계들demarcations과 관련한 새로운 사유로 이어질 수 있다. 이런 의미에서 이런 방식으로 진행하는 것, 또 상대적으로 정의된 한자의 개념을 갖고 일시적으로 운용하는 것은 꽤나 정당하다. 이 같은 서술은 우리의 다중심적 모델과 현재 학계에서 탐구되고 있는 사유 사이

의 공통점을 강조한다. 그것은 이 다층화 표준 접근법이 그림 6-2에
서 제안된 얼개와 통찰력을 공유하여 LPers가 한자의 표준화에 필
요한 더욱 심오한 원리를 성찰할 수 있음을 보여준다.

3. 언어 개혁 현대화

이 장에선 언어 사용 표준화와 사회 다양화 사이의 갈등
에 주목함으로써 표준화의 사회-정치적 측면을 강조한다. Xi(2004:81-
85)는 중국어의 현대화가 네 가지 차원, 곧 (1) 언어와 문자 그 자체의
현대화, (2) 언어 응용의 현대화, (3) 연구 방법론의 현대화, (4) 언어학
적 이론의 현대화를 포함한다고 주장한 바 있다. 그는 변화하는 사회
환경을 수용하기 위해선 표준화된 형태를 시행하는 방법과 표준 수
립자들의 역할 둘 다 재규정돼야 한다고 지적한다. 여기서 우린 다섯
번째 현대화, 곧 (5) 언어 현대화 방법의 현대화the fifth modernization - to
modernize the way to modernize language를 제시한다. 1986년 이후 LP 작업의
초점은 창출creating(간화·로마자 표기)에서 선택selecting(표준화)으로 전환됐
는데, 이 과정은 한층 더 정교해지고 있다. 표준화 작업은 대개 동일
하게 발생하는 둘 이상의 변체에서 선택을 해야 하는 결정을 수반한
다. Kaplan and Baldauf(1997: 123)의 지적처럼 "'표준' 언어는 정말이지
어느 누구의 '첫 번째' 언어도 아니다. 도리어 '표준' 언어는 개인의
참여를 통해 습득돼야 한다". 이 같은 전환은 선별된 글자들이 대상

으로 하는 주민한테서 가급적 폭넓은 합의를 얻는 것을 필수 조건으로 만들었으며, 그 목적은 말뭉치 계획이 새롭게 만들어 낸 것들의 수용을 획득하는 데 있다. 이 같은 변화를 충분히 담아내기 위해선 새로운 유형의 조사·전파·평가 메커니즘이 필요하다. 하지만 이것을 LP 수행 기관의 공식 기능들은 수용하지 못하는데, 현재 LP의 틀 안에선 그것들이 기본적으로 바뀌지 않은 채 그대로 있기 때문이다. 표준화를 향한 이러한 공식 정책과 관련한 설명은 Deng Xiaoping의 유명한 격언, "돌다리도 두들겨 보고 건너라Crossing the river by sensing the stones" *mo zhe shitou guo he* [摸着石头过河, 摸着石頭過河, 모착석두과하, 돌을 만져 가며(돌의 감촉을 느껴 가며) 강을 건너라]에서 얻을 수 있다. 더 높은 층위의 권력 투쟁이 LP에 간섭해 '인민'을 학대하는 정치적 무기로 악용되는 것을 방지하기 위한 일종의 입법 절차를 갖추는 것이 바람직해 보인다.

1990년대 중국의 경제·사회적 변화를 감안할 때 문자 개혁의 적절한 메커니즘을 찾는 것은 이제 LP 현대화의 주요 관심사다.

다음 논의에선 이러한 맥락에서 문자 표준화에 중요한 몇몇 대표적 쟁점을 검토한다. 그러나 그에 앞서 Cooper(1989)의 '설명적 방안accounting scheme'을 먼저 살펴볼 텐데, 그것은 현재와 미래의 LP 작업에서 요청되는 변화를 요약할 목적으로 복잡한 관계에 대한 지식을 중국적 맥락의 사회 환경과 LP의 모험ventures에 연관시키는 방법을 통해 사용된다.

3.1 이론적 얼개

Cooper는 LP를 이해하기 위해 기술적·규범적·설명적·이론적으로 적절한 얼개를 추구하면서 자신의 관심을 일반적으론 언어 연구와 관련이 없는 것으로 여겨졌던 4가지 사례, 곧 (1) 혁신의 관리, (2) 마케팅의 사례, (3) 권력의 획득 및 유지를 위한 도구로서 언어, (4) 의사 결정의 사례로 돌린다. Cooper는 LP와 부분적으론 서로 중복되는 이 4가지 지식 분야disciplines 간의 목적 및 운영 원칙의 유사성들을 바탕으로 자신이 LP 연구를 위한 '설명적 방안'으로 불렀던 체계를 제안했다. 이 방안에서 그는 하위 구성 요소는 생략한 다음의 8가지 구성 요소, 곧 '(1) 어떤 행위자, (2) 어떤 행위에 영향을 끼치려고 시도했는지, (3) 어떤 사람의 행위, (4) 어떤 목적을 위해, (5) 어떤 수단으로, (6) 또 어떤 결과를 갖고, (7) 어떤 조건에서, (8) 어떤 정책을 만드는 과정을 통해'를 제시한다. 중국 LP 과정의 지도를 Cooper의 여덟 겹 설명 방안으로 그려 보면 1986년 이후 새로운 역사적 LP 조건의 성격을 그 기간 이전의 것과 비교할 수 있다(표 6-3 참조).

비교 결과, 새로운 역사적 조건에서 문자 개혁을 분명히 특징짓는 다중적 변화가 일어났음을 알 수 있다. 말뭉치 계획은 사회적·문화적·정치적·경제적 세력들forces [여기서 '세력'은 일반적으로 이해 가능한 '사회 집단' 또는 그것이 형성하는 '사회 세력'은 물론 '권력의 힘'이나 '물리적 힘'의 뜻까지도 다 포함한다. 그리고 이는 앞으로도 죽 적용되며, 특별히 그림 7-2의 '세력 장 분석' 및 관련 설명과는 더욱 밀접한 관계를 맺는다.]과 연계하여 실제 세계의 맥락에서 운영된다(5장 참조). 이 세력들의 상호작용으로 야기되는 도전 과제 중 하나는 통신기술과 전산화가 한자 계획에 끼치는 영향이 전면화돼 버린 듯 보인다는 것이다. 이는 한자 계획의 중심이 개혁(간화·표음화)에서 표준화로 전환되는 결과를 필연적으로 동반했다. 그리고 그 전환 과정에서 후자 곧 표준화는 여러 변형 사이에서 선택하는 것을 의미한다. 표준형의 홍보는 LPers 앞에 놓인 새로운 과제가 됐고, 이런 상황에선 "계획 당국이 잠재적 사용자인 대중 사이에서 그 결과물과 표준의 적극적 홍보에 더 많이 관여할 것"이 요청된다(Das Gupta and Ferguson 1977: 5). Fishman(1983: 112)은 또 이렇게 주장한다. [언어 계획 당국이] "대상 주민으로 하여금 일종의 '선의의 모델'이란 것을 받아들이고 좋아하게 돼서 또 배우고 사용하도록 [설득]하려면" 수용자audience한테 "제공되고 있는 것이 왜 바람직하고 존경스럽고 모범적인지, 그 이유를 말해 줄 필요가 있다".

이 과제는 현 상황의 맥락에선 더욱 도전적으로 보일 것이다. 왜냐하면 일부 주민들은 자신의 권리를 점점 더 자각해 가고 있고, 또 그 권리는 오늘날 중국에서 권력의 행사가 민주적 수단·참여·합의를 통해 점차 성공적으로 이뤄지고 있음을 전제하고 있기 때문이다. 정책들에 대한 권위주의적 지지 및 준수, 곧 전체주의 사회에서 발생할 법한 그런 태도들에 수반되는 것은 이제 대부분의 LP 전문가가 처리하기엔 적합하지 않을 정도로 엄청나게 복잡한 사회-문화적 민감성이다. 이 분야에서 일하는 것은 필연적으로 위신 및 이미지 계획prestige and image planning의 활용을 수반해야 하는데, 이는 중국 LP 커뮤니티에선 거의 전례가 없는 것이다(Ageer 1999, 2001, 2005, Baldauf 2004, Haarmann 1990, Kaplan and Baldauf 1997, 2003, 그리고 '커뮤니케이션 역량communicative competence', '언어 지식화language intellectualization', '높은 특권층high prestige domains'과 같은 관련 이론적 개념 참조). 따라서 이 장의 두 번째 주제인 LP 현대화에 대한 이론적 근거를 제공하기 위해 이 쟁점들의 중요성을 간략하게 설명하는 것은 유용할 수 있으며, 그렇다면 이는 우리로 하여금 위신 및 이미지 계획이 사실 중국의 맥락에선 다소간의 실용적 가치가 있을지도 모른다고 생각하게끔 만들 수도 있다.

표 6-3. Cooper의 얼개에 따른 1986년 이후의 중국 LP 과정 변화

	1986년 이전	1986년 이전 이후
어떤 행위자	고위 정부 사무국 및 기관, 주로 사용자 참여가 제한된 '하의상달식'	기본적으로는 1986년 이전과 동일하지만 공식 또는 준공식 기관과 학계의 참여 확대
어떤 행위에 영향을 끼치려고 시도했는지	대인 커뮤니케이션, 지식에 대한 대중의 접근	인간이 컴퓨터와 함께 벌이는 상호작용
어떤 사람의 행위	대다수 인구: 문맹 및 반문맹 성인, 대부분 농촌 지역에 거주	문해력이 있는 젊은 도시인구, 미래 지향적
어떤 목적을 위해	국가 건설을 위해 엄청나게 생산적인 인적 자원을 해방시킬 목적, 언어 개혁, 국내적	기술적 이점으로 유의미한 시민의 권력을 강화랄 목적, 표준화, 국제적

어떤 수단으로	전형적인 농업 경제, 사회주의 체제, 고도로 통제된 사회, 문화생활은 단순	시장 경제, 새로운 차원의 문화로 점점 더 다각화해 가는 사회, 전통의 부흥과 보존
또 어떤 결과를 갖고	대규모, 근본적 변화, 정치 캠페인, 주 명령	지위 양성 및 제도적 승격
어떤 조건에서	중앙 집중화 및 강제, 상의하달식 모델	민주주의와 투명성을 향한 발전, 참여, 하의상달식 모델
어떤 정책을 만드 는 과정을 통해	간화 및 표음화, 간단하고 편리한 현대적 문자 시스템 획득	표준화, 한자의 기계적 효율성 향상, hanzi한자에 대한 디지털 조작은 더 쉬워짐

LP 활동은 상이한 관점에서 검토할 수 있다. Haugen(1966a)은 LP 과정을 일종의 4단계 활동으로 구상했으며, 이는 잘 알려져 있기도 하다. 행렬matrix 형태로 배열된 4중 문제 영역fourfold problem areas은 LP 관련 실천에서 널리 수용되고 적용됐다. 이후 그는 Neustupný(cultivation [함양], 1970)와 Rubin(evaluation [평가], 1971)이 제안한 두 가지 추가 차원을 고려하여 자신의 모델(Haugen, 1983)을 수정했다. 1989년에 Cooper는 습득 또는 언어 교육 계획language-in-education planning을 별도의 활동으로 만들어야 한다고 주장한 반면 1990년에 Haarmann(1990)은 Haugen의 4중 문제 영역 모델을 보완할 목적으로 네 번째 활동 범위, 곧 위신 계획을 제안했다. Kaplan과 Baldauf(1997, 2003)의 주장에 따르면 Haarmann의 유형론은 LP가 다양한 층위에서

다양한 목적으로 발생한다는 개념을 강화한다. 말뭉치 및 언어 지위 계획은 연속체의 한쪽 끝에서 생산적인 모험을 나타내는 데 반해 위신 계획은 수용 또는 가치 기능으로 사용된다.

그런데도 1990년대 이후엔 몇 가지 중요한 변화가 나타나기 시작했다. 학자들은 LP 시행을 계획자와 수신자라는 양방향 모델로 살펴보게 됐다. 여기서 이제 강조되는 것은 언어 생산물의 수용, 수신자의 태도, 설득의 방법이다. Cooper(1989)는 상업 제품의 시장 촉진과 계획된 언어 생산물의 사회적 수용 간에 있는 유사성을 밝힌다. Haarmann(1990)의 위신 계획 차원은 선택된 변형을 대상 주민이 수용, 학습, 사용하는 방식에 영향을 끼치는 요인에 중요성을 부여하고, 이해당사자의 관점에 있는 가치에 대한 평가, 더 구체적으로는 참여 과정에 대한 평가를 강조한다. 그의 말에 따르면 "계획 수단을 개인이 통제하는 것은 언어 계획 과정의 여러 함의를 수용하고 거부한다는 관점에서 볼 때 그 과정의 가장 기본적인 세력"이며(121쪽), "계획된 표준 변형a planned standard variety에 대한 진정성 있는 지지는 그것의 잠재적 사용자가 내리는 일종의 긍정적 평가 속에서 발견되며, 이 경우 그 사용자는 위신의 가치를 그 변형의 구조와 기능에 부여할 수도 있는 이들이다(118쪽).

Haarmann의 주장은 정책 결정의 공정성을 사람들이 어떻게 지각하는가와 관련한 심리학자의 연구와 일치한다. 정책 성공이 보여주는 것은 "개인은 정책의 **결과**가 공정하고 공평한지의 여부가 아니라 정책을 구성하는 과정에서 적절하게 협의됐는지의 여부에 따라 정책이 공정하다고 지각하는 경향을 띤다"는 점이다(Schiffman 2004: 6) [강조 원저].

이처럼 새롭게 등장하는 경향에서 파생한 여러 결과는 우리가 관련 계획의 노력에 대한 대안적 이해와 해석을 모색할 필요성을 제기한다. 오늘날 중국의 맥락에서 문자 개혁의 새로운 특징이 요구하는 LP 현대화의 주요 내용은 생산적·규제적productive and regulative 계획에서 표시적·촉진적indicative and promotional 계획(예: Das Gupta and Ferguson 1977: 5 참조)으로 이행하는 기능적 탈바꿈transformation, 또는 계획된 생산물, 이를테면 공식적으로 승인된 다양한 표준들의 위신 함양 및 이미지 구축 을 수반한다. 언어 계획의 미래 성공과 효과성에 따르는 노력은 이러한 변화에 크게 좌우된다. 이미지 및 위신 계획은 길고 섬세하고 고된 과정이다(Ager 2005: 1041). 아울러 이는 중국의 맥락에서 권역적regional 문제를 다루기 위해 지역적local(Canagarajah 2005) 또는 미시적(Baldauf 2006) 층위에서 이미지 및 위신 계획을 수행할 필요가 있음을 시사한다(제5장 4.3 참조).

3.2 표준에 동의하는 언어계획자와 이해당사자의 중요성

목표 달성 정도, 또는 결과에 대한 다양한 요인의 상대적 기여를 결정할 목적으로 언어 계획의 효과성을 평가하긴 어렵다. 언어 계획의 궁극적 효과를 나타내는 것은 오직 장기간에 걸친 사회적 사용 밖에 없기 때문이다(Kaplan and Baldauf 1997: 4-5). 하지만 문자 개혁

의 예측 불가능한 특성이, 위험 부담을 줄이기 위해 이뤄질 수 있는
일이 거의 또는 전혀 없다는 것을 시사하는 것으로 간주돼선 안 된다.
이상적 의사 결정 모델은 민주적 절차와 대중 참여의 이점을 극대화
해야 한다. 체계적으로 대규모 여론 조사를 실시하는 근거 또한 다음
과 같은 관점에서 정당화될 수 있다.

1. 문자 변경을 둘러싼 쟁점 치고 사소한 것 따위 없다. 왜냐하
면 일부 특성의 시험 사용조차도 사회에 큰 영향을 끼치기
때문이다. Cohen and Kraak(Geerts 1977: 202에서 인용)이 말한
것처럼 "이른바 맞춤법 간화 문제를 단순하다고 하기는 너
무 힘들다". 문자 체계가 바뀌지 않은 상태로 유지될 경우
그 체계에 내재된 문제에 대해 생각하는 사람은 거의 없다.
그러나 변경이 이뤄지면 그 규모가 크든 아니면 상대적으
로 작든 상관없이 전국적인 관심을 끌고 논쟁을 촉발할 텐
데, 예를 들면 최근 프랑스와 독일에서 철자 개혁을 둘러싸
고 일어난 것이 있다(예: Ball 1999). 심지어 언어의 철자법에
대한 작은 변화에도 논란이 발생하는 특성은 독일의 예에서
볼 수 있다. 광범위한 협의를 거쳐 바꾼 것이 상대적으로 사
소했는데도 그 변화를 둘러싼 논란은 여전히 강력하게 남아
있다(Coulmas 1998; Ohlendorf 1997). 게다가 미터법 관련 단어
일부를 미국식 철자로 변경하려는 노력이 이뤄졌던 사례도
있는데, 이는 "우리한테 있는 영국식 철자 습관에 약간의 변
화만 있어도 얼마나 많은 열기가 발생할 수 있는지"를 보여
준다(Haugen 1983).

2. Geerts(1977)는 "철자 문제에서 훨씬 더 많은 것은 증명된 것보다 주장된 것"임을 입증했다(180쪽). 분류 기준이 아무리 엄격하고 빠르다 하더라도 그것이 문자 개혁의 장점이나 단점을 마치 일도양단하듯이 결정할 순 없다. 그리고 Gregersen(421쪽)은 "철자 관련 논의는 빛보다 더 많은 열을 일으키는 것으로 악명이 높다"며 안타까워했다.

3. 문자 개혁은 굉장히 정서적인 쟁점이다. 언어 문제는 모든 커뮤니티에서 논의되며, 그것엔 언어학자는 물론 비언어학자까지 참여한다. 그리고 모든 이해당사자는 강력한 관점과 일정 부분의 전문성을 갖고 있다(Baldauf 1994: 82). Coulmas(1989: 241)는 토론이 "보통은 이성적 담론보다 종교 전쟁과 더 유사하다"면서 적절한 결론을 내리는데, 그 이유는 "문자 체계가 언어에선 가장 잘 드러나는 부분이며, 대개 감정적 애착과 비이성적 태도의 대상"이기 때문이다.

3.3 기존 실천에 대한 도전: 경험과 현실

중국 언어학자들은 표준 형성의 과정과 관련해서 잘 알려진 속담을 염두에 두고 있다. '동료 몇몇이 하면 모두한테 되는 것이다'once a few peers do it, it is done to all (*wu bei shu ren, ding ze ding yi* - 吾輩教人, 定則定矣) [오배수인 정측정의, 우리 몇몇이 확정하면 후세를 위해 결정하는 것이다. 『절운』서문에서 육법언이 한 말].[2] 이 말이 시사하는 바는 때때로 기준 설립에 대한 합의에 도달하는 것이 거의 불가능하다는 것이다. 게다가 과거의 경험은 그렇게 합의에 도달하는 것이 때로는 민주주의와 대의정치의 단순한 문제, 이를테면 투표로 사태가 수습될 수 있는 정치적 문제가 아닐 수도 있음을 보여준다. '낡은 국어 발음'의 사례는 민주적으로 합의에 도달한 발음의 기준이 어떤 과정을 거쳐 파괴적인 운명을 맞이할 수밖에 없게 됐는지를 보여준다(제5장 4.3 참조).

　　그러나 그 이후의 발음 표준화 관련 경험은 합의된 표준이 대중 the masses의 건전한 지지라는 기반 위에 서 있지 않을 경우 그 유효성이 대중the public의 도전을 받게 될 것임을 실증한다. 이를 이해하려면 신중국의 주요 발음 표준화 프로그램 두 가지, 곧 1957년과 1985년의 것들을 검토하기만 하면 된다. 상의하달식 접근은 이 두 발음 표준의 공통된 특징이며 그것들이 보통 사람들의 입말demotic speech에서 동떨어지게 된 주된 이유이기도 하다. 그렇게 초래된 혼란, 곧 공식 표준과 평범한 말common parlance의 현격한 차이에서 보이는 그 혼

2　　원문은 청나라 때 Sun Mian[孫勉 순면]의 *Qieyun* (Sound Spelling) [소리 맞춤법, 《切韵》, 『切韻』 절운] 서문에 처음 등장했다[저자가 헷갈린 것 같아 덧붙이면 손면은 『당운』의 저자다. 표 P-1. 참조]. 수 왕조(581-618)에 Lu Fayan[陸法言 육법언]이 쓴 *Qieyun*은 당 왕조(618-907)에선 조정의 발음 표준으로 사용됐다. 그 이후로 이 말은 언어 표준을 만들어야 할 때 논쟁적 문제를 해결하는 속담이 됐다. 'A Few Peers' Association'[數人會, shurenhui 수인회]은 Chao, Liu Bannong, Qian Xuantong 같은 1920년대에 저명한 언어학자들로 구성된 언어학자 살롱의 이름이었다. 이들은 당시 정부가 국어 표준화를 위해 임명한 통일국어진흥준비위원회의 핵심 위원이었다. 끊임없는 논쟁에 휘말려 일부 문제에 대해 합의에 다다를 수 없이 무력감을 느꼈을 때 "우리, 몇 명의 동료가 하면 해결된다"는 것이 그들의 원칙이었다.

선은 종이 위의 표준과 사회 내의 실제 사용 사이에 있는 엄청난 간극을 부각한다. 예컨대 문자 읽기 방식의 분기를 보여주는 증거는 그냥 무시하기엔 너무도 명백하다. 사실 유명 인사가 대중매체에서 자신의 이름을 사용할 때 자신의 이름을 올바르게 발음해 달라고 커뮤니티에 호소하는 것은 매우 흔한 일이다.[3] 논쟁의 여지가 있는 발음을 갖고 있으면서 사용 빈도가 높은 일부 문자를 분류한 후 Li Yuming은 중요한 질문을 던진다. 우린 그 글자들을 다시 표준화해야 하는가? 만약 그렇다면 어떤 근거에서?

3.3.1 '인민'의 오용

문자 개혁의 성공 여부는 일반적으로 공산주의 용어를 사용하는 사회적 선호나 대중의 태도에 크게 달려있는 것으로 인식된다. 어떤 의미에서 보면 문자 개혁의 실효성은 사실 그것을 수용하는 다수의 문제다. 1950년대의 개혁 프로그램에서 그랬던 것처럼 '인민

---

3   지난 10년 동안 중국 스크린을 점령한 떠오르는 슈퍼스타는 Nà Yīng(那英) [나영], Níng Jìng(宁静) [寧靜 영정], Zāng Tiānshuò(藏天朔) [장천삭], Wéi Wéi(韦唯) [韋唯 위유] 다. 그들은 모두 2000년대에 중국에서 가장 많이 언급된 이름이지만 공적 생활에서 전국에 있는 이들의 팬이나 TV 및 라디오 아나운서 가운데 표준 발음, 이를테면 사실상의 공식 표준인 『현대한어사전』에 있는 표준 발음에 따라 이들 최고의 인기를 누리는 연예인의 성씨를 정확하게 발음할 수 있는 사람은 거의 없다. 일반 중국인한테 그들의 이름을 발음해 보라고 하면 그들은 Nà Yíng, Níng Jíng, Zàng Tiānshuò, Wéi Wèi로 부를 것이다. 소수의 언어학자와 언어 교사를 제외하고는 어쩌면 대중스타들 자신도 성씨의 발음이 비표준적이라는 사실을 인식하지 못할 것이다!(Liu 2003)

the people'이 대표되는 범위와 방식은 적어도 비기술적 기준에선 정말
로 중요해지는 문제다. LP의 즉각적인 경험적 과제는 LP 프로그램
의 구현에 대한 결정을 대중의 감정이 결정짓는 조건과 범위를 알아
내는 것이다. '대중the masses'은 공산주의 사전에서 매우 중요한 항목이
다. 이론에 입각한 대규모 조사나 실험이 없을 경우 '대중'과 '인민'의
무분별한 사용은 정치적 목적에 취약해진다. 이전 개혁 조치의 사회
적 수용성을 논의한 문헌, 더 구체적으로 제2차 방안에서 '인민'과 '대
중'은 가장 빈번하게 반복되는 용어이지만 근거 자료 없이 사용되어
사실 이러한 용어 사용의 현실적 기반이 굳건하지 않음을 보여준다.

　대체로 언어 개혁의 필요성은 중국의 두 집단, 곧 거대한 '대중'
과 '중앙'(정부)이 결정한다. 이 두 모호한 개념에 대해 명확한 정의를
제공하려는 시도는 없다. 역사는 언어 문제에 대한 갈등이 제2장에
서 논의된 한자의 미래를 둘러싼 논쟁의 경우처럼 국가 지도자의 고
위 연설을 통해 관습적으로 해결됐음을 보여준다. 대부분의 경우 이
러한 유형의 연설은 공식 학자들이 집단적으로 작성한다. 이러한 상
부의 지시가 학자들한테 전달되어 실행될 때 '중앙위원회'(zhongyang)
[中央 중앙]에서 온 것인지 최고 지도자(shangbian) [上边 上邊 상변]한테서 온
것인지는 늘 일종의 추측 게임이 된다. Kaplan and Baldauf(1997: 55)의
적절한 지적처럼, "이들은 우리한테 언어 관련 결정을 내리는 힘과
권위를 지닌 사람들로서 보통은 최종 언어 학습자 및 사용자와 거의
또는 전혀 상의하지 않는다. 이 계획자들이 정확히 누구인지는 대개
의 경우 **일반적인 용어**로 남아 있다"[강조 저자].

1950년에 사람들은 더 확신할 수 있었다. 다시 말해 융통성 있고 다재다능한 Mao Zedong은 언어 및 문자와 관련한 여러 일에 대한 관심을 숨기지 않았고 적극적으로 관여하기도 했는데, 이는 최종 권위의 원천이었던 Zhou Enlai 총리도 마찬가지였던 것이다. 그러나 1986년부터 사람들은 최종 결정권자가 누구인지를 확신하지 못했다. 다양한 방안이 위임되고 지도부의 최종 승인을 받는 것은 정치적으로는 적절하지만 사람들은 방안이 예기치 않게 거부됐을 때 지도부에서 누가 결정을 내리고 있는지에 대해 사람들은 의문을 제기하지 않을 수 없다.

언어기획자들한테서 큰 사랑을 받은 선전 구호인 '광대한 군중 vast mass'(*guangda qunzhong*) [广大群众, 廣大群衆 광대군중]이란 용어는 너무 습관적으로 오용되고 너무 모호해서 더 이상은 아무도 그것에 관심을 기울이지 않는다. 호주 국회의사당에서 정치인들이 그토록 무심코 정당화하기 위해 사용하는 '호주 국민'이란 용어와 유사하다. 중국의 맥락에선 여론을 전환할 효과적 수단이 없는 상황에서 오직 고도로 조직화된 소수의 의견만 인쇄된 페이지·라디오·TV를 통해 효과적으로 제시된다. 특정 상황에서 그 말들이 상대적 의미로 사용됐다면, 가장 넓은 의미에서 볼 때 '광대한 대중'은 언어학·교육·미디어 및 IT 산업의 집단에서 일하는 언어 교사·관련 학자 및 전문가·사전 편찬자·언론 종사자처럼 LP 작업자들과 접촉이 잦거나 친밀한 관계를 맺고 있는 사람을 나나타낸다. 이렇듯 '광대한 대중'이 전문가 집단과 동의어로 사용될 때 실제 대중은 혼란스러울 것이다. 요컨대 현재 LP 당국이 채용하고 있는 유효성 검증 메커니즘이 그 같은 바탕 위에서 실행할 때 그것은 기껏해야 진정성 없는 형식주의 tokenism에 지나지 않는다.

3.2.2 대중 여론 조사의 가능성 탐색

LP 이론화 관련자들은 더 광범위한 참여의 필요성을 인식하고 있다. 예컨대 Kaplan and Baldauf(1997: 55)는 다음과 같이 말한다.

> 많은 저자가 전통적 언어 계획자 또는 행위자의 역할에 의문을 제기했으며 더 광범위한 참여 기반, 곧 계획된 언어가 복무해야 하는 사람들이 실제 계획 및 구현에 발언권을 가져야 한다고 주장했다. 사회언어학적 조사 또는 그 밖의 유사한 방법을 사용한다는 것은 전통적 기획자가 거시적 수준에서 잠재적으로 계획된 언어 변경의 영향에 대한 정보를 수집할 수 있는 수단을 갖는다는 것을 의미한다. 그렇게 하려는 정치 체제의 의지가 있느냐 없느냐는 별개의 문제다.

Schiffman(2004: 6)은 언어 정책 형성에 대한 대중의 무지가 '아버지가 가장 잘 알고 있다'는 접근법이라고 비판한다. 그는 "심지어 언어 정책의 수립이 더욱 '민주적인 것'으로 간주되는 사회에서도 그 정책엔 협의가 거의 수반되지 않는다"고 지적한다. 문화적·정치적 분석을 바탕으로 문자 개혁에 대한 이용자들의 감정을 조심스럽게 예측하는 일은 가능하다. 그러나 가장 과학적이고 신뢰할 수 있는 방법은 단연코 여론 조사를 통한 것이다. 시행에 앞선 대중적 지지는 거부감의 위험을 최소한으로 줄일 수 있다. 모든 선전 기구가 거의 전적으로 국가에서 재정 지원을 받는 중국에서 대중의 감정을 전달할 수 있는 메커니즘을 찾는 것은 특별히 중요하다. 언론이 시행하는 여론 조사는 이를 위해 여러 나라에서 널리 채택된 수단이다.

중국의 문자 개혁에 대중적 참여가 중요하단 얘길 하기에 앞서 역사적 사례의 도움을 받을 수도 있다. 문자 개혁에 대해 경합하는 대중의 의견을 수렴하기 위해 1947년 7월 『상하이 타임스』*Shanghai Times*의 「주간 언어」Language Weekly 섹션에선 주요 정보원 인터뷰를 실시했으며, 한자 로마자 표기 관련 질문 10가지에 대해 여러 관련 분야의 지식인 28명의 영향력 있는 구성원들한테선 서면 피드백을 받았다. 그 결과, 응답자 전원이 일본의 자생적 한자 획 기반 방안인 카나*Kana* 와 키릴 문자 대신 라틴 문자의 채택을 선택했다는 것이다 (Ye 1949: 519-555). 신중국 초창기에 로마자 표기 문제가 제기되자 앞으로 나올 표음 방안으로 어떤 형태를 선택해야 하는지를 둘러싸고 첨예한 논쟁이 일어났다. 어떤 신문도 『상하이 타임스』의 설문 조사를 언급하지 않았으며, 이는 불과 몇 년 전에 수집된, 이 잠재적으로 가치 있는 정보가 무시됐음을 시사한다. Mao Zedong과 일부 저명한 학자들이 민족주의적 방식을 고집했기 때문에 한자에 기초한 국가 문자 형태를 고안하는 데 3년이 허비됐다(제5장 7.2.2 참조). 오늘날 뒤늦게 상황을 파악하게 된 중국인들은 병음에 라틴 문자를 사용하기

로 선택한 것을 다행으로 생각하지만 유용한 경험적 정보가 노골적
으로 무시된 것을 후회할지도 모른다.

여론 조사의 의견을 수렴하여 결정에 도달하는 LP의 국제적 사
례가 많은데, 이는 더 구체적으로 지역사회에서 문자 개혁의 일부
측면에 이견이 있을 때 발생한다. 예컨대 Ferguson(1996: 273)은 이렇
게 주장한다.

> 사실 언어 문제의 결정에 악명 높은 영향을 끼치는 것은
> 부족·지역·종교 정체성·국가 경쟁 관계·엘리트 보존 같은
> 문제를 둘러싼 정서적 쟁점들이다. 그것들은 심지어 실현가
> 능성의 모든 증거에 정면으로 위배될 수도 있다. 한 국가의
> 언어 상황과 관련해서 정확하면서도 신뢰할 수 있는 정보의
> 가용성이 정책 결정을 내리는 데 영향을 끼칠 수 있으며 그
> 정책의 시행을 계획하고 실행하는 데 엄청난 가치가 있다는
> 사실엔 변함이 없다.

공공조사의 중요성은 최근 몇 년간 새롭게 강조돼 왔지만(예:
Baldauf 2002; Baker 2006), 언어 태도 및 언어 사용 조사(사회언어학적 설문 조
사로 알려져 있음; Whiteley 1984; Kaplan and Baldauf 1997 참조)는 LP 연구와 시행
의 전통이다. Rubin et al(1977)의 언어 계획 과정에 있는 대부분의 기
사는 LP 설문 조사에 할애되었지만 사용 방법과 정책 결정 과정에
서 수행한 역할은 각 국가의 사회 정치적 환경에 따라 다르다. 1990
년대 초 독일에서 철자 개혁이 제안되었을 때 일련의 여론 조사가

실시됐다. 그 결과에 따라 당국은 처음에 개혁 프로그램을 계속해서 진행하는 것을 만류했다(Clyne 1995: 248-252).[4] 튀르키예에선 "개혁과 관련된 사람들이 예를 들어 언론에 게재된 설문지를 통해 대중과 협의하는 데 많은 노력을 기울였다"(Boeschoten 1997: 375). 일본의 사례에도 주목할 필요가 있다.『상용문자표』작성 과정에서 당국은 8년이라는 기간 내에 202번의 회의를 소집했고, 2번의 조사를 실시했다. 선전부Propaganda Ministry는 그 표에서 바람직한 총수에 대한 일반 국민의 의견을 얻기 위해 1만 명을 대상으로 한 여론 조사를 1977년에 실시했다(He 2001: 128, 131). 1995년, 문화부Culture Ministry는 鴎・鷗(개인적 이름에 사용) 같은 일부 칸지Kanji의 전통 형태를 사용할 수 없다는 국민의 불만을 우려해 대중이 RC의 컴퓨터 처리를 제한적으로 받아들일지 여부에 대한 조사에 착수했다(He 2001: 128, 131).

Poll(1973: 55-56)은 대중의 태도가 언어 계획의 시행에서 두 가지 중요한 역할을 하는 것으로 본다. 첫째, 모든 상황에서 대중적 태도는 대중적 언어 행동의 변화를 요구하는 정책이 시행되는 정도에 영향을 끼칠 것이고, 둘째, 특정 상황에서 대중적 의견은 다양한 언어 정책의 초기 공식 채택에 영향을 미칠 것이다. 그는 이어서 후자의 상황은 두 가지 조건이 충족될 때마다 존재할 것으로 추정된다고 말하는데, (1) 국가는 대중 의견을 존중하는, 경합을 통해 선택된 정치인

---

4   1996년 이후로 학교와 행정부에 약간의 변화가 도입됐다(Coulmas, 1998; Stillemunkes, 2000).

들이 통치하고, (2) 언어 정책은 그 당시 대중 매체가 논의한 주요 정치적 이슈 중 하나다. Poll이 기술한 조건이 현재 중국엔 확실히 없지만 그래도 여론 조사는 SSS 이후 LP 작업자의 관심을 점점 더 높인 매력적인 주제다.

공산당은 사회 운동에서 성장했고, 따라서 그것의 통치는 대중 선전에 중점을 둔 것을 특징으로 했다. Liu(1986)는 "1949년 이후 거의 모든 정책엔 전 국민을 참여시키는 캠페인이 수반됐다. 대부분은 진정한 참여가 아니라 고도로 조직된 일이었다"고 지적한다. 현 정치인들은 순수한 정치적 동원과 행정적 강요보다는 공감대 형성에 더 큰 중점을 둔다. 국가 부처에 고용된 기술 전문가들한테도 초기 극좌파 분위기에서 부여된 것보다 더 큰 권한이 부여된다. 새로운 세기에 중국의 철의 장막식 통치가 필연적으로 끝나면서 민주주의 세력은 그 어느 때보다 활발히 활동하고 있다. LP사업의 리스크 감소에 대한 현대적 척도로 여론을 적용하는 것은 사회-정치적 변화의 현재 방향에 따른 논리적 귀결일 것이다.

분명한 의견 차이가 발생했을 때 대중의 합의를 모색하기 위해 사용되는 다양한 형태의 전반적인 검토를 통해 1949년 이후 다음과 같은 5가지 접근법이 채택됐음이 드러났다.

1. **심포지엄 및 세미나 조직** 모든 관련자를 한데 모으는 가장 일반적 형태의 협의. 보통은 타당성 조사를 수행하기 위한 초기 단계에서 수행된다. 대제적으로 회의는 엄격한 정

부 통제하에 있으며 언어학자 및 관련 전문가로 제한된다. 1950년대에 TSC를 공식화할 때 이 메커니즘을 사용하여 다수의 언어 전문가한테서 충분한 자문을 구했다.

2. **비공식 토론 포럼**(zuotan hui) [座谈会, 座談會 좌담회] **또는 다과회**(chahua hui) [茶活会, 茶活會 차활회] **소집** 1960년대 동안 GLSC를 개정하기 위해 국가민주정치협상회National Democratic Political Consultative Organization의 비당원 300명 이상이 9개의 비공식 포럼에 참석했다. 이는 『간화자표』개정팀 Modifying Team of the Table of Simplified Characters이 소집했으며, 개정된 표에 대한 토론을 위해선 100명 이상이 참여하는 6개의 교사 포럼을 구성했다(Wang 1995 : 151). 1956년 10월 국무원 산하의 병음 방안 심사위원회Examination Commission of the Pinyin Scheme는 언어교육, 문학·예술, 언론, 과학기술, 저널리즘, 언론, 번역, 군대 및 비정부기구, 이 모두의 대표들을 초청하여 포럼을 개최, 그 방안을 논의했다(Zhou 1980b : 72-73).

3. **공고문, 회보, 지시서 송부** 1950년 9월 말 TSC의 준비 과정에서 당국자들은 「사용 빈도가 가장 높은 문자의 등록 양식」Registry Form of Most Used Characters과 「간화 수집 원칙」 Principles of Collecting Simplified Characters을 해당 기관과 언어 관련 전문가한테 내보냈다. 11개 기관과 52명의 언어 관련 전문가가 구체적인 피드백으로 응답했다(Zhang et al 1997: 21). 공표를 위해 병음 방안이 제출되기 전에 당국은 전문가들의

제안을 조사할 목적으로 39개 도시의 언어교육자 100명한 테서 서면 의견을 수집했다(Zhou 1980b: 72-73).

4. **인터뷰 및 조사 수행:** 1962년 CCSR은 TSC의 요약 및 수정을 담당하는 연구팀을 구성했다. Dong Biwu, Guo Moruo, Hu Qiaomu 같은 일부 유명 인사 외에도 팀은 베이징 지역에 거주하는 노동자, 농민, 사업가, 교사를 인터뷰했다(Wang 1995: 151). 1984년 12월 Wang Jun과 Chen Zhangtai 국장은 직접 전국인민대표대회 상무위원회와 전국정치협상회의 위원들을 찾아가 111개의 SSS 문자 유지 여부에 대한 의견을 구했다(Wang 2002: 개인적 소통).

5. **언론매체를 통한 설문 조사 배포 및 발간:** TSC의 발행 전에는 팸플릿 30,000부를 배포해 여론 조사를 한 것으로 알려졌다. 중국 본토 전역의 각계각층에서 온 20,000명 이상이 토론에 참여했으며 97%가 TSC에 찬성했다. 게다가 1955년 1월에 『간화자표 초안』*Draft Table of Simplification*이 발행된 후 약 6개월의 기간 동안 CCSR은 관심을 갖고 있는 대중한테서 5,167통의 편지를 받았다(Chia 1992: 212; Fei 1997: 220).

의견수렴 과정에 대한 자세한 기술이 보여주는 것은 **위**의 다섯 가지 접근방식이 우리가 대부분의 현대 민주주의 국가에서 봐 온 여론 조사와는 다르며, 또 그렇게 만드는 것이 바로 그것들의 특질, 곧 시늉에 불과할 정도로 형식적token 특질이란 점이다. SCLW의 선 국장 (2002: seminar; 제1장 주 10 참조)은 대중에 대한 불투명한 언급이 실제로는,

주로 학계에 국한되는 특정하게 선별된 집단이며 대상 통
신원들은 회의의 목적이 이 문제를 찬양하거나 적어도 그것
에 대해 긍정적이고 고무적인 뭔가를 말하기 위한 것이라는
것을 잘 알고 있다. 그 결과 심지어 우리[LP 작업자]가 진정으
로 그들의 진심을 알고 싶어 할 때조차 대부분의 일반 대중
은 동의하지 않는다기보다는 관습적으로 동의하거나, 아니
면 단순히 입을 다물고 있다.

심지어 학계 내 의견의 경우에도 투명성은 매우 제한적이며, 이
는 1950년대의 LP 문제에 대한 첫 번째 토론에서 일부 언어학자들
이 비판한 바 있는데, 말하자면 이런 식이다. "CCSR은 열띤 토론
을 벌이는 일부 문제에 대한 차이를 공개하지 않았다. 이것은 중대
한 손실이다"(Wang 1995: 476). 더군다나 핵심 문제가 해결되지 않을 땐
'지도자 동지들'한테 넘기는 일이 잦았다. 이는 1986년 NCLW의 일
부 의사 결정 과정에서 가장 잘 볼 수 있다. 회의에서 이뤄진 일부
퇴행적 변화에 대해선 의심할 여지없이 큰 불만이 있었고, 불평하는
LP 작업자들이 회의에서 표음화 방향을 완화하기로 한 결정에 대한
불만을 표명했을 때 주최 측은 다음과 같이 설명했다(Chen 1986: 52).

이 문제에 대한 결정과 관련해서 SCLW는 이미 CCCP와
국무원의 지도자 동지들께 지시를 요청했다. 참가 동지들의
의견과 관련해선 CCCP와 국무원에 또한 보고했고, 어제 오
후 SCLW는 그들이 결정에 동의한다는 내용의 서면 지시를

위에서from the *above* 받았다[강조 원저].

3.3.3 두 가지 사례: 대중 여론 조사에서 이뤄지고 있는 현재의 노력과 관련해서

첫 번째 사례는 CTSC의 중요한 하위 프로젝트 중 하나 인 『명명상용자표』*Table of Standardized Characters for Naming*였다. 이렇게 오랫 동안 기록된 문명을 가진 거대한 나라에서 모든 사람의 이름을 위 해 모든 문자를 표준화하는 것이 실제로 가능한지의 여부엔 충분히 논란의 여지가 있다.[5] 그 표를 선전할 목적으로 교육부는 중국 인터 넷 누리꾼들을 초청해 의견을 제시하고, 자신의 이름 또는 자신이 알 고 있는 이름으로 RC의 예시를 제공하는 온라인 포럼(http://www.china-language.gov.cn/webinfopub/list.asp?id=1042, 30/8/2003)을 열었다. 그동안 국내 의 대표적 웹 사이트 중 하나인 소호soho(com.cn)와 사이노sino(com.cn)는 2000년 6월 2일, '명명권 제한의 타당성 여부Shall We Have a Restriction on Name Giving Rights?'에 대한 여론 조사를 실시했다(www.shyywz.com/page/jsp/ showdetail.jsp?id=1080, 30/8/2003). 불과 며칠 사이에 인터넷 유권자 30,000 명이 자신의 투표권을 행사했다.

---

5   일본에선 정부가 1951년에 92자로 된 『인명용한자』*Supplementary Table of Characters for Naming Giving* [『人名用漢字』, 1946년에 제정된 『当用漢字表』를 보완하기 위해 만든 것]를 제정 했으며 1981년 10월엔 그 글자 수를 166자로 늘렸다. 타이완 IT 업계의 비슷한 제 안은 1980년대 입법부에서 통과되지 못했다(Tse 1983: 16).

두 번째 사례는 온라인 게시판으로, 한자의 부건 또는 자근
component roots을 일컬을 수 있는 통일되고 논리적이고 편리한 이름
의 집합에 대한 전국적 규모의 대중적 의견을 구하기 위해 시작됐
다. 한자를 구성하는 자소composing units를 나타내는 여러 가지 이칭
variant names은 교육·구두 의사소통·사전 색인화 같은 다양한 분야에
서 혼동을 일으키는 경우가 많다(Fu 1986: 97). 그것은 또한 부건을 한
자 재구성의 기본 단위block로 사용하는 한자 기반 입력 시스템에도
문제를 일으킨다. 2001년 2월 26일, 『정보 처리용 GB1300.1 문자집
합 부건규범 - GF 3001-1997)』*National Standard for Components' Calling Names for
Information-Processing Hanzi Code Set GB-13000.1*의 초안 작성 과정에서 정부 웹
사이트 'china-language.gov.cn'엔 '규범과 표준'이란 열column 아래 공
개서한 한 통이 게재됐다. 주로 학자와 전문가를 대상으로 했고, 응
답 기간을 고작 2주만 설정했기 때문에 실용성보다는 상징성이 강
했다. 하지만 국경을 초월한 인터넷의 정보 전파력을 감안할 때 LP
기관이 문자 개혁 문제와 관련해서 더 넓은 사회의 여론을 공개적으
로 조사한 것은 이번이 처음이라고 할 수 있다. 유사한 목적으로 개
최되는 포럼이나 회의와는 달리 이 접근방식은 선택된 내부자 집단
circle에 국한되지 않았다.[6]

---

6   부건 호칭의 표준화 시도는 이번이 처음이 아니다. 이 문제는 1965년 9월부터 1966
     년 4월까지 CCSR 산하 월간지인 『문자 개혁』*Script Reform*, 또 『광명일보』*Guangming
     Daily*의 격주 전문 섹션인 「문자 개혁」Script Reform에서 전국적 토론을 시작하며 대
     중한테 공개됐다. 논의의 초기 목적은 정규 교육을 위한 한자 교수 및 학습을 용이
     하게 하고 문맹을 뿌리 뽑기 위해 인기 있는 부건의 이름을 찾는 것이었지만 기본

　이러한 사례는 대중의 합의가 필요한 다수의 표준 가운데 두 가지에 불과하며, 기술 발전 덕택에 이런 방식으로 여론 조사를 실시할 경우 기술적으로는 운영이 쉽게 되고 재정적으로는 효율성이 올라가게 된다. 비록 여론 조사에 참여할 수 있는 사람이 컴퓨터 사용자로 제한되긴 하지만 말이다. 중국 최초의 전국적 LP 조사는 국무원(Chinese Cabinet, 중국 내각), 교육부, SCLW의 공동 후원으로 1999년에 실시됐다. 목표는 지난 50년 동안의 LP 성과와 언어 및 문자 사용의 현재 상황을 평가하여 미래의 LP 정책 결정에 대한 증거를 제공하는 것이었다. 그 밖에 또 명시된 목적은 거의 100개의 중국 방언과 중국 본토에 거주하는 여타 소수 민족이 사용하는 60개 이상의 언어가 처해 있는 실제 상황 관련 정보를 수집하여 추세를 예측하는 데 도움을 주는 것이었다. 대상 인구는 15세에서 69세 사이의 중국 시민 600,000명이었다. 조사는 예상 완료일로부터 3년 후인 2004년 말에 완료됐다. 이것은 잘 알려진 국가 연구 프로그램이다. 하지만 완료를 축하하고 설문 조사를 인정하는 성대한 행사에서 있었던 뉴스 브리핑을 제외하고는 그 결과가 분석커녕 또 보고조차 이뤄지지 않은 상태로 남아 있다(2006년 말 기준). 그것은 LP 정책 수립에 사용되

적으로는 전문가 그룹에 국한됐다. 전체 행사는 매우 적절한 방식으로 진행됐다. 특별 섹션을 비우고 공식적 토론을 시작하기 위해 7가지 제안과 2가지 기본 원칙이 포함된 사설을 작성했다. 토론에 영향을 주지 않기 위해 『문자 개혁』은 『한자 부건호칭표』(초안) *Table of Calling Names of Chinese Character Components (draft)* 발행을 6개월 이상 중단했다. 결국 이 주제와 관련한 19년의 논문이 발표됐지만 미완의 논의는 1966년 5월 16일 문화대혁명이 발발하면서 급작스럽게 중단됐다(Fei 1980).

고 2001년에 통과된 『언어법』을 알리기 위해 사용되기로 예정돼 있었다. 따라서 당국엔 LP 쟁점의 해결을 위해 귀중한 조언을 제공하는 장소로서, 여론을 독점적이고 전문적으로 처리하는 일종의 여론 사무소가 가급적 RIAL[응용언어학연구소]에 설치돼야 한다는 제안이 이뤄져야 한다.

3.4 앞으로 나아갈 길의 탐색

IT 지향 표준화는 중국어 LP의 새로운 핵심 특징이다. LP 기관의 기능에 대한 향후 개혁은 그것이 어떤 것이라 하더라도 다음의 두 가지 측면, 곧 1) 비전문적 요인의 유해한 개입 최소화, 2) 표준화 작업을 투명하고 수용 가능하도록 만들기 위한 LP 기관 및 관리 관련 규제 완화에 초점을 맞춰야 한다.

3.4.1 더 많은 자유, 더 적은 개입

언어에 대한 국가적 개입이 언어 계획의 강력한 세력이라는 것은 잔뜩 낡은 상투적 표현이다. 언어 계획 이론은 의사 결정 과정에서 국가의 역할에 많은 중요성을 부여해 왔다. Schiffman(199: 13)은 "명시적 언어 계획 모델이 수용되는 곳에선 개입주의 또한 불가피하다"고 지적한다. 하지만 개입은 정치에 얽매인 사안이다. 정치 환경은 언어 계획 과정에서 행위자들을 규정하는 핵심 요소가 돼 왔다.

전체주의적 정치 체제에선 국가적 개입과 개인적 개입 사이에 아무런 차이가 없으며, 이것이 미래에 있을 비인격화depersonalization의 필요성을 입증한다는 덴 의심의 여지가 없다. 대부분의 LP 결정은 중국에 가선 정치적이다. 이를 Baldauf and Kaplan(2003: 21)의 말로 하면 "언어정책의 기저에 깔려 있는 동기가 언어적이라기보다 정치적이라는 점엔 거의 변함이 없다". 사실 정치적 개입이 늘 해롭기만 한 요소는 아니며, 정치적 환경이 건전하다면 많은 이가 바라는 세력이 될 수도 있다. Lewis(1982: 250)는 "권위주의 국가나 민주주의 국가에서 언어의 확산을 촉진하거나 제한하는 데 가장 큰 영향을 끼치는 것은 다름 아닌 국가의 태도와 노력"이라고 말한다. 상당히 강압적인 정치 체제에서 외부 간섭은 유능한 학자들의 작업을 제약하는데, 더 구체적으로 개혁 프로그램이 바람직하지 않은 방향으로 진행되도록 강제되고 있을 때 그렇다. 이는 LP 기관이 고안도, 문서화도 다 잘된 표준들을 다양하게 만들어 내는 과정에서 수행해야 하는 역할을 약화시킨다.

중국에선 국가 LP 기관의 개편이 수차례 이뤄졌으며 부분적으로는 책임에 대한 규정이 충분히 이뤄지지 않은 탓에 리더십엔 일종의 기능 장애가 발생했고, 이는 결국 관련자들 사이의 혼란을 야기했다.[7] 현재의 정치구조와 관료 체제에선 더 높은 수준의 LP [기관]

---

[7]　이 책의 연구 수행과 관련한 현지 참여관찰field work은 첫 번째 저자한테 SCLW의 자문위원들과 폭넓게 친해질 수 있는 드문 기회를 제공했다. 저자는 SCLW에 모든 법률 규정에 회원들의 합의 도달 보장 시스템이 없다는 느낌을 강하게 받았다. 회원들이 가장 많이 불만을 토로한 것은 LP 프로그램이 진행되기 직전이 돼서야 누군가가 찾아오거나 상담을 받았다는 것이었다. 예컨대 『출판물 내의 숫자 사용을

또는 독립적인 정부기관도 바람직하다. 현재 최고위 LP 기관엔 뚜렷한 단점 두 가지가 있다. 1998년 개편 이후 SCLW는 교육부 산하로 편입됐으나 LP 활동은 언어 교육 계획 업무와는 무관하다. 현재 SCLW는 자체 규정된 관리 기관이 아니다. 앞서 언급한 것처럼 그것의 활동은 대부분 언어 응용 영역의 연구와 연구 자금 관리에 국한된다. 그것엔 특정 LP 프로그램과 관련이 있는 관료제적 당국의 동의 없이 그 프로그램을 공표할 수 있는 힘이 없다. 아울러 LP 연구자는 LP 실천을 지속적이면서도 전진적으로 펼쳐나갈 것을 강조하는데, 그 과정에서 계획의 마지막 단계는 계획된 변화가 발생했는지 또 그 계획이 작동했는지의 여부를 결정짓는 평가 검사가 된다. 하지만 현재의 행정적 관료 체제에서 규제 제정 기관으로서 SCLW엔 시행을 모니터링하거나 결과를 평가할 권한이 없다. Pan Defu(2004)가 비판하고 있는 것은 둘 이상의 기관에서 상이한 표준을 제정할 때마다 그 표준들이 취약하고 비효과적인 것으로 보이게 된다는 사실이다. 예를 들어 국무원에서 공표한 SSS를 그 후 불과 몇 개월 만에 교육부가 갑자기 무효화해 버린 일은 개혁 프로그램이 취소될 경우 그것을 공표할 때와 동일한 입법 절차를 거쳐야 한다는 기본 원칙을 위배한 것이다(Wang T.K. 2003; Zhou 1983). 최고위 의사 결

위한 국가 표준』National Standard for Numeral Use in Publications은 출판 당시 엄청난 항의를 불러일으켰는데, 그 이유는 그 표준의 작업에 참여한 학자가 고작 학자 두 명밖에 안 됐기 때문이다. 더 아이러니하게도 이전의 SCLW 구성원 일부는 이 조직에서 자신의 구성원 자격이 이미 종료된 사실조차 몰랐다! 변화에 직접적으로 대처하지 못하는 이 같은 실패는 그 조직의 일부 다른 특징을 통해 입증된다.

정 기구에 있는 이 같은 불확실성은 북한이 그것의 문자를 폐지한 것과 뚜렷한 유사성을 공유한다(Moon 2000).

또 다른 비전문적·외부적 세력은 봉건적 정치 세력 간의 내부 다툼이나 사람 간 갈등으로서 이것들은 LP 관련 사안을 취약한 위치로 몰아넣는다. 제1장에서 저자들은 SSS의 최종 철회가 부분적으로는 LP계 내에서 그 방안의 주창자와 적대자 사이에서 갈등을 빚은 세력들의 결과라고 주장했다. 중국 LP 역사의 고전적 사례는 1913년 열린 전국 발음 표준 회의National Conference of Pronunciation Standard에 참석한 지역 대표들의 개인적 중상 비방이었다(DeFrancis 1950: 58; Yu 2003: 103). LP는 늘 어느 정도의 전문가-행정가 간 협력을 수반하며 그들 사이의 관계는 LP의 성공을 위해 대단히 중요하다. Fishman et al(1971: 296)은 (기관 내부 및 기관 간에 존재하는) 사람 간 유대관계가 기관 목표 및 운영에 영향을 끼친다고 주장한다. Yu Genyuan(1996: 179) 역시 "조화롭지 못한 대인관계의 파괴력"을 인식하고 그것이 "중국어 작업의 진전에 차질을 빚는 요인 중에서도 매우 중요한 측면"이라고 경고하고 있다.[8]

8　중국 사회에서 대인관계를 다루는 것은 다른 나라들보다 더 많은 관심을 받고 있다. 이것의 민감성과 복잡성은 논쟁의 여지가 있는 주제를 토론할 때 가명을 자주 사용하는 데서 볼 수 있다. 이와 관련한 예시는 1980~90년대의 논쟁 동안 『한자 문화』에 게재된 글과 1978년의 『중국어문』Chinese Linguistics에서 SSS를 논의하는 논문에서 찾을 수 있다.

3.4.2 해결책 제안: 규제 완화와 다양화

전문가들은 표준의 수립 및 전파 과정에서 사회 엘리트들의 자발적 지지가 대단히 중요하다고 생각한다. Su(2001b: 219)는 표준을 (a) 정부 표준, (b) 전문가 표준, (c) 사회 표준, 이 셋으로 범주화하고 다음과 같이 주장한다. 형성기, 곧 구체적인 요구 사항을 설정하여 세 유형의 표준 모두가 수립되는 시기엔 오직 정부 표준만 강제적이지만 성공 여부는 대상 주민의 지지 여부에 크게 좌우된다. 사전엔 교정적이고 규범적인corrective and descriptive 표준이 명시돼 있는 데 반해 사람들의 언어 습관엔 사회 표준이 무의식적으로 형성되고 존재하여 사람들의 살아있는 언어를 뒷받침한다. 다른 무엇보다도 사회 표준은 역사적 요인을 더욱 깊이 반영한 것이다. 따라서 사회 표준이 장기적 관점에선 더 근본적이다. 그것에 더 폭넓은 함의와 효과가 있기 때문이다. 그것은 비교적 오랜 기간에 걸쳐 자발적으로 형성됐으며, 그동안 사람들은 저명한 인물들의 사회적 실천을 따르고 모방한다. Dai Zhaoming(1998: 190-191) 또한 자율 규제를 통한 자동 표준화를 새로운 표준의 자연스러운 발전을 앞당기는 중요한 장치로 보고 있다. Dai(1998: 155-156) 역시 표준을 표준화 과정의 측면에서 범주화한다. 그의 체계엔 자발적이고 규제된 표준이 각각 하나씩 있는데, 전자는 저명한 작가나 문학 작품의 영향을 통해 전파된다. Bambose(1990: 105)가 주창한 언어 규범의 3유형 얼개three-type framework of language norms (코드 규범, 특징 규범, 행동 규범)에서 Su의 사회적 표준과 Dai의 자발적 표준은 대략적으로 Bambose의 행동 규범과 동일시될 수 있는데, 이 경우 행동 규범은 "타자와 상호 작용하는 동안 예상되는 행위의 패턴, 발화된 것을 해석하는 방식, 타자의 발화 방식에 대한 태도 전반"을 나타낸다.

이 책에서 거듭 강조한 것처럼 IT 지향적 LP 활동은 뒤따르고 있는 언어 개혁 대부분의 근본적 특징으로 남아 있을 것이며, 지금껏 이뤄진 발전은 기술이 점차 이 같은 언어적 성장을 위한 주요 발전기dynamo가 되었음을 이미 나타낸다. 이러한 탈바꿈에 대응하여 1986년 이후 LP 작업의 초점은 개혁(간화 및 로마자 표기)에서 표준화로 이동했으며, 여기엔 동일하게 발생하는 둘 이상의 변체에서 선택의 결정을 내리는 과정이 수반된다. 성공적 표준화를 위해 가장 중요한 요인 하나는 일반 대중이 표준들에 대해 합의된 결정을 내리고 또 그것들을 수용하는 것이기 때문에 대개는 뭔가를 하는 데 선뜻 맘을 내지 않으면서도 여느 때보단 또 더 나은 정보를 가진 대중이 미래의 개혁 활동을 방해하지 않는다면 LP 정책의 숙고를 위한 참여 모델의 필요성은 언제나 증가 추세에 있게 될 것이다. 표준의 촉진은 잠재적 대상이 된 사용자한테 다른 어떤 것보다도 그 다양태 하나를 채택하도록 설득하려는 노력을 요청한다. 이 같은 변화를 수용하기 위해선 새로운 유형의 조사·전파·평가 메커니즘이 필요하다. LP 기관은 국가의 대리인이기 때문에 결정 집행을 위한 국가 강제력을 사용하는 데 익숙해진다. Cooper(1989: 78)는 "국가의 강제력은 길게 봤을 땐 결국 통치를 당하는 자의 합의에 달려 있다. 이는 심지어 전체주의 국가에서도 마찬가지다"고 강조한다. 규제자-표준 설정자에서 촉진자-동향 설정자로from regulator and standard setter to promoter and trend-setter
이뤄지는 탈바꿈은 LP 현대화 과정에서 꼭 선택돼야 하는 길이며,
이는 기획자가 계획된 혁신의 채택에 유리한 여론 분위기를 창출하
는 방법을 고려해야 함을 시사한다.

향후 LP 기관의 기능에 대해 있을 수 있는 개혁은 두 가지 측면
에 초점을 맞춰야 하는데, 하나는 어떤 비전문적 요인의 유해한 개
입이라 하더라도 그것을 최소화하는 것, 다른 하나는 행정적 규제
완화, 비정부 부문을 포함하기 위한 기관의 다양화, 대중의 참여 장
려다. 기존의 '상의하달식' 구조는 중국이 권위주의적이고 단순한
사회였을 때 설계됐다. 중심주의, 또는 Schiffman(2006: 120)이 자코뱅
주의Jacobinism와 국가 통제 정책dirigisme으로 일컬었던 것은 바깥 세상
에 개방되기 전의 그 기만적인 세월 동안 잘 속아 넘어 가는 주민과
함께 잘 작동했을 수도 있다. DeFrancis(1979: 152)는 "문자 개혁과 관
련한 주요 결정은 근본적으로 정부나 당의 테두리 안에서 펼쳐진 논
의와 일반 대중의 시야 너머에 있는 논의를 기반으로 해서 이뤄졌
다"고 말한다. 과거에 LP 프로그램은 오직 공식적 촉진(정부 활동)에
의존하기만 했던 강제를 통해 부과됐다. 하지만 점점 더 개방적이고
민주적인 언어 공동체에서 Haarmann(1990: 120-121)의 위신 계획 관련
유형학, 곧 제도적 촉진(기관의 활동), 압력 집단의 촉진, 개인적 촉진을
포함하는 그 유형 분류 체계를 적용할 필요성은 실행 가능할 뿐만
아니라 불가피하기까지 하다. 새로운 언어 사용의 육성과 전파를 위
해선 비정부 또는 준정부 조직의 장려·양성 및 지역 기반 조직의 육

성이 필요하다.

Lehmann(1975: 44-45)은 중국 LP 기관의 단점을 가장 먼저 간파한 연구자 중 한 사람으로 자율적이고 권위 있는 기관의 필요성을 예견했다. 그에 따르면 여타 국가의 LP 활동은 상이한 유형의 LP 기관을 통해 수행된다. 어떤 경우 주요 기관은 자율적이고 권위 있는 학술원이 된다. 그곳은 제한된 수의 뛰어난 개인들로 구성되며, 그 사람들은 종신직으로 선별된다. 준정부 부문은 오랫동안 지속돼 오고 있는 국가언어학술원과 언어 계획위원회 또는 위신이 두터운 협의회로 대표되는 경우가 많다. 국제적 관점에서 볼 때 가치가 있을 법한 일은 아카데미 프랑세즈의 스타일을 한 단체(프랑스 문학 아카데미)[9]를 도입할 가능성을 탐구하는 것인데, 그것은 위신 및 이미지 구축을 통해 특정 유형의 표준화를 보장하는 역할을 한다.

그 같은 목적을 가진 비공식 기관은 기존의 SCLW와 병행할 수 있고, 그것을 보완할 수 있고, 지나친 정치적 간섭에선 비교적 독립적일 수 있다. 중국 사회는 가부장제와 과두제의 전통을 특징으로 한다. Bem(1970: 79-88)의 모델링 이론Modeling Theory에서 보면,

우리는 우리가 동일시하는 집단, 승인을 원하는 집단, 권

---

9   아카데미 프랑세즈는 프랑스 제1장관 드 리슐리외 추기경Cardinal de Richelieu가 1634년 설립, 1635년에 통합했으며, 프랑스 혁명 시대의 중단을 제외하고는 오늘날까지 존재해 왔다. 원래 목적은 문학적 취향의 기준을 유지하고 문학적 언어를 확립하는 것이었다(Cooper 1989 참조).

위로 간주하는 집단의 견해에 많은 영향을 받는다. 우리가 무엇을 생각할지 결정할 땐 단서를 찾기 위해 참조하는 준거 집단이 있고, 세계를 분석할 땐 적용하는 준거 틀을 갖고 있는 집단이 있다.

영향력 있는 시민이 대변하는 언어적 실천은 전체 사회에 대한 판단 기준으로 작용한다. 그 실천이 주민한텐 모방할 수 있는 권위적 모델을 제공하기 때문이다. 그 같은 자발적 조직은 예술 및 과학 분야에서 상당히 권위 있는 인사와 잘 알려진 시민으로 구성돼야 하며, 주로 문화적·사회적 의견을 제공하도록 지명돼야 한다.

그 밖에도 규제 완화의 중요한 형태가 있는데, 중국 LP 기구를 지배하는 조직상의 독점을 타파하는 것과 분기하는 목소리들을 포함한 다양한 견해를 전파하도록 더 넓은 기회를 제공하는 것이다. LP에 대한 비판적 논평가이자 프리랜서로 활동하고 있는 Lü Guanxiong(2003)은 국가의 통제를 받는 LP 단체가 비언어학자의 의견을 다루는 방식을 대놓고 비판하고, 개인적 방안을 시험하기 위해 연구 학술지를 창간하고 심지어는 정부 자금까지 지원할 것을 요구한다. LP 의사 결정의 상의하달식 절차*modus operandi*는 일부 공식 학자한테도 우려를 낳았다(예: Wang 1989; Su 1991 참조). 이런 상황에서 보면 Yuan Xiaoyuan의 국제중국문자연구협회International Association of Chinese Character Studies와 언어문화과학연구소Research Institute of Language, Culture and Science(1980년, 베이징), 그리고 공동문자학회Common Script

Association(1997년, 상하이), 미국중국문자 개혁추진협회American Association for the Promotion of Chinese Script Reform (1997년, 뉴욕)처럼 한자 개혁과 관련한 비공식적인 자발적 단체가 많이 생겨난 것은 놀라운 일이 아니다.[10]

Ducke(2003)는 인터넷이 강력한 정치 행위자와 그 아래서 고군분투하는 대중 사이에 전례 없는 규모의 새롭고 비공식적이고 수평적인 의사소통 방법을 제공한다고 밝혔다. 현재 중국에선 대부분의 의사소통이 변함없이 심의를 받고 때론 검열까지 받지만, 인터넷은 더욱 확고한 개인적 참여를 위해 편리한 경로를 제공한다. 그리고 그 참여는 제한된 힘과 자원을 가진 보통의 문자 개혁 활동가가 더욱 거대하고 자금력도 풍부한 조직과 경합할 수 있게끔 한다. LP에 관심을 갖고 민주적인 목소리를 발견하기 위해 고군분투하고 있는 수

---

10   Yuan Xiaoyuan 국제 언어 현대화 연구 포럼Yuan Xiaoyuan International Language Modernization Research Forum은 20년 동안 운영됐다. 기관지인 『한자 문화』는 1990년대 한자 문화 논쟁을 촉발한 전쟁의 최전선에 있었고, 공식 정책에 공개적으로 도전하는 비정통적 견해와 논쟁적 논문을 자주 발표했다. '공동 문자 학회'는 은퇴한 중국어 교사 Zhou Shenghong과 타이완의 기업가 Huang Zuohong이 1997년 12월 상하이에서 설립했다. 그것은 대만 해협을 가로질러 한자를 통일하는 것을 목표로 7개의 국제 심포지엄을 조직했으며, 각 심포지엄선 학술 논문집을 발표했다. 이 학회는 이 분야에서 가장 활동적인 비정부 협회 중 하나이며 자체 웹 사이트(http://hzdt.xiloo.com/stw.htm) 외에도 상하이의 같은 장소에 위치한 중국 문자 연구 정보 도서관Chinese Script Research Information Library도 운영한다. 미국 중국 문자 개혁 추진 협회(http://www.wengai.com)는 '한 언어, 두 문자'를 촉진하기 위해 1979년 일단의 열정적인 중국어 개혁 학자들과 관심 있는 뉴욕 거주 학생들이 설립했다. 현재 후원자는 UN에서 은퇴한 번역가인 Apollo Wu다. 2006년까지 저널 *Language and Information* 『언어와 정보』 18호를 발행했으며, 온라인 언어 개혁 포럼, http://www.lıpwwzm.c om/YuiceYuXsoxva/YuiceYu Xsoxva 02.asp 또한 유지한다.

많은 독불장군 지식인과 아마추어 애호가가 보기에 인터넷 사용은
이전에 공식 단체들이 독점하던 영역들에서 대중이 힘을 갖게 되는
일종의 신호다.[11] 임의의 개인인 그 사람들은 일종의 조직화된 세력
으로 일하기보단 독립적으로 활동하기 때문에 그 사람들이 성과를
내기까지 걸릴 시간과 학계와 사회에서 널리 받아들여질지의 여부
를 예단하기는 아직 이르다. 그러나 이 과정이 더 높은 투명성을 조
성하고 거대한 대중의 창의적 상상력을 허락할 것이란 예측은 할 수
있다. 이렇듯 새롭게 떠오르는 비정부 조직과 웹 사이트는 매우 빠
르게 발전해 오고 있고 일부는 결국 쉽게 무시할 수 없는 세력으로
성장했다. 하지만 일반적으로 그것들은 거의 눈에 띄지 않게 작동하
며 주류 LP 커뮤니티의 유명 인사 가운데 그것들 중 어느 것에도 참
여하는 사람은 거의 없다. 이는 비공식 촉진 역할에 대한 개인의 참
여가 제대로 인식되지 않고 있음을 보여준다.

---

11   언어 개혁 관련 자료를 검색하면서 알게 된 다수의 웹 사이트는 비정부 LP 활동
이 얼마나 활발한지를 엿볼 수 있는 기회를 제공한다. Pan Defu는 자신의 웹 사
이트(http://www.yywzw.com/pan/pan-03d-002.htm)를 통해 자신의 책과 논문을 홍보
하고, 한자 개혁에 대한 정통 이론을 비판하고, 정부의 LPP에 도전한다. Shen
Kecheng(http://hzdt.xiloo.com)은 잘 관리된 입력 시스템 전문 웹 사이트를 제작한다.
Su Chengzhong(http://hzdt.xiloo.com/wgy y01.htm)은 모든 언어에 대한 공통 문자를 탐
색하는 데 중점을 둔다. Zhang Shizhao는 '중국화된 컴퓨터'라는 아이디어를 홍보
하기 위해 온라인 '한자연구소'Hanzi Research Institute (http://www.chancezoo.com/)를
설립했다. 그 밖에도 다양한 비정부 기구, 포럼 및 중국어 LP와 관련한 온라인 저
널 및 잡지를 찾을 수 있는 곳으로는 http://www.yywzw.com/과 http://www.china-
language.gov.cn/webbbs/index.asp.이 있다.

7장

몇 가지 중대한 쟁점:
역사적이고 현재적인

1. 도입

지금까진 중국 문자 체제 현대화 과정의 주요 에피소드 전개를 다소간 상세히 살펴봤다. 이 장에선 세 가지 상이하지만 근본적으론 상호작용적인 세 가지 맥락threads, 곧 병음의 영역 확장에 대해 변화한 관심, 기술적 편의를 위해 금지된 전통 문자 일부를 다시 가져와 더욱 간화할 가능성, 그 밖의 한자 사용 정치 체제와 사이버 공간에서 이룩할 한자 통일을 설명한다. 이 같은 쟁점들은 이전 장에서 간략하게 다뤘기 때문에 여기서 그 정보를 되풀이하는 것은 아무 도움도 되지 않을 것이며, 우린 이미 논의되고 이해된 많은 논쟁과 토론을 다시 반복하고 싶지도 않다. 오히려 우린 성쇠를 되풀이해 온 몇 가지 미해결outstanding 중대 쟁점을 최근 역사에서 이뤄지고 있는 연속적 운동의 요소로서 부각하여 더 넓은 시각에서 깊이 성찰할 수 있는 기회를 제공하고자 한다. 이것들은 또한 이전 장에서 제안한 표준화 접근법의 일부로서 다뤄져야 할 필요가 있을 수도 있는 쟁점들이다.

이 장에 제시된 세 주제 중 둘, 곧 간화와 로마자 표기는 한 세기를 묵은 질문들이다. 1986년 회의[국가언어작업회의]의 결론은 이 두 가지 미합의unsettled 쟁점에 대해 어느 정도는 매듭을 지은 것처럼 보였다. 그렇다 해도 이 종결이 상의하달식 명령에 근거한 현실 도피주의적ostrich-like 정책으로 이해돼선 곤란하다. 이 주제는 여전히 진행 중이고 LPers한테는 중심 관심사인데다가 학계와 정책 분석가 모두는 복잡하고 논쟁적인 이 두 문제에 대한 이론적 연구와 토론을 결코 멈춘 적이 없다. 사람들이 새롭고 더 넓은 맥락에서 이렇듯 오래된 논쟁적 질문들을 재고할 필요성을 느낀다는 것은 놀라운 일이 아닙니다. 이 장에선 떠오른 몇 가지 중대한 쟁점을 자세히 밝히고, 이러한 새로운 전개를 사회-정치적 영역과 기술적 전선front에서 발생하는 변화는 또 어떻게 보강하고 있는지를 설명한다. 여기서 수행되는 분석이 이렇듯 오래된 질문에 대해 새로운 시각을 제시하고 더 나은 이해를 제공하기를 바란다.

1986년 회의 이후 언어 정책은 가까운 미래를 위한 안정성을 강조하면서 약간의 변화를 겪었다. 그러나 기술적 자극과 정치적 변화의 강력한 결합 효과로 말미암아 이러한 문제는 지속적으로 전면에 대두하고 있으며, 그 빈도 또한 점점 더 높아지고 있다. 처음엔 우리가 다루는 세 가지 문제가 기술적 문제의 결과를 반영하는 것처럼 보인다. 그러나 우리의 분석이 보여주긴 하겠지만 그 쟁점들에 대한 최종 해결이 궁극적으로 우리를 데려가는 곳은 거의 예외 없이 명백한 이데올로기와 연관돼 있는 근본적인 사회언어학적 차원이다.

2. 로마자 표기: 오래된 질문, 새로운 도전

근대화의 물결을 타고 지난 세기가 시작된 이래 한자의 미래는 정기적으로 문제 제기의 대상이 돼 왔다. 중국의 로마자 표기Romanization 운동은 한자를 알파벳 체계로 대체한다는 명시적 목표와 함께 1920년대와 1930년대에 최고조에 달했지만 로마자 체제의 본질을 둘러싼 논쟁은 1950년대까지 이어졌다. 1958년의 정식 공표 직전에 현재 병음 체계의 공식 명칭이 '문자 방안script scheme'(*Wenzi Fang'an*)에서 '주석 방안annotation scheme'(*Pinyin Fang'an*)으로 변경됐다. 하지만 중국 문자 체계를 알파벳화하려는 한 세기의 노력에 마침내 중단이 선언됐을 때인 1980년대 중반까지도 표음화phoneticization에 대한 추측들은 만연해 있었다. 한자에 대한 급진적 비판을 모두 통틀어 봐도 1930년대에 근대 중국 작가인 Lu Xun이 한 경고, "중국 문자가 소멸하거나, 아니면 중국이 소멸한다"보다 더 날카로운 표현은 없었다.[1] 그는 자신의 일생을 중국의 전통문화와 싸우는 데 바쳤다. 비록 이 주제와 관련한 그의 말이 오늘날엔 과장된 것으로 들릴지도 모르지만 그것은 1950년대까지도 로마자 표기 옹호자들한텐 영감을 줬다.

　우리가 이 책에서 본 것처럼 1950년대에 간화는 결정적인 치료제가 아니라 기껏해야 일종의 완화제 취급밖에 받지 못했다. 중국의 철차법 문제에 대한 궁극적 해결책이 표음문자로 전개돼 가는 동향에 놓여 있다는 공식 처방에 반대하는 사람은 아무도 없었다. 그러나 1986년 이후 정부는 알파벳화를 무기한 연기하기로 한 결정을

1　중국의 유명한 백과사전 편집자이자 1987년부터 1989년까지 SCLW의 전 책임자였던 Chen Yuan은 이 두 문구를 만들어 Lu Xun의 이름으로 퍼뜨렸다고 말했다(Li 1992: 14). 그렇다고 해도 "한자를 위해 우리 자신을 희생하거나, 아니면 우리 자신을 위해 한자를 희생하는 것", 또 이와 유사한 문구는 언어 개혁 출판사(1974: 36-38; 39-41) [1974년 당시 文字改革出版社, 현재 语文出版社]가 수집한 Lu Xun의 8개 기사에서 찾을 수 있다.

공식적이면서도 확고하게 고수해 왔다. 그렇다고 해도 대체로 역사적 경험은 당국이 불변의 원칙을 단순하게 반복하는 것만 갖고는 일관된 정책이 보장되지 않음을 보여준다. 로마자 표기가 다시 중국 LP 우선순위가 될 가능성, 아니 심지어는 개연성까지 존재한다.

　　오늘날 로마자 표기 옹호론자들은 최고最古의 문자 체계와 최신의 기술 진보 사이에 내재된 갈등이 있다고 보고, 표의문자와 표음문자의 '2단계 체계'를 도입함으로써 문제의 해결책을 계획할 수 있는 기회를 중국에 제공한다. 그러한 시스템은 심지어 앞 장에서 제안한 다중 표준 방안에 또 다른 층위를 제공할 수도 있다(제6장 2.3의 그림 6-2 참조). 극단적인 IT 전문가들은 문자가 완전히 제거되고 완전히 표음화된 문자가 채택되는 것을 보고 싶어 한다. 그 사람들의 단호한 태도는 사람들이 많이 인용한 CIP 연구원 Chen Mingyuan(1980: 71)의 입장, 곧 "컴퓨터는 해서형 문자의 굴묘자掘墓者, gravedigger[묏자리를 파는 사람]이자 알파벳 문자의 산파다"는 것에 반영됐다.

2.1 로마자 표기와 다문자 사용에 대해 새로워진 관심

　　DeFrancis(1984a: 59)가 최초로 고안한 "다문자 사용Digraphia은 동일한 언어에 두 개 이상의 상이한 문자 체계를 사용하는 것이다". 이것은 몇몇 언어에서 발생했으며, 이유는 종족적이거나 종교적인 것이다(예: 힌디어 — 우르두어, 세르비아어 — 보스니아어). 오늘날 중국에서 다문자 사용을 채택하기로 한 절박한imminent 결정은 한자가 IT 산업에 끼치는 악의적 영향으로 촉발된, 순전히 기술적 고려 사항에 근거한 것이다. Su(2001a: 120)는 "중국 문자가 제1 문자, 한어병음이 제2 문자가 될 것"이라면서 현시점에서 다문자 사용이 차지하고 있는 위치를 아주 분명히 하고 있다.

비공식적으론 몇몇 개인적 차원의 표음적 방안이 활발하게 전파됐다. 심지어 그 중 몇몇은 중국 안팎에서 등록된 지적 권리를 갖게됐고 국내외 언론의 관심을 쉽게 끌 목적으로 인터넷을 활용하고 있다. 알파벳으로 된 체계를 고안하려 했던 1950년대 동향을 정확하게 복제하는 과정에서(Zhao 1998: 155) 일부 새롭게 고안된 계획은 설계가 형편없고 대체로 취미에 아주 열심인 사람이 하는 것 같은 접근법을 보여주는데, 여기엔 보통 어떠한 방향 감각도 없는 듯 보인다.

기실 알파벳 문자 체계의 고안에 기울인 노력의 상당 부분은 기존의 병음 체계를 더욱 잘 활용하는 데 집중돼 있다. 이는 2002년 2월 26일 중국 LP 당국이 『범용 (표준) 키보드를 사용한 중국어 병음 입력 방안을 위한 GF 3006-2001 표준』CF [sic.] *3006-2001 Standard for the Scheme of Chinese Phonetic Alphabet Input with Universal (Standard) Keyboard* [GF 3006-2001 汉语拼音方案的通用键盘表示规范, 漢語拼音方案的通用鍵盤表示規範, 한어병음방안적통용건반표시규범]을 발표하면서 강화됐다. 그러나 병음은 문자 체계로는 지정되지 않았다. 병음이 동음이의 음절을 정확하게 구별하지 못하는 것은 그것이 완숙한full- fledged 철자법으로 격상하는 데 가장 큰 문제를 초래한다.

표 7-1. 로마자로 표기된 일부 주요 시스템의 네 가지 기능

기능	대표 방안		고안자 및 지지자	연도	설명 및 예시
	중국어	영어			
보조	병음	발음 기호 phonetic alphabet	교육부가 조직한 일군의 언어학자와 저명한 학자	1958	• 목적: 주로 분명하고 간단한 방식으로 문자의 발음을 나타내는 음성 기호 집합을 제공함으로써 한자의 학습과 사용을 용이하게 하는 것 • 그 밖의 주요 역할[목적] – 지명과 인명의 취급 – 보통화의 확산 – 전통 인쇄 자료 및 컴퓨터를 통한 정보 저장 및 검색 – 전보의 한자 인코딩 따위
보완	주음자모	소리에 주석을 단 알파벳 Sound-Annotating Alphabet	집단적 고안 및 정부 지지	1918	• 목적: 텍스트에서 전통 문자와 함께 사용될 수 있도록 하기 위해 • 특징: 후자[국어 로마자]의 개선 또는 후자가 부적합할 경우의 수행 기능 향상 노력
	국어 로마자 Gwoyeu Romatzyh	국가 언어 로마자 표기	정부가 임명한 언어학자	1928	• 방법: 두 가지 – 음성 기호는 문자와 병치하여 두 부분으로 구성된 새로운 종류의 기호(곧 소리에 주석을 달기 위한 문자와 음성 기호)를 창출, (곧 소리에 주석을 달기 위한 문자와 음성 기호) 또는 – 문자의 부분적 대체에 사용되어 동일한 텍스트에서 혼합된 문자 시스템을 발생시킴. 가장 좋은 예시는 일본어의 *kana*
대안	관화자모	만다린어 알파벳	Wang Zao	1892	• 목적: 문자 체계에서 기대되는 모든 범위의 목적을 충족하기 위해, 그 결과 관화자모를 전통 문자의 대안으로 손재할 수 있도록 하기 위해

대체	라틴화신문자 Latixua Sin Wenz (LSW)	라틴화한 새 문자	소련에 망명해 있던 일군의 공산주의 학자	1931	• 목적: 전통 문자의 대체 • 특징: 각각의 언어에서 한자를 제거한 베트남어 Quoc Ngu[國語 국어]와 한국어 한글의 예시를 쫓아 전통 문자를 더 이상 쓸모없는 것으로 만듦

역사적 관점에서 보면 번거로운 표의문자 체계에서 방대한 문맹 인구를 해방하려는 고귀한 목표가 있었다(Su 2001a). Chen Ping(1994) 에 따르면 로마자 표기 운동의 전성기였던 PRC 수립 이전에 문맹 대중한테 대안적 읽기·쓰기 체계를 제공하려 했던 표음식 체계는 결국 전통 문자의 보조, 보완, 대안, 또(는)and/or 대체라는, 이 네 기능 중 하나 또는 그 이상을 갖게 됐다. 이러한 기능은 표 7-1에 요약돼 있지만 성공을 거둔 것은 보조 역할을 목적으로 하는 기능밖에 없었다. 그 까닭은 "그 밖의 세 가지 기능 각각을 수행하려는 방안은 어떤 식으로든 전통 문자에 영향을 끼치기 때문에 언어·심리·교육·정치·사회문화적 요인에서 비롯하는 저항을 반드시 극복해야 한다"는 데 있다(Chen P. 1994: 368).

역사적 경험엔 귀중한 교훈이 있다. '한어 병음 방안Chinese Phonetic Alphabet Scheme'이 선포됐을 때 Mao Zedong의 유명한 제언은 중국어가 "표음화 세계의 공통적인 동향을 따라야 한다"는 것이었다. 따라서 원래 로마자 표기 운동의 일부 극단적 선구자들이 강력하게 주장했던 것처럼 '표음문자'phonetic writing (*pinyin wenzi*) 대신 '병음철자'phonetic spelling (*pinyin*)로 선정됐던 것이다. 이는 중국의 문자 사용 정책이 단일문자적monographic [앞서 논의한 '다문자 사용'digraphia의 상대 개념]임을 재확인한 것이다. 다시 말해서 병음은 오로지 한자가 불편하거나 복원될 수 없는 경우에 한해서 채용되는데, 주로 다음의 7가지 영역이 그 상황에 해당한다.

- 중국 어린이한테 발음을 가르칠 때, 또 너무 복잡해서 쓸 수 없는 글자를 대체하는 경우
- 외국인한테 중국어를 가르치는 경우
- 철도역·버스정류장 같은 곳의 상표·도로 표지판·간판
- 전신 코드, 방송 및 TV 시스템
- 시각장애인을 위한 점자 및 청각장애인을 위한 그림 철자법
- 사전 및 색인
- 소수 민족을 위한 문자 제작 및 예전에 다수의 민족 집단이 기록하지 못한 언어의 문서화

흥미롭게도 오늘날 가장 많이 사용되는 영역인 기계적 응용은 포함되지 않았다. LP가 컴퓨터 애플리케이션 지향적으로 재편된 1986년 회의에서도 IT 산업 내의 병음 사용을 강조한 문서나 연구 논문은 없었다. 『언어법』(2000년)에선 병음의 지위가 합법화됐을 뿐더러 그 적용 영역도 공식적으로 "한자가 편리하지 않거나 필요를 충족할 수 없는 모든 영역"으로 확대됐다. 이후 병음의 적용 영역 확장은

학자 사이에서 되풀이되는 화두가 됐다(예: Fan 2003: 173-174).

중국의 IT를 위한 2문자 시스템은 1997년, 저명한 전산 언어학자인 Feng Zhiwei가 처음 시작했다.[2] 이 제안이 1997년 『중국언어와 언어학』*Chinese Language and Linguistics* 창간호의 주요 기사로 등장했다는 사실은 두 가지를 시사한다. 첫째, 로마자 표기법은 적어도 학계에선 공개적으로 논의될 수 있는 주제이고, 둘째, 컴퓨터 애플리케이션 전용의 독자적 알파벳 체계 개발 구상을 강력하게 반대하는 공식적 입장은 없다.

병음이 공용 및 개인용 인터넷 도메인 이름과 이메일 주소를 포함하는 컴퓨터와 함께 사용하기에 가장 편리한 인터페이스라는 사실을 고려할 때 표음화 주창자들phoneticizers은 모든 중국어 컴퓨터 사용자의 사이버 생활에서 다문자 사용이 이미 일상적인 현실이라고 주장한다. 이는 중국 문자의 컴퓨터 입력을 용이하게 하기 위해 병음 기반 방법을 사용하는 압도적 다수의 컴퓨터 사용자한테도 부분적으론 사실이다. Zhou Youguang(2001: 개인적 소통)이 현재 중국의 생생한 상황을 두고, "당신이 인정하든 안 하든 상관없이 오늘날의 '2문자 시스템'은 컴퓨터와 관련해선 자명한 현실이다"고 하는 것은

---

2   중국에서 '두 발로 걷기walking on two legs' 정책[两条腿走路方针, 兩條腿走路方針 양조퇴주로방침]은 1960년대 초 중국의 소설가이자 당시 문화부 장관인 Mao Dun이 처음 제시했다(DeFrancis 1984b: 8). 다문자 사용의 개념은 1990년 10월 펜실베니아 대학에서 개최된 '동아시아 정보 처리에 관한 국제 심포지엄International Symposium on East Asian Information Processing'에서 사이노그래피와 관련한 IT의 맥락에서 제기됐다(Mair 1991: 7).

바로 이런 의미에서다. 이 같은 견해는 Unger(2004: 12)가 "공식적으로 인정되진 않았지만 일본인을 비롯한 그 밖의 아시아 컴퓨터 사용자 다수한테 다언어사용은 실제 현실이다. 비록 모어로 된 텍스트를 로마자의 표음식 포맷으로 읽는 일은 좀처럼 없지만 말이다"고 언급한 것은 일정 부분 참이다.

현재 IT의 편의성을 위한 다문자 체계a digraphic writing system의 필수성 다음의 세 가지 우려를 해소하는 데서도 뚜렷이 나타난다.

- 입력 및 출력: 한자의 컴퓨터 입력 속도를 높이는 데 고무적인 성과를 얻었다. 그러나 이 가장 성공적인 영역에서도 전체 주민의 필요에 만족스러운 수준으로 복무하기 위해선 아직 해야 할 일이 많이 남아 있다. 출력이란 한자를 디코딩하여 인터넷에 띄우는 것을 일컫는다. 예기치 못한 인터넷 인구의 급증에 따라 한자로 인코딩된 인터넷 정보의 전 지구적 흐름 또한 폭증하여 전산화된 한자의 전송 및 표시는 그 어느 때보다 중요한 사안이 되고 있다.

- 고급 수준의 애플리케이션: 한자의 인코딩 및 디코딩과 비교해 보면 한자가 AI(인공지능) 및 CIP(중국어 정보 처리)와 일으키는 충돌에 대처하는 과정에서 이룩된 성과는 거의 없었다. 그토록 오랜 시간이 개발에 투여됐는데도 중국 AI 과학자와 언어학자는 중국어 문장을 문법적으로 분석하고 중국어 텍스트를 자동으로 이해하는 전제 조건인 세분화segmentation에 여진히 고군분투하고 있다. 전산화된

한자 데이터를 다루는 데 따른 현재의 불만은 작지만 널리 알려진, 언어 간 텍스트 촉진 캠페인의 계기를 마련했는데,[3] 그 캠페인엔 텍스트 자동화를 용이하게 하고 알파벳식 철자법의 토대를 마련한다는 이중적 목표가 있다.

- 한자를 이용한 전산화: 컴퓨터 기술은 알파벳 언어 환경에서 가장 효과적으로 작동한다. 원래 알파벳 문자로 작성된 소프트웨어가 중국어 컴퓨터에서 사용되려면 중국 IT 기술자와 국제 소프트웨어 판매 회사가 새로운 소프트웨어 제품을 한자화*hanzi*-nize (현지화, localize)해야 하는데, 이는 오늘날에도 여전히 힘든 프로젝트다.

Su(2001a: 109)는 "21세기 중국의 성공을 위해선 중국 문자와 한어 병음 로마자 표기 사이의 어딘가에 있을 모종의 다문자 사용이 반드시 필요하다"고 주장한다. 미국 출신의 중국어 LP 연구자인 Rohsenow(2001: 137)는 중국의 다문자 사용이 가져다 줄 미래에 대해 누구보다 더 큰 관심을 보였고 한자와 병음의 다문자 사용을 채택했을 때 가능한 미래의 시나리오를 낙관적으로 개관한다.

라틴 알파벳 키보드가 장착된 컴퓨터가 중국 전역에 점점 더 널리 보급되고 만다린어와 한어병음에 대한 보편적 지

---

3   Peng Zerun 교수가 시작한 일부 책과 웹 페이지는 지난 몇 년 동안 일종의 실험적 근거 위에서 단어 간 텍스트(한자가 아닌 단어로 띄어쓰기가 이뤄진 것, spaced by words rather than hanzi)로 출판됐다. 자세한 내용은 http://www.yywzw.com/jt/zerun/을 볼 것.

식이 지속적으로 향상되어 일반 대중이 한어 병음 입력 시
스템을 선택, 사용하기로 결정한다면 중국 문자 사용자들은
Chinese writers 병음 입력의 한자 변환 기능을 무시한 채 단순
히 한어 병음 그 자체를 사용한 의사소통을 시작할 수도 있
다. 그 결과 한어 병음은 마침내 전체 주민을 위해 중국 문자
와 동등한 대체 문자 체계로 작동하는 잠정적working 지위를
획득할지도 모른다.

2.2 기술적 영향과 기술적 쟁점들

Lu Shuxiang(1946) 같은 초기의 로마자 표기 옹호자들은 한
자가 고전 중국어wenyan [文言, 문언]와 과거의 방언에 무게를 두고 있는
반면 현대 사회에서 로마자 표기는 백화 중국어에 없어선 안 될 요소
라고 간주했다. 로마자 표기에 갖게 된 새로운 관심은 전적으로 정보
화 시대의 중국어 전산화에 대한 답답한 경험에서 비롯했다. 논쟁의
중심에 있는 것은 한자가 이미 성공적으로 전산화됐는지의 여부인
데, 이는 어표문자의 장단점에 못지않게 논쟁의 여지가 있는 주제다.
보수주의 진영의 이데올로그들은 이렇게 주장한다. 한자 입력 문제
는 오래전에 해결됐고, IT 산업은 발전하는 산업이고, 마침내 기술은
현재 한자가 직면한 문제들을 해결할 수 있을 만큼 충분히 강력해질
것이다. 병음을 위해 한자를 버리는 것은 신발에 맞게 발을 잘라내 버
리는 것xue zu shi lu [削足适履, 削足適履 삭족적리]과 같은 일이 될 것이다. 더
욱이 그 사람들은 알파벳 체계와 식자율 사이에 필수적인 상관관계

가 없는 것과 꼭 마찬가지로 IT 진보와 문자 체계 사이의 상관관계
는 또 다른 모호한 질문이라고 주장한다.

그러나 논쟁의 반대편에서 펼치는 주장은 새로운 기술 환경에서
는 로마자 표기의 근본 기반이 인구의 문맹 퇴치에서 정보 시대의
최신 발전을 따라잡는 것으로 변화했다는 것이다. 이미 도달한 합
의는 기술 또는 도구결정론으로 알려져 있는 것으로서 그것은 한자
의 미래가 한자와 컴퓨터의 호환성에 크게 좌우된다는 입장을 견지
한다. 한자는 정보 처리의 진보를 방해해 왔고, 그렇게 하는 한 다
른 장점들은 하찮은 것이 된다. 언어작업이 전통유산과 현대화 사
이의 화해 불가능한 충돌에 대해 유일한 대안적 해결책이라면 언어
작업에서 뒤집힐 수 없는 것은 없다. 중국 언어학에서 주목할 만한
특징은 미국의 한 언어학 논평가가 제시한 견해와 같이 실용주의다
(Orleans 1980: 490). 그는 중국에서 수행되는 언어 연구는 대부분의 경
우에 실용적 측면에서 정당화되며, 이는 대개 그 연구가 중국의 필요
에 즉각적이고 실질적인 관련성을 가져야 함을 의미한다고 말한다.

이 같은 맥락적 요인들이 표음화 주창자들한테 시사하는 것은 문
자 문제가 과학 및 기술 발전의 모든 분야에서 담당하고 있는 중대
한 역할 때문에 그 문제가 국가의 운명과 이렇듯 밀접하게 연관돼
본 적이 일찍이 없었다는 점이다. 중국 IT산업이 국제적 발전과 보
조를 맞추려면 한자는 적응 아니면 포기라는 엄연한 선택에 직면하
게 된다. Unger(2004: 147)는 일본인의 경험을 되돌아보며 "최소한 사
이버 공간에서 로마자 표기가 관습적 문자의 대안이 되지 않을 경우

중국어가 국제적 전자 통신의 언어가 될 수 있을지의 여부"를 궁금
해 한다. 경쟁은 점점 더 극심해지고 기술은 점점 더 발전하는 세계
에서 살아남기 위한 노력은 그러한 실용적 고려사항을 채택해야 한
다는 불가피한 압박을 발생시켰다. 1950년대 후반과 1960년대 초반,
LP에 엄청나게 복무했던 학계의 선임 LP 실무자와 지식인 말고도
IT 업계의 또 다른 전문가 집단이 표음화의 비타협적 촉진자 역할
을 해 오고 있다. 이 집단은 1958년의 병음 방안을 더욱 발전시켜 완
숙한 철자법으로 만들거나 현재 많은 이들이 적극적으로 참여하고
있는 일종의 새로운 표음 체계를 만들어 낼 것을 제안했다.

2.3 로마자 표기냐, 한자냐? 여전히 문제로다

　　　　로마자 표기 운동의 원동력이자 이론적 토대가 된 두 가지
가설은 1986년 이전의 '3단계 발전론'과 1986년 이후의 '도구결정론'
이다. 1986년 회의 이전엔 표음화가 세계 모든 언어의 문자 발전이 보
이는 일반적 방향이라는 Mao의 믿음에서 부분적인 영향을 받고 있
었다. 이런 상황에서 "중국의 문자 개혁을 논의할 때 모든 언어가 그
림글자에서 뜻글자로, 또 뜻글자에서 소리글자로 발전했다는 것은
이의 한 번 제기되지 않은 공리an unchallenged axiom다"는 주장은 어찌 보
면 보편적인 것이었다(Seybolt and Chiang 1979: 17). Zhou Youguang과 그
밖의 LP 행정 중심인물은 이 3단계 발전론이 일반화된 문자 진화 규
칙이라고 믿었고, 한자가 3단계를 통해 알파벳 체계로 진행하면서 진

화할 것을 당연하게 여겼다(프롤로그 3.1 참조).

도구결정론은 한자의 형태 발달이 필기도구의 진화로 결정되었다고 주장하면서 간화와 표음화를 향한 움직임을 인간의 시각적 의사소통에 필요한 진화 수단에 대한 요구의 자연스러운 결과로 본다. 역사적 관점에서 문자 변경과 의사소통 도구의 진화 사이에서 발생하는 이 같은 상호 작용 관계는 표 7-2와 같이 요약될 수 있다.

중국 LP에 대한 온라인 비평가이자 프리랜서인 Pan Defu(2004)는 정보화 시대엔 소프트웨어 및 하드웨어의 개념이 중국 문자 발전 연구에 도입돼야 한다고 제안한다.

정보를 기록하고 전송하는 도구인 문자는 소프트웨어로, 펜·종이·인쇄기는 하드웨어로 볼 수 있다. 역사를 돌이켜보면 중국인들은 칼을 사용하여 대나무에 새겨 파 넣거나 새겨 써 넣었다engrave and inscribe. 이런 유형의 문자는 전서로 불리고, 그 후에 종이와 붓이 나왔다. 전서는 예서로 대체됐다. 송 왕조 땐 가동可動 활자 케이스movable type case가 발명되어 송체 문자가 진화했다. 역사적 경험에 따르면 하드웨어에 발생하는 변화는 소프트웨어에 혁명을 일으키기 마련이다. 컴퓨터의 등장은 일종의 하드웨어 혁명이다.

표 7-2. 한자의 변화 및 문자 진화와 관련한 도구결정론Instrument Determnative Theory

시대	필기도구 및 재료	문자	양식 변화(예시)
상 왕조 (기원전 1600- 1100)	(돌이나 옥으로 만든) 칼, 거북이 등껍질, 청동 도구	갑골문 금문 전서	• 초기 단계의 문자 모양은 매우 다양
진 왕조 (기원전 221-205)	붓, 대나무, 나무, 비단, 천연채색 natural color paintings	예서	• 원형에서 정방형으로, 그림에서 기호로 • 문자의 복잡성 대폭 감소, 더욱 신속하고 용이한 쓰기(그림글자에서 뜻글자로 바뀌는 이행기) • 형태는 나무의 질감이 제한
동한 왕조 (25-220)	붓, 종이, 먹	초서	• 속기에 사용되는 친필 양식 • 105년 종이(또는 부드러운 천)의 발명으로 가능해짐 • 많은 획과 단순화된 요소를 연결하는 필기체 양식이 기술적으로 가능해짐 • 초서만큼 양식화되지 않은 해서는 기본적으로 오늘날 사용되는 전통적인 형태
송 왕조 (960- 1279)	활판 huoban [活版] 인쇄	해서square script와 송체	• Bi Sheng[畢昇, 필승]이 발명한 이동식 인쇄 블록, 활자 케이스의 사용으로 공식 표준이 가능해짐
근대 중국 (청 왕조) (1644- 1911)	펜, 잉크	전통 문자 및 간화자	• 고품질 도구로 더욱 용이해진 필기 • 필기는 모든 사람의 일상적 생활양식이 됨 • 대체로 단순화 필요
21세기	컴퓨터(키보드와 마우스)	표준화?	• 유니코드, 웹 페이지, 인터넷 … ?

일반적으로 인정되는 것처럼, 현 상황에서 '3단계 발전론'과 '도구결정론'은 두 가지 주요 과제에 직면해 있다. 하나는 문화적인 것으로 꿈쩍도 하지 않는 사회적 저항이고, 다른 하나는 기술적인 것

으로 동음이의자의 모호성 제거다. 이 같은 상황에서도 고무적인 진
전은 이뤄졌다. 한편으론 완숙한 알파벳 문자 체계의 전제 조건인
'병음 철자법*Pinyin* Orthography'의 공식적 승인이 1996년에 이뤄졌다.
이는 국민의 문화생활에서 병음의 역할을 증진하는 중요한 단계로
간주됐다. 다른 한편으론 수많은 로마자 표기 방안이 전문가와 교육
받은 호사가 손에 고안돼 지난 20년 동안 국경의 제약을 받지 않는
인터넷의 도움으로 널리 전파됐다. 이들 시스템의 대부분은 컴퓨터
타이핑 목적으로 개발됐지만 일부는 교체되는 그래픽 시스템으로
제안됐다. 이 모든 것, 그러니까 성공리에 진행된 교육학적 실험,[4]
또 중국어 전산화에 대한 병음의 중요성 증대, 더 구체적으론 병음
이 필수불가결한 영역의 확장과 그렇게 확장해 가는 영역에서 점차
커지는 병음의 중요성까지 포함하는 이 모두는 병음의 현재 지위에
적합한 다문자 사용의 설명적 타당성을 증명한다. 그리고 이는 표음

---

4   1982년부터 중국 본토에선 한 가지 실험, "초기 읽기 및 쓰기를 촉진하기 위한 주음
　　문자 인식Phonetically Annotate Character Recognition to Promote Earlier Reading and Writing"
　　['注音识字 , 提前读写实验', '注音識字, 提前讀寫實驗', '주음식자, 제전독사실험' 약칭은 '注提
　　實驗']이 대규모로 진행되고 있다. 이 혁신적 교육 프로그램에서 초등학생 아동(및
　　성인 문맹자)은 교육 과정의 처음 2년 동안 중국 문자와 함께 병음 알파벳을 사용하
　　여 표준 만다린 중국어를 읽고 쓰는 법을 배운다. 이 실험에선 초보자가 한자를 충
　　분히 알지 못해서 읽기 및 쓰기를 제대로 발전시키지 못하고 있음을 알아차린 곳
　　에서 병음을 사용하도록 권장한다. 전국적으로 200만 명이 넘는 어린이들이 참여
　　하고 있으며, 그 결과 참가자 대다수의 언어 능력은 크게 향상했다. 한편 표준 커
　　리큘럼에서 더욱 전통적인 방법으로 배운 대부분의 학생들은 병음을 배워 처음 두
　　달 동안 일종의 음성 표기 장치, 곧 순전히 발음 목적으로 사용했다. 자세한 내용은
　　Rohsenow(1996, 2001) 및 Su(2001a) 참조.

화 주창자들이 '투-트랙' 문자 시스템은 명목상은 아니다 하더라도 이미 현실적으론 증명되고 있다는 주장을 펼치도록 부추긴다.

사회적 저항과 관련해선 새 천년의 시작과 함께 뚜렷이 드러난, 복잡한 사회적·정치적 현실을 다루는 데 엄청난 어려움이 있었다는 점이 있다. Su(2001a: 121)가 경고하듯이 "다문자 사용digraphia 실현의 어려움은 기술이 아니라 이데올로기에 있다. 먼저 언어와 관련해 중국에서 우세한, 강력한 보수적 사고를 극복해야 한다". 중국 문자의 종말이 대다수의 중국인 사이에선 정말로 두려운, 마치 귀신을 보는 것처럼 무서운 일이었기 때문에 심지어 전통적인 것들에 대한 혁명 과정에서 그토록 많았던 불가능한 일을 가능케 한 Mao Zedong과 그의 반[봉건]체제적 동료들조차도 결국엔 그 생각을 포기해야만 했다.

계속해서 제기되는 질문은 이런 것이다. 미래의 형성에서 어느 것이 더 큰 역할을 담당할 것인가, 사회-정치적 상황인가 아니면 기술적 진보인가? 현대 중국에서 한자는 문자 체계로서 언어적으로 또 문화적으로 두 가지 사명을 짊어져야 한다. 정치적으로 동기가 부여된 문화 논쟁은 문화 전달 역할을 너무 강조한 나머지 의사소통 기능은 무시해 버렸다. 후자는 우리가 현재 살고 있는 포스트모던 시대에서 떠오르고 있는 세계 문화의 중요 요소다.

도구결정론의 관점에서 볼 때 과거에 알파벳 체계를 추구했던 목적은 타자기 사용을 용이하게 하고 출판 산업을 위한 조판을 가속화하는 네 있었다. 오늘날의 IT 산업은 국제 정보 교환 네트워크가 정보 접근 시스템의 최고 형식 수준을 대변하고 컴퓨터가 인간의 지식 증가 및 교류에 최대로 기여할 수 있는 데까지 발전했다. 이는 기실 중국 문자 통합에서 가장 어려운 부분이다. 다만 과거 유산의 형태적 뿌리를 무혐의로 무시할 수는 없다는 견해가 강력하게 견지되고 있다. 중대한 문화적 전환이 부재하는 상황에서 문자 개혁에 대한 미래의 시도는 신중하고 실용적일 것이다. 개혁이 있을지도 모르지만 그것은 오직 제한적 기반에서 가능할 뿐이다. 심지어 표음화를 열렬히 옹호하는 사람들한테도 그것은 어떤 형태를 띠든 동떨어진 목표로 보인다. 1986년 이후 중국어 LP의 설계자인 Hu Qiaomu는 가급적 가까운 미래에 로마자 표기가 이뤄져야 한다는 주장에 열중하는 일부 언어학자를 비판하면서 이렇게 말한다. "내 생각에 완숙한 표음 철자법은 100년 안엔 실현되지 않을 것이다."(『광명일보』, 1999년 12월 27일). 21세기는 이상주의가 실용주의에게 자리를 내주는 시대인 것으로 간주된다. 로마자 표기라는 이상주의적 단일문자 사용monographia에서 병음과 한자라는 더욱 달성 가능한 다문자 사용digraphia으로 이뤄진 발전은 개인적·기술적 요구를 충족하기 위한 실용적 해결책일 뿐 아니라 다표준적 다중심 모델multi-standard pluricentric model 시대의 유력 이데올로기를 반영한 것이기도 하다. 중국 문자인가, 아니면 로마자 표기인가 하는 문제는 모든 중국인한테 '죽느냐, 사느냐'의 문제였고, 가까운 미래에도 그럴 것이다.

3. 난제 해결: 폐지된 제2차 간화 방안과 금지된 전통 문자에 대처하기

3.1 아기는 남겨두고 목욕물만 버려라: 일부 제2차 간화 방안 문자의 복원

1986년 회의 이후 한자 간화는 LP에서 손댈 수 없는 주제가 됐지만, 그래도 두 가지 사실엔 논란의 여지가 없다. 첫째, 정부 문서나 공식 학자가 간화 작업의 완결을 선언한 적은 없으며, 이는 "더 이상의 간화는 없으리라 장담하는 것은 불가능하다"는 것을 시사한다(Chen P. 1999: 80). 둘째, 새로운 간화자, 곧 SSS에서 폐지된 문자 또는 새롭게 만들어진 문자가 매우 일반적이며 어디서나 목격될 수 있다는 것은 부인할 수 없는 사실이다. 일부 비공식 간화자를 합법화하는 것은 단지 "시간문제"일 뿐이다(Fei 1991: 124). 수십 년이 걸릴지도 모르지만 조건이 맞고 사회가 요구한다면 추가 간화는 확실히 이뤄질 수 있다(Yang 1999: 323). 한자 전체의 체계화는 1980년대 중반 이후 LP의 긴급 과제 중 하나로 공식 제시됐으며, 간화가 여전히 반복되는 주제라는 점도 중요하다. 아울러 정책 입안자들은 문자의 지속적 최적화 및 간화의 필요성에 대해 다시 일관된 입장을 갖게 됐다(예: Li 1995).

문자 개혁과 관련한 Wang Fengyang(1989: 645)의 제안은 추가 간화의 필요성에 대해 자신이 갖고 있는 확신의 깊이를 반영할 뿐더러 많은 사람들의 미음속에 가장 중요한 것으로 자리 잡아 온 주장이기도 하다.

첫 번째 개혁은 기존의 모든 간화자를 합법화하는 것이었다. 이는 우리가 과거에 봤던 일반적 실천이자 모종의 보편적 규칙으로서, 역사상의 모든 문자 개혁은 결국 손으로 쓴 문자에 공식 지위를 부여하게 됐다. 그 다음에 이뤄진 간화는 기존 간화자의 간화 방식에서 추론된 방법을 사용하여 미완의 간화자를 간화하는 일이 될 것이다. 두 번째 간화는 역사에 남겨진 문제를 다루는 데 초점을 맞춰야 하고, 그 숫자가 그리 많진 않겠지만 불안정한 문자 사용 시기를 겪을 준비를 해야만 한다. 그것은 제2차 방안에 대해 시작과 끝 모두가 좋은 것을 선택하는 일a start-well-and end-well choice이며, 따라서 우리는 중국 문자의 간화 노력이 끝났음을 공식적으로 선언할 수 있다. 그런 다음 글자 모양은 두 번의 대수술을 거쳐 마침내 안정적으로 자리를 잡을 것이다.

지금부턴 네 가지 쟁점을 검토할 텐데, 그것들은 사실 추가 간화의 가능성이 토대를 둘 수 있는 쟁점들이다.

3.1.1 역사적 동향

Zhou(1986b: 14)는 "문자 간화는 늘 자연스러운 경향이다"고 말한다(아울러 Wang 1999: 84 참조). 역사적으로 볼 때 체계적 간화는 적

어도 중앙집권화된 진 제국이 세워진 기원전 213년까지 거슬러 올라
간다. 필사 작업이 처음으로 크게 증가했고, 이전의 7개 나라에 걸쳐
유통됐던 변형 다수가 문자 통일로써 제거됐고, 가장 단순한 형태의
문자가 표준으로 유지됐다. 간화를 향한 추세는 동한 왕조(25-220 CE)
의 공식 문자였던 소전의 대안인 예서가 발전함과 함께 계속됐는데,
이로써 쓰기는 한층 더 빠르고 쉬워졌다.

  간화의 방향에 대한 또 다른 정당성은 인쇄 목적의 공식 표준 글
꼴이 일반 사람들이 사용하는 친필 형태에 기반을 두고 있으며, "시
간이 지남에 따라 친필로써 만들어진 간화자가 공식적으로 나열된
글자들보다 자연스럽게 더 많아졌다"는 것이다(Zhou 1979: 2). 인쇄형
과 친필형의 물리적 차이는 세계에 존재하는 대부분의 다른 언어보
다 더욱더 크다. Coulmas(1991: 230)는 이렇게 주장한다. "모든 언어는
다수의 중요 속성을 공유하며, 그것들은 인간이 '최소 노력의 원칙
Principle of Least Effort'에 따라 행동한다는 사실에 기인할 수 있다". 가
로축에 시간(연도)을 나타내고 세로축에 문자 간화 동향의 자연스러
운 변화 방향을 나타내면 변화와 시간의 일반적 관계를 그래프 하나
로 나타낼 수 있다(그림 7-1).

  이 간단한 그래프의 메시지는 분명하다. AB와 BC 사이의 차등
적 수용률differential acceptance rates은 필요에 따라 고려돼야 하지만 한자
발전의 일반적 방향과 정부 정책의 중추적 방향 전환 사이엔 모순
이 있다. 일반 대중의 수용은 실제factual 간화 속도보다 뒤처지는데[B
〈A], 그 이유는 일반석 간화 규모가 간화자의 총수[C]이며, 그것이 비

교적 장기간 곧 정부 정책이 점차 신중함에서 보수주의로 옮겨간[D] 그 시기에 걸쳐[1977-1986에서 1987 이후로] 방대한 지리적·전문적 사용을 통해 포함된 간화자의 총수이기 때문이다. Wang Fengyang(1992: 14)은 "보통, 정부가 지지하는 문자 표준은 대체로 보수적이며 그것은 전통적 세력 및 확립된 관행에 좌우된다. 정부와 공식 표준은 문자 체계의 통일성 및 연속성의 유지를 목표로 하며 정통 양식에서 벗어난 것이 없는지 점검한다".

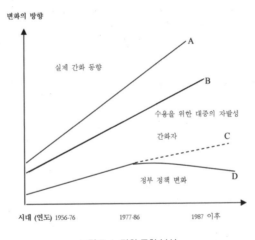

그림 7-1. 간화 동향 분석

간화 동향은 제1차 간화 방안으로 이어지는 기간의 사실적 수치를 통해서도 뒷받침되는데, 그것은 다음과 같다(Chen P. 1999; Fei 1997). 1930년, 중국 언어 개혁가 두 사람, Liu Fu와 Li Jiarui는 『송·원대 이후의 대중적 중국 문자 용어 사전』*A Glossary of Popular Chinese Characters since the Song and Yuan Dynasties* [《宋元以来俗字谱》,『宋元以来俗字譜』『송원이래속자보』]을 간행했는데, 그것은 공식 인정을 위한 간화자 선택에 중요한 DB 역할을 했다. 여기엔 송·원·명·청대의 12개 출판물에서 발견된 간화자 6,240개가 포함돼 있다. 1935년 Qian Xuantong은 간화자 2,400개로 이뤄진 표를 준비했지만 정부가 그 표에서 채택한 것은 324개에 불과했다. 그 밖의 적절한 예시 인 Rong Geng의 『간화자 사전』*Dictionary of Simplified Characters*(1936, Harvard-Yanjing University Press)엔 4,445자가 포함돼 있다. 이후의 간화, 곧 TSC 준비 기간 동안의 1955년 2월에 언어개혁연구위원회에서 제시한 초안엔 1,934개 이상의 간화자가 포함됐다(Fei 1997). 이 숫자는 1956년 1월, 방안이 공식적으로 공포되었을 때 515개로 줄었다.

3.1.2 미완의 간화 작업

사용 빈도가 높은 일부 문자의 복잡함이 여전히 해소되지 않은 채로 남아 있어 추가 간화가 필요하다는 점은 널리 인정되고 있다(Bao 1993; Su 2003). 1956년 간화 과정에선 논의를 위해 약 40개의 문자로 구성된 목록을 작성했지만 그 글자들의 간화형은 그 과정에서 수용되지 않았다. 그것들 가운데 일상생활에서 사용되는 몇몇, 예컨대 舞(wu, 춤 [무]), 繁(fan, 복잡한 [번]), 赢(ying, 이기다 [영]), 疆(jiang, 경계 [강])은 신중한 추가 간화의 대상이다. 더 중요한 것은 1977년 12월 20일,

CCSR가 SSS(초안)를 간행했을 때 衡(heng, 균형 [형]), 髓(sui, 골수 [수]) 같이 사용 빈도가 가장 높은 복잡한 문자 42개가 긴급한 간화를 위해 다시 선별됐다는 점이다. 이후 전국적 토론이 시작됐지만 그것은 여전히 해결돼야 하는 채로 남아 있다. (가장 인기 있는 현대 중국어 사전인) 『현대한어사전』을 예로 들어 보면 襄(17획)을 성부로 사용하는 문자 15개가 변함없이 그 안에 있다(Liu 1988: 154). 현재의 여러 조건에서 보면 간화를 필요로 하는 문자의 수는 1950년대나 1970년대에 고려됐던 것보다 훨씬 더 많은데, 이는 기술 발전의 결과다. 제5장 4.1에서 논의한 것처럼 식자識字 인구의 증가와 훨씬 더 역동적인 문화생활 때문에 대중은 더 많은 언어와 문자에 노출됐으며 사용 빈도가 상대적으로 낮거나 특수 문자로 범주화되는 일부 구조적으로 복잡한 한자는 더 많은 주민한테 보편화됐을지도 모른다.

컴퓨터에 정확하게 표시할 수 없는 문자는 여전히 많이 있다. 예컨대 GB 2312-80의 6,763자 중 100개가 넘는 문자가 라틴 문자letters에 필요한 16도트 매트릭스에 맞지 않는다. 매트릭스가 25도트로 늘어나도 압축해야 할 문자는 여전히 38개인데, 그 중엔 이를테면 量(liang, 무게 [량]), 重(zhong, 무거운 [중]) and 直(zhi, 곧은 [直 직])가 있다. 아울러 중국 문자의 표현은 큰 글꼴 크기를 필요로 하는데, 그리해야 가독성이 보장되기 때문이다. "특별히 복잡한 전통 문자의 경우를 보면 더 작은 크기는 폰트 렌더링 엔진 font rendering engine [글꼴 변환 장치]이 개별 획을 문자에 배치하는 능력을 크게 줄인다"(Turley 1999: 30). 더 높은 모니터 해상도를 얻기 위해 특수 기술을 도입한 후 Turley는 계속해서 이렇게 말한다. "MS 운영 체제에 기본적으로 제공되는 트루타입 TrueType 스크린 폰트 렌더링 엔진은 화면에 12포인트 미만의 크기로 한자를 표시하는 작업을 아주 형편없이 처리한다". 이론적으로 스크린 해상도는 무제한일 수 있지만 더 큰 공간은 더 느린 속도를 의미한다. 따라서 시각적 명료성은 작동 용량을 대가로 지불할 때 달성되며, 모종의 불가역적 경향 속에서 더 많은 정보가 더 작은 화면을 통해 전송되고 있다. 지난 몇 년 동안 문자 획의 추가 간화를 강력하게 뒷받침하는 증거가 컴퓨터 크기 축소와 휴대전화의 새로운 기능에서 비롯했다. 지금부터 5~10년 안에 자리를 잡을 나노 기술을 예상하는 가운데 현재 IT 영역에서 주류를 이루 있는 가정은 mainstream IT assumptions 컴퓨터의 힘이 소형 사물과 스마트 인공물로도 확산하고 있음을 시사하는데, 이는 현재 한자를 둘러싸고 있는 기존 환경이 완전히 바뀔 것임을 함의한다. 작은 화면에 정보를 표시한다는 측면에서 볼 때 획이 복잡한(12획 이상) 문자를 띄우는 성능이 열악하다는 것, 곧 대개 달갑지 않은 애매한 글자나 단순한 횡설수설을 초래하는 것은 새롭게 떠오르는 정보 전송 수단을 통해 그 글자들을 사용하는 데 주요 문제가 있다는 것을 나타낸다.

그 결과 문자의 이해 불가능성 때문에 초소형mini 화면으로 전송, 표시되는 정보는 제한될 텐데, 이는 저명한 중국 AI 전문가인 Lu Chuan (2002: seminar)의 설득력 있는 지적과 그 궤를 같이 한다. "컴퓨터[중국어로 전기 두뇌, 저자]의 복잡성과 크기 둘 다 인간의 두뇌에 더 가까워지고 있다". 『현대한어사전』의 齉[nang, 코막힐 낭]같은 일부 문자

엔 여전히 36개의 획이 있고, 가장 복잡한 중국 문자는 64획으로 이
뤄져 있다(프롤로그의 그림 P-5 참조). 그런 글자에 대한 추가 간화가 다음
개혁에선 반드시 이뤄져야 하는데, 그 까닭은 단순하게도 그것들을
소형 화면에 표시할 수 없기 때문이다. 크기 축소라는 도전 과제, 그
에 따라 제한되는 문자 공간(약 160자), 소형 키패드의 문제는 언어와
그 언어의 문자 시스템 영역 모두에서 훨씬 더 많은 축약의 진화를
향한 동기를 제공하는데, 이는 새로운 기술이 어떻게 해서 즉각적인
언어적 결과를 가져오는지를 보여주는 적절한 예시가 된다.

3.1.3 제2차 방안의 111자: 논란 유발자

1장에서 논의한 것처럼 1977년의 SSS에 목록화된 간화자
에는 사실 뚜렷이 구분되는 두 부분이 있었다. 1950년대 이후로 100
개 이상의 문자가 신중하게 수집, 정치적 간섭을 받지 않은 채 연구됐
다. 일부는 '논의를 거쳐 간화될 글자'로 범주화됐다. 이 문자들은 앞
서 언급한 40개의 문자와 함께 SSS의 핵심을 형성하게 되는데, 이는
정치적 열정으로 SSS가 2,000자 이상을 포함하도록 확장되기 전의
일이었다. Wang Li와 Zhou Youguang 같은 일부 최고 언어학자 및 선
임 LP 전문가가 이끄는 임시*ad hoc* [즉석에서 마련된] 검토 위원회가 SSS
를 재평가했을 때, 그들의 과업 중 하나는 이 개혁에서 얼마나 많은
문자가 대중한테 진정으로 또 반박의 여지없이 환영받았는지를 확인
하는 것이었다. 그 결과 111자의 추가 검토가 합의됐다. SSS 검토 위

원회가 1986년 NCLW[전국언어문자작업회의]에 이 111자를 제출했을 때
(Chen 2002: 개인적 소통), 이를 유지하고 공식적으로 채택해야 하는지를
두고 열띤 논쟁이 벌어졌다.

그 글자들을 유지하려는 생각은 마지막 순간에 단 6자만 변경하
여 GLSC[『간화자총표』]를 재공표하기로 결정했을 때 포기됐다. 하지
만 이들 잘 정립된 100여 자는 '핵심 개혁'으로 간주됐기 때문에 나
머지와 함께 폐기되기보다는 별도로 취급될 필요가 있었다. 그 글자
들이 낭혹감을 불러일으키고 더 큰 혼란을 초래할 것이란 두려움 때
문에 공개되지 않은 것만 봐도 그것들이 대중한테 얼마나 인기가 있
었는지를 짐작할 수 있다. 이 글자들을 공식적으로 인정해야 한다는
학계의 요구는 끊이지 않았다(Chen 1988, Chen 2000, Gao 2002, Jin 1997, Wang
1992). 대중의 필기 습관에 대한 저자의 조사(제2장 주 12 참조) 또한 SSS
문자의 존재가 아주 뚜렷하다는 것, 더 구체적으론 그 현상이 썩 높
은 수준의 교육을 받지 못한 사람들의 친필에서 잘 드러난다는 것
을 보여준다. 예를 들어 농민 집단이 만들어 낸 샘플 텍스트 890개
중 55개 유형[55種, 종]이 SSS 문자였으며 그 문자들이 이 샘플들에서
발생한 횟수는 1,012회(token) [토큰: 언어학적 맥락에선 특정 유형의 낱말·표현·
문장이 실제 사용되거나 반복 사용되는 예, 또는 그것들의 사용 횟수를 가리킴]로 높
았다. LPers가 SSS에 있는 100여 개 문자의 사회적 사용이 지속되는
상황을 막기 위해 기울였던 노력은 지금까지 극도로 무익한 것임이
입증됐으며, 사람들의 행위를 다시 바로잡는 것이 그것에 영향을 끼
치는 것보다 훨씬 더 어려울 수 있음을 보여준다.

국제적으로 볼 때, 일본에선 일부 한자가 더욱 간화됐고, 동남
아시아의 중국 커뮤니티에서도 유사한 사례를 찾아볼 수 있다.
Lim(1996: 123-133)은 싱가포르에서 SSS가 얻은 인기 또 그것이 초래
한 혼란을 분석하면서 이렇게 지적한다. "한자 간화는 지금까지 그
것의 한계에 도달하지 못했으며 추가 간화의 필요성이 있다".

정보 교환 목적으로 수행되고 있는 현재의 표준화 프로그램에
서 공식적으로 표준화되고 인코딩된 문자에는 SSS에 있는 문자의
대중적 인기나 광범위한 유통에 도저히 미치지 못하는 것들도 포
함된다. 단지 SSS가 세상에 첫 선을 보일 당시의 복잡한 배경 때문
에 이처럼 골치 아픈 SSS 과정이 매우 민감한 금기사항이 되고, 또
이 새로운 변화의 라운드에서 차별적 대우를 받은 것은 이례적이다.
Wang Fengyang(1989: 645-646)은 이 분야에서 일종의 기준점 역할을
하는 자신의 저서, 『한자연구』*Hanzi Study* [《汉字学》, 『漢字學』 한자학]를 통
해 새로운 개혁 프로그램에선 SSS 문자가 으뜸임을 강조해야 할 것
이라고, 또 SSS 쟁점이 해결될 때까진 한자의 형태가 안정되지 않을
것이라고 강력하게 주장한다.

이 문제를 처리하고 또 다중 표준 모델에 맞추기 위한 방법으로
저자들은 대중의 환영을 받는 일부 SSS 문자가 공식 지위를 획득하
기 전에 다음과 같은 방식으로 '하위' 표준 지위를 부여받고 대중이
법적으로 접근할 수 있도록 해야 한다는 주장을 펼치고자 한다.

• **모든 사전에 수록** 대부분의 사전에서 전통 문자를 처리하는 것과 같은 방법으로 괄호 안에 넣어 표준 문자와 나란히 둔다.

• **친필 표준의 일부로 승격** 1988년부터 타이완에서 그랬던 것처럼 친필을 인정하고 규제하는 것은 인터페이스를 만들고 민간과 공공의 사용을 서로에게 더 가까워지도록 움직여 결국 둘의 통일을 이루는 실질적 방법이다. 현재 친필에 대한 표준이 부족하고, 친필 글꼴과 인쇄 글꼴 간의 그래픽 형태가 세계적으로 차이를 보이는 것은 친필용 OCR 소프트웨어의 품질 향상에 심각한 장애물이다.

• **친필 OCR 소프트웨어에서 가용** 본토에선 전통 문자도 SSS 한자도 공식 표준 문자가 아니다. 하지만 소프트웨어라면 얘기가 좀 다르다. 국립 소프트웨어 감독국National Bureau of Software Supervision이 전통 문자는 허용하지만 SSS 문자 도입은 거부해 왔기 때문이다.

3.1.4 '수용불가능성'에 대해 질문하기

대중의 SSS 수용불가능성은 SSS 문자들의 재도입에 가장 만만치 않은 장애물로 자주 거론돼 왔다. 하지만 SSS가 사회의 지지를 받지 못했다는 반대자들의 어색한 정당화는 SSS 옹호자들이 일부 자료를 발표함에 따라 심각한 모순을 보이게 됐다.

Zheng Linxi(1988a)는 1972년의 CCSR[중국문자 개혁위원회] 재개 후

CCSR이 세 차례에 걸쳐 대중의 의견을 구했다고 주장한다. 전국 각지에서 온 사람들이 정치 자문 단체들이 조직한 포럼에서 그 방안 [SSS, 제2차 간화 방안]을 토론하도록 초청됐을 때, 교사·노동자·농민의 피드백은 기본적으론 긍정적이었다. 주된 의견 불일치는 20자 내외의 간화 방법에 국한됐다. 명백한 SSS 옹호자였던 Tao Lun(분명히 필명, 1978: 62)은 "이 문자들이 제1차 방안의 것들만큼 오래 또 널리 쓰이지 않은 것은 사실이다. 하지만 그것들 모두는 대중한테서 왔기 때문에 그 방안은 대중 노선과 대중 기반을 반영했다"고 주장했다. 그는 SSS의 간화자들이 세 가지 출처에서 얻은 것이라고 밝혔다.

- 전국의 성·직할시·자치구의 대중과 군대에서, 1960년에 교육부·문화부·CCSR이 수집
- 1956년 TSC가 발간된 후, 대중은 CCSR에 새로운 간화자 제공
- 전국의 성에서, 1972년 CCSR이 수집

그 방안을 '대중은 수용할 수 없다unacceptability by the masses'는 주장과는 대조적으로 대중이 그것에 열렬한 호응을 보냈다는 증거가 있다. Tao(1978: 62)에 따르면 SSS의 정식 사용 개시 후의 첫 번째 달에 의견 및 수정 제안이 담긴 편지 8,348통이 접수됐는데, 그 중 압도적 다수가 SSS를 지지했으며 단 3통만 추가 간화에 반대했다. SSS가 발표되고 1년이 지난 뒤, SSS에 대한 대중의 반응을 평가하기 위해 훨씬

더 광범위한 조사가 실시됐다. 대중한테서 접수된 10,785통의 편지 중 99% 이상이 SSS 문자의 시범 사용을 지지하고 환영했으며, 반대하는 편지는 15통(0.14%)에 불과했다. 첫 번째 표[제2차 간화 방안의 제1표]의 248자 가운데 재검토가 필요하다고 생각되는 것은 12자뿐이었다(Zheng 1988a: 297-298). 따라서 Zheng은 다음과 같은 결론을 내린다. "간화 문제에서, 그것이 함의하는 것이 만약 민주주의라면 취소의 근거는 없다. 만일 민주주의가 적용된다면 역사가 증언으로 복무할 것이다. 다시 말해 대중의 진정한 관심은 간화를 계속 이어갈 것이다".

　이 인용문은 편향된 견해를 제시했다는 비판을 받을 수도 있다. SSS를 지지하는, 허울만 좋은 표현으로 제시됐기 때문이다. 그러나 전문가와 대중 사이에서 엇갈리는 시각은 일부 공문서에서도 볼 수 있다. SSS의 공식 폐지 후 불과 한 달 만에 CCSR이 준비한 보고서, 『제2차 간화 방안 폐지 요청(초안) 및 대중의 문자 사용 혼란 상황 점검』*Request to Abolish the Second Simplification Scheme (draft) and Check the Chaotic Situation in Character Use by the Public*엔 이렇게 진술돼 있다(the Office of Standard Work 1997: 19).

　　지난 몇 년간 전前 CCSR은 다양한 채널을 통해 각계 인사들의 의견을 수렴해 왔으며, 우리는 이 제도를 여러 차례 수정했다. 그러나 본 방안[SSS, 원저자]가 공식적으로 공표돼야 하는지 아니면 유포를 중단해야 하는지에 대해선 일반인과 학자 모두 합의에 이르지 못했다.

중요하고 유의미한 것은 정식 철회에 대한 공식 해명에서 '수용
불가능성' 관련 언급이 의도적으로 회피됐다는 점이다. 상이한 견해
가 여전히 존재한다는 것이 인정됐는데, 그 방안을 폐지하란 요청은
또 왜 이뤄진 것인가? Cheng(1979: 3) 또한 1977년과 1978년에 발표
된 기사들이 그 방안에 대한 긍정적·부정적 견해 모두를 제공한다
고 결론지었다.

1979년 5월 5일에 발행된『문자 개혁 통신』제13, 14호*Script Reform
Correspondence (13, 14)*의 통합판은 SSS가 발행된 지 거의 1년 반이 지난
시점에서 대중이 어떤 반응을 보였는지를 가늠할 수 있는 아주 중
요한 자료다. 이것은 이 주제와 관련해서 지금까지 간행된 것으로
선 유일하며, 24성·직할시·자치구·군대에서 수집돼 문서화가 잘
된 사실적 보고서 25개를 제공한다. 이 귀중한 문서 정보는 노골
적으로 무시됐으며 SSS를 논의하는 출판물에서도 언급되지 않았
다. 심각한 정치적 편향성의 가능성이 있긴 해도 해당 문서의 독특
한 역사적 가치엔 의심의 여지가 없다. 모든 통계에 따르면 대다수
가 SSS를 환영한 것으로 나타났다. 예를 들어 톈진에서는 1,500명[5]
이 24개의 포럼과 토론에 참석했으며, 전체 참가자의 99.3%가 강력
한 또는 기본적인 찬성의 뜻을 보였다(*Script Reform* 1979: 7). 보고서엔 다
양한 견해와 함께 심지어는 비판마저도 광범위하게 제공됐지만 이
러한 반체제적 목소리가 전체 방안을 거부하는 촉매 역할을 할 만큼

---

5   인용된 통계 '천'은 문서에서 '백'으로 잘못 인쇄되었다.

충분히 강하진 않았어야 한다.

3.2 큰 편익을 위한 작은 타협: 전통 문자의 부분적 재도입

　　폐지된 전통형[번체자]을 제자리로 돌려놓는 것resumption에
따른 가장 직접적 우려는 이른바 무상대unmatched [無相對, 대응물을 찾지
못한] 간화자, 곧 자동 변환 소프트웨어가 테스트를 자동으로 처리하
는 동안 전통형으로 정확하게 변환될 수 없는 글자들에서 비롯한다.
GB 2312-80의 6,763자 중 117쌍의 문자는 간화 텍스트와 전통 텍스
트 사이에서 정확하게 변환될 수 없다. 이 문자들엔 자동 변환 소프트
웨어의 소프트웨어 클라이언트software clients가 '사고뭉치trouble makers'
란 딱지를 붙인다. 1950년대의 과간화oversimplification에서 비롯한 일부
문제점을 시정하기 위해 1988년 SCLW가 『현대한어상용자표』*Table of
Commonly Used Characters*를 재공표했을 때 총 31개의 원형을 복원했다. 그
러나 IT의 관점에서 보면 이것은 일종의 '머리가 아플 땐 머리를 치
료하고, 발이 아플 땐 발을 치료한다'(*tou teng yi tou, jiao teng yi jiao*) [头疼医头 ,
脚疼医脚; 頭痛醫頭 , 脚痛醫脚 두통의두, 각통의각]는 것이며, 이렇듯 소극적인
미봉책들은 해결책을 제공하지 못하고 있다. 원형 중 하나를 복원하
여 간화자의 소스 버전과 다르게 만드는 것, 오직 이것만 그럴듯한
옵션으로 보인다. 무상대 문자들을 어떻게 다룰 것인가 하는 문제는
2000년 상하이에서 비공식 언어 개혁조직인 '공통문자협회Association
of Common Script'가 주관한 '해협 횡단 공통문자 심포지엄Symposium on

Common Script across the Strait'의 중심 주제로 선정됐다.

앞서 언급했듯이 1950년대 문자 간화의 주요 업적 하나는 한자의
총수를 감축한 것이다. 그 규모가 중간 정도이긴 했지만 그것은 어
휘적 정확성을 대가로 해서 이뤄졌다. 대체로 그 감축은 두 가지 접
근 방식을 통해 달성됐다. 하나는 동일한 문자의 변형[이체자]를 제거
하는 것, 다른 하나는 동음이의자의 상이한 물리적 모양을 병합하는
것이었다. 예컨대 面(mian, 얼굴·표면 [면])과 麵(mian, 밀가루 [면])은 한 문자
[面]로 병합하여 원래의 두 의미를 나타내도록 했다. 다른 예를 들면
원래 發은 發展(fazhan, 발전하다 [발전])을, 髮은 頭髮(toufa, 머리카락 [두발])을
의미했지만 간화에서 发(fa)는 이 두 가지 형태의 동음이의적 대체
물이 된다. 달리 말해 간화 후 전통 문자 체계에선 둘 또는 그 이상
의 형태소였던 것이 간화자 단 한 자only one simplified character로 표현된
것이다. 전통 문자를 필요로 할 때 간화된 텍스트는 전통형으로 자
동 변환될 수 없다. 전통 시스템에서 사용자가 뜻한 문자를 식별할
수 있는 역량이 현재 한자 처리 소프트웨어엔 없기 때문이다. Shen
Kecheng and Shen Jia(2001: 107)에 따르면 그 같은 문자는 GLSC의
2,235자 중 102자로 4.5%를 차지하는데, 이는 개입 없이는 정확하게
변환될 수 없는 둘 또는 그 이상의 전통 대응물[번체자]을 나타낸다.
이는 변환이 필요한 타이핑 품질에 상당히 부정적인 영향을 끼친다.
Shen and Shen(2001: 279)은 "30개 안팎의 간화자가 조금만 바뀌어도
이상적인 정확도를 기대할 수 있다"고 말한다.

그러나 검토된 문자의 수가 더 많아지고 조사 영역 또한 더 많

아지면서 확대된다면 무상대 간화자의 숫자 또한 급증할 것이다. Guo Xiaowu(2000)의 연구가 보여주는 것처럼 고전 문헌을 살펴보면 그 비율은 수용 불가능할 정도로 높은 수준에 이를 것이다. Zhengzhang(2003)은 고전 출판물을 읽을 때 생길 수 있는 착오를 가장 손쉽게 줄일 수 있는 방법이 대략 100자를 복원하는 것resumption이라고 제안하는데, 그 구체적인 숫자는 공교롭게도 그 밖의 학자들이 제안한 것과 일치한다(Ni 2003). 하지만 일부 연구자들은 그렇게 낙관적이지 않다. 일본에 본사를 둔 비정부 조직으로서 중국어·일본어·한국어 문자 처리 소프트웨어 기술 개발자인 한중일사전연구소Chinese, Japanese and Korean (CJK) Dictionary Institute가 실시한 또 다른 연구 조사를 보면 사용 빈도가 가장 높은 2,000개의 한자, 곧 현대 텍스트의 97%를 차지하는 그 글자들에선 238개의 간화자(약 12%)가 일대다one-to-many 한자 유형[간화자-번체자 변환이 일대일로 이뤄지는 것과는 다른 유형]인 것으로 나타났다. 더 놀라운 발견은 사용 빈도가 높은 97,000개의 일반 단어(문자가 아님을 유념하시길 바람) 중 20,000개 이상이 정확하게 변환될 수 없다는 것이다(Halpern and Kerman 2004).

고전 텍스트를 다룰 때 상황은 가장 혹독해 보인다. Guo Xiaowu(2000: 80-82)는 성공적인 변환율의 측면에서 고품질로 평가되는 MS Word 2000에 부착된 변환장치를 이용하여 간화자를 복잡한 문자[번체자]로 변환하는 실험적 연구에서 중국 고전 4편(Er Ya《尔雅》, 『爾雅』『이아』; Zuo Zhuan《左传》, 『左傳』『좌전』; Shi Ji《史记》, 『史記』『사기』; Zhuzi Yu Lei《朱子语类》, 『朱子語類』『주자어류』)을 조사했다. 4권의 총 문자 수[문자 사용

회쉬는 2,265,964토큰, 변환 불가능 문자 수는 6,364유형[種], 이 글자들의 발생 수(tokens) [반복 발생 쉬]는 81,585회다. 이는 2,265,964자로 구성된 연속적 텍스트에서 부정확하게 변환된 문자에서 비롯하는 착오의 가능성이나 이해의 어려움이 8.6%라는 것을 함의하며, 이는 보통 받아들일 수 없을 정도로 높은 것이다. 고전 텍스트의 자동 처리에선 타이피스트의 교정이 꼭 필요한 것으로 나타났다. 상당한 노력을 필요로 하는 타이피스트의 임무는 입력 단계에서 변환 불가능한 문자를 식별한 뒤 '한정사determinatives'를 추가, 그 문자를 인식 가능한 것으로 만들어 중국 고전 문학을 다루는 소프트웨어에 시각적 단서를 제공하는 것이다.

첫 번째로 복원되어야 할 원래 문자는 그 밖의 동음이의 독체자 other simple homophonous characters로 대체됐던, 이미 고유한 개별 의미를 지니고 있던 문자들이다. 이 독체자들은 이제 하나 이상의 의미를 가지며 일부 문맥에서 그 의미는 쉽게 결정되지 않는다. 예컨대 麵은 面으로 대체됐고, 面의 의미, 그러니까 그 뜻이 얼굴인지 밀가루인지는 늘 확인될 수 것이 아니다. 그 밖에 사용 재개의 제안이 거듭 이뤄진 글자로는 后(hou, 태후)로 대체된 後(hou, after/behind [시간적] 뒤·[공간적] 뒤)가 있는데, 매우 눈에 띄는 예시다. 사실 일부 입력 소프트웨어는 일부 사용자의 편의를 위해 이미 이런 원형을 복원하여 학습자, 더 구체적으론 해외의 중국어 학습자한테 혼란을 야기하고 있다.[6]

---

6   예컨대 일부 문자는 권위 있고 영향력 있는 출판사가 출간한 현재 인기 있는 두 개

어려움을 극복하기 위한 방법을 곰곰이 생각한 첫 번째 저자는 이 연구를 위한 현장 연구fieldwork 중에 방문한 전문가들과 함께 그 밖의 개선 가능한 대안을 모색해 왔다. 예컨대 원형에 상응하는 간화형에 추가 요소(유의미한 획)를 더해 컴퓨터가 구별하도록 지시하는 태그 역할을 하게끔 한다. 이런 유형의 획은 의미 범주를 제시하는 통상적 기능이 아니라 단지 똑같이 적힌 한 문자를 그 밖의 것과 시각적으로 구별하는 수단으로서 복무할 뿐이다. 하지만 이것은 일종의 기계친화적 추가 조치가 될 텐데, 이런 일, 곧 한자 시스템에 대한 어떠한 인공적 간섭이라도 그것엔 대중의 격렬한 항의를 불러일으킬 위험이 도사리고 있다고 할 것이다. 쉽게 떠오르는 또 다른 접근법은 문맥에서 제공되는 어휘적 단서로 특정 문자를 규정하는 것이다. 이것은 분명히 문제를 해결하는 최선의 방법이지만 문맥에 따라 달라지기도 하고 형태론적 분화를 수반하기도 한다. 후자의 경우엔 보통 『중국어 형태 분석기』*Chinese Morphological Analyzer* 같은 장치를 필요로 하는데(Halpern and Kerman 2004), 그것이 목적은 텍스트의 연속을 의미 있는 단위(예: 어휘소)로 세분화하는 데 있다. 한중일사전연구소는 두 한자 시스템 간의 잘못된 변환을 세 수준의 정교함으로 처리한다. 그것의 정자변환법orthographic conversion method (중간 수준)은 단어 수준에서 일종의 정자 매핑 테이블을 사용하여 모호성을 해결하려고

의 컴퓨터 형식computer-typed 교과서, 곧 *Integrated Chinese*(간화자본, Boston: Cheng and Tsui Company, 1997) 및 *Chinese for Today*(Hong Kong: Commercial Press Hong Kong, 1998, 역시 산화자본)에 전통 형대로 인쇄돼 있어 해외의 중국어 학습자를 어리둥절하게 만든다.

시도한다. 하지만 이는 또 다른, 심지어는 근본적이기까지 한 곤란
함을 수반하는데, 그것은 중국어 전산 언어학자들이 직면하여 현재
해결하려 애쓰고 있는 것으로서 더 넓게는 AI 영역에서 이뤄지고
있다. Hannas(1997: 275)가 말했듯이 "텍스트의 의미를 이해하고 그러
한 이해를 바탕으로 정보에 입각한 선택을 할 수 있을 만큼 충분히
지능적인 컴퓨터를 구축하기란 요원한 일이다".

그 밖에 전통형의 재도입에 대해 지금껏 논의한 것만큼 중요한
근거는 상이한 두 시스템 사용자 간의 의사소통에서 이러한 문자들
[변환 불가능한 글자] 때문에 생기는 오해다. 일반 대중한텐 언어 관련
지식이 거의 없다. 현재 우스꽝스러운 전통형을 이를테면 화교를 겨
냥한 TV 드라마의 자막에서 상품 수출을 위한 제품 설명서에 이르
는, 또 상점 간판이나 쇼윈도 디스플레이에서 공식 문서에 이르는
모든 곳에서 볼 수 있는 즉각적인 이유는 누군가가 알고자 하는 전
통 한자the intended traditional *hanzi*를 식별하지 못하는 데서 발생한다. 이
런 사용은 간화자의 나쁜 이미지를 만들어 대만과 홍콩에서 온 방문
객들한텐 대중적 흉물이 된다. 일부 상황에서 그것은 터무니없고 무
지해 보이며, 정부 입장에선 상습적 당혹감이 된다(Goundry 2002).

이러한 문자 중 얼마나 많은 문자를 다시 사용해야 하는지에 대
해선 논란이 있을 수 있다. 하지만 변환 불가능한 전통 문자의 사용
재개는 기술 문제 및 정책 입안 관련자들 사이에선 가장 논란이 적
은 영역으로 보이며 향후의 개혁에선 불가피한 일이 될지도 모른다.
적어도 본토의 관점에서 볼 때 일부 열광적 낙관론자들한테 그 문제

는 양측[중국과 타이완]이 자신의 문자 체계를 궁극적인 통일에 더 가깝게 만드는 데 사용할 수 있는 좋은 출발점으로 널리 간주된다.

3.3 잠정적 요약

이 부분을 관통하는 주요 주제 두 가지는 방법론적으론 상호모순적인 것처럼 보이지만 두 쌍의 모순은 한자 역사 발전의 변증법적 특징을 반영하는 원동력이다. 과거의 경험에 대한 간략한 성찰은 일부 논란의 여지가 있는 영역들을 확인하며, 그것들은 현재 상황에 대한 모종의 이해를 제공한다. 그림 7-2, 곧 세력 장 분석 도해에 요약된 것처럼 간화와 복잡화 간의 논쟁은 과거에 언어와 사회 간 관계에 대한 관점을 확립하는 세 가지 측면에 초점을 맞췄다.

이 장에서 강조하는 것은 그림 7-2에서 분석한 일부 세력이 변화를 주도하거나 과정을 지원하는 데 계속해서 강력하게 작용할 테지만 변화에 반대하거나 발전을 억제하는 그 밖의 여러 세력이 있다는 점이다. 따라서 전산화의 도래는 새로운 차원에 초점을 맞추는데, 그 차원은 불균형을 창출하고 변화를 촉진하는 도구로 작용하는 경향을 띤다. 이러한 발전의 이면에 있는 탄력은 본질적으로 기술적인 것이다. 전통 문자의 추가 간화 및 부분적 사용 재개를 정당화하기 위해 잠재적 기여의 타당성을 살펴볼 때 우리는 몇 가지 더 실체적인 문제를 둘러싼 논의를 구성했으며, 그 문제들은 변화를 이끌어내는 촉매제 역할을 할 수도 있는 것들이다. SSS의 폐기는 학계에 논란의 불을 지폈고, SSS의 문자들은 사회에 더 깊이 뿌리내리며 압도적인 인기와 학계의 폭넓은 인지도를 입증하고 있다. 지나치게 복잡한 문자들엔 엄청난 사회적 압박이 계속해서 가해지고 있는데, 그 목적은 쉽게 적히고 화면에 분명하게 표시되는 간화에 있다. 소수의 오간화誤簡化, ill-simplified 문자는 간화자와 전통 문자 간의 자동 변환에 끝도 없는 문제를 일으켰다. 이러한 문자가 양적으로 중요한 것은 아니다. 하지만 다음 비유는 요점을 설명하는 데 도움이 된다. 이렇듯 잘못 변환된 문자는 쌀 한 가마에 무작위로 섞인 모래 알갱이 몇 개처럼 텍스트에 앉아 있다.

앞선 장들에서 주장한 것처럼 이상주의적이고 추상적인 접근방식에 사로잡혔던 이전의 정책과 비교할 때 오늘날 LP 당국은 점점 기술 지향적이며, 자신의 작업이 갖는 중요성의 더 큰 몫을 경제로 돌리고 있다. 따라서 여기서 제안된 것은 일부 낡은 사고와는 다른 관점에서 토론에 이바지한 것으로 읽힐 수 있다.

한자계획—반동인가, 진화인가, 아니면 혁명인가?

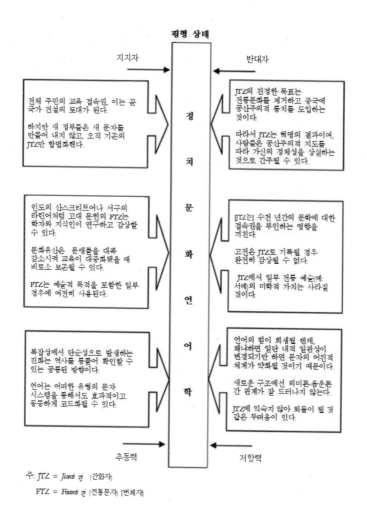

주: JTZ = *Jianti zi* (간화자)

　　FTZ = *Fanti zi* (전통문자) [번체자]

그림 7-2. 세력 장 분석Force field analysis: 압력 대 변화에 대한 저항

4. 사이버 공간 전역에 퍼져 있는 '공통 문자'

공통 문자(*shutongwen*) [书同文, 書同文 서동문]는 원래 역사적 용어로서, 진 왕조 성립 이후의 통일적 노력을 언급할 때 처음 사용됐다 (제1장 2.1 참조). 중국 역사상 모든 정부는 국가 명령을 통해 공식 표준을 설정하는 것이 광활한 중국 영토를 효과적으로 통제·통치하기 위한 가장 중요한 조치 중 하나로 간주했다. 현대엔 1950년대 본토의 간화 운동 이후 문자 체계가 대만 해협을 가로지르며 양극화됨에 따라 *shutongwen*이란 용어는 다시 정치적으로 통용되기에 이르렀다.

제5장 5에서 설명한 것처럼 현재 해협을 가로지르는 문자 생활 graphic life의 현상 유지는 기술적 해결보단 정치적 관용과 더 큰 관련을 맺고 있다. 1996년부터, 더 구체적으로 2000년 타이완에서 친독립적 정당이 집권한 이후 분위기는 더욱더 안 좋아졌다. 타이완섬이 본토의 정체성에서 점차 벗어나기 위한 과정의 일환으로 타이완 정부는 언어와 문자 모두를 본토에서 사용하는 것과는 다른, 별개의 변체로 제도화하기 위해 각고의 노력을 기울였다. 더 중요한 것은 많은 학자들이 타이완 만다린어 특유의 사전·서체 설명서·문법책에 이러한 차이점을 정의하고 문서화하기 위해 어떤 고생도 마다치 않았다는 점이다. 결과적으로 보면 이데올로기적 문제complications 말고도 양 진영의 공식 학자와 아마추어 연구자 모두한테 있는 정치적 차이와 깔끔하게 일치하는 구분 또한 있다. 따라서 공통 문자를 얘기하기엔 시기가 좋지 않다는 점을 인정하면서도 해협에 걸쳐 있

는 사람들은 물론 동아시아 지역의 모든 중국문자 이해당사자들까지도 한자 사용자의 사이버 생활을 일종의 합리적인 가능성으로 만들기 위해 문자의 차이점들을 통일할 필요가 있다고 본다.

유니코드가 중국어 컴퓨터 전문가한테 가져다주는 희망은 실행 가능한 솔루션을 점차 찾을 수 있기 때문에 웹 페이지에서 중국 한자를 만들어 내고 또 보는 데 뒤따르는 곤란함을 극복할 수 있으리란 것이다. 그러나 Jordan(2002: 111)이 지적한 것처럼 "유니코드 표준은 각 언어에 유한한 수의 합의된 문자로 구성된 일종의 스크립트가 있음을 전제로 한다". 다중심적 문자인 중국 한자는 거대하고 복잡한 문자 체계로 성장해 세계의 상이한 지정학적 지역들에서 사용돼 왔다. 유니코드로 말미암아 한자를 사용하는 전문가들이 최초로 한데 모여 한자의 수와 형태에 대한 초기 합의를 도출했다. 이 마지막 부분에선 동아시아의 복잡한 사회-정치적 맥락에서 유니코드 적용의 어려움, 더 구체적으론 한자 인코딩 표준의 또 다른 주요 사용자인 일본이 수행하는 특별한 역할을 검토한다. 이 부분 전체가 4장에서 분석적으로 논의한 현재의 한자 표준화 운동에 대한 기술적 여담처럼 보일 순 있을 것이다. 하지만 그와 동시에 여기서 이뤄지는 논의는 표준화에 대해 강력한 기술적 정당성을 제공하기 때문에 한자 개혁가들이 내딛는 모든 발걸음의 원동력이자 출발점이 된다. 아울러 여기선 중국어 데이터를 디코딩할 때 중국어 사용자가 직면하게 되는 몇 가지 일반적인 문제를 살펴보기도 하는데, 이는 과거에 대한 회고적 일별이자 현재에 대한 개관이기도 하다.

4.1 Han-통일: 다양성과 곤란함

Zhou(1999: 78)는 일부 주요 한자 사용 국가에 존재하는 한자 모양의 지역적 차이disparities를 얘기하면서 다음과 같이 말한다.

이제 중국·일본·한국의 한자 형태엔 차이가 있다. 그리고 중국인들한테 중국 본토는 대만과 다르다. 이로 말미암아 서로한테서 배우는 것과 전자 통신엔 어려움과 낭비가 발생한다. 불필요한 차이점이 점차 극복될 수 있다면 한자를 사용하는 모든 커뮤니티에 유익할 것이다.

사람들의 기대와 달리 사실 컴퓨터의 광범위한 사용과 인터넷이 한자의 물리적 차이를 더 좁히진 못한 것으로 보인다. 오히려 모든 개발자가 자기 고유의 표준을 만들 때 자기 고유의 기능과 정체성을 지나치게 강조한 나머지 각 개별 국가의 국가 문자 표준 세트들에서 발생하는 차이는 영구화되고 있다. 유념해야 할 점은 각 개별 한자 사용 커뮤니티를 위한 인코딩 표준이 "독립적으로 또는 오직 제한된 상호 인식으로" 개발됐다는 점이다(Cook 2001: 4). 유니코드는 다양한 문자를 위한 기존의 표준들로 가득 찬 세상에 등장했다. 동아시아의 기존 표준이 상당히 많았다는 것은 어쩌면 유니코드 컨소시엄이 처리해야 하는 가장 복잡한 측면이었을 텐데, 이는 문자 표준 세트 모두를 대규모의 단일한 문자 세트 하나로 통일하는 국제 표준화 활동인 'Han 통일'으로 불렸던 것을 통해 기존의 문자 표준 세트와 호환돼야 할 필요성을 뒷받침했다['Han'을 한국어 '한'으로 쓸 경우, 관형사 '한'과 헷갈릴 수 있어 현재 논의가 진행되고 있는 맥락에선 'Han' 그대로 쓰도록 하는데, 이는 비슷한 용어에 다 적용된다]. Han 통일은 단일 코드 포인트를 Han 문자에 할당하는 과정을 통해 수행 가능하며, 결과적으론 Unihan으로 일컬어지는 코드화된 표의문자의 목록을 생성시킨다.

　　Han 통일을 실천으로 옮기기 위해 한자를 사용하는 정치 체제의 IT 전문가들로 구성된 두 개의 국제기구가 연속적으로 설치됐다.[7] 그것들의 구체적 목적은 Han 통일이 시작되었을 당시 미국·대만·중국 본토·한국이 도입한 20개 이상의 기존 문자 표준 세트 및 전신 telegraphy 코드를 다루는 데 있었으며, 그 표준 세트들에 인코딩된 총 문자 수는 121,403개였다. 유니코드가 IRG와 협력하여 수행한 상당한 작업은 지금까지 70,207개의 독특한 표의문자를 만들어냈다. Lunde(1993: 49-53)가 제공한 다음 정보는 유니코드 컨소시엄이 Han 통일을 위해 노력하는 과정에서 CJKV 문자는 어떻게 처리했는지를 이해하는 데 매우 유용하다. 유니코드는 유효한 문자를 식별하기 위해 Han 통일 규칙과 소스 분리 규칙, 이 둘을 주로 적용한다. 전자는 동일하거나 거의 동일한 구조 및 의미를 가진 문자를 병합하여 중복

7　　그것들은 중국·일본·한국 공동연구단Chinese/Japanese/Korean Joint Research Group (CJK-JRG, 1990-1993)과 표의문자 코드 전문가 회의Ideographic Rapporteur Group (IRG, 1993년 이후)이다. 초기 당사국으로 초청되진 않았지만 베트남도 회원국에 포함됐다. IRG는 유니코드 및 ISO/IEC 10646-1 문자 세트 표준 목록에 Han 문자를 추가하는 문제, 또 Han 통일 문제와 관련해 유니코드 컨소시엄에 조언한다.

문자를 제거하는 과정이기 때문에 그리하지 않을 경우에 낭비될 공간이 실제로는 낭비되지 않은 채 더 많이 확보되어 다른 데 더 자유롭게 사용될 수 있다. 소스 분리 규칙은 단일 표준 집합 소스 내에서 인코딩이 다른 경우 두 문자의 통일이 발생할 수 없다고 명시한다 (CJK의 경우 유니코드 한자 세트가 파생하는 소스는 4개임). 예컨대 일본 문자 剣 (일본어 독음 ken, 중국어 독음 jian [한국어 독음은 '검'])에는 剱 劍 劒 劔 釼의 5가지 변형이 있고, 각각은 JIS X 0208-1990(위에서 언급한 20개 표준 중 하나 [JIS X 0208: 7ビット及び8ビットの2バイト情報交換用符号化漢字集合, 7비트 및 8비트의 2바이트 정보 교환용 부호화 한자 세트])에서 고유한 인코딩 위치를 갖기 때문에 통일되지 않는다. 소스 분리는 로케일[개별 커뮤니티의 소스 표준 집합, 저자]을 횡단하는 유니코드 글꼴cross-locale Unicode fonts에 대해 왕복 변환의 성공을 보장하도록 하기 위한 것이다.

수많은 표준 세트에서 수많은 문자를 식별하고 통일하기 위해 수행된 작업의 방대함과 복잡성을 고려할 때, 때때론 이 과정이 동아시아 바깥의 여타 문자 체계와도 잘 작동할 수 있도록 타협해야 했다. 예컨대 앞서 언급한 소스 분리 규칙이 일관적으로 수행될 순 없기 때문에 통일 과정에서 문제가 발생하고, 또 주로 동아시아 문화권의 사용자와 소프트웨어 개발자들이 과도한 통일에 대한 불만을 자주 제기하는 것은 놀라운 일이 아니다. 후속 논의에서 보겠지만 이러한 변화에 대한 저항은 특별히 일본에서 여전히 높다.

Topping(2001)의 적절한 지적처럼 가장 비판을 많이 받는 문제는 "유니코드가 문자의 시각적 표현인 '글리프'보단 문자를 인코딩한

다는 사실에서 비롯한다". 동아시아 문자[한자] 모양의 기본 유형엔
중국 전통 문자, 중국 간화자, 일본 문자, 한국 문자, 네 가지가 있다.
원래 문자는 CJK 언어들의 동일 어근에서 나올 수 있지만, 그 문자
에 일반적으로 사용되는 글리프는 진화를 거치며 달라질 수 있으며,
다수의 새로운 문자가 각국에서 독자적으로 고안됐다. Cook(2001: 4)
은 이렇게 말한다.

> 상이한 문자들 간에 그래픽 차이가 발생해서 한 로케일
> 의 특정 문자는 역사적으로 관계를 맺고 있긴 하지만 그 밖
> 의 로케일에 있는 그 문자와 더 이상은 동일시되지 않는다.
> 한때는 단순히 인쇄나 친필의 양식적 변형에 불과했던 것이
> 점차 해소할 수 없는 엄연한 차이로 결정화됐다.

Han 통일은 구체적 문자 그 자체 대신 추상적 문자에 대한 코드
를 통일하지만, 식별identificaiton은 "통일자의 시각과 사용된 표준의
버전에 따라" 달라진다(Wada 1991: 4). 다시 말해서 대개의 경우 합병·
분화는 특정 버전의 표준 집합 코드표에서 문자의 모양에 따라 결정
되는 것이다. 다양한 버전의 유니코드 작동 원리에 설명된 분리 규
칙들은 높은 개념적 이상일 뿐이다. 이는 작동 효율성과 관계를 맺
고 있는 사이버 소스와 기술적 해결 둘 다에 여러 한계가 있기 때문
인데, 이 경우 작동 효율성은 항상 확고하게 준수되거나 강력하게
시행될 순 없는 것이다. 따라서 IRG[Ideographic Rapporteur Group 표의문자

조사단]의 아시아 회원들이 관여했다는 주장에도 그[Han] 통일은 매의 눈을 가진 현지native 사용자한테서 자주 비난을 받았으며, 그 이유는 현지의 친숙함, 또 미묘한 변화에 대한 정자법의 이해가 부족하다는 데 있었다. 소스 분리 규칙 내에 있는 여러 제약 조건의 결과로, 글리프 수준에서 요구되는 동일 문자에 대한 필수 구별 또는 변형은 타이포그래피의 방식으로 통일된 다음 '문자' 하나가 되어 단일한 코드 포인트를 할당받는다. 바꿔 말하면 (코드 포인트가 각각의 소스 표준 세트에 있을지도 모르기 때문에) 실제로 더 구체적인 코드 포인트를 할당받아야 하는, 실제 세계나 종이 위에 있는 상이한 형태들(유니코드의 유형 분류 체계에 있는 글리프)이 모두 유니코드로 통일된 것이다. 이러한 차이 중 일부는 어떤 커뮤니티의 사용자 대부분한테는 인정할 수밖에 없을 정도로 미미하고 식별할 수 없는 것이지만, 그 밖의 커뮤니티, 더 구체적으로 말하면 상이한 역사적 시대에 제작된 고대 금석문을 처리하는 경우, 또 그 과정에서 그래픽 표현의 세 부 사항을 최대한으로 보존해야 하는 커뮤니티의 경우엔 얘기가 달라진다. 예를 들어 고대 정전canon 연구자들과 디지털 도서관·박물관 개발자들한테 이러한 유형의 통일은 알파벳 언어 화자한테 키보드의 글자 몇 개가 사라져 있는 것과 유사하다. 짐작건대 이것이 동아시아인들이 유니코드의 완전한 수용을 거부하는 주된 이유일 것이다. 그렇다면 전통에 집착하는 개인과 동아시아 고대 유산의 디지털화에 관여하는 개발자들을 만족시키는 것이 얼마나 문제가 될까? Meyer(1999: 2)에 따르면 통일이 달성되는 목적은 "유니코드의 도움으로 상이한

아시아 로케일의 중국 문자를 문화의 측면에선 적절하게 또 타이포
그래피의 측면에선 올바르게 나타내기 위해서다". 예비 연구를 보
면 BMP(Basic Multilingual Panes) [다국어 기본 평면, 보통 'Basic multilingual plane'
로 표기]의 일부에 해당하는 적어도 21,204개 Unihan 표의문자(Unicode
버전 2.1)의 경우 "CJK 문자의 약 50%에 둘 이상의 글리프 표현이 필
요하다". Mayer의 용어로 이 과정은 'Unihan의 모호성 제거' 또는
탈-Unihan이 되는데, 이는 적당히 불필요하지만 때론 필수적이기도
한 미묘한 구분들을 명확하게 하기 위한 것이다.

　　Han 통일로 야기된 이 같은 모호성 문제와 관계를 맺고 있
는 것은 유니코드가 폰트 스타일이나 타이프 페이스(프롤로그 참조)
관련 문제는 다룰 수 없다는 것이다. 폰트 스타일은 그래픽을 구
별하는 정교함의 수준이란 관점에서 볼 때 글리프보다 언어에 더
구체적이다. 중국엔 널리 사용되고 있는 기본 폰트 4가지(흑체·송
체·방송체·해체)가 있고, 각각의 한자 사용 정치 체제엔 그것에 고유
한 일련의 폰트가 있다. 이는 문자와 글리프가 모두 동일하다 하
더라도 언어와 무관한 브라우저로 표시될 때 문자는 다르게 보
일 수도 있음을 함의한다. 누군가가 언어 의존적 환경에서 한 페
이지를 읽고 있다고 가정할 때 모든 문자는 동일한 폰트 스타일
을 하고 있을 것이다. 하지만 온라인에서 데이터를 입력하는 것처
럼 유니코드 애플리케이션을 사용할 땐 완전히 다른 스타일로 나
타날 수도 있으며, 그이는 '이건 지금 나한테 필요한 글자가 아닌
데?this is not my character' 하고 느낄 수도 있다. 이렇게 되는 이유는 개

인의 브라우저(예: Internet Explorer)에 누군가한텐 친숙한 유니코드용 폰트가 없다면 "그것은 각 문자를 GB, CNS, JIS, KSC 같은 그 밖의 몇몇 문자 세트에 매핑해 버려 웹 페이지가 여러 가지 스타일의 패치워크에 나타나"기 때문이다(Cheong 1999: 4). 사람들이 스크린에서 생소한 폰트를 볼 때면 보통 짜증을 내는데, 이는 부분적으론 사람들이 그 글자들을 알아보기가 더 힘들기 때문이기도 하지만 더 가능성이 높은 이유는 아마도 감성적인 데 있을 것이다.[8] 한 유니코드 비평가(예, Goundry 2001: 12)가 제시한 비유는 서구 언어의 환경에선 그것이 마치 독일어를 적기 위해 프랑스 알파벳을 사용하거나 영국인한테 프랑스어를 쓰도록 강요하는 것과 같다는 것이다.

일부 크로스 로케일 폰트 기술이 제안되고 발전했지만(예 : Open Type, Meyer 1999 and Typological Encoding, Cook 2001), 유니코드 관련자들 Unicoders이 유니코드 기술을 다양한 요구사항을 갖고 있는 CJKV 문자 사용자한테 잘 복무하도록 만드는 것은 여전히 심각한 도전 과제다. 게다가 심지어 기술적 해결책이 가용한 경우라 하더라도 다뤄야 할 외부 쟁점이 많이 있는데, 그것들엔 곧 시선을 집중할 것이다.

---

8   예를 들어 Cheong(1999)이 말한 것처럼 누군가가 홍콩 출신이라면 글자들이 일본어 폰트 스타일로 나타나는 것을 볼 때 상당히 불쾌할 테지만, 사실 홍콩엔 원래 포장대로 판매되는 일본 책이 많다.

4.2 사회-정치적 차원들

다수의 쟁점은 비기술적인 이유로 문제가 된다. 문자에 숫자 코드를 할당하는 가장 좋은 방법은 겉보기엔 매우 간단해 보이는 기술적인 일이지만, 보통은 사회-문화적, 때로는 정치적 요인이 수반되기도 한다. 선정된 표준의 공식화·채택·인코딩은 처음부터 다양한 이해집단 간의 갈등으로 어려움을 겪었다. 그 갈등은 처음엔 상이한 마케팅 전략 때문에 ASCII(American Standard Code for Information Interchange)[미국 정보 교환용 표준 부호, 아스키 코드]와 IBM이 주도하는 산업 표준 사이에서, 그 다음엔 주로 지정학적인 이유로 유럽의 여러 국가와 일본이 지원하는 ISO/IEC DIS 10646과 미국의 대형 컴퓨터 회사들이 설립한 유니코드 컨소시엄 사이에서 불거졌다. 동아시아 유니코드의 추진과 관련해선 일본이 그것을 채택하는 데 가장 격렬하게 반대하는 국가로 버티고 서 있는데, 거기엔 두 가지 이유가 있다.

4.2.1 일본의 반대

문화적으로 일본이 유니코드에 대해 만족하지 못했던 것은 후자[유니코드 컨소시엄]가 한자의 세부적 변형을 규정하지 못했기 때문이다. Unihan이 구체적인 활자 재현-글리프typological representation-glyphs 대신 한자의 모양만 신경 쓰게 되고, 이는 문화적 관심이 많은 일본 사용자들 사이에서 '이건 지금 내가 원하는 글자가 아닌데?' 하는 정서를 불러일으켰다. 더 심각한 것은 일본어에서 특별히 성씨에 국한해서 쓸 수 있는 칸지surname-specific *kanji*가 한자*hanzi* [일본 칸지에 대비되는 중국 한자]보다 개인의 창의성에 더 개방적이란 점이다. 게다가 일본인들은 [성씨의] 독특함을 가계의 가치로 매우 중시하기 때문에 실제로 정부가 주민들을 상대로 기술적 편의를 위해 이 같은 칸지들의 물리적 희생을 설득했을 때 그이들은 아무리 사소한 것이라 해도 자신의 성씨에 쓰는 칸지의 형태를 바꿀 순 없다며 그 설득에 넘어가지 않았다(He 2001: 162). 일본의 JIS 표준은 각 문자에 대한 글리프의 모양을 규정한다. 유니코드엔 새롭게 만들어진 문자의 진입을 허용하는 '개인적 사용 영역Private Use Area' 메커니즘이 있지만 그 메커니즘의 사용 방법에 대해 한자 이해당사자들 간에 국제적으로 합의된 규약이 없기 때문에 이러한, 이른바 개인적 문자는 만들어지지 않은 채 같은 방식으로 인코딩된다. 다시 말해서 그 개인적 문자들은 단지 로컬 상태에서 볼 수 있을 뿐 (출력 또한 가능) 디지털로 처리될 순 없다. 더 중요한 것은 그것들이 그 밖의 애플리케이션을 통한 전송도 안 되고 디코딩도 안 된다는 점, 또 인터넷을 통해서도 안 된다는 점이다. 그 결과, 이러한 문자들 모두는 온라인 전송 과정에서 쓰레기가 된다. 바로 이런 시각에서 "유니코드는 서구의 컴퓨터 제조사 쪽에서 해 온 문화 제국주의의 연습에 불과하다는 비판을 받아왔다"는 견해가 나온 것이다(Searle 2004). 그것은 "영어 중심적 사고Anglo-centricity thinking와 함께 일본 문화를 파괴하는" 것으로 인식돼 왔다(Goundry 2001).

   일본의 미온적인 지지를 설명하는 두 번째 이유는 더 정치적이고 더 경제적이다. Unger(1991: 134)는 "그 본질에서 볼 때 국가 표준은 궁극적으로 정치적이기 때문에 비록 IBM 같은 거대 기업들이 유니코드를 선택하기로 결정하더라도 그것의 공표는 진정한 국제 표준을 앞당기기보단 늦추는 데 더 큰 역할을 할 가능성이 높다"고 말한다. 동아시아 지역 내 기술 분야의 선두주자로서, 또 개발이 잘 된 일본어 시스템 두어 개, 곧 추후 그 밖의 한자 사용 정치 체제들이 정식화해서 선보이게 될 표준 세트의 선도자이자 원형인 것들을 보유하고 있는 입장에서 일본이 유니코드의 영향력에 대항하는 데 앞장서고 싶어 하는 것은 이해할 수 있다. 1980년대 도쿄대학의 수카무라 연구소Sukamura Laboratory가 개발한 TRON[The Real-Time Operating system Nucleus, Nucleus 실시간 운영 체제] 문자 코드와 그것의 TRON 다국어 환경 TRON Multilingual Environment처럼 일본이 이룩한 일부 업적은 아시아의 라이벌 코딩 시스템일 뿐 아니라 심지어는 전 세계적으로 수용되기를 다투며 유니코드를 위협하는 강력한 위치에 있다. 다언어 처리에 대한 TRON의 접근방식이 유니코드의 그것보다 몇 가지 측면에서 더 독특하고 우월하다는 점은 대체로 인정을 받고 있다. TRON은 동아시아 문자에 대해 친화적으로 고안된 것이다. 게다가 TRON 문자 세트 또한 무한히 확장 가능하기 때문에 지금까지 사용돼 온 모든 문자를 포함할 수 있으며 심지어는 아직 만들어지지 않은 새로운 문자까지 수용할 수 있다(Sakamura 1992). 그런데도 지금까지 TRON의 이용application은 주로 일본 내에서 제한돼 있는데, 이는 "저 먼 미래까지 운영체제 소프트웨어를 통제하고자 하는 미국 소프트웨어 회사 몇몇의 승인을 받지 못했기 때문이다"(Searle 2004).

일본은 IRG의 회원국이지만 유니코드가 국제표준이 되더라도 그것은 "다국어 애플리케이션 전용이지 국내용은 아니다"고 경고한 다(Wada 1991 : 2, 5). 이는 적어도 일본 내에선 일본에서 만들어진 모든 소프트웨어에 일본식 코드 시스템이 미리 설치된다는 것을 함의하며, 그 것은 유니코드를 사용해야 할 때 오직 격리된 환경에서 작동 가능하게 될 것이다. 동아시아에선 유일하게 처음부터 유니코드에 강력하게 저항해 온 국가로서, 유니코드에 대한 일본의 부정적 태도는 정부 차원과 산업계 양쪽에서 유니코드를 향한 중국의 열정과 극명하게 대비된다.

4.2.2 일본과 중국 간의 라이벌 관계

한자의 본고장인 중국은 가장 중요한 이해당사자이기 때문에 당연히 이 과정에서 주도적 역할을 하고 싶어 한다. 그러나 1980년대에 중국은 대규모 세트 표준을 자체적으로 마련하지 않았다(GB-2312의 보완 세트 시리즈는 훨씬 뒤에 사용됐다). 타이완은 괜찮은 표준을 개발했지만 본토에 그런 표준을 홍보하는 것은 확실히 불가능하다. 국제표준으로 관심을 돌리게 된 중국은 일본 표준과 TRON 시스템보단 유니코드를 선호하게 된다. 부록 F에서 볼 수 있는 것처럼 중국은 유니코드의 가능성에 대해 강한 신념을 갖고 있을 뿐더러 1990년대 초부턴 유니코드 촉진의 강력한 지지자이기도 했다. 중국은 또한 국제화의 추진을 위해 다양한 내부 표준 인코딩 세트가 유니코드 규약과 호환되도록 노력하는 데도 노력을 아끼지 않았다. 일본은 유니코드 그룹 밖에서 유니코드의 확산을 촉진하는 중국의 남다른 열정에 실망을 금치 못했다(Wada 1991 : 1). 제4장에서 언급한 바와 같이 중국은 디지털 기술을 활용하여 자국의 풍부한 전통 유산을 전 지구적으로 전달할 수 있도록 하려고 시도하는 가운데 유니코드가 일군의 방대한 중국 고전과 고대 문자를 업로드할 수 있는 플랫폼을 제공하기를 바라고 있다. 부록 F는 중국이 기존의 표준 세트를 유니코드 시스템과 호환되도록 만듦으로써 유니코드와 협력하기 위해 엄청난 노력을 기울였음을 보여준다. 유니코드는 국내외적으로 학계와 민간 부문에서도 널리 채택됐다. 상업계에선 중국 고전 정전 및 고대 인류가 갖고 있던 지식 대부분을 유니코드 문자로 인코딩하는 데 진지하게 전념했다. 일례로 79,337권으로 구성돼 있는 현존 중국 최대의 백과사전인 『사고전서』1772)는 수년 간 원래 자형을 사용하여 유니코드화됐고 (Zhang 2005), 『설문해자』도 마찬가지였다(Cook 2001).

그 밖의 중요한 차원으로서, 인코딩 표준 이슈에서 정치적 함의를 갖는 것은 국제 표준에서 과연 어느 표준 세트 또는 어느 개별 문자가 멤버십 권리membership rights와 관계를 맺고 있느냐 하는 문제와 관련이 있다. Goundry(2001 : 3)는 "인터넷에서 당신의 언어를 배제된 상태로 놔두는 것은 분명히 당신의 '멤버십이 거부당하고' 있는 경우"라고, 통찰력 있는 견해를 내놨다. 이를 효과적으로 보여주는 얘기로는 1970년대 말 일본, 타이완, 중국 본도가 국제 표준 제정 기구들에서 한자 사용 국가를 대표할 권리를 놓고 경쟁한 일을 꼽을 수 있다. 1980년 3월 스탠퍼드 대학교에서 열린 한 의사 결정 회의에서 타이완 시스템은 (8명으로 구성된 일본 대표단이 지지 획득을 위해 펼친 로비 활동에 힘입어) 라이벌 시스템을 제치고 국제 표준 시스템으로서 한자 코딩 시스템을 제공할 권리를 획득하는 데 성공했다. 제5장 마지막 부분에서 논의한 것처럼 1970년대의 끝을 향해 갈 무렵엔 타이완과 중국 본토 모두 한자 표준을 정할 수 있는 기회를 얻기 위해 공격적으로 경쟁했다. Hsieh(2001)는 이렇듯 중국인이 착수한 최초의 한자 인코딩 시스템(CCCII) [Chinese Character Code for Information Interchange 中文資訊交換碼, 정보 교환을 위한 중국 문자 코드]과 관련한 설명에서 중국 본토가 제안한 잠재적 경쟁 시스템을 영구적으로 밀어젖히기 위해 CCCII는 간화자 모두를 대대적이고 무차별적인 방식으로 포함한다고 말했다. 그러나 모든 비적 (공산주의자의) 문자를 빼내라는 정치적 압박이 거센 가운데 그 같은 명분은 당국을 설득하기엔 힘이 달렸고, 연구진은 그 밖의 명분을 두 가지 더 제시해야 했다. 정치인들은 이윽고 이 두 가지 질문에 설득당하기에 이른다. '그 비적들한테서 나오는 첩보를 컴퓨터로 처리해야 할 필요가 우리한텐 없는 것인가?', 또 '우리가 본토를 수복했을 때 문화적·정치적 선전을 수행해야 하는 것 아닌가?' 현재 본토의 입장에선 3000개가 넘는 광동어 방언 문자를 유니코드에 포함하는 것에 대해선 아무런 이의가 없지만 어떠한 것이라도 타이완 인구 70%의 '모어'인 호키엔Hokkien어의 방언 문자를 포함하는 것에 대해선 극력 반대할 것이다(Jordan 2002: 127).

요컨대 클라이언트clients [컴퓨터의 맥락에선 "서버에 연결된 컴퓨터"를 의미, 출처: 『옥스퍼드 영한사전』, 네이버]가 쉽게 마주치게 되는 Han 통일 관련 문제들이 확인해 주는 것은 궁극적인 해결책이 반드시 인간 공동체 전반에 걸쳐 나타나야 한다는 점, 또 그리돼야 할 때는 사이버 공간상의 어떤 통일이라 하더라도 그것이 발생하기 전이어야 한다는 점이다. 지난 이십여 년 동안 각 정치 체제가 일방적으로 경쟁적rival 시스템을 개발한 데 따르는 위험은 모종의 한자 국제표준을 만들어 내는 것과 관련한 논의를 끊임없이 증가시켰고, 거기엔 유일한 전 지구적 표준을 달성하려는 희망도 함께 있었다. 유니코드는 국제협력의 출발점을 제공하며 IRG는 준정부 국제 전문가 단체로 간주돼야 한다. IRG의 실무 구성원은 회원국 정부가 임명하거나 그 밖의 국가에서 초빙된 전문가들이다. 저자들은 인간이 구성한 여러 공동체의 한자 형태들을 통일하는 과정에서 한자 사용 정치 체제들이 기울인 진지한 협력 노력을 어떤 것도 알지 못했다. 지난 20여 년에 걸쳐 IT 산업에서 발생한 표준화 요구는 인접 국가들의 상이한 정부들이 한자 표준 인코딩 세트를 정식화하는 것과 관련해 급작스럽게 휘몰아치는 활동들에 박차를 가했다. 이 경우 그 국가들은 한편으론 문자 문제와 유사한 문화적 배경에서 여러 공통성을 공유하고 있지만 동시에 다른 한편으론 정치적·경제적·사회적 발전으로 말미암아 분리된다. 이들 정치 체제는 언뜻 보면 코드표와 유사해 보이는 축적 데이터legacy 표준 세트를 공표했다. 그러나 한자의 의미론적인 뜻과 (폰트 스타일의 변형과는 무관한) 물리적 변형 간의 극도로 복잡한 관계를 고려할 때 각 개별 국가 내에선 모양과 소리의 절충이 상이한 정도로 적용돼 왔다. 그런 다음 상이한 시스템에 있는 문자는 상이한 방법으로써 분류되고 배치됐다.[9] 사실 이 모든 쟁점을 다루지 않은 표준이 적절한 것이라고 생각하긴 어렵다. 일종의 이상적인 다용도 메커니즘은 유니코드의 실제 한계와 어떤 면에선 분명히 상충한다.

게다가 모든 문자를 포괄할 수 있는 문자 코드 표준 따윈 없다는 사실은 상황을 더욱 복잡하게 만든다. 이는 크게는 한자가 상당히 오랜 기간에 걸쳐 지리적으로도 상당히 광범위하게 유통돼 있는 반면 문자 체계는 언어 그 자체처럼 끊임없이 진화해 왔다는 데 기인한다. 새로운 문자는 계속해서 형성되고 오래된 문자는 또 계속해서 변화한다. 인코딩 표준의 통일은 인코딩 전문가·IT 기술자·언어교육자·언어학 연구자가 투입될 것을 요청하는데, 이는 불가피하게 그러한 전문가를 후원하는 정치 체제를 끌어들이게 된다. 요컨대 국제적 수준에서 모든 한자 이해당사자의 추가적인 상호 작용 없이 국제 CJKV 인코딩 쟁점과 관련한 실천적 문제에 대해 만족스러운 장기 해결책을 기대하는 것은 실행 가능한 제안이 아니다.

---

9   일본에선 형태별 또는 표의문자적 부건별로, 한국에선 소리별 또는 음성 표현으로 이뤄졌다. 중국에선 원형 GB 2312-80이 색인화됐는데, 절반은 사용 빈도가 더 높은 문자에 대한 소리로, 나머지 절반은 거의 사용되지 않는 문자에 대한 형태로 이뤄졌다. 이는 대부분의 사람들이 발음으로 인식하는 것을 어렵게 만들었다.

5. 한자 개혁: 언어 계획 내 사회 세력의 각축장

5.1 이 작업의 기저를 이루는 일부 쟁점의 재설명

이 책의 1장과 2장에서 우리는 "심지어 최상의 상황에서도 언어 계획자는 언어 계획 환경에서 발생하는 정치적·언어적·사회적 목표 간의 불가피한 긴장 속에 사로잡힐 것"이라는 사실에 주목했다(Kaplan and Baldauf 1997: 309). 이를 반영하는 가운데, 표준화에 초점을 맞추고 있는 언어 계획 및 정책은 일반적으로 진화, 혁명, 반동이라는 사회적 세력들의 영향을 받는다고 말할 수 있다는 것이 이 논저의 밑바탕을 이루는 테제다. 이런 의미에서 이 논저는 여러 쟁점을 제기한다. 이것이 비록 다양한 현시대적 맥락에서 언어 계획자들이 붙들고 씨름하는 문제점들을 반영하는 중국이라는 구체적 맥락, 또 이를테면 문자 개혁이란 언어 계획 및 정책 과정의 구체적 한 측면에서 이뤄지긴 하지만 말이다. 더군다나 이 논저는 '언어 현대화'가 과연 무엇을 의미하는지에 대한 문제적 질문에 다시 활력을 불어넣는데, 이는 특별히 '언어 현대화'가 점점 더 빨라지고 있는 기술 변화의 속도에 영향을 받고 재규정되기 때문이다. 이 쟁점은 중국 문자가 독특하고 복잡한 기술적 문제를 생성하는 개방형 어표문자의 일부인 문자 (또는 한자)를 통해 발생하기 때문에 강조된다. 따라서 이 논저에 제시된 연구는 표준화 및 현대화 관련 쟁점들이 더 이상 해당 분야를 개념화하는 데 적합하지 않을 수도 있음을 제안한다. 여기서 그 쟁점들은 전통적으론 비교적 단선적linear이며 언어 계획 범주에 포함될 수 있는 지위 계획, 말뭉치 계획, 언어 교육 계획 또(는)and/or 위신 및 이미지 계획으로써 총망라될 수 있다(예: Kaplan and Baldauf 2003 참조). 아울러 방금 말한 제안을 더 구체적으로 말하면 앞서 밝힌 언어 계획의 범주들에서 언어 쟁점을 검토하는 것은 점점 더 전 지구화되는 기술 커뮤니케이션 시대에서 언어 현대화에 대한 새로운 요청들을 충족하지 못할 수도 있다는 것과 다름없다.

혹자는 잇따른 언어 계획의 범주이자 언어 계획자가 달리 맞춰야 하는 초점인 기술적 계획을 제안하는 일을 주저할 수도 있겠지만 이 논저에선 기술로 제기된 쟁점들이 [언어 정책 및 언어 계획 관련] 작업의 진화적 방식을 넘어서 있기 때문에 기술이 언어 정책 및 계획에 끼치는 영향과 관련한 혁명적 사고방식을 발전시킬 필요가 있음을 보여준다. 중국 한자가 (특별히 문자 체계로서) 언어와 기술 간 인터페이스의 극단적 사례를 제공할 순 있지만 기술적 의사소통에 언어가 사용되는 방식은 모든 언어와 문화가 상이한 정도로 공유하는 문제라 할 수 있다. 만약에 우리가 언어의 궁극적 생존이 사이버 공간에서 이뤄지는 표현에 달려 있다고 믿는다면 말이다. 해결해야 할 독특한 쟁점들이 있긴 하지만, [그에 앞서 시급히 제기해 봐야 할 문제는 이를테면 이런 것일 텐데,] 중국어처럼 거대하고 강력한 언어와 문화가 사이버 공간에서 자신의 목소리를 찾는 데 어려움을 겪고 있다면 이 쟁점이 중국어만큼 강력하지 않은 그 밖의 언어와 문화에 대해 갖는 함의엔 어떤 것이 있을까?

우리가 이 논저를 관통하는 세 가지 근본 주제와 그것들이 의사소통 기술과 맺는 관계를 간략하게 요약하기 위해 방향을 튼 것은 바로 이 같은 맥락에서다. 여타 언어 계획의 현장과 마찬가지로 중국 문자의 경우에도 진화, 혁명, 반동은 전통적으로 언어 정책 및 계획에 대해 합리적이고 과학적인 접근 방식으로 간주돼 온 것에 영향을 끼치는 사회적 세력들의 여러 동향을 나타낸다. LPP에 대한 비판적 연구는 미시적인 것이나 지역적인 것(예: Baldauf 2006; Canagarajah 2005 참조), 또 사회적 쟁점에 더 큰 중점을 뒀지만 이러한 사회 세력들, 특정 가치들, LPP에 대한 기술 변화의 역할을 사유하는 방식들엔 여전히 탐구해야 할 것이 많이 남아 있다. 힘이 적은 다수의 언어와 문화에서 이것은 아직 실현되지도 또 다뤄지지도 않은 쟁점이다. 이 책에서 강조된 중국의 경험이 이 쟁점을 깊이 있게 이해하는 데 도움이 되기를 바란다.

따라서 지금부턴 진화, 혁명, 반동, 이 세 가지 세력의 상호 작용 및 균형과 관련한 논의를 통해 중국 한자에 대한 개혁 시도를 간략하게 요약할 텐데, 이는 중국의 문자 계획에 대해 이뤄진 연속적 시도의 자세한 과정을 살펴보고 수년간 LP 학자와 실무자들의 관심을 끌었던 배경·역사·과정에 기댐으로써 이뤄진다.

5.2 진화

언어 변화는 생래적으로 보수적이다. 언어는 개인이 바꾸

고 싶어 하지 않는 인간 정체성의 일부를 형성하기 때문이다. 언어 사
용자는 자기 고유의 방법devices에 맡겨진 채 새롭고 최근에 생겨난 필
요를 충족하는 데 필요한 범위에 한해서 언어의 내부 구조를 변경한
다. 그렇기에 언어는 수십 년 또는 수백 년에 걸쳐 천천히 진화한다.
예컨대 500년 전의 영어는 오늘날 사용되는 것과 다소 다르지만 현
재의 영어 독자한테도 여전히 이해될 수 있다. 아울러 고전 중국어
classical Chinese는 지난 세기 초에 백화 운동이 발생하기까지, 2,500년 이
상 문자 수단으로 사용됐다. 언어 계획 및 표준화, 다양한 기술의 도
입이 언어 및 문해력 관련 실천을 형성해 왔으며 변화는 일반적으로
진화적이었다.

　프롤로그에서 우리는 한자의 물리적 형태가 진화하는 극도로
긴 과정을 설명했다. 문자 체계로서 한자는 약 3천 년 전에 갑골문
에 뿌리를 내렸고 이후 천 년 동안 수차례 변화했다. 마지막 주요 변
화(해서)는 1,800년 전에 발생했으며, 그 이후부터 1935년의 간화까
지, 한자는 물리적·공식적으로 실질적인 변화를 겪지 않은 채로 남
아 있었다. 이러한 장기간의 안정성은 FSS[제1차 간화 방안]의 실패에
서 입증된 것처럼 어떤 급진적 변화라도 반동적 세력들에 맞닥뜨리
는 불가피한 운명에 처하게 될 것이란 증거를 제공한다. FSS에 기울
인 노력이 수포로 돌아간 것은 혁명적 시도를 제약하는 것이 한자의
역사적 진화 과정에서 형성된 내재적 특징 뿐 아니라 외재적 세력들
또는 합법화 조건이기도 하다는 점을 보여준다.

　1986년 회의 이후, 중국 한자 개혁은 표준화를 통한 일종의 진화

과정으로 점차 복귀하고 있었는데, 그것에 영향을 끼친 것은 반동적 세력들의 압박이었다. 주안점은 표준화 재정향을 특징으로 하는 안정성이었고, 이는 기술 발전이 필요로 하는 것이었다. 표준화를 통한 개혁 조치의 대체는 문자 체계의 핵심 관심사로서 중요하다. Zhao(2005: 369)의 견해처럼 과거에 간화와 로마자 표기 개혁이 복무하도록 설계된 대상은 주로 문자 학습자나 문맹자로 일컬어지던 대중과 교육을 거의 받지 못한 사용자들이었다.

> 지금 나라 전체가 사회주의 이데올로기에서 점차 엘리트가 지배하는 사회로 급속히 이행하고 있다. 언어 계획자가 더 큰 관심을 갖고 있는 대상은 글을 읽고 쓸 수 있는 주민, 아니, 점점 더 늘어가고 있는 컴퓨터 사용 가능 주민computer-literate population이라고 하는 것이 어쩌면 사실에 더 가까울지도 모르겠다.

이전에 LP 시행자들은 대중의 문해력을 위한 간화라는 사회주의적 목표의 일환으로서 계획 시행을 통해 사회 문제를 해결하고자 하는 욕망으로 추동됐으며, 그 목적은 정치적 권력과 공산주의 정부에 대한 헌신을 강화하는 데 있었다. 아이러니하게도 컴퓨터의 출현과 함께 LP 활동은 기술적 요구에 따라 점점 더 대규모로 추진되고 있다. 이 같은 혁명의 상대적 성공과 전산화의 문자 제어력은 국가의 현대화 노력 과정에서 기술 기반을 비교적 소수의 통제로 되돌려 놨다. 이런 의미에서 1986년 이후의 LP 정책이 180도 전환한 것은 회의 이전의 발전에 비교해 봤을 때 반동적인 것으로 간주될 수 있다.
이를 본 프랑스 사람들은 일종의 진화론적 의미에서 이렇게 말할 것
이다. "바뀌는 것이 더 많아질수록 그것들은 바뀌지 않은 채 더 똑같
이 남아 있다the more things change, the more they remain the same." [Plus ça change,
plus c'est la même chose, 표층의 변화가 심층의 변화까지 의미하진 않는다].

5.3 혁명

문화, 또 인간의 정체성에 언어가 착근돼 있다는 특성을
감안할 때 대개 혁명이 발생하는 경우는 일부 주요한 사회적 변화의
결과가 생길 때, 또는 특정 문제를 긴급히 해결해야 할 때, 또는 혁명
의 대열에 엘리트가 합류할 때밖에 없다. 다시 말해 자연이 그것의 흐
름을 따르도록 내버려 두는 경향, 또는 언어 발전이 혁명적 조건을 가
능케 하지 않은 채 진화의 길을 따라가는 경향이 있는 것이다.

제국주의 이후의 (민족주의 및 공산주의적) 중국 정부가 수행한 세 차
례의 문자 간화 운동은 문자 체계의 혁명적 개혁을 궁극적 목표로
삼았다. 애초부터 문화대혁명 초기에 착수된 원대한 삼자 LP 프로
젝트의 세 기둥(한자 간화, 국어 진흥, 로마자 표기) 중 하나였던 한자 간화
를 통한 문자 개혁은 표의적 문자 체계에서 철자 체계로 전환하기
위한 과도기적 방법으로 간주됐다.

그러나 자신을 민족의 영혼이자 민족 문화유산의 구세주로 여기
는 엘리트 계급은 LP 과정에서 혁명을 저지하는 반동적 세력으로

행동하는 경향을 띤다. 1935년의 실패 이후 1950년대에 간화가 다시 제기되어 그 방안[1956년의 『간화자표』, TSC]이 공식화됐을 때 엘리트 집단의 상당 부분은 일종의 혁명 정당이었던 지배 계급의 일원이 되었고, 이로써 반대 세력은 변화에 대응할 수 있는 지적 영향력을 상실한 상태로 남아 있게 됐다. 이것이 TSC의 성공적 실행을 설명하는 근본적 이유다. 그러나 혁명 세력은 문자 체계에 더욱 급진적인 변화를 가져다 줄 만큼, 그러니까 완숙한 로마자 표기의 허용에 필요한 만큼 발전하지 못했다. 1977년의 제2차 방안은 이 세 가지 세력 모두가 집약적으로 발휘된 중심 무대인 것으로 밝혀졌다. 그 방안은 모든 것을 정치 이데올로기의 일부로 취급해야 직성이 풀렸던 혁명적 열정이 판을 치던 시기, 곧 어떤 정치 체제에서도 그 유래를 찾기 힘들 만큼 매우 이례적인 시기에 공식화됐다. 그 방안은 최고 전성기의 혁명적 LP였다. 언어 계획자가 아니라 언어 사용자 자신의 실제적 작업이었기 때문, 게다가 모든 엘리트 지식인이 문화대혁명의 상당 기간 동안 외딴 시골 지역에서 (세뇌를 위한) 육체적 노동의 지배를 받고 있었기 때문이다. 이것은 일종의 드문 조건을 창출했다. 그리고 그 조건에서 억제력, 곧 한자 발전의 진화 법칙과 반동 세력은 부재했고, 또 그 상황에서 혁명 세력(서민)은 오랜 투쟁 끝에 승리를 거뒀고 방안은 통과됐다. 문화대혁명이 끝났을 때 SSS는 거부됐다. SSS 포기의 가장 중요한 이유로 지목된 대중의 반대를 뒷받침하는 확실한 증거는 없었는데도 말이다. 이 같은 보수적 특징으로 두드러진다는 점에서 1986년 회의는 LP 역사의 이정표였다. 엘리트

는 돌아왔고, 국가 LP 기구의 일부 핵심 구성원이 정책 방향을 뒤집
는 데, 이를테면 SSS의 공식 철회와 로마자 표기 수행의 포기 같은
데서 반동적 역할을 했다는 것은 확실했다. 반동을 통한 혁명의 종
식과 함께 그림 7-1에서 보이는 것과 같은 온건한 진화 패턴이 나타났
지만 또 다른 혁명, 곧 기술 혁명의 씨앗 또한 막 파종되기 시작했다.

5.4 반동

대부분의 언어 사용자 또는 적어도 사회 내에서 언어와 관
련한 권력 및 권위를 가진 위치에 있는 일부 사람들한테는 언어의 순
수한 형태를 유지하거나 그것으로 회귀하고자 하는 욕망이 있다. 이
책에 기록된 중국 문자 개혁의 발전 과정이 보여주는 것은 이런 것이
다. 어떤 의미에서 모든 개혁 목표가 혁명을 가리키고 있다고 말하는
것이 적절할진 모르겠지만 그 어떤 것도 문화적 보수주의에서 비롯
한 사회적 반동을 극복할 순 없다. 언어 순수주의(Jernudd and Shapiro 1989
참조) 운동은 많은 국가에서 발견되며 종교적 이상, 또 신성한 가치와
의미를 구현하는 언어 (및 그 텍스트)와 관련한 그 밖의 개념과 특별히
강력한 관계를 맺고 있다(Schiffman 1996). 이는 어쩌면 신이 마호메트한
테 (고전적인) 아랍어로 말했기 때문에 코란은 오직 신의 언어[인 고전 아
랍에]로 읽히고 발화돼야 한다는 믿음을 통해 가장 잘 설명될 것이다.
이런 현상은 현대의 재번역본 성경보다 킹 제임스 버전의 영어 성경
을 여전히 선호하는 많은 기독교인들한테서도 관찰 가능하다. 공식

종교가 중국인의 삶에서 실질적 역할은 하지 않을 수도 있지만, 제1
장 3.2.2에 풍부하게 명시돼 있듯이 한자는 오랫동안 신성화돼 왔으
며, 특별히 누군가의 유산이 신성한 것으로 간주될 때 그것을 포기하
기란 쉬운 일이 아니다.

　진화가 문자 발전이 진화적 과정으로서 발생하는 것임을 보여주
는 역사와 함께 장기적인 최종 과정을 강조한다면 혁명은 저항 세력
에 대해 발생하는 갑작스러운 급진적 변화와 그 세력에 대한 반동을
나타낸다. 그러나 3대 주요 간화 프로그램, 더 구체적으로 1935년과
1977년의 실패를 살펴보면 엘리트 계급은 일반 서민의 요구에 반발
하는 반동적 경향을 띠었음을 시사하는 듯 보인다. 이때 일반 서민
은 거의 대부분의 경우에 개혁을 추진하는 사람들이며, 또 그렇기에
이 두 세력[엘리트와 서민]의 상호 작용은 중국 문자 체계에 혁명적 변
화가 발생하는 것을 방해한다. 자율적이거나 순수한 언어학의 관점
에서 볼 때 문자는 단지 서면 의사소통의 형식일 뿐이며, 언어는 어
떤 형태로든 잘 제공될 수 있다. 따라서 문자 체계에 혁명적인 변화
는 일어날 수 있다. 바꿔 말하면 그 변화는 더욱 편리한 그 밖의 체
계로 변화하는 것을 일컫는데 말레이어·튀르키예어·베트남어에서
일어난 것들을 예로 들 수 있다. 그러나 중국어의 경우 1920~1930년
대와 1950년대엔 로마자 표기 운동이 큰 성과를 거뒀지만 그 같은
변화는 여전히 중국어 현대화의 역사에선 일촉즉발의 화두로 남아
있다. 당시의 기획자들은 지식 엘리트층의 대부분에서 발생한 강력
한 반동 세력 탓에 중국 문자의 로마자 표기에 실패했다. 심지어는

1920~1930년대의 로마자 표기 운동이 출현하기 이전에도 한자(로마
자 표기 지지자들의 용어로는 "덕망 있는 노인the venerable oldster") [可敬的长者, 可敬的
長者 가경적장자, 덕이 있어 존경할 만한 윗사람]를 대체하기 위해 알파벳 체계
를 장려하려는 목표는 전통주의자들한테 칼로 중국 문화의 심장을
곧바로 겨냥해 찌르는 것으로 간주됐다. 따라서 중국인이 고안했든
서구인이 고안했든 상관없이 어떤 알파벳 체계도 중국인의 문자 생
활graphic life에서 보조 역할을 넘어선 것은 없다.

5.5 결론

대부분의 사회에서 진화, 혁명, 반동의 세력은 언어 발전
의 방식에 일정 역할을 담당해 왔다. 중국의 맥락에서 흥미로운 점은
이 세력들이 지난 100년에 걸쳐 아주 분명하게 작용했으며, 또 그것
들의 상호작용, 특별히 혁명과 반동이 기술로써, 또 최근에는 인터넷
상의 스크립트 전송을 위한 디지털 기술의 필요성에 따라 가속화됐
다는 것이다.

이 논저의 분석은 주로 언어적 차원 및 그것이 정치적 문제와 맺
는 관계에 초점을 맞추고 있다. 하지만 언어 개혁은 대개 사회-정치
적 격변과 관련하여 발생하며 사회적 조건이 초래할 수 있는 언어
및 문자 시스템에 대한 거대한 혁명적 영향을 증명한다. 중국의 경
우 제1차 및 제2차 아편전쟁(1840, 1859) 이후 1800년대 후반 무렵에
서구 열강한테 당한 군사적 패배는 대중 교육을 위한 중국 내의 요

구를 촉발했다. 교육 개혁은 필연적으로 문해력 캠페인과 문자 개혁을 동반한다. 따라서 1912년 만주국이 멸망함에 따라 언어 개혁을 둘러싼 논의는 점점 더 잦아졌고, 이는 이 책에서 논의된 초기 개혁의 기폭제를 제공했다.

공산주의 혁명 초기에 문자 개혁이 처음 시작됐을 때 LPers한텐 저자들이 이 책에서 기술한 문제 다수를 예상할 방법이 아예 없었다. 더욱 최근엔 의사소통 기술의 진전으로 말미암은 새로운 방식, 곧 정치 체제의 경계 너머로 확장되는 더욱 넓은 관점들과 함께 LPP를 그것의 새로운 역사적 맥락에서 검토할 수 있는 새로운 방법이 창출됐다. 중국어 표준화의 문제에 비춰 제3장과 제4장에서 기술한 현재 컴퓨터 기술의 영향은 새로운 고려 사항을 제기하는데, 그것은 문자 개혁이 미래에 성공할지의 여부는 물론 심지어는 지속될지의 여부를 아주 크게 좌우할 만큼 중요하다. 현재 진행 중인 광범위한 표준화의 모험(제4장 3)이 한자의 물리적 형태에 급격한 변화를 가져올 가능성은 아주 낮지만 문자 사용에 대해선 지대한 영향을 초래할 수도 있다. 따라서 진화 세력(표준화 프로젝트), 혁명 세력(병음과 유사한 컴퓨터 친화적 스크립트에 대한 긴급한 필요성), 반동 세력(전통 문화 및 문자로 구성된 민족주의적 세력)의 힘은 지금도 변함없이 작용하고 있다. 이 논저에서 우리가 주장하는 것은 이렇다. 그 같은 힘들이 어떻게 전개되는지가 한자의 운명뿐 아니라 세계 언어 생태계에서 중국어가 궁극적으로 수행할 역할을 결정할 수도 있다.

감사의 말씀

이 책은 많은 분께 큰 빚을 지고 있습니다. 우리는 특별히 이 분들의 조언에 감사드리고자 합니다.

첫째, 질적 연구 접근 방식에서 얻은 경험적 발견은 신뢰할 수 있는 중요 정보의 부족을 보완했으며, 그 정보는 이런 유형의 책을 집필하는 데 필요한 것입니다. 주요 정보 제공자 인터뷰 초대를 수락해 주신 학자 또(는)and/or 특별 집중 세미나에 참석하기 위해 온 학자 분께 먼저 감사의 말씀을 전합니다. Zhou Youguang 교수님(RIAL, SCLW 자문 위원), Hu Mingyang 교수님(중국인민대학교, 전 중국언어학협회 부회장), Guo Longsheng 박사님(RIAL 연구원), Wang Jun 교수님(RIAL, SCLW 자문 위원), Li Yuming 교수님(RIAL 소장 및 MOE [Ministry of Education, 교육부] 언어정보관리과장), Chen Zhangtai 교수님(RIAL, SCLW 자문 위원, 중국응용언어학회 회장), Su Peicheng 교수님(북경대학교, 중국어현대화협회 회장), Yin Bingyong 교수님(RIAL), Fei Jinchang 교수님(RIAL), Dong Kun 교수님(중국사회과학원 언어학연구소 부소장), Fu Yonghe 교수님(RIAL), Feng Zhiwei 교수님(RIAL의 중국어 정보 처리 과학자), Lu Chuan 교수님(RIAL의 중국어 정보 처리 과학자), Wu Tieping 교수님(국경사범대학교)께 감사드립니다. 이 분들 모두는 중국어 계획에서 잘 알려진 권위자이며 그들의 통찰력은 물론 경험까지도 기꺼이 공유하려는 그 분들의 의지는 이 책에 아주 특별한 공헌을 했습니다. 물론 집필 과정에서 발생했을 수도 있는 부정확성이나 오해에 따른 책임은 전적으로 우리에게 있습니다.

또한 이 책의 연구와 집필을 수행하는 과정의 여러 단계에서 귀중한 도움을 주신 다음 분들께도 감사드립니다. Mr. Rudolf Salzlechner와 난양기술대학교Nanyang Technological University의 동료 분들(Miss Wang Yimin, Mr. Goh Hock Huan, Zhao Chunsheng, Ms. Wendy Toh, Ms. Joan Gan)께선 이 책의 몇몇 초안 챕터를 교정해 주셨습니다. Zhang Dongbo(Carnegie Mellon 대학)는 이 책에 사용하기 위해 직접 만든 모든 한자 문자의 제작에 도움을 주셨습니다. 온라인 설문 조사에서 기술 지원을 해 주신 Ms. Bryde Dodd(Sydney 대학의 교수 설계자), Ms. Zhao Yanhui(동북사범대학 부속 초등학교 교장), Ms. Wang Jing(중국 중앙 TV 및 라디오 대학 [中央广播电视大学 또는 中央电大, 현재 국가개방대학, 国家开放大学, The Open University of China의 옛 이름]), 중국어 친필 자료 수집에 도움을 주신 Mr. Shao Honghua(*Unity* 신문 편집자)와 Mr. He Dingmeng(*Planting and Raising Magazine* 편집장), 이 책의 다양한 부분과 관련한 의견 또(는) 문서 및 정보 접속에 도움을 주신 Michael Walsh 교수님(시드니 대학교), Chen Ping 교수님(퀸즐랜드 대학교), John Rohsenow 교수님(일리노이 대학교), George Zhao 박사님(토론토 대학교), Liu Haitao 교수님(Media and Communication University of China [중국전매대학, 中国传媒大学, Communication University of China)께 감사드립니다. 아울러 이 책에서 그들의 삽화를 사용할 수 있도록 허락해 주신 Simon Ager, Ellie Crysta, Imre

Galambos께도 감사드립니다. 또한 이 책과 관련 자료에 대해 귀중한 논평을 해 주신 익명의 심사위원들께도 감사드립니다. 이러한 논평은 여러 가지 문제에 대해 우리의 생각을 명확히 하는 데 도움이 됐습니다.

중국 밖에서 이러한 유형의 연구를 수행하려면 중국어 자료에 크게 의존하게 됩니다. 따라서 시드니 대학교 피셔 도서관Fisher Library이 제공한 훌륭한 지원에 깊은 감사를 드립니다. 우리는 또한 인용된 모든 학자 분들께 감사를 전하고 우리의 번역이 그 분들의 견해를 심각하게 왜곡하지 않았기를 진심으로 바랍니다. 이 책에서 번역은 별도의 언급이 없는 한 제1 저자가 한 것이며, 그 중에는 「참고문헌」에 있는 저자의 병음 번역도 포함됩니다. 그러나 중국 본토 이외의 지역에 거주하는 중국인의 이름을 로마자로 표기하는 것 대한 통일된 표준이 심각하게 부족하기 때문에 이름의 로마자 표기는 매우 부자연스럽고 비체계적일 수 있습니다. 동일한 중국 성씨에 3~4개의 로마자 표기 변형이 있는 것은 매우 일반적인 일입니다. 따라서 이 책에선 원래 음역transliteration을 찾는 일이 불가능한 경우 이들 저자의 이름을 병음으로 표기했습니다. 개개인이 선호하는 로마자 표기법을 사용하지 못하여 송구스럽게 생각합니다.

부록 A
제1차 간화 방안(1935)

第一批简体字表

（二）Y韵

（三）己韵
锣鑼　挨捱　挂掛
还還　淡澹　画畫
笔籮　罗羅　副剧
恒恆　啰囉　虾蝦
　　　　　　祙袜

（二）Y韵
罢罷　发發　闹鬧　荅答
赤赧　亲親　压壓　哑啞
亚亞　价價

（三）乙韵
进進　质質　觉覺　铁鐵
师師　执執　学學　窃竊
狮獅　戥戲　帚帋　协協
时時　　　　　　　　乐樂

（四）世韵
恶惡　广廣　个個　阎閻
这這　热熱　阎閤

（五）帀韵

国國　过過

(八)历韵

继(繼)　剂(劑)　气(氣)　弃(棄)

岂(豈)　启(啟)　济(濟)　齐(齊)

戏(戲)　摆(擺)　抬(抬)　盖(蓋)

碑(碎)　抬(擡)　斋(齋)

台(臺)　才(纔)　侪(儕)　筛(篩)　俭(儉)　拾(拾)

闹(鬧)

晒(曬)

(十二)山韵

迈(邁)　选(選)

(六)儿韵

尔(爾)　迩(邇)　蚁(蟻)　义(義)

实(實)　势(勢)　艺(藝)　用(用)

医(醫)　仪(儀)

(七)一韵

机(機)　鸡(鷄)　奁(奩)　挤(擠)

离(離)　礼(禮)　厉(厲)　励(勵)

弥(彌)　余(餘)　异(異)　体(體)

驳(駁)

(九)乀韵

匦(匭)　桧(檜)

俦(儔)　废(廢)　类(類)　为(為)

伪(偽)　对(對)　归(歸)　龟(龜)

(十)乂韵

柜(櫃)　会(會)　绘(繪)　烩(燴)

虽(雖)　岁(歲)　独(獨)　读(讀)

无(無)　丧(喪)　庐(廬)　芦(蘆)

圆(圓)　炉(爐)

壶(壺)　沪(滬)　烛(燭)　嘱(囑)

处(處)　柜(柜)　晓(曉)　属(屬)

数(數)　仔(仔)　苹(苹)　苏(蘇)

甫(甫)

软(軟)　与(與)　誉(譽)　驴(驢)

屡(屢)　缕(縷)　举(舉)　惧(懼)

怀(懷)　驱(驅)　帅(帥)

〔三〕弓韵　〔三〕幺韵　〔三〕又韵

门（門）　寿（壽）　广（庵）　担（擔）　坛（壇）　宝（寶）　涛（濤）　赵（趙）　庙（廟）　桥（橋）　欧（歐）

头（頭）　刘（劉）　办（辦）　摧（摧）　垯（壋）　报（報）　闹（鬧）　条（條）　枣（棗）　揽（攬）　箫（簫）　殴（毆）

娄（婁）　旧（舊）　滩（灘）　难（難）　灶（竈）　劳（勞）　儿（兒）　巢（巢）　乔（喬）　萧（蕭）　龋（齲）

楼（樓）　邹（鄒）　蛮（蠻）　览（覽）　祷（禱）　号（號）　战（戰）　药（藥）　骄（驕）　侨（僑）　呕（嘔）

犹（猶）　绣（繡）　瘫（癱）　〔三〕幺韵　赶（趕）　地（墜）　变（變）　岩（巖）　怜（憐）　间（間）　简（簡）

畄（留）　筹（籌）　胆（膽）　门（門）　恳（懇）　坚（堅）　练（練）　点（點）　盐（鹽）　赞（贊）　寿（萬）

闲（閑）　贤（賢）　权（權）　万（萬）　断（斷）　鸾（鸞）　欢（歡）　乱（亂）　斛（斜）　们（們）　冈（岡）　陈（陳）　坟（墳）　迷（迷）　远（遠）　还（還）　艰（艱）　炼（煉）　艳（豔）　丛（叢）　劫（劫）

弯（彎）　具（具）　尔（爾）　碱（鹼）　恋（戀）　联（聯）　边（邊）　伞（傘）　毡（毡）　忘（忘）　址（址）

（ㄥ）厶韵

（ㄡ）尤韵

淙淙　长長　场場　肠腸
尝嘗　伤傷　眦賍　丧喪　粮糧
阳陽　痒癢　粮糧　朴樸
庄莊　床牀　双雙　朴樸
凤鳳　丰豐　凤鳳　灯燈
称稱　德德　声聲　绳繩
圣聖　应應　营營　蝇蠅

阴陰　隐隱　宾賓　滨濱
殡殯　闽閩　临臨　佟僬
尽盡　烬燼　亲親　蚬蜆　孙孫
闻聞　问問　闰閏
韵韻　勋勳　逊遜
帮幫　当當　嘡嘡　党黨
挡擋搐　怅悵　帐帳　账賬

听聽　所廰　灵靈　舆輿
东東　冻凍　开開　钟鐘
众眾　虫蟲　荣榮
嶲　穷窮　从從

且適於刊刻計，故多采宋元至今習
用之俗体。古字与草书，間亦采及
·古字如『气、无、処、广』等，
草书如『时、实、为、会』等，亦
省通俗習用者。草书因多用使轉以
代楷书中繁複之点画，且笔势圆轉
而多鈎联，適於书寫而不忘適於刊

以上共計三百二十四字
附說明
一、本表所列之简体字，为便俗易識，

一地者，如北平以「代」为「帶」，闽廣以「什」为「雜」，苏浙以「叶」为「葉」等，又如蘇方中以「姜」为「薑」，賬簿中以「旦」为「蛋」等，皆不采用。

二左列三種性質之簡体字，皆不采用剃，故所来不多；必如「发、协、乐、忘」等，筆勢方析，近於楷体者，方采用之。

三本表对於用同音假借之簡体字，别择極嚴，必通用己久，又忘普通决不至於疑誤者，方采用之，如「异、机、旧、丰」等。其有偶用於

3.偶見之簡体字尚未通行者，如「漢」作「汉」，「僅」作「仅」」等，本可采用簡体，但如此一改，則牵動太多，刊刻費时。今求簡而易行，故此等偏旁，暫不改易。

四偏旁如「言、鳥、馬、糸、辵、走」等，

1.賬簿蘇方中專作符号用者，如「初」作「刀」，「月」作「ㄥ」，兩作「刃」，「斤」作「丨」，「分」作「卜」。

2.一体作数字用者，如「ナ」代「廣」又代「慶」，「卩」代「部」。

五表內(五)帀韵，是『业、彳、尸、日
、卩、ち、厶』七音之韵母，称說
時用之，注音時不用。

부록 B

제2차 간화 방안(1977)

第 一 表

（1）不作简化偏旁的简化字

（172 个）

原字	简作	原字	简作	原字	简作
慷	忼	答	荅	薅	荐
芭笆把	巴	蛋弹	旦	盦	合
帮	邦	踏稻	舀	葫蝴 葫蝴	胡
爆	炑	殿	屁	毁	毁
蓖蓖	芘	董懂	苳	建	迠
鳖	垈	短	𠀒	酱	酱
稨稨	扁	墩	炖	跤	跤
捅	屏	武	忒	街	衔
病	疒	愤	忿	境	垃
播	扌	解	伏	镜	重
部	卩	富	副	酒	橘
影	釆	秆	杆	橘	橘
菜蔡	芽	钧	勾	镰	铁
餐	歺	邋	送	懒	忄
舱	仓	滥	鉴	囊	款

（第二栏）

原字	简作
寻	荨
金	盒
毁	筫
建	迠
酱	酱
跤	跤
椒	阱
境	垃
镜	重
酒	橘

午 番 息 呀 钍 梢 肖 廷 仅 宏 叄 宀

偷	𠆾		蠹	窀	呼呗	毕几
遇	迂①		胀	帐	枓拱	斗拱
预豫	予		继	纫	咔呗	卡几
圆	元		蛰	奁	蝌蚪	科斗
原	厡		杆	子	嚓晓	兰龙
源	沅玩		嘈	咀①	震晓	
缘	玩		座	坐	蕾苈	辟历
赞	赞				蚯蚓	丘引

（2）可作简化偏旁用的简化字

（21个）

原字	简作	类推出来的简化字
鼻	鼻	舒—舒
察颢	𡧟	捡—拉
悉	悉	搀—掺，馋—馋
冀	北	骥—骥
具	具	俱—俱，惧—惧，锯—锯
留	㽞	榴—榴，瘤—瘤
眉蝇	尸	媚—妒
素	兰	螳—蛇
面	百	缅—绉
蕃螳	巾	撵—抻
青	寺	静—诤，靛—靛

桑 杀 ...
属 属 坐 ...
堂 易 为 ...
婴 妥 ...
展 巳 巳 ...
真 真 ...
直 直 ...
卒 卆 ...
幕 苐 ...

第二表

第二表的简化字，按不同的简化方法分为七类。第八类是简化偏旁及可类推简化的字。

1. 同音代替字（72个）

在现代汉语中不引起意义混淆的条件下，用笔画简单的同音字，代替笔画较繁的字。例如，以"发"代"髮"，以"范"代"範"。也就是两个或两个以上的同音字，合并成一个字。这化,有下列几种情况:原字的形旁、声旁笔画太繁,改用笔画较简的形体;原字声旁表音不准,改用表音较准的常用字作声旁。原字本来不是形声字而笔画胶繁,改用笔画较简的新形声字。

澳	沃④	故	玎
薪	苞	焊	蒺 夹
卿	苹	整	烦 烙
暴 曝	卟	激	蕲 玄
潘 浦	汴	精稿	赋 肥
鄴 避	邺 迓	假 简	蕙 苹
薄	帝	偬	痈 苞
锄	钿	健	道 达
储 贮	伽⑤	锞	遗 硚
戳	战	制	镞 疾
诞 搞	扣 迫	警散	痫 贴
厌蝶	为	脉	搔 壮
蠹	抉④	裤	孤
翅	壮	犁	令 认
繁	乳	润	悸 扛
迷	迮 纬	砾	律 独
敷	本	本	匾

沿	丁宁		
彦	多索		
敉	分付		
乍			
沾	咯喀		
狛	炯坊		
谘	兰尾		
臻	江尧		
迪	揣达		
	罗索		
叮咛	宁兰		
哆嗦	劳荞		
吩咐	劳皇		
	专迁		

2. 形 声 字(115个)

汉字中地大部分是形声字,例如,"忠"字的"心"称为"形旁",是表示字义的;"中"称为"声旁",是表示字音的。运用"形声"结构来简

---

① 草刻的草同作习,忠草的草同作为。
② 宣的变异客基写错,菅本作品,象草果介之形。
③ 宣象的逆和宣合并简作亡,以免同读一亡相混。
④ 肥沃的沃仍读 wò。
⑤ 亡藏的亡读 zhù,现在一般都读 chá,故与同义字储一并简作作。
⑥ 斯仿造致等字。
⑦ 宣仿照旅等字,区作声旁读 ou。

4. 轮廓字 (23个)

保留原字的轮廓,省略其中部分笔画,用这个方法简化的字与原字形体相近。例如,"叠壶齿竖"分别简作"叠壶白竖","日"改"日"虽只减两笔,但好写多了。

3. 特 征 字 (32个)

用原字的特征部分来代替原字,这样既减少了笔画,又容易辨认。有一部分汉字的结构,描写起来很费劲,不便称说,例如,"候"字简化为"关",便于称说,易学易记。

5. 草书楷化字 (16个)

把行草书改成楷书的形式,可以减少较多笔画。

① 尾仿尾屋等字,它作声旁。
② 蜂是尼文字,故头旁改用虫心旁,因作忱。
③ 元素的钇仍读 gá。
④ 弗矜的弗仍读 fú。
⑤ 殳与没形近,"改有""没有"易误,应善区别。古兵器的殳仍读 shú。

6. 会意字(6个)

用几个常用字(或偏旁)构成一个字，表示一个意思。例如，尘是塵的古体，"一人为大"。

娛	仆	集	厶	眾	众
寨	灾	家	穴	燃	火

7. 符号字(5个)

把原字笔画繁难的部分，用简单的笔画(或字)代替。这些笔画(或字)在这类简化字中仅仅作为符号，不起表音表意作用。

割	刈①	粵	粤	亂	乱
奥	奥	韓	朴		

8. 简化偏旁

(1)可作简化偏旁用的简化字(24个)

24个可作简化偏旁用的简化字(均见第二表前七类)，及可类推简化的字一并列表如下。

原字	简作	可类推简化的字
敢	玫	憿 敫 憋
既	无	飯 溉 概
鬼	见	魁 魅 傀 馗 瑰 槐 魂 魄
旁	旁	傍 谤 榜 膀 磅 镑 塝 髈
喜	苦	嘻 嬉 禧 熹
豊	豊	饅 嫚 糧 瘦
昌	色	涸 蝐
盥	皿	孟 孟 猛 锰 蜢 盅 盆 盐 盍 监 槛 滥 岔 逊 淼 绝 盔 蠱 盏 盎 盗 盘 塑 温 蓝 础 篮 阊

（右段）

血	血	衅 衊
商	商	摘
爾	尔	彌 嘀 祢 鯑
耳	耳	那 都 取 娶 趣 最 撮 聤 耽 耿 聆 职 联 聘 聪 洱 饵 珥 恧 榵 饪 颞 握 缡 栮 撄 鼙 鬷 婁 闞
角	角	斛 触 桷 确 斠 蟹
舟	舟	舰 航 舷 舵 舸 舶 船 舫 艘 般 搬 瘢 槃 盘
雨	雨	芠 雫 雾 霭 需 擂 檑 雷 嬃 镭 震 霄 雹 霏 雳 靃 霍 霓 霄 霈
弟	弟	剃 梯 锑 涕
高	亭	蔽 搞 橋 犒 稿 镐 蒿 篙
亥	亥	刻 该 咳 孩 骇 核 骸 赅 阂
東	东	谏 楝
票	彔	飘 瓢 螵 膘 缥 镖 瘭
要	灵	腰
其	亓	期 欺 嘶 嘶 斯 期 淇 祺 棋 琪 萁 箕 旗
身	为	躬 躯 躲 躺 射 谢 榭
家	宂	嫁 稼

(2)不能单独成字的简化偏旁(16个)

16个不能单独成字的简化偏旁(其中爿(pán)、畺(zhì)单用时保留原字；"酉"作单字用时简作"医"；"囲"作单字用时简作"围"，"囲尾"简作"兰尾")，及可类推简化的字一并列表如下。

----

① 飘剂、刈配等的刈仅读刈。

부록 C

『현대한어상용자표』

제1부분 상용자(2500자)
필순에 따른 배열

一画

一 乙

二画

二 十 丁 厂 七 卜 人 入 八 九 几 儿 了 力 乃 刀 又

三画

三 于 干 亏 士 工 土 才 寸 下 大 丈 与 万 上 小 口 巾 山
千 乞 川 亿 个 也 久 勺 凡 及 夕 丸 么 广 亡 门 义 之 尸 弓
己 已 子 卫 女 飞 刃 习 叉 马 乡

四画

丰 王 井 开 夫 天 无 元 专 云 扎 艺 木 五 支 厅 不 太 犬
区 历 尤 友 匹 车 巨 牙 电 比 互 切 瓦 止 少 日 中 冈 贝
内 斤 水 见 牛 手 毛 气 升 长 什 仁 片 仆 化 仇 币 仍 仪
斤 乌 爪 反 父 从 今 凶 分 乏 仓 月 氏 勿 欠 风 勾 丹 巴
乌 孔 队 办 以 文 方 予 为 火 斗 忆 公 户 心 尺 引 丑
书 幻 订 计 认

五画

玉 刊 示 末 未 击 打 巧 正 扑 扒 功 扔 去 甘 世 古 节 本
术 可 丙 左 厉 石 右 布 龙 平 灭 轧 东 卡 北 占 业 旧 帅
归 叫 旦 目 叶 甲 申 号 电 田 由 只 叨 另 叹 四 生 失 禾
丘 付 仗 代 仙 们 仪 白 仔 他 斥 瓜 乎 丛 令 用 甩 印 乐
句 匆 册 犯 外 处 冬 鸟 务 包 饥 主 市 立 闪 永 司 尼 民
出 汉 宁 它 讨 写 让 礼 训 必 议 讯 记 母 丝 奶 辽 边 发
圣 对 台 纠 幼 皮 召 加

六画

式 刑 动 扛 寺 吉 扣 考 托 老 执 巩 圾 扩 扫 地 扬 有 至
共 芝 夸 朴 机 权 过 臣 再 协 西 压 厌 在 有 百 此 吐 吓
而 芒 亚 匠 夺 灰 达 列 死 成 夹 轨 邪 划 迈 毕 吃 吗 虫
师 朽 尖 劣 当 则 肉 网 年 朱 先 伟 传 延 任 伤 价 份 华
帆 岁 回 伍 伏 优 伐 舟 合 兆 企 众 爷 伞 创 肌 朵 杂 交
乒 向 岂 伦 似 后 行 各 闭 问 羊 并 关 米 灯 州 汗 污 江
旬 产 充 妄 闯 羽 欢 买 红 纤 级 约 纪 驰 巡 池 齐 江 次
耳 存 贞 屿 兵 血 危 衣 忙 场 汤

导买
尽欢
迅观
那羽
寻戏
访妈
设她
好
讽妇
论如
农
讪奸
许
论
军防
讲阴巡
安阶弛
字收纪
宅阳约
守阵级
宇孙纤
兴异红

七画
寿扯坊芦医园岗作谷饮间宋灵务

批坑严丽呆别伸坐饭闲完君妨
找抗芳两里吼但希迎忘快译妖
拒坟苍豆县吧何余岛冶忧词妙
扰投芬束助鸣体返卵弃怀附驴
坏抛芹更吴估役条辛沉诉阻纺
技均花求时吩兵彻删序沈识陈纹
抚扮却极旱秀皂狂应泛补际纵
扶折抓报杏困龟库汽沃评忌驳
运抓步乱位床沙证迟纯
违连男我住肚况汪良局纱
吞块声材来邮灾尾驱
远赤材杜钉低岔状灿穷驴鸡
功坚吵禿身免疗
扯把伴龟疗
折材连利床沙改纳
抄否呀针佣冻灶究尿劲
形壳苏针邻灶鸡
宅抄否呀佣冻究尿层忍
进坝志杠还吨钉岔状灿穷尾驱

八画
奉拍抬板奔虎附垂侨采兔净泄怕诚孟终
玩者其松奇房呼牧佩受狐盲河怜村孤驻
环顶取枪奋肾物货乳忽放沾怪陕驼
武拆苦构态贤咏乖依贪狗泪学视降绍
青拥若杰欧尚昵刮的念备育油宝话限经
责抵茂述垄旺岸秆迫贫饰定诞妹贯
现拘苗枕妻具岩和质肤饱闹沿姑
表势范画转昆帜佳季欣饲郑宜审姐
抹垃直卧斩国岭侍爬胀享单泳官肃驾
拦茄轮昌凯供彼朋店夜炊帘隶艰参
拔茎软败使径股炒泥空录
拣刺畅肤饲闸泊宗话定诞妹贯
担幸茅枣到明贩例所肥庙炕波炊实居录驾
招林雨非易购版舍服炎泼试届练
坦拼姓始
押坡枝卖叔昂图侄金胁底炉泽郎刷组
抽披杯矿肯典钓侦命周剂沫治诗屈细
拐拨柜码齿固制侧斧郊昏肩弦驶
拖择析厕些忠知凭爸爸鱼废法性房承织

九画
奏挺带柳春括草柱帮拴茧柿珍拾茶栏玻挑荒树毒指茫要型垫荡威
挂挣荣歪封挣故歪持挤胡研项挖南砖垮按药厘挎挥标厚城某柄砌挠某吹政甚柄面赴革相耐赵荐查耍挡巷柏牵

显骂卸俩律狠疫首染穿费垒
哄咧钩便待狱疯前洽突昼柔
眨品钥段盾狡疮迷派宪屋怠
盼虽钢竿俊独庭类活宫既勇
是蚂钟复追狮迹送洗室退盈
尝思钞重侵狭度叛测宣垦贺
削蚁骨科鬼勉亮姜洞觉诵架
省虹炭秋皇哀养浇恨举说怒
临贵阀阁将闻洪恰神祖姥络
览界罚信奖阅恢恼误姻娇绝
坚虾炭俘胜将恒祝娃给
虾贱皇胖脉亭美浊恨说怒
蚁贴种哀泉养洒恼绞
骨科秋胚脉哀浇恰神绝
残哑哗缸贷很贸疤逆济窃陡绑

十画

耕捎恭根轿哨特倚般皱资烦浸朗剧
泰埋莫哥顿恩造倒途恋站烛烫诸屑弱
珠捉荷速毙唤乘倘拿浆剖烟涌扇陵
班捆狭逗致啊俱爹浆剖递悟袖陷
蚕都真翅辱紧贼俯脆准酒害娱
顽哲框监圆秧倦脂阅涉课通
匪捡档夏党健脊羞消家谁能
捞换桐础晒臭脑症浩宵调难
栽挽株破眠钳铜病拳海宴冤预
捕热桥原笔钻胯脏射胡透诱桑
振恐桃钱躬胶疾粉涂宾谅绢
载壶格套鸭笑息脑疼料浴窄谊绣
赶挨校逐晃铃笋徒狼效兼流宰剥继
起耻核殊晕缺借舰逢离烤润恳
盐耽顾蚊氧值舱留唐烘请展

十一画

球控梦雀患做欲麻粒情敢
堵掘职梳晨崇偶脖清惧蛋
描著梯睁圈偷庸添惕隆
域基桶眯铲您淋惊婶
掩著楼眼铲您脱鹿淋惊惨姊
捷排掉掀推堆授掏掠培接
萌菜票爽菌萝菊萍菠营械
戚聋假晚移哆瓷盛蛇辆唱
悬啦犁得猎距笼符鸽第敏
副银假猎猫盘馆盒减悉
票停买移淘窑率盖迷粗
章家惨铐涂船婆渗
赖颈叙续骑绳维禍逮绿

十二画

琴 煮 葱 厨 最 幅 剩 焦 然 湿 窝 缎
斑 替 款 堪 搭 塔 越 趁 趋 超 提 堤
援 裁 朝 硬 喷 赔 程 傍 馋 温 窗 编
落 厦 量 帽 赌 稍 储 装 渴 遍 骗
堤 散 椒 雅 蛙 锁 筑 策 艇 善 滋 游
提 联 棵 悲 遗 锅 番 释 粪 惰 谢
超 欺 椎 跌 销 筒 啻 普 慌 谣
趋 期 雄 景 践 链 舒 美 溉 谦
博 惹 棉 辉 蛛 锈 筷 禽 尊 溉 愤 强
揭 葬 棚 敝 蜓 锐 锋 筝 腊 傲 道 曾 慨 隔
喜 葛 棕 赏 喝 傅 腔 寒 絮
插 董 惠 拿 喂 智 牌 鲁 港 富
揪 葡 惑 晴 喘 毯 堡 猾 湖 渡 嫂
搜 敬 逼 暑 喉 鹅 集 猴 渣 窜 登

十三画

瑞 蓝 碑 盟 锤 愈 慈 福
魂 墓 碰 碎 歇 锦 遥 煤 群
肆 幕 暗 键 腰 煌 殿
搏 塌 鼓 摆 携 搬 摇 搞 塘 概 摧 蒜 勤 酬 鹊 碍 暖 锣 微 塑 谨
蒙 蒸 禁 毡 想 输 龄 蜂 睛 罪 睡 赖 感 锡 躲 煎 像 数 誉 寒
献 跨 跟 筹 遣 毁 催 意 傻 粮 慎
雷 跳 辞 腾 签 滤 廉 韵 鼠 舅 睬 罩
碌 矮 腥 满 源 滔 溜 溪 滚 缠
路 跪 稠 嫁 叠 缝

十四画

静 榜 锹 豪
碧 璃 墙 嘉 摧 截 誓 境 摘 摔 聚 蔽 慕 暮 蔑 模 榴
榨 歌 遭 酿 算 磁 愿 需 弊 裳 颗 嗽 蜻 蜡 蝇 蜘 赚 敲
锻 舞 稳 笋 辣 管 僚 魄 鼻 膊 膀 鲜 疑 慢 裹 漏
膏 遮 腐 瘦 谱 端 精 旗 熄 膝 漂 演 滴
寨 赛 察 蜜 嫩 熊 翠 骤 缩

十五画

慧 撕 撤 趣 趟 撑 播 撞 增 聪 鞋 蕉 蔬 横 橡 樱 槽 飘
醋 醉 震 瞒 霉 题 箭 暴 影 瞎 踏 踪 蝶 蝴 嘱 镇 墨 苇
稻 黎 稿 稼 箱 劈 僵 骑 德 螳 熟 摩 颜 毅 糊
遵 潜 潮 懂 额 慰 踢

十六画

操 燕 薯 薪 薄 颠 橘 整 融 醒 餐 嘴 蹄 器 赠 默 镜 赞 篮
邀 衡 膨 雕 磨 凝 辨 辩 糖 糕 燃 澡 激 懒 壁 避 缴

十七画

戴 擦 鞠 藏 霜 霞 瞪 蹈 螺 穗 繁 辫 赢 糟 糠 燥 臂 翼
骤

十八画

鞭 覆 蹦 镰 翻 鹰

十九画
　　警 攀 蹲 颥 瓣 爆 疆
二十画
　　壞 耀 躁 嚼 嚷 籍 魔 灌
二十一画
　　蠢 霸 露
二十二画
　　囊
二十三画
　　罐

제2부분 차次상용자(1000자)
필순에 따른 배열

二画
　　匕 刁
四画
　　丐 歹 戈 夭 仑 讥 冗 邓
五画
　　艾 夯 凸 卢 叭 叽 皿 凹 囚 矢 乍 尔 冯 玄
六画
　　邦 迂 邢 芋 芍 吏 夷 吁 吕 吆 屹 廷 迄 臼 仲 伦 伊 胁 旭
　　匈 凫 妆 亥 汛 讳 讶 讹 讼 诀 弛 阡 驮 驯 纫
七画
　　玖 玛 韧 抠 扼 汞 扳 抡 坎 坞 抑 拟 抒 芙 芜 苇 芥 芯 苍
　　杖 杉 巫 权 甫 伺 沥 匣 轩 卤 肛 肘 甸 沧 沪 忧 诅 诈
　　吭 岖 牡 佑 佃 汰 沦 泅 沧 呋 忱 鸠 彤 灸 罕
　　兑 灼 沐 沛   屁 坠 妓 姊 妒
　　纬   妪
八画
　　玫 卦 坷 坯 拓 坪 坤 拄 拧 拂 拙 拇 拗 茉 苛 苟 茁 苞 咙 肴 沼 驹
　　苗 苔 枉 枢 枚 枫 杭 郁 矾 氛 岳 侠 佬 炬 泌 绅
　　呻 咒 忿 宠 宛 狎 庞 疟 疚 弧 卒 氓 沽 沮 泣 呷 沼
　　觅 怔 怯 绎
　　绊

十五画
撵　撩　撮　撬　擒　墩　撰　鞍　蕊　蕴　樊　樟　橄　敷　豌　醇　磕　磅　碾
憋　嘶　嘲　嘹　蝠　蝎　蝌　蝗　蝙　嘿　幢　镊　镐　稽　篓　膘　鲤　鲫　褒
瘪　瘤　瘫　凛　澎　潭　潦　澳　潘　潵　澜　澄　憔　懊　憎　翩　褥　遣　鹤
憨　履　嬉　豫　缭

十六画
撼　擂　擅　蕾　薛　薇　擎　翰　噩　橱　橙　瓢　磺　霍　霎　辙　冀　踱　踩
螟　螃　螅　噪　鹦　黔　穆　篡　篷　篙　篱　儒　膳　鲸　瘾　瘸　樵　燎　濑
憾　懈　窿　缰

十七画
壕　薪　檬　檐　檩　檀　礁　磷　瞭　瞬　瞳　瞪　曙　蹋　蟋　蟀　嚎　瞻　镣
魏　簇　儡　徽　爵　朦　臊　鳄　麋　癌　孺　豁　臀

十八画
藕　藤　瞻　嚣　鳍　癫　瀑　襟　壁　戳

十九画
攒　孽　蘑　藻　鳖　蹭　蹬　簸　簿　蟹　麓　癣　羹

二十画
鬃　攘　蠕　巍　鳞　糯　譬

二十一画
霹　躏　髓

二十二画
蘸　镶　瓤

二十四画
矗

부록 D

『중화인민공화국 국가통용 언어문자법』

中华人民共和国国家通用语言文字法

(2000年10月31日第九届全国人民代表大会常务委员会第十八次会议通过
2000年10月31日中华人民共和国主席令第三十七号公布)

第一章	总 则
第二章	国家通用语言文字的使用
第三章	管理和监督
第四章	附 则

第一章　　总 则

第一条　　为推动国家通用语言文字的规范化、标准化及其健康发展、使国家通用语言文字在社会生活中更好地发挥作用、促进各民族、各地区经济文化交流、根据宪法、制定本法。

第二条　　本法所称的国家通用语言文字是普通话和规范汉字。

第三条　　国家推广普通话、推行规范汉字。

第四条　　公民有学习和使用国家通用语言文字的权利。国家为公民学习和使用国家通用语言文字提供条件。方各级人民政府及其有关部门应当采取措施、推广普通话和推行规范汉字。

第五条　　国家通用语言文字的使用应当有利于维护国家主权和民族尊严、有利于国家统一和民族团结、有利于社会主义物质文明建设和精神文明建设。

第六条　　国家颁布国家通用语言文字的规范和标准、管理国家通用语言文字的社会应用、支持国家通用语言文字的教学和科学研究、促进国家通用语言文字的规范、丰富和发展。

第七条　国家奖励为国家通用语言文字事业做出突出贡献的组织和个人。

第二章　国家通用语言文字的使用

各民族都有使用和发展自己的语言文字的自由。

第八条　少数民族语言文字的使用依据宪法、民族区域自治法及其他法律的有关规定。

第九条　国家机关以普通话和规范汉字为公务用语用字。法律另有规定的除外。

第十条　学校及其他教育机构以普通话和规范汉字为基本的教育教学用语用字。法律另有规定的除外。
学校及其他教育机构通过汉语文课程教授普通话和规范汉字。使用的汉语文教材、应当符合国家通用语言文字的规范和标准。

第十一条　汉语文出版物应当符合国家通用语言文字的规范和标准。
汉语文出版物中需要使用外国语言文字的、应当用国家通用语言文字作必要的注释。

第十二条　广播电台、电视台以普通话为基本的播音用语。
需要使用外国语言为播音用语的、须经国务院广播电视部门批准。

第十三条　公共服务行业以规范汉字为基本的服务用字。因公共服务需要、招牌、广告、告示、标志牌等使用外国文字并同时使用中文的、应当使用规范汉字。
提倡公共服务行业以普通话为服务用语。

第十四条　下列情形、应当以国家通用语言文字为基本的用语用字：
　　(一)广播、电影、电视用语用字；
　　(二)公共场所的设施用字；
　　(三)招牌、广告用字；
　　(四)企业事业组织名称；
　　(五)在境内销售的商品的包装、说明。

第十五条　信息处理和信息技术产品中使用的国家通用语言文字应当符合国家的规范和标准。

第十六条	本章有关规定中、有下列情形的、可以使用方言： (一)国家机关的工作人员执行公务时确需使用的； (二)经国务院广播电视部门或省级广播电视部门批准的播音用语； (三)戏曲、影视等艺术形式中需要使用的； (四)出版、教学、研究中确需使用的。
第十七条	本章有关规定中、有下列情形的、可以保留或使用繁体字、异体字： (一)文物古迹； (二)姓氏中的异体字； (三)书法、篆刻等艺术作品； (四)题词和招牌的手书字； (五)出版、教学、研究中需要使用的； (六)经国务院有关部门批准的特殊情况。
第十八条	国家通用语言文字以《汉语拼音方案》作为拼写和注音工具。《汉语拼音方案》是中国人名、地名和中文文献罗马字母拼写法的统一规范、并用于汉字不便或不能使用的领域。 初等教育应当进行汉语拼音教学。
第十九条	凡以普通话作为工作语言的岗位、其工作人员应当具备说普通话的能力。以普通话作为工作语言的播音员、节目主持人和影视话剧演员、教师、国家机关工作人员的普通话水平、应当分别达到国家规定的等级标准；对尚未达到国家规定的普通话等级标准的、分别情况进行培训。
第二十条	对外汉语教学应当教授普通话和规范汉字。
第三章	**管理和监督**
第二十一条	国家通用语言文字工作由国务院语言文字工作部门负责规划指导、管理 监督。 国务院有关部门管理本系统的国家通用语言文字的使用。
第二十二条	地方语言文字工作部门和其他有关部门、管理和监督本行政区域内的国 家通用语言文字的使用。
第二十三条	县级以上各级人民政府工商行政管理部门依法对企业名称、商品名称以及广告的用语用字进行管理和监督。
第二十四条	国务院语言文字工作部门颁布普通话水平测试等级标准。

第二十五条　　外国人名、地名等专有名词和科学技术术语译成国家通用语言文字、由国
　　　　　　务院语言文字工作部门或者其他有关部门组织审定。

第二十六条　　违反本法第二章有关规定、不按照国家通用语言文字的规范和标准使用语言
　　　　　　文字的、公民可以提出批评和建议。
　　　　　　本法第十九条第二款规定的人员用语违反本法第二章有关规定的、有关单位
　　　　　　应当对直接责任人员进行批评教育；拒不改正的、由有关单位作出处理。
　　　　　　城市公共场所的设施和招牌、广告用字违反本法第二章有关规定的、由有
　　　　　　关行政管理部门责令改正；拒不改正的、予以警告、并督促其限期改正。

第二十七条　　违反本法规定、干涉他人学习和使用国家通用语言文字的、由有关行政管
　　　　　　理部门责令限期改正、并予以警告。

第四章　　附 则

第二十八条　　本法自2001年1月1日起施行。

원저엔 영어번역본이 실려 있는 관계로 여기선 중국어 원문으로 소개했다. 참고로 중국어 원문의 출처는 다음과 같다.

세계법제정보센터(https://world.moleg.go.kr/web/main/index.do),
「국가통용 언어문자법(中华人民共和国国家通用语言文字法)」,
https://world.moleg.go.kr/web/wli/lgslInfoReadPage.do?CTS_SEQ=8109&AST_SEQ=53&,
작성일 2019.10.28. 접속일 2022.12.14.

부록 E

인물 해설Identification of Personal Names

1. **Ann, T.K.** (安子介 [安子個, 안자개], 1917-2000) 상하이 출신 홍콩 사업가, 홍콩산업협회 회장. Ann은 중국 인민 고문단Chinese People's Consultancy의 부회장 역임. Ann, T. K. 중국 문자 필기 기계의 발명가이자 『중국어의 수수께끼 풀기』*Cracking the Chinese Puzzles* [《解开汉字之谜》, 1982](5권), 『중국문자는 중국의 다섯 번째 발명품이다』*Chinese Character is the Fifth Invention of China*, 『21세기』*The 21st Century*, 『21세기』*Is the Chinese Character Century*, 『중국 문자는 중국 문화 유산의 뿌리다』*Chinese Character is the Root of Chinese Cultural Heritage*의 저자.

2. **Chen Zhangtai** (陈章太 [陳章太 진장태], 1932-) 언어학 교수, 샤먼대학 졸업. 중국언어학회 부회장, 중국응용언어학회 회장, 중국사회과학원 언어학연구소 부소장 RIAL 소장 및 SCLW의 부의장 역임.

3. **Guo Moruo** (郭沫若 [곽말약], 1892-1978) 작가, 정치가(중국 부총리), 전국문학예술계연합회 회장, 중국과학원 원장. 일본에서 수학.

4. **Hu Qiaomu** (胡乔木 [호교목 鬍喬木], 1912~1992) 장쑤성 출생. 1935

년에 중국 공산당에 입당. 청화대학교 졸업. 1945년부터 Mao Zedong의 정치 비서 중 한 명. 1950년부터 1966년까지 중국 공산당 중앙선전부 부부장과 Mao Zedong 문집 편집장 역임. 1961년 이후 건강이 좋지 않아 정치 생활은 제한적이었으나, Mao 사후 중국 공산당의 수석 이론가가 되었고, 중국 공산당 중앙당 비서장, 중국 사회과학원 원장, 신화사 사장을 역임했다.

5. Hu Shi(胡适 [호적 胡適], 1891-1962년) 5·4 운동 이후 수십 년 동안의 선도적 지식인. 고전 중국어 대체를 위한 자국 문자 사용 촉진에 영향을 끼침. 컬럼비아 대학교의 존 듀이John Dewey 문하에서 수학. 북경대학교 총장. 국민당 정부의 주미대사. 자유주의적 견해 때문에 공산주의자들의 공격을 받음.

6. Hu Yuzhi(胡愈之 [호유지 胡愈之], 1897-) 작가이자 저널리스트.『광명일보』편집장(1919-1957). CLR[CCSR, 중국문자 개혁위원회를 가리키는 것으로 보임] 회장. 외교 문제에 적극적. 1930년대와 1940년대 로마자 표기 운동의 선구자.

7. Li Yuming(李宇明 [이우명], 1955-) 정주대학과 화중사범대학을 졸업한 중국언어학 교수, 화중사대 부총장(1998-2000). 2000년부턴 교육부 언어정보국 국장을, 2001년부터턴 RIAL 소장을 맡고 있다.

8. Lü Shuxiang(呂叔湘 [여숙상 呂叔湘], 1904-1998) Lü Shuxiang(1904-1998):
언어학자. 국립동남대학 외국어학과 졸업(1926) 후 옥스퍼드 대
학교에서 수학(1936-1937). CLR 부소장, 중국언어학회 회장, 중
국사회과학원 언어학연구소 소장. 언어학과 관련해서 영향력
있는 저서 다수의 저술.

9. Marr, Nikolai Y(马尔 [尼古拉·馬爾, 니콜라이 마르], 1864-1934) 러시아 언
어학자, 언어학자, 혁명가. 소련에서 여러 세대에 걸쳐 중국학
자 및 언어학자 교육. 마르크스주의의 오독 및 '새로운 러시
아어'의 창제 옹호 그의 언어적 친족관계linguistic kinship 이론은
1950년대 마르크스주의와 언어학에서 스탈린의 비판을 받을
때까지 거의 30년 동안 소련의 언어학을 지배.

10. Wang Jun(王均 [왕균], 1922-) 언어학 교수, 서남연합대학 졸업.
『중국 소수 민족 언어』Chinese Ethnic Language 부편집장, 『문자 개
혁』Script Reform, 『언어 구축』Language Construction 편집장, 북경시
언어학회 부회장, 중국어현대화협회 회장 역임. 1984년부터
1990년까지 CLR[CCSR,] 부회장 및 SCLW 부의장 역임.

11. Wang Li(王力 [왕력], 1901-1986) Wang Liaoyi[王了一, 왕료일]의 필
명. 작가이자 언어학자. 북경대학교 문학 및 언어학과 교수.
Wang은 CLR[CCSR] 부회장 및 중국언어학회 명예회장 역임.

언어학 관련 저서 다수 저술했다. 1927-1932년에 프랑스에서
공부한 실험음성학 박사.

12. Xu Jialu(許嘉璐 [허가로 許嘉璐], 1937-) 중국어학 교수. 북경사범대학
    졸업. 북경사대 부총장 역임(1987~1994). 중국민주촉진회중앙위
    원회 회장 역임. SCLW 회장 역임(1994-1997). 전국인민대표대
    회 상무위원회 부위원장(1998-현재).

13. Xu Shen(許慎 [허신 許慎], 58?-147) 유교 경전, 특별히 당시 중국 문
    학에서 발견됐던 모든 문자의 설명이 담긴 모음집 『설문해
    자』로 유명. 그것은 알려진 것 가운데 가장 오래된 중국어 자
    전이며 모든 어원 연구의 기초임.

14. Yuan Xiaoyuan(袁曉园 [원효원 袁曉園, 1901-2003]): 전문 외교관, 중국
    문자현대화연구 협회(1980)의 설립자이자 회장(나중에 베이징국제
    한자연구협회와 Yuan Xiaoyuan 언어문화과학 연구소로 변경). 그녀 자신의
    미국 시민권 포기, 1985년 베이징에 정착.

15. Zhou Youguan(周有光 [주유광], 1905-): 연구 업적이 가장 많은most
    prolific 중국dj 개혁 연구자. CLR의 구성원. 『문자 개혁개론』
    Wenzi Gaige Gailun (An Introduction to Chinese Character Reform, 1961)의 저자. 중
    국 LP 관련 저작 다수 저술. 유명한 수필가이기도 함. 상하이

세인트 존스 대학 졸업. 뉴욕 및 런던의 은행 분야에서 일했고
정부 요청으로 LP 전문가가 되기 전엔 경제학 교수였음.

부록 F

문자 코딩 세트: 국제화를 향해 움직이다

중국의 컴퓨터 전문가들과 Lpers는 유니코드의 강력한 신봉자들
이다. 그들은 이 표준화가 성공하지 못한다면, 다시 말해 표준이 유
니코드에 통일될 수 없다면 한자의 생산적 미래엔 문제가 있다고 주
장한다. 다음의 논의에선 기존 인코딩 표준들을 미래의 국제 표준,
곧 유니코드에 통합하려는 중국의 공식적 노력commitment을 간략하
게 소개한다. 이 쟁점이 너무 전문적으로technical 보일 수도 있지만,
이 문제와 관련한 설명은 지난 20년 동안 중국에서 공표된 국가 표
준이 왜 그토록 많았는지를 둘러싼 혼란을 해소해 주기 때문에 중국
의 표준화 쟁점과 관련한 배경 지식을 얻고자 하는 독자들한테는 도
움이 될 수도 있을 것이다.

Gu Xiaofeng(2000: 23-25)에 따르면 1993년 ISO 10646-1/Unicode
2.1이 발표된 이후 중국 정부는 ISO/IEC와 유니코드 컨소시엄
의 공동 노력을 강력하게 지원해 왔다. 새로운 중국 국가 표준 GB
13000.1은 ISO 10646-1/Unicode 2.1과 호환된다. ISO와 유니코
드 컨소시엄이 그들의 공통 표준을 변경하거나 개정할 때마다
GB 13000.1은 잇따라 이러한 변경 사항을 채택했다. 그러나 ISO
10646.1에 사용된 코딩 메커니즘은 이전 GB 2312-80에서 사용된
것과 완전히 달랐는데, 이는 ISO가 중국 시장에서 표준이 되면 GB

2312-80 표준을 사용하는 모든 컴퓨터는 쓸모없이 돼 버린다는 것을 의미했다. GB 13000.1에 지정된 모든 추가 한자 문자, 곧 GB 2312-80에 포함돼 있지 않은 그 문자들을 수용하기 위해 GBK[《汉字内码扩展规范》,『漢字內碼擴展規範』,『한자내마확전규범』,『한자 내부 코드의 확장에 관한 규범』]로 알려져 있는 새로운 사양이 도입됐는데, 그것의 목적은 표준들의 가교 역할을 하는 데 있었다. GBK는 23,940개의 코드 포인트를 규정하면서 21,886개의 문자를 포함하고 있고, Unicode 2.1의 코드 포인트에 대한 매핑을 제공한다. GBK는 GB 2312-80의 확장이며, 기본 기능은 GB 2312-80에 정의된 모든 문자와 코드를 그대로 유지하되 ISO10646/GB 13000.1의 모든 추가 문자, 곧 이른바 20,902 동아시아 표의문자East Asian Ideograms를 그 표준[GB 2312-80] 주위에 배치하는 것이다. GBK가 비록 20,902자를 대량으로 도입하고 문자와 2바이트 메커니즘의 코드화 원칙을 채택하긴 했지만, 각 개별 문자의 코드 포인트는 기존의 국가 표준과 호환되면서도 ISO10646.1의 코드 포인트와 동일하진 않다. 따라서 GBK와 GB2312-80 사이의 코드 및 문자 호환성이 보장됐고, 이와 동시에 유니코드 2.1의 완전한 유니코드 통일 문자 세트가 중국에서 가용하게 되었다. GBK는 이 두 문자 세트에 인코딩된 전체 문자를 포함하며 GB2312-80보다 더더욱 클 뿐더러 ISO10646의 문자 목록 또한 뛰어넘는다. 따라서 GBK가 규정됐을 때 유니코드 2.1에선 사용할 수 없었던 다른 문자들이 추가됐다.

　　GBK의 도입으로 컴퓨터에서 사용할 수 있는 문자 수가 CB

2312-80에 지정된 6,763자에서 ISO 10646.1의 20,902자로 증가했다. 이 문자들은 유니코드에서 가장 선호되고 눈에 띄는 다언어평면 BMP(Basic Multilingual Plane) [多文种平面, 多文種平面, 다문종평면]에 편리하게 배치됐다. 아울러 GBK 이전에 BG 2312-80 표준을 통해 인코딩된 소프트웨어가 이전과 마찬가지로 중단 없이 작동하도록 하기도 했다. 그러나 GB 2312-80과는 완전히 역호환backward compatible됐기 때문에 Big5 코딩 시스템과는 호환될 수 있는 기회를 놓쳤다. Gu(2000: 26)는 CJK 사이노그래피CJK sinographs로도 알려진 이 20,902개의 한자 문자엔 다양한 형태의 중국 문자가 포함돼 있다고 말했다. 따라서 더 많은 소프트웨어에 GBK가 점진적으로 도입됨에 따라 폐자들, 이를테면 더 이상 사용되지 않는 복잡한 글자 및 이체자들이 효과적으로 합법화되어 불가피하게도 현재의 공식 언어 정책엔 심각한 위협을 초래할 수도 있다. 실제로 몇 년 동안 본토에서 불법 문자가 압도적으로 등장하진 않았지만 GBK 출시 이전의 더욱 보편적인 상황에 비교해 보면 오랫동안 금지된 비공식 문자의 수가 증가하고 있다는 것이 제 1저자의 개인적 견해다.

　그 밖의 전개 상황을 보면 정부는 미래의 국제적 정보 의사소통을 준비하기 위해 GB 2312-80의 확장이자 GB 18030-2000으로 알려진 대규모 문자 세트에 대한 새로운 국가 표준을 만들기로 결정했다. ISO10646.1/GB 13000.1 자체는 GBK를 통해 고유 국가 표준과는 연결돼 있지만 GB 2312-80을 일반 인코딩 표준으로 내재화한 중국 소프트웨어와는 호환되지 않았으며, ISO10646.1/GB13000.1이 중국 IT 업계에 완전히 채택되기까진 오랜 시간이 걸릴 것이다. 그러나 현대 중국 사회의 모든 영역에서 컴퓨터 사용이 빠르게 확산되고 특별히 통신·인구 관리·은행 시스템·지리적 데이터 처리의 긴급한 요구를 고려할 때 더 큰 규모의 중국 한자 인코딩 세트에 대한 필요성이 증가하고 있다. 새로운 GB 18030-2000 표준은 기존 시스템을 업데이트하고 프로그래밍된 정보 자원의 효과적 사용을 보장하기 위해 ISO10646.1/GB 13000 및 GB 2312-80과 역호환돼야 했다.

1998년 10월, 관계 당국은 그 같은 표준의 제정 가능성을 조사하기 위해 연구소, 중국의 주요 컴퓨터 제조업체, 중국에 기반을 둔 국제 소프트웨어 회사로 구성된 준비위원회를 구성했다. 2000년 3월 17일, 정보산업부와 옛 국가기술품질감독국은 공동으로 27,484 한자에 대한 새로운 국가 인코딩 표준, 곧 GB 18030-2000을 발표했다. GB 18030-2000은 GB 2312-80 이후의 가장 근본적 인코딩 표준이기 때문에 미래의 무한한 기간 동안 중국의 컴퓨터 시스템을 규정할 것이다. 2000년, 정부는 GB-18030-2000의 공식 출시와 함께 GBK의 적용을 자동으로 중단했다. 그 새로운 표준[GB-18030-2000의]엔 몇 가지 엄격한 적합성 요구 조건이 있다. 이 표준에 부합하지 않는 제품을 중국에서 판매하는 것은 불법이며, 공식 기준을 채택하지 않을 경우 과태료가 부과된다. 특별히 2000년 3월 17일부터 2001년 8월 31일 사이의 잠정적 계도 기간interim period 동안 제조된 모든 컴퓨터 제품은 새로운 표준을 준수해야 했다. 어떠한 제품이라도 표준에 부합하지 않을 시엔 국가 정보 기술 표준화 위원회National Commission of Information Technology Standardization의 승인을 받은 시정 조치를 취해야 하며, 그렇지 않으면 불법적인 비표준 제품으로 취급될 것이다. 계도 기간 종료 이후 만들어진 모든 정보 제품은 정보 기술 산업부 산하 전자 산업 표준 연구소Research Institute of Electronic Industrial Standards 에 부속돼 있는 정보 처리 제품 표준 적합성 시험 센터Testing Centre of Standard Conformity for Information Processing Products가 수립·시행하는 세부 표준 시험 기준을 거쳐야 한다(Lin 2004).

따라서 GB18030-2000은 유니코드 3.0용 GBK의 업데이트로서 유니코드 전체를 포괄하는 일종의 확장판으로 만들어졌다. 그것엔 호환성, 확장을 위한 개방성, 미래지향성, GBK 및 GB 2312-80를 포함하는 GB 인코딩 텍스트의 완벽한 호환성이 있는 것으로 기술됐다. GB 18030-2000에서 유니코드로 이동하는 데 사용되는 순람표는 GB 2312-80에서 유니코드로 이동하는 데 사용되는 순람표와 역호환된다. 그 밖에도 GB 18030-2000의 중요한 특징으로 설명할 수 있는 것은 유니코드의 경우와 마찬가지로 코드의 그래픽 형태와는 상관없이 오직 글리프에 인코딩 번호를 할당한다는 점이다. 이 유연한 조치는 향후 표준화가 완료되고 한자 사용 사회들 사이에서 문자의 그래픽 형태에 대한 합의가 이루어지면 폰트 타이포그래퍼가 코드 위치에 그래픽 세부 사항을 추가할 수 있는 여지를 남긴다.

GB 18030-2000엔 160만 개의 유효한 바이트 시퀀스가 있지만 유니코드엔 110만 개의 코드 포인트만 있어서 현재 할당되지 않은 GB 18030-2000엔 약 50만 개의 바이트 시퀀스가 있다. GB 18030-

2000은 문자 형태 및 코드 포인트의 부족에 기인하는 문제에 궁극적 해결책을 마련하여 아마 더욱 큰 중국 문자 세트를 위해 통일된 인코딩 플랫폼을 제공하는데 그것엔 제4장 3.2에서 논의된 미래의 고대 문자가 포함된다.

참고문헌

Ager, D. 1999. Identity, *Insecurity and Image. France and Language*: Clevedon, UK: Multilingual Matters.

Ager, D. 2001. *Motivation in Language Planning and Language Policy.* Clevedon, UK: Multilingual Matters.

Ager, D. 2003. *Ideology and Image: Britain and Language.* Clevedon, UK: Multilingual Matters.

Ager, D. 2005. Prestige and image planning. In E. Hinkel (ed.) *Handbook of Research in Second Language Teaching and Learning.* London: Lawrence Erlbaum, pp.1035-1054.

Ager, S. 2005. Evolution of Chinese characters. Retrieved: December 8, 2005 from http://www.omniglot.com/writing/chinese_evolution.htm.

Ammon, U. (ed.) 2001. *The Dominance of English as a Language of Science: Effects on Other Languages and Language Communities.* Berlin: Mouton de Gruyter.

Ann, T. K. 1982. *Jiekai Hanzi zhi Mi* [*Cracking the Chinese Puzzles*]. Hong Kong: Stockflows Co.

Anwar, K. 1980. *Indonesian: The Development and Use of a National Language.* Yogyakarta: Gadjah Mada University Press.

Ao, X. P. 2000. *Tantan Zhongguo de Yuyan he Zhongguo de Wenzi* [*Talking about Chinese language and Chinese characters*] In P. C. Su, Y. M. Yan and Y. B. Yin (eds.) *Yuwen Xiandaihua Luncong* (4) [*Forum on Language Modernization - 4*] Beijing: Beijing Daxue Chubanshe, pp.64-79.

Bakken, B. 1999. *The Exemplary Society: Human Improvement, Social Control, and the Dangers of Modernity in China.* New York: Oxford University Press.

Baldauf, R. B., Jr. 1990. Language planning and education. In R. B. Baldauf, Jr. and A. Luke (eds.) *Language Planning and Education in Australasia and the South Pacific.* Clevedon, UK: Multilingual Matters, 12-24.

Baldauf, R. B., Jr. 1994. 'Unplanned' language policy and planning. In W. Grabe, et al. (eds.) *Annual Review of Applied Linguistics (1993/1994)* 14. Cambridge: Cambridge University Press, pp.82-89.

Baldauf, R. B., Jr. 2002. Methodology for policy and planning. In R. B. Kaplan (ed.) *The Oxford Handbook of Applied Linguistics*. New York: Oxford University Press, pp.391-403.

Baldauf, R. B., Jr. 2004. Issues of prestige and image in language-in-education planning in Australia. *Current Issues in Language Planning* 5.4, 376-388.

Baldauf, R. B., Jr. 2006. Rearticulating the case for micro language planning in a language ecology context. *Current Issues in Language Planning* 7.2 & 3, 147-170.

Baldauf, R. B., Jr. and Kaplan, R. B. 2003. Language policy decision and power: Who are the actors? In P. M. Ryan and R. Terborg (eds.) *Language: Issues of Inequality*. Mexico City: Universidad Nacional Autónoma de México, pp.19-39.

Baldauf, R. B., Jr. and Ingram, D. E. 2003. Language-in-education planning. In W. Frawley (ed.) *International Encyclopedia of Linguistics* Vol. 2 (2nd edition) Oxford: Oxford University Press, pp.412-416.

Ball, R. 1999. Spelling reform in France and Germany: Attitudes and reactions. *Current Issues in Language and Society* 6 (3 & 4), 276-280.

Baker, C. 2006. Psycho-sociological analysis in language planning. In T. Ricento (ed.) *An Introduction to Language Policy*. Malden, MA: Blackwell, pp.210-228.

Bambose, A. 1990. Language norms. In W. Bahner, J. Schnidt, and D. Viehweger (eds.) *Proceedings of the XIVth International Conference of Linguistics (Berlin, 1987), Vol. 1*. Berlin: Akademie Verlag, 105-113.

Bao, M. W. 1993. Hanzi jianhua yu yuwen xiandaihua [Chinese character simplification and language modernization]. *Yuwen Jianshe [Language Construction]* 3, 17-18.

Barme, G. R. 1999. In the Red: *On Contemporary Chinese Culture*. New York: Columbia University Press.

Barnes, D. 1974. Language planning in Mainland China: Standardization. In J. A. Fishman (ed.) The Hague: Mouton, pp.457-477.

Barnes, D. 1977. National language planning in China. In J. Rubin, B. H. Jernudd, J. Das Gupta, J. A. Fishman, and C. A. Ferguson (eds.) *Language Planning Process*. The Hague, the Netherlands: Mouton, 255-273.

Barnes, D. 1988. A continuity or constraints on orthographic change: Chen Guangyao and character simplification. *Journal of Oriental Studies* (Monumenta Serica, 1988-1989), Vol. XXXVIII, 135-166.

Bates, M. and Weischedel, R. M. (eds.) 1993. *Challenges in Natural Language Processing*. Cambridge: Cambridge University Press.

Bem, D. J. 1970. *Believes, Attitudes, and Human Affairs*. Belmont, CA: Brooks/ Cole.

Blachford, D. Y. R. 2004. Language spread versus language maintenance: Policy making and implementation process. In M. L. Zhou and H. K. Sun (eds.) *Language Policy in the People's Republic of China: Theory and Practice since 1949.* Boston: Kluwer Academic Publishers, pp.99-122.

Bluesea 2003. *Luanma daquan* [A complete collection of luanma decoding appro- aches]. Retrieved: August 20, 2003 from http://www.chance200.com.

Boeschoten, H. 1997. The Turkish language reform forced into stagnation. In M. G. Clyne (ed.) *Undoing and Redoing Corpus Planning*. Berlin: Mouton de Gruyter, pp.355-383.

Boltz, W. G. 1994. *The Origin and Early Development of the Chinese Writing System.* New Haven, CT: American Oriental Society.

Canagarajah, A. S. (ed.) 2005. *Reclaiming the Local in Language Policy and Practice.* Mahwah, NJ: Lawrence Erlbaum.

CCTV.Com. 2004. Wo guo jiang tuixing guonei xinxing shouji shuru fa [The country will introduce a new mobile input method]. Retrieved: March 3, 2004, from http://www.gmd.com.cn/0.gm/1999/12/19991227/GB/gm %5E18283% 5E11%5E GM11-204.htm.

Chao, Y. R. 1976. *Aspects of Chinese Sociolinguistics.* Stanford: Stanford University Press.

Chen, A. B. 2000. Hanzi zixing guifan yu duiwai hanyu jiaoxue [The standard shape of hanzi and teaching hanzi to non-Chinese students]. In P. C. Su, Y. M. Yan and Y. B. Yin (eds.) *Yuwen Xiandaihua Luncong* (4) [*Forum on Language Modernization* - 4]. Beijing: Beijing Daxue Chubanshe, pp.64- 79, pp.173- 178.

Chen, E. S-h. 1982. Functional theoretical perspective of the 'modernization' of the Chinese language. *Journal of Chinese Linguistics* 16.1, 131-141.

Chen, M. G. 2004. Hanzi dingliang zhi wo jian [My opinion on fixed number of hanzi]. Retrieved: March 3, 2004, from http://www.yywzw.com/stw/stw6-015.htm.

Chen, M. J. 1957. Guanyu hanzi de qiantu [On the future of Chinese writing]. In P. J. Seybolt and G. K. Chiang (trans., 1979) *Language Reform in China – Documents and Commentary.* New York: M. E. Sharpe, pp.123-129.

Chen, M. Y. 1980. Dianzi jisuanji yu hanzi gaige [Computer and Chinese script reform] *Yuwen Xiandaihua* [*Language Modernization*] 1, 56-71.

Chen, M. Y. 1981. Biaozhun xiandai hanzi biao de dingliang gongzuo [The work of fixing the number of the *Table of Standard Modern Chinese Characters*]. *Yuwen Xiandaihua* [*Language Modernization*] 5, 32-59.

Chen, P. 1994. Four projected functions of the new writing system of Chinese. *Anthropological Linguistics* 36.3, 366-380.

Chen, P. 1996. Modern written Chinese: Dialects and regional identity. *Language Problems & Language Planning* 20.3, 223-243.

Chen, P. 1999. *Modern Chinese: History and Sociolinguistics.* Cambridge: Cambridge University Press.

Chen, S. C. 1991. Shehui yinsu dui yuyan shiyong de yingxiang – jianlun muqian de Yueyu fangyan re [The influence of social factors in language use – analysis of the current 'Cantonese Hot']. *Yuwen Jianshe* [*Language Construction*] 1, 31-32.

Chen, W. Z. 1988. Wo dui hanzi qiantu de yi xie kanfa [Some of my opinions on the future of hanzi]. In RIAL (ed.) *Hanzi Wenti Xueshu Taolunhui Lunwen Ji* [*Collected Papers of Symposium on Issues of Chinese Characters*]. Beijing: Yuwen Chubanshe, 39-49.

Chen, W. Z. 1999. Ping "Zhaoxue Bai Nian Yuan'an – An Zijie Kexue Hanzi Tixi" [A critical study of readdressing the grievances of Chinese characters in the past ten decades: An Zijie's scientific system of Chinese characters]. *Zhongshan Daxue Xuebao* [*Research Journal of Zhongshan University*] 32- 41. Reprinted in Yuyan Wenzi Xue [Linguistics and Philology] 5, 45-54. Zhonguo Renmin Daxue Shubao Ziliao Zhongxin [China Social Science Information Center of the Renmin University of China].

Chen, Y. C. 1994. Fanjian zi ziti zhuanhuan chutan [On the conversion between simplified characters and traditional characters]. *Yuyan Jiaoxue Yu Yanjiu* [*Language*

Teaching and Study] 3, 4-19.

Chen, Y. S. 2004. Xinxi hua xuyao zai jianhua yi xie hanzi [More characters are in need of being further simplified for computerization]. In D. G. Shi (ed.) *Jianhuazi Yanjiu* [*Studies on Simplified Characters*]. Beijing: Shangwu Yinshu Guan, pp.351-362.

Chen, Z. T. 1986. Quanguo yuyan wenzi gongzuo de zongjie fayan [Closing speech delivered in the national conference of language and script work]. In SCLW (ed.) *Xin Shiqi yuyan Wenzi Gongzuo: Quanguo Yuyan Wenzi Gongzuo Wenjian Huibian* [*Language and Script Works in the New Era – Collection of Documents of the National Conference on Language and Script Works*]. Beijing: Yuwen Chubanshe, pp.49-55.

Cheng, C. C. 1979. Language reform in China in the seventies. *Word* 30.1/2, 45-57.

Cheng, C. C. 1983. *Contradiction in Chinese Language Reform*. Paper presented at Conference on Linguistic Modernization and Language Planning in Chinese- Speaking Communities. University of Hawaii, Honolulu, September 7-13.

Cheng, R. 1999. Hanzi fanjian wenti suoyi [Casual analysis of simplification and complication of Chinese characters]. In P. C. Su and B. Y. Yin (eds.) *Xiandai hanzi Guifahua Wenti* [*Issues of Modern Character Standardization*]. Beijing: Yuwen Chubanshe, pp.139-148.

Cheong, O. 1999. Han Unification in Unicode. Retrieved: March 18, 2006, from http://tclab.kaist.ac.kr/~otfried/Mule/unihan.html.

Chia, S. Y. 1992. *Xin Zhong Ri Jiani Zi Yanjiu* [*Study on Simplified Characters of Singapore, China and Japan*] Beijing: Yuwen Chubanshe.

Chiang, Y. 1973. *Chinese Calligraphy: An Introduction to its Aesthetic and Technique* (3rd edition). Cambridge, MA: Harvard University Press.

Chinese Youth Daily 2000. Shiliu ming zhiming xuezhe zhixin ben bao tichu fahui hanyu pinyin de duo gongneng zuoyong [Sixteen renowned scholars calling to bring the multifunction of Pinyin into full play]. *Zhongguo Qingnian Bao.Jinri Jujiao* [Column of 'Today's Focus', *People's Daily*] May 2.

Clyne, M. G. 1995. *The German Language in a Changing Europe*. Cambridge: Cambridge University Press.

Cobarrubias, J. 1983. Language planning: the state of the art. In J. Cobarrubias and J. A. Fishman (eds.) *Progress in Language Planning*. Berlin: Mouton, pp.3-26. Collective Editors 2004. *Kexue Bianwei Ji* [*Critique of Pseudo-science*]. Beijing: Zhongguo Gongren Chubanshe.

Cook, R. S. 2001. Typological encoding of Chinese characters, not glyphs. *Proceedings of 19th International Unicode Conference*. San Jose, September.

Cooper, R. L. 1989. *Language Planning and Social Change*. Cambridge: Cambridge University Press.

Coulmas, F. 1989. *The Writing Systems of the World*. Oxford: Blackwell.

Coulmas, F. 1991. The future of Chinese characters. In R. L. Cooper and B. Spolsky (eds.) *The Influence of Language on Culture and Thought – Essays in Honor of Joshua A. Fishman's Sixty-Fifth Birthday*. Berlin: Mouton de Gruyter, pp.227-243.

Coulmas, F. 1992. *Language and Economy*. Oxford: Blackwell.

Coulmas, F. 1998. Commentary: Spelling with a capital 'S'. *Written Language and Literacy* 1.2, 249-252.

Crystal, D. 2001. *Language and Internet*. Cambridge: Cambridge University Press.

Crystal, E. 2005. Chinese script. Retrieved: December 8, 2005 from http://www.crystalinks.com/chinascript.html.

Dai, J. 1996. No pain, no gain. *MultiLingual Computing and Technology* 7.2, 24-25.

Dai, Y. and Gong, S. D. (eds.) 2001. *Zhonguo Tong Shi* [*History of China*]. Beijing: Haiyan Chubanshe.

Dai, Z. M. 1998. *Guifan Yuyanxue Tansuo* [*Exploration of Standard Chinese*]. Shanghai: Shanghai Sanlian Shudian.

Das Gupta, J. 1971. Religion, language and political mobilization. In J. Rubin and B. H. Jernudd (eds.) *Can Language Be Planned? Sociolinguistic Theory and Practice for Developing Nations*. Honolulu: East-West Center, pp.53-62.

Das Gupta, J. D. and Ferguson, C. A. 1977. Problems of language planning. In J. Rubin, B. H. Jernudd, J. Das Gupta, J. A. Fishman, and C. A. Ferguson (eds.) *Language Planning Process*. The Hague, The Netherlands: Mouton, pp.1-7.

De Silva, K. M. 1998. *Reaping the Whirlwind, Ethnic Conflict, Ethnic Politics in Sri*

Lanka. Penguin Books.

DeFrancis, J. 1950. *Nationalism and Language Reform in China.* Princeton, NJ: Princeton University Press.

DeFrancis, J. 1972. Language and script reform. In J. A. Fishman (ed.) *Advances in the Sociology of Language (II).* The Hague: Mouton, pp.450-475.

DeFrancis, J. 1979. Mao Tse-tung and writing reform. In J. A. Fogel and W. T. Rowe (eds.) *Perspectives on a Changing China: Essays in Honor of Professor C. Martin Wilbur on the Occasion of His Retirement.* Boulder: Westview Press, pp.137-156.

DeFrancis, J. 1984a. Digraphia. *Word* 35.1, 59-66.

DeFrancis, J. 1984b. *The Chinese Language – Facts and Fantasy.* Honolulu: University of Hawaii Press.

DeFrancis, J. 1989. *Visible Speech: The Diverse Oneness of Writing Systems.* Honolulu: University of Hawaii Press.

Deng, C. Q. and Zhang, P. 1997. Kaishu hanzi zixing biaozhunhua yu zhongwen xinxi chuli [The standardization of Kaishu Style Characters and Chinese information processing]. In P. *Zhang Hanzi Jianpan Bianma Shuru Wenji [A Collection of Essays on the Keyboard Input Method of Chinese Characters].* Beijing: Zhongguo Biaozhun Chubanshe, pp.113-122.

Ding, C. 1974. Hanzi zishu bixu jinyibu jingjian [The number of Chinese characters must be further reduced]. In Language Reform Press (ed.) *Hanzi de Zhengli he Jianhua [The Simplification and Rationalization of Chinese Characters].* Beijing: Wenzi Gaige Chubanshe, pp.42-47.

Ding, F. H. 1990. *Xiandai Hanzi Zaozi Fa Tansuo [Exploration on Methodology of the Creation of Modern Hanzi].* Beijing: Zhishi Chubanshe.

Dogançay-Aktuna, S. 1995. An evaluation of the Turkish language reform after 60 years. *Language Problems & Language Planning* 19.3, 221-249.

Du, Z. J. 1935. *Jianti Hanzi [Simplified Characters].* Kaifeng: Kaifeng nvzi Zhongxue.

Duan, S. N. 1990. *Guanyu Wenzi Gaige de Fansi [Reflection on Character Reform].* Beijing: Jiaoyu Kexue Chubanshe.

Ducke, I. 2003. Activism and the Internet. In N. Gottlieb and M. McClelland (eds.) *Japanese Cybercultures.* London: Routledge, pp.205-212.

Eastman, C. M. 1983. *Language Planning – An Introduction*. San Francisco: Chandler and Sharp.

Editing Team of Hu Qiaomu Biography. 1999. *Hu Qiaomu Tan Yuyan Wenzi* [*Hu Qiaomu's Talk on Language and Script*]. Beijing: Renmin Chubanshe.

Editors 2001. "Diyi Pi Yiti zi Biao" taotai le duoshao yiti zi [How many variant forms were eliminated in the First Table of Rectified Variant Form Characters?]. *Yuwen Jianshe* [*Language Construction*] 6, 45-46.

Education Office 2001. Education Office of Commission of Education, Science and Public Health, Great National People's Congress. The Department of Public Language and Script Management, Education Ministry. Zonghua Renmin Gongheguo Guojia Tongyong Yuyan Wenzi Fa Xuexi Duban [*Reader of Language and Script Law of the P.R. China*]. Beijing: Yuwen Chubanshe.

Fan, K. Y. 1996. Jinkuai kaipi jige quanmin xing de shiyanyuandi [Urgent need to establish a set of experimental areas among the whole population]. *Zhongguo Yuwen Xiandaihua Tongxun* [*The Correspondence of Chinese Language Modernization*] 1, 7-8.

Fan, K. Y. 2000. Jianhua hanzi san yuanze: Yueding sucheng, you hua, he suan [Three principles for hanzi simplification: acceptable, systematic and worthwhile]. In P. C. Su, Y. M. Yan and Y. B .Yin (eds.) *Yuwen Xiandaihua Luncong* (4) [*Forum on Language Modernization – 4*]. Beijing: Beijing Daxue Chubanshe, 163-172.

Fan, K. Y. 2003. "Hnayu Pinyin Fang'an" gongneng de xin gaikuo [Wider inclusion of functional areas of hanyu pinyin]. In P.C. Su (ed.) *Yuwen Xiandaihua* (5) [*Forum on Language Modernization – 5*]. Beijing: Yuwen Chubanshe, pp.172-181.

Fei, J. C. 1980. Guanyu guiding pianpang bushou mingcheng bujian de taolun [On the standardization of components of characters]. *Yuwen Xiandaihua Longcong* [*Language Modernization*] 2, 29-33.

Fei, J. C. 1991. Jianhua hanzi mianmian guan – Zhengque chuli hanzi jianhua gongzuo zhong de shi zhong guanxi [All-Round view of hanzi simplification – how to properly deal with ten relations in simplifying Chinese Characters]. In P. C. Su and B. Y. Yin (eds.) *Xiandai Hanzi Guifanhua Wenti* [*Issues of Modern Character Standardization*]. Beijing: Yuwen Chubanshe, pp.115- 125.

Fei, J. C. 1993. Haixia liang'an xianxing hanzi zixing de bijiao fenxi [Compara- tive analysis of the current shape of Chinese characters across the Strait]. *Yuyan Wenzi Yingyong* [*Applied Linguistics*] 1, 33-44.

Fei, J. C. 1996. Jisuanji jie he yuwen jie zai hanzi qiefen shang ruhe qiutong [How can we unify the analysis approaches of Chinese character components in the linguistic field and the computer science field]. In Z. S. Luo and Y. L. Yuan (eds.) *Jisuanji Shidai de Hanyu Hanzi Yanjiu* [*The Study of Chinese Language and Chinese Characters in the Epoch of the Computer*]. Beijing: Qinghua Daxue Chubanshe, pp.443-448.

Fei, J. C. 1997. *Yuwen xiandaihua bai nian ji shi* [*Records of Chinese Language Modernization in 100 Years*]. Beijing: Yuwen Chubanshe.

Fei, J. C. 2000a. *Hanzi Zhengli de Jintian he Zuotian* [*Rectification of Chinese Characters – Today and Yesterday*]. Beijing: Yuwen Chubanshe.

Fei, J. C. 2000b. Tigao hanzi zixing biaozhun hua shuiping chu yi. [Succinct discussion on improving the standard level of hanzi's shape]. In L. M. Zhao and G. Y. Huang (eds.) *Hanzi de Yingyong yu Chuanbo* [*The Application and Spread of Chinese Characters*]. Beijing: Huayu Jiaoxuie Chubanshe, pp.409-416.

Fei, J. C. and Xu, L. L. 2003. Guifan hanzi yinshua Songti zixing biaozhun hua yanjiu baogao [Research report on the standardization of Song Style Printing Font Characters]. Retrieved: Nov. 4, 2003, from http://www.china-language. gov.cn/ webinfopub/list.asp?id=1223andcolumnid=164and columnlayer= 01380164.

Fei, J. C. and Xu, L. L. 2005. Hanzi guifan de huanwei sikao [Examining Chinese character standardization from a non-canonical perspective/alternate view], Language Review (HK), 80, 30-36.

Feng, S. Z. 2006. On some schemes of unifying hanzi forms across Taiwan Strait and four regions. Retrieved: February 15 2006 from http://www.yywzw. com/ stw/stw6-003.htm.

Feng, W. J. 1995. *Hanzi Xinxi Chuli Jiaocheng* [*Chinese Character Information Processing Readers*]. Dalian: Dalian Haishi Daxue Chubanshe.

Feng, Z. W. 1989. *Hanyu yu Jisuanji* [*Chinese Language and the Computer*]. Beijing: Beijing Daxue Chubanshe.

Feng, Z. W. 1997. Yuyan wenzi guifan hua duiyu yuyan xinxin chuli de zuoyong [The Standardization of language and suipt for language information Processing].

Zhongguo Yuwen [*Chinese Linguistics*] 260, pp.322-325.

Ferguson, C. A. 1996. *Sociolinguistic Perspectives – Papers on Language in Society. 1959-1994.* New York/Oxford: Oxford University Press. [Thom Huebner (ed.)]

Fishman, J. A. 1973. *Language and Nationalism: Two Integrative Essays.* Rowley, MA: Newbury House.

Fishman, J. A. 1983. Modelling rationales in corpus planning. In J. Cobarrubias and J. A. Fishman (eds.) *Progress in Language Planning* Berlin: Mouton, pp.107-118.

Fishman, J. A. 2002. "Holy Languages" in the context of social bilingualism. In W. Li, J. M. Dewaele, and A. Housen. *Opportunities and Challenges of Bilingualism.* Berlin/New York: Mouton de Gruyter, 15-24.

Fishman, J. A., Das Gupta, J., Jernudd B. H. and Rubin, J. 1971. Research outline for comparative studies of language planning. In J. Rubin and B. H. Jernudd (eds.) *Can Language be Planned? Sociolinguistic Theory and Practice for Developing Nations.* Hawaii: The University Press of Hawaii, pp.293-306.

Fu, K. H. and Kataoka, S. 1997. Two name formation systems in one country: Cantonese people's attachment to names in Hong Kong. *Hong Kong Journal of Applied Linguistics* 2.2, 93-108.

Fu, Y. H. 1986. *Hanzi de Zhengli he Jianhua* [*Simplification and Systemization of Hanzi*]. Beijing: Yuwen Chubanshe.

Fu, Y. H. 1991. Tan guifan hanzi [On standard hanzi]. *Yuwen Jianshe* [*Language Construction*] 10, 4-11.

Fu, Y. H. 1993. Qianxi si zhong yinshua ti [Analyzing four styles of printed fonts]. *Yuwen jianshe* [*Language Construction*] 5, 24-26.

Galambos, I. 2005. Origins of Chinese writing. Retrieved: December 8, 2005 from http://www.logoi.com/notes/chinese_origins.html.

Gao, G. S. 2002. *Xianxing Hanzi Guifan Wenti* [*Issues Concerning Standards of Currently Used Hanzi*]. Beijing: Shangwu Yinshu Guan.

Gao, J. C. 1997. Dui "Di Yi Pi Yiti zi Zhengli Biao" bianzhi de renshi he tihui [My personal experience in making the *First Table of Verified Variant Forms of Chinese Characters*]. In J. Wang, Y. M. Yan, and P. C. Su (eds.) *Yuwen Xiandaihua Luncong* (3) [*Forum on Language Modernization* – 3]. Beijing: Yuwen

Chubanshe, pp.116-121.

Gao, M. C. F. 2000. *Mandarin Chinese: An Introduction*. Melbourne: Oxford University Press.

Geerts, G. 1977. Successes and failures in the Dutch spelling reform. In J. A. Fishman (ed.) *Advances in the Creation and Revision of Writing Systems*. Paris / The Hague: Mouton, pp.179-246.

Gelb, I. J. 1963. *A Study of Writing*. 2nd edn. Chicago: University of Chicago Press.

Gelb, I. J. 1979. Writing, forms of. In *The New Encyclopedia Britannica, Macropedia* (19). 15th edition, pp.1033-1045.

Geng, Z. S. 1996. Woguo gudai zhongshi yuwen guifan hua [The governmental role in language normalization in the ancient time]. *Yuwen Jianshe* [*Language Construction*] 9, 22-23.

Gonzalez, A. 2002. Language planning and intellectualization. *Current Issues in Language Planning*. 3.1, 5-27.

Gong, J. Z. 2004. Hanzi guifan yu "guifan hanzi" [The standard for Hanzi and the "standardized hanzi"]. In Y. M. Li, and J. C. Fei (eds.) *Hanzi Guuifan Baijia Tan* [*Various Views on Hanzi Standardization*]. Beijing: Shangwu Yinshu Guan, 212-228.

Gottlieb, N. and Chen, P. 2001. Language planning and language policy in East Asia: An overview. In N. Gottlieb and P. Chen (eds.) *Language Planning and Language Policy – East Asian Perspectives*. Richmond, Surrey: Curzon Press, pp.1-20.

Goundry, N. 2001. Why Unicode won't work on the internet: linguistic, political, and technical limitations. Retrieved on 18, March 2006 from http://www.hastings research.com/net/04-unicode-limitations.shtml.

Gregersen, E. A. 1977. Successes and failures in the modernization of Hausa spelling. In J. A. Fishman (ed.) *Advances in the Creation and Revision of Writing Systems*. Paris: Mouton. The Hague, pp.421-440.

Grin, F. 2003. Language planning and economics. *Current Issues in Language Planning* 4.1, 1-66.

Gu, X. F. 1997. Shouxie ti hanzi shibie [Optical recognition of handwritten Chinese characters]. In Y. Chen (ed.) *Hanyu Yuyan Wenzi Xinxi Chuli* [*Information Processing of Chinese Language and Script*]. Shanghai: Shanghai Jiaoyu

Chubanshe, pp.88-119.

Gu, X. F. 2000. *Hanzi yu Jisuanji* [*Chinese Character and Computer*]. Beijing: Yuwen Chubanshe.

Guangming Daily 27.12.1999. Hu Qiaomu: Wenzi gaige he hanyu guifan hua de tuijin zhe [Hu Qiaomu: The promoter of script reform and standardization]

Guo, M. R. 1972. Zenyang kandai qunzhong zhong de xin liuxing jianhuazi [How to deal with the new popular simplified characters circulated among the masses]. *Hong Qi* [*Red Flag*] 4, 84-85.

Guo, X. W. 2000. Dianzi wenben de fanjian zhuanhuan – guanyu jianti guji nixiang guocheng de shiyan baogao [On the transformation of electronic text of ancient books from simplified Chinese characters to their original complex forms – report of an experiment]. *Yuyan wenzi yingyong* [*Applied Linguistics*] 4, 79-86.

Guo, Y. J. 2004. *Cultural Nationalism in Contemporary China – The Search for National Identity under Reform*. London/New York: Routledge Curzon.

Haarmann, H. 1990. Language planning in the light of a general theory of language: a methodological framework. *International Journal of the Sociology of Language* 86, 103-126.

Halpern, J. and Kerman, J. 2004. The pitfalls and complexities of Chinese to Chinese conversion. Retrieved: May 10, 2004, from http://www.cjk.org/cjk/ reference/cjkvar.htm.

Han, J. T. 2006. Zeng xin shan jiu, tiaozheng pingheng – Tan "Xiandai Hanyu Cidian" di wu ban de shou ci [Adding new ones and delete old ones, adjusting and keep balancing – On the new entries in the fifth version of *Modern Chinese Dictionary*]. *Zhongguo Yuwen* [*Chinese Linguistics*] 311, 179-186.

Hannas, W. C. 1997. *Asia's Orthographic Dilemma*. Honolulu, HI: University of Hawai'i Press.

Haugen, E. 1966a. Dialect, language, nation. *American Anthropologist* 68, 922-935.

Haugen, E. 1966b. Linguistics and language planning. In W. Bright (ed.) *Sociolinguistics: Proceedings of the UCLA Sociolinguistics Conference*. The Hague: Mouton, pp.50-71.

Haugen, E. 1983. The implementation of corpus planning: theory and practice. In J. Cobarrubias and J. A. Fishman (eds.) *Progress in Language Planning*. Berlin: Mouton, pp.269-290.

He, Q. X. 2001. *Hanzi zai Riben* [*Chinese Characters in Japan*]. Hong Kong: Shangwu Yinshu Guan.

He, Y. L. 1999. *Hanzi yu Wenhua* [*Hanzi and culture*]. Beijing: Jingguan Jiaoyu Chubanshe.

Hook, B. and Twitchett, D. (eds.) 1991. *The Cambridge Encyclopedia of China* (New Edition). Cambridge: Cambridge University Press.

Hsieh, C-c. and Huang, K. D. 1989. *Guozi Zhengli Xiaozu Shinian* [*One Decade of the Research Team of National Character Optimization*]. Taipei: Zixun Yinyong Guozi Zhengli Xiaozu [The Research Team of National Character Optimization for Information Application].

Hsieh, C-c. 2001. Xie Qingjun xiansheng zhi jianjie yu fangtan jianyao [The interview with Mr. Xie Qingjun (with a brief introduction about him)]. http://www.iis.sinica.edu.tw/EVENT/Activity/iis20/i05.html.

Hsieh, C-c. 2002. Meiti zixun yu wenhua yichan [Digital media, information, and cultural heritage]. Retrieved: March 28, 2002, from http://www.sinica.edu.tw/~cdp/paper/1999/19990615_1.htm.

Hu, S. 1923. Juanshou yu [Foreword] *Guoyu Yuekan. Hanzi Gaige Hao* [*Special Issue of Chinese Character Reform of Mandarin Monthly*] 1,1-2 [Compiled and reprinted by Script Reform Press (Beijing) in 1957].

Hu, S. B. 1996. Hanzi bianma fang'an de guifan he youxuan [Standardization and optimization of the Chinese input system]. In Z. S. Luo and Y. L.Yuan (eds.) *Jisuanji Shidai de Hanyu Hanzi Yanjiu* [*The Study of Chinese Language and Chinese Characters in the Epoch of the Computer*]. Beijing: Qinghua Daxue Chubanshe, pp.403-406.

Hu, S. B. 1998. *Hanyu, Hanzi, Han Wenhua* [*Chinese Han Language. Chinese Han Character. Chinese Han Culture*]. Beijing: Beijing Daxue Chubanshe.

Huang, D. C. 1988. Hanzi qiantu zhi wo jian [My personal stand on the future of Chinese characters]. In RIAL (ed.) *Hanzi Wenti Xueshu Taolunhui Lunwen Ji* [*Collected Papers of Symposium on Issues of Chinese Characters*]. Beijing: Yuwen Chubanshe, pp.120-122.

Huang, P. R. 1992. *Caituan Faren Haixia Jiaoliu Jijin Hui Weituo Yanjiu Baogao: Hanzi de Zhengli yu Tonghe* [*Unification and Rationalization of Hanzi – A Research Report Sponsored by the Foundation of the Cross Strait Exchange*]. Taipei: Caituan

Faren Haixia Jiaoliu Jijin Hui.

Huang, Y. Z. 1956. *Hanzi Ziti Yanbian Jianshi* [*A Brief Evolution History of Hanzi's Form* (III and IV)]. Wenzi Gaige Chubanshe.

Hung, H-c. 1980. Hanzi bianma yu hanzi jianhua [Character encoding and character simplification]. *Chinese Character Reform* (HK) 2, 30-36.

Hung, H-c. (ed.) 1997. *Rang Han Yuwen Zhanzai Juren de Jianbang Shang – Han Yuwen Wenti Taolun Ji* [*Problems in the Chinese Language: An Anthology*]. Hong Kong: Shangwu Yinshu.

International Development Research Centre, Canada; International Research Centre of State Science and Technology Commission 1997. *A Decade of Reform – Science and Technology Policy in China.* Ottawa: International Development Research Centre, Canada; International Research Centre of State Science and Technology Commission, People's Republic of China.

Jackson, R. and T'sou, B. K. Y. 1979. Language problems and language reform in the People's Republic of China. *Modern Languages* IX.4, 79-87.

Jernudd, B. H. and Baldauf, R. B., Jr. 1987. Language education in human resource development. In B. K. Das (ed.) *Human Resource Development.* Singapore: RELC Anthology Series No. 20, 144-189.

Jernudd, B. H. and Das Gupta, J. 1971. Towards a theory of language planning. In J. Rubin, B. H. Jernudd, J. Das Gupta, J. A. Fishman, and C. A. Ferguson (eds.) *Language Planning Process.* The Hague, The Netherlands: Mouton, pp.195-216.

Jernudd, B. H. and Shapiro, M. J. (eds.) 1989. *The Politics of Language Purism.* Mouton de Gruyter.

Ji, F. Y. 2004. *Linguistic Engineering: Language and Politics in Mao's China.* Hawai'i: University of Hawai'i Press.

Jin, G. T. and Chen, Y. S. 1997. Jixu zhengli jianhua hanzi de si kao [Thoughts on further rationalization and simplification of Chinese character]. In J. Wang, Y. M. Yan, and P. C. Su (eds.) *Yuwen Xiandaihua Luncong* (3) [*Forum on Language Modernization* – 3]. Beijing: Yuwen Chubanshe, pp.122-128.

Johnson, E. 1994. Policespeak. *New Language Planning Newsletter* 8.3, 1-5.

Jordan, D. K. 2002. Language left behind: Keeping Taiwanese off the World Wide Web. *Language Problems & Language Planning* 26.2, 111-127.

Journalist (of SCLW website). 2006. Jinian "Hanzi Jianhua Fang'an" "Guanyu Tuiguang Putonghua de Zhishi" fabu 50 zhounian, Jiayubu Xinwenban juxing zhuming yuyan xuejia ji youguan renshi jizhe jianmian hui [To commemorate 50th anniversary of the publication of the *Table of Simplified Character*" and "Directives on Promoting Putonghua", the Media Office of Ministry of Education holds news briefing for journalists, renowned linguists and the concerning officials] Retrieved: March 22, 2004, from http://www.china-language.gov.cn/webinfopub/list.asp?id=2049andcolum nid=39and columnlayer=01380139

Kan, J. Z. 2000. Su ti zi chansheng yu chuanbo xinli fenxi [Psychological Analysis on the creation and spread of folk characters]. In L. M. Zhao and G. Y. Hunag, (eds.) *Hanzi de Yingyong yu Chuanbo* [*The Application and Spread of Chinese Characters*]. Beijing: Huayu Jiaoxuie Chubanshe, pp.273-279.

Kaplan, R. B. and Baldauf, R. B., Jr. 1997. *Language Planning: From Practice to Theory*. Clevedon, UK: Multilingual Matters.

Kaplan, R. B. and Baldauf, R. B., Jr. 2003. *Language and Language-in-Education Planning in the Pacific Basin*. Dordrecht, Netherlands: Kluwer Academic.

Keyes, C. F. 2003. The politics of language in Thailand and Laos. In M. E. Brown, and S. Ganguly (eds.) *Fighting words: Language policy and Ethnic Relations in Asia*. Cambridge, MA: MIT Press, pp.177-210.

Kim, C.-W. 1992. Korean as a pluricentric language. In M. G. Clyne (ed.) *Pluricentric Languages: Differing Norms in Different Nations*. Berlin: Mouton de Gruyter, pp.236-249.

Krzak, M. 1987. Computer technology as an aid to multilingualism. In H. Tonkin, and K. M. Johnson-Weiner (eds.) *The Economics of Language Use*. New York: Center for Research and Documentation on World Language Problems, pp.55-68.

Kwong, J. 1979. *Chinese Education in Transition*. Montreal: McGill-Queens University Press.

Landau, J. 1993. The first Turkish language congress. In J. A. Fishman (ed.) *The Earliest Stage of Language Planning: The "First Congress" Phenomenon*. Berlin: Mouton, pp.271-292.

Landry, R. and Bourhis, R. Y. 1997. Linguistic landscape and ethnolinguistic vitality: An empirical study. *Journal of Language and Social Psychology* 16.1:

23-49.

Language Reform Press. 1974. *Lunxun Lun Wenzi Gaige* [*Lun Xun on Language Reform*]. Beijing: Wenzi Gaige Chubanshe.

Lehmann, W. P. 1975. *Language and Linguistics in the People's Republic of China.* Austin: University of Texas Press.

Leng, Y. L. 2004. Dui guifan hanzi jige wenti de sikao [Thoughts on some issues of standardized characters]. In D. G. Shi (ed.) *Jianhua Zi Yanjiu* [*Study on Simplified Characters*]. Beijing: Shangwu Yinshu Guan, pp.337-342.

Lewis, E. G. 1982. Movement and agencies of language spread: Wales and the Soviet Union compared. In R. L. Cooper (ed.) *Language Spread: Studies in Diffusion and Social Change.* Bloomington: Indiana University Press with the Center for Applied Linguistics, Washington, D.C., pp.214-259.

Li, C. X. 2004. *Jian lun xian jieduan hanzi de jixu jianhua.* [On continuing hanzi simplification in current context]. Retrieved: October 2, 2004, from http://www.yywzw.com/stw/st w6-016.htm.

Li, J. G. 2000. *Hanyu Guifan Shilue* [*The History of Classical Chinese Standardization*]. Beijing: Yuwen Chubanshe.

Li, J. Q. 2000. Shichang jingji yu putonghua [Market economy and putonghua]. In P. C. Su, Y. M. Yan, and Y. B .Yin (eds.) *Yuwen Xiandaihua Luncong* (4) [*Forum on Language Modernization* - 4] Beijing: Beijing Daxue Chubanshe, pp.184-192.

Li, J. X. 1934/1990. *Guoyu Yundong Shigang* [*Outline of the History of the National Language Movement*]. Shanghai: Shangwu yinshu guan. [Reprinted by Shanghai Shuju in 1990].

Li, L. Q. 1995. Zai jinian wenzi gaige he xiandai hanyu guifan hua gongzuo 40 zhounian dahui shang de jianghua [The speech delivered in the confe- rence of the 40th Anniversary of Script Reform and Modern Chinese Standardization]. *Zhongguo Yuwen Xiandaihua Tongxun* [*Chinese Language Modernization Correspondence*] 4, 3-4, & 9.

Li, M. S. 1992. Guanyu fanti zi wenti [On the issue of complex characters]. *Hanzi Wenhua* [*Chinese Character Culture*] 4, 22-30.

Li, M. S. 2000. *Hanzi Zhexue Chutan* [*The Primary Exploration of Chinese Character Philosophy*]. Beijing: Shehui Kexue Wenxian Chubanshe.

Li, Y. M. 2004a. Qianguo de yuyan yu yuyan qiangguo [Strong country's language and the country of strong language]. Retrieved: October 20, 2004, from http://www.china-lan guage.gov.cn/webinfopub/list.asp?id=1596andcolu mnid=152andcolumnlayer=01380152.

Li, Y. M. 2004b. Dajian Zhonghua zifu da pingtai [Building the big platform of China Character Set] *Journal of Oriental Languages Processing*. Retrieved: March 20, 2004, from http://cslp.comp.nus.edu.sg/cgi-bin/journal/paper.exe/abstract?paper.

Li, Y. M. 2004c. Guifan hanzi he "Guifan Hanzi Biao" [Standard Chinese characters and the *Comprehensive Table of Standardized Characters*]. *Zhongguo Yuwen* [*Chinese Linguistics*] 298, 61-69.

Li, Y. Y. 2001. Jianhua zi de yanjiu he jianhua zi de qianjing [The study and the prospect of the simplified characters]. *Chinese Language Review* 66, 6-12.

Li, Y. Y. and Fang, S. Z. 2004. Hanyu pinyin zai xinxi hua shidai de xin jinzhan he xin gongxian [The new progress and contribution of hanyu pinyin in the information age]. *Yuyan Wenzi Yingyong* [*Applied Linguistics*] 3, 138-143.

Li, Z. H. 1999. *Lunyu Jindu* [*Reading the Analects Today*]. Hong Kong: Cosmos Books.

Lim, B. C. 1996. *Yuyan Wenzi Lun Ji* [*Collection of Papers on Language and Script*]. Singapore: Centre for Research in Chinese Studies.

Lin, L. L. 1998. Lun qianshi fangyan jiqi dui tuipu de fumian yingxiang [Assessing the 'Robust Dialect' and its negative impact on putonghua promotion]. *Yuyan Wenzi Yingyong* [*Applied Linguistics*] 3, 13-19.

Lin, N. 2004. Guanyu "GB 18030 Hanzi Bianma Biaozhun Ji" [On the "Standard Code Set for Chinese Character GB 18030"]. Retrieved: June 13, 2004, from http://tech.sina.com.cn.*Zhongguo Jisuanji Bao* 26-7-2001[*China Computer News*].

Lin, Y. 1988. Yinggai Zhuyi Fangzhi hanzi tixi de jinyibu fanhua [We should pay special attention to prevent the further complication of the Chinese character system]. In RIAL (ed.) *Hanzi Wenti Xueshu Taolunhui Lunwen Ji* [*Collected Papers of Symposium on Issues of Chinese Characters*] Beijing: Yuwen Chubanshe, pp.140-149.

Lin, Y. F. 2003. Yuyan wenzi yingyong de jingji yuanze he hanzi de fan jian zhi zheng [The economic principle of language and script and the debate on simplification and complication of Chinese character]. In P. C. Su (ed.) *Yuwen Xiandaihua Luncong* (5) [*Forum on Language Modernization* - 5]. Beijing: Yuwen Chubanshe, pp.300-310.

Lin, Y. Z. 1995. Yuyan wenzi gongzuo de qizhi [The banner of language and script work]. *Zhongguo Yuwen Xiandaihua Tongxun* [*Correspondence of Chinese Language Modernization*] 3, 1-2.

Lin, Y. Z. 1996. Gaoju yuwen xiandaihua de qizhi, jixu tuidong wenzi gaige gongzuo [Higher hold the banner of language modernization, continue to push script reform work forward]. In J. Wang, Y. M. Yan, and P. C. Su (eds.) *Yuwen Xiandaihua Luncong* (2) [*Forum on Language Modernization* - 2]. Beijing:Yuewen Chubanshe, 1-13.

Liu, A. P. L. 1986. *How China is Ruled.* New Jersey: Prentice-Hall.

Liu, C. Y. 2003. Dalun mingxing xingming wu du qu tan [The stories of misread names of Mainland pop stars]. In *The Epoch Times*. Retrieved: July 16, 2003, from http://www.epochtimes.com.au.

Liu, M. C. 1997. Guanyu Beijing gaoxiao hanzi fan jian wenti de diao cha baogao [A survey report on the issue of complex vs simplified characters among the tertiary students in Beijing]. In J. Wang, Y. M. Yan, and P. C. Su (eds.) *Yuwen Xiandaihua Luncong* (3) [*Forum on Language Modernization* - 3] Beijing: Yuwen Chubanshe, 133-146.

Liu, Q. E. 1992. Qiangxing qingchu zhaopai zhong de fanti zi zhide shangque [Deliberation on the measures to eliminate traditional characters on signboards by order]. *Hanzi Wenhua* [Chinese Character Culture] 4, 19-21.

Liu, Q. L. 2004. Wo dui "Guifan Hanzi Biao de xiwang" [My hope for "Comprehensive Table of Standardized Characters"]. In Y. M. Li, and J. C. Fei (eds.) *Hanzi Guuifan Baijia Tan* [*Various Views on Hanzi Standardization*]. Beijing: Shangwu Yinshu Guan, 204-211.

Liu, S. Z. 1988. Baoquan youdian, kefu quedian, yi hanzi wei jichu gaige hanzi [While maintaining the advantages and removing the disadvantages, to Reform Chinese characters based on Chinese characters]. In RIAL (ed.) *Hanzi Wenti Xueshu Taolunhui Lunwen Ji* [*Collected Papers of Symposium on Issues of Chinese Characters*] Beijing: Yuwen Chubanshe, pp.150-157.

Liu, Y. Q. 1991. Difficulties in Chinese information processing and ways to their solution. In V. H. Mair and Y. Q. Liu (eds.) *Characters and Computers.*

Amsterdam: IOS Press.

Liu, Y. Q. 1997. Hanzi ruhe jinru diannao [How to input Chinese characters on computers]. In H-c. Hung (ed.) *Rang Han Yuwen Zhanzai Juren de Jianbang Shang – Han Yuwen Wenti Taolun Ji* [*Problems in the Chinese Language: An Anthology*]. Hong Kong: Shangwu Yinshu Guan, pp.391-397.

Lu, B. F. and Xie, T. W. 1995. Haiwai Zhongwen shurufa ruanjian de fazhan fangxiang [The development direction of overseas Chinese input scheme software]. *Zhongwen Xinxi Chuli* [*CIP (Chinese Information Processing)*] 1, 6-9.

Lu, D. Z. 1992. *Jianti zi Yanjiu Ziliao* [*Simplified Characters Studies*]. Taipei: Haixia Liang'an Jianti zi Yanjiu Suo [Strait Institute of Simplified Characters Research].

Luan, L. 1992. Kunao de Zhongwen diannao [The troublesome Chinese computer]. *Hanzi Wenhua* [*Chinese Character Culture*] 4, 12-14.

Lunde, K. 1993. *Understanding Japanese Information Processing*. Sebastopol, CA: O'Reilly and Associates.

Lü, G. X. 2003. Zhi Wengaihui de yi feng gongkai xin [An open letter to the State Commission of language reform]. Retrieved: May 30, 2003, from http:// board01.tacocity.com.tw/USER/ccos/message.phtmi?user=ccosandt.

Lü, S. X. 1946/1983. Hanzi he pinyin zi de bijiao – Hanzi gaige yi xi tan [Comparison between Chinese script and alphabetic script – a night talk on hanzi reform]. In S. X. Lü (ed.) *Yuwen Lunji* [*A Collection of Lü Shuxiang's Essays on Language and Script*]. Beijing: Shangwu Yinshu Guan, 77-111.

Ma, Q. Z. 2000. Lijie, yonghu he canyu wengai, dali tuijin zhongguo yuwen xiandaihua shiye [To understand, support and participate in language reform; vigorously push forward the course of Chinese language modernization]. In P. C. Su, Y. M. Yan and Y. B .Yin (eds.) *Yuwen Xiandaihua Luncong* (4) [*Forum on Language Modernization* - 4]. Beijing: Beijing Daxue Chubanshe, 216-223.

Maata, S. K. 2005. *Language Ideologies in Language Laws: The Protection of Regional or Minority Languages and the Construction of French and European Identity*. Berkeley: University of California.

Mair, V. H. 1991. Forward Preface: Building the future of information processing in East Asia demands facing linguistic and technological reality. In V. H. Mair and Y. Q. Liu (eds.) *Characters and Computers*. Amsterdam: IOS Press, pp.1-9.

Mao, Z. D. 1968. *Mao Zedong Xuanji* [*Selected Works of Mao Zedong*]. Beijing: Renmin Chubanshe.

Meyer, D. 1998. Dealing with Hong Kong specific characters. *Multilingual Communication and Technology* 9.3, 35-38.

Meyer, D. 1999. Unihan disambiguation through font technology. 15th Unicode International Conference. August/September. San Jose, CA.

Mi, A. L. 1997. Zhongwen xinxi chanye de fazhan fangxiang [Future development of the Chinese information industry]. Overseas Edition of *Renmin (People's) Daily*, 17.9. 1997.

Mi, A. L. 1999. Xiqu Weiruan jiaoxun, gao hao jichu jianshe [Learn from the lesson of Microsoft and upgrading infrastructure of information science]. *Language and Information*. Internet Issue, Vol.15, 2000. Retrieved: February 8, 2001 from http://www.Chinabyte.Com.

Mi, A. L. 2001. Mi Alun Column. Retrieved: January 12, 2001, from http://www.ChinaByte.COM.

Milsky, C. 1973. New development in language reform. *China Quarterly*, January-March, 99-133.

Ministry of Education, P.R. China. 2002. Chinese Education across the Millennium. Beijing: Gaodeng Jiaoyu Chubanshe.

Moon, H.-h. 2000. *Language and Ideology in North Korean Language Planning.* Unpublished MA Thesis, Department of Linguistics. Canberra: Australian National University.

Moore, H. 2001. 'Who will guard the guardians themselves?' National interests versus factional corruption in policy making for ESL in Australia. In J. W. Tollefson (ed.) *Language Policies in Education: Critical Issues.* Mahwah, NJ: Lawrence Erlbaum, pp.111-135.

Moore, O. 2000. *Read the Past – Chinese.* Berkeley/Los Angeles, CA: University of California Press.

Neustupný, J. V. 1970. Basic types of treatment of language problem. *Linguistic Communication* 1, 77-98.

Neustupný, J. V. 1983. Language planning and human rights. *Philippine Journal of Linguistics* 14-15.2-1, 66-74.

Ni, Y. Y. 2003. Hanzi "Shutongwen" shi xinxi wangluo shidai yuwen xiandaihua de yaoqiu – Hanzi de zixing yu duyin ji xu tongyi [Common script is a demand for language modernization in the information and Internet Age – the urgency of unifying shape and pronunciation of Chinese Characters]. Retrieved: November 3, 2003, from http://hzdt.xiloo.com/stw1-016.htm.

Nie, H. Y. 1998. *Zhongguo Wenzi Gailue* [*The outline of Chinese Writing/script*]. Beijng: Yuwen Chubanshe.

Office of Standard Work Commission, the State Commission of Language Work 1997. *Guojia Yuyan Wenzi Guifan Biaozhun Xuanbian* [*Collections of the State Standards and Norms of Language and Script*]. Beijing: Zhongguo Biaozhun Chubanshe.

Ohlendorf, H. 1997. German spelling reform: Kangaroos, Emus, and Cockatoos. *Babel: Journal of the Australian Federation of Modern Language Teachers' Associations* 32.3, 16-17, 34-38.

Orleans, L. A. (ed.) 1980. *Science in Contemporary China*. Stanford, CA: Stanford University Press.

Ouyang, Z. S. 1988. Fangkuai hanzi de jianhua yao kaolv dao shuxie [Writing habbit should be taking into consideration in simplifying squared hanzi]. In RIAL (ed.) *Hanzi Wenti Xueshu Taolunhui Lunwen Ji* [*Collected Papers of Symposium on Issues of Chinese Characters*]. Beijing: Yuwen Chubanshe, pp.158-163.

Pan, D. F. 2004. Tongyi hanzi bianma fang'an, shui lai zhichi wo? [To unify the national input scheme, who comes to support me?] Retrieved: January 10, 2004, from http://www.yywzw.com/pan/pan-03a-02c.htm.

Peng, H. 1999. "Yiduci Shenyin Biao" yu cidian guifan [The pronunciation standard in dictionaries and the *Table of the Standard Pronunciation*]. *Yuyan Wenzi Yinyong* [*Applied Linguistics*] 2. 73-74.

Peng, X. M. 2001. Guanyu Zhongguo wenzi gaige yu Deguo wenzi gaige de sikao [Thought of script reform in China and in Germany]. Retrieved: March 12, 2001, from http://www.toptoday.org/freebbs/pinyin/pinyin1.shtml.

Qi, C. T. 1997. *Shufa Hanzi Xue* [*Calligraphy from Perspective of Hanzi Study*]. Beijing: Beijing yuyan Wenhua Daxue Chubanshe.

Qiu, X. G. 2000. *Chinese Writing*. Berkeley: Society for the Study of Early China and the Institute of East Asian Studies, based on the revised edition of *Wenzixue Gaiyao* [*Outline of Script Study*] published in 1994 in Taipei by the

Wanjuanlou Tushu Co. [Tran. by G. L. Mattos and J. Norman]

Qiu, X. G. 2004. Cong chun wenzixue jiaodu kan jiahua zi [To exmine simplified characters purely from perspective of script study]. In D. G. Shi (ed.) *Jianhua Zi Yanjiu* [*Study on Simplified Characters*]. Beijing: Shangwu Yinshu Guan, 35-40.

Rahman, T. 2002. *Language, Ideology and Power*. Oxford: Oxford University Press.

Reley, J. and Tang, Y. 1993. *Zhongguotong A and B* [*Old China Hand A and B*]. Victoria, Australia: National Chinese Curriculum Project team, Department of School Education. [Curriculum Corporation]

Research Team of Chinese Department, Nanjing University 1974. Chinese character rationalization from the viewpoint of the relationships between language and script. In P. J. Seybolt and G. K. Chiang (tran., 1979) *Language Reform in China – Documents and Commentary*. New York: M. E. Sharpe, pp.371-377.

Research Team of Computer Information Processing 1980. Zhiding "Hanzi Biaozhun Daima" de wu xiang yuanze [The five principles of formulating the "Standard Chinese Character Codes"]. *Yuwen Xiandai Hua* [*Language Modernization*] 4, 64-78.

Rohsenow, J. S. 1986. The second Chinese character simplification scheme. *International Journal of Sociology of Language* 59, 73-85.

Rohsenow, J. S. 1996. The "Z.T." experiment in the P. R. C. *The Journal of the Chinese Language Teachers' Association* 32.3, 33-44.

Rohsenow, J. S. 2001. The present status of digraphia in China. *International Journal of Sociolinguistics* 150, 125-140.

Rohsenow, J. S. 2004. Fifty years of script and language reform in the PRC. In M. L. Zhou and H. K. Sun (eds.) *Language Policy in the People's Republic of China: Theory and Practice since 1949*. Boston: Kluwer Academic, pp.21-44.

Rubin, J. 1971. Evaluation and language planning. In J. Rubin and B. H. Jernudd (eds.) *Can Language be Planned? Sociolinguistic Theory and Practice for Developing Nations*. Honolulu, HI: The University Press of Hawaii, pp.217-252.

Rubin, J. Jernudd, B. H., Das Gupta, J., Fishman, J. A. and Ferguson C. A. (eds.) 1977. *Language Planning Process*. The Hague, the Netherlands: Mouton, pp.255-273.

Sailard, C. 2004. On the promotion of Putonghua in China: How a standard language becomes a vernacular. In M. L. Zhou and H. K. Sun (eds.) *Language Policy in the People's Republic of China: Theory and Practice since 1949.* Boston: Kluwer Academic, pp.163-176.

Sakamura, K. 1992. The TAD language environment and multilingual handling. http://www.tronweb.super-nova.co.jp/tadenvironment.html.

Schiffman, H. F. 1996. *Linguistic Culture and Language Policy.* London: Routledge. Schiffman, H. F. 2002. French language policy: Centrism, dirigisme, or economic

determinism. In W. Li, J.-M. Dewaele and A. Housen (eds.) *Opportunities and Challenges of Bilingualism.* Berlin. New York: Mouton de Gruyter, pp.89-104.

Schiffman, H. F. 2004. Tamil Language Policy in Singapore: the Role of Implementation. Working paper at CRPP, NIE, Nanyang Technological University.

Schiffman, H. F. 2006. Language policy and language culture. In T. Ricento (ed.) *An Introduction to Language Policy.* Malden, MA. USA: Blackwell, pp.111-125.

SCLW, 2004a. Yinshua weiti zixing guifan 1 GF 3004-1999 [The standard printed shape of Wei-style Characters, 1GF 3004-1999]. Retrieved: March 31, 2004, from http://www.c hina-language.gov.cn/gfbz/2gfbz2003-3-25b.htm.

SCLW, 2004b. The standard printed shape of Li-style Characters, GF 3005-1999. Retrieved: March 31, 2004, from http: //www.china-language.gov.cn/ weblaw//list.asp?id=154and columned= 17andcolumnlayer=00160017.

SCLW, 2004c. Zhengce fagui he guifan biaozhun [Langauge policies, guidelines, regulations and standards]. Retrieved: May 8, 2004, from http://www.china-language.gov.cn/jgsz/ content18.asp.

SCLW, 2004d. Yuyan Wenzi Yingyong Yanjiusuo Jianjie [The Introduction about the Research Institute of Applied Linguistics]. Retrieved: July 7, 2004, from www. moe.ed u.cn./moe-dept/yuxin/content/gzdt/3-22.htm.

Searle, S. J. 2004. A brief history of character codes in North America, Europe, and East Asia. Retrieved: August 30, 2004, from http://tronweb.super-ova.co.jp/characcodehist. html.

Seybolt, P. J. and Chiang, G. K. 1979. Forward. In P. J. Seybolt and G. K. Chiang (Trans.) *Language Reform in China – Documents and Commentary.* New York: M. E. Sharpe, pp.1-7.

Shen, K. C. and Shen, J. 2001. *Hanzi Jianhua Shuolue* [*Succinct Study of Hanzi's Simplification*]. Beijing: Renmin Ribao Chubanshe.

Shepherd, J. 2005. *Striking a Balance: the Management of Languages in Singapore.* Frankfurt am Main: Peter Lang.

Shi, F. (pseudonym) 1992. Renzhen kefu wenzi gongzuo zhong de zuoqing yingxiang [Seriously remedy the Leftist influence in script reform]. *Hanzi Wenhua* [*Chinese Character Culture*] 3, 57-58.

Shi, Y. W. 1991. Hanzi jianhua de jiazhi pinggu [Assessment of the value of hanzi simplification]. *Yuwen Jianshe* [*Language Construction*] 3, 29-31.

Shi, Y. W. 1997. Hanyu jianshe shiyi ji qita [On Han's language and script construction and the related issues] In H-c. Hung (ed.) *Rang Han Yuwen Zhanzai Juren de Jianbang Shang – Han Yuwen Wenti Taolun Ji* [*Problems in the Chinese Language: An Anthology*]. Hong Kong: Shangwu Yinshu Guan, 318-327.

Shi, Z. Y. 1993. Fati zi xianxiang mianmian guan [An all-round angle of a traditional character phenomenon]. *Yuwen Jianshe* [*language construction*] 10, 13-23.

Shidner, T. 2004. Preparing to Enter the China Market. MultiLingual Computing and Technology. 15. 1. Retrieved: November 17, 2004 from http:// www.multilingual. com/FMPro?-db=archivesand-format=ourpublicatio n%2ffeaturedarticlesdetail. htmand-lay=cgiand-sortfield=Magazine%20 Numberand-sortorder=descendand- op=cnandAuthor=terryandintro=yesa nd-recid=33553and-find=.

Shohamy, E. 2006. *Language policy: Hidden Agenda and New Approaches.* New York: Routledge.

Shuy, R. W. 1988. Changing language policy in a bureaucracy. In P. H. Lowenberg (ed.) *Georgetown University Round Table on Languages and Linguistics 1987.* Washington, D. C.: Georgetown University Press, pp.152-174.

Sommer, B. A. 1991. Yesterda"s experts: The bureaucratic impact on language planning for Aboriginal bilingual education. In A. Liddicoat (ed.) *Language Planning and Policy in Australia.* Melbourne: Applied Linguistics

Association of Australia, pp.109-134.

Stillemunkes, C. 2000. Anything new on the orthography reform? [Neues zur Rechtschreibreform?] *Sprachdienst* 44.5, 176-180.

Strevens, P. and Weeks, F. 1985. The creation of a regularized subset of English for mandatory use in maritime communications: SEASPEAK. *Language Planning Newsletter* 11.2, 1-6.

Su, P. C. 1991. Guanyu jianhua hanzi de jige you zhengyi de wenti [On some disputed issues of simplified characters]. *Yuwen Yanjiu* [*Language Studies*] 38, 19-25.

Su, P. C. 1993. "Di Yi Pi Jianti zi Biao" duhou [After reading the *First Table of Simplified Characters*]. *Chinese Language Review*. 41, 39-42.

Su, P. C. 1994. *Xiandai Hanzi Xue Gangyao* [*The Outline of Modern Hanzi Study*]. Beijing: Beijing Daxue Chubanshe.

Su, P. C. 2000. *Yi Men Xin Xueke: Xiandai Hanzi Xue* [*Modern Hanzi Study – A New Subject*]. Beijing: Yuwen Chubanshe.

Su, P. C. 2001a. Digraphia: a strategy for Chinese characters for the twenty-first century. *International Journal of the Sociology of Language* 150, 109-124.

Su, P. C. 2001b. *Xiandai Hanzi Xue Gangyao* [*The Outline of Modern Hanzi Study*]. Beijing: Beijing Daxue Chubanshe.

Su, P. C. 2001c. *Ershi Shiji de Xiandai Hanzi Yanjiu* [*The Studies on Modern hanzi in 20th Century*]. Taiyuan: Shuhai Chubanshe.

Su, P. C. 2001d. Tan renming zhong de yiti zi [On the variant form character in people's given names]. *Yuwen Jianshe* [*Language Construction*] 5, 14.

Su, P. C. 2002. Su Peicheng huizhang zhi Zhou Shenghong xiansheng de xin [Su Peicheng's letter (Chairman of the Association of Chinese Language Modernization) to Mr. Zhou Shenghong]. *Zhongguo Yuwen Xiandaihua Tongxun* [*Correspondence of Chinese Language Modernization*] 3, 7.

Su, P. C. 2003. Chongxin shenshi jianhua zi [Review of the Simplified Chinese Character]. *Beijing Daxue Xuebao* [*Journal of Beijing University*] 40.1, 121-128.

Su, P. C. 2004. Guifan renming yongzi de shi yu fei [The right and the wrong of standardizing the characters for personal names]. Retrieved: November 15, from http://www.china-language.gov.cn/webinfopub/list.asp?id=1042andcolumind=154andcolumnlayer=000500300154.

Sun, J. X. 1991. *Zhongguo Hanzi Xue Shi* [*The History of Chinese Hanzi Study*]. Beijing: Xueyuan Chubanshe.

Sun, W. G. 2003. Jiang Zeming tici yu geren chongbai [Jiang Zemin's tici and personal worship]. Retrieved: September 3, 2003, from http://www.my.cnd. org/modules/wfseet iou/article.php?articleid=4006.

Tang, L. 1965. *Zhongguo Wenzi Xue* [*Study of Chinese Script*]. Hong Kong: Taiping Shuju.

Tang, L. 1979/1949. *Zhongguo Wenzi Xue* [*Chinese Hanzi Study*] Shanghai: Shanhai Guji Chubanshe. [Based on 1949 version of Kaiming Shudian]

Tao, L. (pseudonym) 1978. Guanyu "Di Er Ci Hanzi Jianhua Fang'an (caoan) de jig e wenti [On some issues of the Second Scheme of Character Simplifi- cation]. *Zhongguo Yuwen* [*Chinese Linguistics*] 144, 61-63.

Taylor, I. and Taylor, M. 1995. *Writing and Literacy in Chinese, Korean and Japanese.* Amsterdam: John Benjamins.

The World Almanac and Book of Facts-2004. New York: World Almanac Books.

Thomas, G. 1991. *Linguistic Purism.* London: Longman.

Tompson, P. M. 1991. Chinese text input and corpus linguistics. In V. H. Mair and Y. Q. Liu (eds.) *Characters and Computers.* Amsterdam: IOS Press, pp.12- 19.

Topping, S. 2001. The secret life of Unicode. Retrieved: March 18, 2006, from http://www- 128.ibm.com/developerworks/unicode/library/u-secret. html.

Totten, G. O. 2004. Expending the Usage and Users of Pinyin in the Modern world. J. M. Lu and P. C. Su, (eds.) *Yuwen Xiandai Hua he Hanyu Pinyin Fang'an* [*Language Modernization and Chinese Pinyin Scheme*]. Beijing: Yuwen Chubanshe, 335-360.

Tsang, Y-h. 1996. *Qidai Liang'an Shu Tong Wen – Ruhe Tupo Fan Jian zhijian de Zhang'ai* [*Anticipating a Common Script Across the Strait – How to Break Through the Barrier between Simplicity and Complexity*]. Taipei: Shibao Wenhua Chuiban Qiye Gufen Youxian Gongsi.

Tsao, F-f. 2000. The language planning situation in Taiwan. In R. B. Baldauf Jr. and R. B. Kaplan (eds.). *Language Planning in Nepal, Taiwan and Sweden.* Clevedon, UK: Multilingual Matters, pp.60-106.

Tse, J. K-p. 1983. The standardization process for Chinese languages. Paper presented at Conference of Linguistic Modernization and Language Planning in Chinese-Speaking Communities, East-West Center, Honolulu, HI.

Turley, J. 1999. Computing in Chinese - a survey of character encoding, input methods and other special requirements. *Multilingual Computing and Technology* 10.6, 30-33.

Twine, N. 1991. *Language and the Modern State: The Reform of Written Japanese.* London: Routledge.

Unger, J. M. 1991. Minimum specifications for Japanese and Chinese alphanumeric workstations. In V. H. Mair and Y.Q. Liu (eds.) *Characters and Computers.* Amsterdam: IOS Press, 131-140.

Unger M. J. 2004. *Ideogram: Chinese Characters and the Myth of Disembodied Meaning.* Hawai'i: University of Hawai'i Press.

US Embassy, Beijing. 1997. To make the net speak Chinese: Emerging Chinese-language information services. Retrieved: June 18, 2004, from http://www. usembassy-china.gov. cn/sandt/chinfca.htm.

Wada, E. 1991. International standardization of Chinese character sets. Keynote address delivered at the 5th AFSIT, October 23, 1991. Tokyo, Japan.

Wan, Y. X. 1999. Liang ge bu tong gainian de "bujian" ji xiangguan wenti [Two categories of 'components' and the relevant issues] In B. S. Lü (ed.) *Hanzi yu Hanzi Jiaoxue Yanjiu Lunwen Ji* [*A Collection of Papers on the Study of Characters and Character Education*] Beijing: Beijing Daxue Chubanshe, 93-106.

Wang, B. X. 2003. Zhuanjia jianyi Di 101 Hao Yuansu de Zhongwen mingcheng [The experts suggested Chinese names for the chemical element No. 110]. Retrieved: October 9, 2003, from http://www.shyywz.com/page/jsp/showdetail.jsp?id=1132.

Wang, F. Y. 1989. *Hanzi Xue* [*Chinese Hanzi Study*]. Jilin: Jilin Wenshi Chubanshe.

Wang, F. Y. 1992. Hanzi de yanjin yu guifan [Evolution and standardization of Chinese characters. *Yuwen Jianshe* [*Language Construction*] 4, 14-20.

Wang, H. Y. 1998. Changyong zi shengpang de biao yin gongneng [The phonetic function of phonetic compound s for the most used characters]. *Chinese Language Review* 55, 28-33.

Wang, J. 1995. *Dangdai Zhongguo de Wenzi Gaige* [*Script Reform in Modern China*]. Beijing: Dangdai Zhongguo Chubanshe.

Wang, J. S. 2001. The internet in China: A new fantasy? *New Perspective Quarterly* 18.1, 22-24.

Wang, L. 1938. *Long Chong Bing Diao Zhai Wenji* [*Collection of Essays from Longchong Bingdiao Studio*]. Beijing: Zhonghua Shuju.

Wang, N. 1999. Lun hanzi jianhua de biran qushi jiqi youhua de yuanze [On the inexorable trend of hanzi simplification and the principles of optimization]. In P. C. Su and B. Y. Yin (eds.) *Xiandai Hanzi Guifanhua Wenti* [*Issues of Modern Character Standardization*]. Beijing: Yuwen Chubanshe, pp.81-95.

Wang, N. 2004a. Hanzi de youhua yu fan jian zi [On Chinese character optimization and simplified and traditional character]. In D. G. Shi (ed.) *Jianhua Zi Yanjiu* [*Study on Simplified Characters*]. Beijing: Shangwu Yinshu Guan, pp.41-62.

Wang, N. 2004b. Lun hanzi guifan de shihui xing yu kexue xing - Zai xing xingshi xia dui hanzi de guifan wenti jinxing fansi [On the societal and scientific nature of hanzi standardization - A reflection of hanzi standardization under new context]. In Y. M. Li and J. C. Fei (eds.) *Hanzi Guifan Baijia Tan* [*Various Views on Hanzi Standardization*] Beijing: Shangwu Yinsuguan, pp.1-18.

Wang, N. and Zou, X. L. 1999. *Hanzi* [*Chinese Characters*]. Hong Kong: Xianggang Haifeng Chubanshe.

Wang, S. Y. 2000. Shi Zhongwen zouxiang shijie [Let the Chinese language get to the world]. In Y. Q. Sheng (ed.) *Xinxi Wangluo Shidai Zhong-Ri-Han Yuwen Xiadaihua Guoji Xueshu Taolunhui Lunwen Ji* [*Proceedings of International Conference on Language Modernization in China, Japan and Korea*]. Hong Kong: Xianggang Wenhua Jiaoyu Chubanshe, pp.217-222.

Wang, T. K. 2003. "Guifan Hanzi Biao" yanzhi de ji ge wenti [Some issues regarding research of the Comprehensive Table of Standardized Chinese Characters]. Retrieved: November 4, 2003, from http://www.china-language.gov. cn/webinfopub/list.asp?id=1 271andcolumnid=164andcolumnlay er=01380164.

Wang, T. K. 2004. "Guifan hanzi Biao" yanzhi de ji ge wenti [Some issues regarding research of the Comprehensive Table of Standardized Chinese Characters]. In Y. M. Li and J. C. Fei (eds.) *Hanzi Guifan Baijia Tan* [*Various Views on Hanzi Standardization*] Beijing: Shangwu Yinsuguan, 179-203.

Wang, X. W. 1974. *Gongfei Wenzi Gaige Zong Pipan* [*Comprehensive Critique of the Communist Bandits' Simplified Characters*]. Taipei: Zhonghua Minguo Guoji Guanxi Yanjiusuo.

Wang, X. W. 1997. Taiwan Haixia liang'an hanzi tongyi chu yi [My tentative suggestion on writing unification across the Taiwan Strait] In J. Y. Zhu (ed.) *Tanjiu Zhongguo Wenzi Jianhua Wenti Lunwen Ji* [*A Collection of Papers on Issues of Chinese Character Simplification*]. Taipei: Zhonghua minguo qiaowu weiyuanhui [Overseas Chinese Affairs Commission of the Republic of China], 8-47.

Wang, Y. W. 2002. Dangdai Hanzi yongzi dingliang de jige wenti [On some issues of fixing numbers of modern hanzi]. *The Nanyang Technological University Journal of Language and Culture* 5.2, 55-76.

Whiteley, W. H. 1984. Sociolinguistic survey at national level. In C. Kennedy (ed.) *Language Planning and Language Education.* G. Allen and Unwin, pp.68-79.

Wieger, L. 1965. *Chinese Characters – Their Origin, Etymology, History, Classification and Signification* (2nd Edn.). New York: Dover Publications. [Translated by L. Davrout]

Winsa, B. 2005. Language planning in Sweden. In R. B. Kaplan and R. B. Baldauf Jr. (eds.) *Language Planning and Policy: Europe, Vol. 1: Hungary, Sweden and Finland.* Clevedon, UK: Multilingual Matters, 233-330.

Wong, Y. K. 1990. *Unlocking the Chinese Heritage.* Singapore: Pagesetters Service.

Wood, J. D. (ed.) 1985. *Language Standards and Their Codifications: Process and Application.* Exeter, Devon: University of Exeter.

Woon, W. L. 1987. *Chinese Writing-Its Origin and Evolution.* Macau: University of East Asia Press.

Wright, S. 2004. *Language Policy and Language Planning: From Nationalism to Globalization.* New York: Palgrave Macmillan.

Wu, C. A. 1995. *Wenhua de Toushi – Hanzi Lun Heng* [*Cultural X-ray (Reflection) of Chinese Characters*]. Changchun: Jilin Jiaoyu Chubanshe.

Wu, W. C. (Apollo Wu) 2000. Cong hanyu pinyin dao pinyin wenzi [From Pinyin Notation to Pinyin Orthography]. *Language and Information.* Retrieved: August 28, 2004, from http://www.wengai.cpm; http://www.hpw-wzm.

com/hpw.asp.

Wu, Y. S. and Ding, X. Q. 1992. *Hanzi Shibie* [*Chinese Character Automatic Recognition*]. Beijing: Gaodeng Jiaoyu Chubanshe.

Wu, Y. Z. 1978. Zhongguo Wenzi Gaige Weiyuanhui chengli hui shang de jianghua [Opening address at the inaugural meeting of the research Association of the Chinese Script Reform]. In *Wenzi Gaige Wenji* [*Collected Works of Chinese Script Reform*]. Beijing: Zhonguo Renmin Daxue Chubanshe, 89-90.

Xi, B. X. 2004. Yuwen xiandaihua xin yi [Latest arguments on language modernization] In Beijing Shi Yuyan Xuehui (ed.) *Yuyan Xue de Lilun yu Yingyong* [*Linguistics Theories and Applications*]. Beijing: Shangwu Yinshu Guan, 71-86.

Xia, L. 2004. Hanzi de kexue tixi hua he biaoyin hua hao [the good respect of systematization and phoneticization of Chinese character] In Y. M. Li and J. C. Fei (eds.) *Hanzi Guuifan Baijia Tan* [*Various Views on Hanzi Standardization*]. Beijing: Shangwu Yinshu Guan, pp.256-278.

Xin Bao. 17th March, 2006. Beijing 213 ge lengpi zi wu fa zhi zheng [231 ID card failed to be updated because rarely used characters in Beijing]. Retrieved: June 28, 2006, from http://www.china-language.gov.cn/webinfopub/list. asp?id=2044andcolumnid=17 7andcolumnlayer=01380177.

Xu, C. A. 1999. Shi shi qiu shi de pingjia jianhuazi [To evaluate simplified characters on the basis of facts]. In P. C. Su and B. Y. Yin (eds.) *Xiandai Hanzi Guifanhua Wenti* [*Issues of Modern Character Standardization*]. Beijing: Yuwen Chubanshe, pp.134-138.

Xu, C. M. 1974. Qian tan jianhua hanzi zhong de xing sheng wen ti [Initial analysis of issues on semantics and phonetics in simplification]. In Language Reform Press (ed.) *Hanzi de Zhengli he Jianhua* [*The Simplification and Rationalization of Chinese Characters*]. Beijing: Wenzi Gaige Chubanshe, pp.28-31.

Xu, D. J. 2002. Lun hanzi de kexue xing shi yuanshi xing chuangxin [The view of the scientific nature of Chinese characters is a new and creative theory]. *Hanzi Wenhua* [*Chinese Character Culture*] 2, 5-7.

Xu, J. L. 1990. Guanyu jianhua hanzi da Taiwan xuezhe wen [Talk on the issue of simplified characters in an interview by scholars from Taiwan]. *Hanzi Wenhua* [*Chinese Character Culture*] 2, 37-40.

Xu, J. L. 1996. Yuyan wenzi guifanhua yu yuyanxue yanjiu [Standardization for language and script and its relationship to linguistic study]. *Zhongguo Yuwen* [*Chinese Linguistics*] 250, 40-44.

Xu, J. L. 1998. Kaituo yuyan wenzi gongzuo xin jumian, wei ba shehui zhuyi xiandaihua jianshe shiye quanmian tui xiang 21 shiji fuwu [Unfold a new page of language work to serve the course of socialist modernization building in 21st century]. *Zhongguo Yuwen* [*Chinese Linguistics*] 263, 151- 154.

Xu, J. L. 1999. *Yuyan Wenzi Xue Jiqi Yingyong Yanjiu* [*Linguistics and Script Study and Their Application*]. Guangzhou: Guangdong jiaoyu chubanshe.

Xu, J. L. 2000. Xianzhuang yu shexiang – Shilun Zhingwen xinxi chuli yu xiandai hanyu yanjiu [Current situation and envisaged plan of Chinese language processing and modern Chinese study]. *Zhongguo Yuwen* [*Chinese Linguistics*] 279, 490-496.

Xu, S. C. 1993. *Bijiao Wenzi Xue Sanlun* [*Comparative Study of the Script System*]. Beijing: Zhongyang Minzu Xueyuan Chubanshe.

Xu, S. C. and Zhao F. F. 2000. Wangluo shidai de hanzi quanmian jiejue fang'an he hanzi benti yanjue [The comprehensive resolution scheme and linguistic study of Chinese characters in the Internet era]. In L. M. Zhao and G. Y. Hunag (eds.) *Hanzi de Yingyong yu Chuanbo* [*The Application and Spread of Chinese Characters*]. Beijing: Huayu Jiaoxue Chubanshe, pp.385-391

Yan, Y. M., Fan, K. Y. and Gao, J. Y. 2004. Guifan hanzi san ren tan [Three persons' talk on Standardized Characters]. In Y. M. Li, and J. C. Fei (eds.) *Hanzi Guifan Baijia Tan* [*Various Views on Hanzi Standardization*]. Beijing: Shangwu Yinshu Guan, pp.46-60.

Yang, G. 2003. Wang Yongmin cheng: di er dai shenfen zheng ziku chaoguo 72000 zi [Wang Yongmin: the Chinese character sample in the database for the second generation citizen ID card has exceeded 72,000]. Retrieved: November 11, 2004, from http://www.shyywz.com/page/jsp/showdetail. jsp?id=1132.

Yang, H. Q. 1999. Hanzi jiaoxue gaige de shi xiang cuoshi [Ten measures for reforming Chinese character education]. In B. S. Lü (ed.) *Hanzi yu Hanzi Jiaoxue Yanjiu Lunwen Ji* [*A Collection of Papers on the Study of Characters and Character Education*]. Beijing: Beijing Daxue Chubanshe, pp.231-236.

Yang, R. L. 2000. *Xiandai Hanzi Xue Tonglun* [*General Introduction to Modern Hanzi Study*]. Beijing: Chongcheng Chubanshe.

Yao, D. H. 1998. Biaozhun Putonghua he shangwu Putonghua [Standard putonghua and popular Putonghua]. *Chinese Language Review* 57, 1-12.

Yao, D. H. 2000. Shu tong wen san lun [Casual talk on common script]. *Chinese Language Review* 63, 27.

Yao, Y. P. 2001. Quan qiu beijing xia de Zhongguo yuyan guihua [Chinese language planning in the context of globalization]. In B. F. Lu and S. M. Li (eds.) *Yuyan Yanjiu Lunji* [*Linguistic Studies*]. Beijing: Zhongguo Shehui Kexue Chubanshe, pp.123-128.

Ye, L. S. 1949. *Zhongguo Yuwen de Xin Sheng – Ladinghua Zhongguo Zi Yundong Ershi Zhounian Lunwen Ji* [*Rebirth of the Chinese Language – A Collection of Papers of the Two-Decade Anniversary of the Latinization Movement*]. Shanghai: Sangwu Yinshu Guan [Reprinted by Shanghai Bookstore in 1990]

Ye, L. S. 1981. Guanyu wenzi gaige de jige wenti [On some issues of script reform. *Yuwen Xiandai hua* [*Language Modernization*] 5, 59-67.

Ye, L. S. 1995. *Jianhua Hanzi Yi Xi Tan* [*Overnight Talk on Hanzi Simplification*]. Beijing: Yuwen Chubanshe.

Yin, B. Y. and Rohsenow, J. S. 1997. *Modern Chinese Characters*. Beijing: Huayu Jiaoxue Chubanshe.

Yu, G. Y. 1996. *Er shi yi Shiji de Yingyong Yuyanxue Yanjiu* [*Research of Chinese Applied Linguistics in the 20th Century*]. Taiyuan: Shuhai Chubanshe.

Yu. J. 1992. Jing Sui Hu hanzi wenti zuotan hui zongshu [Summary of Beijing-Shanghai – Guangdong forum on issues concerning Chinese characters]. *Yuyan Wenzi Yingyong* [*Applied Linguistics*] 4, 105-112.

Yu, J. E. 2003. Zhuyin Zimu banbu guocheng fenxi [Analysis on the promulgation process of Phonetic Symbol]. In P. C. Su (ed.) *Yuwen Xiandaihua Luncong* (5) [*Forum on Language Modernization* - 5]. Beijing: Yuwen Chubanshe, 97-109.

Yu, X. L. (pseudonym for Yu, G. Y.) 1978. Guanyu di er ci hanzi jianhua gongzuo de yi xie yijian [Some opinions on the work of the second scheme of Character simplification]. *Chinese Linguistics* 145, 127-129.

Yuan, X. Y. 1992. Lun "Shi Fan Xie Jian" yu "Wenzi Gaige" - Da Lü Shuxiang xiansheng [On 'traditional characters for reading and simplified for writing' and script reform - an answer to Mr. Lü Shuxiang]. *Hanzi Wenhua* [*Chinese Character Culture*] 2, 11-24.

Zeng, X. C. 1983. Hanzi hao xue hao yong zheng [Evidence about hanzi – easy to study, easy to use (Part I and II)]. *Jiaoyu Yanjiu* [*Education Research*] (1 and 2), 73-79, 58-63.

Zeng, X. C. 1988. Zai "Hanzi Wenti taolunhui" shang de fayan [Speech delivered in the Symposium on the Issue of Chinese Characters]. In RIAL (ed.) *Hanzi Wenti Xueshu Taolunhui Lunwen Ji* [*Collected Papers of Symposium on Issues of Chinese Characters*]. Beijing: Yuwen Chubanshe, pp.319-320.

Zhang, F. P. 1999. Zhongwen xinxi chanye de fazhan yu hanyu de shang [Development of the Chinese information technology industry and the entropy of Chinese language]. Retrieved: Feb. 26, 2001, from http://www.chinabyte.com.

Zhang, F. P. 2001. Gaige hanzi jiu shi shudian wangzong ma? [Is to reform Chinese forgetting oneself?]. Retrieved: March 12, 2001, from http://www.toptoday.org/freebb s/pinyin/pinyin1.shtml.

Zhang, J. Q. 1999. Cong gujin zi kan hanzi de tedian he guifan [Value the features of hanzi and its standardization by Gujin Zi]. *Yuyan Wenzi Yingyong* [*Applied Linguistics*] 3, 19-24.

Zhang, L. M. 2001. *Zhongguo Wenhua Duanceng Chongzheng Gongcheng* [*The Project of Reviving the Shattered Chinese Culture*]. Wuhan: ICI Guoji Wenjiao Jijin Hui, Wuhan Dafang Wenjiao [ICI International Foundation for Culture and Education and Wuhan Dafang Culture and Education].

Zhang, L. Q. 1994. Guanyu Rozen jiaoshou yuedu shiyan de tongxun [Letters concerning Professor Rozen's reading experiment]. In P. C. Su and B. Y. Yin (eds.) *Kexue de Yanjiu Hanyu he Hanzi* [*Scientifically Study Chinese Language and Characters*]. Beijing: Huayu Jiaoxue Chubanshe, 197-205.

Zhang, P. 1993. Bu ru xinxi shidai de hanyu he hanzi. [Entering the information society – Chinese language and script]. *Yuwen Jianshe* [*Language Construction*] 3, 32-35.

Zhang, P. 1997. *Hanzi Jianpan Bianma Shuru Wenji* [*A Collection of Essays on the Keyboard Input Method of Chinese Characters*]. Beijing: Zhongguo Biaozhun Chubanshe.

Zhang, S. Y. 2003. "Guifan Hanzi Biao" de yanzhi [The tentative plan for the formulation of the *Comprehensive Table of Standardized Characters*]. Retrieved: August 25, 2004, from http://www.china-language.gov.cn/=webinfopub/

list.asp?id=1054andcolumnid=164andcolumnlayer=01380164.

Zhang, S. Y. 2004. Guanyu yanzhi "Guifan Hanzi Biao" de jige wenti [On some issues of formulating the Comprehensive Table of Standardized Characters]. In Y. M. Li, and J. C. Fei (eds.) *Hanzi Guifan Baijia Tan* [*Various Views on Hanzi Standardization*]. Beijing: Shangwu Yinshu Guan, pp.229-248.

Zhang, S. Y., Wang, T. K., Li, Q. H., and An, N. 1997. *Jianhua Zi Su Yuan* [*Tracing the Sources of Simplified Characters*]. Beijing: Yuwen Chubanshe.

Zhang, W. B. 2003. Guanyu zixing guifan de jige wenti [Some issues about the standardization of the characters shape]. Retrieved: November 4, 2004, from http://www.china-language.gov.cn/webinfopub/list. asp?id=1284andcolumnid.

Zhang, X. T. 2000. Qian tan haixia liang'an de wenzi ruhe qiutongcunyi [Seek common ground while reserving differences and seek a common understanding – thought on the reality of Chinese character usage across the Strait]. *Chinese Language Review* 62, 6-8.

Zhang, Y. J. and Xia, Z. H. 2001. *Wenzi Xue Gailun* [*The Outline of Hanzi Study*]. Nanning: Guanxi Jiaoyu Chubanshe.

Zhang, Y. M. 1988. *Zhongguo Wenzi Gaige Yanjiu* [*The Study of Chinese Language Reform (III)*]. Taiwan: Dahu Xiang, Miaoli Xian.

Zhang, Z. C. 2005. Zhongwen dianji shuzi hua zouxiang zhi lice [Predicting the future direction of Chinese classics digitalization]. Paper presented to Third Forum on digitalization in four regions and across the Strait. Taibei, December.

Zhang, Z. G. 1992. *Chuantong Yuwen Jiaoyu Jiaocai Lun* [*On traditional Language Educational Theories and Textbooks*]. Shanghai: Shanghai Jiaoyu Chubanshe.

Zhang, Z. R. and Chu, M. 2002. Yi zhong hanzi yin xing zhuanhuan de tongji xue fangfa [A statistical approach for grapheme to phoneme conversion in Chinese]. *Zhongwen yu Dongfang Yuwen Xinxi Chuli* [*Journal of Chinese Information Processing*] 16.3, 13-26.

Zhao, S. H. 1998. Historical development of Chinese writing Romanization. *Research Journal of Humanities*, Ramkhamhaeng University 18.1-4, 151-160.

Zhao, S. H. 1999. Jianti zi haishi fanti zi [To be simplified or not to be simplified] 3. 8.

1999. Education Column, *Asian Times News*.

Zhao, S. H. 2005. Chinese character modernization in the digital era – A historical perspective. *Current Issue of Language Planning* 6.3, 315-378.

Zhao, W. Z. 2004. *Hui Shuohua de Hanzi* [*The Chinese Character that Can Speak*]. Beijing: Tuanjie Chubanshe.

Zheng, L. X. 1988a. Yingai jixu jianhua hanzi [Chinese characters should be further simplified]. In RIAL (ed.) *Hanzi Wenti Xueshu Taolunhui Lunwen Ji* [*Collected Papers of Symposium on Issues of Chinese Characters*]. Beijing: Yuwen Chubanshe, pp.296-306.

Zheng, L. X. 1988b. Zai hanzi wenti taolun hui shang de fayan [Speech delivered at symposium on hanzi issues]. In RIAL (ed.) *Hanzi Wenti Xueshu Taolunhui Lunwen Ji* [*Collected Papers of Symposium on Issues of Chinese Characters*]. Beijing: Yuwen Chubanshe, pp.346-348.

Zheng, Y. L. 1988. Diannao hanzi xingma kexue tixi chu tan [Analysis on the scientific system of ideographic hanzi for computer]. In RIAL (ed.) *Hanzi Wenti Xueshu Taolunhui Lunwen Ji* [*Collected Papers of Symposium on Issues of Chinese Characters*]. Beijing: Yuwen Chubanshe, pp.307-318.

Zhengzhang, S. F. 2003. Wei yin guji jianyi dingliang xuanyong 100 ge fanti zi [One hundred suggested complex characters for classical publications]. Retrieved: November 3, 2003 from http://hzdt.xiloo.com/stw1-015.htm.

Zhou, Y. G. 1979. *Wenzi Gaige Gailun* [*An Introduction to Chinese Script Reform*]. Beijing: Wenzi Gaige Chubanshe.

Zhou, Y. G. 1980a. Xiandai hanzi xue fafan [The Genesis of Modern Hanzi Study]. *Yuwen Xiandaihua* [*Language Modernization*] 2, 94-103.

Zhou, Y. G. 1980b. *Pinyin hua wenti* [*Romanization Issues*]. Beijing: Wenzi Gaige Chubanshe.

Zhou, Y. G. 1982. Hanyu Pinyin Fang'an de kexue xing he shiyong xing [The scientific and practical stance of Pinyin Scheme]. *Wenzi Gaige* [*Script Reform*] 130, 4-8.

Zhou, Y. G. 1983. Wengai yu jisuanji [Script reform and the computer]. *Wenzi gaige* [*Language Reform*] 4, 15-17.

Zhou, Y. G. 1986a. *Zhongguo de Xin Yuwen Yundong* [*Language Movements in New China*]. Beijing: Jiaoyu Chubanshe.

Zhou, Y. G. 1986b. The modernization of Chinese language. *International Journal of Sociology of Language* 59, 7-23.

Zhou, Y. G. 1986c. *Zhongguo Yuwen de Xiandaihua* [*Chinese Language Modernization*]. Shanghai: Shanghai Jiaoyu Chubanshe.

Zhou, Y. G. 1992. *Xin Yuwen de Jianshe* [*Reconstruction of the New Language*]. Beijing: Yuwen Chubanshe.

Zhou, Y. G. 1999. *Xin Shidai de Xin Yuwen* [*New Language in a New Era*]. Beijing: huo Dushu Xinzhi Sanlian Shudian.

Zhou, Y. G. 2001a. Language planning of China: Accomplishment and failures. *Journal of Asian Pacific Communication* 11, 9-16.

Zhou, Y. G. 2001b. *Zhou Youguang Yuwen Lunji* [*Collections of Linguistics Works of Zhou Youguang*]. Shanghai: Shanghai Wenhua Chubanshe.

Zhou, Y. G. 2002. Guiding yinjie hanzi, tongyi yin yi yong zi [Fixing the syllabic characters; standardizing characters for phonetic translation]. *The Correspondence of Chinese Language Modernization* 6, 3-5.

Zhou, Y. G. 2003. Tichang wenyan shi shidai cuowu [Advocating archaic style writing is a historical blunder]. *Guanming Ribao* [*Guangming Daily*] 8/8/2003.

Zhou, Y. G. 2004. *Zhou Youguang Yuyanxue Lunwen Ji* [*Collection of Zhou Youguang's Linguistic Works*]. Beijing: Shangwu Yinshu Guan.

Zhu, B. F. 2000. Wo yu Zhongwen diannao de nie yuan [My sin: kinship with the Chinese computer]. Retrieved: October 19 2005, from http://newbbs4.sina.com.cn/arts/view.c gi?forumid=13andpostid=528941.

찾아보기

A, B, C 순

저자

Zhao Shouhui 趙守輝 조수휘

Zhao Shouhui(시드니대학교 박사)는 싱가포르 난양공과대학교 국가교육원(NIE: National Institute of Education), 교육학실천연구센터(Centre for Research in Pedagogy and Practice: CRPP)의 연구위원이다. 전문 어학 교사의 길을 전공으로 선택한 그는 중국인민대학(베이징)에서 중국어 응용언어학 석사 학위를 취득한 1988년부터 19년간, 5개국 7개 대학에서 중국어 응용언어학을 가르치고 연구해 왔으며, 전 중국 중국어교수학회(All-China Society of Teaching Chinese as a Foreign Language)와 싱가포르 응용언어학회(Singapore Association of Applied Linguistics)의 회원이다. 그는 언어학 및 교육 분야의 출간을 지속적으로 해 왔다. 그는 두 명이 저술한 중국어 교과서 3권의 1차 공동저자이며, 사전 2권의 공동저자이며, 다양한 문학 출판물, 웹사이트, 방송에 다수의 단편(예컨대 산문, 단편 소설, 영화평 따위)을 기고하기도 했다. [현재 노르웨이 베르겐대학교(University of Bergen) 외국어학과 중국 문화 및 언어 담당 교수(Professor, Chinese language and culture, Department of Foreign Languages)로 재직 중이다. 옮긴이]

Richard B. Baldauf Jr.

리처드 B. 발도프 주니어(하와이대학교 박사)는 퀸즐랜드 대학교 교육대학의 TESOL 부교수로 국제응용언어학협회(IAAL: International Association of Applied Linguistics) 집행위원이다. 그는 학술지와 책에 다수의 논문을 게재해 왔다. *Language Planning and Education in Australasia and the South Pacific* (Multilingual Matters, 1990)의 공동 편집자이자 *Viability of Low Candidature LOTE Courses in Universities* (DEET, 1995)의 수석 연구자 겸 편집자이며, 로버트 카플란(Robert B. Kaplan)과는 *Language Planning from Practice to Theory* (Multilingual Matters, 1997)와 *Language and Language-in-Education Planning in the Pacific Basin* (Kluwer, 2003)을 함께 저술했다. 그는 학술지 *Current Communications in Language Planning*의 수석 편집위원이며, '다국어 문제 총서 시리즈'(Multilingual Matters Series), '언어 계획과 정책'(Language Planning and Policy) 부문 도서 6권의 공동 편집자이기도 하다.

역자

전국조 全國鳥 Jeon Guk-jo

전 경성대학교 한국한자연구소 HK+사업단 HK연구교수
현 고려대장경연구소 학술연구센터장 및 상임연구원, 대한중국학회 학술위원장
gukjojeon@daum.net

경성대학교 한국한자연구소 번역총서 3

한자계획 — 반동인가, 진화인가, 아니면 혁명인가?
(원제 PLANNING CHINESE CHARACTERS-Reaction, Evolution or Revolution?)

초판1쇄 인쇄 2023년 4월 12일
초판1쇄 발행 2023년 4월 24일

저자   조수휘(Zhao Shouhui), 리처드 B. 발도프 주니어(RICHARD B. BALDAUF Jr.)
역자   전국조
펴낸이   이대현
편집   이태곤 권분옥 임애정 강윤경
디자인   안혜진 최선주 이경진
마케팅   박태훈

펴낸곳   도서출판 역락
출판등록 1999년 4월 19일 제303-2002-000014호
주소   서울시 서초구 동광로 46길 6-6 문창빌딩 2층 (우-06589)
전화   02-3409-2060
팩스   02-3409-2059
홈페이지 www.youkrackbooks.com
이메일   youkrack@hanmail.net

ISBN   979-11-6742-447-1 94720
         979-11-6742-333-7 94080(세트)

이 저서는 2018년 대한민국 교육부와 한국연구재단의 지원을 받아 수행된 연구임
(NRF-2018S1A6A3A02043693)